Dinero: domina el juego

Dinero: domina el juego

Cómo alcanzar la libertad financiera en 7 pasos

TONY ROBBINS

Traducido por Juan Manuel Salmerón

PAIDÓS EMPRESA

Obra editada en colaboración con Editorial Planeta – España

Título original: *Money Master the game*
Publicado por Simon & Schuster, Nueva York, 2014

Portada: Simon & Schuster

Adaptación de la obra: Cristina de Olano

Bajo el sello editorial PAIDÓS M.R.
Avenida Presidente Masarik núm. 111, Piso 2
Polanco V Sección, Miguel Hidalgo
C.P. 11560, Ciudad de México
www.planetadelibros.com.mx
www.paidos.com.mx

Primera edición impresa en España: marzo de 2018
ISBN: 978-84-234-2901-1

Primera edición impresa en México: marzo de 2018
Décima quinta reimpresión en México: diciembre de 2022
ISBN: 978-607-747-502-6

Impreso en los talleres de Litográfica Ingramex, S.A. de C.V.
Centeno núm. 162-1, colonia Granjas Esmeralda, Ciudad de México
Impreso en México –*Printed in Mexico*

«Tiene un gran don. Tiene el don de inspirar.»

Bill Clinton,
expresidente de Estados Unidos.

«Tony Robbins es como un cerrajero de la mente: sabe cómo abrirla a posibilidades mayores. Con su excepcional conocimiento de la naturaleza humana, ha sabido simplificar las estrategias de los mayores inversores del mundo y crear un sistema simple de siete pasos que todos podemos usar para alcanzar la libertad financiera que merecemos.»

Paul Tudor Jones II,
fundador de Tudor Investment Corporation y legendario corredor de bolsa que consiguió que sus inversores obtuvieran beneficios durante veintiocho años seguidos.

«Ha influido en la vida de millones de personas, la mía incluida. En este libro nos ofrece una serie de ideas y estrategias que usan los mejores inversores del mundo. Debemos leerlo: nos cambiará la vida.»

Kyle Bass,
fundador de Hayman Capital Management e inversor; logró convertir 30 millones de dólares en dos mil millones en plena crisis financiera.

«En este libro, Robbins emplea su inmenso talento en hacer sencillo lo complejo, y convierte los conceptos de los mejores inversores del mundo en lecciones prácticas que beneficiarán tanto a los inversores aficionados como a los profesionales con experiencia.»

Ray Dalio,
fundador y codirector de inversiones de Bridgewater Associates, el mayor fondo de inversión de alto riesgo del mundo.

«Este libro será de grandísima ayuda a los inversores. Tony Robbins vino a mi despacho a hacerme una entrevista que debía durar cuarenta minutos y se alargó hasta las cuatro horas. Fue la conversación más estimulante y minuciosa que he tenido en mi larga carrera, impresión que, estoy seguro, compartirán las demás personas que figuran en este excelente libro, todas ellas finas mentes financieras y con ideas propias sobre inversión. Es un texto que nos iluminará y ayudará a comprender mejor cómo se domina el juego del dinero y, a la larga, a alcanzar la libertad financiera.»

JACK C. BOGLE,
fundador de Vanguard Group y de los fondos indexados Vanguard,
los mayores del mundo.

«No es el típico libro sobre finanzas. Está repleto de una sabiduría y de una filosofía vital que enriquecerán nuestra vida. En el mercado hay cantidad de textos que hacen mucho ruido pero dan pocas nueces. El de Tony es diferente. Este ejemplar te cambiará la vida.»

DAVID BABBEL,
profesor de finanzas de la Escuela de Empresariales Wharton
de la Universidad de Pensilvania.

«En este libro, Tony, con una combinación magistral del detalle anecdótico y la información especializada, simplifica el proceso de invertir para que lo entendamos, da prioridad a nuestra educación financiera y nos ayuda a planear nuestro futuro.»

MARY CALLAHAN ERDOES,
consejera delegada de JPMorgan Asset Management,
que gestiona 2.500 millones de dólares

«Tony Robbins no necesita presentación. Se dedica a mejorar la vida de los inversores, quienes, estoy seguro, considerarán este libro sumamente interesante e instructivo.»

CARL ICAHN,
filántropo e inversor multimillonario.

«¡Una mina de oro de información lucrativa!»

STEVE FORBES,
editor de la revista *Forbes* y consejero delegado de Forbes Inc.

«En los últimos años, he dado varias charlas en actos organizados por Tony, y siempre me ha pagado por ellas. Pero, pensándolo bien, soy yo quien tendría que pagarle a él. Tony tiene un gran talento para convertir el conocimiento complejo de los mejores expertos en una serie de pasos simples que las personas normales y corrientes pueden dar para alcanzar la seguridad y la libertad financiera.»

MARC FABER,
ganador de Barron's Roundtable
y editor del informe *Gloom, Boom & Doom*.

«Uno no puede conocer a Tony Robbins y escuchar lo que dice sin sentirse excitado a actuar. Este libro nos proporcionará las estrategias necesarias para conseguir la libertad financiera para nosotros y para nuestras familias.»

T. BOONE PICKENS,
fundador, presidente y consejero delegado de BP Capital y TBP;
predijo certeramente el precio del petróleo en dieciocho
de veintiuna ocasiones en la cadena de televisión CNBC.

«El empeño incansable que pone Robbins en encontrar soluciones de seguridad e independencia financiera, y su pasión por trasladar las ideas de los más ricos al hombre normal y corriente, son realmente estimulantes. Este libro podría cambiar nuestra vida.»

DAVID POTTRUCK,
exconsejero delegado de Charles Schwab
y autor del superventas *Stacking the Deck*.

«Si estamos buscando respuestas y queremos libertad financiera para nosotros y nuestra familia, él es nuestro hombre. Compremos este libro, cambiemos nuestra vida.»

FARNOOSH TORABI,
premiada autora del libro
When She Makes More: 10 Rules for Breadwinning Women.

«Hace casi veinte años soñaba con educar y empoderar a un millón de mujeres para que fueran más inteligentes con el dinero. Gracias a Tony, un año después, daba conferencias en sus actos, escribía *Las mujeres inteligentes acaban ricas* y creaba un programa en el que participaron millones de féminas de todo el mundo. Hoy se han publicado más de siete millones de ejemplares de mis libros, que se han traducido a más de diecinueve idiomas. Tony cambia vidas y cambiará la del lector. Yo también leeré *Dinero: domina el juego* de principio a fin, y lo compartiré con mis amigos.»

DAVID BACH,
autor de *The Automatic Millionaire, Start Late, Finish Rich, Las mujeres inteligentes acaban ricas* y *Smart Couples Finish Rich*; ha estado nueve veces en la lista de autores más vendidos de *The New York Times* y es fundador de FinishRich.com.

«Durante cuatro años seguidos, la revista *Forbes* nos ha elegido como la empresa más innovadora del mundo. Nuestras ganancias superan los cinco mil millones de dólares anuales. De no ser por Tony y sus enseñanzas, Salesforce.com no existiría.»

MARC BENIOFF,
fundador, presidente y consejero delegado de Salesforce.com.

«El poder de Tony es sobrehumano. Es como un catalizador que consigue cambiar a la gente. No es tanto que nos motive como que nos hace ver lo que ya hay para que le saquemos partido».

OPRAH WINFREY,
presentadora de televisión y ganadora de un premio Emmy.

«Sus enseñanzas han sido decisivas en mi vida, tanto dentro como fuera de la pista. Tony me ha ayudado a descubrir cómo soy realmente y a dar un gran salto en mi tenis... y en mi vida.»

Serena Williams,
campeona de dieciocho Grand Slam de tenis
y medalla de oro olímpica.

«Temía que mi éxito me privara de mi vida familiar. Tony fue capaz de hacerme ver que he ayudado a millones de personas, lo que, con toda seguridad, sea el sentimiento más intenso que he experimentado nunca.»

Melissa Etheridge,
cantante y letrista ganadora de dos premios Grammy.

«No importa quién seas, ni el éxito que tengas, ni lo feliz que seas: Tony tiene algo que ofrecerte.»

Hugh Jackman,
actor y productor, ganador de un premio Emmy
y un premio Tony.

«Si queremos cambiar nuestra situación financiera, si queremos cambiar nuestras cuentas, podremos hacerlo con este libro; Tony es nuestro hombre.»

Usher,
cantante ganador de un premio Grammy, letrista y empresario.

«Trabajar con Tony Robbins me hizo sentir imparable. Desde ese momento, tuve claro lo que quería y sabía cómo conseguirlo. Y lo logré: fui campeón del mundo.»

Derek Hough,
bailarín, coreógrafo y cinco veces ganador del famoso programa
Dancing with the Stars de la cadena ABC.

«Es un genio. Su habilidad para guiar a la gente a través de las dificultades es única.»

Steve Wynn,
consejero delegado y fundador de Wynn Resorts.

«Antes, me sentía insegura con todo. Pero después de conocer a Tony decidí no volver a tenerle miedo a nada. Fue una experiencia que me cambió la vida. Estoy muy emocionada y agradecida por el increíble regalo que me hizo.»

Maria Menounos,
actriz, periodista y personalidad televisiva.

«Lo que realmente me dio cuando yo apenas era un chaval que vendía camisetas en Venice Beach fue la voluntad de asumir riesgos, de pasar a la acción y de convertirme en alguien. Lo digo porque llevo veinticinco años viviendo gracias a esas estrategias, y seguiré haciéndolo.»

Mark Burnett,
productor de televisión y ganador de cinco premios Emmy.

«¿Qué tiene este hombre que todo el mundo quiere? ¡Es un verdadero fenómeno!»

Diane Sawyer,
expresentadora de los programas de televisión
ABC World News y *Good Morning America*.

«Tony Robbins nos ayuda a dar ese primer paso para cambiar nuestra vida. Aunque reconozco que la mía es bastante buena, en la de todos nosotros hay cosas que querríamos mejorar. Él nos cambia la vida, y mucho.»

Justin Tuck,
lateral de los Oakland Raiders
y dos veces ganador de la Super Bowl.

«Conoce el ritmo del éxito. Es una grandísima fuente de inspiración y sus métodos han mejorado mi calidad de vida. Yo sólo trabajo con los mejores, y Tony es el mejor.»

QUINCY JONES,
músico ganador de un premio Grammy
y productor musical.

«Tony Robbins nos ayuda a ver nuestra vida de una manera asombrosa, a fijarnos un objetivo y a descubrir lo que nos frena y lo que necesitamos para avanzar.»

DONNA KARAN,
diseñadora de moda y fundadora de DKNY.

Este libro ofrece información que el autor cree fidedigna sobre el tema del que trata, pero se vende presuponiendo que ni él ni el editor dan consejos concretos sobre carteras de valores ni sobre necesidades particulares de nadie; tampoco asesoran sobre inversiones, ni prestan ningún otro servicio de asesoría legal o contable. Quien necesite ayuda especializada en materia de asesoramiento legal, contable o financiero, deberá contratar los servicios de un profesional competente.

Esta publicación contiene datos de rendimiento recogidos a lo largo de numerosos periodos de tiempo. Los resultados pasados no garantizan rendimientos futuros. Además, los datos de rendimiento, así como las leyes y la regulación, cambian con el tiempo, por lo que el estado de la información contenida en este libro puede verse alterado. Este libro sólo proporciona información histórica para ilustrar los principios que expone. Tampoco está escrito para que sirva de base de ninguna decisión financiera, ni para recomendar asesores concretos, ni para que se vendan ni compren títulos. Para vender o comprar títulos sólo deben tenerse en cuenta las hojas informativas, que deben leerse y estudiarse detenidamente ante de invertir o gastar dinero.

El autor y el editor declinan toda responsabilidad sobre la veracidad de la información ofrecida en este libro, así como sobre cualquier pérdida o riesgo, personal o societario, derivado, directa o indirectamente, del uso o aplicación de lo dicho en este ejemplar.

En el momento de publicarse este volumen, el autor estaba negociando con Stronghold Wealth Management para formar algún tipo de sociedad mercantil, pero no es uno de los propietarios de esa empresa ni percibe comisión ni remuneración alguna por parte de la misma.

En el texto que sigue se han cambiado el nombre de muchas personas y características que podrían llevar a su identificación.

Para aquellos que nunca se conformarán con menos
de lo que pueden ser, hacer, compartir y dar

Sumario

TERCERA PARTE

¿Cuánto cuestan nuestros sueños? Juguemos a ganar

CUARTA PARTE

Tomemos la decisión de *inversión* más importante de nuestra vida

Quinta parte
Ganar sin perder: creemos un plan de renta vitalicia

Sexta parte
Invirtamos como el 0,001 por ciento: el manual del multimillonario

Séptima parte
¡Haz, disfruta y comparte!

El futuro tiene muchos nombres. Para los débiles es lo inalcanzable. Para los temerosos es lo desconocido. Para los fuertes es lo ideal.

Victor Hugo

Para evitar las críticas, no digamos nada, no hagamos nada, no seamos nada.

Aristóteles

Prólogo

A lo largo de mi carrera como abogado, en la que he trabajado durante años en empresas de Wall Street, reconozco que he conocido a unos cuantos mentirosos, ladrones y estafadores. Tanto el terreno legal como el financiero cría su propia porción de sinvergüenzas, así que no tardé en aprender a distinguir la buena hierba de la mala.

También soy escéptico por naturaleza. Por eso, cuando Tony Robbins, por la empresa que yo había fundado en 2007, HighTower, me propuso colaborar en este proyecto, sentí curiosidad pero también reserva. «¿Se puede decir algo realmente nuevo sobre las finanzas y la inversión personales? ¿Y es Tony Robbins la persona adecuada para hacerlo?», pensé.

Conocía, claro está, la gran reputación de la que Tony gozaba como mejor estratega de Estados Unidos en cuestión de vida y negocios. Y, como muchos, sabía que había trabajado con toda clase de personas, desde presidentes a empresarios multimillonarios, cuyas vidas personales y profesionales había cambiado.

Pero lo que no sabía hasta que nos conocimos es que Tony Robbins es único y que, como ser humano, está perfectamente a la altura de su fama. Su autenticidad era evidente y su pasión contagiosa. En lugar de repetir los errores del sector financiero, Tony se proponía democratizar los servicios financieros y ofrecer tácticas y soluciones que antes sólo habían valorado y utilizado los inversores más ricos.

Tony y yo congeniamos enseguida porque compartimos la voluntad de ayudar a la gente a tomar mejores decisiones financieras. Éste es el fundamento de mi empresa y lo que me motiva personalmente. Aunque la crisis financiera de 2008 puso de manifiesto los conflictos y las injusticias inherentes al sistema financiero, poca gente supo aportar soluciones prácticas y realistas que ayudaran de verdad a las personas y a las familias.

¿Por qué? Porque hay un conflicto inherente al sistema. **Las grandes entidades financieras están creadas para ganar dinero ellas, no los clientes.** Los inversores pueden pensar que pagan por consejos imparciales y de gran calidad, pero no: demasiadas veces pagan por el privilegio de ver cómo les ofrecen una pequeña muestra de productos y servicios de inversión «convenientes» que casi nunca contribuyen a mejorar las cuentas de sus empresas.

HighTower es una solución a estos problemas y por eso Tony vino a entrevistarme para escribir este libro. En materia de inversión, nosotros sólo asesoramos, y tenemos una plataforma de tecnología punta con productos y soluciones que satisfacen las necesidades de asesores e inversores. No participamos en las numerosas actividades tóxicas que crean conflictos de intereses en el seno de los grandes bancos. Contamos con algunos de los mejores asesores financieros del país. Dicho lisa y llanamente, construimos un modelo mejor para asesorar de manera transparente en asuntos financieros.

El propósito de Tony es organizar y poner a disposición del común de la gente las soluciones financieras más honradas y prácticas... y algunas incluso «secretas». Sabe que las personas requieren algo más que conocimiento: necesitan una guía clara que las conduzca a un futuro financieramente seguro.

La orientación que estas páginas proporcionan es fruto de un conocimiento sin precedentes de las mentes más brillantes del mundo financiero. No sé de nadie más que hubiera podido realizar semejante empresa. Sólo Tony, con su vasto círculo de conocidos, su entusiasmo contagioso y su inquebrantable pasión, podía convencer a esas personas —las mejores del sector— para que compartieran su conocimiento y experiencia.

Como yo, esas personas confían en que Tony capte sus pensamientos y los simplifique para trasladarlos a un público más amplio. Y como su pasión es estimular a las personas, sabe llevar esas conversaciones de la teoría a la práctica, y ofrecer herramientas que casi cualquier persona puede usar para mejorar su situación financiera.

Tony me desafió a que encontrara la fórmula para conseguir que todo el mundo pudiera usar y aplicar las soluciones que habíamos creado para los inversores ricos. Me enorgullece decir que participamos activamente en varios proyectos y nos emociona poder influir positivamente en tanta gente.

Fiel a su vocación, Tony quiere que este libro estimule a los inversores particulares y, al mismo tiempo, ayude a quienes se quedaron en la estacada o a quienes la sociedad marginó. Dos de cada tres estadounidenses temen por su jubilación, y el año pasado dos millones de personas se quedaron sin vales de comida del programa nacional de nutrición. Muchas de estas personas no saben qué comerán la próxima vez.

Tony se ha propuesto solucionar este problema. Ha hablado abiertamente de su pasado de hambre e indigencia, y está decidido a mejorar la vida de estos colectivos tantas veces olvidados. Se ha comprometido personalmente a alimentar a cincuenta millones de personas este año y trabaja para doblar esa cantidad —alimentar a cien millones— recogiendo aportaciones para los próximos años.

También se ha asociado con la editorial Simon & Schuster para regalar ejemplares de su superventas *Mensaje a un amigo: cómo hacerse cargo de la propia existencia* a las personas necesitadas que acaban de emprender un nuevo camino de empoderamiento. Su idea es alimentar la mente y el cuerpo.

Me siento honrado y humildemente agradecido de participar en este proyecto y estoy deseando ver los cambios que podemos provocar juntos. Y estoy emocionado por ti, lector. Vas a conocer a esa fuerza de la naturaleza que es Tony Robbins y a emprender un viaje que cambiará tu vida para siempre.

ELLIOT WEISSBLUTH,
fundador y consejero delegado de HighTower

Introducción

Conocí a Tony Robbins hace veinticinco años a través de unos casetes. Una noche vi un anuncio en la tele y decidí comprar su programa de autoayuda en treinta días llamado *Personal Power*. Escuché sus cintas todos los días durante la hora que tardaba en ir y venir de mi casa en San Francisco a la oficina de Oracle Corporation en Redwood Shores. Tanto me impresionó lo que Tony decía que un fin de semana me quedé en casa y escuché de nuevo las cintas de los treinta días en sólo dos, así enseguida comprendí que Tony era una persona extraordinaria cuyas ideas eran totalmente nuevas para mí. *Tony me transformó*.

Con veinticinco años, yo era el vicepresidente más joven de Oracle y me sentía un triunfador. Ganaba más de un millón de dólares al año y conducía un Ferrari nuevo. Gozaba de lo que yo creía que era el éxito: tenía una casa grande, un coche fantástico y una agitada vida social. Sin embargo, sabía que algo me faltaba, pero no sabía qué. Tony me ayudó a cobrar conciencia de quién era yo, de lo que realmente quería ser y del sentido profundo de la vida que quería llevar. No tardé en asistir a un programa intensivo de fin de semana que él impartía llamado «Unleash the Power Within» (Libera tu poder interior). Allí fue donde realmente perfeccioné mi visión del mundo y decidí pasar a la acción. Me sumergí aún más profundamente en la obra de Tony

Robbins y me dediqué, con todas mis fuerzas, a crear y lanzar Salesforce.com.

Apliqué las ideas y estrategias de Tony y creé un instrumento magnífico llamado V2MOM, que significa «visión, valores, método, obstáculos y medición». Lo usé para enfocar como realmente deseaba mi trabajo y, en última instancia, mi vida. El programa consta de cinco cuestiones que Tony plantea:

1. ¿Qué quiero realmente? (Visión)
2. ¿Qué es lo que importa? (Valores)
3. ¿Cómo lo consigo? (Método)
4. ¿Qué me impide conseguirlo? (Obstáculos)
5. ¿Cómo sabré que lo he conseguido? (Medición)

Tony me dijo que mi calidad de vida dependía de la calidad de las preguntas que me hiciera. Enseguida empecé a organizar mi vida, mi trabajo y mi futuro haciéndome estas preguntas básicas y anotando las respuestas. Y lo que ocurrió fue sorprendente.

El 8 de marzo de 1999, el día que inauguramos Salesforce.com, escribimos un V2MOM y hoy les pedimos a nuestros quince mil empleados que hagan lo mismo. Eso crea convergencia, conciencia y comunicación y se basa en lo que Tony me ha enseñado en las últimas dos décadas. Él dice que la repetición es la madre de la habilidad —lo que nos permite dominar algo— y por eso seguimos escribiendo y mejorando nuestros programas. Es uno de los motivos por los que la revista *Forbes* consideró Salesforce.com la «empresa más innovadora del mundo» cuatro años seguidos y la revista *Fortune* dice que somos la compañía informática «más admirada del mundo» y la séptima en la categoría de «mejor lugar de trabajo» de 2014. Hoy facturamos cinco mil millones de dólares anuales y continuamos creciendo.

Puedo asegurar que Salesforce.com no existiría de no ser por Tony Robbins y sus enseñanzas.

El libro que el lector se dispone a leer, con sus «siete simples pasos para alcanzar la libertad financiera», puede hacer por él lo que el programa de audio de Tony Robbins *Personal Power* hizo por mí. Te permitirá aplicar a tu vida el saber de Tony (¡así como el de cincuenta de las mejores mentes financieras del mundo!) y te proporcionará los utensilios que necesitas para mejorar aún más su vida. Estoy seguro de que leyendo este libro entenderás lo que Tony pide a la vida y crearás tus propios métodos para alcanzar el éxito y la libertad.

Cuando Tony me dijo el título del libro, lo primero que pensé fue: «¡Tony, pero si tú no hablas de dinero! ¡Hablas de ayudar a la gente a conseguir una calidad de vida extraordinaria!»

Pronto vi que, en efecto, este texto no va de dinero, sino de cómo crear la vida que deseamos, y parte de eso consiste en decidir qué papel queremos que desempeñe el dinero. El capital forma parte de nuestra vida; lo que importa es que lo dominemos y no que él nos domine a nosotros. Solo así seremos libres para vivir la vida que queramos.

Uno de mis mentores más queridos, el general Colin Powell, exsecretario de Estado y presidente del Estado Mayor Conjunto de Estados Unidos, decía lo siguiente del dinero: «Pensemos en algo que nos guste hacer y hagámoslo bien. Eso nos proporcionará satisfacción en la vida. Puede ser dinero o no, pueden ser un montón de títulos o no. Pero nos dará satisfacción en la vida». El general Powell y Tony Robbins dicen lo mismo. La verdadera felicidad consiste en fijarnos un objetivo y perseguirlo todos los días.

El general Powell también me insistía en que pensara en el papel que debía desempeñar el dinero en la empresa informática que yo estaba planeando montar y que cambiaría el mundo. Me decía que lo bueno de los negocios no era sólo obtener beneficios sino también hacer el bien: prosperar haciendo el bien. El énfasis que ya entonces, hace veinticinco años, Tony Robbins ponía en la idea de contribuir me causó también una honda impresión e influyó en mi manera de pensar. Cuando empecé con Salesforce.com, mi idea era hacer tres cosas: 1) crear un nuevo modelo informático para empresas que hoy se llama «informática en la nube»; 2) crear un nuevo modelo de negocio de software de empresa basado en las suscripciones; y 3) crear un modelo filantrópico nuevo que conjugara el éxito empresarial con la capacidad de dar.

El resultado ha sido, de quince años a esta parte, una empresa que ha transformado por completo la industria del software y tiene una capitalización bursátil de más de 35 mil millones de dólares. Con todo, la mejor decisión que he tomado en mi vida fue dedicar el uno por ciento del valor de las acciones de la empresa, el uno por ciento de las ganancias y el uno por ciento del tiempo de los empleados a un proyecto filantrópico llamado Fundación Salesforce, que ha concedido más de 60 millones de dólares en ayudas a organizaciones sin ánimo de lucro de todo el mundo, ha ofrecido nuestros productos gratuitamente a más de 20.000 de esas organizaciones y ha permitido que las comunidades a las que estas se dedican se beneficien de más 500.000 horas de trabajo voluntario de nuestros empleados. Todo esto fue posible porque Tony me ayudó a aclarar mis ideas respecto de lo que quería crear, dar y ser. Y nada me ha hecho más feliz ni me ha procurado más satisfacción y alegría en mi vida.

Por eso también participo con él en el programa de SwipeOut, con el que aspiramos a suministrar comida a más de cien millones de personas al año y agua limpia e incontaminada a más de tres millones de hogares al día, así como a trabajar para liberar a niños y adultos de la esclavitud.

He enviado a mis padres, a mis mejores amigos y a mis ejecutivos más importantes a los seminarios de Tony para que estudien su trabajo, y todos dicen lo mismo: «Es único y tenemos suerte de que forme parte de nuestra vida». Ahora, con *Dinero: domina el juego*, Tony le abrirá al lector la misma puerta que me abrió a mí. ¡Estoy seguro de que, con un instructor como él, también el lector cambiará su vida y encontrará la manera de conseguir todo lo que de verdad quiere!

Marc Benioff,
fundador y consejero delegado de Salesforce.com

Primera parte

Bienvenidos a la jungla: el viaje empieza con este primer paso

Capítulo 1.1

¡Es nuestro dinero! ¡Es nuestra vida! Controlémoslos

El dinero es un buen sirviente pero un mal amo.

Sir Francis Bacon

Dinero.

Pocas palabras despiertan sentimientos humanos tan intensos.

¡Muchos incluso nos negamos a hablar del tema! Como la religión, el sexo y la política, es tabú cuando nos sentamos a la mesa y muchas veces también en el trabajo. Podemos hablar de *riqueza* con gente educada, pero el *dinero* es explícito. Es rudimentario. Es estridente. Es muy personal y muy comprometido. Si lo tenemos podemos sentirnos culpables, y si no lo tenemos... podemos avergonzarnos.

Pero ¿qué es realmente el dinero?

Para algunos, el dinero es fundamental pero no lo más importante. Es simplemente una herramienta, una fuente de poder que usamos para servir a los demás y vivir una buena vida. A otros los consume una sed de dinero tan grande que los destruye a ellos y a quienes los rodean. Por conseguirlo, algunos incluso están dispuestos a sacrificar cosas que valen mucho más: su salud, su tiempo, su familia, su autoestima y, en algunos casos, incluso su integridad.

En el fondo, es poder.

Todos hemos visto cómo el dinero puede crear cosas o puede destruirlas. Puede financiar un sueño o provocar una guerra. Podemos dar dinero como regalo o usarlo como arma. Podemos utilizarlo para expresar nuestro espíritu, nuestra creatividad, nuestras ideas, o para expresar nuestra frustración, nuestra rabia, nuestro odio. Podemos usarlo para influir en gobiernos y en personas. Algunos se casan por dinero... y luego descubren el verdadero precio de ese dinero.

Pero todos sabemos que, en cierto sentido, es una ilusión. Hoy día ni siquiera es oro o papel, sino una serie de unos y ceros en ordenadores de bancos. ¿Qué es eso? Es como una transformista o un lienzo en blanco, que asume el sentido o el sentimiento que proyectamos en él.

Al fin y al cabo, lo que buscamos no es dinero, ¿a que no? Lo que de verdad buscamos son las sensaciones, las emociones que *creemos* que el dinero puede dar:

> una sensación de poder, de libertad, de seguridad, de ser capaces de ayudar a nuestros seres queridos y a las personas necesitadas de poder elegir, y de *sentirnos vivos*.

El dinero es, sin duda, una de las formas de convertir los sueños que tenemos en la realidad que vivimos.

Pero aunque el dinero sea una percepción —un concepto abstracto—, ¡no sentimos lo mismo si no tenemos bastante! Y una cosa es segura: **o lo usamos o nos usa. O dominamos el dinero o, de alguna manera, el dinero nos domina a nosotros.**

La manera como nos relacionamos con el dinero refleja la manera como nos relacionamos con el poder. ¿Es una desgracia o una bendición? ¿Un juego o una carga?

Cuando elegí el título de este libro, a no pocas personas escandalizó la idea de que el dinero pudiera ser un *juego*. ¡Cómo se me ocurría usar una palabra tan frívola para hablar de un tema tan serio! Pero seamos realistas. Como verá el lector en las páginas que siguen, la mejor manera de cambiar nuestra vida es encontrar a las personas que han conseguido lo que nosotros queremos y seguir sus pasos. ¿Queremos dominar nuestras finanzas? Encontremos a una persona que domine las suyas, tengamos con el dinero la misma relación que esa persona tiene y habremos encontrado un camino que nos llevará al poder.

He entrevistado a muchas de las personas más ricas y poderosas del mundo y puedo decir que la mayoría de ellas creen, efectivamente, que el dinero es un juego. ¿Por qué otro motivo iba a trabajar alguien diez o doce horas diarias cuando ya ha ganado miles de millones de dólares? Y no olvidemos que no todos los juegos son frívolos. Los juegos son un reflejo de la vida. Unas personas se quedan al margen y otras juegan para ganar. ¿Cómo jugamos? Quiero que tengamos presente que el juego del dinero es un juego que ni nosotros ni nuestra familia podemos permitirnos perder.

Una cosa prometo al lector: si me escucha y sigue los siete simples pasos que expongo en este libro —y que he sacado de los jugadores financieros de mayor éxito del mundo—, él y su familia ganarán este juego. ¡Y pueden ganar mucho!

Pero, para ganar, tenemos que conocer las reglas y aprender las mejores estrategias de éxito que han seguido aquellos que ya dominan el juego.

Lo bueno es que, en unos minutos, podemos ahorrarnos años de tiempo simplemente aprendiendo a evitar los obstáculos y a tomar los atajos que nos lleven a un éxito duradero. El sector financiero funciona muchas veces para que se nos antoje terriblemente complejo, pero, en realidad, una vez que nos familiarizamos con la jerga, es más bien simple. Este libro da al lector la oportunidad de dejar de ser una pieza de ajedrez y empezar a ser un jugador en el juego del dinero. Creo que se sorprenderá mucho cuando, una vez iniciado, vea lo fácilmente que cambia su vida financiera y disfruta de la libertad que merece.

Conque allá vamos. Figurémonos simplemente lo que sería la vida si ya domináramos este juego.

¿Y si el dinero no importara?

¿Cómo nos sentiríamos si no tuviéramos que preocuparnos por ir todas las mañanas a una oficina, por pagar las facturas ni por tener que ahorrar para la jubilación? ¿Cómo sería vivir como nos diera la gana? ¿Cómo sería saber que podemos montar nuestro propio negocio cuando queramos, o comprarles una casa a nuestros padres y costearles la universidad a nuestros hijos, o tener la libertad de viajar por todo el mundo?

¿Cómo viviríamos si nos despertáramos todas las mañanas sabiendo que tenemos suficiente dinero no sólo para subvenir nuestras necesidades más básicas, sino también para cumplir nuestros deseos y sueños?

La verdad es que muchos seguiríamos trabajando, porque somos así. Pero lo haríamos con alegría y por gusto. Nuestro trabajo continuaría, pero el estrés y la ansiedad desaparecerían. Trabajaríamos porque queremos, no porque tenemos que hacerlo.

Eso es la libertad financiera.

Pero ¿no será soñar despiertos? ¿Realmente es posible que las personas normales y corrientes —y, sobre todo, *nosotros*— hagamos ese sueño realidad?

Tanto si queremos vivir como el uno por ciento como si sólo queremos alcanzar esa tranquilidad que da saber que tenemos la jubilación asegurada, la verdad es que siempre podemos encontrar la manera de hacer el dinero que necesitamos. ¿Cómo? El secreto de la riqueza es sencillo: procuremos hacer más que nadie por los demás, seamos más valiosos, hagamos más, demos más, sirvamos más. Y tendremos la oportunidad de ganar más, ya sea porque servimos la mejor comida de Austin, Texas, porque somos los mejores vendedores de nuestra empresa, o porque incluso somos los fundadores de Instagram.

Pero este libro no versa sólo de cómo añadir valor: trata de cómo ir desde donde estamos hoy a donde queremos estar, ya sea en una situación financieramente segura, independiente o libre. Trata de cómo mejorar nuestra calidad de vida hoy desarrollando la única habilidad fundamental que la inmensa mayoría de los estadounidenses nunca han desarrollado: dominar el dinero. De hecho, el 77 por ciento de ellos —tres de cada cuatro— dice que se preocupa por el dinero, pero sólo el 40 por ciento reconoce que tiene algún tipo de plan de gastos o de inversión. **¡Uno de cada tres *baby boomers*, personas nacidas durante la explosión demográfica y expansión económica de mediados de los cuarenta a mediados de los sesenta, tiene menos de mil dólares de ahorros!** Según las encuestas, menos de una de cada cuatro confían en el sistema financiero... ¡y con razón! Y la propiedad de acciones ha caído a mínimos históricos, sobre todo entre los jóvenes. Pero la verdad es que el camino a la libertad no se *gana*. Como veremos más adelante, incluso los que ganaron muchos millones, como el director de *El padrino*, Francis Ford Coppola, el boxeador Mike Tyson y la actriz Kim Basinger, los perdieron porque no aplicaron los principios fundamentales que el lector pronto aprenderá. Tenemos que ser capaces no sólo de conservar una parte de lo que ganamos para nuestra familia, sino, y más importante, multiplicar lo que ganamos: ganar dinero mientras dormimos, como suele decirse. **Tenemos que pasar de ser consumidores a ser propietarios, y para ello hemos de convertirnos en inversores.**

En realidad, muchos somos ya inversores. A lo mejor entramos en el juego porque nuestra abuela nos regaló unas acciones de su bolsa favorita cuando nacimos, o porque nuestro jefe nos incluyó en el plan de pensiones de la empresa, o porque un amigo nos dijo que nos olvidáramos de Kindle y compráramos acciones de Amazon.

Pero ¿es esto suficiente? Si estamos leyendo este libro, creo que sabemos la respuesta: ¡de ninguna manera! No tengo que decirle al lector que no estamos en el mundo de nuestros padres y de nuestros abuelos, en lo que a la inversión se refiere. Antes, el plan era muy simple: íbamos a la universidad, empezábamos a trabajar, dábamos el callo y quizá conseguíamos un empleo mejor en una empresa más grande, tras lo cual la clave era procurar añadir valor, ascender en el escalafón, invertir en acciones de la empresa y jubilarnos con una pensión. ¿Nos acordamos de lo que eran las pensiones? ¿La promesa de una renta vitalicia? Eso se ha acabado.

El lector y yo sabemos que ese mundo ya no existe. Vivimos más tiempo con menos dinero. Cada día aparece una nueva tecnología en la red que alimenta un sistema que muchas veces parece pensado para separarnos de nuestro dinero en lugar de ayudarnos a hacerlo rendir. Cuando escribo esto, las tasas de interés de nuestros ahorros rondan el cero por ciento, y los mercados suben y bajan como un corcho en medio del océano. Al mismo tiempo, nos enfrentamos a un sistema financiero que nos ofrece infinitas opciones y es de una complejidad apabullante. Hoy podemos elegir entre más de 10.000 fondos de inversión, 1.400 fondos cotizados (ETF) y cientos de bolsas de todo el mundo. Parece que cada día nos venden «instrumentos» de inversión más y más complejos con una siglas que parecen una sopa de letras: CDO, REIT, MBS, MLP, CDS, CETF...

¿Y qué decir del HFT? Son las siglas de *high-frequency trading* (negociación de alta frecuencia), por la cual entre el 50 y el 70 por ciento de las decenas de millones de transacciones que se producen a diario en el mercado lo generan máquinas velocísimas. ¿Qué significa esto? Basta medio segundo, unos quinientos milisegundos, para clicar con el ratón y ejecutar nuestra operación electrónica. En este breve tiempo, los grandes inversores, con sus superordenadores, habrán comprado y vendido miles de acciones del mismo tipo cientos de veces, y obtenido microbeneficios en cada una de esas transacciones. Michael Lewis, autor del superventas sobre el HFT *Flash Boys. La revolución de Wall Street contra quienes manipulan el mercado* (Deusto, 2014), declaró en el programa *60 Minutes*: «El mercado bursátil estadounidense, el más emblemático del capitalismo global, está trucado... por una combinación de bolsas, grandes bancos de Wall Street y operadores de alta frecuencia. ¡Son capaces de adivinar nuestra intención de adquirir acciones de Microsoft, comprarlas antes que nosotros y vendérnoslas más caras!». ¿Cuán rápida es esta gente? ¡Una empresa de HFT se gastó unos 250 millones de dólares en tender cables de fibra óptica entre Chicago y Nueva York, alterando el paisaje, con tal de reducir en 1,4 milisegundos el tiempo que tardaba en realizar sus transacciones! Pero ni siquiera eso basta. Hay intercambios que se verifican en cuestión de microsegundos —o sea, de *millonésimas* de segundo—, y pronto la tecnología HFT permitirá que dichos intercambios se verifiquen en cuestión de nanosegundos, o sea, de *milmillonésimas* de segundo. Para eso, están tendiendo cables por el lecho oceánico y se habla incluso de drones que funcionarán con energía solar y harán las veces de repetidores que conectarán las bolsas de Nueva York y de Londres.

Pasmoso, ¿verdad? ¿Qué posibilidades tenemos de competir con robots voladores que compran y venden a la velocidad de la luz? **¿A quién recurriremos para que nos guíe a través de este laberinto de opciones hecho de alta tecnología y alto riesgo?**

> Un experto es una persona cualquiera que da consejos fuera de casa.
>
> OSCAR WILDE

El problema es que cuando de dinero (y de inversiones) se trata, todo el mundo tiene una opinión. Todo el mundo da consejos. Todo el mundo tiene una respuesta. Pero una cosa le digo al lector: pocas veces nos ayudan esas respuestas. ¿Hemos notado hasta qué punto las creencias sobre el dinero se parecen a las religiosas y a las políticas? Las conversaciones sobre el tema se vuelven intensas y apasionadas, sobre todo en internet, donde gente sin verdaderos conocimientos ni autoridad expone sus teorías y critica las estrategias ajenas con gran vehemencia, aunque no tengan un currículo que los avale. Es como si un psicólogo atiborrado de Prozac nos dijera cómo podemos tener una vida plena, o una persona obesa cómo adelgazar y ponernos en forma. Yo distingo entre expertos que hacen y expertos que hablan. No sé el lector, pero yo estoy harto de oír a esos «expertos» que le dicen a uno lo que tiene que hacer pero ellos no han hecho nada de provecho en su vida.

Si el lector piensa que soy otro gurú de la inversión que va a hacerle maravillosas promesas, se equivoca. Eso se lo dejo a los bufones financieros que nos recomiendan con mucho aspaviento que compremos las acciones de moda o que ahorremos e invirtamos en algún fantástico fondo de inversión. Ya sabemos, esos que nos prometen que nuestro dinero crecerá siempre a un interés compuesto del 12 por ciento anual. **Prodigan consejos que demasiadas veces carecen de fundamento y a menudo ni siquiera ellos invierten en los productos que recomiendan.** Algunos creen sinceramente que nos ayudan, pero podemos ser sinceros y estar equivocados.

Quiero que el lector sepa que no soy uno de esos «pensadores positivos» que nos llenan de entusiasmo y energía dándonos una imagen falsa del mundo. Yo creo en la inteligencia. Tenemos que ver las cosas como realmente son pero no peor de lo que son (verlas así sólo es una excusa para no hacer nada). A lo mejor el lector me conoce de haberme visto en la televisión sonriendo de oreja a oreja, pero no he escrito este libro para darle ánimos con unas cuantas frases positivas, sino para ayudarlo a profundizar en su vida, resolver problemas reales y seguir avanzando.

Llevo treinta y ocho años obsesionado con encontrar estrategias y herramientas que mejoren inmediatamente la calidad de vida de las personas, y cuya efectividad he demostrado obteniendo resultados mesurables allí donde otros han fracasado. Con mis libros, vídeos y programas de audio he llegado a más de cincuenta millones de personas de cien países diferentes, y a otros cuatro millones en actos en directo.

Lo que sé desde siempre es que **el éxito tiene sus claves. La gente no triunfa porque tenga suerte; hacen las cosas de otra manera.** Me interesa esta gente: la que tiene una voluntad inquebrantable de aprender, crecer y lograr cosas. Que no se me malentienda. No me engaño. Sé que hay pocas personas en el mundo que están bien de salud y se mantienen en forma. La mayoría de las personas no tienen relaciones de amor y pasión que duren décadas, ni sienten una gratitud y alegría constantes. Hay pocas personas en el mundo que maximizan sus oportunidades de negocio. Y aún hay menos que empiezan con poco o nada y llegan a ser financieramente libres.

¡Pero unos pocos lo hacen! Unos pocos sí tienen relaciones maravillosas, mucha alegría, estupenda salud e inmensa gratitud. He estudiado a estos pocos que hacen cosas frente a los muchos que hablan. Si buscamos obstáculos, siempre encontraremos cosas malas. ¡Pero también hay cosas buenas! Yo persigo la excelencia humana. Busco a esas personas que transgreden las normas y nos demuestran lo que es posible. Aprendo en qué se diferencian esas pocas personas extraordinarias de todos los demás y las emulo. Descubro lo que funciona, lo aclaro, lo simplifico y lo sistematizo de manera que ayude a las personas a prosperar.

Desde los oscuros días de 2008, cuando el sistema financiero mundial casi se fue al garete, estoy obsesionado con la idea de ayudar a la gente normal y corriente a controlar su dinero y a combatir un sistema que demasiado a menudo se vuelve contra ella. Los problemas persisten y no parece que todas esas llamadas «reformas» del gobierno hayan servido para mucho.

En algunos ámbitos, la cosa incluso ha empeorado. Para hallar respuestas, he entrevistado a cincuenta de las personas más influyentes del mundo del dinero. En este libro no encontrará el lector bustos parlantes ni opiniones mías. Oirá directamente a los maestros del juego: multimillonarios que partieron de la nada, premios Nobel y colosos de las finanzas. Éstos son algunos de los maestros del dinero de los que el lector aprenderá en las páginas que siguen:

— John C. Bogle, sabio de ochenta y cinco años con sesenta y cuatro de experiencia bursátil y fundador de Vanguard Group, la empresa de fondos de inversión número uno del mundo.
— Ray Dalio, fundador del mayor fondo de inversión de alto riesgo del mundo, con 160 mil millones de dólares en activos.
— David Swensen, uno de los mayores inversores institucionales de todos los tiempos, que incrementó la dotación de la universidad de Yale de mil millones de dólares a más de 23.900 en menos de dos décadas.
— Kyle Bass, un hombre que convirtió una inversión de 30 millones de dólares en dos mil millones en dos años durante la crisis de las hipotecas de alto riesgo (hipotecas basura o *subprime*).
— Carl Icahn, quien ha obtenido mejores resultados que Warren Buffett, el mercado y que casi todo el mundo en los últimos ciclos de uno, cinco y diez años.
— Mary Callahan Erdoes, a la que muchos consideran la mujer más poderosa del mundo de las finanzas. Es responsable de más de 2.500 millones de dólares en su calidad de consejera delegada de JPMorgan Asset Management.
— Charles Schwab, quien lideró una revolución que abrió Wall Street a los pequeños inversores y cuya emblemática empresa gestiona hoy 3.380 millones de dólares.

Voy a presentar al lector a éstas y a otras superestrellas que obtienen resultados constantes, década tras década, en mercados que suben y bajan, prosperan y se hunden. Juntos penetraremos en los secretos más recónditos de su éxito inversor y veremos cómo aplicarlos incluso a la cantidad de dinero más pequeña.

Y ésta es la clave: he escrito este libro basándome en la sabiduría intemporal de los mejores inversores del mundo. Después de todo, ninguno sabemos cómo estará la economía cuando el lector lea este libro. ¿Habrá inflación o deflación? ¿Será el mercado alcista o bajista? **La idea es saber cómo sobrevivir y medrar sea cual sea la situación del mercado. Estos *verdaderos* expertos nos explicarán cómo.** Además, abrirán su cartera de valores para mostrarnos a qué combinación de inversiones se encomiendan para capear todos los temporales. Y responderán a esta pregunta: si no pudiéramos legar nuestra riqueza a nuestros hijos, sino sólo una serie de principios, ¿cuáles serían? Ésta sería la mejor herencia, ¡y no tenemos que ser hijos suyos para recibirla!

> El secreto para salir adelante es simplemente empezar.
>
> Mark Twain

¡Preparémonos, porque vamos a emprender un viaje de siete simples pasos hacia la seguridad, independencia y libertad financieras! Tanto si somos jóvenes que acabamos de empezar como si somos *baby boomers* que nos enfrentamos a la jubilación o sofisticados inversores que queremos mantenernos al día, este libro nos ofrecerá un plan de acción para que fijemos y alcancemos nuestros objetivos financieros, y nos ayudará a superar las actitudes que nos impiden disfrutar de la verdadera abundancia. Examinaremos la psicología de la riqueza, algo que llevo estudiando y enseñando casi cuarenta años. Veremos los errores que cometemos al manejar nuestro dinero, lo que nos impide seguir los buenos planes que nos hemos trazado. Y para asegurarnos de que conseguimos los resultados deseados, he apelado a los mejores economistas conductuales del mundo para hallar **soluciones que funcionen: ajustes pequeños y sencillos que nos animarán a hacer automáticamente lo que para a otros les exige**

mucha disciplina; estrategias que pueden marcar la diferencia entre jubilarse cómodamente y morirse en la miseria.

Reconozcámoslo: mucha gente inteligente y dotada pasa de ocuparse del tema del dinero porque le parece muy complicado y lioso. Una de las primeras personas a las que di a leer este manuscrito fue a mi amiga Angela, quien domina muchos aspectos de su vida pero no el del dinero. Me dice que la gente la admira porque ha recorrido más de treinta mil kilómetros por algunos de los mares más bravos del planeta en pequeños veleros. Pero sabe que descuidaba sus finanzas y eso la avergonzaba. «Todo me parecía muy confuso y no me aclaraba. Empezaba ya sintiéndose superada y renunciaba, y eso no es propio de mí.» Pero descubrió que siguiendo los siete simples pasos que explico en este libro podía por fin controlar sus finanzas, ¡y de una manera facilísima! «He podido guardar para el futuro simplemente ahorrando en algunas cosas que no me agradaban», me dice. Cuando empezó a pensar en ahorrar, trazó un plan de inversión automático y cuando iba por el capítulo 2.7 ya había cambiado su vida.

Unos días después vino a verme y me dijo:

—Me he comprado el primer coche nuevo de mi vida.

—¿Y cómo lo has hecho? —le pregunté.

—Me he dado cuenta de que gastaba más dinero en reparaciones y gasolina de mi viejo coche de lo que me costaba financiarme uno nuevo.

Tendría el lector que haberle visto la cara cuando se bajó de su nuevo y flamante Jeep Wrangler color blanco perla.

O sea, este libro no va sólo de cómo tener una buena jubilación, sino también de cómo conseguir la calidad de vida que deseamos y merecemos hoy. ¡Podemos vivir como queramos y al mismo tiempo garantizarnos la calidad de vida en el futuro! ¡El sentimiento de poder, seguridad y fuerza interior que experimentaremos cuando dominemos este tema se transmitirá a todo lo demás: a nuestra vida profesional, a nuestra salud, a nuestras emociones y a nuestras relaciones! La falta de confianza en el manejo del dinero afecta a nuestra confianza en otras cosas. ¡Pero si dominamos nuestras finanzas, nos sentiremos más capaces y más dispuestos a arrostrar nuevos desafíos!

¿Qué nos impide echar a caminar por la vía de la libertad financiera? A muchos, como a mi amiga Angela, es la sensación de que la cosa los supera. Nos han enseñado a pensar «es demasiado complejo» o «no es lo mío». Es verdad que el sistema está pensado para que parezca confuso y nos encomendemos a «profesionales» que se llevan enormes comisiones por mantenernos a oscuras. En los capítulos que siguen aprenderemos a evitar esto y, lo que es más importante, mostraré que invertir en nuestro camino a la libertad no es nada confuso.

Uno de los motivos por los que la gente triunfa es que tiene conocimientos que otra gente no. Pagamos a nuestro abogado o a nuestro médico por los conocimientos y las habilidades que no tenemos. También tienen un lenguaje especial que a veces los aísla de nosotros.

Por ejemplo, en el ámbito médico, oímos que unas 225.000 personas murieron por «iatrogenia» el año pasado. Según el *Journal of the American Medical Association*, es la tercera causa de muerte en Estados Unidos. *Iatrogenia*. Menuda palabreja, ¿no? Suena a cosa seria, pero ¿qué significa? ¿Será una enfermedad tropical?

¿Una mutación genética? No, iatrogenia significa que la muerte la ha causado un médico, un hospital o un tratamiento incorrecto o innecesario.

¿Por qué no dicen eso? Porque a las instituciones médicas no les interesa decirlo con palabras sencillas que una persona normal pueda entender. El mundo financiero también tiene su propia jerga, repleta de palabras que en realidad sólo encubren comisiones y nos imposibilita darnos cuenta de que nos están sacando más dinero del que creemos.

Espero que el lector me deje ser su traductor y su guía en este viaje. Juntos encontraremos la clave que nos permitirá entender esa complejidad que hace que la mayoría nos sintamos como extranjeros en el mundo de las finanzas.

Hoy hay tanta información que incluso los inversores más finos se sienten abrumados. Sobre todo cuando lo que se nos ofrece tiene poco que ver con lo que necesitamos. Por ejemplo, imaginemos que sentimos un dolorcillo en el pecho y buscamos en Google la palabra corazón. ¿Qué sale? Nada sobre infartos, que es lo que en ese momento nos interesa. Nos aparecen páginas y noticias del corazón, sí, pero no del órgano, sino de la vida privada de personajes famosos. ¿De qué nos sirve eso?

Mi plan es servir al lector convirtiéndome en su motor de búsqueda personal: un motor de búsqueda *inteligente*, que filtre toda la información superflua y nociva, y ofrezca soluciones claras y sencillas.

Antes de que nos demos cuenta, seremos también unos iniciados en los secretos del juego. Sabremos por qué andar a la caza del rendimiento no funciona, por qué nadie puede ganar al mercado a largo plazo, [Salvo unos cuantos «unicornios», un grupo reducido y exclusivo de «magos financieros» a los que la gente en general no tiene acceso, pero que presentaré al lector en los capítulos que siguen.] y por qué la gran mayoría de los expertos financieros no cumplen la responsabilidad legal de servir nuestros intereses. Demencial, ¿verdad? Aprenderemos por qué el rendimiento que los fondos de inversión anuncian no es el que obtenemos realmente. Encontraremos soluciones que podrían sumar literalmente millones de dólares al rendimiento de nuestras inversiones: ¡hay estudios estadísticos que muestran que podemos ahorrar entre 150.000 y 450.000 dólares simplemente aplicando los principios expuestos en la segunda parte de este libro! Nos embolsaremos el dinero que de otra manera nos cobrarían en comisiones. Aprenderemos también cómo hacer crecer nuestro dinero con el ciento por ciento del capital principal protegido.

Porque eso es lo bueno de este libro: no sólo hablo de las estrategias de inversión que usan los superricos y a las que las personas normales no tienen acceso; ¡he descubierto cómo acceder a ellas y usarlas! ¿Por qué han de ser unos pocos privilegiados los únicos que se aprovechen de las grandes oportunidades? ¿No es hora de que todos juguemos en las mismas condiciones?

Recordemos: *es nuestro dinero* y es hora de que lo *controlemos*.

> La intuición de un momento vale muchas veces por la experiencia de una vida.
>
> OLIVER WENDELL HOLMES

Antes de seguir adelante, permíteme lector que te diga lo que me movió a escribir este libro. Si sabes algo de la repercusión mediática que mi obra ha tenido a lo largo de los años, o si has leído alguno de mis libros, conocerás seguramente mi trayectoria y sabrás que siempre me he dedicado a hacer que las cosas cambien de una manera radical y mesurable: he ayudado a gente a perder entre 10 y 130 treinta kilos, he rehecho relaciones que parecían acabadas, he ayudado a empresarios a expandir sus negocios entre un 30 y un 130 por ciento al año, y también he ayudado a superar terribles tragedias: parejas que han perdido a un hijo, soldados que volvían de Afganistán con trastorno de estrés postraumático. **Mi pasión es ayudar a la gente a avanzar en sus relaciones, en sus sentimientos, en su salud, en sus profesiones y en sus finanzas.**

Llevo casi cuarenta años teniendo el privilegio de instruir a personas de toda clase y condición, incluyendo a algunos de los hombres y mujeres más poderosos del planeta. He trabajado con presidentes de Estados Unidos y con empresarios de pequeños negocios. He ayudado a mejorar el rendimiento de estrellas del deporte como Wayne Gretzky, el gran jugador de hockey sobre hielo, al principio de mi carrera, y como Serena Williams. He tenido el privilegio de trabajar con actores oscarizados como el frío Leonardo DiCaprio y el cálido Hugh Jackman. Mi obra ha influido en la vida y el rendimiento de grandes artistas del espectáculo como Aerosmith, Green Day, Usher, Pitbull y LL Col J, así como de hombres de negocios multimillonarios como el magnate de los casinos Steve Wynn y el mago de internet Marc Benioff. De hecho, Marc dejó su trabajo en Oracle y creó Salesforce.com después de asistir a uno de mis seminarios «Unleash the Power Within» en 1999. Hoy, su compañía vale cinco mil millones de dólares y ha sido nombrada la «empresa más innovadora del mundo» por la revista *Forbes* los últimos cuatro años. **Es evidente, pues, que mis clientes no vienen a mí en busca de motivación. La tienen de sobra.** Lo que obtienen de mí son estrategias que les ayudan a seguir avanzando y a ser los primeros en su terreno.

En el ámbito financiero, he tenido, desde 1993, el honor de instruir a Paul Tudor Jones, uno de los financieros de la historia. Paul predijo el Lunes Negro de octubre de 1987, que sigue siendo la caída bursátil más grande (en porcentaje) que ha habido nunca en un único día en Estados Unidos. Mientras los mercados se desplomaban en todo el mundo y todos los demás perdían hasta la camisa, ese año Paul duplicó el dinero de sus inversores. Lo hizo de nuevo en 2008, ¡año en el que consiguió para sus inversores un rendimiento positivo del 30 por ciento mientras el mercado caía un 50 por ciento! El trabajo que hago con él consiste en captar los principios que guían todas sus decisiones y luego los organizo en un sistema que usa a diario y, lo que es más importante, en los momentos críticos. No soy un instructor del pensamiento positivo. Al contrario: soy un instructor que prepara para lo que pueda venir. He estado en contacto con Paul y he seguido su actividad diaria en un mercado lleno de altibajos: desde la burbuja tecnológica de finales de los noventa hasta el 11S, desde el crecimiento del mercado inmobiliario y el desplome de las hipotecas de alto riesgo hasta la crisis financiera de 2008, pasando por la posterior crisis de deuda europea y la caída, en 2013, más grande del precio del oro, en términos porcentuales, que ha habido en treinta años.

Pese a estos variados desafíos financieros, en veintiocho años Paul no ha cerrado ni un solo ejercicio con pérdidas. Yo he trabajado con él los últimos veintiuno. Su habilidad para salir victorioso es realmente excepcional. He tenido el privilegio de trabajar codo con codo con él y ver cómo ganaba dinero constantemente, por muy volátil que fuera el mercado. He aprendido con él más sobre el mundo real de la inversión y sobre cómo se toman las decisiones en momentos difíciles de lo que habría aprendido en cien másteres de administración de empresas.

También me siento honrado no sólo de trabajar con Paul, sino de que sea uno de mis más queridos amigos. Lo que me gusta y respeto de él es que no solamente obtiene buenos resultados para sí mismo, sino que es uno de los mayores filántropos del mundo. En el curso de estos años, he visto cómo hacía que la Fundación Robin Hood pasara de la simple idea de emplear los recursos del libre mercado para aliviar la pobreza en Nueva York, a ser lo que la revista *Fortune* ha llamado «una de las organizaciones filantrópicas más innovadoras e influyentes de nuestro tiempo». Esta fundación lleva ya repartidos más de 1.450 millones de dólares en ayudas e iniciativas, y ha cambiado la vida de millones de personas.

También he aprendido mis propias lecciones en el camino, algunas veces a costa de no pocos errores, para evitar los cuales, por cierto, y en la medida de lo posible, está pensado este libro. Llevo mis cicatrices de Wall Street. A los treinta y nueve años saqué a bolsa una empresa y vi cómo, en cuestión de semanas, mi patrimonio neto ascendía a 400 millones de dólares... ¡para a continuación desplomarse con la crisis de las empresas electrónicas del año 2000!

Pero esta «corrección» del mercado no fue nada comparada con lo ocurrido en estos años. La crisis económica de 2008-2009 ha sido la peor desde la Gran Depresión. **¿Recuerda el lector que pareció que el mundo financiero se acababa?** El índice bursátil Dow Jones cayó un 50 por ciento, arrastrando consigo los planes de pensiones estadounidenses 401(k).[1] El mercado inmobiliario se desplomó y el precio de la vivienda cayó un 40 por ciento o más. Millones de personas perdieron los ahorros de toda una vida de duro trabajo y otros tantos más se quedaron sin empleo. Durante aquellos meses terribles, recibí más llamadas que nunca de personas de la más variada condición que me pedían ayuda. Hablé con barberos y millonarios. Me decían que habían perdido sus casas, que sus ahorros se habían esfumado, que sus hijos no podían ir a la universidad. Yo sentía que me moría porque sabía lo que era.

He trabajado duro y he sido bendecido con el éxito financiero, pero no siempre fue así. Me crié con cuatro padres diferentes en el polvoriento valle de San Gabriel, en California. Recuerdo vívidamente que, de niño, no cogía el teléfono ni abría la puerta porque sabía quiénes eran: acreedores, y no teníamos dinero para pagarles. De adolescente me avergonzaba ir a clase vestido con ropa que comprábamos por 25 céntimos en tiendas de segunda mano. Y los jóvenes pueden ser muy malos cuando uno no va vestido a la moda. Hoy, comprar en tiendas de segunda mano quedaría muy bien, ¡ya ves! Y cuando por fin me compré mi primer coche, un destartalado escarabajo Volkswagen de 1960, le faltaba la marcha atrás —y por eso siempre lo aparcaba en cuesta— y nunca tenía dinero para gasolina. **Gracias a Dios no me creí la teoría de que así es la vida. Encontré la manera de superar mis circunstancias.** Debido a estas experiencias, no soporto ver a nadie sufrir. Me saca de quicio. Y 2008 causó más sufrimiento económico inútil del que había visto en mi vida.

Inmediatamente después del colapso del mercado bursátil, todo el mundo convino en que había que hacer algo para corregir el sistema. Esperé a que esos cambios se produjeran, pero

1. Los planes de pensiones 401(k) (así llamados por el código de la declaración de la renta estadounidense) son planes que las empresas ofrecen a los trabajadores y en los que éstos determinan el porcentaje de su sueldo que desean aportar para su jubilación, porcentaje que generalmente se invierte en fondos de inversión de la empresa, la cual suele hacer aportaciones complementarias, obteniendo tanto el trabajador como la empresa beneficios fiscales. (*N. del t.*).

años después las cosas seguían igual. Y cuanto más me informaba sobre las causas de la crisis financiera, más me sublevaba. Mi punto de inflexión personal fue ver un documental oscarizado que se titulaba *Inside Job*, narrado por Matt Damon, que trataba de los «pistoleros» de Wall Street, especuladores que asumieron grandes riesgos con nuestro dinero y casi destruyeron la economía. ¿Y su castigo? Nosotros, los contribuyentes, los salvamos y de algún modo fueron los mismos personajes los que se pusieron al frente de la recuperación. Al final del documental hervía de frustración, pero convertí mi rabia en una pregunta: «¿Qué puedo hacer?».

La respuesta es este libro.

> No hay amigo más leal que un libro.
>
> Ernest Hemingway

No fue una decisión fácil. Llevaba sin escribir un libro importante casi veinte años. El año pasado volé de media un día de cada cuatro y viajé a más de quince países. Dirijo unas doce empresas y una organización sin ánimo de lucro. Tengo cuatro hijos, una esposa estupenda y una misión que me gusta y por la que vivo. Decir que tengo una vida plena es decir poco. Mis dos libros, *Poder sin límites* y *Despertando al gigante interior*, fueron superventas en todo el mundo y eso fue enormemente gratificante, pero hasta ahora no había tenido el impulso de volver a escribir. ¿Por qué? ¡Porque me gusta el vivo y el directo! Me gusta la experiencia de la inmersión total, la inmediatez y flexibilidad de comunicarme con cinco o diez mil personas a la vez, profundizar y mantener concentrada su atención cincuenta horas durante un fin de semana. Y eso en un momento en el que la mayoría de las personas no aguantan sentadas tres horas viendo una película en la que alguien se ha gastado 300 millones de dólares. Recuerdo que Oprah me dijo que no aguantaría más de dos horas... y doce después se subía a una silla y le gritaba a la cámara: «¡Es una de las mejores experiencias de mi vida!». Usher me dijo que le gustaba mi trabajo, pero que no estaría todo el fin de semana. Como Oprah, acabó pasándoselo en grande. Cincuenta horas después me dijo: «¡Es como dar uno de los mejores conciertos de mi vida! ¡No hacía más que tomar notas y me has hecho desternillarme de risa!».

Mi experiencia del acto en vivo y en directo está tan llena de emoción, música, inspiración y sabiduría que la gente se ve impelida a pasar a la acción. No sólo piensan y sienten, también *cambian*, *transforman*. Y mi lenguaje corporal y mi voz son fundamentales en mi estilo de enseñanza. Por eso he de confesar que, cuando me pongo a escribir palabras en una página, ¡me siento como si me hubieran puesto una mordaza y atado una mano a la espalda! En fin, que vi que podía llegar a más de diez millones de personas con una simple charla en el TED.

¿Qué me hizo cambiar de opinión, pues?

La crisis financiera produjo mucho dolor, pero también nos hizo reconsiderar lo que más importa en nuestra vida, cosas que nada tienen que ver con el dinero. **Fue la ocasión de volver a los fundamentos, a los valores que nos han sustentado en otros momentos difíciles.** A mí me hizo recordar los días en los que, sin techo, dormía en mi coche y buscaba la manera de cambiar mi vida. ¿Cómo lo hice? ¡Con libros! Los libros me ayudaron a salir adelante. Yo siempre he sido un lector voraz: de joven, me propuse leerme un libro al día. Me imaginaba que los líderes son lectores. Me apunté a un curso de lectura rápida. No leía un libro al día, pero en siete años leí más de 700 en busca de respuestas que me ayudaran a mí y a los demás. Libros de psicología, de organización del tiempo, de historia, de filosofía, de fisiología. Quería saberlo todo sobre cualquier cosa que pudiera cambiar inmediatamente mi calidad de vida y la del prójimo.

Pero los libros que más profunda impresión me causaron fueron los que leí de niño. Fueron el billete con el que salí de un mundo de adversidad: un mundo sin futuro. Me transportaron a una región de posibilidades ilimitadas. Recuerdo el ensayo sobre la confianza en sí mismo de Ralph Waldo Emerson y las líneas: «Hay un momento en la formación de toda persona en la que llegamos al convencimiento de que la envidia es ignorancia; de que la imitación es suicidio, y de que, para bien o para mal, debemos tomar las riendas de nuestro destino.» Otro libro fue el del filósofo James Allen *Como un hombre piensa*, alusión al proverbio bíblico «Como un hombre piensa, así es su corazón». Lo leí en **un momento en el que mi mente era un campo de batalla lleno de miedo.** ***Me enseñó que todo lo que creamos en nuestra vida empieza con el pensamiento.***

Devoré biografías de grandes líderes, grandes pensadores, grandes hombres de acción, como Abraham Lincoln, Andrew Carnegie, John F. Kennedy y Viktor Frankl. Me di cuenta de que los grandes hombres y mujeres del mundo sufrieron mucho más que yo. No eran simplemente personas con suerte o afortunadas; había algo en ellos, una fuerza invisible que les impedía conformarse con menos de lo que podían hacer, ser y dar. **Me di cuenta de que la biografía no es el destino; de que mi pasado no equivalía a mi futuro.**

Otro de mis libros favoritos fue un clásico de la literatura estadounidense, el libro de 1937 de Napoleon Hill *Piense y hágase rico*. En los primeros veinte años del siglo xx, Hill entrevistó a quinientas de las personas más dotadas del mundo, como Andrew Carnegie, Henry Ford, Theodore Roosevelt y Thomas Edison, preguntándose qué es lo que los movía. Descubrió que tenían en común la voluntad inquebrantable de perseguir sus objetivos y una combinación de deseo ardiente, fe y perseverancia para cumplirlos. El mensaje de Hill de que las personas normales pueden superar cualquier obstáculo y triunfar dio esperanzas a una generación de lectores que se vieron afectados por la Gran Depresión. *Piense y hágase rico* se convirtió en uno de los libros más vendidos de todos los tiempos.

La idea de Napoleon Hill ha sido una inspiración para mí. Como su clásico, este libro está pensado para sacar lo mejor de los mejores, como Warren Buffett, sir Richard Branson y el hombre al que algunos expertos llaman el Edison de hoy, Ray Kurzweil, que inventó los primeros sintetizadores de música digital y el primer programa de traducción de texto a voz, el hombre que creó el Siri de nuestro iPhone, desarrolló un dispositivo que permite a los ciegos caminar por las calles gracias a la lectura de las señales viales y a pedir de las cartas de los restaurantes, y es hoy director de ingeniería de Google. Pero yo quería escribir un libro que fuera más allá de la psicología y la ciencia del éxito y presentara un plan efectivo, con herramientas efectivas que podamos usar para construir un futuro mejor para nosotros y para nuestra familia. Un libro que fuera un manual, una guía que nos oriente en la nueva economía.

Cuando me convencí de nuevo del poder de los libros, pensé: «Tengo que hacer que estas respuestas lleguen a todo el mundo». Y con la tecnología actual, este libro tiene una serie de grandes ventajas que nos ayudarán a seguir adelante. Tiene segmentos electrónicos que nos permiten consultar la red y ver y oír a algunos de los hombres y mujeres a los que entrevisté. Tenemos una aplicación diseñada para animarnos a seguir los siete simples pasos de modo que no sólo aprendamos las ideas sino también las pongamos en práctica y alcancemos la libertad financiera que merecemos.

Por cierto, **cuando me embarqué en esta aventura, la gente me decía que estaba loco**. Muchos llamados «expertos» —¡y hasta amigos!— me avisaron de que era un disparate querer llevar el complejo mundo de las finanzas a un público vasto. Incluso mi editor me pidió que escribiera otra cosa.

Pero yo sabía que podía hacerlo si encontraba las mejores voces que me guiaran. La mayoría de las personas a las que entrevisto aquí no conceden entrevistas, o conceden muy pocas. Pueden hablar en el Foro Económico Mundial de Davos, Suiza, o en el Consejo de Relaciones Exteriores, pero nunca antes había llevado nadie su conocimiento y su voz al público en general. Compartir su saber de suerte que todo el mundo pueda actuar de acuerdo con él se convirtió en la misión de este libro.

He tenido el honor de trabar excelentes relaciones con algunas de las personas más influyentes del mundo: amigos situados en altas esferas que estuvieron dispuestos a hacer una cuantas llamadas en mi nombre. Pronto se me abrieron las puertas y tuve acceso a los maestros del juego.

Bienvenidos a la jungla...

Welcome to he jungle, GUNS N' ROSES

¿Por dónde empezar, pues? Por una persona de la que la mayoría de la gente no ha oído hablar, y eso que lo han llamado el Steve Jobs de la inversión. Pero si les preguntamos a los líderes financieros mundiales, como la presidenta de la Reserva Federal, el jefe de un banco de inversión o el presidente de Estados Unidos, veremos que todos conocen a Ray Dalio. Leen sus informes semanales. ¿Por qué? Porque los gobiernos lo llaman para preguntarle qué hacer y él invierte el dinero de esos gobiernos. Lo mismo hacen los fondos de pensiones y las aseguradoras. Es el fundador de Bridgewater Associates, el fondo de alto riesgo más grande del mundo, que administra activos por valor de 160 mil millones de dólares, cuando un gran fondo del mismo tipo maneja como mucho 15 mil millones de dólares. Antes había que tener un patrimonio de cinco mil millones y hacer una inversión inicial de cien millones simplemente para suscribirse al fondo. Pero no nos molestemos en intentarlo: no aceptarán nuestro dinero —ni el de nadie— en este momento.

La historia de Ray Dalio es curiosa. Nació en Queens, Nueva York, es hijo de un músico de jazz y de un ama de casa. Todo empezó cuando, siendo un cadi en el campo de golf del distrito, recibió los primeros consejos bursátiles. Ahora tiene unos 14 mil millones de dólares y es la trigésima primera persona más rica de Estados Unidos. ¿Cómo lo hizo? ¡Yo tenía que averiguarlo! He aquí un hombre cuyo fondo Pure Alpha, según la revista *Barron's*, sólo ha perdido dinero tres veces en veinte años, y en 2010 produjo un rendimiento del 40 por ciento para sus principales clientes. Desde la creación del fondo (en 1991), ha producido un rendimiento anual compuesto del 21 por ciento (sin descontar comisiones). Si hay una persona a la que quería preguntarle «¿puede el inversor normal seguir ganando dinero en este mercado volátil y demencial?», ésa era Ray. Conque, cuando me dijo «no cabe duda de que puede ganar» ¡fui todo oídos! ¿Lo es el lector?

No es tan fácil acceder a Ray Dalio. Pero resulta que él sabía quién era yo y admiraba mi trabajo. Una tarde lo visité en su sorprendentemente modesta casa, situada en una boscosa isla de la costa de Connecticut, y enseguida fue al grano, diciéndome que los inversores particulares pueden ganar dinero... siempre que no intenten vencer a los profesionales en su propio juego.

—Lo que tienen que saber, Tony, es que pueden ganar —me dijo—, pero no si intentan derrotar al sistema. Ni se les ocurra. Tengo mil quinientos empleados y cuarenta años de experiencia y es un juego difícil hasta para mí. **Es como jugar al póquer con los mejores jugadores de póquer del mundo.**

Ray tiene sesenta y cinco años, habla con un ligero acento neoyorquino y gesticula tanto que parece un director de orquesta. Me recordó que el póquer, como el juego de los mercados, es de suma cero. Por cada ganador, hay un perdedor.

—En cuanto entras en el juego —me dijo—, dejas de ser un jugador de póquer que se enfrenta a los que tiene delante. Es un juego mundial y sólo un pequeño porcentaje de los jugadores gana realmente dinero. Gana mucho... a aquellos que no son tan buenos. Por eso les diría a tus inversores, las personas normales, que no jueguen a esto.

—Si dices que no pueden competir —le pregunté—, ¿tendrían que pensárselo dos veces antes de dejar que otros jugaran por ellos? ¿Qué me dices de los brókeres y gestoras de fondos de inversión que dicen que pueden conseguirnos mejores rendimientos?

—Creemos que vamos al médico, pero no son médicos —me contestó. Nos han educado para que confiemos completamente en los médicos y hagamos lo que nos dicen sin pensar, esperando que tengan todas las respuestas. Pero Ray Dalio dice que las gestoras de dinero típicas no nos ayudarán a ganar porque tampoco tienen ni la capacidad ni los recursos para jugar a lo grande—. Si los tuvieran, no podríamos acceder a ellos.

—Las olimpiadas —continuó Ray— son fáciles comparadas con esto. Este juego es más competitivo. Podemos pensar en nuestro bróker y preguntarnos: «¿Es un tipo listo?» Puede ser listo. Puede preocuparse por nuestro dinero. **Pero tenemos que preguntarnos: ¿cuántas medallas ha ganado?** Hay que tener muchísimo cuidado, porque hay mucha gente que puede aconsejarnos, pero han de ser lo bastante buenos como para ganar a los mejores.

¿Cuál es, pues, la respuesta?

—En lugar de querer competir, tenemos que saber que **hay una manera pasiva de ganar**. Hay una manera de no jugárselo todo a una carta. Es un sistema para **protegernos de todos los reveses**, porque los mejores inversores saben que van a equivocarse por muy listos que sean.

¡Un momento! Ray Dalio, que consigue un rendimiento compuesto del 21 por ciento, ¿puede equivocarse?

—Sí, Tony, puedo equivocarme —me dijo—. Todos nos equivocamos. Por eso tenemos que crear un sistema que nos proteja.

Y, así, al cabo de casi tres horas de conversación, llegaba el momento de hacer la gran pregunta:

—¿Y cuál es ese sistema?

Y Ray me dijo:

—Tony, la última vez que acepté dinero había que tener un patrimonio de cinco mil millones de dólares para acceder a mi conocimiento y la inversión mínima era de 100 millones. Es muy complejo y cambia constantemente.

—¡Vamos, hombre! —le dije—. Acabas de decirme que no aceptas a inversores nuevos, en ningún caso. Sé lo mucho que te importa la gente. Si no pudieras legar tu dinero a tus hijos y sólo pudieras transmitirles una serie de principios o una cartera de valores, o sea, un sistema que les permitiera ganar dinero tanto en época de vacas gordas como en la de vacas flacas, como tú has hecho, ¿cómo sería para el inversor normal?

Estuvimos un rato de tira y afloja, hasta que, al final, ¿adivina el lector qué? Me mostró lo que sería una cartera de valores ideal, la combinación exacta de inversiones que nos permite maximizar el rendimiento con la menor volatilidad posible en cualquier mercado.

¿Qué es una cartera de valores? Si el lector no conoce la expresión, sepa que es un conjunto de diversas inversiones que hacemos para maximizar nuestro rendimiento financiero. Ray me enseñó un sistema sencillo para saber en qué invertir y en qué porcentajes y cantidades. Y cuando echamos la vista atrás, vemos que, usando su estrategia, ¡habríamos ganado dinero en el 85 por ciento de las veces en los últimos 30 años (de 1984 a 2013)! Eso son sólo cuatro años de pérdidas en los últimos treinta (de 1984 a 2013), con unas pérdidas máximas del 3,93 por ciento en un año (y un promedio anual negativo de solo 1,9 por ciento). Y uno de esos cuatro años malos las pérdidas fueron sólo del 0,03 por ciento, lo que la mayoría consideraría dentro del llamado «umbral de rentabilidad» (*breakeven*). En 2008 sólo habríamos caído un 3,93 por ciento, cuando el resto del mercado perdía un 51 por ciento (del punto máximo al mínimo), y eso sólo siguiendo los consejos de Ray. Este plan ha conseguido un rendimiento medio de casi el 10 por ciento anual (descontadas las comisiones), ¡y es un plan de inversiones que podemos aplicar fácilmente nosotros! Y es uno de los sistemas usados por los mayores inversores del mundo que aprenderemos cuando lleguemos a la sexta parte de este libro: «Invirtamos como el 0,001 por ciento: el manual del multimillonario».

Supongo que el lector querrá adelantarse y ver enseguida esa cartera de valores, pero quiero recordarle que hay siete simples pasos que debe seguir para que la cosa funcione. Si no sabemos de dónde vamos a sacar el dinero que queremos invertir, ni cuáles son nuestros objetivos ni las reglas del juego, acceder a la mejor cartera de valores del mundo no servirá de nada. Así que sigamos adelante, paso a paso. ¡Hay método en mi locura, como dijo aquél!

¿Cuánto vale esta información que nos da Ray Dalio? Si otros han de tener cinco mil millones de dólares para acceder a ella y a nosotros sólo nos cuesta el importe de este libro, ¡creo que no es mala inversión!

Aunque conocer el sistema de inversión de Ray fue muy emocionante, lo que más me interesó de él es su visión del mundo. Para él, el mundo es una jungla, y la vida, una batalla continua y excitante.

—Así veo yo la vida, Tony —me dijo—: todos queremos algo, algo que representa una mayor calidad de vida. Pero para alcanzarlo tenemos que atravesar una jungla llena de peligros. Si la cruzamos tendremos la vida que deseamos. Es como si estuviéramos en un lado de la jungla y si pasáramos al otro lado tendríamos un trabajo magnífico y una vida estupenda. Pero están todos esos peligros que pueden matarnos. Conque ¿nos quedamos en este lado de la jungla o nos adentramos en ella? ¿Cómo solucionamos este problema?

Ray se adentra en la jungla acompañado de amigos listos y leales, y preguntándose siempre «¿qué es lo que no sé?».

—Ésa es la clave —me dijo—. Lo que siempre me ha ayudado mucho es no ser arrogante y creerme que lo sé todo, y aceptar el hecho de que tengo debilidades, de que no sé mucho de esto, aquello y lo de más allá. Cuanto más aprendo, más conozco lo poco que sé.

¡Es la pura verdad! Y soy yo un ejemplo de ello. Cuando pensé en este libro, creía que sabía lo que hacía. Después de todo, tenía décadas de experiencia. Pero estos cuatro años de búsqueda de los mejores inversores del mundo han sido para mí como una cura de humildad, porque he visto lo poco que sabía. Y he descubierto también que, a diferencia de los bustos parlantes que dicen tener todas las respuestas, los mejores son profundamente humildes. Como Ray Dalio, nos dicen lo que piensan y luego reconocen que pueden equivocarse.

> La riqueza no es el fin de la vida, es sólo un instrumento.
>
> Henry Ward Beecher

Conforme proseguía mi viaje, fui descubriendo que mi misión evolucionaba. En cada etapa del camino descubría herramientas, oportunidades y productos de inversión reservados para la gente ultrarrica de los que las personas normales no tenían ni idea. Y, paradójicamente, las mejores de esas herramientas, oportunidades y productos de inversión apenas comportaban riesgo, o muy poco, porque respondían al principio del «riesgo y recompensa asimétricos» (*asymetric risk/reward*), que significa que los inversores consiguen un gran potencial de ganancia con un mínimo de riesgo. Y eso es lo que busca el «dinero inteligente».

Me entusiasmaba descubrir estas oportunidades y aprovecharme de ellas, porque en esta etapa de mi vida soy lo bastante mayor y afortunado, y mi situación económica es lo bastante holgada como para permitírmelo. Pero mis hijos y mi hija no lo son, como tampoco algunos de mis amigos más queridos ni, sobre todo, como no lo es el lector (a menos que tenga ahorrados decenas de millones y esté leyendo este libro para saber dónde coloca Ray Dalio su dinero).

Así que pasé de recabar pasivamente información sobre el mundo de la inversión a defender apasionadamente a mis amigos y lectores. **No sólo quería decir lo que hacía la gente rica: quería ofrecer esas oportunidades a todo el mundo.** Busqué empresas dedicadas exclusivamente a los superricos y procuré convencerlas de que crearan nuevas oportunidades para inversores de todos los niveles y edades. He trabajado para dar a conocer sus servicios y, en algunos casos, me he asociado con ellas para crear productos que estén a disposición de todos por primera vez. Pero lo que más me enorgullece es haber convencido a muchas de esas empresas para que ofrezcan sus servicios a las personas que no son millonarias... ¡y lo hagan gratis! En las páginas que siguen, conoceremos una revolucionaria alianza estratégica entre Stronghold Wealth Management y HighTower, la quinta asesoría financiera de Estados Unidos, que da consejos transparentes y sin conflictos de intereses a los superricos. Ahora nos ofrece, sin cobrarnos nada, algunos de esos magníficos servicios, independientemente de la cantidad que queramos invertir. Espero que esto sea el principio de un gran cambio en el mundo de las finanzas personales y que, por primera vez, el campo de juego sea el mismo para todos.

¿Y por qué lo hacen? Primero, porque es justo. La gente tiene que saber por qué está pagando lo que está pagando. Segundo, porque saben que la gente con mucho dinero no siempre empieza invirtiendo mucho dinero. Es el secreto de la riqueza. Hagamos por el prójimo más que nadie. Y si HighTower hace eso por nosotros hoy, es porque esperan no lo olvidemos mañana. Seremos unos fans entusiastas y unos clientes fieles para siempre.

Nosotros obtenemos la ayuda que necesitamos gratis y HighTower consigue un cliente futuro. Esto se llama sinergia financiera. Es una situación en la que todos ganan que rara vez se presenta en el mundo de Wall Street.

> El bien hablar crea confianza. El bien pensar crea profundidad. El bien dar crea amor.
>
> Lao-Tse

Una de las grandes ventajas de «dominar el juego» no es sólo poder ganar, sino también ganar lo suficiente para ayudar a otros. Por muy apurada que sea nuestra situación, siempre habrá gente que sufra más que nosotros. Cuando alguien crea riqueza, tiene el privilegio y, creo, la responsabilidad de ayudar a aquellos que acaban de emprender el viaje o han sufrido alguna tragedia que los ha apartado del camino. Como contaré más adelante, mi familia fue objeto de un sencillo gesto de generosidad cuando no teníamos literalmente nada que comer, y aquello cambió por completo mi visión de la gente y de la vida. Me ayudó a ser como soy.

Por eso llevo décadas alimentando a más de dos millones de personas al año con mi Fundación Anthony Robbins, y por eso los últimos años mi mujer y yo hemos doblado con dinero de nuestro bolsillo todas las aportaciones.

Hoy puedo decir con orgullo que un niño que empezó pasando hambre ayuda a cuatro millones de personas al año a sentirse cuidadas y alimentadas. En total, en estos treinta y ocho años he tenido el honor de alimentar a 42 millones de personas.

Quiero que usemos este libro para crear una riqueza —tanto material como emocional— que nos permita hacer el bien con nuestras contribuciones económicas y con nuestro tiempo. Pero una cosa digo: si tenemos un dólar y no somos capaces de dar diez céntimos, tampoco daremos un millón de dólares cuando tengamos diez millones. ¡Tenemos que dar ya! Yo empecé este proceso cuando no tenía nada. La recompensa es que, si damos, incluso cuando creemos que tenemos muy poco, le enseñaremos a nuestra mente a pensar que hay más que suficiente. Podemos dejar atrás la escasez y avanzar hacia un mundo de abundancia.

Por eso quiero que emprendamos este camino. Que sepa el lector que al leer este libro no sólo está ayudándose a sí mismo a crear un nuevo futuro financiero, sino que está ayudando a esos 17 millones de familias que pasan hambre todos los días.[2]

¿Y cómo es eso? Pues porque he decidido hacer más en un año de lo que he hecho en toda mi vida. En nombre de mis lectores, y en el momento de publicarse este libro, voy a donar 50 millones de comidas a hombres, mujeres y niños de este país que carecen de hogar. El lector se sorprendería si supiera quiénes son. Sí, algunos están marcados por recuerdos de guerra o son discapacitados mentales o físicos, pero millones de personas son como nosotros y tenían una vida normal hasta que se quedaron sin trabajo, tuvieron un problema de salud o perdieron a un miembro de su familia y se vieron incapaces de cumplir con sus deberes financieros. Para la mayoría de los estadounidenses, dejar de cobrar el sueldo unas cuantas veces significa caer en la insolvencia. ¡Tendámosles la mano!

Mientras escribía este libro, el Congreso recortaba 8.700 millones de dólares del programa nacional de nutrición. He presenciado personalmente el impacto devastador que estos recortes han tenido en las organizaciones de voluntarios y sin ánimo de lucro que combaten el hambre. Por eso he ofrecido 50 millones de comidas y estoy usando mi influencia para recabar más fondos y poder proporcionar 100 millones de comidas a las personas que pasan hambre. Invito al lector a sumarse a la iniciativa y a contribuir, pero que sepa esto: por el hecho de haber comprado este libro, que sostiene en la mano o lee en el iPad, está alimentando personalmente a 50 personas. Lo que espero es que, cuando termine de leerlo, se anime también a hacer una pequeña donación. En el último capítulo digo cómo podemos usar «la calderilla para cambiar el mundo». Hay muchas maneras sencillas y agradables de dar y de crear un legado del que podamos sentirnos orgullosos.

Bueno, ¡menudo capítulo! Sé que he dicho muchas cosas, ¡pero espero que no se haya hecho pesado! ¿He interesado al lector en lo que realmente puede hacer con su vida a partir de ya? ¿Se

2. <Feedingamerica.com>.

imagina lo que será pasar de lo que ahora es a lo que quiere ser? ¿Qué diría si su experiencia con el dinero dejara de ser un motivo de estrés y se convirtiera en una fuente de emoción y orgullo? ¡Prometo al lector que cuando domine esta parte de su vida sentirá no sólo que es capaz de triunfar en el sentido financiero, sino también en otros ámbitos de su vida que importan más! ¿Está preparado?

Una última cosa: si el lector ha leído hasta aquí, lo felicito, porque forma parte del 10 por ciento de la población que compra un libro de ensayo. Así es, desgraciadamente: las estadísticas muestran que menos del 10 por ciento de las personas que compran un libro leen más del primer capítulo. ¡Qué absurdo!, ¿no? He escrito este libro para que se lea fácilmente pero también para darle al lector la oportunidad de profundizar, de dominar el juego, de adquirir las competencias que le permitan dominar su mundo financiero de una vez para siempre. No quiere ser un «breve manual del inversor». Por eso lo invito y lo reto a recorrer todo el camino conmigo a través de estas páginas. Le prometo que la recompensa que obtendrá le durará años.

Conque pasemos la página y veamos, de manera somera, lo que se necesita para tener una renta vitalicia: un sueldo que nos permita vivir como vivimos (o llevar el estilo de vida que deseemos) sin tener que volver a trabajar nunca más. Cuando lo consigamos, sólo trabajaremos cuando queramos. Hagámonos una idea del trayecto que nos espera y descubramos los siete simples pasos para alcanzar la libertad financiera.

Capítulo 1.2

Los 7 simples pasos para alcanzar la libertad financiera: creemos una renta vitalicia

Un viaje de mil kilómetros empieza con un paso.

LAO-TSE

Dígame el lector una cosa: ¿ha pasado alguna vez por la experiencia... la humillante experiencia de jugar a un videojuego con un niño? ¿Quién gana siempre? ¡El niño, desde luego! Pero ¿cómo lo hace? ¿Es más listo, más rápido, más fuerte que nosotros?

La cosa funciona así: estamos visitando a nuestro sobrino o sobrina y nos dice:

—¡Ven a jugar conmigo, tío Tony!

Enseguida protestamos:

—No, no, no sé jugar a eso. Juega tú.

—¡Vamos, es fácil! —dicen ellos—. Déjame que te enseñe.

Y se cargan a unos cuantos malos en cuanto aparecen en la pantalla. Nosotros nos resistimos otro poco, y ellos insisten:

—¡Va, va, *porfa*, *porfa*!

Como queremos mucho al pequeño, cedemos. Y entonces pronuncian las simples palabras que nos dicen que hemos caído en sus redes:

—¡Tú primero!

Decidimos, pues, jugar. Vamos a enseñarle unas cuantas cosas. ¿Y qué pasa? ¡Pum, pum, pum! En 3,4 segundos estamos muertos. Con un tiro en la sien. Eliminados.

Entonces nuestro sobrinito coge la pistola y se lía a tiros. Los malos caen del cielo y se escabullen por las esquinas a la velocidad del rayo. Nuestro sobrino anticipa sus movimientos y va cargándoselos uno tras otro. Cuarenta y cinco minutos después nos toca de nuevo.

Ahora estamos mosqueados y nos empleamos más a fondo. Esta vez duramos nada más y nada menos que cinco segundos. Y nuestro sobrino juega otros cuarenta y cinco minutos. Ya lo sabemos.

¿Por qué ganan siempre estos pequeños? ¿Porque tienen mejores reflejos? ¿Porque son más rápidos? **¡Es porque han jugado a ese juego antes!**

Ya tienen uno de los grandes secretos de la riqueza y el éxito: **saben anticipar el camino**.

Recordemos esto: la anticipación es la clave del poder. Los perdedores reaccionan; los líderes se anticipan. Y en las páginas que siguen aprenderemos a anticiparnos gracias a los mejores de los mejores: Ray Dalio, Paul Tudor Jones y otros cincuenta grandes líderes financieros. Están aquí para ayudarnos a anticipar los problemas y retos que puedan presentársenos en nuestro camino a la libertad financiera y a no chocar con ellos. Como dice Ray Dalio, el mundo de las finanzas es una jungla llena de cosas que pueden matarnos financieramente, y necesitamos personas de confianza que nos guíen y nos ayuden a atravesar esa jungla. Con su ayuda vamos a trazar un plan que nos permita anticipar los obstáculos, evitar estreses innecesarios y llegar a nuestro destino financiero ideal.

Quiero dar una rápida idea de adónde nos dirigimos y cómo he organizado este libro, para que podamos usarlo de la mejor manera posible. Pero antes dejemos claro lo que nos mueve realmente. **Este libro persigue un objetivo principal: prepararnos para tener una renta vitalicia sin necesidad de trabajar. ¡Verdadera libertad financiera!** Y lo bueno es que eso puede conseguirlo cualquiera. Aunque estemos hasta el cuello de deudas —sí, aun así—, con un poco de tiempo, la debida dedicación y aplicando las estrategias correctas, podremos conseguir seguridad e incluso independencia financiera en unos pocos años.

Antes de empezar a dar esos pasos, veamos primero por qué la seguridad financiera parecía antes tan fácil de conseguir. ¿Qué ha cambiado? ¿Y qué tenemos que hacer? Empecemos con una leccioncita de historia.

> Podemos ser jóvenes sin dinero, pero no viejos sin dinero.
>
> TENNESSEE WILLIAMS

Nuestra vida financiera parece mucho más dura hoy en día, ¿verdad? Estoy seguro de que el lector se pregunta por qué es tan difícil ahorrar dinero y jubilarnos tranquilamente. Hemos llegado a considerar que la jubilación es algo obvio en nuestra sociedad, una etapa sacrosanta de la vida. Pero no olvidemos que la jubilación es un concepto relativamente nuevo, del que hemos disfrutado una generación o dos: la mayoría de nosotros, nuestros padres y nuestros abuelos. Antes de ellos, la gente trabajaba hasta que no podía más.

Hasta que se moría.

¿Recuerda el lector la historia? ¿Cuándo se creó la seguridad social? La creó Franklin Delano Roosevelt durante la Gran Depresión, cuando no había servicios sociales para los ancianos y los enfermos. Y «anciano» significaba entonces otra cosa. La esperanza de vida en Estados Unidos era de sesenta y dos años. ¡Sólo! Y la pensión de jubilación no se cobraba hasta los sesenta y cinco años, con lo que no todo el mundo llegaba a percibirla o al menos no por mucho tiempo. De hecho, el mismo Roosevelt no vivió lo bastante para cobrarla (aunque tampoco lo necesitaba). Murió a los sesenta y tres años.

La implantación de la seguridad social alivió el sufrimiento de millones de estadounidenses en un momento de crisis, pero no estaba pensada para sustituir los ahorros de la jubilación: no era sino un suplemento para cubrir las necesidades más básicas. Y el sistema no se diseñó para el mundo en el que vivimos hoy.

Ésta es la nueva realidad: hay un 50 por ciento de posibilidades de que, en un matrimonio, al menos uno de los cónyuges viva hasta los noventa y dos años, y un 25 por ciento de que lo haga hasta los noventa y siete.

¡Guau! Nos acercamos rápidamente a una esperanza de vida de cien años.

Y con vidas más largas, los años de jubilación serán más, muchos más. Hace cincuenta años, la duración media de la jubilación era de doce años. Una persona que se jubile hoy a los sesenta y cinco puede vivir hasta los ochenta y cinco o más. Son veinte años más de jubilación. Y eso es la media. ¡Algunos vivirán más y tendrán treinta años de jubilación!

> No es posible financiar una jubilación de treinta años con treinta años de trabajo. No podemos esperar financiar una jubilación tan larga ahorrando el 10 por ciento de nuestros ingresos.
>
> John Shoven,
> profesor de economía de la Universidad de Stanford

¿Cuánto esperamos vivir? Los avances que están produciéndose en la tecnología médica podrían sumar años, incluso décadas, a nuestra vida. Desde las células madre hasta la regeneración celular, pasando por la impresión tridimensional de órganos, la tecnología avanza a pasos agigantados. Lo veremos en el capítulo 7.1 «El futuro es mejor de lo que creemos». Es estupendo, pero ¿estamos preparados? Muchos de nosotros no.

Una encuesta reciente de la compañía de seguros Mass Mutual preguntaba a los *baby boomers* qué era lo que más temían.

¿Qué piensa el lector que contestaron? ¿La muerte? ¿El terrorismo? ¿La peste?

No, lo que más temían era sobrevivir a sus ahorros.

(La muerte, por cierto, quedó en un lejano segundo puesto).

El miedo de estas personas está justificado, como lo está el de los jóvenes. Según un estudio de Ernst and Young, el 75 por ciento de los estadounidenses podrían ver cómo sus activos desaparecen antes de que mueran. Y el sistema de la seguridad social —si no se acaba en la siguiente generación— no garantizará por sí solo un nivel de vida adecuado. La pensión media es de 1.294 dólares mensuales. ¿Para cuánto creemos que da eso si vivimos en Nueva York, Los Ángeles, Chicago o Miami? ¿Y cuánto tiempo funcionará el sistema equivalente de nuestro país si residimos en Londres, Sidney, Roma, Tokio, Hong Kong o Nueva Delhi? **Vivamos donde vivamos, si no tenemos otra fuente de**

ingresos podríamos acabar mendigando a la puerta del supermercado.

Está claro que tendremos que estirar nuestra pensión más que nunca, precisamente en medio de una economía deprimida y en un momento en el que muchas personas luchan por recuperar el terreno perdido.

¿Cómo hemos respondido a esta creciente emergencia? A muchos el problema nos parece tan difícil y abrumador que simplemente lo ignoramos y esperamos que pase. Según el EBRI (Employee Benefit Research Institute), el 48 por ciento de los estadounidenses ni siquiera ha calculado cuánto dinero necesitarán para jubilarse. ¡Sí, el 48 por ciento! Es una cantidad enorme: casi la mitad de nosotros aún no hemos dado el primer paso para planear nuestro futuro... ¡y la hora de echar cuentas se acerca!

¿Cuál es, pues, la solución? Empieza dando el paso número uno: tomar la decisión financiera más importante de nuestra vida. **Cuando el lector termine de leer este libro, tendrá no sólo un plan de ahorro e inversión automático, sino que también sabrá cómo ingresar dinero sin tener que trabajar.**

¡Un momento! Demasiado bonito para ser cierto, pensará el lector. Y nada de lo que parece demasiado bonito para ser cierto lo es, ¿verdad?

Pero seguro que sabemos que hay excepciones a la regla. ¿Qué pensaría el lector si le dijera que hoy hay instrumentos financieros que nos permiten ganar dinero con mercados alcistas y no perder un céntimo con mercados bajistas? Hace veinte años los inversores normales ni se habrían imaginado tal cosa. Pero los inversores que usaron estos instrumentos en 2008 no perdieron un céntimo ni una noche de sueño. Yo mismo tengo esta seguridad y libertad para mi familia. Es una sensación estupenda saber que nunca te faltarán ingresos. Y quiero que el lector también sienta eso, para sí mismo y para su familia. En este libro le enseñaré a crearse una fuente de ingresos vitalicia garantizada.

Un sueldo de por vida sin tener que trabajar.

¿No sería magnífico abrir nuestro correo a final de mes y encontrarnos, en lugar de un extracto bancario con un saldo que ojalá no haya bajado, un cheque? Imaginemos que eso ocurre todos los meses. Eso es un ingreso de por vida y hay una manera de conseguirlo.

En la segunda parte del libro veremos cómo convertir nuestras inversiones en un colchón —lo que yo llamo «masa crítica»— que nos hará ganar dinero incluso cuando dormimos. Con unas cuantas estrategias sencillas, seremos capaces de crear una fuente de ingresos segura que nos permitirá cobrar y gestionar nuestra propia «pensión» como queramos.

Seguramente nos cueste imaginar que hoy tengamos a nuestra disposición una estructura que puede procurarnos lo siguiente:

— Protección del capital principal del ciento por ciento, lo que significa que no podemos perder nuestra inversión.
— La rentabilidad de nuestra cuenta está directamente vinculada al alza de las bolsas (por ejemplo del índice S&P 500), con lo que, si el mercado sube, participamos en las ganancias, pero si baja, ¡no perdemos!
— También tenemos la posibilidad de convertir nuestra cuenta corriente en una renta segura que percibiremos mientras vivamos.

Dejemos de imaginar: ¡es una realidad! Es una de las oportunidades que se presentan ahora a inversores como nosotros. (Sabremos más en el capítulo 5.3.)

Quede claro que no estoy diciendo que, con unos ingresos vitalicios, querremos dejar de trabajar cuando tengamos la edad de jubilación tradicional. Lo más probable es que no lo hagamos. Hay estudios que muestran que, cuanto más dinero ganamos, más probable es que sigamos trabajando. Antes, la meta era hacernos ricos y jubilarnos a los cuarenta. Ahora, la meta es hacernos ricos y trabajar hasta los noventa. Casi la mitad de las personas que ganan 750.000 dólares anuales o más dicen que no piensan jubilarse, o, si se jubilaran, lo harían como mínimo a los setenta.

¿No siguen los Rolling Stones y Mick Jagger, con setenta y un años, dando conciertos por medio mundo?

O pensemos en magnates de los negocios como Steve Wynn, que tiene setenta y dos años.

O Warren Buffett, con ochenta y cuatro.

O Rupert Murdoch, con ochenta y tres.

O Sumner Redstone, con noventa y uno.

Con esas edades seguían dirigiendo sus negocios a las mil maravillas. (Seguramente siguen haciéndolo.) Y quizá también lo haremos nosotros.

Pero ¿qué pasa si no podemos o no queremos seguir trabajando? La seguridad social por sí sola no bastará para pagar nuestra jubilación. Con diez mil *baby boomers* cumpliendo sesenta y cinco años cada día y la proporción entre ancianos y jóvenes siendo cada vez más asimétrica, es posible que ni siquiera exista, al menos tal y como es ahora. En 1950 había 16,5 trabajadores que cotizaban a la seguridad social por cada jubilado. Hoy hay 2,9. En el caso de España, el número es de 2,1, según datos de mayo de 2017 de la Seguridad Social.

¿Le parece al lector sostenible esta proporción?

En un artículo titulado «Un mundo de 401k», Thomas Friedman, columnista de *The New York Times* y autor superventas, escribía: «Si somos personas con motivación, este mundo está hecho para nosotros. Los límites han desaparecido. Pero si no lo somos, este mundo nos resultará muy difícil porque las paredes, techos y suelos que nos protegían han desaparecido también. Habrá menos límites, pero también menos garantías. Nuestra contribución específica determinará mucho más nuestra pensión. Pagar un poco no será suficiente».

A las pensiones con las que nuestros padres y abuelos contaban para su jubilación, les ocurre lo que a los herreros y a los telefonistas. Sólo la mitad de la mano de obra privada de Estados Unidos está cubierta por algún tipo de plan de pensiones, y la mayoría de estos planes están hechos a cuenta y riesgo del trabajador.

En el caso de Estados Unidos, si son funcionarios municipales, regionales o estatales, podrían percibir una pensión del Estado, pero cada día son más los que, como los de Detroit y San

Bernardino, se preguntan si seguirá habiendo dinero cuando se jubilen.

¿Cuál es, pues, nuestro plan de jubilación? ¿Tenemos una pensión del Estado? ¿Un plan de pensiones de empleo? ¿Uno individual?

> Nadie es libre si no es dueño y señor de sí mismo.
>
> Epicteto

Pero, con plan o sin él, el futuro llega rápido. Según el Center for Retirement Research, el 53 por ciento de los hogares estadounidenses están «en riesgo» porque no tendrán bastante dinero para mantener su nivel de vida cuando se jubilen. ¡Más de la mitad de las familias! Y recordemos: más de la tercera parte de los trabajadores tiene menos de mil dólares ahorrados para cuando dejen de trabajar (sin incluir pensiones ni el precio de su casa), y un 60 por ciento menos de 25.000 dólares.

¿Cómo es esto? No podemos echarle toda la culpa a la economía. La crisis del ahorro empezó mucho antes de la reciente caída. En 2005, la tasa de ahorro personal era del 1,5 por ciento en Estados Unidos. En 2003 era del 2,2 por ciento (después de llegar a su máximo de 5,5 por ciento en plena crisis). ¿Qué falla en este panorama? Que no vivimos aislados. **Sabemos que tenemos que ahorrar más e invertir. ¿Por qué no lo hacemos, entonces? ¿Qué nos lo impide?**

Empecemos admitiendo que los seres humanos no siempre actuamos racionalmente. Algunos gastamos en lotería aunque sepamos que las probabilidades de ganar el gordo son de uno entre 175 millones, y que es 251 veces más probable que nos caiga un rayo. De hecho, hay una estadística que nos deja pasmados: un hogar medio estadounidense se gasta mil dólares al año en lotería. Cuando me lo dijo mi amigo Shlomo Benartzi, el célebre profesor de finanzas conductuales de la Universidad de California en Los Ángeles, mi primera reacción fue exclamar «¡no es posible!». De hecho, impartiendo hace poco un seminario, pregunté al público cuántos habían comprado un billete de lotería. En una sala en la que había unas cinco mil personas, menos de cincuenta levantaron la mano. Si sólo cincuenta de cinco mil personas gastan en lotería y la media es de mil dólares, entonces es que hay mucha gente que se gasta mucho más. Por cierto, el récord lo tiene Singapur, donde el gasto medio de las familias en lotería es de 4.000 dólares anuales. ¿Nos damos cuenta de lo que 1.000, 2.000, 3.000, 4.000 dólares ahorrados y rindiendo a interés compuesto podrían suponer? En el siguiente capítulo descubriremos qué poco dinero necesitamos para conseguir de medio millón a un millón de dólares o más de jubilación, y qué poco tiempo cuesta gestionarlo.

Conque recurramos a la economía conductual y veamos si podemos discurrir algún truquito que marque la diferencia entre pobreza y riqueza. La economía conductual estudia por qué cometemos errores financieros y cómo corregirlos, incluso sin ser plenamente conscientes. Interesante, ¿no?

Dan Ariely, eminente profesor de economía conductual de la Universidad de Duke, estudia cómo nuestra mente nos engaña continuamente. Los seres humanos hemos evolucionado para depender de la vista, y una grandísima parte de nuestro cerebro está dedicada a la visión. Pero ¿cuán a menudo nos engañan nuestros ojos? Veamos estas dos mesas:

Si preguntáramos cuál de las dos es más larga, la estrecha de la izquierda o la ancha de la derecha, la mayoría de la gente diría que la de la izquierda. Y si lo dijéramos nosotros, nos equivocaríamos. La longitud de las dos es exactamente igual (vamos, lector, mídela si no me crees). Vale, probemos otra vez:

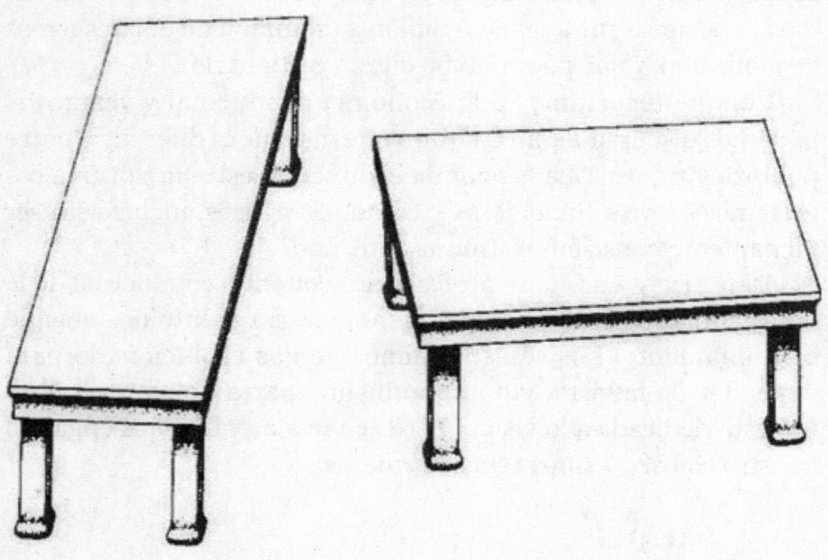

¿Qué mesa es más larga esta vez? ¿Nos apostaríamos algo a que la de la izquierda sigue siendo la más larga? Sabemos la respuesta, pero nuestro cerebro continúa engañándonos. La de la izquierda sigue pareciendo más larga. Nuestros ojos no se ponen de acuerdo con nuestro cerebro. «Nuestra intuición nos engaña de una manera repetitiva, predecible y constante —dijo Ariely en un memorable TED Talk—. Y no podemos hacer casi nada al respecto.»

Y si cometemos errores con la vista, con la que, en teoría, somos buenos, ¿cuántas más posibilidades no tendremos de cometerlos en materias en las que no somos tan buenos, como, por ejemplo, las finanzas? Aunque pensemos que tomamos buenas decisiones financieras, o malas, damos por supuesto que **contro-**

lamos las decisiones que tomamos. La ciencia nos diría que no es verdad.

Como las ilusiones ópticas a las que estamos expuestos, Ariely me dijo luego, en una entrevista, que él atribuye los errores decisionales a «ilusiones cognitivas». Un ejemplo: si mañana fuéramos al centro de salud y nos preguntaran «¿quieres donar tus órganos?», ¿qué diríamos? Algunos contestaríamos que sí de inmediato y pensaríamos que somos nobles y desprendidos. Otros podrían quedarse sin saber qué responder, o se extrañarían de la pregunta y se negarían a contestar, o contestarían que tenían que pensárselo. Pero, sea como fuere, todos daríamos por supuesto que nuestra decisión se basa en el libre albedrío. Somos adultos capaces y responsables que podemos decir si queremos o no donar nuestros órganos para salvar vidas.

Pero —y éste es el asunto— todo depende de dónde vivamos. Si residimos en Alemania, hay una posibilidad entre ocho de que donemos nuestros órganos: un 12 por ciento de la población lo hace. En Austria, país vecino de Alemania, el 99 por ciento dona sus órganos. En Suiza, el 89 por ciento, pero en Dinamarca el porcentaje es sólo del 4. ¿Qué ocurre? ¿Por qué tanta disparidad?

¿Es por religión? ¿Por miedo? ¿Es algo cultural? Pues no es por ninguna de estas cosas. La gran diferencia en el índice de donantes no tiene que ver con nada personal ni con nuestra herencia cultural. Todo depende de cómo esté expresada la pregunta en el formulario.

En países con el índice de donaciones más bajo, como Dinamarca, hay un pequeño recuadro que dice «marca esta casilla si quieres participar en el programa de donación de órganos». En países con el índice más alto, como Suiza, el formulario dice «marca esta casilla si *no* quieres participar en el programa de donación de órganos».

¡Ahí está el secreto! A nadie le gusta marcar casillas. No es que no queramos donar nuestros órganos. ¡Toda la diferencia está en esa pequeña inercia!

Cuando una cuestión nos supera, tendemos a suspender el juicio y no hacer nada. O hacemos lo que han decidido que hagamos. No es culpa nuestra. Estamos hechos así. El problema de la donación de órganos no es que a la gente no le importe, es que le importa mucho. La decisión es difícil y compleja, y muchos no sabemos qué hacer. **«Y como no lo sabemos, nos limitamos a aceptar lo que han decidido por nosotros», explica Ariely.**

Este sentido de la inercia, o de conformarnos con lo que han decidido que hagamos, ayuda a explicar por qué sólo una tercera parte de los trabajadores estadounidenses contrata un plan de pensiones. Explica por qué tan poca gente se hace un plan financiero para el futuro. Parecen cosas complicadas. No estamos seguros de lo que hacer, así que preferimos no hacer nada.

Ariely me dice que, cuando se trata del mundo físico, entendemos nuestras limitaciones y nos adaptamos a ellas. Usamos escaleras, rampas y ascensores. «Pero, por alguna razón, cuando diseñamos cosas como la sanidad, la jubilación o la bolsa, olvidamos que estamos limitados —añade—. Creo que si entendiéramos nuestras limitaciones cognitivas de la misma manera que entendemos las físicas, aunque no se nos presenten de la misma manera, podríamos construir un mundo mejor.»

Recordemos lo que decía Ray Dalio a propósito de la jungla: lo primero que se preguntaba era «¿qué no sé?». Si conocemos nuestras limitaciones, podemos adaptarnos y triunfar. Si no las conocemos, saldremos malparados.

Lo que quiero con este libro es despertar a la gente y proporcionarle el conocimiento y las herramientas necesarias para tomar inmediatamente las riendas de su vida financiera. Por eso he creado un plan que no nos dejará en la estacada por ser complejo, difícil o por requerir mucho tiempo. ¿Por qué? Porque, como hemos visto en el caso de los formularios, **la complejidad es la enemiga de la acción**. Por eso he dividido este plan en siete simples pasos y he creado una nueva y poderosa aplicación para móviles, completamente gratis, que nos ayudará a ir dando esos pasos. La aplicación puede descargarse ahora mismo en <www.tonyrobbins.com/masterthegame>. Podemos seguir nuestro progreso y celebrar nuestras victorias conforme avancemos. La aplicación nos ayudará, responderá a nuestras preguntas e incluso nos dará un empujoncito cuando lo necesitemos. Porque, aunque nos entusiasmemos mucho y tengamos las mejores intenciones, alguna distracción o un ataque de inercia pueden apartarnos de nuestro camino. Este sistema automatizado está pensado para evitar eso. ¿Y sabemos una cosa? **En cuanto lo hayamos hecho, hecho está. Cuando nuestro plan esté en marcha, sólo tendremos que emplear una hora una o dos veces al año para cerciorarnos que de todo va bien.** O sea, que no tenemos excusas para no emprender el camino que nos lleve a una seguridad, independencia y libertad financiera vitalicias... ¡y tener tiempo de sobra para disfrutar de las cosas que realmente importan!

Seguro que a estas alturas la mente del lector va a mil revoluciones. Sé que le he dado mucho que pensar, pero mi propósito es ayudarle a avanzar con seguridad en su vida financiera y quiero que se haga una idea clara del camino que seguiremos. Veamos, pues, someramente en qué consisten los siete simples pasos para alcanzar la libertad financiera.

Si pertenecemos a una generación que ha crecido con blogs y tuits, seguro que estaremos preguntándonos: «¿Por qué no dice el autor cuáles son esos siete pasos —¡y, ya puestos, resume todo el libro!— en un párrafo o incluso en una infografía?» Podría hacerlo. Pero saber una información no es lo mismo que asimilarla y obrar en consecuencia. La información sin acción no vale nada. Recordemos: la información abunda, pero la sabiduría escasea.

Quiero, pues, preparar nuestra mente para cada uno de los pasos que vamos a dar. Y así podremos ejecutar las acciones necesarias para alcanzar la libertad financiera.

Este libro está pensado para que dominemos un tema que atormenta a casi todo el mundo porque no han dedicado el tiempo necesario a aprender los fundamentos que les permitirán ser libres. Y dominar algo significa profundizar. Recordemos: todo el mundo puede leer algo y creer que lo ha aprendido, **pero dominarlo requiere tres niveles**:

El primero es la intelección cognitiva. Es nuestra capacidad para entender un concepto. Todo el mundo puede tenerla. Y muchos tenemos ya una intelección *cognitiva* de lo que es la inversión y las finanzas personales. ¡Pero con eso y con tres dólares tenemos para un café en Starbucks y poco más! Quiero decir que la información por sí sola no vale. Es sólo el primer paso.

Empezamos a tener algo valioso cuando pasamos al segundo nivel: el dominio emocional. Es cuando hemos oído algo tantas veces y ese algo ha despertado en nuestro interior tantos sentimientos —deseos, anhelos, miedos, inquietudes— que somos capaces de usar lo que hemos aprendido de una manera consciente y coherente.

Pero lo más importante es cuando dominamos algo físicamente, esto es, cuando no necesitamos pensar en lo que hacemos; nuestras acciones son una segunda naturaleza. **Y la única manera de conseguir ese dominio es repetir la acción una y otra vez.** Mi gran maestro, Jim Rohn, me enseñó que **la repetición es la madre de la habilidad.**

Pondré un ejemplo perfecto de cómo yo fallé en este sentido. A mis veintipocos años decidí que quería ser cinturón negro en artes marciales y tuve el privilegio de conocer y hacerme muy amigo del gran maestro Jhoon Rhee, quien introdujo el taekwondo en Estados Unidos y entrenó a Bruce Lee y a Muhammad Ali. Le dije que quería ser cinturón negro en menos tiempo que nadie en la historia y que estaba dispuesto a hacer lo que fuera necesario —entrenamiento, compromiso, disciplina— para lograr el récord. Accedió a acompañarme en mis viajes para entrenarme. ¡Fue tremendo! Muchas veces terminaba un seminario y llegaba a entrenar a la una de la mañana, y luego trabajaba con el maestro otras tres o cuatro horas. No dormía más que cuatro horas como mucho.

Una noche, después de pasarme un buen rato practicando exactamente el mismo movimiento unas trescientas veces como mínimo, le pregunté a mi entrenador: «Maestro, ¿cuándo pasaremos al siguiente movimiento?» Él se quedó mirándome fijamente y me dijo con una sonrisa: «Ah, saltamontes, éste es el siguiente movimiento. El hecho de que no diferencies entre el movimiento que acabas de hacer y el anterior demuestra que sigues siendo un novato. Estas sutiles diferencias son las que distinguen a un maestro de un aficionado. Y la maestría requiere este grado de repetición. Con cada repetición debes aprender un poco más».

¿Vemos a lo que me refiero? Este libro no está pensado para que lo leamos por encima una tarde.

Conforme el lector vaya leyendo, verá que este libro no se parece a ninguno porque refleja mi estilo único de enseñanza. Le haré un montón de preguntas y encontrará hechos y frases que ya habrá leído. ¡Y habrá un montón de signos de exclamación! No son erratas, sino una técnica pensada para resaltar ideas clave e inculcar conocimiento en la mente, en el cuerpo y en el espíritu del lector, de suerte que la acción se automatice. Entonces empezaremos a ver los resultados y a recoger los frutos que deseamos y necesitamos. ¿Estamos preparados para el reto?

Y recordemos: esto no es simplemente un libro, es una guía. Cada parte está concebida para que nos ayude a saber dónde estamos, financieramente hablando, y a salvar la distancia que hay entre lo que somos ahora y lo que queremos ser. El libro está pensado para dotarnos de herramientas, no sólo para hoy sino para el resto de nuestra vida. Sé que volveremos a él en diferentes etapas del camino para seguir avanzando.

Primera parte
Bienvenidos a la jungla: el viaje empieza con este primer paso

Como todos los grandes aventureros, empezaremos orientándonos. En el capítulo 1.4 aprenderemos más sobre la psicología de la riqueza, lo que nos frena y algunos remedios sencillos. Descubriremos aquello por lo que realmente invertimos y conoceremos el poder de las mejores y más innovadoras estrategias financieras. En el capítulo siguiente nos pondremos en marcha. **Daremos el primero de los siete simples pasos y tomaremos la decisión financiera más importante de nuestra vida. Este capítulo hay que leerlo.** Aprenderemos cómo, con una mínima cantidad de dinero combinada con el milagroso poder del interés compuesto, podemos independizarnos económicamente sin necesidad de ganar una fortuna todos los años. Activaremos este sistema decidiendo ahorrar una parte de nuestros ingresos e invirtiéndolos con interés compuesto. Nos convertiremos no sólo en consumidores sino también en propietarios: seremos inversores con una participación en el futuro. Aprenderemos cómo construir nuestra «máquina de hacer dinero» automática, un sistema que nos producirá renta vitalicia mientras dormimos.

Segunda parte
Iniciémonos en el juego: conozcamos las reglas antes de jugar

Seguramente, el lector conocerá el viejo dicho que reza: «Cuando un hombre con dinero se junta con un hombre con experiencia, el hombre con experiencia acaba llevándose el dinero y el hombre con dinero acaba teniendo la experiencia». Ahora que hemos decidido invertir, en esta parte explico las reglas fundamentales del juego para que no seamos presa fácil de los jugadores expertos. Esta guía nos conduce por esa jungla que, según Ray Dalio, es la inversión, y marca las zonas peligrosas con grandes cruces rojas: mitos del marketing —hay quien los llama mentiras— que suelen estar concebidos para separarnos sistemáticamente de nuestro dinero. Sabremos por qué el rendimiento que los fondos de inversión anuncian no es el que en realidad recibimos. Sé que parece absurdo, pero el uno por ciento de comisión que creemos que es todo lo que pagamos no es sino una de las más de diez comisiones que pueden llegar a cobrarnos, ¡y, con el tiempo, un fondo de inversión normal puede estar llevándose hasta el 60 por ciento de nuestro rendimiento potencial! Recordemos: ¡sólo en esta breve sección nos ahorraremos entre 250.000 y 450.000 dólares como mínimo, que volverán a nuestro bolsillo aunque la rentabilidad de nuestras inversiones sea la misma! Y veremos que esta cantidad está documentada, o sea, basada en estudios, no en mi opinión ni en cuentos de la lechera. Examinaremos también los engaños que pueden encerrar los llamados fondos de inversión con fecha objetivo (*target date funds*) y los fondos de inversión sin comisión de entrada (*no-load funds*), y sabremos cómo protegernos de las empresas que muchas veces diseñan estos productos y estrategias para su máximo provecho... ¡y no el nuestro! Al final de esta sección habremos dado el segundo paso y, aunque sólo tengamos una pequeña cantidad de dinero, la invertiremos como lo haría un experto.

TERCERA PARTE
¿Cuánto cuestan nuestros sueños? Juguemos a ganar

Juntos, examinaremos nuestros sueños financieros y fijaremos una serie de metas realistas que nos permitirán jugar a ganar. La mayoría de la gente no sabe cuánto dinero necesita para alcanzar la seguridad, independencia y libertad financieras. O piensan en cantidades tan exageradas que ni siquiera se atreven a trazar un plan para alcanzarlas. Pero en el capítulo 3.1 sabremos lo que de verdad queremos y veremos lo emocionante que es, sobre todo cuando nos demos cuenta de que nuestros sueños están más al alcance de la mano de lo que pensamos. No sólo soñaremos, sino que haremos esos sueños realidad —una realidad en forma de plan— en el capítulo 3.2. Será diferente para cada cual, y tenemos el software para personalizarlo. Podemos hacerlo en línea o con nuestra aplicación, que nos permitirá guardarlo y cambiarlo tantas veces como queramos hasta que nos parezca que es un plan realista y ejecutable. Y si vemos que no realizamos nuestros sueños lo bastante rápido, veremos cuatro maneras de acelerarlo. Cuando hayamos dado el paso número tres, no sólo sabremos cómo producir riqueza para cuando nos jubilemos, sino también cómo disfrutarla hasta entonces.

CUARTA PARTE
Tomemos la decisión de inversión *más importante de nuestra vida*

Ahora que nos hemos iniciado en el juego, conocemos sus reglas y hemos aprendido a jugar a ganar, es hora de tomar la decisión de inversión más importante de nuestra vida: ¿dónde colocamos nuestro dinero y en qué proporciones? La colocación o asignación de activos (*asset allocation*) es la clave para invertir con éxito, según me han dicho todos los premios Nobel, todos los gestores de fondos de inversión, todos los inversores institucionales, sin excepción. A pesar de su importancia, prácticamente el 99 por ciento de los estadounidenses saben poco o nada del tema. ¿Por qué? Quizá porque parece demasiado complicado. Pero en el capítulo 4.1 lo haré sencillo y diré cómo podemos recurrir en línea a un experto para que nos ayude. Colocar bien nuestros activos significa dividir lo que queremos invertir y meter una parte en huchas que sean seguras y nos den tranquilidad, y otra parte en huchas que sean más arriesgadas pero que podrían rendir más. ¡Es la mejor forma de invertir! Y cuando hayamos dado el paso número cuatro, no sólo sabremos cómo *hacernos* ricos, sino también cómo *seguir* siéndolo.

Quinta parte
Ganar sin perder: creemos un plan de renta vitalicia

¿Qué sentido tiene invertir si no disponemos de dinero con el que hacerlo? Muchos estamos tan pendientes de ahorrar en nuestro plan de pensiones que olvidamos que algún día tendremos que sacar de él nuestros ingresos. Y como las cuentas fluctúan (¡recordemos, no siempre suben!), tenemos que crear y proteger nuestro plan de renta. ¿Recordamos el año 2008? ¿Cómo nos protegemos de la siguiente crisis? ¿Qué cartera de valores configuramos para evitar fluctuaciones? ¿Cómo sabemos que no nos quedaremos sin dinero cuando nos jubilemos, que es lo que más teme mucha gente? Podemos tener una vida longeva, pero la gozaremos mucho menos si nos quedamos sin dinero. En esta sección daré ideas concretas sobre uno de los secretos mejor guardados de la comunidad financiera y ayudaré al lector a desarrollar un plan de renta vitalicia garantizada: una fuente de ingresos que puede ser la base de una verdadera seguridad financiera. **Examinaremos una serie de maneras creativas de**

evitar o limitar drásticamente las pérdidas y aumentar nuestras ganancias, usando los instrumentos de inversión preferidos de los bancos, las grandes empresas y algunas de las personas más ricas del mundo. ¿Qué saben ellos que nosotros no sabemos? Pues saben cómo obtener ganancias sin sufrir pérdidas, y evitar que los impuestos les dejen sin ganancias.

SEXTA PARTE
Invirtamos como el 0,001 por ciento: el manual del multimillonario

Conoceremos lo que tiene de bueno y lo que tiene de peligroso la situación de la economía global —cómo hemos llegado a ella y lo que puede venir— gracias a algunos de los pensadores más lúcidos e influyentes del mundo financiero. **Luego conoceremos a los maestros del juego, doce de las mentes más brillantes de las finanzas, y aprenderemos lo que les ha guiado en las situaciones económicas más diversas.** Le preguntaremos a Paul Tudor Jones cómo consiguió un rendimiento del 60 por ciento en 1987 prediciendo el Lunes Negro, cuando el mercado se desplomaba a su alrededor. Y cómo, veintiún años después, fue capaz de ganar un 30 por ciento cuando el mercado perdía casi el 50 por ciento y parecía de nuevo el fin del mundo. Veremos asimismo cómo evitó pérdidas y obtuvo ganancias veintiocho años seguidos en toda clase de mercados, sin perder jamás un céntimo. Algunas de las personas a las que conoceremos en nuestro «manual del multimillonario», como **Charles Schwab, Carl Icahn, T. Boone Pickens, Ray Dalio** y **Jack Bogle**, se criaron en circunstancias difíciles: no fueron hijos de papá. ¿Cómo llegaron a lo más alto? Les preguntaremos qué significa para ellos el dinero y nos asomaremos a sus carteras de valores. Cuando hayamos dado el paso número seis, sabremos cómo invierte el 0,001 por ciento.

Séptima parte
Haz, disfruta y comparte

En esta sección trazaremos un plan de acción que nos ayudará a vivir una vida mejor, más plena, rica y deleitable. Y diremos lo que hay que hacer para no perder de vista nuestros objetivos. Garantizo que el lector quedará asombrado con algunas de las pasmosas tecnologías nuevas que harán que incluso el futuro *inmediato* sea mejor de lo que pensamos. Esto es lo contrario de lo que la mayoría creemos. Según una encuesta de la NBC y de *The Wall Street Journal*, ¡el 76 por ciento de los estadounidenses —un récord absoluto— cree que la vida de sus hijos será peor que la suya! Pero tendremos ocasión de conocer lo que piensan algunas de las mentes más brillantes de nuestro tiempo. Hablaremos con mis amigos Ray Kurzweil, el Edison de nuestra era, y con Peter Diamandis, creador de la fundación X Price, sobre las nuevas tecnologías: impresoras tridimensionales que convertirán nuestro ordenador en una fábrica, vehículos automáticos, exoesqueletos que permitirán andar a los parapléjicos, miembros artificiales desarrollados a partir de células... innovaciones, en fin, que cambiarán radicalmente nuestra vida a mejor en un futuro muy cercano. Espero que todo esto nos inspire y nos haga ver que aunque nos equivoquemos y no consigamos realizar nuestro proyecto financiero, seguiremos teniendo una calidad de vida mejor. Y a quienes tienen recursos se les abre un futuro de posibilidades ilimitadas.

Concluiremos con la afirmación de que el simple hecho del secreto de vivir es dar: compartir con otros no sólo mejora nuestra calidad de vida, sino que nos da alegría. Y conoceremos nuevas tecnologías que convierten el acto de dar en algo fácil y divertido. Espero que alimentemos nuestra mente y construyamos nuestra riqueza de manera que podamos ayudar a otros. No olvide el lector que somos socios y ahora mismo estamos dando. Mientras el lector lee, alguien que lo necesita está siendo alimentado.

> Buscamos menos el sentido de la vida que sentirnos vivos.
>
> Joseph Campbell

He hecho estos siete simple pasos para alcanzar la libertad financiera todo lo claros y sencillos que he podido. Es hora de que pasemos a la acción y empecemos a dar esos pasos, uno tras otro.

¿Qué necesitamos para darlos? ¿Qué nos va mejor? Tracémonos un plan sencillo ahora mismo. Algunos se leerán todo el libro en un largo fin de semana... y, si lo hacen, ¡es que están tan locos y obsesionados como yo, compañero de viaje! Si no disponemos de un fin de semana libre, pensemos en leernos un capítulo al día o una parte a la semana. Lo que nos venga bien.

¡Éste es un viaje que durará toda la vida, un viaje que merece la pena emprender! ¡Si el lector está conmigo, que empiece!

Capítulo 1.3

Arranquemos: tomemos la decisión *financiera* más importante de nuestra vida

> Mi riqueza se debe a tres cosas: a que vivo en Estados Unidos, a algunos buenos genes y al interés compuesto.
>
> WARREN BUFFETT

Pongámonos en marcha. Es hora de emprender nuestro viaje recurriendo a algo que puede producir verdadera riqueza para todo el mundo. No es ningún sistema que nos haga ricos de pronto, ni es lo que la mayoría de la gente piensa que la hará financieramente libre o rica. La mayoría buscamos algún tipo de «pelotazo» financiero y creemos que entonces tendremos la vida solucionada.

Pero seamos realistas: no vamos a *ganar* nuestra riqueza. Es un error que cometemos millones de estadounidenses. Creemos que si trabajamos más duro y más tiempo realizaremos nuestros sueños financieros, pero, por sí solo, nuestro sueldo, independientemente de lo cuantioso que sea, no es la solución.

Esto me lo recordó el conocido economista y autor del libro clásico sobre finanzas *Un paseo aleatorio por Wall Street*, Burton Malkiel, durante una reciente visita que le hice a su despacho de la universidad de Princeton. Quise hablar con él porque admiro no sólo su trayectoria profesional sino también su sensatez. En sus libros y entrevistas dice las cosas claramente, y el día que fui a verlo no fue una excepción. Quería que me hablara de los obstáculos con los que se encuentran los inversores en *todas* las etapas de su vida. Al fin y al cabo, era una de las personas que habían creado y desarrollado el concepto de fondos indexados, que permiten al inversor normal igualar o replicar los mercados, y a cualquier persona, incluso con una pequeña cantidad de dinero, poseer una parte de todo el mercado de valores y una cartera bien diversificada, sin tener que limitarse a comprar una cuantas acciones de una o dos empresas solamente. ¡Hoy esta modalidad de inversión mueve activos por valor de más de siete **billones** de dólares! De todas las personas a las que pensé entrevistar para este libro, él era una de las más indicadas para ayudarme a entender el lenguaje ambiguo y emba-rullado de Wall Street y hacerme una idea clara del panorama inversor actual.

¿Cuál es el gran error que cometemos la mayoría de las personas ya desde el principio? Malkiel ni lo dudó cuando se lo pregunté. Dijo que la mayoría de los inversores no saben aprovechar todas las ventajas del increíble poder del interés compuesto: el poder del interés que se multiplica con el tiempo.

El interés compuesto es una herramienta tan poderosa que Albert Einstein dijo una vez que era el invento más importante de la humanidad. Pero si es tan magnífico, me preguntaba, ¿por qué tan pocas personas nos aprovechamos de él? Para ilustrar el poder exponencial del interés compuesto, Malkiel me contó la historia de los gemelos Williams y James, cuyas estrategias de inversión no podían ser más diferentes. Pone este ejemplo en uno de sus libros, así que yo lo conocía, pero oírselo a él de viva voz fue una experiencia increíble, algo así como oír a un Bruce Springsteen de ochenta y un años tocar una versión acústica de *Born to Run* en el salón de su casa. La historia es esta: William y James acababan de cumplir sesenta y cinco años, la edad de jubilación tradicional. William empezó con ventaja porque contrató un plan de pensiones a los veinte años e invirtió 4.000 dólares anuales durante los siguientes veinte años. Al cumplir cuarenta, dejó de aportar dinero y comenzó a ver cómo crecía en un entorno libre de impuestos y con un interés del 10 por ciento anual.

James no contrató un plan de pensiones hasta la madura edad de cuarenta años, la misma a la que su hermano William dejó de hacer aportaciones. Como su hermano, James invirtió

4.000 dólares anuales a un interés del 10 por ciento y sin impuestos, pero siguió aportando hasta los sesenta y cinco años, veinticinco en total.

William, el primero que contrató un plan de pensiones, invirtió un total de 80.000 dólares (4.000 dólares al año por 20 años al 10 por ciento), mientras que James, que lo contrató mucho después, invirtió 100.000 dólares (4.000 dólares al año por 25 años al 10 por ciento).

¿Cuál de los dos hermanos, pues, tenía más dinero en la cuenta cuando se jubilaron?

Yo sabía la respuesta pero Malkiel me contó la historia con tanto apasionamiento y fruición que era como si lo hiciera por primera vez. La respuesta, claro, **es el hermano que empezó primero e invirtió menos dinero**. ¿Cuánto tenía en su cuenta? Ojo al dato: ***¡un 600 por ciento más!***

Retrocedamos un poco y contextualicemos estas cifras. Si pertenecemos a la generación del milenio, o a la generación X, o incluso si somos *baby boomers*, fijémonos en este mensaje y sepamos que este consejo va dirigido a cualquiera, tenga la edad que tenga. Si tenemos treinta y cinco años y de pronto entendemos en qué consiste el poder del interés compuesto, nos diremos que ojalá hubiéramos empezado a los veinticinco años. Si tenemos cuarenta y cinco años, nos diremos que ojalá hubiéramos empezado a los treinta y cinco. Si tenemos sesenta o setenta, pensaremos en la cantidad de dinero que podríamos haber ahorrado y ganado si hubiéramos empezado a ahorrar cuando teníamos cincuenta o sesenta, y así sucesivamente.

En el ejemplo de Malkiel, fue **William, el hermano que empezó primero y dejó de invertir antes de que su hermano empezara a ahorrar, quien acabó teniendo casi 2,5 millones de dólares**. Y fue **James, que ahorró hasta la edad de sesenta y cinco años, quien tuvo menos de 400.000 dólares. ¡Es una diferencia de más de dos millones!** Todo porque William supo usar el maravilloso poder del interés compuesto otros veinte años, lo que le dio una ventaja insuperable... y lo obligó a pagar todas las comidas familiares el resto de su vida.

> El hombre en la cima de la montaña no apareció allí.
>
> VINCE LOMBARDI

¿Aún no estamos convencidos de que el interés compuesto, con el tiempo, es la única manera de hacer que nuestra *semilla de dinero* se convierta en la *fabulosa cosecha de seguridad financiera* que necesitaremos para subvenir nuestras necesidades futuras? Malkiel me contó otra de sus historias favoritas para ilustrar el caso. Cuando Benjamin Franklin murió en 1790, dejó unos **mil** dólares a las ciudades de Boston y Filadelfia. Su legado iba acompañado de una serie de condiciones: en concreto, el dinero había que invertirlo y no podía tocarse en cien años. Pasado este tiempo, las ciudades podían sacar 500.000 dólares para proyectos públicos. El dinero restante no podía tocarse hasta pasados otros cien años. Por fin, doscientos años después de la muerte de Franklin, **un periodo de tiempo en el que las acciones rindieron a un interés compuesto medio del ocho por ciento**, las ciudades podían percibir el total... que en **1990 ascendía a unos 6,5 millones de dólares**. Los mil dólares iniciales rindieron 6,5 millones en todos aquellos años y sin aportar más dinero.

¿Cómo fue posible? ¡Por el poder del interés compuesto!

Sí, doscientos años es mucho, mucho tiempo... ¡pero con **un rendimiento del 3.000 por ciento** bien merece la pena esperar!

Los ejemplos de Malkiel demuestran lo que ya sabíamos en nuestro fuero interno: que, en la mayoría de los casos, **nuestro sueldo nunca salvará la distancia que media entre el lugar en el que estamos y el lugar en el que nos gustaría estar**. ¡Porque un sueldo no puede compararse con el poder del interés compuesto!

> El dinero es mejor que la pobreza, al menos por razones financieras.
>
> WOODY ALLEN

¿Seguimos pensando que nuestro sueldo basta para alcanzar la libertad financiera? Veamos cómo les ha ido a algunas de las personas mejor pagadas del mundo.

El legendario pitcher de béisbol Curt Schilling ganó más de cien millones de dólares en una increíble carrera que incluyó dos campeonatos de la Serie Mundial con los Boston Red Sox. Pero luego invirtió sus ahorros en una empresa emergente de videojuegos que quebró... arrastrándolo consigo. «Nunca creí que pudieran vencerme —declaró a la cadena ESPN—. He perdido.»

Ahora debe unos cincuenta millones de dólares.

Kim Basinger fue una de las actrices más solicitadas de su generación, e incendió la gran pantalla con interpretaciones inolvidables en *Siete semanas y media*, *Batman* y *L.A. Confidential*, que le valió un Óscar a la mejor actriz secundaria. En el ápice de su popularidad, ganó más de diez millones de dólares por película... lo que le permitió comprar una ciudad entera en Georgia por veinte millones.

Basinger acabó en la ruina.

Marvin Gaye, Willie Nelson, M. C. Hammer, Meat Loaf... vendieron millones de discos y llenaron estadios de fans. ¿Y Francis Ford Coppola? Llenó las salas de cines con *El padrino*, una de las mejores películas estadounidenses, que, al menos por un tiempo, ostentó el récord de taquilla con una recaudación de 129 millones de dólares.

Todos estuvieron al borde de la bancarrota... ¡Coppola lo estuvo tres veces!

Incluso Michael Jackson, el «rey del pop», quien firmó al parecer un contrato con una discográfica por casi mil millones de dólares y vendió 750 millones de discos, estuvo a punto de quebrar en 2007, al ser incapaz de devolver un préstamo de 25 millones de su rancho de Neverland. *Jackson gastó dinero como si nunca fuera a acabársele... hasta que se le acabó*. A su muerte, dos años después, debía más de 300 millones de dólares.

¿Creemos que alguna de estas superestrellas se imaginó que algún día el dinero dejaría de afluir? ¿Creemos que *pensaron* siquiera en prepararse para ese día?

¿No hemos notado que, por mucho dinero que ganemos, siempre encontramos una manera de gastarlo? Estos ejemplos dejan claro que no somos nosotros solos. Parece que todos acabamos viviendo de acuerdo con nuestros medios... y algunos, me temo, por encima de nuestros medios. Lo vemos sobre todo en el caso de las estrellas que declinan... como esos boxeadores que llegan a lo más alto y luego de desploman estrepitosamente en la lona. Ahí está, por ejemplo, la carrera llena de altibajos del **excampeón de los pesos pesados Mike Tyson, que ganó más dinero que ningún otro boxeador en la historia —casi quinientos millones de euros— y acabó arruinado.**

Pero el campeón mundial en cinco categorías Floyd Mayweather, alias «Money», va camino de superar el récord de ganancias de Iron Mike. Como Tyson, Mayweather tuvo unos inicios difíciles. En septiembre de 2013 firmó un contrato con una remuneración de 41,5 millones de dólares por su combate contra Saúl Álvarez, alias «Canelo»... una cantidad récord que aumentó hasta más de 80 millones gracias a la televisión a la carta. ¡Y eso por un único combate! Antes de esta astronómica remuneración, ya había ocupado el primer puesto en la lista de los cincuenta deportistas más ricos de Estados Unidos de la revista *Sports Illustrated*. Personalmente, me gusta Mayweather. Es un deportista muy dotado, con una ética del trabajo como pocos la tienen. También es generosísimo con sus amigos. ¡Me gustan muchas cosas de esta persona! Pero Mayweather ya había ocupado el primer puesto de esa lista y había despilfarrado su fortuna en compras locas y malas inversiones. Es, al parecer, un manirroto consumado, y se dice que lleva una mochila con un millón de dólares en efectivo... por si tiene que hacerle una donación de emergencia a Louis Vuitton.

Como muchos otros triunfadores, el campeón es un lince y espero que hoy sepa invertir mejor, pero según una autoridad en cuestiones de dinero como el rapero 50 Cent, exsocio de Mayweather, el campeón no tiene más fuentes de ingresos que el boxeo. El rapero resume la estrategia financiera del boxeador lisa y llanamente: «Consiste en boxear, ganar dinero, gastar dinero, boxear. Boxear, ganar dinero, gastar dinero, boxear.»

Parece una estrategia absurda, ¿no? Por desgracia, es la que todos tenemos de una manera u otra. Trabajar, ganar dinero, gastar dinero, trabajar... ¡al puro estilo americano!

> Antes de hablar, escuchemos. Antes de escribir, pensemos. Antes de gastar, ganemos. Antes de invertir, investiguemos. Antes de criticar, aguardemos. Antes de rezar, perdonemos. Antes de renunciar, intentémoslo. Antes de jubilarnos, ahorremos. Antes de morir, demos.
>
> WILLIAM A. WARD

Y ésta es la pregunta de los 41,5 millones de dólares: si estas personas, con su talento y su suerte, no supieron *llegar a la libertad financiera ganando dinero*, ¿cómo podemos hacerlo nosotros?

No podemos.

Lo que sí podemos hacer es un sencillo cambio estratégico y adoptar una mentalidad completamente nueva. Tenemos que tomar las riendas de nuestra economía y aprovecharnos del poder exponencial del interés compuesto. ¡Nos cambiará la vida! **Tenemos que pasar de un mundo en el que trabajamos para ganar dinero a un mundo en el que el dinero trabaje para nosotros.**

Es hora de pasar a la acción y empezar a jugar, porque, en última instancia, todos tenemos que convertirnos en inversores si queremos ser financieramente libres.

Ya somos comerciantes financieros. A lo mejor no lo vemos así, pero si trabajamos para ganarnos la vida estamos comerciando con nuestro tiempo, que vendemos por dinero. Y, francamente, *es el peor intercambio que podemos hacer*. ¿Por qué? Porque siempre podemos ganar más dinero, pero no más tiempo.

No quiero parecerme a uno de esos anuncios sentimentales de MasterCard, pero todos sabemos que la vida está hecha de momentos irrepetibles, que dejaremos de vivir si vendemos nuestro tiempo por dinero.

Claro, de vez en cuando nos perdemos un baile o una velada porque el deber nos llama, pero nuestros preciosos recuerdos no siempre están a mano.

Si nos perdemos muchas cosas, podríamos empezar a preguntarnos por qué trabajamos en realidad.

El mejor «cajero automático»

¿Dónde vamos cuando necesitamos dinero y no somos campeones mundiales de boxeo con una mochila llena de billetes? ¿Qué clase de «cajero automático» necesitamos para hacer *esa* operación?

Apuesto a que, ahora mismo, la principal «máquina de hacer dinero» que tenemos somos nosotros mismos. Puede que hayamos hecho algunas inversiones, pero seguro que no las hemos hecho pensando en que sean una fuente de ingresos. Si dejamos de trabajar, la máquina se para, no entra dinero, los ingresos se acaban: en definitiva, nuestro mundo financiero llega a un punto muerto. Es un juego de suma cero, en el que ganamos exactamente lo que nos jugamos.

Considerémoslo de este modo: somos una especie de «máquina», pero no de hacer dinero, sino, por el hecho de que intercambiamos tiempo por dinero, una «máquina del antitiempo». Y no es ciencia ficción, sino, para muchos de nosotros, una realidad. Hemos dispuesto las cosas de manera que damos lo que más *valoramos* (tiempo) a cambio de lo que más *necesitamos* (dinero)... y si esto es lo que hacemos, tengamos por seguro que estamos perdiendo.

¿Está esto claro? **Si dejamos de trabajar, dejamos de ganar dinero.** Excluyámonos de la ecuación y busquemos un planteamiento alternativo. **Construyamos una máquina de hacer dinero que nos sustituya... y pongámosla a funcionar para que gane dinero mientras dormimos.** Pensemos en ella como si fuera un segundo negocio, sin empleados, sin nóminas, sin gastos, cuyos únicos «bienes» son el dinero que invertimos. ¿Lo único que produce? **Una fuente de ingresos vitalicia que nunca se secará**... aunque vivamos cien años. ¿Su misión? Proporcionarnos una vida de libertad financiera a nosotros y a nuestra familia... o futura familia, en caso de que no la tengamos ahora.

Suena bastante bien, ¿no? Si construimos esta *máquina metafórica* y la mantenemos adecuadamente, tendrá el poder de mil generadores. Funcionará veinticuatro horas al día, trescientos sesenta y cinco días al año y uno más los años bisiestos... y hasta los festivos.

Echemos un vistazo a la ilustración y nos haremos una idea más clara de cómo funciona la cosa.

Como podemos ver, la «máquina» no puede empezar a funcionar hasta que tomemos **la decisión financiera más importante de nuestra vida. ¿Y cuál es esa decisión? Qué porción de nuestro salario queremos ahorrar. Cuánto reservamos *de antemano*, antes de gastar un solo dólar en nuestra vida diaria**. Qué porcentaje de nuestro salario podemos (o, más importante, queremos) dejar *intacto* pase lo que pase. Quiero que pensemos en esa cantidad, porque de la decisión de guardar hoy un porcentaje de nuestros ingresos para disponer de dinero mañana dependerá el resto de nuestra vida. La idea es escapar de la rutina del trabajo diario y emprender el camino de la libertad financiera. Y para emprender este camino sólo tenemos que tomar esa sencilla decisión y empezar a beneficiarnos del increíble poder del interés compuesto. ¡Y lo bueno es que la decisión la tomamos nosotros y nadie más!

> «No puedo permitirme perder el tiempo ganando dinero.»
>
> JEAN-LOUIS AGASSIZ

Detengámonos un momento en esta idea, porque el dinero que ahorremos será la base de todo nuestro plan financiero. ¡No los consideremos siquiera ahorros! Yo digo que son nuestro ***fondo de la libertad*** porque lo que compraremos con ellos será eso, la libertad, hoy y en el futuro. Quede claro que ese dinero es sólo una parte de lo que ganamos. Y es para nosotros y para nuestra familia. Si ahorramos un porcentaje fijo cada vez que cobramos el sueldo y lo invertimos inteligentemente, con el tiempo empezaremos a vivir una vida en la que nuestro dinero trabajará para nosotros en lugar de que nosotros trabajemos para él. Y no tendremos que esperar a que el proceso empiece a obrar su magia.

Podríamos decir: «Pero, Tony, ¿de dónde saco el dinero para ahorrar? Gasto todo lo que gano». Más adelante hablaremos de una técnica sencilla pero eficacísima de ahorrar sin que nos cueste. De momento, recordemos el caso de mi amiga Angela, quien se dio

Máquina de hacer dinero

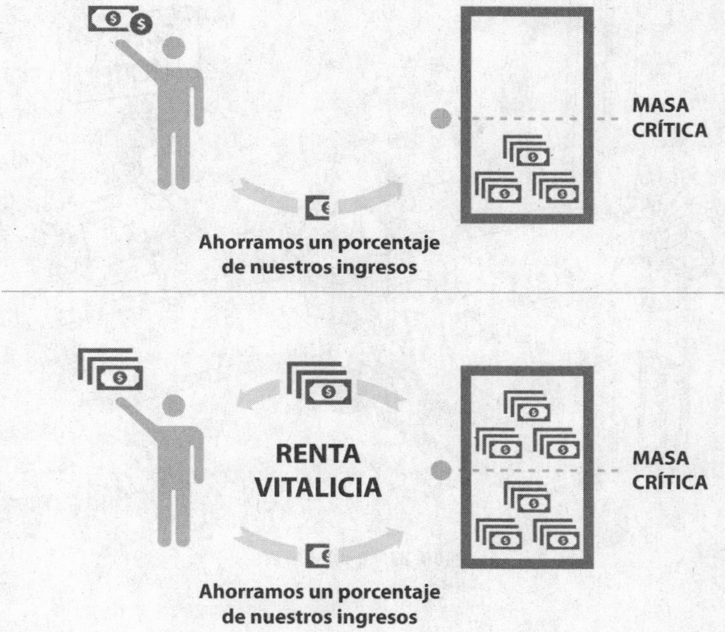

cuenta de que podía comprarse un coche nuevo por la mitad del dinero que gastaba en el viejo. ¿Adivinamos lo que hizo con el cincuenta por ciento del dinero que gastaba? Lo metió en su fondo de la libertad, la inversión de su vida. Cuando empezó, pensaba que no podía ahorrar nada; pronto pudo ahorrar el 10 por ciento. ¡Y hasta llegó a añadir un ocho por ciento más de lo que había ahorrado en el coche para gastos a corto plazo! ¡Eso sí, nunca toca ese 10 por ciento que ahorra para su futuro!

En última instancia, lo de menos es cuánto ganemos. Como hemos visto, si no ahorramos un poco podemos perderlo todo. Pero nosotros no lo meteremos debajo del colchón. Lo acumularemos en un entorno que nos parezca seguro pero que al mismo tiempo permita que rinda. Lo invertiremos y, según los principios que expongo en estas páginas, veremos cómo rinde hasta un punto de inflexión en el que los intereses devengados serán la renta que necesitamos para el resto de nuestra vida.

«VENGO A HACER UN INGRESO.»

Yo lo llamo «máquina de hacer dinero» porque si seguimos alimentándola y manejándola con tino, crecerá hasta constituir una «masa crítica»: una cantidad de activos seguros invertidos en un entorno sin riesgo y fiscalmente eficiente que rendirá lo bastante para subvenir a nuestros gastos diarios, nuestras urgencias y nuestra jubilación.

¿Parece complicado? Pues es muy sencillo. He aquí una manera de verlo: imaginemos una caja en la que metemos todos nuestros ahorros. Cada vez que cobremos, meteremos dinero, un porcentaje que tenemos que decidir. **Sea cual sea este porcentaje, tenemos que mantenerlo, tanto en los buenos tiempos como en los malos, pase lo que pase. ¿Por qué? Porque las leyes del interés compuesto nos castigan incluso si dejamos de aportar una vez.** No nos preguntemos si podemos permitirnos ahorrar, porque eso sería subestimarnos, pero no nos arriesguemos tampoco a tener que suspender los ahorros (o incluso echar mano de ellos) si algún mes ingresamos menos y tenemos que apretarnos el cinturón.

¿Qué porcentaje nos viene bien? ¿El 10 por ciento? ¿El 15 por ciento? ¿Incluso el 20 por ciento? No hay una respuesta fija, depende de nosotros. ¿Qué nos dicen las entrañas? ¿Y el corazón?

Si queremos un consejo, los expertos dicen que deberíamos ahorrar como mínimo un 10 por ciento de nuestros ingresos, aunque, tal y como está hoy la economía, muchos convienen en que un 15 por ciento es una cifra mucho mejor, sobre todo si tenemos más de cuarenta años. (¡Sabremos por qué en la tercera parte!)

> ¿Recuerda alguien algún tiempo que no fuera difícil y en el que el dinero no escaseara?
>
> RALPH WALDO EMERSON

A estas alturas estaremos diciéndonos «todo pinta muy bien en teoría, Tony, ¡pero bastante apurados de dinero vamos como para ponernos a ahorrar!». Y no seremos los únicos. La mayoría de la gente cree que no puede permitirse ahorrar. Pero, francamente, lo que no podemos permitirnos es no ahorrar. ¡Todos podemos sacar ese dinero extra si realmente lo necesitamos ahora mismo para una emergencia! El problema es sacarlo para cuando lo necesite la persona que seremos en el futuro, porque esa persona no parece real. Por eso sigue resultándonos tan difícil ahorrar, aunque sepamos que esos ahorros pueden marcar la diferencia entre jubilarnos holgadamente en nuestra propia casa y morir sin un duro y dependiendo de la exigua ayuda del Estado.

Ya hemos visto que los economistas conductuales estudian cómo nos engañamos a nosotros mismos en materia económica, y más adelante hablaré de cómo podemos inducirnos a hacer lo que hay que hacer automáticamente. **Porque ésa es la clave del éxito: nuestro ahorro tiene que ser automático.** Como me dijo Burton Malkiel cuando lo visité: «La mejor manera de ahorrar es no ver el dinero». Es verdad. Si no vemos el dinero que ahorramos, nos sorprenderá ver cuántas maneras hay de ajustar nuestros gastos.

Ahora mismo expondré una serie de métodos sencillos para automatizar nuestro ahorro y que el dinero vaya a su destino antes de que llegue a nuestro bolsillo o a nuestra cuenta bancaria. Pero antes veamos algunos ejemplos de personas que viven de su sueldo y que se las han arreglado para ahorrar y enriquecerse incluso cuando todo parecía ir en su contra.

Rendir millones

Theodore Johnson, que empezó trabajando en la entonces recién creada United Parcel Service en 1924, trabajó duro y ascendió en la empresa. Nunca ganó más de 14.000 dólares al año, pero ésta es su fórmula mágica: ahorró el 20 por ciento de su sueldo y de todas las primas navideñas, y lo invirtió en acciones de la empresa. Se fijó una cifra, un porcentaje de los ingresos que creía que tenía que ahorrar para su familia —como haremos nosotros cuando acabe este capítulo—, y a él se atuvo.

Gracias a los dividendos y a la buena vieja paciencia, Theodore vio al final cómo su participación en UPS ascendía a un valor de 70 millones de dólares cuando cumplió los noventa años.

Impresionante, ¿verdad? Y lo mejor de todo es que no era un gran deportista como Mike Tyson ni un brillante cineasta como Francis Ford Coppola... ni aun un alto ejecutivo de la empresa. Dirigía el departamento de personal. Pero entendió el poder del interés compuesto a una edad tan temprana que éste tuvo un profundo impacto en su vida... y en la vida, por cierto, de muchas más personas. Tenía que mantener a una familia y hacer frente a unos gastos mensuales, pero para él ninguna factura era más importante que la promesa de su futuro. Lo primero era invertir en su fondo de la libertad.

Al final de su vida, Johnson pudo hacer una serie de cosas importantes con todo su dinero. Donó más de 36 millones de dólares para proyectos educativos, 3,6 millones de ellos en becas para dos escuelas de sordos, porque él mismo lo era un poco desde los años cuarenta. También creó un fondo de becas universitarias para los hijos de los empleados de UPS.

¿Y conoce el lector la historia de Oseola McCarty, de Hattiesburg, Mississippi, una mujer trabajadora que no pasó de sexto curso y curró durante 75 años lavando y planchando ropa? Vivía de forma sencilla y siempre ahorró una parte del dinero que ganaba. Así explicaba sus ideas sobre la inversión: «Lo guardaba. Nunca sacaba nada. Sólo metía, acumulaba.»

¡Vaya si acumuló! **A los ochenta y siete años, McCarty fue noticia en todo el país porque donó 150.000 dólares para becas a la Universidad del Sur de Mississippi.** Aquella mujer no tenía la impresionante fachada de Kim Basinger ni el talento musical de Willie Nelson, pero trabajó duro y supo hacer que su dinero hiciese lo propio.

«Quería ayudar a los hijos de la gente a ir a la universidad», dijo, y lo consiguió gracias a su gran probidad. E incluso sobró un poco de dinero con el que se permitió un pequeño lujo: comprar un aparato de aire acondicionado para su casa.

En el polo opuesto tenemos el estimulante caso de sir John Templeton, uno de mis modelos y uno de los mayores inversores de todos los tiempos. He tenido el privilegio de conocerlo y entrevistarlo varias veces a lo largo de los años e incluyo la última entrevista en nuestro «manual del multimillonario». Estos son algunos antecedentes. No empezó siendo «sir John». Tuvo unos comienzos humildes en Tennessee. No estudió una carrera porque no pudo pagarse la matrícula, pero ya de joven supo lo que era el poder de ahorrar con interés compuesto. *Se comprometió a ahorrar el cincuenta por ciento de lo que ganaba* y luego puso a rendir esos ahorros. Estudiaba historia y observó una pauta constante. **«Tony, las mejores oportunidades se presentan en los momentos de máximo pesimismo»**, me decía. «No hay nada, nada, que haga bajar el precio de una acción excepto la presión de la venta.» Pensémoslo. Cuando las cosas van bien en la economía, podemos recibir varias ofertas de compra de nuestra casa y quedarnos con el mejor postor. En mercados alcistas, los inversores no lo tienen fácil para hacer buenos negocios. ¿Por qué? Cuando las cosas van bien, ¡los humanos tendemos a creer que seguirán así siempre! Pero cuando sobreviene una crisis, la gente echa a correr. Dan sus casas, sus acciones, sus negocios... a cambio de casi nada. Yendo contra corriente, John, que empezó con muy poco, llegó a ser multimillonario.

¿Cómo lo hizo? Cuando Alemania invadió Polonia en 1939, precipitando a Europa en la segunda guerra mundial y paralizando el mundo con miedo y desesperación, reunió 10.000 dólares y los invirtió en la bolsa de Nueva York. Compró 100 acciones de todas las empresas que vendían por menos de un dólar, incluyendo aquellas que estaban a punto de quebrar. Pero él sabía lo que muchas personas olvidan: que la noche no dura siempre. Que el invierno financiero es una estación a la que sigue la primavera.

Cuando acabó la segunda guerra mundial, en 1945, ¡la economía de Estados Unidos creció de repente y las acciones de Templeton se dispararon hasta constituir una cartera de valores multimillonaria! **Vimos el mismo tipo de crecimiento de la bolsa entre las caídas de marzo de 2009 y el crecimiento de más del 142 por ciento de finales de 2013. Pero la mayoría no nos aprovechamos. ¿Por qué? Cuando las cosas van mal, pensamos que irán mal siempre: el pesimismo nos invade.** En el capítulo 4.4, «*Timing*: ¿la oportunidad lo es todo?», mostraré un sistema que puede ayudarnos a no perder la cabeza y seguir invirtiendo cuando todo el mundo tiene miedo. Es en esos momentos breves y volátiles cuando se producen rendimientos astronómicos.

Expuse estas ideas a mis *platinum partners*, un exclusivo grupo de socios que formé para apoyar mi fundación, y les presenté algunas de las oportunidades que tenían delante. **Por ejemplo, Las Vegas Sands Corporation cotizaba en la bolsa de Nueva York. El 9 de marzo de 2009, el precio de sus acciones había caído a 2,28 dólares y hoy es de 67,41, ¡un rendimiento del 3.000 por ciento!**

Esto es saber invertir cuando todo el mundo es presa del pánico.

¿Qué podemos, pues, aprender de sir John Templeton? Es asombroso lo que la investigación, la fe y la acción pueden hacer si no dejamos que el miedo generalizado nos paralice. Es una buena lección que debemos recordar si, mientras leemos estas páginas, los tiempos se vuelven más difíciles, financieramente hablando. La historia demuestra que esos «tiempos malos y temerosos» son los que ofrecen mejores oportunidades para invertir y ganar.

Templeton sabía que si podía ahorrar la mitad de sus magras ganancias, estaría en situación de aprovechar al máximo todas las oportunidades de inversión. Pero, más importante aún, fue uno de los mayores filántropos del mundo y, cuando se nacionalizó británico, la reina de Inglaterra lo nombró caballero en recompensa de sus esfuerzos. Muerto él, su obra generosa continúa: todos los años, la fundación John Templeton concede más dinero en becas destinadas a «contribuir al progreso humano mediante descubrimientos pioneros» —unos setenta millones de dólares— que el jurado del premio Nobel en diez años.

¿Y cuál es la gran enseñanza de la historia de Theodore Johnson? Que no tenemos que ser genios de las finanzas para ser financieramente libres.

¿La lección de estos tres inversores sabios? **Que si nos atenemos a un sencillo pero constante plan de ahorro, invertimos una parte de nuestro sueldo y *nos pagamos a nosotros mismos primero*, podemos aprovecharnos del poder del interés compuesto para llegar a alturas inimaginables.**

> La decisión más difícil es la decisión de actuar; lo demás sólo es cuestión de tenacidad.
>
> AMELIA EARHART

¿Qué cantidad, pues, vamos a ahorrar? La de Theodore Johnson era el 20 por ciento. La de John Templeton, el 50 por ciento. La de Oseola McCarty fue un sencillo caso de *mirar por el céntimo*: poner esos céntimos en una cuenta con interés y dejar que rindan.

¿Y nosotros? ¿Hemos decidido una cifra? ¡Estupendo! Es hora de decidirnos, de comprometernos. **¡Es hora de dar el primero de los siete simples pasos para alcanzar la libertad financiera! ¡La más importante decisión financiera de nuestra vida ha de ser tomada ya! Es hora de que decidamos convertirnos en inversores y no sólo ser consumidores. Para ello, simplemente tenemos que decidir qué porcentaje de nues-**

tros ingresos vamos a ahorrar para nosotros y nuestra familia y para nadie más.

Repito: ese dinero es para nosotros. Para nuestra familia. Para nuestro futuro. No es para gastarlo en ropa. No es para gastarlo en restaurantes caros ni en un nuevo coche que sustituya al que aún puede hacer 80.000 kilómetros. Procuremos no pensar en las compras que dejamos de hacer hoy. Fijémonos más bien en el fruto que recogeremos mañana. En lugar de salir a cenar con amigos —lo que nos costará, digamos, 50 dólares—, ¿por qué no pedimos unas pizzas y unas cervezas y las pagamos entre todos? Cambiemos un buen momento por otro, ahorremos unos 40 dólares cada vez y habremos avanzado mucho.

¿Y qué es eso?, nos diremos. **Cuarenta dólares no es mucho.** Es verdad, pero si los ahorramos todas las semanas y los invertimos, podríamos jubilarnos unos años antes. **Echemos cuentas: no simplemente ahorramos 40 dólares a la semana, sino que dejar de gastarlos puede suponer dejar de gastar unos 2.000 dólares al año** y ahora sabemos que, **gracias al interés compuesto y con el tiempo, esos 2.000 pueden rendir mucho. ¿Cuánto es mucho? ¿Qué nos parecen 500.000 dólares? ¡Exacto: *medio millón de dólares*!** ¿Cómo? Los asesores de Benjamin Franklin nos dirían que colocáramos ese dinero en el mercado y, si nos dieran un ocho por ciento de interés compuesto, en 40 años esos 40 dólares que nos ahorramos todas las semanas (2.080 al año) rendirían un total de ¡581.944 dólares! Más que suficiente para pedir una pizza de las más grandes... ¡y la más completa!

¿Vemos cómo puede el interés compuesto trabajar para nosotros, con apenas unas acciones sencillas y constantes? **¿Y si nos las arregláramos para ahorrar más de 40 dólares semanales? ¡Ya 100 dólares podría suponer una diferencia de un millón en el momento que más lo necesitáramos!**

Recordemos esto: no podemos aprovecharnos del asombroso poder del interés compuesto hasta que decidamos sobre este importantísimo punto. Después de todo, ¡no podemos ser inversores si no tenemos nada que invertir! Es elemental: es la base para crear riqueza, la diferencia entre ser un asalariado y un inversor, y empieza con ahorrar una parte de lo que ganamos para nosotros y nuestra familia.

¿Cuánto será esa parte? ¿El diez, el doce, el quince, el veinte por ciento?

Hallemos nuestro porcentaje y anotémoslo.

Subrayémoslo.

Comprometámonos a ahorrarlo.

¡Y automaticémoslo!

Nos ayudará a dar los fáciles pasos siguientes:

— Si cobramos una nómina, podemos llamar al departamento de recursos humanos y pedir que envíen un porcentaje determinado de nuestro sueldo —que nosotros elegimos— directamente a nuestra cuenta de ahorro.
— Si ya nos hacen deducciones automáticas que van a nuestro plan de pensiones de empleo, podemos aumentar esas deducciones hasta la cantidad que hayamos elegido.
  ¿Lo hemos hecho? ¡Muy bien!
— Pero ¿y si somos autónomos o tenemos nuestra propia empresa o trabajamos por encargo? No pasa nada. Ordenamos una transferencia automática desde nuestra cuenta bancaria.

¿Y si no tenemos una cuenta en la que ingresar nuestros ahorros? Simple: vayamos enseguida a internet y abramos un plan de pensiones o una cuenta de ahorro en cualquier banco o entidad. O, si la tecnología no nos va y preferimos hacerlo «manualmente», salgamos a la calle y visitemos nuestro banco.

¿Cuándo conviene hacerlo? ¿Ahora, por ejemplo?

Corramos, que espero...

> Si no queremos trabajar, tenemos que trabajar para ganar dinero y no tener que trabajar.
>
> Ogden Nash

Bien, estamos de vuelta. ¡Enhorabuena! Acabamos de tomar **la decisión financiera más importante de nuestra vida**, el primero de los siete simples pasos para alcanzar la libertad financiera. Ya estamos en camino de convertir nuestros sueños en realidad.

En las páginas que siguen veremos algunas estrategias seguras para que nuestro dinero rinda, pero por ahora centrémonos en este asunto fundamental, porque nuestro futuro financiero depende de que seamos capaces de ahorrar sistemáticamente. La mayoría lo sabemos, de algún modo, pero si lo sabemos y seguimos sin obrar en consecuencia... es como si no lo supiéramos. **Al contrario de lo que la gente cree, el conocimiento no es poder... es poder *potencial*. Saber no es saber hacer. Lo que importa es la *acción*. La acción siempre triunfa sobre el conocimiento.**

> Quiero ganar, pero odio más perder.
>
> Brad Pitt en el papel de Billy Beane,
> director del equipo de béisbol Oakland Athletics,
> en *Moneyball, rompiendo las reglas*

¿Qué pasa si, después de todo lo que hemos aprendido, seguimos sin dar ese primer paso que consiste en ahorrar un porcentaje de nuestros ingresos en una cuenta con interés compuesto? ¿Hay algo que nos lo impide? ¿Y qué es? ¿Podría ser que no ahorramos sistemáticamente porque nos parece un sacrificio —una pérdida— en lugar de un regalo que nos hacemos hoy y en el futuro? En mi búsqueda de respuestas, conocí a Shlomo Bernartzi, de la Escuela de Administración de Empresas de la Universidad de California en Los Ángeles, y me dijo: «Tony, el problema es que a la gente el futuro no le parece real. Por eso le cuesta tanto ahorrar pensando en el futuro». Benartzi y su colega, el premio Nobel Richard Thaler, de la Universidad de Chicago, han discurrido una estupenda solución, a la que llaman *Save More Tomorrow* (Ahorra más mañana), que se basa en el sencillo pero eficaz principio siguiente: si nos duele demasiado ahorrar hoy... esperemos a que nos suban la paga.

¿Cómo se les ocurrió esto? En primer lugar, me explicó Shlomo, tenían que responder a la cuestión de la gratificación inmediata, o lo que los científicos llaman **«sesgo del presente»**. Me puso un ejemplo: a unos estudiantes les preguntó qué querrían de tentempié cuando volvieran a verse dos semanas después, un plátano o chocolate, y el 75 por ciento contestó que un plátano. Pero dos semanas después, en el momento de elegir, ¡el 80 por ciento prefirió chocolate! «Controlarnos en el futuro no es problema», me dijo Shlomo. Lo mismo pasa con los ahorros. «Sabemos que deberíamos ahorrar. Sabemos que lo haremos el año que viene. Pero hoy gastamos.»

Como especie, estamos hechos para preferir el hoy al mañana, pero también odiamos sentir que nos perdemos algo. Para ilustrar este punto, Shlomo me habló de un estudio que se había hecho con monos, nuestros primos no tan lejanos, para medir sus respuestas psicológicas. A un grupo se les dio una manzana. ¡Enorme excitación! Y luego a otro dos manzanas. ¡Enorme excitación también! Pero entonces se introdujo un cambio: a los que les habían dado dos manzanas, les quitaron una. Seguía quedándoles una manzana, pero ¿adivinamos lo que pasó? Cogieron un cabreo terrible (científicamente hablando). ¿No nos ocurre lo mismo a los humanos? ¿No olvidamos lo que ya tenemos? Recordemos este estudio cuando cuente la historia de un multimillonario llamado Adolf Merckle en el siguiente capítulo. Tendremos una iluminación.

La cuestión es que, si sentimos que perdemos algo, lo evitamos, no lo hacemos. Por eso tanta gente no ahorra ni invierte. Si ahorramos parece que renunciamos a algo, que perdemos algo hoy. Pero no es verdad. Es hacernos un regalo en forma de tranquilidad, de certidumbre, de una gran fortuna en el futuro.

¿Cómo resolvieron Benartzi y Thaler estos problemas? Con un sistema sencillo que hace que ahorrar no nos cueste. Es un sistema que responde a nuestra naturaleza. Como dijo Shlomo en un TED Talk: «Save More Tomorrow invita a los trabajadores a ahorrar más quizá el año que viene... en algún momento del futuro en el que nos imaginamos comiendo plátanos, colaborando más con la comunidad, practicando más ejercicio y haciendo todas las cosas buenas del mundo».

La cosa consiste en lo siguiente: convenimos en ahorrar una pequeña cantidad de nuestro salario: el diez, el cinco y hasta tan poco como el tres por ciento (¡un porcentaje tan pequeño que no notaremos la diferencia!) y nos comprometemos a ahorrar más en el futuro, aunque sólo cuando nos aumenten el sueldo. Cada vez que esto ocurra, el porcentaje será un poco mayor, pero no lo sentiremos como una pérdida, ¡porque apenas nos daremos cuenta!

Bernartzi y Thaler probaron el plan hace casi veinte años en una empresa del Medio Oeste cuyos trabajadores decían que no podían permitirse ahorrar un céntimo más de su sueldo. Pero los investigadores los convencieron para que dejaran que la empresa ingresara automáticamente el tres por ciento de su salario en un plan de pensiones, y otro tres por ciento más cada vez que les aumentaran el sueldo. ¡El resultado fue sorprendente! Al cabo de sólo cinco años y tres aumentos de sueldo, esos trabajadores, que pensaban que no podía permitirse ahorrar, ¡estaban guardando nada menos que casi el 14 por ciento de su salario! Y el 65 por ciento de ellos estaban ahorrando en realidad una media del 19 por ciento.

Si ahorramos un 19 por ciento, estamos ahorrando más o menos la cantidad que hizo riquísimo a Theodore Johnson, el hombre de UPS. No cuesta y funciona. Se ha demostrado una y otra vez.

Permítaseme mostrar el gráfico que Shlomo usa para ilustrar el impacto que cada aumento del porcentaje de ahorro tendrá en el estilo de vida del trabajador.

En el 3,5 por ciento vemos un par de zapatillas, ¡porque es lo único que podemos permitirnos si ahorramos ese porcentaje! En el 6,5 por ciento, vemos una bicicleta. Y así sigue hasta que llegamos al 13,6 por ciento, ¡donde vemos un coche de lujo que nos envía el claro mensaje de que la vida es estupenda! ¡La diferencia es enorme!

Ahora mismo, el 60 por ciento de las grandes empresas ofrecen planes como Save More Tomorrow. Sepamos si la nuestra lo hace y, si no, mostremos este libro al departamento de recursos humanos y veamos si pueden hacernos uno.

Por supuesto, seguiremos teniendo que «ganarnos» nuestro aumento de sueldo: es poco probable que nuestro jefe nos lo con-

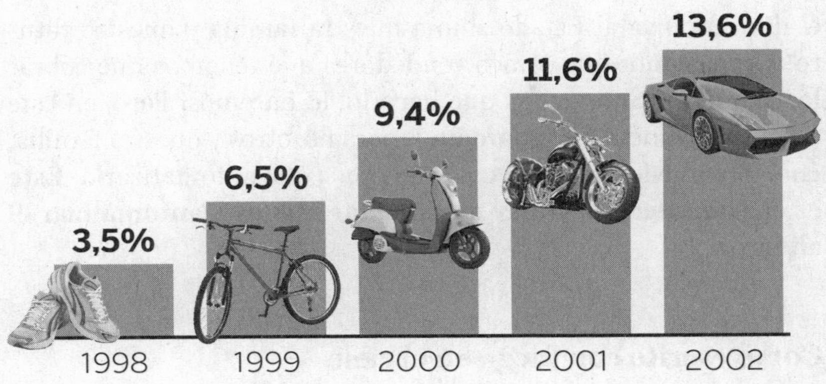

ceda porque se lo pidamos amablemente. Pero una vez que lo obtengamos, seremos libres de ahorrar todo el importe del aumento o sólo una parte, dependiendo de nuestras circunstancias. En algunos casos, la empresa duplicará nuestras aportaciones... lo que será miel sobre hojuelas. En el siguiente enlace podemos calcular el efecto de un plan de este tipo en nuestro futuro financiero: <www.nytimes.com/interactive/2010/03/24/your-money/one-pct-more-calculator.html>.

Si nuestra empresa no nos ofrece un plan, podemos contratar uno por nuestra cuenta. Podemos empezar ahorrando un cinco por ciento (aunque yo recomiendo que empecemos con no menos del 10 por ciento, si es posible) que vaya automáticamente a nuestro fondo de la libertad, y luego seguir ahorrando el tres por ciento más cada vez que nos aumenten el sueldo. Entremos en internet o hagamos una llamada telefónica ¡y pongámonos en marcha! Podemos hacerlo hoy mismo y asegurar nuestro futuro de la manera menos costosa. ¡No hay excusa que valga!

Pero ¿qué pasa si somos autónomos? ¿Qué pasa si tenemos nuestro propio negocio y pensamos que no podemos dejar de invertir hasta el último céntimo en él? Encontraremos la manera de ahorrar. ¿Qué pasaría si nos pusieran un nuevo impuesto y tuviéramos que pagar el 10 por ciento más, o incluso el 15 por ciento, al Estado? ¡Sería horrible! ¡Maldeciríamos esto y lo otro! Pero encontraríamos la manera de pagarlo. Pensemos, pues, que ese porcentaje es un impuesto que «tenemos que pagar», ¡porque el dinero no va al Estado sino a nuestra familia y nuestro futuro! O pensemos que somos vendedores que tenemos que cobrar los primeros. Si tenemos que hacerlo, lo haremos. Pero, en este caso, es un dinero que guardamos para nosotros y nuestra familia, ¿no? Y no olvidemos una cosa: tenemos que automatizarlo. **Éste es el gran secreto: ganar más, gastar menos y automatizar el ahorro.**

Como escrito con fuego en el cielo

De joven leí el clásico de George Samuel Clason *El hombre más rico de Babilonia*, en el que el autor, a través de una serie de parábolas, nos da consejos financieros llenos de sentido común. Recomiendo este libro a todo el mundo. Un pasaje se me ha quedado grabado todos estos años: «"**Una parte de lo que gano es mía y la guardo**". Digámonoslo por la mañana al levantarnos. Digámonoslo al mediodía. Digámonoslo por la noche. Digámonoslo a todas horas todos los días. Digámonoslo hasta que nos parezca como escrito con fuego en el cielo. Imbuyámonos de esta idea. Llenémonos de este pensamiento. Y luego determinemos una parte que nos parezca razonable —no menos de una décima parte— y ahorrémosla. Supeditemos a ello todos los demás gastos si es necesario. Pero ahorremos primero esa parte».

> Nadie recordaría al buen samaritano si sólo hubiera tenido buenas intenciones. También tenía dinero.
>
> MARGARET THATCHER

Ahorremos esa parte primero, amigos. ¡Y luego *obremos en consecuencia*! No importa el porcentaje que sea, empecemos. Lo mejor es que no sea menos del 10 por ciento. Pero, con el tiempo, hagamos que esa cifra signifique algo.

El siguiente paso

Ahora que hemos trazado un plan de inversión automático —nuestro fondo de la libertad, nuestra nueva máquina de hacer dinero—, estaremos preguntándonos dos cosas: primero, ¿dónde meto ese dinero?, y, segundo, ¿cuánto necesitaré para conseguir la seguridad o libertad financiera? Vamos a responder a estas dos preguntas claramente. Y las respuestas vendrán de los mejores financieros del mundo.

Pero antes tenemos que entender para qué invertimos. ¿Qué hay detrás de nuestro deseo de libertad financiera? ¿Qué es la riqueza para nosotros? ¿Qué perseguimos realmente? Tomémonos un momento —unas cuantas páginas— y veamos cómo dominaremos el dinero.

Capítulo 1.4

Dominemos el dinero: es hora de avanzar

La gratitud es el signo de las almas nobles.

Esopo

El dinero es una de las formas de hacer los sueños realidad. Si no tenemos bastante o tenemos muy poco, la vida puede ser horrible. Pero cuando tenemos dinero, ¿mejora todo automáticamente? Creo que todos conocemos la respuesta.

El dinero no puede cambiar lo que somos. Lo único que hace es magnificar nuestra verdadera naturaleza. Si somos mezquinos y egoístas, con dinero seremos más mezquinos y egoístas. Si somos agradecidos y generosos, con dinero lo seremos más.

Pensemos un momento en la crisis financiera de 2008. Billones de dólares en acciones y valores inmobiliarios se volvieron humo. Millones de empleos se perdieron en cuestión de meses. ¿Cómo lo vivimos nosotros? ¿Cómo nos golpeó? ¿Cómo afectó a nuestra familia? ¿Y a nuestros amigos? Algunos reaccionamos con miedo, otros con rabia, otros con resignación, otros con determinación. Todas estas respuestas no tenían que ver con el dinero, sino con nosotros. Aquellos sucesos arrojaron luz sobre lo que el dinero significa para nosotros. Sobre el poder que le damos. Sobre si dejamos que el dinero nos controle o si lo controlamos nosotros.

La bolsa o la vida

Uno de los casos más fuertes que conozco de aquel momento es el de un señor llamado Adolf Merckle. En 2007 era la nonagésimo cuarta persona más rica del mundo y la más rica de Alemania con un patrimonio de doce mil millones de dólares. Poseía la empresa farmacéutica más grande de Europa y luego amplió su imperio a la industria y la construcción. Estaba orgulloso de lo que había conseguido. También le gustaba especular.

En 2008 decidió apostar en la bolsa. Convencido de que Volkswagen estaba cayendo, decidió «vender en corto» la empresa. Con un problema: Porsche quiso comprar Volkswagen y las acciones subieron en lugar de bajar. Casi de la noche a la mañana, Merckle perdió casi 750 millones en esa simple operación.

Para colmo de males, necesitaba desesperadamente dinero para pagar un préstamo. Pero en 2008 los bancos no prestaban dinero a nadie: ni al lector, ni a mí, ni a los multimillonarios... ni a otros bancos.

¿Y qué hizo Merckle? ¿Buscar otras fuentes de financiación? ¿Reducir sus gastos? ¿Vender empresas deficitarias? No. Cuando se dio cuenta de que había perdido un total de tres mil millones de dólares y había dejado de ser el hombre más rico de Alemania, y que le había fallado a su familia, escribió una nota y se arrojó a las vías del tren.

Eso mismo. Se suicidó.

La ironía trágica es que, a los pocos días, su familia supo que los préstamos que pidió se le concedieron y sus empresas estaban salvadas.

¿Murió por el dinero? ¿O murió por lo que el dinero *significaba* para él? Para Merckle, el dinero era una forma de identidad, algo que lo hacía importante. No pudo soportar perder su condición de hombre más rico de Alemania, lo sintió como un fracaso... ¡pese a que aún le quedaban nueve mil millones de dólares!

Podemos pensar «¡qué absurdo!». Pero no sé si tenemos derecho a juzgarle. ¿Cuántas veces hemos ligado nosotros nuestra identidad —o nuestro futuro— al dinero en alguna medida? Seguramente más de las que quisiéramos admitir.

El multimillonario que quiere morir pobre

También hay gente como Chuck Feeney, un estadounidense de origen irlandés de Elizabeth, Nueva Jersey, multimillonario que partió de la nada. ¿Nos hemos sentido alguna vez atraídos por una de esas tiendas llenas de relucientes botellas de alcohol y perfume y otros artículos lujosos libres de impuestos que hay en los aeropuertos? Duty Free Shopping (DFS), ésta fue la idea de Chuck Feeney. Empezó de la nada en 1960 y acabó poseyendo un imperio comercial de 7.500 millones de dólares.

En algún momento, la revista *Forbes* lo clasificó, al igual que a Merckle, en la lista de los hombres más ricos del mundo. Pero Feeney era tan humilde que no parecía un hombre rico. Se ha pasado la mayor parte de su vida sin coche ni casa propios. Volaba en segunda clase y llevaba un reloj de pulsera de plástico. Como la de Merckle, su cuenta bancaria disminuía —actualmente Feeny es octogenario y tiene poco más de un millón de dólares—, pero la gran diferencia entre los dos es que, en lugar de agarrarse al último céntimo, Chuck Feeney ha *dado* todo su dinero.

En los últimos treinta años, este hombre se ha dedicado a usar ese instrumento que llamamos dinero a cambiarles la vida a las personas. Su filantropía llega a todos los rincones del mundo: ayuda a hacer la paz en Irlanda del Norte, a luchar contra el sida en Sudáfrica, a educar a niños en Chicago...

Y lo más sorprendente es que todo lo hace de una manera anónima. No busca el reconocimiento. De hecho, sólo ahora se sabe que es él quien financia esos increíbles proyectos. ¡Y sigue adelante! Chuck Feeney dice que lo que quiere es que le devuelvan el último cheque que extienda.

Está claro que el dinero no significa lo mismo para Adolf Merckle que para Chuck Feeney. ¿Qué significa realmente para nosotros? ¿Usamos el dinero o el dinero nos usa? Como vengo diciendo todo el rato, o aprendemos a dominar el dinero, o el dinero nos dominará.

El objetivo último: dar como se nos ha dado

De niño, para mí el dinero era algo inalcanzable. Siempre era motivo de angustia porque nunca había bastante. Recuerdo ir a pedir a los vecinos comida para mis hermanos y para mí.

Pero un día de Acción de Gracias, cuando tenía once años, ocurrió algo que cambió mi vida para siempre. Como de costumbre, no había comida en casa y mis padres se peleaban. De pronto oí que llamaban a la puerta. Abrí un poco y vi a un hombre cargado con bolsas llenas de comida, suficientes para una gran cena de Acción de Gracias. Me parecía mentira.

Mi padre siempre decía que a nadie le importaba nadie. Pero de repente una persona a la que no conocía, y que nada pedía a cambio, nos ayudaba. Aquello me hizo pensar: «¿Significa esto que los desconocidos se preocupan por nosotros?». Y decidí que si unos desconocidos se preocupaban por mí y por mi familia, ¡también yo me preocuparía por ellos! «¿Qué puedo hacer?» Aquel día me prometí que llegado el momento, de algún modo, encontraría el medio de dar como a mí me habían dado. Y, así, a los diecisiete años, trabajando de portero de noche, ahorré dinero y el día de Acción de Gracias di de comer a dos familias. Fue una de las experiencias más conmovedoras de mi vida. Ver cómo aquellas caras pasaban de la desesperación a la alegría me llenó de gozo. En verdad puedo decir que fue un regalo para mí tanto como para aquellas dos familias. No se lo dije a nadie, pero al año siguiente di de comer a cuatro familias. Luego a ocho. No lo hacía por chulería, pero, después de ocho, me dije: «¿Por qué no pido ayuda?». Se lo conté a unos amigos y se apuntaron. La cosa creció más y más. Hoy, mi fundación da de comer a dos millones de personas de treinta y seis países todos los años gracias a nuestras International Basket Brigades. ¿Habría sentido la alegría de dar si no hubiera sido por aquel terrible día de Acción de Gracias de mis once años? ¡Quién sabe! Algunos lo llamarán suerte, destino o simplemente providencia. Yo veo la mano de Dios; yo lo llamo gracia.

Esto es lo que sé: aprendí lo que es la alegría de dar y eso nada tiene que ver con el dinero. El dinero es simplemente un medio para satisfacer nuestros deseos y necesidades, y no sólo financieros. La mayor parte de nuestra vida nos guiamos por creencias que hemos desarrollado a lo largo del tiempo; por lo que pensamos que es nuestra vida, por lo que creemos que debemos ser, hacer o dar; en suma, por aquello que nos hace sentirnos felices o realizados. Cada cual tiene su concepto de la «felicidad». Algunos son felices agradando al prójimo, otros hallan la felicidad en el poder y la dominación, y para otros la felicidad es tener un millón de dólares. Algunos creen que la felicidad y el sentido de la vida están en acercarse a Dios y renunciar a todo lo material. Otros creen que la felicidad última es la libertad.

Busquemos la emoción que busquemos, persigamos lo que persigamos —montar un negocio, casarnos, formar una familia, viajar por el mundo—, pensemos lo que pensemos de la felicidad, creo que todo son intentos de nuestra mente por satisfacer una o más de las seis necesidades humanas.

Estas seis necesidades básicas son nuestro motor. Determinan la conducta humana y son universales. Son la fuerza que nos mueve a hacer locuras y a hacer grandes cosas. Todos tenemos las mismas seis necesidades, pero la manera como las valoramos y el orden en el que lo hacemos determina la dirección de nuestra vida.

¿Por qué es tan importante entender estas seis necesidades humanas? Porque si vamos a enriquecernos, tenemos que saber lo que realmente queremos, para qué nos enriquecemos. ¿Buscamos la riqueza para sentirnos seguros? ¿Queremos ser ricos para sentirnos especiales y únicos? ¿O lo queremos para poder ayudar a otros, para poder hacer por ellos cosas que nunca pudimos hacer? ¿O quizá todo a la vez?

Si para nosotros la mayor necesidad de nuestra vida es sentirnos seguros, nos moveremos, actuaremos, nos relacionaremos y gestionaremos nuestros negocios y finanzas de una manera diferente a como lo haríamos si nuestra mayor necesidad fuese el amor. Si profundizamos en lo que realmente perseguimos, veremos que no es dinero. **Lo que realmente perseguimos es aquello que creemos que el dinero nos dará.** En última instancia, es una serie de sentimientos. Y bajo esos sentimientos hay necesidades.

Necesidad 1: Seguridad y tranquilidad

La primera necesidad humana es la de la seguridad. Es la necesidad de sentir que controlamos todo y saber lo que va a pasar a continuación. Es la necesidad de sentirnos tranquilos, de evitar el dolor y el estrés, así como la de experimentar placer. ¿No es así? Nuestra necesidad de seguridad es un mecanismo de supervivencia y condiciona el grado de riesgo que estamos dispuestos a correr en la vida: en nuestro trabajo, en nuestras inversiones, en nuestras relaciones. **Cuanta más seguridad necesitemos, menos riesgo querremos correr o seremos capaces de soportar emocionalmente.** Por cierto, de esto depende nuestra «tolerancia al riesgo».

Pero ¿y si estuviéramos seguros todo el tiempo? ¿Si supiéramos lo que va a ocurrir, cuándo va a ocurrir y cómo va a ocurrir? ¿Si adivináramos lo que la gente va a decir antes de que lo diga? ¿Cómo nos sentiríamos? Al principio muy bien, pero al final ¿cómo estaríamos? ¡Aburridos como una ostra!

Necesidad 2: Inseguridad y variedad

Y, así, Dios, en su infinita sabiduría, nos dio una segunda necesidad, que es la **inseguridad**. Necesitamos variedad. Necesitamos sorpresas.

Preguntémonos una cosa: ¿nos gustan las sorpresas?

Si respondemos «sí», ¡mentimos! **Nos gustan las sorpresas que queremos. ¡Las que no queremos las llamamos problemas!** Pero aun así seguimos necesitándolas para echar músculo en la vida. No podemos echar músculo —ni carácter— si no tenemos nada contra lo que luchar.

Necesidad 3: Sentirnos importantes

La tercera necesidad humana básica es la de sentirnos **importantes**, que es la que movía a Adolf Merckle. Todos necesitamos sentir que somos importantes, especiales, únicos o que nos necesitan. ¿Y cómo lo conseguimos? Podemos conseguirlo ganando miles de millones de dólares, acumulando carreras universitarias, másteres o doctorados. Podemos hacernos seguir por mucha gente en Twitter. O podemos salir en un programa de telerrealidad o ser una de las protagonistas de una serie de televisión. Algunos se sienten importantes haciéndose tatuajes y poniéndose pendientes por todo el cuerpo y aun en partes de las que mejor no hablar. Podemos sentirnos importantes teniendo más o mayores problemas que nadie: «¿Dices que tu marido es un sinvergüenza? ¡Pues si vieras al mío!». Por supuesto, también podemos sentirnos importantes siendo más espirituales que nadie (o fingiendo serlo). Por desgracia, una de las formas más rápidas de sentirnos así —que no cuesta dinero ni requiere estudios— es la violencia. Si alguien nos pone una pistola en la cabeza, en ese momento es la persona más importante de nuestra vida, ¿verdad?

Gastar mucho dinero puede hacer que nos sintamos importantes, y lo mismo gastar muy poco. Todos conocemos a gente que constantemente presume de los chollos que ha conseguido o que se siente especial porque calienta su casa con estiércol de vaca o sol. Hay gente millonaria que se da importancia ocultando su riqueza. Como Sam Walton, el fundador de Wal-Mart y durante un tiempo la persona más rica de Estados Unidos, que se paseaba por Bentonville, Arkansas, en su vieja camioneta, presumiendo de no necesitar un Bentley... aunque, eso sí, tenía su propia flota de avionetas por si acaso.

La necesidad de sentirse importante también da mucho dinero, y con eso ha hecho mi querido amigo Steve Wynn su fortuna. El hombre, que hizo Las Vegas como hoy es, sabe que hay gente que paga millones por cualquier cosa que crean que es «la mejor», cualquier cosa que les haga sentirse especiales, únicos o importantes: cualquier cosa que los haga destacar de la masa. Mi amigo ofrece en sus casinos y hoteles los servicios más exclusivos y lujosos que pueden imaginarse: realmente no tienen comparación en el mundo. Tiene una discoteca llamada XS que es la más marchosa de Las Vegas. Incluso entre semana hay cola en la puerta. Cuando entramos tenemos el privilegio de comprar una botella de champán normal por 700 dólares, o si queremos que todo el mundo vea que somos unos donjuanes, podemos gastarnos 10.000 dólares en un «cóctel Ono» especial de coñac añejo y zumo de naranja que viene acompañado de un collar de oro blanco. Ojo, te lo traen con una bengala para que todo el mundo vea que eres importante (y estás mal de la cabeza).

Necesidad 4: Amor y relaciones

La cuarta necesidad es el **amor y las relaciones**. El amor es el oxígeno de la vida; es lo que todos queremos y más necesitamos. Cuando amamos, nos sentimos vivos, pero si perdemos el amor, el dolor es tan grande que la mayoría nos conformamos con las relaciones, las migajas del amor. Podemos tener esa sensación de amor gracias a la intimidad, la amistad, la oración o caminando por la naturaleza. Si nada funciona, podemos agenciarnos un perro.

Estas cuatro necesidades son las que yo llamo las necesidades de la personalidad. Todos hallamos la manera de satisfacerlas, ya sea trabajando duro, inventándonos un gran problema o creando historias con las que racionalizarlas. Las dos últimas son necesidades del espíritu. Estas dos son más raras y no todo el mundo las satisface. Cuando lo hacemos, nos sentimos plenamente realizados.

Necesidad 5: Crecimiento

La quinta necesidad es el **crecimiento**. Si no crecemos, ¿qué hacemos? Languidecemos. Si una relación no crece, si un negocio no crece, si nosotros no crecemos, poco importa cuánto dinero tengamos en el banco, cuántos amigos tengamos, cuánta gente nos ame: no nos sentiremos plenamente realizados. Y sólo crecemos, creo, si tenemos algo valioso que dar.

Necesidad 6: Contribución

Y eso es porque la sexta necesidad es la **contribución**. Por cursi que suene, el secreto de vivir es dar. La vida no va de *mí*; va de *nosotros*. Pensémoslo: ¿qué es lo primero que hacemos cuando tenemos buenas noticias? Llamamos a un ser querido y las compartimos con él. El hecho de compartir, potencia todo lo que vivimos.

La vida consiste en crear sentido. Y el sentido no viene de lo que tenemos, sino de lo que damos. Lo que tenemos nunca nos hará felices. Pero ser la persona que queremos ser y contribuir sí nos hará felices.

Ahora bien, como este libro va de dinero, pensemos en cómo el dinero puede satisfacer las seis necesidades humanas. ¿Puede el dinero darnos seguridad? Sin duda. ¿Variedad? También. Y, claro, puede hacer que nos sintamos importantes. Pero ¿puede darnos amor y relaciones? En las inmortales palabras de The Beatles, el dinero no puede comprar amor. ¡Aunque sí un perro! Y puede también, por desgracia, darnos una falsa sensación de que nos quieren, porque atrae a las personas, aunque no siempre de la clase más estimulante. ¿Y crecimiento? El dinero puede hacernos crecer en los negocios y en nuestra formación. Y cuanto más dinero tengamos, más podremos contribuir financieramente.

Pero esto es lo que creo: si lo que más valoramos es sentirnos importantes, el dinero siempre nos dejará vacíos si no viene de una contribución que hayamos hecho. Y si queremos que el dinero nos haga importantes, nos saldrá muy caro. Buscamos grandes cifras, pero es poco probable que nos sintamos realizados.

La verdadera importancia en la vida no viene de algo externo sino de algo interno. Viene de un sentimiento de amor por nosotros mismos, que es algo que nunca pueden darnos los demás. Pueden decirnos que somos muy guapos, muy inteligentes, los mejores, o pueden decirnos que somos los peores seres humanos del mundo; pero lo que importa es lo que nosotros pensemos de nosotros mismos, y que en nuestro fuero interno creamos que seguimos creciendo y progresando, haciendo y dando más de lo que nos convenía o incluso pensábamos que era posible.

Nada hay más importante que crecer y dar. Y aunque el dinero es un medio extraordinario para satisfacer muchas de nuestras seis necesidades, no es el único. Cuando persigamos el dinero, no olvidemos por qué lo hacemos. Queremos satisfacer deseos emocionales y psicológicos. Bajo estos impulsos hay necesidades que debemos satisfacer para que nuestra vida sea extraordinaria.

Imaginemos la historia de los primeros astronautas que llegaron a la Luna, desde el día en que, de niños, soñaban con volar al espacio exterior, hasta el día en que Buzz Aldrin y Neil Armstrong pisaron la Luna y contemplaron aquella maravillosa vista del planeta Tierra que ninguna otra persona ha visto más que en fotos. Eran los primeros seres humanos que lo hacían en toda la historia de la especie, ¡qué cosa tan importante!

¿Qué pasó? Desfiles triunfales, apretones de manos del presidente. Eran héroes. Y luego ¿qué? ¿Qué hace uno después de haber caminado por la Luna y sólo tiene treinta y nueve años? Si estudiáramos la historia de los astronautas, o leyéramos sus biografías, sabríamos que muchos de ellos cayeron en una honda depresión. ¿Por qué? Porque, para ellos, viajar al espacio o a la Luna era vivir una aventura. Y olvidaron que se puede vivir una aventura en una simple sonrisa.

No voy a seguir sermoneando al lector, pero sí quería detenerme un momento para decirle que, si ya es hora de que dominemos nuestro dinero, no esperemos tampoco a dominarnos a nosotros mismos. **La mejor manera de crear vínculos, de sentir lo importante que es nuestra vida, de experimentar una sensación de seguridad y al mismo tiempo de variedad, y de estar en condiciones de dar al prójimo, es agradecer más y esperar menos.** La persona más rica del mundo es aquella que más agradecida se siente.

Entrevisté a sir John Templeton por primera vez cuando yo tenía treinta y tres años. Recordemos que fue el multimillonario que empezó de la nada y se enriqueció cuando todos los demás tenían miedo, en los peores momentos de la historia: la segunda guerra mundial, Japón después de la guerra, y a finales de los ochenta y principios de los noventa, cuando parte de Sudamérica sufrió una gran inflación. Cuando otros tenían miedo, él invirtió. Le pregunté **«¿cuál es el secreto de la riqueza?». Y él me contestó: «Tony, tú lo sabes y lo sabes bien. Se lo enseñas a todo el mundo. Es la gratitud.»** Cuando sentimos gratitud no tememos nada; cuando sentimos gratitud, no sentimos rabia. Sir John fue una de las personas más felices y más plenamente realizadas que he conocido. Aunque murió en 2008, su vida ha seguido inspirando a otras personas todos estos años.

Si queremos ser ricos, empecemos siéndolo. ¿Por qué podemos sentirnos hoy agradecidos? ¿A quién podemos hoy estarle agradecidos? ¿Podríamos incluso sentir gratitud por alguno de los problemas y dolores que hemos sufrido en la vida? ¿Por qué no empezamos a pensar que todo lo que ocurre en la vida pasa por una razón y con un sentido, y que nos ayuda? ¿Por qué no creemos en lo más profundo de nuestro corazón que la vida no es algo que nos pasa, sino que pasa por nosotros? Que todos los pasos del camino nos fortalecen para que seamos más, disfrutemos más y demos más. Si empezamos por aquí, el dinero no será nuestra fuente de placer o de dolor. Ganar dinero no será sino un juego que deberemos dominar, y la riqueza, un gran medio para realizar lo que más importa en la vida.

Pero, ya que el dinero es tan importante en nuestra vida, volvamos a él. Este capítulo ha sido muy sincero y amable, ¡pero no todas las personas que encontraremos en el camino de las finanzas obrarán inspiradas por el crecimiento personal y la generosidad! Vamos a entrar en un mundo lleno de gente y de entidades que demasiado a menudo querrán aprovecharse de nuestra falta de experiencia. Por eso quiero que estemos preparados para lo que nos espera. Antes de hablar de dónde invertir nuestro dinero y qué buscar, he de poner sobre aviso al lector.

Hay una razón por la que la mayoría de los inversores no hacen dinero por mucho que lo intenten. Quiero que nos armemos con el conocimiento que nos protegerá y a la vez nos permitirá maximizar el rendimiento de nuestras inversiones **para que consigamos la libertad financiera antes de lo que pensamos**. Pronto tendremos la paz interior que merecemos. Pasemos la página...

Segunda parte

Iniciémonos en el juego: conozcamos las reglas antes de jugar

Capítulo 2.0

Liberémonos de ocho mitos financieros

> Recordemos la regla de oro: el que tiene el oro hace las reglas.
>
> Anónimo

> Tenemos que conocer las reglas del juego y después jugar mejor que nadie.
>
> Albert Einstein

Sé que el lector está deseando saber ya dónde invertir su dinero para alcanzar la libertad financiera. ¡Y yo quiero decírselo! No hay mayor gozo para mí que ver que alguien entiende el juego y se da cuenta de que puede ganar. Pero no basta con ahorrar, conseguir un gran rendimiento y reducir riesgos. Tenemos que saber que hay un montón de gente queriendo llevarse una porción de nuestra riqueza. **El sistema está repleto de obstáculos —yo los llamaría minas— que pueden hacer saltar por los aires nuestro futuro financiero.** Por eso en esta sección vamos a hablar de ocho mitos —podemos llamarlos mentiras— que nos han vendido a lo largo de los años. Y si no somos conscientes de ellos —si no los vemos venir—, destruirán sistemáticamente nuestro futuro financiero.

¡En esta sección empieza este libro a dar sus frutos! De hecho, si cobramos 50.000 dólares anuales, que es el sueldo medio de los estadounidenses, ahorramos el 10 por ciento de nuestros ingresos e invertimos ese dinero, al final de nuestra vida de ahorradores tendremos 250.000 dólares gracias sólo a parte de lo que aprenderemos en esta sección. ¡Son cinco años de nuestra vida actual, con nuestros ingresos actuales, sin tener que trabajar un solo día! Y esto está estadísticamente demostrado, no es una cifra que me saco de la chistera. Si ganamos 30.000 dólares anuales y ahorramos sólo el cinco por ciento, seguiremos teniendo 150.000 dólares al final de la inversión. Eso es un lustro de nuestro actual sueldo que habremos ganado sin tener que trabajar. Si pertenecemos a la categoría de los que ganan cien mil dólares o más anuales, con lo que veremos en esta sección podríamos ganar entre quinientos mil y un millón de dólares al final de nuestra vida. Parece una gran promesa, ¿no? Dejaré que las cifras hablen por sí solas en las páginas que siguen.

Es una sección breve, conque prestemos atención porque seguro que nos dan ganas de pasar a la acción inmediatamente. Al desenmascarar estos mitos, podremos detener la «hemorragia» enseguida en ámbitos en los que nunca pensamos que sería necesario actuar. Conocer estos ocho mitos nos protegerá y nos permitirá alcanzar el grado de libertad financiera que queremos. ¡Allá vamos!

Bienvenidos a la jungla

Tanto si somos inversores experimentados como si acabamos de empezar a invertir, la jungla de la que Ray Dalio hablaba tan gráficamente tiene los mismos peligros para todos. **Pero lo más peligroso es que lo que ignoramos puede perjudicarnos.**

La oferta

Quiero que imaginemos que alguien nos ofrece la siguiente oportunidad de inversión: quiere que pongamos el cien por cien del capital y corramos el cien por cien del riesgo, y si la cosa rinde, él se lleva el 60 por ciento o más de las ganancias en forma de comisiones. ¡Ah! Y si se pierde dinero, lo perdemos nosotros, ¡y él cobra igualmente!

¿Lo entendemos?

Estoy seguro de que no tenemos que pensárnoslo. Es sencillísimo. Nuestra respuesta no puede ser otra que esta: «¡No acepto ni por asomo! ¡Qué disparate!». El problema es que, si somos como el 90 por ciento de los inversores estadounidenses, habremos invertido en un fondo de inversión típico y, lo creamos o no, ésas son las condiciones que hemos aceptado.

Como lo oímos: hay 13 billones de dólares invertidos en fondos de inversión de los llamados de «gestión activa», con 265 millones de titulares en todo el mundo.[3]

¿Cómo demonios convencemos a millones de inversores de que participen en una estrategia en la que renuncian de buen grado al 60 por ciento o más del rendimiento total de su inversión sin ganancias garantizadas? Para resolver este misterio, entrevisté al gurú de la inversión y anciano de ochenta y cinco años Jack Bogle, el fundador de Vanguard, cuyos sesenta y cuatro años de experiencia en Wall Street lo cualifican como a ninguno para arrojar luz sobre este fenómeno financiero. ¿Su respuesta? «¡Marketing!»

—Es muy sencillo, Tony. La mayoría de la gente no hace cuentas y las comisiones están ocultas. Un ejemplo: si a los veinte años invertimos 10.000 dólares a un interés del siete por ciento anual, tendremos 547.464 cuando tengamos más o menos mi edad (ochenta años). Pero si pagamos el 2,5 por ciento en concepto de gastos de gestión y otros, nuestro saldo final será sólo de 140.274 dólares en el mismo periodo.

—A ver si lo entiendo bien: ¡¿nosotros ponemos todo el capital, asumimos todos los riesgos y al final obtenemos 140.274 dólares, pero después de haber pagado 439.190 dólares a un gestor activo?! ¿Se llevan el 77 por ciento de nuestras ganancias potenciales? ¿Por hacer qué?

—Exacto.

Regla número uno de poder dinerario: ¡No juguemos si no conocemos las reglas! A millones de inversores de todo el mundo se les venden una serie de mitos —mentiras— que inspiran sus deci-

3. Según la web Investopedia, «los gestores activos se basan en análisis, previsiones y su propio juicio y experiencia para tomar decisiones sobre compraventa de valores. Lo opuesto de la gestión activa es la llamada gestión pasiva, más conocida como "indexado"».

siones. Esta «sabiduría convencional» está muchas veces pensada para mantenernos a oscuras. Cuando de nuestro dinero se trata, lo que no sabemos puede perjudicarnos y seguramente nos perjudicará. La ignorancia no es felicidad. La ignorancia es dolor, es ansiedad, es dar nuestra fortuna a alguien que no se la ha ganado.

Un experimento fallido

El problema no son sólo las altas comisiones de los fondos de inversión. Lo que acabamos de ver es sólo un ejemplo de un sistema pensado para privarnos de nuestro dinero.

Todos los expertos a los que he entrevistado para este libro (desde gestores de fondos de inversión de alto riesgo a premios Nobel) convienen en que el juego ha cambiado. Nuestros padres no tenían que vérselas con la complejidad y los peligros que tenemos hoy. ¿Por qué? Tenían una pensión, ¡una renta vitalicia garantizada! Tenían depósitos a plazo fijo que rendían un interés moderado pero razonable, no el 0,22 por ciento que rinden en el momento en el que escribo esto, que no cubre ni la inflación. Y algunos tenían el privilegio de invertir pequeñas cantidades en acciones de empresas estables (*blue chips stocks*) que pagaban dividendos regularmente.

Ese barco se ha hundido.

Que quede clara una cosa: este libro no va contra Wall Street. Muchas de las grandes entidades financieras han lanzado productos excelentes que más adelante examinaremos y recomendaremos. Y la inmensa mayoría de la gente que trabaja en el sector de los servicios financieros se preocupa mucho por sus clientes y casi siempre hace lo que cree que es mejor. Por desgracia, muchos de ellos tampoco saben cómo la «casa» obtiene beneficios, gane o pierda el cliente. Hacen lo mejor que saben hacer por sus clientes con el conocimiento (la formación) y los instrumentos (productos) que les han proporcionado. **Pero el sistema no está pensado para que nuestro bróker tenga opciones ilimitadas y completa autonomía para ofrecernos lo mejor. Y esto puede costarnos mucho.**

Perder una cantidad desproporcionada de nuestras posibles ganancias en forma de comisiones no es sino una de las trampas que debemos evitar si queremos jugar a ganar. Y ésta es la mejor noticia:

¡Aún podemos ganar!

De hecho, no sólo podemos ganar, ¡sino disfrutar haciéndolo! Sí, hay grandes obstáculos y más trampas que debemos evitar, pero pensemos en lo lejos que hemos llegado. Hoy, pulsando un botón y con un coste mínimo, podemos invertir en prácticamente cualquier cosa que queramos y en el lugar del mundo que queramos. «Es más fácil que nunca», decía James Cloonan en un artículo reciente de *The Wall Street Journal.* Cloonan es el fundador de la organización sin ánimo de lucro Asociación Americana de Inversores Particulares. «Sólo tenemos que decidir hacer lo adecuado.»

Oye, hace sólo treinta y cinco años «teníamos que pasarnos horas en una biblioteca o escribir a las empresas para que nos mostraran sus balances financieros. Los corretajes y las comisiones de los fondos de inversión eran astronómicos, los impuestos, un robo», escribía Jason Zweig en un artículo del mismo periódico titulado «Aunque las bolsas nos pongan nerviosos, pensemos en las ventajas».

Aparte de los operadores de alta frecuencia, la tecnología ha convertido el mundo de la inversión en un espacio mucho más eficiente para todos. Y esto casa perfectamente con la generación del milenio, que no aceptaría otra cosa. «Para nosotros, ¡todo son ventajas!», me dice Emily, mi ayudante personal, que es una típica representante de esa generación. «No toleramos la lentitud ni la ineficacia. Queremos que todo esté al alcance de un botón. Pedimos cualquier cosa en Amazon; levantamos un dedo y hecho. Podemos ver una película en Netflix. Puedo matricular mi coche en línea. Esta mañana he hecho una foto de mi cheque y a las seis lo tenía ingresado en mi cuenta... No he tenido ni que quitarme el pijama.»

La banca siempre gana

Steve Wynn, el magnate de los juegos de azar multimillonario que transformó Las Vegas en la capital mundial del ocio, es uno de mis mejores amigos. Sus casinos están considerados los más lujosos del mundo. Pero ha hecho su fortuna gracias a una simple verdad: la banca siempre gana. ¡Pero ni mucho menos tiene la victoria asegurada! La noche menos pensada un buen jugador puede ganarle a Steve unos cuantos millones, o no jugar si la «banca» no lo seduce convenientemente. Por otro lado, casi todos los fondos de inversión tienen un juego de cartas marcadas. Son el mejor casino. Nos atraen, no nos dejan irnos y se garantizan ganancias tanto si ganamos como si perdemos.

Dos veces escaldados

Después de 2008, año en el que la bolsa de Estados Unidos perdió casi un 37 por ciento, el mundo financiero cambió completamente para la mayoría de los estadounidenses. Incluso cinco años después, un estudio de Prudential Financial mostraba que el 44 por ciento de los inversores estadounidenses seguía diciendo que no volvería a invertir en bolsa, y el 58 por ciento afirmaba que había perdido su confianza en el mercado. Pero los iniciados siguen jugando. ¿Por qué? Porque saben más. Saben cómo hay que jugar. Saben que hoy hay estrategias e instrumentos poderosos que antes no había. Por ejemplo:

Hoy podemos usar un instrumento, emitido y respaldado por uno de los mayores bancos del mundo, que nos ofrece una protección del ciento por ciento del principal, garantizada por su balance, y nos permite participar en el 75 al 90 por ciento del alza del mercado (el S&P 500) sin limitaciones. No es una errata. Podemos participar hasta en el 90 por ciento del alza, pero si el mercado se hunde ¡recuperamos el ciento por ciento de nuestro dinero! ¿Demasiado bonito para ser verdad? Y si un producto así existiera, ya lo habríamos sabido, ¿verdad? Pues no. ¿Por qué? Antes, ya para saber esto, tendríamos que pertenecer al uno por ciento del uno por ciento. No son soluciones «al por mayor», de las que cualquiera puede servirse. Son soluciones personalizadas para aquellos que tienen dinero y pueden participar.

Éste es sólo un ejemplo de cómo, en nuestra calidad de iniciados en el juego y conociendo las nuevas reglas, podremos enriquecernos con el mínimo riesgo.

> El riesgo viene de no saber lo que hacemos.
>
> WARREN BUFFETT

El camino menos transitado

El viaje que tenemos por delante requiere toda nuestra dedicación. Vamos a subir juntos esa montaña llamada *libertad financiera*. Es nuestro Everest personal. No será fácil y requerirá preparación. No podemos subir al Everest sin tener claros los peligros que corremos. Algunos son conocidos, otros nos asaltarán como si fueran una fuerte tormenta. Así que, antes de emprender la subida, tenemos que conocer muy bien el camino. Un paso en falso puede marcar la diferencia entre preguntarnos cómo vamos a pagar la hipoteca el mes que viene y una vida holgada, sin apuros financieros. No podemos pedirle a nadie que suba por nosotros, pero tampoco podemos ascender solos. Necesitamos un guía que se preocupe por nuestros intereses.

La cumbre

La idea básica de la buena inversión es sencilla: ahorremos hasta un punto en el que los intereses devengados por nuestra inversión produzcan ingresos suficientes que nos permitan mantener nuestro estilo de vida sin tener que trabajar. Al final, llegamos a un «punto de inflexión» en el que nuestros ahorros constituyen una masa crítica, es decir, que ya no tenemos que seguir trabajando —excepto si queremos hacerlo— porque los intereses y el rendimiento de nuestra cuenta nos proporcionan

Conquistemos la montaña de la libertad

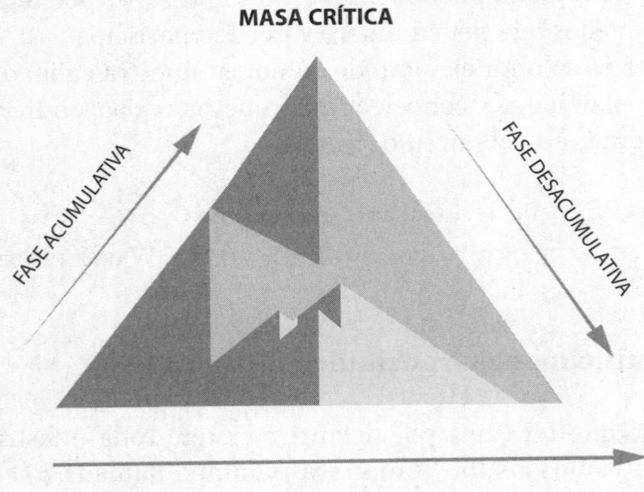

la renta necesaria para vivir. Es la cumbre hacia la que escalamos. Lo bueno es que, si nos iniciamos en el juego, hoy hay soluciones y estrategias nuevas y únicas que acelerarán nuestra subida y nos protegerán de deslizarnos hacia abajo. Pero antes de examinar estas soluciones, veamos mejor en qué consiste nuestro viaje.

Hay dos fases en nuestro juego inversor: la fase *acumulativa*, en la que ahorramos dinero, y la fase *desacumulativa*, en la que sacamos dinero. La subida a la montaña constituirá la fase acumulativa, cuyo objetivo es alcanzar la cima, o masa crítica. La idea es que nos quedemos en lo alto todo el tiempo que nos sea posible, contemplando el paisaje y respirando el aire fresco de la libertad y la plenitud. Habrá muchas trabas, obstáculos y, si no estamos atentos, incluso mentiras, que intentarán impedirnos alcanzar la cumbre. Para asegurarnos de nuestras posibilidades de éxito, eliminaremos esos obstáculos en las páginas que siguen.

Y cuando entremos en el segundo acto de nuestra vida, cuando sea hora de disfrutar de lo hecho, podremos trabajar sólo si queremos. En esta fase descenderemos la montaña esquiando y disfrutando: podremos estar con nuestros seres queridos, crear nuestro legado, marcar la diferencia. En esta fase conjuraremos el principal miedo de los *baby boomers*: el miedo a quedarnos sin dinero cuando estemos jubilados. De esta segunda fase se habla poco en el mundillo de la gestión de activos, que prefiere que el dinero se invierta.

«No se trata de tener cualquier cantidad de dinero en nuestra cuenta en un determinado día», dice Jeffrey Brown, profesor de finanzas de la Universidad de Illinois y asesor del Tesoro de Estados Unidos y del Banco Mundial. «Creo que mucha gente, cuando se jubila, de pronto despierta y se dice: "He trabajado mucho. He ahorrado mucho dinero, pero no sé cuánto tiempo voy a vivir, ni cuánto me rendirá el dinero, ni cuál será la inflación. ¿Qué hago?»

Después de leer una de sus recientes columnas de *Forbes*, llamé a Brown para preguntarle si quería compartir conmigo soluciones específicas para inversores de todas clases. (Hablaremos con Brown sobre cómo producir renta vitalicia en la entrevista de la quinta parte del libro, «Ganar sin perder: creemos un plan de renta vitalicia».) ¿Y quién mejor para bosquejar la solución que el hombre que no sólo es un eminente académico sino que fue también una de las siete personas nombradas por el presidente de Estados Unidos para formar parte del Social Security Advisory Board?

Rompamos las cadenas

En palabras de David Swensen, uno de los inversores institucionales de más éxito del momento, para conseguir un triunfo extraordinario no podemos guiarnos por el saber ordinario. Desenmascaremos los ocho mitos financieros que engañan a la gente y, más importante, revelaremos las nuevas reglas del dinero, las verdades que nos harán financieramente libres.

Empecemos con el mayor mito de todos...

Capítulo 2.1

Mito 1: la mentira de los 13 billones de dólares: «Invierta con nosotros. ¡Superaremos al mercado!».

El objetivo de los no profesionales no ha de ser escoger valores ganadores —ni ellos ni sus "ayudantes" pueden hacerlo—, sino más bien poseer una serie de negocios que, en conjunto, rindan bien. Un fondo vinculado al S&P 500 que cueste poco cumplirá este objetivo.

WARREN BUFFETT,
carta de 2013 a los accionistas

Vistos los resultados, después de impuestos y comisiones, es casi imposible que, en periodos de tiempo razonablemente largos, superemos los fondos indexados.

DAVID SWENSEN,
autor de *Unconventional Success* y
gestor del patrimonio de la Universidad de Yale,
de más 23.900 millones de dólares

El espectáculo de las finanzas

Hoy día, las noticias financieras son más sensacionalismo que información. Los bustos parlantes debaten con vehemencia. Los corredores de bolsa vocean sus recomendaciones del día mientras una serie de efectos sonoros retumban en los altavoces y atruenan nuestros salones. Los reporteros retransmiten en directo desde las trincheras de las plazas bursátiles. ¡El sistema, pagado por los anunciantes, nos da la sensación de que estamos perdiéndonos algo! ¡Si nos dieran un buen consejo! ¡Si supiéramos cuál es ese fondo de inversión que obtendrá cinco estrellas! (Los fondos de inversión los valora la agencia de evaluación Morningstar con una calificación de una a cinco estrellas.)

Andar a la caza del rendimiento es un gran negocio. Jane Bryant Quinn, escritora especializada en finanzas personales, dijo en una ocasión que todo ese bombo publicitario era «porno financiero». En lugar de chicas desnudas, las revistas están llenas de anuncios de inversiones magníficas que nos prometen despreocupados paseos por la playa y gratos momentos de pesca con nuestros nietos. La verdad es que los anunciantes están luchando por llevarse un buen pellizco de nuestro dinero. ¡La guerra por nuestros activos es feroz!

¿Dónde, pues, colocamos nuestro dinero? ¿De quién podemos fiarnos? ¿Quién nos protegerá y conseguirá el mejor rendimiento para nuestra inversión?

Éstas son las preguntas que primero nos hacemos ahora que hemos decidido convertirnos en inversores: ahora que hemos decidido ahorrar un porcentaje de nuestros ingresos. ¿Dónde coloca la mayoría de la gente su dinero a largo plazo? Normalmente, en el mercado de valores.

Y el mercado de valores ha sido, en efecto, la mejor inversión a largo plazo de los últimos cien años. Como señaló Steve Forbes en uno de mis actos en Sun Valley, Idaho, en 2014: «Un millón de dólares invertidos en acciones en 1935 serían hoy 2.400 millones».

Pero en cuanto decidamos invertir, aparecerá un animoso vendedor que nos dirá que lo hagamos en un fondo de inversión. Y si contratamos un fondo de gestión activa, ¿qué contratamos exactamente? Pagamos a un gestor financiero esperando que sepa del tema más que nosotros. Es una suposición perfectamente natural, porque, con nuestra atareadísima vida, ¡elegir los mejores valores en los que invertir sería como lanzar dardos!

Así que ponemos nuestro dinero en manos del gestor activo de un fondo de inversión de cinco estrellas que, por definición, trata «activamente» de superar al mercado porque sabe escoger valores mejor que los demás. Pero pocas empresas pondrán en cuestión la llamada «mentira de los 13 billones de dólares» (la cantidad de dinero invertido en fondos de inversión). ¿Preparados para saber cuál es esa mentira?

Un sorprendente 96 por ciento de los fondos de inversión de gestión activa son incapaces de superar al mercado durante mucho tiempo.

Seamos claros. Cuando decimos «superar al mercado» en general, nos referimos en realidad a un *índice* bursátil. ¿Y qué es un índice? Algunos lo sabremos, pero como no quiero que nadie se pierda, lo explicaré. Un índice es simplemente una lista de valores. El S&P 500 es un índice. Es una lista de las empresas más grandes (por capitalización de mercado) de Estados Unidos, confeccionada por la agencia de calificación de crédito Standard & Poor's. Empresas como Apple, Exxon y Amazon forman parte de esa lista. Todos los días calculan cómo se comportan los quinientos valores en conjunto y, cuando vemos las noticias de la noche, sabemos si el mercado (todos los valores de la lista) ha subido o bajado.

Por tanto, en lugar de comprar acciones individualmente, o tratar de invertir en un valor en alza, podemos diversificar nuestra inversión y poseer una parte de las quinientas grandes empresas simplemente invirtiendo en un fondo indexado barato que siga o replique el índice. Con una única inversión adquirimos parte de la fuerza del «capitalismo americano». De algún modo invertimos en el hecho de que, en los últimos cien años, las primeras empresas han mostrado siempre una gran estabilidad y resistencia. Pese a depresiones, recesiones y guerras, han seguido revalorizándose, creciendo y rindiendo. Y cuando una empresa deja de rendir adecuadamente, desaparece de la lista y es remplazada por otra que sí lo hace.

El asunto es que, si invertimos en el índice, no tenemos que pagar a un profesional que nos elija los valores del índice que deberíamos comprar. Esto ya lo ha hecho por nosotros la agencia Standard & Poor's, que ha seleccionado a las quinientas empresas más rentables. Por cierto, hay muchos otros índices en el mundo. Muchos habremos oído hablar del Dow Jones, por ejemplo, y examinaremos otros pronto.

Mil opciones

Hay 7.707 diferentes fondos de inversión en Estados Unidos (y sólo 4.900 empresas que cotizan en bolsa) y todos se disputan la oportunidad de ayudarnos a superar el mercado. Pero recordemos los datos estadísticos: el 96 por ciento no podrá igualar ni superar al mercado durante mucho tiempo. ¿Es un notición? No; no para los iniciados; no para el dinero inteligente. Como me dijo Ray Dalio con énfasis: «No podrás superar al mercado. ¡Nadie lo hace! Sólo algunos medallistas de oro». Él es uno de esos medallistas y tiene la decencia de advertirnos: «¡No lo intentéis!».

Incluso Warren Buffett, conocido por su excepcional habilidad para comprar acciones infravaloradas, dice que el inversor medio nunca debe intentar escoger valores ni especular. En su famosa carta de 2014 a los accionistas, dijo que, cuando muriera, el dinero dejado en fideicomiso a su esposa sólo podría invertirse en fondos indexados, lo que minimizaría los costes y maximizaría el beneficio.

Buffett está tan seguro de que los corredores profesionales no pueden superar al mercado durante mucho tiempo que no dudó en demostrarlo. En enero de 2008 apostó un millón de dólares (que irá a obras de beneficencia) con Protégé Partners, de Nueva York. ¿Y en qué consistía la apuesta? En que Protégé eligiera cinco fondos de inversión de alto riesgo que, en conjunto, superaran al índice S&P 500 en un periodo de diez años. En febrero de 2014, el S&P 500 es del 43,8 por ciento, mientras que esos cinco fondos están en el 12,5 por ciento. Aún quedan unos años, pero es como si fuera una carrera entre el hombre más rápido del mundo, Usain Bolt, y unos boy scouts. (Nota: para los que no sepan lo que es un fondo de inversión de alto riesgo, diré que es, fundamentalmente, un fondo exclusivo para inversores con mucho dinero. Los gestores tienen total libertad para apostar «por» el mercado, y ganar dinero cuando sube, o «contra» el mercado, y ganar dinero cuando baja.)

Los hechos son los hechos

El experto Robert Arnott, fundador de Research Affiliates, pasó dos décadas estudiando los doscientos fondos de inversión de gestión activa más importantes, que gestionaban al menos cien millones de dólares. Las conclusiones son sorprendentes:

De 1984 a 1998, es decir, en quince años, sólo ocho de las doscientas gestoras de fondos superaron el índice Vanguard 500 (el Vanguard 500, creado por el fundador Jack Bogle, es un reflejo del índice S&P 500).

Eso supone menos del cuatro por ciento de probabilidades de que escojamos un valor ganador. Si alguna vez hemos jugado al veintiuno, sabemos que el objetivo es acercarnos al veintiuno todo lo posible, pero sin pasarnos. Según los hermanos Dan y Chip Heath, en su artículo de *Fast Company* titulado «Creado para que se pegue: el mito de los fondos de inversión», «comparado con el juego del veintiuno, si nos dan dos cartas con figuras (cada una de las cuales vale diez puntos, con lo que tenemos veinte) y el idiota que llevamos dentro nos dice: "¡Pide carta!", ¡tenemos un ocho por ciento de probabilidades de ganar!».

¿Cuánto nos perjudica ir a la caza del rendimiento? En un periodo de veinte años, desde el 31 de diciembre de 1993 al 31 de diciembre de 2013, el S&P 500 rindió una media del 9,28 por ciento anual. Mientras que el inversor de fondos de inversión ganó una media de poco más del 2,54 por ciento, según Dallar, una de las empresas de análisis más importantes del sector. ¡Caramba! Una diferencia de casi el 80 por ciento.

En la vida real, esto puede significar la diferencia entre la libertad y la desesperación financiera. Dicho de otro modo: si simplemente hubiéramos invertido en el S&P 500, ¡nuestros 10.000 dólares se habrían convertido en 55.916!, mientras que el inversor en fondos, que invirtió creyendo que podría vencer al mercado, sólo consiguió 16.386 dólares.

¿A qué se debe esta gran diferencia de rendimiento?

A que compramos por entusiasmo y vendemos por desesperación. Seguimos nuestras emociones (o las recomendaciones de nuestro corredor) y saltamos de un fondo de inversión a otro, siempre en busca del beneficio. Pero cuando el mercado cae, cuando no podemos seguir soportando el dolor emocional, vendemos. Y cuando el mercado sube, compramos más. Como observó un famoso gestor financiero llamado Barton Biggs: «El mercado alcista es como el sexo. Cuando mejor parece es justo antes de acabar».

La sabiduría de los tiempos

A sus jóvenes ochenta y dos años, Burton Malkiel ha vivido toda clase de ciclos y modas del mercado. Cuando escribió *Un paseo aleatorio por Wall Street* en 1973, no sospechaba que su libro se convertiría en un clásico en la materia. Su tesis principal es que especular con el mercado es jugar a perder. En la cuarta parte de este libro hablaremos con Burton, pero lo que ahora interesa que sepamos es que fue la primera persona que explicó lo que era un fondo indexado, el cual, repitámoslo, no trata de superar al mercado sino que lo «replica» o sigue.

Entre los inversores, esta estrategia se llama «indexado» o «inversión pasiva». Es lo contrario de la inversión activa, en la que pagamos a una gestora de fondos de inversión para que decida activamente qué valores comprar o vender. El gestor comercia con valores y opera «activamente» esperando batir al mercado.

Jack Bogle, fundador del gigante Vanguard, apostó el futuro de su empresa a esta idea y creó el primer fondo indexado. Cuando, mientras preparaba este libro, hablé con él, me explicó por qué Vanguard era la mayor gestora de fondos de inversión indexados del mundo. Su lema: «Máxima diversificación, mínimos costes y máxima eficiencia fiscal, poca compraventa, pocos costes de gestión y pocas comisiones». No está mal, ¿eh?

Atajo

Ahora bien, podemos pensar que debe de haber gente que supera al mercado. ¿Cómo si no habría 13 billones de dólares colocados en fondos de inversión de gestión activa? Los gestores de fondos de inversión vencen a veces al mercado, en efecto. La cuestión es si pueden mantener esa ventaja en el tiempo. Pero, como dice Jack Bogle, todo es «¡marketing!». Está en nuestra naturaleza humana querer ser más rápidos, mejores, más listos que los demás. Así, vender un fondo «caliente» no es difícil. Se vende por sí solo. Y cuando inevitablemente se enfríe, habrá otro «caliente» que ocupe su lugar.

En cuanto al cuatro por ciento que supera al mercado, no son siempre los mismos. Jack me explicó este punto de la manera más chistosa: «Tony, si metes 1.024 gorilas en un gimnasio y les enseñas a lanzar una moneda, a alguno le saldrá cara diez veces seguidas. A eso se le suele llamar suerte, pero cuando ocurre en el mundo de los fondos de inversión, ¡lo llamamos genio!». ¿Y qué probabilidades hay de que vuelvan a salirle diez caras seguidas al mismo gorila?

Citando un estudio de Dimensional Fund Advisor, dirigido por el economista y premio Nobel Eugene Fama, «¿quién sigue creyendo que los mercados no funcionan? Al parecer sólo los norcoreanos, los cubanos y los gestores activos».[4]

Los lectores que trabajen en el sector de los servicios financieros que lean esta parte del libro o estarán de acuerdo con lo que digo ¡o empezarán a pensar en usar este tocho de 700 páginas para mantener puertas abiertas! Algunos hasta podrían empezar a reunir tropas con vistas a un ataque. Es una cuestión controvertida, sin duda. Todos queremos creer que contratar a los gestores más listos y talentosos nos permitirá alcanzar antes la libertad financiera. Después de todo, ¿quién no busca un atajo para llegar a la cima? Y esto es lo curioso:

¡Una cosa son las opiniones y otra los hechos!

Claro, algunos gestores de fondos de inversión nos dirán: «Puede que no obtengamos los mejores resultados en mercados alcistas, pero cuando bajan podemos tomar medidas para protegeros y que no perdáis mucho dinero.»

Esto podría consolarnos si fuera verdad.

El sentido de invertir es conseguir el máximo rendimiento neto con una cantidad de riesgo determinada (e, idealmente, al menor coste). Veamos, pues, lo que hacen los gestores de fondos cuando el mercado cae. Lo ocurrido en 2008 es un buen ejemplo.

Entre 2008 y principios de 2009, el mercado sufrió la peor caída en un año desde la Gran Depresión (51 por ciento desde el punto máximo al mínimo, para ser exactos). Los gestores tuvieron tiempo de sobra para actuar «defensivamente». Cuando el mercado caía un 15, o un 25, o un 35 por ciento, podían haber tomado las «medidas convenientes». Una vez más, los hechos hablan por sí solos.

Tanto si el gestor de fondos trataba de superar al índice S&P 500, compuesto de empresas como Microsoft, Qualcomm y Google, como si trataba de superar al índice S&P 600 Small Cap,

4. Los gestores activos se basan en su juicio y experiencia para decidir qué valores o bonos comprar y vender. Creen que es posible batir al mercado con este planteamiento.

formado por empresas más pequeñas como Yelp, una vez más los corredores fallaron. Según un informe de 2012 titulado «Índices S&P frente a fondos de inversión activos», el S&P 500 batió al 89,9 por ciento de los fondos de inversión de crecimiento con capitalización alta, y el S&P 600 Small Cap venció al 95,5 por ciento de las gestoras de fondos de inversión de crecimiento con capitalización baja.

Los «unicornios»

Ahora bien, habiendo quedado claro que casi nadie rinde más que el mercado de manera sostenida, aviso de una cosa. Hay un reducido grupo de gestores de fondos de alto riesgo que hacen lo que parece imposible y superan el mercado constantemente. Pero son «unicornios», los más raros de los raros. Son «magos del mercado». Por ejemplo, David Einhorn, de Greenlight Capital, que ha obtenido un rendimiento del 2.287 por ciento (¡no, no es una errata!) desde que creó su fondo en 1996 y sólo ha tenido un año de pérdidas. Por desgracia, de nada sirve al inversor normal saber que existen, porque las puertas de esos fondos están cerradas a nuevos inversores. El fondo Ray Dalio, Bridgewater, lleva diez años sin aceptar nuevos clientes, pero cuando lo hacía, exigía una inversión mínima de cien millones de dólares y cinco mil millones de dólares en activos susceptibles de invertir. ¡Ejem!

Paul Tudor Jones, que lleva veintiocho años sin perder dinero, llamó hace poco a sus inversores y les devolvió dos mil millones de dólares. Cuando un fondo de alto riesgo crece mucho, le cuesta más entrar y salir del mercado, es decir, comprar y vender sus inversiones rápida y fácilmente. Y ser lento significa rendir menos.

Antes de que el lector empiece a pensar que esto es un panegírico de los fondos de alto riesgo, quiero dejar clara una cosa. Por quinto año consecutivo y hasta 2012, la mayoría de las gestoras de fondos de alto riesgo rindieron menos que el S&P 500. Según la web de información financiera Zero Hedge, en 2012 el rendimiento medio de dichos fondos fue del ocho por ciento, frente al dieciséis por ciento del S&P 500. En 2013, los fondos de alto riesgo rindieron una media del 7,4 por ciento, mientras que el S&P 500 se disparó al 29,6, su mejor año desde 1997. Estoy seguro de que los ricos clientes de esos fondos quedaron poco contentos. Para colmo, los fondos de alto riesgo suelen cobrar un dos por ciento anual en concepto de gestión y llevarse el veinte por ciento de los beneficios, y las ganancias que obtenemos suelen tributar a las tarifas más altas. Poca broma.

El mayor banco del mundo

En cualquier aspecto de la vida, yo siempre busco la excepción a la regla, que es donde está lo extraordinario. Mary Callahan Erdoes es una de esas excepciones. En una industria dominada por hombres, ella ha llegado a lo más alto del mundo financiero. Wall Street es un lugar en el que los hechos hablan más que las palabras, y los hechos de Erdoes han sido extraordinarios. Sus resultados constantes y pioneros la han llevado al puesto de consejera delegada de JPMorgan Asset Management y ahora dirige carteras de valores que ascienden a 2,5 billones de dólares... ¡sí, billones, con *b*!

Tuvimos una fantástica entrevista para este libro y compartió conmigo su profundo saber, como veremos en la sexta parte. Pero cuando le hablé de los estudios según los cuales ningún gestor supera el mercado de una manera sostenida, enseguida me señaló que muchos de los gestores de fondos de JPMorgan lo han hecho (en sus respectivas categorías) en los últimos diez años. ¿Por qué? Según los ejemplos que me dio, ninguno de esos gestores perdió tanto como el mercado cuando éste bajaba. La diferencia, me dijo, es el «margen» que les permitía seguir por delante. Erdoes y muchos expertos del sector convienen en que hay mercados poco desarrollados o emergentes que ofrecen a los gestores oportunidades de obtener un margen. Tienen la oportunidad de conseguir aún más ventajas en los llamados «mercados fronterizos» —países como Kenya y Vietnam— donde la información no es tan transparente ni viaja tan rápido. Erdoes dice que, en estos lugares, empresas como JPMorgan tienen gran alcance y muchos recursos, y pueden usar los contactos locales para obtener información valiosa en tiempo real.

Según Jack Bogle, no hay pruebas empíricas que demuestren que la gestión activa es más eficaz en todas las categorías principales de activos: fondos de inversión de crecimiento con alta y media capitalización, valores... Pero sí parece que estos mercados fronterizos ofrecen oportunidades a los gestores activos de superar a veces el mercado. ¿Continuarán haciéndolo mucho tiempo? Lo veremos. Lo que sí sabemos es que todos los gestores activos, desde Ray Dalio a JPMorgan, se equivocarán en algún momento en su intento de superar al mercado. Por lo tanto, desarrollar un sistema y saber dónde colocar nuestros activos es fundamental. Trataremos de esto en la cuarta parte del libro. Así podremos juzgar esos fondos por nosotros mismos, sin olvidar las comisiones y los impuestos (de los que hablaremos en el capítulo siguiente).

Todas las estaciones

Cuando leamos este libro, puede haber un mercado alcista, uno bajista o uno estable. ¿Quién sabe? Lo importante es que nuestras inversiones estén preparadas para pasar la prueba del tiempo. Necesitamos una cartera de valores que valga «para todas las estaciones». Las personas a las que he entrevistado han salido bien paradas tanto en los buenos como en los malos tiempos. Y podemos estar seguros de que habrá altibajos en el futuro. La vida no consiste en esperar a que pase la tormenta; consiste en aprender a bailar bajo la lluvia. Consiste en conjurar los miedos de este ámbito de nuestra vida para que podamos concentrarnos en lo que más importa.

¿Cuándo, dónde y cómo?

¿En qué consiste esta cartera de valores para todas las estaciones? «¡¿Dónde coloco mi dinero, Tony?!»

Primero, no tenemos que perder tiempo tratando de averiguar en qué valores invertimos ni cuál es el mejor fondo de inversión. Una cartera de valores de fondos de inversión indexados barata es la mejor manera de colocar un porcentaje de nuestras inversiones porque no sabemos qué valores van a evolucionar mejor. ¡Y qué bien está saber que poseyendo «pasivamente» el mercado estamos batiendo al 96 por ciento de los gestores de fondos de inversión «expertos» del mundo y a casi otros tantos gestores de fondos de alto riesgo! Es hora de librarnos de la carga de tener que elegir al ganador de la carrera. Como me dijo Jack Bogle, al invertir debemos ir contra nuestra intuición. El secreto: «No hagamos nada, ¡simplemente quedémonos quietos!». Y si nos convertimos en el mercado y no tratamos de superarlo, estaremos en el camino del progreso, el crecimiento y la expansión.

Hasta ahora hemos hablado muchas veces del «mercado» o del S&P 500. Pero recordemos que el S&P 500 es sólo uno de los muchos índices y mercados. La mayoría conocemos también el índice Dow Jones. Hay otros, como índices de materias primas, índices inmobiliarios, índices de bonos a corto plazo, a largo plazo, índices de oro, etc. *Qué cantidad comprar de ellos es una cuestión fundamental de la que hablaremos en la cuarta parte.* ¿Nos gustaría, por ejemplo, que Ray Dalio nos dijera cuál es su cartera ideal? ¡La estrategia que expone en las páginas siguientes ha rendido casi un diez por ciento anual y ha producido beneficios más del 85 por ciento del tiempo en los últimos treinta años (entre 1984 y 2013)! Así, cuando el mercado se desplomó un 37 por ciento en 2008, ¡su cartera sólo cayó un 3,93 por ciento! ¡Ojalá yo la hubiera conocido entonces!

¿Y qué decir de David Swensen, el hombre que multiplicó los fondos de la Universidad de Yale de mil millones a 23.900 millones de dólares, con un rendimiento medio anual del 14 por ciento? También él nos desvela su cartera de inversiones ideal en las páginas que siguen. Información inestimable que hallaremos en la sexta parte, «Invirtamos como el 0,001 por ciento: el manual del multimillonario».

Por eso, si pensamos en las carteras de estos expertos sin entender perfectamente en qué consiste colocar activos, será como si quisiéramos construir una casa sin cimientos sólidos. O si queremos colocar nuestros activos antes de saber qué objetivos perseguimos, no haremos sino perder el tiempo. Y, lo que es seguramente más importante, si no nos protegemos de las personas que intentarán llevarse un buen cacho de nuestra riqueza, todo estará perdido. Por eso estamos desenmascarando estos ocho mitos —es el paso número dos de los siete simples pasos para alcanzar la libertad financiera— y queremos iniciarnos en el juego. Así conoceremos la verdad. Y la verdad nos hará libres.

Ser una estrella compensa

Pese a todo lo que hemos dicho de los fondos de inversión de gestión activa, habrá sin duda quien diga: «Tony, he hecho mis averiguaciones y no hay que preocuparse. Yo sólo invierto en fondos de cinco estrellas, nada más». ¡Ah!, ¿de verdad?

Según Morningstar, en la década que acabó en diciembre de 2009, casi el 72 por ciento de los depósitos de los fondos de inversión (unos dos billones de dólares) fueron a fondos de inversión de cuatro y cinco estrellas. Para quienes no lo sepan, Morningstar es la agencia de calificación de fondos más famosa y completa, y utiliza un sistema de clasificación de cinco estrellas. Los brókeres esperan ansiosos que la agencia diga cuáles son los mejores fondos de inversión.

David Swensen me dijo que «las estrellas son tan importantes que las empresas de fondos de inversión eliminan rápidamente los fondos que no superan el umbral de las cuatro estrellas. En el lustro que acabó en 2012, el 27 por ciento de los fondos de inversión en acciones nacionales y el 23 por ciento de los mismos fondos internacionales se fundieron o se liquidaron, práctica común que permite limpiar el historial de una familia de fondos de inversión».

Es típico de las empresas de fondos crear varios fondos nuevos para ver cuál de ellos funciona y eliminar los demás. Como explica Jack Bogle, «una empresa creará, por ejemplo, cinco fondos de inversión limitados y procurará que los cinco funcionen. Si uno funciona y los otros cuatro fracasan, eliminan estos cuatro y se quedan con el que funciona, lo sacan a bolsa con un gran historial y venden ese historial».

¿Nos imaginamos que pudiéramos adoptar esta práctica en nuestras propias inversiones? ¿Que pudiéramos elegir cinco valores y, si cuatro de ellos cayeran y sólo uno subiera, pudiéramos hacer como que no habíamos perdido nada, y decirles a nuestros amigos que somos los mejores especuladores desde Warren Buffett?

Además, estas supernovas de cuatro y cinco estrellas (estrellas moribundas) tienen un rendimiento desastroso, como muestra un artículo de *The Wall Street Journal* titulado «Inversores pillados con estrellas en los ojos», en el que expone las conclusiones de un estudio que examina el rendimiento, a lo largo de diez años y empezando en 1999, de los fondos de inversión de cinco estrellas. ¿Resultado? «De los 248 fondos de inversión que obtuvieron una calificación de cinco estrellas al inicio de ese periodo, sólo cuatro la conservaban diez años después.»

¿Cuántas veces hemos escogido una estrella fugaz sólo para ver cómo desaparecía en la nada? A todos nos ha pasado. Y eso es porque hay menos del dos por ciento de posibilidades de que una estrella fugaz no se apague. Todos queremos tener suerte, pero la historia demuestra que ésta se acaba. ¿No es por eso por lo que Las Vegas siempre gana?

Un «iniciado» sabe que perseguir el éxito fácil es como perseguir el viento. Pero está en la naturaleza humana buscar el máximo rendimiento. Es casi irresistible. Pero la mentalidad «gregaria» lleva a la ruina financiera a millones de familias, y sé que, si estamos leyendo este libro, es que no queremos seguir siendo víctimas. ¡Estamos iniciándonos! ¿Y qué otras sabias estrategias usan los «iniciados»? Descubrámoslas.

Protección de las ganancias

En los últimos cien años, el mercado ha sido alcista el 70 por ciento del tiempo. Pero eso significa que el 30 por ciento restante ha sido bajista. Por lo tanto, aunque invertir en índices es una gran solución para una parte de nuestro dinero, *no debería serlo para todo.* Los mercados son a veces volátiles, por lo que sólo tiene sentido que protejamos una parte de nuestra cartera de valores cuando los mercados caen mucho. Ojo, ha habido dos caídas del 50 por ciento desde 2000.

Una buena estrategia que introduciremos luego nos permite ganar dinero cuando el mercado (índice) sube, pero al mismo tiempo nos garantiza que no perderemos nuestra inversión inicial si el mercado cae. ¿Lo malo? Que no obtenemos ni participamos en todas las ganancias.

Muchas personas no me creen cuando les explico que hay herramientas que garantizan que no perdemos y a la vez nos permiten participar en las «victorias» del mercado. ¿Por qué no las conocemos? Porque suelen estar reservadas a los clientes con mucho dinero. Yo mostraré cómo los inversores normales pueden acceder a ellas. Puede imaginarse el lector la cara de sorpresa e incredulidad que pondrán sus amigos cuando les diga que sabe cómo ganar dinero cuando el mercado sube y no perderlo cuando baja. Ya sólo esta estrategia puede cambiar por completo nuestras sensaciones a la hora de invertir. Es como la cuerda de seguridad que nos ayuda a escalar la montaña, mientras los demás la suben con miedo. Imaginémonos la sensación de seguridad, de tranquilidad, que da saber que no corremos ningún riesgo. ¿Cómo cambiaría esto nuestra vida? ¿Cómo nos sentiríamos al ver nuestros saldos mensuales? ¿Rechinaríamos los dientes o nos sentiríamos tranquilos y serenos?

Sólo hemos rascado en la superficie de los increíbles conocimientos y herramientas que veremos más adelante, por lo que debemos estar atentos. Pero, de momento, podemos recordar lo siguiente:

— Las acciones han sido con diferencia la mejor opción para obtener un crecimiento sostenido y a largo plazo.
— Las acciones son volátiles. En las páginas que siguen, los «maestros del mercado» nos enseñarán cómo «allanar el camino» diversificando nuestras inversiones en distintos índices.
— No te fíes si alguien te dice que va a superar al mercado. Al contrario, ¡ponte de parte del mercado! Cuando hayamos puesto en marcha nuestro plan de inversión indexada (lo que haremos paso a paso), no tendremos que perder tiempo tratando de averiguar qué acciones comprar, ya que el índice lo habrá hecho por nosotros. Esto nos evitará tener que buscar un ganador, con el consiguiente ahorro de tiempo y angustia.
— ¡Empecemos a pensar como un iniciado! Nunca más permitiremos que la mentalidad «gregaria» nos domine.

Comisiones y más comisiones

Si nos aprovechamos del poder de la inversión indexada, si poseemos pasivamente el mercado, estamos también combatiendo nuestro segundo mito. Casi ninguna persona a la que le he preguntado sabía cuánto paga exactamente en concepto de comisiones. Lo reconozco, hubo un momento en mi vida en el que yo tampoco lo sabía. Las fábricas de comisiones son expertas en ocultarlas y hacer que parezcan desdeñables. «No son gran cosa.» Nada dista más de la verdad. Cuando subamos la montaña de la libertad financiera necesitaremos todo el impulso para llegar a la cima. No podemos permitirnos dar dos pasos adelante y uno atrás, dejando que las comisiones excesivas esquilmen nuestra cuenta. La pregunta es: ¿estamos pagando nuestra jubilación o la de otros? ¡Pasemos la página y descubrámoslo!

Capítulo 2.2

Mito 2: «¿Nuestras comisiones? ¡Muy bajas!»

El sector de los fondos de inversión es hoy la mayor operación fraudulenta del mundo, una mina de siete billones de dólares de la que los gestores de fondos, los brókeres y otros iniciados se llevan una porción enorme de lo que ahorramos para la casa, la universidad y la jubilación.

Senador PETER FITZGERALD,
partidario de la Ley de Reforma de los Fondos de Inversión
de 2004 (tumbada por el Comité de Banca del Senado)

Colmo de males

Nada da más rabia que el hecho de que nos digan un precio y luego nos cobren otro. Convenimos en el precio de un nuevo coche, pero cuando vamos a firmar aparecen por arte de birlibirloque un par de miles de dólares en concepto de comisiones. O vamos a pagar la cuenta de un hotel y descubrimos que nos cobran otra comisión por la habitación, un impuesto al turismo, una tarifa por uso del wifi, por toallas... En fin.

Es indignante. Nos sentimos atrapados, sableados y engañados, porque nos hacen pagar más de lo que deberíamos. Con ayuda de la letra pequeña, el sector de los fondos de inversión de los 13 billones de dólares es, sin lugar a dudas, la más hábil en el arte de ocultar comisiones.

En un artículo de la revista *Forbes* titulado «El verdadero coste de los fondos de inversión», Ty Bernicke analiza cuáles son los verdaderos costes y llega a una cifra que deja patitieso:

¡El coste medio de un fondo de inversión es un 3,17 por ciento!

Si el 3,17 por ciento no nos parece mucho, veámoslo a la luz de lo que sabemos acerca de poseer el mercado. Por ejemplo, podemos «poseer» todo el mercado (las 500 empresas del S&P 500) por sólo el 0,14 por ciento o, como se dice en el mundillo, por 14 puntos básicos. Eso supone sólo 14 céntimos por cada 100 dólares invertidos. (Para que los iniciados lo sepan: en un uno por ciento hay 100 puntos básicos, luego 50 puntos básicos es el 0,5 por ciento, etc.)

Podemos poseer todo el mercado contratando un fondo indexado de bajo coste como los que ofrecen Vanguard o Dimensional Fund Advisors. Y ya sabemos que poseer el mercado supera al 96 por ciento de los gestores de fondos a lo largo del tiempo. ¡Naturalmente, podemos estar dispuestos a pagar el tres por ciento a un gestor de fondos de alto riesgo excepcional como Ray Dalio, que ha rendido un 21 por ciento anual (sin descontar comisiones) desde que creó su fondo de inversión! **Pero con la mayoría de los fondos de inversión pagamos casi 30 veces, o el 3.000 por ciento, más en comisiones, ¿y por qué? ¡¡¡Por un rendimiento menor!!!** ¿Nos imaginamos pagando treinta veces más por el mismo coche que tiene nuestro vecino, ¡y que no pase de los 40 kilómetros por hora!?

Esto es exactamente lo que ocurre hoy. Dos vecinos han invertido en el mercado, pero uno paga un montón de pasta al año y el otro sólo unos céntimos.

A mismo rendimiento, diferentes saldos: el coste de la ignorancia

Tres amigos de la infancia, Jason, Matthew y Taylor, tienen, a los 35 años, 100.000 dólares para invertir. Cada uno escoge un fondo de inversión y los tres tienen la suerte de conseguir la misma rentabilidad: el siete por ciento anual. A los sesenta y cinco años, comparan el saldo de sus cuentas. **Un examen más detenido les muestra que las comisiones que han estado pagando difieren muchísimo: han pagado el uno, el dos y el tres por ciento, respectivamente.**

El impacto de las comisiones

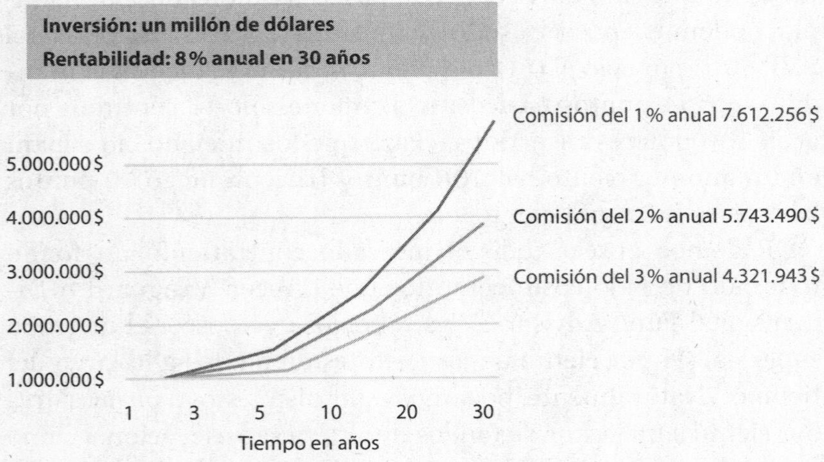

A continuación, muestro el impacto de las comisiones en el saldo final:

Jason: 100.000 dólares al siete por ciento (menos el tres por ciento anual de comisiones): **324.340** dólares;

Matthew: 100.000 dólares al siete por ciento (menos el dos por ciento anual de comisiones): **432.194** dólares.

Taylor: 100.000 dólares al siete por ciento (menos el uno por ciento anual de comisiones): **574.349** dólares.

Con la misma cantidad invertida y la misma rentabilidad, Taylor tiene casi el doble de dinero que su amigo Jason. ¿Por qué caballo apostamos? ¿Por el del jinete que pesa menos o por el del jinete que pesa más?

«Sólo» el uno por ciento por aquí, el uno por ciento por allí. No parece mucho, pero, acumulándose en el tiempo, puede marcar la diferencia entre que nuestro dinero nos dure toda la vida o tengamos que sobrevivir a base de ayudas estatales o de la familia. Es la diferencia entre la angustia de pagar las facturas y la tranquilidad de vivir como queramos y disfrutar de la vida. En la práctica, muchas veces supone trabajar una década más antes de poder ser libres para dejar de hacerlo si así lo deseamos. Como nos ha mostrado Jack Bogle, pagar comisiones

excesivas supone renunciar a entre el 50 y el 70 por ciento de nuestra futura «hucha».

Este ejemplo es hipotético, pero veamos alguno más real. Entre el 1 de enero de 2000 y el 31 de diciembre de 2012, el S&P 500 no varió. No rindió. A este periodo se le ha llamado muchas veces la «década perdida» porque la mayoría de la gente no ganó nada pero siguió soportando una gran volatilidad, con la fase previa del 2007, la caída libre de 2008 y la subida que empezó en 2009. Así que supongamos que hemos invertido los ahorros de toda la vida, 100.000 dólares. Si durante este periodo de doce años simplemente poseímos o «replicamos» el mercado, nuestra cuenta permaneció sin cambios y las comisiones fueron mínimas. Pero si pagamos una media del 3,1 por ciento de comisión anual, y suponemos que el gestor de nuestro fondo de inversión pudo al menos igualar el mercado, ¡habríamos pagado más de 30.000 dólares en comisiones! Es decir, nuestra cuenta habría perdido el 40 por ciento (sólo nos quedaría el 60 por ciento), pero el mercado estaba quieto. **Nosotros ponemos el capital y asumimos todos los riesgos, y ellos ganan dinero pase lo que pase.**

Soy más listo de lo que parece

El lector puede estar pensando: «Tony, soy más listo de lo que parece. He consultado la cláusula de gastos de mis fondos de inversión y son sólo del uno por ciento. ¡Algunos fondos son *no load*, "sin cargos"!» ¡Bueno, yo también puedo venderte la moto! Hablando en serio, ésa es precisamente la conclusión a la que quieren que lleguemos. Como los prestidigitadores, las empresas de fondos de inversión usan el truco más viejo del mundo: el despiste. ¡Hacen que nos fijemos en otra cosa mientras nos roban el reloj! La cláusula de gastos es como el precio oficial con el que se comercializa un producto. Pero desde luego no lo dice todo...

Confieso que, en algún momento de mi vida, creí que estaba invirtiendo con inteligencia, y poseía mi buena parte de fondos de inversión de gestión activa con cinco estrellas. Había hecho mis deberes. Había consultado la cláusula de gastos. Había hablado con mi bróker. Pero, como el lector, estoy ocupado ganándome la vida y cuidando de mi familia, y no tenía tiempo de sentarme y leerme las cincuenta páginas del contrato. La larga lista de comisiones viene escrita en letra pequeña. Hay que ser doctor en economía para entenderla.

Doctor en comisiones

Tras el desplome de 2008, Robert Hiltonsmith, recién doctorado en economía, decidió entrar a trabajar en el *think tank* Demos, un centro de reflexión sobre cuestiones políticas y económicas. Y, como nos pasa a la mayoría, nada de lo que le enseñaron en la universidad le sirvió para saber cómo invertir.

Así que, como casi todos, empezó a ahorrar en fondos de inversión de cara a la jubilación. Pero aunque el mercado tendía al alza, su cuenta apenas crecía. Sabía que algo fallaba y decidió estudiarlo como si fuera un proyecto de investigación. Para empezar, se leyó los contratos de cincuenta páginas o más de cada uno de los veinte fondos en los que había invertido, escritos en una jerga legal pensada, en palabras de Hiltonsmith, para ser «muy opaca».[5] Había pasajes indescifrables, siglas misteriosas y, sobre todo, un catálogo de diecisiete tipos de comisiones que le cobraban. También había

5. Robert Hiltonsmith y su estudio fueron objeto de un estupendo documental titulado «The Retirement Gamble» que se emitió por primera vez el 23 de abril de 2013 en el programa de televisión «Frontline», de la cadena PBS.

otros costes que no eran comisiones directas, pero que igualmente corrían a cargo del cliente.

Para ocultar mejor las comisiones, Wall Street y la gran mayoría de los proveedores de fondos de inversión han inventado un lenguaje variado y de lo más confuso: comisiones de gestión, gastos de distribución y de marketing, costes de compraventa (corretajes, publicidad, gastos de impacto de mercado), costes de análisis de mercado, comisiones de reembolso, comisiones de depósito, comisiones de suscripción, gastos de tratamiento de datos, costes de administración del plan, etcétera, etcétera. Llamémoslo como queramos. ¡Todos los pagamos con nuestro dinero! Todos nos hacen retroceder en nuestra subida a la montaña.

Al cabo de un intenso mes investigando, Hiltonsmith llegó a la conclusión de que era imposible que su plan de inversión para la jubilación creciera con estas comisiones excesivas y ocultas que eran como un agujero en su barco. En su informe, titulado «La sangría de los planes de pensiones: los costes excesivos y ocultos de los 401(k)», calculaba que un trabajador normal perderá 154.794 dólares en concepto de comisiones a lo largo de su vida (con unos ingresos anuales de unos 30.000 dólares y un ahorro del cinco por ciento anual). Un trabajador mejor pagado, que gane unos 90.000 dólares anuales, ¡perderá hasta 277.000 dólares en comisiones a lo largo de su vida! Hiltonsmith y Demos han hecho un gran bien a la sociedad exponiendo la tiranía de los costes compuestos.

La muerte de mil cortes

En la antigua China, la muerte de los mil cortes era la forma más cruel de tortura que había, por lo mucho que se alargaba la ejecución de la víctima. Hoy la víctima es el inversor y la cuchilla fatal son las comisiones excesivas, que lentamente pero sin tregua desangran al inversor.

David Swensen es el director de inversiones de los fondos de la Universidad de Yale. Hizo crecer dichos fondos de los mil millones a más de 23.900 millones y está considerado el Warren

Buffett de la inversión institucional. Cuando lo entrevisté en su despacho de la universidad y me reveló la verdad de las «fábricas de comisiones» que están esquilmando los ahorros de los inversores, me sentí iluminado pero también rabioso. David me dijo: «La inmensa mayoría de los fondos de inversión sonsacan enormes sumas a los inversores a cambio, en realidad, de perjudicarlos.» Luego veremos cuáles son sus recomendaciones sobre carteras de valores, pero no importa lo buena que sea nuestra estrategia si las comisiones excesivas socavan el terreno que pisamos.

Jack Bogle, fundador de Vanguard, dice: «Creo que los costes altos [que socavan el ya más bajo rendimiento] son un riesgo para los inversores tan grande como [la situación económica] en Europa o en China».

La cosa empeora

Recapitulemos, pues. No sólo la gran mayoría (el 96 por ciento) de los fondos de inversión de gestión activa son incapaces de batir al mercado, sino que nos cobran un ojo de la cara y se nos llevan las dos terceras partes de nuestra posible «hucha» en comisiones. Pero aquí está lo bueno: que tienen la cara dura de mirarnos a los ojos y decirnos que defienden nuestros intereses, mientras presionan al Congreso para que eso nunca ocurra.

La verdad y la solución

¡Lo primero es saber cuánto estamos pagando!

Pensémoslo: ahorramos un 10 por ciento, pero la mitad se nos va en comisiones. ¿No es demencial? Pero, como veremos, no tenemos por qué caer en la trampa. Como iniciados, podremos poner fin a este robo hoy mismo. Con comisiones tan altas como éstas, es como si quisiéramos escalar el Everest en chanclas y camiseta. Nos moriríamos antes de empezar.

Hagamos cuentas

Cuenta no gravable	**Cuenta gravable**
Razón de costes, 0,90 %	Razón de costes, 0,90 %
Costes de transacción, 1,44 %	Costes de transacción, 1,44 %
Costes de capital no invertido (*cash drag*), 0,83 %	Costes de capital no invertido (*cash drag*), 0,83 %
–	Impuestos, 1,00 %
Costes totales, **3,17 %**	Costes totales, **4,17 %**

Fuente: «El coste real de contratar un fondo de inversión», *Forbes*, 4 de abril de 2011

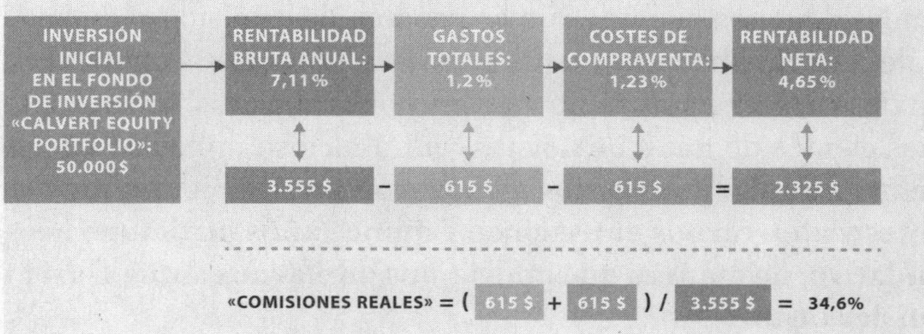

La escapatoria

Para escapar de las fábricas de comisiones, tenemos que reducir al 1,25 por ciento o menos, de media, el total de comisiones anual y los costes de inversión asociados. Esto significa que el coste de asesoría (un «asesor de inversiones independiente y registrado» que nos ayude a colocar nuestro dinero, reequilibre nuestra cartera de valores periódicamente, etc.) más el coste de las inversiones debería ser del 1,25 por ciento o menos. Por ejemplo, podemos pagar el uno por ciento o menos al asesor y el 0,20 por ciento por fondos indexados de bajo coste como los que nos ofrecen Vanguard (lo que suma un total del 1,2 por ciento).

En la tercera parte explicaré paso a paso cómo reducir drásticamente las comisiones. Y todo ese dinero que nos ahorramos acelerará nuestra marcha hacia la libertad financiera.

Nunca más

Ahora que sabemos cómo se juega, ahora que hemos mirado en la trastienda, decidamos que nunca más dejaremos que se aprovechen de nosotros. Decidamos ahora mismo que no volveremos a ser del montón. Somos unos iniciados. Somos los jugadores de ajedrez, no las piezas. El conocimiento es poder, pero la acción supera al conocimiento, y por eso lo que hagamos a partir de ahora es lo que importa. Sí, explicaré cómo podemos reducir las comisiones que nos cobran, pero debemos pasar a la acción. Debemos decirnos que nunca más pagaremos comisiones demenciales por rendimientos pobres. Y si este libro puede ahorrarnos un dos o un tres por ciento en comisiones abusivas, recuperaremos cientos de miles de dólares, quizá incluso millones. **Dicho de otro modo, podríamos alcanzar nuestro objetivo mucho antes y ahorrarnos entre cinco y quince años de tiempo acumulativo, de manera que podríamos jubilarnos antes si así lo quisiéramos.**

Si simplemente suprimimos los fondos de inversión caros y los sustituimos por fondos indexados de bajo coste, ¡habremos dado un gran paso para recuperar hasta un 70 por ciento de nuestra posible «hucha» futura! ¿Qué significará eso para nosotros y nuestra familia? Vanguard ofrece toda una serie de fondos indexados de bajo coste (para muchas clases de activos) cuyos costes totales van del 0,05 al 0,25 por ciento anual. Dimensional Funds es otro gran proveedor de fondos indexados baratos. Y si los fondos indexados baratos son importantísimos, aún lo es más determinar cuánto comprar de cada fondo y cómo gestionar toda la cartera en el tiempo. Hablaremos de todo esto más adelante.

Ahora que hemos decidido pasar a la acción, ¿a quién recurrimos? ¿En quién confiamos para que nos guíe? Pedirle a nuestro bróker que nos ayude a ahorrarnos las comisiones es como pedirle a nuestro farmacéutico que nos ayude a dejar las medicinas. ¿Dónde encontrar a un asesor independiente? ¿Y cómo estar seguros de que la ayuda que nos ofrecen no va en interés de la persona que tenemos al otro lado de la mesa? Volvamos la página para desenmascarar el mito número tres y obtengamos respuesta a estas acuciantes cuestiones...

En detalle

Si de verdad queremos saber lo mucho que abusan de nosotros a base de comisiones ocultas, veamos esta lista de algunas de las comisiones y costes que nos cobran los fondos de inversión:

Lista de comisiones

1. **Gastos totales o TER (*total expense ratio*).** Son como la «etiqueta» del precio, es decir, la cifra en la que quieren que nos fijemos. Pero, claro, no lo dice todo. Según Morningstar, los fondos de inversión de Estados Unidos pagan una media del 1,31 por ciento anual a la empresa en concepto de gestión de carteras y de gastos operativos tales como marketing, distribución y administración. Muchos grandes fondos de inversión procuran presentar unos gastos totales de en torno al uno por ciento para que los inversores no se asusten y los brókeres tengan una buena historia que contar... mejor dicho, que vender.
2. **Costes transaccionales.** Los costes transaccionales son una amplia y vaga categoría en la que caben otras categorías como corretajes, costes de impacto de mercado (el coste de mover el mercado cuando los fondos

de inversión negocian posiciones que provocan grandes cambios) y costes por diferencial de precios (o *spread costs*, la diferencia entre el precio de oferta y de demanda, o de venta y de compra, de un valor). Según un estudio de 2006 de los profesores Roger Edelen, Richard Evans y Gregory Kadled, los fondos de inversión de Estados Unidos cobran de media un 1,44 por ciento anual en concepto de costes transaccionales, lo que significa que estos costes son seguramente el componente más caro del total de costes que pagamos al contratar un fondo de inversión.

3. **Costes *soft-dollar*.** Se trata de un acuerdo por el que los gestores de fondos de inversión pagan unos costes de compraventa de acciones inflados para que la empresa externa que realiza esas operaciones pueda repercutir a su vez los costes adicionales al gestor de los fondos. Es una forma de recompensa por usar a un vendedor determinado. Típico de Wall Street. El gestor de fondos de inversión puede usar ese dinero para pagar gastos como los análisis e información. Son costes que el gestor tendría que pagar en cualquier caso, ¡con lo que al final los pagamos nosotros! En realidad son aumentos bien disimulados de las comisiones de gestión que afectan al balance. No se especifican y son casi imposibles de cuantificar, por lo que no podemos incluirlos en nuestra ecuación de abajo, pero no nos equivoquemos, son un coste.
4. **Costes de capital no invertido (*cash drag*).** Los gestores de fondos deben conservar un saldo de caja para ofrecer liquidez diaria y satisfacer cualquier reembolso (venta). Como ese dinero no se invierte, no da beneficios y perjudica el rendimiento. Según un estudio titulado «Dealing with the Active» de los analistas financieros William O'Rielly y Michael Preisano, el coste medio del capital no invertido de fondos de inversión de capitalización alta a diez años era del 0,83 por ciento anual. No será una comisión directa, pero es un coste que pagamos.

5. **Comisión de reembolso.** Si queremos vender nuestro fondo, podemos pagar una comisión de reembolso. Esta comisión se abona directamente a la gestora o al propio fondo.
6. **Comisión de traspaso.** Algunos fondos nos cobran una comisión por traspasar un fondo dentro de la misma familia de fondos.
7. **Gastos de mantenimiento.** Nos cobran simplemente por tener abierta una cuenta.
8. **Gastos de adquisición.** Estos gastos de adquisición, que no deben ser confundidos con la comisión de suscripción, es un cargo que se genera simplemente por contratar el fondo y que va directamente a la empresa de fondos de inversión.
9. **Comisión de suscripción o suscripción diferida.** Esta comisión, que generalmente cobra el bróker, o bien la pagamos cuando contratamos el fondo (con lo que el capital que se invierte en el fondo es menor que el que aportamos al inicio) o bien la abonamos cuando salimos y liquidamos nuestras acciones.

Capítulo 2.3

Mito 3: «¿Nuestra rentabilidad? La que ves»

Sorpresa: la rentabilidad que declaran los fondos de inversión no es la que obtienen los inversores.

JACK BOGLE,
fundador de Vanguard

Todos conocemos la típica advertencia de que los rendimientos pasados no garantizan resultados futuros. Lo que no sabemos es hasta qué punto las cifras del rendimiento pasado pueden ser engañosas.

«Cómo los fondos amañan las cifras legalmente»,
The Wall Street Journal, 31 de marzo de 2013

La mona vestida de seda

En 2002, Charles Schwab emitió un inteligente anuncio en televisión en el que veíamos a un típico director de ventas de Wall Street dando una charla a sus vendedores: «¡Decidles a los clientes que es un producto excelente! Pero no deis detalles: apestan». Concluyó su sermón matutino ofreciendo a los mejores vendedores entradas a pie de pista para ver a los Knicks y se despidió deseándoles suerte: «¡Vistamos la mona de seda!».

Miremos el lado bueno

En 1954, Darrell Huff escribió un libro titulado *Cómo mentir con estadísticas* en el que dice que hay «innumerables trucos que se usan para engañar más que para informar». Hoy el sector de los fondos de inversión ha inventado un capcioso método de calcular y declarar un rendimiento que, como dice Jack Bogle, «no es el que obtienen los inversores». Pero antes de explicar este magistral pase de magia, entendamos primero en qué consiste el engaño de la rentabilidad media.

Abajo vemos un gráfico que representa un mercado hipotético que sube y baja como una montaña rusa. Sube un 50 por ciento, baja otro 50 por ciento, sube un 50 por ciento, baja otro 50 por ciento. Esto produce un rendimiento *medio* del cero por ciento. Doy por supuesto, como dará por supuesto el lector, que un rendimiento del cero por ciento no me hace perder dinero. ¡Pues nos equivocamos!

Como podemos ver en el gráfico, si empezamos con una determinada cantidad de dinero (pongamos 100.000 dólares), ¡al cabo de cuatro años tendremos sólo 43.750 dólares, es decir, el 43,75 por ciento de la inversión inicial! Nosotros pensábamos que estábamos igual, ¡pero tenemos sólo el 43,75 por ciento! ¿Nos lo habríamos imaginado? Ahora que somos unos iniciados, ¡mucho ojo! La rentabilidad media es intrínsecamente engañosa y sugiere un incremento del rendimiento que no existe.

Comportamiento del mercado

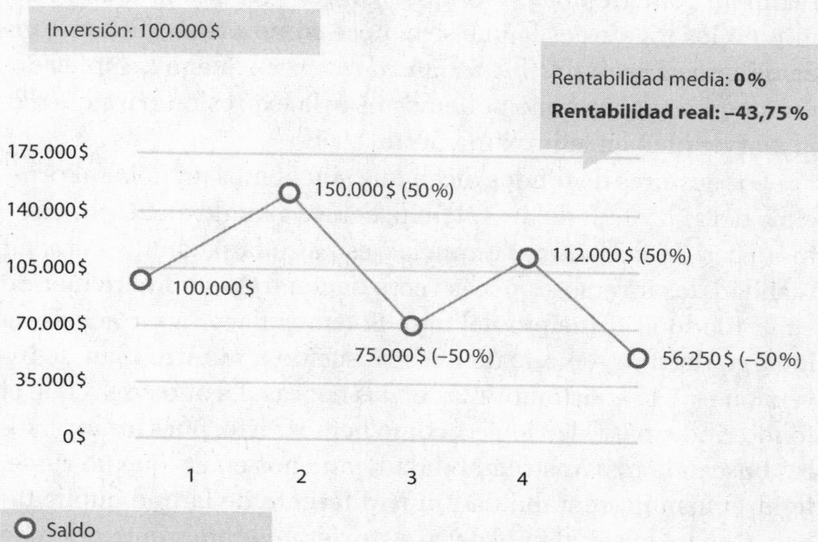

En un artículo publicado en el portal *Fox Business* y titulado «Expliquemos el mito de la rentabilidad», Erik Krom señala cómo esta diferencia existe en el mundo real: «Veamos cómo se ha comportado el Dow Jones desde 1930. Si sumamos todas las cifras y las dividimos por ochenta y un años, vemos que la rentabilidad media es del 6,31 por ciento; pero, si hacemos las cuentas, resulta que la rentabilidad real es del 4,31 por ciento. ¿Por qué es esto tan importante? Si hubiéramos invertido 1.000 dólares en 1930 al 6,31 por ciento, tendríamos 142.000 dólares; al 4,31 por ciento, **sólo tendríamos 30.000 dólares.**»

La balanza está trucada

Ahora que sabemos que la rentabilidad media no nos da una idea real de lo que ganamos, reclinémonos y relajémonos porque el gran engaño aún no ha acabado. Los magos de las matemáticas de Wall Street se las han arreglado para calcular la rentabilidad de manera que aún parezca mejor. ¿Cómo?

Dicho en pocas palabras, la rentabilidad media que los fondos de inversión anuncian no es, como dice Jack Bogle, «la que realmente obtenemos». ¿Por qué? Porque la rentabilidad que vemos en los folletos es la que se conoce como «rentabilidad ponderada por tiempo» (*time-weighted returns*). Suena complicado, pero no lo es. (¡Aunque podemos usar la expresión para quedar la mar de bien en la próxima fiesta!)

Los gestores de fondos dicen que si tenemos un dólar al principio del año y 1,20 dólares al final, hemos ganado un 20 por ciento. «¡Los de marketing: anunciad eso a toda página!» Pero, en realidad, los inversores pocas veces tienen todo su dinero metido en el fondo al principio del año. Solemos hacer aportaciones a lo largo del año —o sea, de nuestro sueldo a nuestro plan de inversión—. Y si aportamos más en las épocas del año en las que el fondo rinde más (algo lógico, como hemos visto, pues los inversores buscan la máxima rentabilidad) y menos en las que no rinde, tendremos una rentabilidad muy diferente de la que publicitaban. Con lo que si, al final del año, tuviéramos en cuenta el hecho de aportar y retirar dinero, como ocurre en la vida real, veríamos lo que realmente hemos ganado (o perdido). Y este método de cálculo realista se llama «rentabilidad ponderada en dólares» (*dollar-weighted return*). La real es la rentabilidad ponderada en dólares o por dinero, mientras que la rentabilidad ponderada por tiempo es la que los gestores de fondos de inversión usan para hacer publicidad.

Jack Bogle siempre ha sido partidario de cambiar esta regla. Cree que los inversores deberían saber cuánto ganan (o pierden) de verdad según su situación personal (con aportaciones y retiradas de dinero). Parece de sentido común, ¿no? Pero no sorprende que los fondos de inversión se resistan. Bogle dice: «Cuando comparamos las ganancias de los inversores —rentabilidad ponderada por dinero— con las de los fondos —rentabilidad ponderada por tiempo—, vemos que los inversores ganan un tres por ciento menos anual.» ¡Guau! O sea, si la publicidad anuncia una rentabilidad del seis por ciento, los inversores se llevan en torno al tres por ciento.

La verdad y la solución

La rentabilidad media es como las fotos que colgamos en las páginas de citas. ¡Pinta una realidad mejor de la que es! Si conocemos la cantidad con la que empezamos a invertir y la que tenemos en un determinado momento, podemos ir a una página como Moneychimp (<www.moneychimp.com/calculator/discount_rate_calculator.htm>) y ver exactamente cuál es el rendimiento real de nuestro dinero en ese periodo de tiempo.

También debemos tener presente que la rentabilidad que ofrecen los fondos de inversión se basa en la inversión de una persona que invierte todo su dinero el primer día. Como no es el caso de la mayoría de los inversores, no podemos engañarnos y creer que la rentabilidad que anuncian los brillantes folletos es la misma que la que efectivamente recibimos en nuestra cuenta.

El camino está expedito

Nadie dijo que escalar una montaña sería fácil. Pero lo es mucho más si llevamos un machete llamado «verdad» con el que podemos despejar el camino de mentiras y tener una clara vista de lo que tenemos por delante. Como iniciados, ya no avanzamos a ciegas.

Ya sabemos que los fondos de gestión activa no superan el mercado de una manera sostenida (sobre todo si tenemos en cuenta comisiones).

Ya sabemos que las comisiones importan y mucho. Y que si las reducimos, podemos recuperar hasta un 60 o 70 por ciento de nuestra «hucha» futura. ¿Cómo afectará esta tremenda verdad a nuestro futuro?

Y sabemos, por último, que la rentabilidad media no da idea de la realidad. Lo que importa es la rentabilidad real. Y ahora tenemos instrumentos sencillos para calcularlas.

Nuestro viaje a la libertad financiera prosigue a buen ritmo y las verdades que hemos aprendido hasta ahora nos distinguen del «rebaño».

Volar en solitario

Cuando explico estas cosas, noto muchas veces que la gente siente que no puede fiarse de nadie. Se sienten traicionados, ahora que empiezan a entender las verdaderas reglas del juego. Creen que tienen que hacerlo todo solos y encerrarse en sí mismos porque «no puede uno fiarse de nadie». No es verdad. Hay muchos profesionales de las finanzas perfectamente íntegros y dedicados a velar por el futuro de sus clientes. Yo mismo tengo un asesor estupendo en el que confío y que estoy seguro de que actúa buscando mi interés, y juntos examinamos y gestionamos mis inversiones. Como el lector, estoy muy ocupado y no tengo ni el tiempo ni las ganas de gestionar al detalle mi cartera de valores. En realidad, si se hace debidamente, un breve examen dos o tres veces al año basta para alcanzar nuestros objetivos y reequilibrar nuestra cartera.

¿Cómo sabemos, pues, la diferencia entre un vendedor y un asesor fiable? ¿Entre un bróker y un guía? El mito número cuatro nos ayudará a averiguar rápidamente si la persona que hay al otro lado de la mesa trabaja para nosotros o para su empresa. Como dijo Garganta Profunda en el escándalo del Watergate:

«Sigamos el dinero. Siempre sigamos el dinero».

Capítulo 2.4

Mito 4: «Soy tu bróker y estoy aquí para ayudarte»

Es difícil conseguir que un hombre entienda algo cuando su sueldo depende de que no lo entienda.

UPTON SINCLAIR

A ver si lo entendemos

Recapitulemos, pues:

Los fondos de inversión que me han vendido me cobran unas comisiones exorbitantes que podrían privarme de hasta el 70 por ciento de mi «hucha» futura.

En cualquier periodo de tiempo más o menos largo, el 96 por ciento de los fondos de inversión de gestión activa rinden menos que el mercado (o de lo que se han marcado).

Me cobran de diez a treinta veces más de lo que me costaría contratar un fondo de inversión indexado y seguir o replicar el mercado.

La rentabilidad que los fondos de inversión nos venden suele ser mucho mejor que la que en realidad obtenemos, porque la venden como rentabilidad ponderada por tiempo y no por dinero. La rentabilidad ponderada por dinero es la que ahorramos o gastamos en realidad, mientras que la ponderada por tiempo es la que usan los gestores de esos fondos para hacer publicidad.

Y, de remate, nuestro bróker nos mirará a los ojos y nos dirá que quiere lo mejor para nosotros. Porque seguramente cree que está ayudándonos. No entiende, y ni siquiera se ha formado para entender las consecuencias que tiene lo que acabamos de decir.

Vamos, seguro que sigue el mismo consejo que nos da en sus propias finanzas personales.

¡Ñam, ñam!

¿Cómo es posible que la inmensa mayoría de los inversores mueran víctimas de los mil cortes y no se rebelen, decidan actuar y se lleven su dinero a otra parte? La respuesta es que viven en la ignorancia desde hace décadas. La mayoría de las personas con las que he hablado desconfían profundamente del sector de los servicios financieros en general y del deseo de esta industria de «ayudarnos» a triunfar. Los han engañado. Pero ante el constante bombardeo de información contradictoria y de publicidad, enseguida se sienten abrumados. Eso sin contar las exigencias de la vida real. Muchos han puesto el piloto automático a su vida financiera y han aceptado pertenecer a la manada. Su única estrategia es la «esperanza».

Hay cierto consuelo social en saber que no somos los únicos. Me recuerda un documental de Discovery Channel en el que se veía cómo un ñu se acercaba con cuidado a beber de unas aguas plagadas de cocodrilos... ¡sólo unos minutos después de que las fauces de un reptil hubieran atrapado a uno de sus compañeros! ¿Es tonto el antílope? ¡No! El animal sabe que sin agua moriría bajo el tórrido sol africano y asume un riesgo calculado. La mayoría de nosotros hacemos lo mismo. Sabemos que no podemos quedarnos al margen, sentados a la orilla del río, porque la inflación nos destruirá si no movemos nuestro dinero. Y por eso, como nuestros vecinos y compañeros, nos acercamos al agua con nerviosismo y, cuando menos lo esperamos, ¡ñam!

Otro Lunes Negro, otra burbuja como la del comercio electrónico, otro 2008.

Y, a todo esto, la correduría a la que encomendamos la calidad de vida de nuestra familia no asume ningún riesgo y se lleva unas comisiones de récord año tras año.

En el momento que escribo estas líneas, principios de 2014, los precios del mercado no paran de subir. Desde 2009 a finales de 2013, el mercado ha crecido un 131 por ciento (incluyendo la reinversión de dividendos). Es la quinta subida más grande de la historia. La gente ve que el saldo de sus cuentas aumenta y empieza a acomodarse de nuevo. Los gestores y ejecutivos de fondos de inversión hacen una pasta. Pero los cocodrilos siguen alimentándose.

¿Protección contra quién?

A finales de 2009, los legisladores Barney Frank y Chris Dodd presentaron un proyecto de ley llamado «Ley Dodd-Frank para la protección del consumidor y la reforma de Wall Street». Al año siguiente, y tras fuertes presiones por parte de las empresas de servicios financieros, se aprobó una ley mucho más moderada que la original. Pero nadie se paró a preguntarse «¿contra quién exactamente necesitamos protegernos?».

¿Contra las personas a las que les encomendamos nuestro futuro financiero? ¿Contra los brókeres que nos venden fondos de inversión caros? ¿Contra los gestores mismos, que usan trampas legales para forrarse? ¿Contra los operadores de alta frecuencia que realizan inversiones ventajistas y ganan millones de dólares céntimo a céntimo? Sólo en los dos últimos años hemos visto cómo operadores deshonestos han hecho perder miles de millones a los bancos; cómo grandes empresas como MF Global malversaban los fondos de sus clientes y al final quebraban; cómo se producían condenas por uso de información privilegiada contra uno de los mayores fondos de inversión de alto riesgo del mundo, y cómo se juzgaba a operadores bancarios por amañar el LIBOR (London Interbank Offered Rates), la tasa de referencia más usada del mundo para fijar el interés a corto plazo.

El cocinero no come lo que cocina

Constantemente, nos dejamos convencer e influir por personas que nos dicen: «Haz lo que digo, no lo que hago». Según un revelador estudio de 2009 publicado por Morningstar, **el 49 por**

«CON MI CABEZA Y SU DINERO NO TENEMOS NADA QUE PERDER, SALVO SU DINERO.»

ciento de los gestores de los 4.300 fondos de inversión estudiados no tenían acciones en el fondo que gestionaban. Como lo oímos. El cocinero no come lo que cocina.

Del restante 51 por ciento, la mayoría poseía una cantidad de esos fondos que, comparada con su remuneración y su patrimonio, era meramente simbólica. Recordemos que esta gente gana millones, incluso decenas de millones de dólares, por su trabajo:

— 2.126 gestores no tenían acciones en el fondo que gestionaban.
— 159 habían invertido entre 1 y 10.000 dólares en ese fondo.
— 393 habían invertido entre 10.001 y 50.000 dólares.
— 285 habían invertido entre 50.001 y 100.000 dólares.
— 679 habían invertido entre 100.001 y 500.000 dólares.
— 197 habían invertido entre 500.001 y 999.999 dólares.
— 413 habían invertido más de 1 millón de dólares.

La pregunta evidente es, pues: si las personas que gestionan un fondo de inversión no invierten en ese fondo, ¿por qué diablos hemos de hacerlo nosotros? ¡¡¡Buena pregunta!!!

El cocinero no come lo que cocina porque los ingredientes son malos o porque sabe qué es y a qué huele realmente el restaurante. Estos gestores de fondos son listos: conocen el percal.

¿Dónde están los yates de los clientes?

Fred Schwed era un corredor de bolsa profesional que abandonó Wall Street después de perder un montón de dinero en la crisis de 1929. En 1940 escribió el clásico *¿Dónde están los yates de los clientes?*, o *Una dura mirada a Wall Street*. El chiste del título se ha repetido con muchas variantes en el curso de los años, pero en la versión de Schwed alude a un exitoso bróker de Wall Street llamado William Travers, quien, de vacaciones en Newport, Rhode Island, admira los preciosos yates que ve allí. Resulta que todos por los que pregunta pertenecen a brókeres, banqueros u operadores. Y se dice:

—¿Dónde están los yates de los clientes?

Setenta y cinco años han pasado desde que se escribió este chiste, ¡pero podría haber sido de ayer!

¿En quién confiar?

Todos hemos visto numerosas variantes del mismo anuncio. El marido y la mujer, con aire preocupado, sentados en el despacho del asesor financiero. Y con la sabiduría de un padrino y la mirada de quien ha capeado muchos temporales, el actor de marras les asegura que con su ayuda todo les irá bien. «No os preocupéis, velamos por vosotros. Vuestros hijos podrán ir a la universidad. Tendréis ese velero y esa casa de verano.» El mensaje está claro: «Vuestros objetivos son los nuestros. Estamos para ayudaros». Pero la pregunta es:

¿De verdad coindicen nuestros intereses?

¿Tiene la persona a la que le encomendamos el futuro nuestro y de nuestra familia incentivos suficientes para obrar en nuestro interés? La mayoría diríamos que sí... y nos equivocaríamos. Y la respuesta a esta cuestión puede ser la diferencia entre fracasar o triunfar en nuestro viaje a la libertad financiera. ¿Cómo nos sentiríamos si, subiendo una montaña, nuestro guía se preocupara más por su supervivencia que por la nuestra? Como me decía David Swensen: «Nuestro bróker no es nuestro amigo».

El criterio de la conveniencia

Y ésta es la verdad: el sector de los servicios financieros cuenta con muchas personas probas e integrísimas que realmente quieren lo mejor para sus clientes. Por desgracia, muchos operan en un «circuito cerrado» y los instrumentos que tienen a su disposición están diseñados para buscar el interés de la «casa». El sistema los premia por vender, no por dar consejos que no conlleven conflictos de intereses. Y el producto o fondo de inversión que nos venden no tiene por qué ser el mejor que hay disponible, ni aun el que más nos interesa. Por definición legal, lo único que tienen que hacer es ofrecernos un producto que sea «conveniente».

¿Qué clase de criterio es la «conveniencia»? ¿Queremos una pareja que nos «convenga»? «Cielo, ¿qué te ha parecido lo de esta noche?» «Pues... hemos practicado un sexo... conveniente.» ¿Irán a ascendernos por haber hecho un trabajo conveniente? ¿Volamos en una compañía aérea con un estándar de seguridad «conveniente»? O, mejor aún: «Vamos a comer aquí, me han dicho que la comida es conveniente».

Pues bien, según David Karp, un asesor independiente, el criterio de la conveniencia viene a decir: «No importa quién se beneficia más, si el cliente o el asesor. Mientras que una inversión sea conveniente [vaya en la dirección de nuestros objetivos] en el momento en el que el cliente la realiza, el asesor queda exento de responsabilidad.»

La regla de oro

Para recibir consejos que no supongan conflictos de intereses, debemos contratar a un *fiduciario* o asesor independiente. Estos profesionales cobran por su asesoría financiera y, por ley, tienen que eliminar cualquier posible conflicto de intereses (o, al menos, exponerlo) y dar prioridad a las necesidades del cliente antes que a las suyas.

Por ejemplo, si un asesor independiente le dice a un cliente que compre acciones de IBM y ese mismo día él mismo compra acciones de esa empresa a mejor precio, está obligado a vendérselas a su cliente al precio de cotización más bajo.

Sabemos que la ley nos protege de que nuestro asesor nos lleve por una dirección determinada o a un fondo determinado para sacarnos más dinero.

No todos los consejos son buenos

Contratar a un fiduciario o asesor independiente es, sin duda, un excelente punto de partida. Pero eso no significa que el profesional al que escojamos vaya a darnos un buen consejo ni aun a un precio justo. Y, como en toda industria, no todos los profesionales tienen la misma habilidad y experiencia. De hecho, ¡el 46 por ciento de los asesores financieros no tiene plan de pensiones! Lo que oímos. ¡El zapatero no lleva zapatos! Según un estudio de 2013 de la Financial Planning Association, que supervisó anónimamente a más de 2.400 asesores, casi la mitad no hacían lo que decían. ¡¡¡Y encima lo reconocían!!! La verdad es que vivimos tiempos confusos. En un mundo tremendamente complejo, con unos bancos centrales que imprimen dinero como locos y hasta gobiernos que no pagan sus deudas, sólo los mejores asesores del sector saben cómo navegar por estas aguas.

El carnicero y el dietista

Un buen amigo mío me envió hace poco un vídeo de YouTube titulado «El carnicero y el dietista», unos dibujos animados de unos dos minutos de duración que ponen de manifiesto de una manera gráfica y clara la principal diferencia entre un bróker y un asesor independiente. El vídeo ilustra el obvio hecho de que, cuando entramos en una carnicería, siempre nos animan a comprar carne. Si le preguntamos al carnicero qué podemos cenar, la respuesta será siempre: «¡Carne!». En cambio, el dietista nos aconsejará comer lo que mejor sea para nuestra salud. No tiene interés en vendernos carne si el pescado nos conviene más. Los brókeres son como los carniceros, y los asesores independientes como los dietistas. No tienen ningún interés en vendernos un producto o fondo determinado. ¡Esta simple distinción nos da poder! Los iniciados conocen la diferencia.

Hice mis averiguaciones y descubrí que el responsable del vídeo era Elliot Weissbluth, exabogado que, indignado por los conflictos de intereses que veía en el mundo de la inversión, lleva quince años dedicándose a ofrecer una alternativa a las empresas y a los asesores independientes más brillantes y exitosos. En otras palabras, preferir la independencia no significa sacrificar la sofisticación y el acceso a las mejores soluciones. Su gran idea prosperó y HighTower es hoy una de las asesorías financieras independientes más grandes del país, con casi treinta mil millones de dólares en activos y ocupa el puesto decimotercero de la lista de las empresas de más rápido crecimiento de la revista *Inc.* La prosperidad de HighTower demuestra que los clientes prefieren a los dietistas. Están hartos de que les vendan carne y luego darse cuenta de que están poniendo su salud en peligro.

Entrevisté a Elliot para este libro y desde entonces hemos hecho una gran amistad. No tuve que obligarlo a dejar la fría Chicago y venir a pasar un día conmigo en mi casa de Palm Beach, con un tiempo de 25 grados centígrados.

Una propuesta audaz

Nos sentamos en el jardín trasero de mi casa, que da al océano, y tuvimos una larga conversación acerca de los mitos que se venden y las injusticias que se hacen al inversor corriente. Elliot siente una gran pasión, casi fervor, por servir a los inversores eliminando los conflictos de intereses que se han convertido en la norma de las grandes empresas. Desde el primer día, se comprometió a ofrecer un servicio de asesoramiento completamente transparente en todos los aspectos del negocio. Y como no acepta pagos ni sobornos por vender un producto ni servicio, su empresa está en una posición de fuerza e integridad. Las empresas rivalizan por trabajar con HighTower y todos los beneficios van a parar al cliente. Lo impresionante es cómo Elliot hizo prosperar el negocio. Para empezar, creó una plataforma que nadie pensó que sería posible. Luego reclutó a los mejores asesores de las mayores empresas y les dio la oportunidad de obrar con una moralidad superior: dejar de trabajar para la casa y hacerlo sólo para el cliente. Y teniendo la libertad de no servir a dos amos, pudieron velar por los intereses del cliente en todo momento y en cualquier operación.

Sólo había un problema: HighTower únicamente servía a los estadounidenses más ricos.

En efecto, todos los mejores asesores del sector están dedicados a los ricos. Lógico, ¿no? Si gestionamos dinero, queremos servir a menos clientes que tengan más dinero. Esta fórmula maximiza nuestros propios beneficios. Manejar muchas cuentas pequeñas supone gastos de todo tipo. No es un negocio eficiente.

Pese a eso, decidí proponerle a Elliot un desafío...

Abramos nuevos caminos

—Elliot, quiero que pienses en la manera de ofrecer el mismo servicio transparente y desinteresado a cualquiera que lo solicite, no sólo a los ricos. Seguro que es posible, Elliot —le dije, inclinándome hacia delante en mi silla—. Te apasiona tanto la justicia que tu propia vocación te manda servir a todo el mundo. —Él se reclinó en su asiento. Esperaba una simple entrevista ¡y de pronto le pedían que desplegara sus grandes recursos! Y, lo que es más importante, lo desafiaba a ofrecer a todo el mundo algunas de las soluciones que reservaba para las personas con inmenso patrimonio. Era un gran reto. Democratizar la mejor asesoría financiera junto con las mejores soluciones—. ¡Ah!, y otra cosa, Elliot: ¡creo que deberías ofrecer también un servicio de análisis gratis! ¡La gente necesita saber cómo se la trata!

Elliot resopló un par de veces y dijo:

—¡Caramba, Tony! Sé que piensas a lo grande, pero ¿ofrecer todo eso a todo el mundo y gratis? ¡Hombre!

Yo sonreí y repuse:

—Sí, parece cosa de locos, ¿no? Pero sólo tú puedes hacerlo. Nadie denuncia que hay gente cobrando una pasta por rendir poco. ¡La idea es hacerlo usando la tecnología! ¡Tienes los recursos y la voluntad para hacerlo si te pones!

Concluí la conversación pidiéndole que reflexionara sobre las consecuencias que aquello tendría en la vida de la gente y que me llamara cuando lo hubiera pensado.

Puede hacerse

Elliot volvió a Chicago y reunió a sus tropas. Tras mucho deliberar, y con la firme determinación de encontrar una solución, me llamó. Su equipo había estudiado cierta tecnología que podríamos utilizar y él estaba convencido de que aquello sería revolucionario. Pero pedía una cosa. Quería asociarse con un director de inversiones extraordinario, que tenía décadas de experiencia y los correspondientes valores, un capitán de barco que no temía surcar aguas inexploradas. Y yo lo conocía...

Ajay Gupta es el fundador y director de inversiones de Stronghold Wealth Management, una empresa que ofrece un servicio exquisito a las personas con patrimonios inmensos. También es mi asesor independiente y gestiona el dinero de mi familia desde hace siete años. Trabajó durante dos décadas en una de las corredurías más grandes del mundo y su carrera fue la del típico ejecutivo de éxito. En un momento dado, se vio en una encrucijada. ¿Qué camino tomar? O abandonaba el negocio de la correduría y se dedicaba al asesoramiento en calidad de fiduciario, o seguía tratando de ser un dietista entre las paredes de una carnicería. Le pregunté a Ajay qué fue lo que le ayudó a tomar la decisión. «Fue un sentimiento de frustración total —confesó—. Había inversiones que yo sabía que eran mejores para mi cliente, pero la empresa no me permitía ofrecerlas porque no estaban "aprobadas". Yo no quería recomendar a mi cliente una inversión peor para yo poder ganar más. Para mí, los clientes son como mi familia, y me di cuenta de que no podría seguir obrando por mi cuenta si tenía que acatar las imposiciones de alguien que vivía en una lejana torre de marfil.» El compromiso de Ajay no fue sólo de boquilla. Rechazó una prima de siete cifras, dejó la empresa y montó la suya propia. Como era de prever, todo su equipo y su clientela lo siguieron. Tras años de desempeño y servicios extraordinarios, la marcha de Ajay del negocio de la correduría llamó la atención de Charles Schwab (un gran proveedor de servicios para asesores independientes). Para su sorpresa, Ajay recibió una llamada de la empresa de Charles Schwab en la que le decían que este último lo había elegido para representar a más de diez mil asesores registrados independientes en la campaña mediática que la empresa se disponía a lanzar en todo el país. Luego, Ajay concertó una cita para que Charles y yo nos conociéramos, cuando éste accedió a ser uno de los cincuenta grandes financieros a los que yo quería entrevistar para este libro.

Presenté a Ajay y a su equipo de Stronghold a Elliot y hubo una increíble comunión de valores. Lo asombroso fue que el todo era mucho mayor que las partes. Emprendieron una labor de colaboración enorme. Durante casi un año, Ajay y Elliot trabajaron codo con codo con un objetivo común: democratizar el mejor servicio de asesoramiento y ayudar a los estadounidenses a abrir los ojos y ver que tenían derecho, primero, a saber lo que les vendían y, segundo, a cambiar de asesor y recibir un servicio transparente. Y nació Stronghold Financial (una división de Stronghold Wealth Management). Así que, además de prestar servicio a los riquísimos, ahora Stronghold lo presta también a cualquiera, independientemente de la cantidad que quiera invertir.

Estoy orgullosísimo de lo que Elliot, Ajay y yo hemos creado trabajando juntos: ¡un servicio complementario que puede llegar a todo el mundo! Y, para ser sinceros, existe sólo porque nos sentimos muy decepcionados con un sistema que muchas veces utiliza el engaño y la manipulación como armas contra los inversores. Es hora de que la cosa cambie. Por eso, aunque no soy uno de los propietarios de Stronghold, en el momento de la publicación de este libro estoy negociando la manera de asociarme con ellos para colaborar más activamente en la labor que desempeñan de ofrecer a los inversores un servicio de asesoramiento y unas soluciones de inversiones extraordinarias.

Para los que quieran, tengan tiempo y sepan algo de colocación de activos (de la que hablaremos en la cuarta parte), invertir por su cuenta (sin la mediación de un asesor independiente) puede ser una buena opción, que además podría ahorrarle costes. El coste añadido de un fiduciario sólo se justifica si nos es realmente de ayuda en cuestión de eficiencia fiscal, plan de pensiones e inversiones alternativas más allá de los fondos indexados.

¡Compremos Enron!

Un fiduciario competente no sólo nos prestará servicios de asesoramiento transparente y soluciones de inversión. También debería protegernos del «ruido» del marketing y la publicidad, porque la historia muestra que el ruido que produce un bróker interesado, o la empresa para la que ese bróker trabaja, puede ser sumamente peligroso. Pongamos un ejemplo sacado de la historia reciente.

¿Recordamos Enron? El gigante energético que obtenía unos beneficios anuales de 101.000 millones de dólares (en 2000) y decidió falsear las cuentas para tener contentos a los accionistas. Los grandes brókeres y los fondos de inversión que poseían la mayoría de las acciones de Enron eran grandes admiradores de la compañía energética. Mi querido amigo y genio de los negocios Keith Cunningham dice las cosas sin miramientos y con su clásico acento tejano. Cuando habla en alguno de mis actos de Business Mastery, no vacila en denunciar a los brókeres, quienes, sin importarles la suerte de sus clientes, dan pésimos consejos incluso cuando la situación pinta mal. Cuando me explicó con detalle cómo los brókeres publicitaron Enron mientras la compañía se hundía, ¡me quedé de piedra!

En marzo de 2001, sólo nueve meses antes de declararse en bancarrota, Enron advirtió que tenía problemas. «Cualquiera que quisiera fijarse en los balances de la compañía podía ver que perdía dinero a raudales, pese a los beneficios que declaraba —les decía Keith a mi público, de unas mil personas—. Pero eso no impidió que las empresas de Wall Street recomendaran sus acciones.» La tabla de abajo muestra las recomendaciones de las grandes empresas en los nueve meses previos a la quiebra de la compañía. Obsérvese cómo siguió recomendándose la compra o la tenencia de acciones hasta que literalmente no hubo nada que comprar ni que tener... ¡porque las acciones no valían nada y la compañía estaba en bancarrota!

21 de marzo de 2001	**«Compra a corto plazo»**	55,89 $	Merrill Lynch
29 de marzo de 2001	**«Lista recomendada»**	55,31 $	Goldman Sachs
8 de junio de 2001	**«Compra»**	47,26 $	JPMorgan
15 de agosto de 2001	**«Fuerte compra»**	40,25 $	Banco de América
4 de octubre de 2001	**«Compra»**	33,10 $	AG Edwards
24 de octubre de 2001	**«Fuerte compra = atractiva»**	16,41 $	Lehman Bros
12 de noviembre de 2001	**«Resistir»**	9,24 $	Prudential
21 de noviembre de 2001	**«Market perform»**	5,01 $	Goldman Sachs
29 de noviembre de 2001	**«Resistir»**	0,36 $	Credit Suisse First Boston
2 de diciembre de 2001	**«Ay = han quebrado»**	0,00 $	

Huelga decir que si nos asesora un bróker, los conflictos de intereses inherentes a esta condición aparecerán tarde o temprano.

Presionar para obtener beneficios

> Priorizar los intereses del cliente puede parecer un concepto sencillo, pero causa escándalo en Wall Street.
>
> «¿Qué es lo que más les importa a los brókeres?», *The Wall Street Journal*, 5 de diciembre de 2010

La pregunta es: ¿por qué no han cambiado las cosas? Según la ley Dodd-Frank, la Comisión de Bolsa y Valores debía hacer un estudio basado en un «patrón fiduciario universal» de todas las empresas de inversión. **El lector ha oído bien. Los políticos querían hacer un *estudio* para ver si obrar en interés del cliente está bien.** Es una tragicomedia que se representó en Capitol Hill. En mi entrevista con Jeffrey Brown, le pedí su opinión sobre los patrones fiduciarios. ¿A quién mejor preguntarle que al hombre que no sólo asesoró a la Oficina Ejecutiva del Presidente, sino también a China sobre el programa de seguridad social de este país? «Creo que es muy, muy importante que cualquier persona que gestione dinero ajeno tenga la responsabilidad ética y legal de hacer las cosas bien y velar por ese dinero ajeno. Al fin y al cabo se trata de la vida de las personas, ¿no?»

La respuesta del sector ha sido intensa cuando menos. Podemos oír los engranajes de la máquina de los *lobbies* funcionando a pleno rendimiento para recordarle a Capitoll Hill las generosas contribuciones que han hecho a las campañas electorales.

¿Y cuál es el plan?

¡Guau, hemos recorrido un largo camino! Los mitos que hemos expuesto los sigue ignorando la gran mayoría de los inversores. De hecho, incluso muchas personas ricas desconocen esta información reservada. Pues bien, ahora que vamos abriendo los ojos, tenemos que ver si las estrategias que usamos se adecuan a nuestros objetivos.

Bróker	Fiduciario independiente
Cobra comisiones por vender fondos	Cobra una tarifa plana por su asesoramiento
Cobra por vender	Obligado por ley a asesorar con declaración de posibles conflictos de intereses
Criterio de conveniencia	Patrón fiduciario
Ofrece una vasta gama de productos y servicios que deben ser aprobados por sus jefes, incluidos los de la «casa»	Acceso a todos los productos y servicios
Obligado por el jefe	Independiente
Actúa de custodio de inversiones	Usa a terceros como custodios

Aunque la cuestión fiduciaria es muy debatida entre algunos grupos, unos estudios encargados por la Comisión de Bolsa y Valores demuestran que la mayoría de los inversores no entienden lo que significa fiduciario ni conocen la diferencia entre un bróker y un asesor financiero independiente.

«El debate sobre el deber de los brókeres
para con sus clientes llega a un punto muerto»,
The Wall Street Journal, 24 de enero de 2012

Capítulo 2.5

Mito 5: Fondos con fecha objetivo: «Invierte y olvídate»

> Cada día que pasa me preocupan más los fondos de inversión con fecha objetivo.
>
> JACK BOGLE, fundador de Vanguard

Si queremos jugar, paguemos

Los fondos de inversión con fecha objetivo, llamados a veces «fondos de ciclo de vida» (*lifecycle funds*), bien podrían ser el invento más caro y más publicitado que se cuela entre las opciones de inversión de nuestro plan (con la excepción de la versión de muy bajo coste de Vanguard).

¿Cumplen su objetivo los fondos con fecha objetivo?

Pese a que el sector de los fondos de inversión es el que más rápidamente está creciendo, los fondos con fecha objetivo (*target-date funds* o TDF) podrían no cumplir su finalidad.

Nos los venden así: «Elige la fecha o el año en el que te jubilarás y nosotros invertiremos tu cartera de valores en consecuencia [el fondo Golden Years 2035, por ejemplo]. Cuanto más cerca estés de jubilarte, más conservadoras serán tus inversiones».

Veamos con más detalle cómo funcionan realmente.

El gestor del fondo decide lo que en el mundo de las finanzas se llama, no sin imaginación, una «vía de deslizamiento» (*glide path*), que consiste en disminuir la tenencia de acciones (que comportan más riesgo) y aumentar la de bonos (que tradicionalmente son menos arriesgados), con la idea de conseguir una cartera de inversiones más conservadora conforme se acerca la fecha de nuestra jubilación. Cada gestor puede elegir su propia «vía de deslizamiento», porque no hay un canon uniforme. Pero a mí me parece más una «vía escurridiza», porque se basa, una vez más, en dos grandes supuestos:

1. Los bonos son seguros.
2. Los bonos se mueven en sentido contrario al de las acciones, de manera que, si las acciones caen, siempre nos protegerán los bonos.

Como dice Warren Buffett, «los bonos tendrían que llevar una etiqueta de advertencia». Y como el precio de los bonos cae cuando las tasas de interés suben, podríamos verlo desplomarse (junto con el precio de los fondos de inversión compuestos de bonos) cuando las tasas de interés suben. Además, numerosos estudios independientes demuestran que los bonos tienen una fuerte «correlación» cuando corren malos tiempos. Traducción: acciones y bonos no siempre se mueven en sentido contrario. Fijémonos en lo que pasó en 2008, ¡cuando bonos y acciones cayeron al mismo tiempo!

El mensaje con el que se comercializan los fondos a plazo fijo es seductor. Escojamos la fecha y despreocupémonos. «Invierte y olvídate.» ¡Confía en nosotros! ¡Nosotros te cubrimos! Pero ¿lo hacen?

Un enorme malentendido

Según un estudio realizado por Behavioral Research Associates para la consultoría de inversiones Envestnet, los trabajadores que invirtieron en fondos con fecha objetivo creían cosas sorprendentes:

— **El 57 por ciento de los encuestados pensaba que no iba a perder dinero en un plazo de diez años.** ¡No hay hechos que sustenten esta creencia!

— **El 30 por ciento creía que un fondo con fecha objetivo garantiza una rentabilidad.** ¡Los fondos de inversión con fecha objetivo no nos garantizan nada, y menos aún una rentabilidad!
— **El 62 por ciento creía que podría jubilarse cuando el año o la «fecha fija» del fondo llegara.** Por desgracia, esta creencia falsa es la más cruel de todas. El año de jubilación que fijamos es nuestro «objetivo». Los fondos con fecha objetivo no están pensados para alcanzar nuestros objetivos, sino que simplemente son una forma de colocar activos que *debería* implicar menos riesgo conforme se acerca nuestra jubilación.

Habida cuenta de que hay billones de dólares invertidos en fondos con fecha objetivo, es muy posible que muchos estadounidenses se lleven una terrible sorpresa.

Así pues, ¿qué estamos haciendo cuando invertimos en un fondo con fecha objetivo? Simplemente invirtiendo en un fondo que maneja y coloca nuestros activos en nuestro lugar. Tan simple como eso. En lugar de escoger entre una lista de fondos de inversión, contratamos uno y ¡listo! Ellos se ocupan de todo.

Perdón, pero ya no trabaja aquí

Al terminar la carrera, David Babbel quiso entrar a trabajar en el Banco Mundial. Sería sin duda un lugar de trabajo interesante, pero es que además los afortunados que trabajaran allí ¡no pagarían impuestos! Chico listo. Se presentó y lo rechazaron alegando que para trabajar allí necesitaba estudios de posgrado en una de seis categorías. Para que no lo rechazaran otra vez por estudiar sólo una, decidió estudiar las seis. Es licenciado en economía, doctor en finanzas y economía alimentaria y de recursos, en agricultura tropical y en estudios hispanoamericanos, y tiene un máster en finanzas internacionales. Cuando se presentó de nuevo con su puñado de títulos le dijeron que no contrataban a estadounidenses porque Washington acababa de reducir su ayuda financiera al Banco Mundial. Fue un duro golpe para él.

Sin saber qué hacer, contestó a un anuncio de la Universidad de California en Berkeley, que lo contrató de profesor. Luego supo que habían puesto el anuncio por cumplir con las normas sobre discriminación positiva, pero que no esperaban que respondieran candidatos cualificados.

Años después entró en la Escuela de Negocios Wharton, donde impartió numerosas asignaturas relacionadas con las finanzas. Pero no sólo es un estudioso. Un artículo que escribió sobre cómo reducir los riesgos de las carteras de bonos llamó la atención de Goldman Sachs. Pidió una excedencia y durante siete años dirigió el departamento de gestión de riesgos y seguros de Goldman Sachs (mientras seguía de profesor a tiempo parcial en Wharton). Luego pudo por fin trabajar en el Banco Mundial. Fue también consejero del Tesoro y de la Reserva Federal de Estados Unidos. Pero cuando el Departamento de Trabajo le pidió que hiciera un estudio para ver si los fondos con fecha objetivo eran la mejor opción de cara a la jubilación, no sabía lo que le esperaba. Enfrente estaba el Instituto de Empresas de Inversión (el brazo lobista del sector de los fondos de inversión), que «había pagado dos millones de dólares por un estudio y obtuvieron exactamente lo que querían. Un estudio que decía que los fondos de inversión eran lo mejor que se había inventado después de la rueda». Tengamos en cuenta que, en aquel momento, los fondos con fecha objetivo eran simplemente un concepto, un deseo del sector.

En su estudio para el Departamento de Trabajo, que realizó con otros dos profesores, uno de los cuales se había formado con dos premios Nobel, Babbel comparó los fondos con fecha objetivo con los «fondos de valor estable» (*stable value funds*), que son fondos de inversión muy conservadores que «no sufren pérdidas e históricamente rinden de un dos a un tres por ciento más que los fondos del mercado monetario (*money market funds*)». Según Babbel, el estudio patrocinado por el sector, que pintaba los fondos con fecha objetivo del mejor modo posible, estaba repleto de errores. Para que estos fondos parecieran mejores que los del mercado monetario, emplearon más fantasía que Walt Disney. Por ejemplo, supusieron que entre los bonos y las acciones no hay *correlación*. Error. Los bonos y las acciones marchan al compás hasta cierto punto y aún más cuando los tiempos empeoran. (En 2008 hubo entre bonos y acciones una correlación del 80 por ciento.)

Babbel y su equipo revisaron el estudio y lo impugnaron. Analizaron matemáticamente las falsas afirmaciones que contenía y se prepararon para mostrar lo absurdo de unos supuestos según los cuales los fondos con fecha objetivo eran los mejores.

El día que expuso sus conclusiones, los economistas encargados de juzgar los dos estudios, elegidos por el Departamento de Trabajo, «consideraron que había cuestiones que requerían más examen». Pero la secretaria de Trabajo «lo tenía decidido y dimitió del cargo al día siguiente. Ni siquiera se presentó a la cita que había fijado con él». A Babbel le dijeron que todo había sido preparado. El sector había comprado el visto bueno que necesitaba para escribir su propia «verdad».

A finales de 2013, usaban fondos con fecha objetivo el 41 por ciento de los participantes en planes de jubilación, ¡por valor de billones de dólares! No es un mal rendimiento para la inversión de dos millones de dólares que hizo el sector en un estudio que Babbel y sus eminentes colegas economistas dijeron que tenía «serios errores».

Nunca sabemos quién se baña desnudo hasta que baja la marea

Imaginemos que estamos a principios de 2008 y que se acerca el momento de jubilarnos. Hemos trabajado duro más de cuarenta años por la familia; estamos deseando pasar más tiempo con los nietos, tener más tiempo para viajar... en fin, más tiempo. El saldo de nuestro plan de jubilación parece saneado. Nuestros fondos con fecha objetivo de 2010 se comportan muy bien y confiamos en que, como sólo nos quedan dos años para jubilarnos, nuestro dinero se ha invertido de una manera muy conservadora. Millones de estadounidenses pensaban lo mismo antes de que la crisis de 2008 truncara las esperanzas que tenían depositadas en

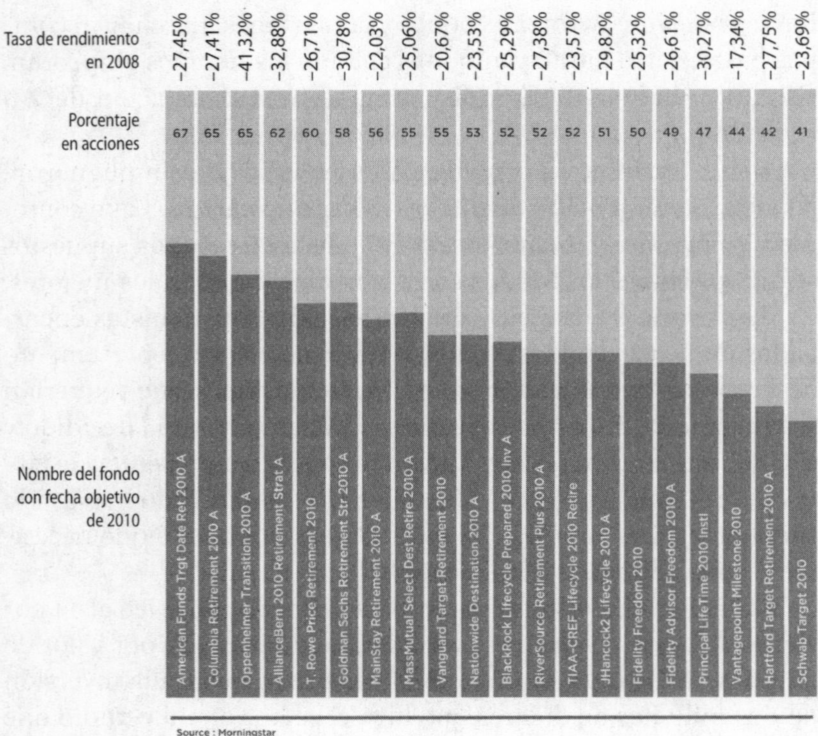

su jubilación, o al menos en la calidad de la jubilación que esperaban. En la lista que aparece arriba, figuran los veinte fondos con fecha objetivo más grandes de Estados Unidos y su pésimo rendimiento de 2008. Recordemos que son fondos con fecha objetivo de 2010, con lo que a los inversores les quedaban sólo dos años para jubilarse. Obsérvese el alto porcentaje que algunos fondos invirtieron en acciones (más arriesgadas) pese a que se supone que estaban en el «trecho final» y debían ser por eso más conservadores. En rigor, aunque vayamos a jubilarnos, siempre hay que invertir en acciones, pero, al mismo tiempo, este tipo de pérdidas podrían haber frustrado o al menos retrasado nuestros planes de jubilación.

El menor de dos males

Cuando entrevisté a muchos de los principales estudiosos en materia de jubilación, me sorprendió comprobar que todos estaban a favor de los fondos con fecha objetivo.

¡¿Cómo era posible?!

Les comenté a todos lo que el lector acaba de leer y, aunque reconocían que los fondos con fecha objetivo planteaban algunos problemas, alegaban que, cuando estos fondos no existían y la gente decidía por sí sola dónde colocar su dinero, había más confusión y, la verdad, se tomaban decisiones realmente malas. Los datos, ciertamente, lo corroboran.

En mi entrevista con Jeffrey Brown, una de las mentes más lúcidas del país, me explicó: «Si nos fijamos en lo que pasaba antes de que existieran los fondos con fecha objetivo, mucha gente invertía en acciones de su propia empresa. De hecho, invertían sobre todo en acciones de su propia empresa.» Y me recordó lo ocurrido con Enron, muchos de cuyos trabajadores colocaron todos sus ahorros en acciones de Enron y de la noche a la mañana los perdieron.

Cuando a las personas les daban a elegir quince fondos de inversión distintos, repartían el dinero a partes iguales entre ellos (1/15 en cada uno), lo que no es una buena estrategia. O se ponían nerviosas cuando el mercado bajaba (y vendían cuando el mercado había caído) y se quedaban con el efectivo varios años seguidos. En resumen, no entiendo las razones de Brown.

Aunque la idea del fondo con fecha objetivo es interesante, Brown recomienda uno que sea de bajo coste, como los que ofrece Vanguard. Ésta podría ser una buena solución para alguien que quisiera invertir poco dinero, una situación muy sencilla, con la que podría prescindir de un asesor. Pero si no queremos invertir en un fondo con fecha objetivo y podemos elegir entre una serie de fondos indexados de bajo coste, podríamos invertir siguiendo uno de los modelos de cartera que veremos luego. La «colocación de activos», es decir, la manera como colocamos y repartimos nuestro dinero, es la habilidad más importante que ha de tener un buen inversor. Y, como sabremos por los maestros, ¡no es tan complicado! Los fondos con fecha objetivo de bajo coste podrán ser una opción excelente para el inversor normal, ¡pero nosotros, que estamos leyendo este libro, no somos unos inversores normales!

Además, mucha gente cree que no hay alternativas a los fondos con fecha objetivo, pero en la quinta parte veremos una colocación de activos concreta del gurú de los fondos de inversión de alto riesgo Ray Dalio, que ha producido un rendimiento extraordinario con pérdidas mínimas. Un grupo de analistas examinaron la cartera de valores en cuestión y vieron que la peor pérdida fue sólo del 3,93 por ciento en setenta y cinco años. Por el contrario, y según *MarketWatch*, «los fondos con fecha objetivo más conservadores —los pensados para producir renta— cayeron de media un 17 por ciento en 2008, y los más arriesgados —pensados para la jubilación en 2055— disminuyeron de media un tremendo 39,8 por ciento, según un reciente informe de Ibbotson Associates».

Otro que muerde el polvo

Ya hemos expuesto y desenmascarado otro mito. Espero que, a estas alturas, el lector comprenda que la ignorancia no es una bendición. La ignorancia es dolor y miseria en el mundo de las finanzas. El conocimiento que hemos adquirido en estos primeros capítulos será el motor que nos moverá a decir: «¡Nunca más! Nunca más dejaré que se aprovechen de mí».

Pronto empezaremos a explorar las grandes oportunidades, estrategias y medios que nos permitirán alcanzar la libertad financiera, pero antes tenemos que liberarnos de otros dos mitos.

Capítulo 2.6

Mito 6: «Odio los seguros de rentas, y tú también deberías»

Los mayores activos que tuvo el jefe de la Reserva Federal el año pasado fueron dos seguros de rentas.

«Las finanzas personales del presidente
de la Reserva Federal son de lo más sencillo»,
USA Today, 21 de julio de 2008

¿Los amamos o los odiamos?

El otro día vi un anuncio en internet que decía: «Yo odio los seguros de rentas y tú también deberías». El típico «gancho» de internet ofrecía un informe gratuito que al parecer demostraba que los seguros de rentas (*annuities*) son una inversión malísima y que una estrategia de inversión en acciones y bonos es mucho mejor para obtener rendimiento y seguridad a largo plazo. Por supuesto, el anunciante se ofrecía gustoso a vendernos su experta selección de acciones por cierta cantidad. Lo que no decía la letra grande del anuncio es que el anunciante era un corredor dedicado a la gestión activa de inversiones. Y, como ya sabemos por expertos como Warren Buffett, Jack Bogle, Ray Dalio y David Swenson —así como por estudios académicos—, la gestión activa de inversiones es incapaz de superar el mercado de manera sostenida. Los resultados de este tipo de corredores son peores que los de un simple índice, cuyas comisiones suelen ser entre un 500 y un 3.000 por ciento más baratas, con mayor rendimiento. Pero esta estrategia comercial funciona a veces, ¿verdad? Comparamos nuestro producto con otro que percibimos malísimo y de pronto el nuestro no nos parece tan malo...

Pero no todo el mundo odia los seguros de rentas...

En el polo opuesto, me quedé pasmado al enterarme de que el expresidente de la Reserva Federal Ben Bernanke, posiblemente el hombre más influyente en las finanzas en cierto momento, valora sin duda los seguros de rentas en sus finanzas personales. Bernanke tuvo que declarar sus inversiones antes de ser nombrado presidente de la Reserva Federal y pudimos saber así que posee una relativamente escasa cantidad de acciones y bonos, y que sus *dos mayores activos* eran seguros de rentas. Lo primero que pensé es: «¿Qué sabe él que yo no sé?»

¿Y qué es?

¿Son los seguros de rentas el mejor invento después de la rueda o simplemente un producto que es bueno para la compañía de seguros y los brókeres que las venden? ¿La respuesta? Todo depende del tipo de seguro que hayamos contratado y de las comisiones que la aseguradora nos cobre. Veámoslo.

Durante el proceso de escritura de este libro he buscado a las mentes más respetadas del mundo para que discurran medios de que el lector se asegure una fuente de ingresos vitalicios, un sueldo de por vida sin que tenga que trabajar. Después de todo, ¿no invertimos para eso, sobre todo? En las entrevistas que hacía, constantemente salía a colación el nombre de David Babbel. Recordará el lector que hablamos de él en el capítulo anterior: es el profesor de Wharton y doctor en muchas cosas que informó a la secretaria de Trabajo acerca de dos estudios sobre fondos con fecha objetivo.

A principios de 2013, contó en un informe cómo rechazó el consejo de los colegas de Wall Street que le recomendaban que dejara sus inversiones como estaban, en la esperanza de que rindieran más, y creó un plan de renta vitalicia. Así, en lugar de arriesgar un céntimo en acciones y bonos, usó una serie de seguros de renta garantizada, distribuidos en el tiempo, que le aseguraran una jubilación tranquila como quería y merecía: un plan de renta vitalicia. Los seguros de rentas que usó le garantizan además el ciento por ciento de su inversión inicial, con lo que no perdió ni en la crisis de 2000 ni en la de 2008. Antes bien, disfruta cómodamente de su vida, de su esposa y de sus nietos con absoluta tranquilidad, sabiendo que nunca se quedará sin dinero.

Volé a Filadelfia para hablar con Babbel y la entrevista, que debía durar una hora, se prolongó cuatro. Su estrategia, de la que hablaremos en el capítulo «Creemos una renta vitalicia», era sólida pero sencilla. Y lo de la tranquilidad era real, porque pude ver la libertad que su estrategia le daba. ¡Me fui con una opinión completamente diferente de los seguros de rentas! O, al menos, de algunos de ellos.

Él tenía muy claro que «no todos los seguros de rentas eran iguales». Hay de muchos tipos, cada uno con sus ventajas y sus inconvenientes. **Hay algunos que deberíamos «odiar», pero meterlos todos en el mismo saco es despreciar indebidamente la única herramienta financiera que ha superado la prueba del tiempo más de dos mil años.**

La compañía de seguros de Julio César

Los primeros seguros de rentas (*annuities*) se remontan a la época romana, hace dos mil años. Ciudadanos y soldados ponían dinero en un fondo. Los que vivían más percibían rentas crecientes y los que no tenían tanta suerte se las dejaban a los demás; el gobierno se quedaba con una parte, claro está. ¡Hay que darle al César lo que es del César!

Anual viene de la palabra latina *annua*, porque los antiguos romanos cobraban su renta anualmente. ¡Y, claro está, de ahí viene también la palabra *annuity*! ¿A que queda muy erudito?

En el siglo XVII, los gobiernos europeos usaron el mismo concepto (llamado «tontina») para financiar guerras y obras públicas (quedándose también con una parte de los fondos). En el mundo moderno, las cifras y las premisas de estos productos siguen siendo las mismas, con la diferencia de que los gobiernos han sido sustituidos por las compañías de seguros más valoradas, entre ellas algunas que llevan dedicadas al negocio más de cien años; compañías que han resistido a través de depresiones, recesiones, guerras mundiales y la última crisis de crédito.

Pero hay que tener cuidado porque hay diferentes tipos de seguros de rentas. Las seguros de rentas fueron más o menos los mismos durante más de dos mil años. Sólo había una versión, la clásica, como la Coca-Cola. Era un simple contrato entre nosotros y una compañía de seguros. Les dábamos nuestro dinero y ellos nos garantizaban un pago o renta por nuestro dinero. Y cuando hacíamos nuestra aportación, teníamos que decidir cuándo queríamos empezar a recibir esos pagos. Cuanto más esperásemos, más altos eran éstos. Y el día que lo contratábamos, teníamos un calendario de pagos exacto, con lo que no había lugar a dudas.

¿Hemos progresado o sólo cambiado?

En los últimos cincuenta años, los seguros de rentas han evolucionado y ahora tenemos muchos más tipos de los que originalmente ofrecía César. A veces la evolución es buena. ¡Otras produce mutantes!

Conviene decir que hay más productos malos que buenos. Como Jack Bogle dice: «Sigo siendo partidario de la idea de seguro de rentas, pero debemos fijarnos bien en los detalles antes de contratar nada». Conque entremos en materia. ¿Cuáles debemos evitar?

Los seguros de rentas variables son invariablemente malos

En 2012 se vendieron más de 150.000 millones de dólares en seguros de rentas variables (*variable annuities*). Para hacernos una idea, esta cifra equivale a casi todos los ingresos brutos de Apple de 2012. Los seguros de rentas variables se han convertido en la *niña de mis ojos* de muchas grandes corredurías. Entonces ¿qué demonios es un seguro de rentas variable? Pues, sencillamente, un seguro cuyos depósitos se invierten en fondos de inversión (también conocidos como «subcuentas»). Ni más ni menos. Los mismos fondos de inversión que rinden menos que el mercado y cobran comisiones astronómicas. Pero esta vez el inversor los contrata «envueltos» en un seguro de rentas. Esta opción —así nos venden el cuento— es especialmente interesante si ya hemos aportado lo máximo a nuestro plan de pensiones y tenemos un dinero extra que queremos invertir. Pero ahora, en lugar de pagar sólo comisiones excesivas por fondos de inversión que rinden poco, nos cobran *más* comisiones por el seguro mismo.

Comisiones y más comisiones

¿Dónde está la gracia, pues? La mayoría de los seguros de rentas variables nos garantizan que, aunque el saldo disminuya, los beneficiarios recibirán al menos la cantidad que invertimos al principio. Es decir, si empezamos invirtiendo 100.000 dólares y el valor de los fondos de inversión cae a 20.000, nuestros hijos recibirán 100.000 cuando fallezcamos. No parece un mal negocio hasta que nos damos cuenta de que hemos contratado el seguro de vida más caro del mercado.

En el capítulo 2.2 vimos la larguísima lista de comisiones que pagaremos si contratamos un fondo de inversión de gestión activa y cómo estas comisiones pueden socavar el rendimiento de nuestro dinero. Recapitulando, el total de esas comisiones (gastos totales, costes transaccionales, costes *soft-dollar*, costes de dinero no invertido, gastos de compraventa) ascienden, de media, **al 3,1 por ciento anual**, según *Forbes*.

Eso supone 3.100 dólares al año por cada 100.000 dólares. Pero eso no es todo.

Cuando contratamos un seguro de rentas variable, no sólo pagamos las comisiones que acabamos de enumerar, sino también otras adicionales que nos cobra la compañía de seguros. Hay un «gasto de mortalidad» [6] que, según Morningstar, es, de media, del 1,35 por ciento anual, así como gastos de administración que pueden ir del 0,10 al 0,50 por ciento anual.

Sumémoslos:

6. Comisiones que algunos productos incluyen y que compensan a la compañía de seguros de varios riesgos que asume cuando contratamos un seguro de rentas.

Costes medios del fondo de inversión = 3,1 % (según el artículo de *Forbes*),
Gastos de mortalidad = 1,35 % (de media),
Costes administrativos = 0,25 % (de media).

¡Un total del 4,7 por ciento anual, o sea, 4.700 dólares por cada 100.000 dólares que invertimos! Y este dinero es lo primero que pagamos antes de ganar un céntimo. Dicho de otro modo, si el fondo rinde un 4,7 por ciento, ¡no ganamos nada!

Atados de pies y manos

Aunque la mayoría de las personas pierden dinero en estos seguros de rentas variables, se sienten maniatadas y prefieren no retirar su dinero porque existe una «garantía de beneficio por muerte» según la cual los herederos recibirán la cantidad que se depositó al principio. Y suele haber fuertes gastos de cancelación, que la compañía de seguros puede cobrarnos si rescindimos el contrato.

¿Y hay alguna excepción a la regla? Sólo hay dos que, según me dicen los expertos, merecen la pena considerar, siempre que busquemos la mayor eficiencia fiscal. Vanguard y TIAA-CREF ofrecen seguros de rentas variables a muy bajo coste con una lista de fondos indexados baratos entre los que podemos escoger. No nos cobran comisiones, por lo que no hay gastos de cancelación si queremos sacar la pasta.

No son los seguros de pensiones de nuestros abuelos

En los capítulos 5.3 y 5.4 de este libro, «Libertad: tracemos nuestro plan de renta vitalicia» y «Hora de ganar: la solución es la renta», examinaremos detenidamente los seguros de rentas tradicionales así como un tipo de seguro relativamente nuevo (la «renta indexada fija» o *fixed indexed annuity*) que ofrece algunas de las mejores y más interesantes garantías de renta de todos los productos financieros, a la vez que una protección total del principal. Cuando hayamos leído este libro, podremos tener la seguridad y la tranquilidad de saber que todos los meses recibiremos una paga por la que no tendremos que trabajar.

El objeto de este capítulo no sólo es decirle al lector lo que debe evitar sino también advertirlo para que no se deje engañar por el mito comercial de que *todos* los seguros de rentas son malos. La única razón por la que no doy más detalles sobre las posibilidades de los seguros de rentas es porque primero tenemos que saber cómo y dónde colocar nuestro dinero: hemos de entender lo que es la «colocación de activos». Y entender eso nos ayudará a saber cuándo y dónde son buenos los seguros de rentas.

La solución

Si tenemos un seguro de rentas, cualquiera que sea, siempre conviene que nos lo revise un especialista. El análisis que nos haga nos ayudará a:

— descubrir los pros y contras de nuestro seguro,
— conocer las comisiones reales que estamos pagando,
— juzgar si las garantías que tenemos son las mejores del mercado, y
— decidir si quedarnos con nuestro seguro o cancelarlo y cambiarlo por otro.

Si vemos que nuestro seguro de rentas no es bueno podemos traspasar el dinero de una compañía de seguros a otra. Pero debemos ser conscientes de que éste puede incluir «gastos de cancelación» si no lo tenemos contratado el tiempo suficiente. Quizá convenga aplazar el traspaso hasta que los gastos de cancelación bajen o desaparezcan. También podemos perder la «garantía de beneficios por muerte».

Veamos ahora otra verdad que debemos descubrir. El último engaño es el que más conocen los iniciados: el mito de que tenemos que asumir grandes riesgos para obtener grandes ganancias.

Desenmascaremos el mito número siete...

Capítulo 2.7

Mito 7: «¡Hay que asumir grandes riesgos para obtener un buen rendimiento!»

Una operación de inversión es aquella que, tras un análisis detenido, nos asegura el principal y un rendimiento adecuado. Las operaciones que no cumplan estos requisitos son especulaciones.

BENJAMIN GRAHAM,
El inversor inteligente.

Nadar y guardar la ropa

Parece que a los empresarios les gusta mucho el riesgo. Pero uno de los lemas de mi vida es: «Protejámonos de las caídas».

RICHARD BRANSON,
fundador de Virgin

Mi amigo Richard Branson, el fundador de Virgin y de sus muchas y fantásticas marcas, decidió lanzar Virgin Airways en 1984. En lo que fue una verdadera lucha de David contra Goliat, el maestro del marketing sabía que podía «vencer» a cualquier rival, incluyendo al gigante British Airways. Para los no iniciados, parecía una apuesta arriesgadísima. Pero a Richard, como a la mayoría de los inversores inteligentes, le preocupaba más protegerse del fracaso que conseguir un gran éxito. Y, así, compró sus primeros cinco aviones pero haciendo el trato de su vida: si no funcionaba, ¡podía devolver los aviones! ¡Una garantía de devolución del dinero! Si fracasaba, no perdía. Pero si ganaba, ganaba mucho. Lo demás es historia.

Como el mundo de los negocios, el de la inversión viene a decirnos, directa o más sutilmente, que si queremos ganar mucho, tenemos que asumir grandes riesgos. O, lo que es más alarmante, si queremos libertad financiera, tenemos que jugarnos esa libertad.

Nada dista más de la verdad.

Si hay un común denominador en el éxito de los iniciados es que no especulan con sus ahorros, sino que trazan estrategias. **¿Recordamos las dos reglas básicas de la inversión, según Warren Buffett? Regla uno: ¡no perdamos dinero! Regla dos: véase regla uno.** Ya se trate de los mejores operadores de fondos de inversión de alto riesgo como Ray Dalio y Paul Tudor Jones, ya se trate de empresarios como el fundador de Salesforce Marc Benioff y Richard Branson de Virgin, estos iniciados multimillonarios buscan oportunidades que presenten una «relación asimétrica de riesgo y ganancia», es decir, sencillamente, oportunidades en las que la ganancia sea mucho mayor que el riesgo.

Arriesguemos poco, ganemos mucho.

El mejor ejemplo del poco riesgo y la mucha ganancia es el de la negociación de alta frecuencia que, como ya vimos, usa las últimas tecnologías (sí, incluso drones y torres de comunicación de microondas que superan la velocidad de la luz) para ganar ¡una milésima de segundo! ¿Cuál creemos que es la relación de riesgo y ganancia de este tipo de comercio, que constituye el 70 por ciento del mercado bursátil? Daré una pista. Virtu Financial, unas de las mayores empresas negociadoras de alta frecuencia del mundo, se disponía a salir a bolsa, un proceso que lo obligaba a hacer público su modelo de negocio y su rentabilidad. En los últimos cinco años, ¡Virtu sólo ha perdido dinero un día! Como lo oímos. ¡Un único día entre miles! ¿Y cuál es el riesgo? El de invertir en ordenadores más veloces, supongo.

El negocio de los níqueles

Mi amigo y gurú de los fondos de inversión de alto riesgo J. Kyle Bass es conocido sobre todo por haber convertido una inversión de 30 millones de dólares en 2.000 millones en apenas dos años. El saber convencional nos diría que debió de asumir un gran riesgo para obtener tamaña ganancia. Pero no es verdad. Kyle hizo una apuesta muy bien calculada contra la burbuja inmobiliaria que se expandía como el niño de la película *Un mundo de fantasía*. Estaba destinada a estallar más pronto que tarde. ¿Recordamos aquellos días? Compradores de hipotecas ávidos y poco cualificados que se dejaban convencer para adquirir todo lo que caía en sus manos, sin pagar entradas ni demostrar que tenían dinero para pagarlo. Prestamistas que hacían cola para conceder hipotecas sabiendo que podían vendérselas a inversores que no las entendían. Aquella burbuja podía verse bien desde fuera. Pero la genialidad de Kyle, como veremos en la entrevista que le hago en la sexta parte, es que sólo arriesgó el tres por ciento de cada dólar de ganancia. Buen ejemplo de lo que es asumir muy poco riesgo y obtener grandes beneficios, ¿no?

Hace poco hablé con Kyle y me contó los detalles de otra oportunidad de riesgo y ganancia asimétricos que se le había presentado para sí mismo y para sus inversores. ¿En qué consistía? Tenía su inversión garantizada al 95 por ciento, pero cuando la empresa saliera a bolsa, las posibilidades de ganancia eran ilimitadas (¡y esperaba un rendimiento enorme!). Pero si la cosa no funcionaba, sólo perdía el cinco por ciento.

Kyle, como todos los grandes inversores, asume poco riesgo y obtiene grandes ganancias. **Tratar de ganar mucho dinero sin protegerse de las pérdidas es correr hacia la ruina.**

—Kyle, ¿cómo les explico esto a mis lectores?

—Te diré cómo se lo enseñé a mis dos hijos: compramos monedas de níquel.

—¿Cómo dices, Kyle? Juraría que has dicho que compraste monedas de níquel.

—Has oído bien, Tony. Un día estaba duchándome y pensé: «¿En qué puedo obtener una ganancia sin riesgo?».

A la mayoría de los expertos ni se les ocurre pensar semejante cosa. Para ellos, «ganancia sin riesgo» es un oxímoron. Los iniciados como Kyle no piensan como la manada. Desafiando el saber convencional, él siempre busca pequeñas inversiones que rindan mucho. El famoso gurú de los fondos de inversión de alto riesgo, que obtuvo una de las mayores ganancias del último siglo, empleó su duramente ganado dinero en comprar... dinero:

dos millones de dólares en níqueles: tantos como para llenar una habitación. ¿Por qué?

Aunque el valor del níquel fluctúa, en el momento de la entrevista Kyle me dijo: «Tony, el "valor de fusión" del níquel estadounidense es de unos 6,8 céntimos de dólar, lo que significa que los cinco céntimos que vale una moneda de un níquel valen en realidad 6,8 [el 36 por ciento más] en su valor metálico». Vivimos en un mundo de locos en el que un gobierno se gasta casi nueve céntimos en total (incluyendo la materia prima y los costes de producción) para hacer una moneda de cinco céntimos. ¿No se da nadie cuenta de esto en Capitol Hill? Es evidente que esto no es sostenible y algún día el Congreso despertará y cambiará los «ingredientes» que componen la moneda. «Puede que la nueva sea de estaño o de acero. Lo mismo hicieron con el penique, la moneda de un céntimo, cuando el cobre se puso muy caro, a principios de los ochenta.» De 1909 a 1982, el penique se componía de cobre al 95 por ciento. Hoy es mayoritariamente de zinc, con sólo un 2,5 por ciento de cobre. ¡Hoy, un penique de los antiguos vale dos céntimos! (No en su valor de fusión; ¡es el precio que los coleccionistas pagarían!) Eso supone un cien por cien más de su valor nominal. Si hubiéramos invertido entonces en peniques, ¡habríamos duplicado nuestro dinero sin riesgo, y ni siquiera tendríamos que fundir las monedas!

Admito que al pronto me pareció absurdo, pero Kyle lo decía muy en serio.

—Si apretando un botón pudiera convertir todo mi dinero en monedas de níquel, lo haría ahora mismo —me aseguró—. Porque entonces no tendría que preocuparme de cuánto dinero se emite. Un níquel valdrá siempre un níquel. —Y su dinero valdrá un 36 por ciento más, y, como ocurrió con los peniques, seguramente un cien por cien más en el futuro, cuando el gobierno abarate la composición de la moneda.

Kyle estaba entusiasmado.

—**¡De qué otra manera iba a obtener un rendimiento del 36 por ciento sin correr riesgos!** Si me equivoco, sigo teniendo el dinero con el que empecé. —Claro está, es ilegal fundir níqueles (por ahora) pero lo bueno es lo siguiente—: no tendré que fundirlo porque, cuando cambie la composición del níquel, los antiguos níqueles serán aún más valiosos, conforme vayan retirándolos de la circulación y escaseando.

¡Sobra decir que sus hijos entendieron la lección y además se ejercitaron de lo lindo, cargando y almacenando cajas de níqueles!

Pero el lector estará pensando: «Vale, eso está muy bien para Kyle Bass, que tiene millones o incluso miles de millones para invertir, pero ¿de qué me sirve a mí?». Seguro que a los inversores normales y corrientes no les es posible ganar sin arriesgarse: proteger su principal y tener posibilidades de ganancias.

Pensémoslo bien.

La misma creatividad que ha convertido la negociación de alta frecuencia en la tendencia dominante del mercado bursátil en sólo diez años ha llegado también a otros ámbitos de las finanzas. Tras la crisis de 2008, que dejó a la gente sin ganas de invertir en bolsa, algunas mentes innovadoras de los mayores bancos del mundo hicieron posible lo que parecía imposible: **¡que podamos participar en los beneficios del mercado de valores sin arriesgar un céntimo de nuestro principal!**

Antes de que el lector tache esto de locura, le diré que yo mismo tengo una *nota*, emitida y respaldada por uno de los mayores bancos del mundo, según la cual este banco protege el cien por cien de mi principal, y si el mercado sube, me llevo una parte considerable de las ganancias (sin contar los dividendos). Pero si el mercado se desploma, me devuelven *todo* mi dinero. No sé el lector, pero yo estoy más que dispuesto a renunciar a un porcentaje del valor alcista a cambio de protegerme de pérdidas dolorosas en una parte de mi cartera de inversiones.

Pero estoy adelantándome.

En Estados Unidos hemos llegado a un punto en el que la mayoría de la gente piensa que la única posibilidad que tenemos de aumentar nuestra riqueza es asumir grandes riesgos. Que la única posibilidad que tenemos es bregar contra las procelosas aguas del mercado de valores. Y de alguna manera nos consuela saber que todos vamos en el mismo barco. Pues bien, ¿sabemos qué? ¡Que no es verdad! ¡No todos vamos en el mismo barco!

Hay barcos mucho más tranquilos que están firmemente anclados en puertos seguros, mientras que a otros los zarandean las olas de la volatilidad y se van pronto a pique.

¿Y de quién son los barcos del puerto? De los iniciados. De los ricos. Del uno por ciento. De los que no especulan con su dinero. Pero no nos equivoquemos: no tenemos que estar entre el 0,001 por ciento para trazar estrategias como las del 0,001 por ciento.

¿Quién no quiere nadar y guardar la ropa?

En el mundo de la inversión, nadar y guardar la ropa consiste en ganar dinero cuando el mercado sube pero no perderlo cuando baja. Montamos en el ascensor cuando sube pero no cuando baja. Esta idea, que parece demasiado bonita para ser verdad, es tan importante que le he dedicado toda una parte de este libro, «Ganar sin perder: creemos un plan de renta vitalicia». Pero, de momento, el aperitivo que sigue está pensado para que desechemos la idea preconcebida de que nosotros y nuestro dinero tenemos que bregar contra las interminables olas de la volatilidad. A continuación doy tres probadas estrategias (que examino más detenidamente en la Quinta parte) para obtener grandes ganancias mientras permanecemos anclados en aguas tranquilas:

1. **Notas estructuradas.** Son quizá uno de los instrumentos financieros más interesantes que hay hoy en el mercado, aunque, por desgracia, rara vez se ofrecen al público en general porque los inversores ricos los devoran como las palomas de Central Park devoran el alpiste que les echan. Por suerte, un buen asesor independiente puede ofrecérselas a las personas que no tienen grandes capitales que invertir. Atentos.

   Una «nota estructurada» no es más que un préstamo que le hacemos a un banco (normalmente a los mayores del mundo). El banco nos entrega una nota a cambio de prestar nuestro dinero. Al terminar el plazo (también llamado vencimiento), el banco nos garantiza el pago de la cantidad que sea mayor de estas dos: el cien por cien de nuestro depósito o cierto porcentaje de las ganancias del mercado alcista (menos los dividendos).

Así es: me devuelven todo mi dinero si el mercado ha caído desde el día en que compré la nota, pero si el mercado sube, participo de las ganancias. Llamo a estas notas «ingeniería de seguridad». ¿Lo malo? Que normalmente no participamos de todas las ganancias. Tenemos, pues, que preguntarnos si estamos dispuestos a renunciar a una parte de esas ganancias a cambio de protección en caso de pérdida. Mucha gente dirá que sí. Estas soluciones convienen especialmente cuando llegamos a un momento de nuestra vida, próximo a nuestra jubilación o durante ella, en el que no podemos permitirnos perder mucho. Cuando no podemos permitirnos ni aun sobrevivir a otro 2008.

Para los que buscan más riesgo, hay notas que nos conceden más porcentaje de beneficio si estamos dispuestos a asumir más riesgo en caso de pérdida. **Por ejemplo, hoy hay una nota que nos da un 25 por ciento de protección en caso de pérdida. Es decir, el mercado tiene que bajar más del 25 por ciento para que perdamos dinero. Y, a cambio de asumir más riesgo, nos da más del cien por cien de las ganancias. Una nota que acaba de salir al mercado nos ofrece 140 por ciento de las ganancias si estamos dispuestos a absorber una pérdida del 25 por ciento. Así, si el mercado ha subido un diez por ciento en el momento del vencimiento, obtenemos una ganancia del 14 por ciento.**

¿Y cuáles son los inconvenientes de las notas estructuradas? Primero, ¡la garantía sólo vale mientras la garantice el que la da! Por eso es importante elegir alguno de los bancos (garantes) más fuertes y grandes del mundo que tengan un buen balance. (Nota: Lehman Brothers era un banco muy fuerte... ¡hasta que dejó de serlo! Por eso muchos expertos usan bancos canadienses, que suelen ser muy sólidos.)

¿Otro inconveniente? Los plazos de vencimiento pueden jugar en nuestra contra. Supongamos que hemos contratado una nota a cinco años, y en los primeros cuatro el mercado es alcista. Estaremos muy contentos. Pero si el mercado se hunde en el quinto año, aunque seguimos recuperando nuestro dinero, nos perdemos esas ganancias. También podríamos conseguir una liquidez limitada si tenemos que vender la nota antes de que venza.

También es importante tener en cuenta que no todas las notas estructuradas son iguales. Como en todos los productos financieros, las hay buenas y las hay malas. La mayoría de las grandes empresas minoristas nos venderán notas con considerables comisiones, gastos ocultos y costes de distribución, todo lo cual reducirá nuestras posibles ganancias. Contratar notas estructuradas con la ayuda de un fiduciario experto normalmente nos evitará estos costes porque un fiduciario (un asesor independiente registrado) nos cobra una tarifa plana por asesoramiento. Y sin estos costes, el rendimiento es superior. Además, un fiduciario nos ayudará a contratar notas en las mejores condiciones fiscales, ya que éstas pueden variar.

2. **Depósitos estructurados.** Lo primero que hay que decir es que no son como los de nuestros abuelos. Hoy día, con unas tasas de interés tan bajas, los tradicionales depósitos a plazo fijo no siguen ni aun la inflación, hecho que les ha valido el nombre de «depósito de muerte» porque «matan» poco a poco nuestro poder adquisitivo. Cuando escribo esto, el interés medio de los depósitos a plazo fijo a un año es del 0,23 por ciento (o 23 puntos básicos). ¿Nos imaginamos invertir 1.000 dólares por un año y ganar 2,30 dólares? El inversor normal y corriente entra en un banco y está dispuesto a rendirse y aceptar 23 puntos básicos. Pero el inversor rico, que es un iniciado, romperá a reír y los mandará a freír espárragos. ¡Con eso no puede uno ni tomarse un café con leche! ¡Ah!, y aún tenemos que pagar los impuestos de esa ganancia de 2,30 dólares...

   Los depósitos a plazo fijo son muy provechosos para los bancos porque ellos pueden prestar nuestro dinero a un interés diez o veinte veces mayor que el que nos dan a nosotros. Otra versión del juego del iniciado.

Los *depósitos estructurados* son como las notas estructuradas, pero incluyen un seguro de la Corporación Federal de Seguro de Depósitos (FDIC por sus siglas en inglés). Así funcionan:

Los depósitos estructurados, como los tradicionales, nos garantizan un pequeño beneficio (un «cupón») si el mercado sube y además participamos en las ganancias. Pero si el mercado cae, nos devuelven nuestra inversión (más nuestro pequeño beneficio) y tenemos un seguro de la FDIC todo el tiempo. El plazo fijo suele ser de uno o dos años (mientras que el de las notas estructuradas puede ser de cinco a siete años). Por poner un ejemplo real, hoy hay un depósito estructurado que paga exactamente el mismo interés que los tradicionales (0,28 por ciento), pero además nos permite participar hasta en el cinco por ciento de las ganancias. Así, si el mercado sube un 8 por ciento, ganamos un cinco por ciento. En este ejemplo, ¡obtenemos un rendimiento que es 20 veces mayor que el de un depósito a plazo fijo tradicional, con la misma protección de la FDIC! Pero si el mercado baja, seguimos sin perder nada. Tengamos en cuenta que, en este campo, las tasas cambian constantemente, y pueden ser más atractivas en un momento que en otro. En 2008, los bancos, apurados, buscaban depósitos y ofrecían un producto excelente que mi colega Ajay Gupta, que es también mi asesor personal, no dejó pasar. Era una nota estructurada que garantizaba el ciento por ciento de la inversión inicial y un seguro de la FDIC. El valor iba vinculado a una cartera equilibrada de acciones y bonos, y, en total, ¡ganó un ocho por ciento anual sin riesgos!

Sin embargo, de nuevo advierto al lector de que contratar estos depósitos directamente con un banco supone a menudo pagar un montón de gastos y comisiones. Por el contrario, si lo hacemos a través de un asesor independiente, nos libraremos de todas las comisiones que una empresa minorista puede cobrarnos, y por tanto el rendimiento y las condiciones pueden ser mejores para nosotros.

3. **Seguros de rentas indexadas fijas o estructurados.** Permítaseme ser el primero en decir que hay un montón de seguros

de rentas malos en el mercado. Pero en mis investigaciones y entrevistas a algunos de los mejores expertos del país, he descubierto que hay otros tipos que los iniciados usan para obtener ganancias sin pérdidas.

Los «seguros de rentas indexadas fijas o estructurados» (*fixed indexed annuities* o FIA) son un tipo de seguro de rentas que lleva en el mercado desde mediados de los noventa pero que se ha hecho popular recientemente. Un seguro de renta indexada fija *debidamente estructurado* ofrece lo siguiente:

- Protección del ciento por ciento del principal, garantizado por la aseguradora. Por eso debemos elegir una aseguradora con buena reputación y un largo historial que acredite que cumple sus promesas... ¡a veces de cien años o más!
- Ganancias sin pérdidas: como las notas estructuradas y los depósitos estructurados, un seguro de rentas estructurado nos permite participar en las ganancias del mercado alcista pero no perdemos en caso de que el mercado baje. A todas las ganancias se les aplica el régimen de impuestos diferidos.
- Por último, y más importante, algunos seguros de rentas indexadas fijas ofrecen la posibilidad de crear una fuente de ingresos que no se acabará mientras vivamos. ¡Un sueldo de por vida! Podemos considerarla nuestra pensión personal. Por cada dólar que depositamos, la aseguradora nos paga cierta cantidad mensual cuando decidimos activar nuestra fuente de ingresos. Las compañías de seguros vienen haciendo esto doscientos años. Examinaremos en profundidad esta estrategia en la quinta parte, «Ganar sin perder: creemos un plan de renta vitalicia».

Un aviso

Antes de seguir adelante, quiero dejar clara una cosa: lo que acabo de decir no significa que todas las modalidades de estos productos y estrategias sean buenas. Algunas suponen gastos y comisiones altos, costes ocultos, etc. Lo que no quiero es que algún vendedor use estas páginas para venderle al lector algo que no vaya en su interés. Y cuando analicemos estas soluciones en la quinta parte, enumeraré una serie de inconvenientes que debemos evitar, así como de cosas que debemos obtener cuando recurramos a ellas.

Tenemos lo que toleramos

El sentido de este capítulo es mostrar que hay maneras de nadar y guardar la ropa. A veces, cuando sufrimos mucho tiempo una mala situación, empezamos a creer que no hay más opciones. Esta tendencia se llama «indefensión o impotencia adquirida», pero no afecta a los iniciados. De Buffett a Branson, todos buscan oportunidades de riesgo y ganancia asimétricos. **Los iniciados no están indefensos ni son impotentes, ni lo somos nosotros. En todos los ámbitos de la vida, tenemos lo que toleramos. Y es hora de cambiar las cosas.**

¡Cuán lejos hemos llegado!

¡Hemos progresado bastante! Recapitulemos los mitos que hemos desenmascarado y las verdades que hemos desvelado hasta ahora:

— Hemos aprendido que nadie supera al mercado (¡excepto unos cuantos «unicornios»!). Y si contratamos fondos de inversión indexados de bajo coste que repliquen el mercado, podemos obtener mayor rendimiento que el 96 por ciento de los fondos de inversión convencionales y casi otro tanto de los de alto riesgo. ¡Qué más podemos pedir!

— Como los fondos de inversión de gestión activa nos cobran comisiones altísimas (de más del tres por ciento de media), podemos reducir los gastos de nuestras inversiones en un 80 e incluso un 90 por ciento. Podríamos tener dos veces más dinero cuando nos jubiláramos o reducir los años que tardaremos en alcanzar la libertad financiera. ¡Démonos cuenta!

— Hemos aprendido la diferencia entre un carnicero y un dietista: entre un bróker y un fiduciario. Y ahora ya sabemos a quién dirigirnos para recibir un asesoramiento transparente.
— Hemos aprendido que los fondos de inversión con fecha objetivo (TDF) no sólo son caros sino que también pueden ser más perjudiciales o volátiles de lo que creemos. Y si queremos contratar un TDF, deberíamos recurrir a un proveedor de bajo coste como Vanguard. Más adelante, en el «manual del multimillonario», aprenderemos a colocar nuestros activos nosotros mismos en lugar de pagar a un TDF para que lo haga por nosotros.
— Hemos aprendido que los seguros de rentas variables son una evolución mutante de un producto financiero de dos mil años de antigüedad pero que otros seguros de rentas (fijas) más tradicionales pueden ofrecernos lo que ningún otro producto: ¡una fuente segura de ingresos vitalicios!
— Y, por último, hemos aprendido que la riqueza sin riesgo es posible. Claro, hay riesgo en todo, pero sabemos que hay ciertos productos que nos permiten participar en las ganancias del mercado alcista y no perder en el mercado bajista.

¿Empezamos a abrir los ojos? ¿Empieza a caérsenos la venda? ¿En qué va a cambiar nuestra vida ahora que sabemos la verdad? Echar por tierra estos mitos es lo primero que debemos hacer para alcanzar la libertad financiera. Quiero que veamos, oigamos, sintamos y sepamos que podemos *jugar y ganar*. Si estos mitos son inquietantes, ¡bien! Lo fueron para mí cuando descubrí la verdad. Convenzámonos de que la libertad financiera es algo imprescindible en la vida y prometámonos que nunca más toleraremos que se aprovechen de nosotros.

En la tercera parte retomaremos el tema y nos divertiremos un poco. Haremos que nuestros sueños se hagan realidad porque trazaremos un plan que será a la vez factible y emocionante. Y si

¡Este «electrocardiograma del mercado» puede destruirnos!
Rentabilidad anual del S&P 500 (1960-2010)

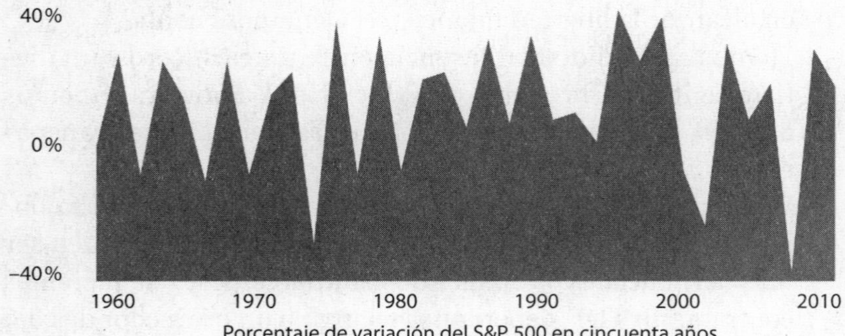

Porcentaje de variación del S&P 500 en cincuenta años

no nos parece que no vamos lo bastante rápido, explicaré cómo acelerar para acercarnos antes a nuestro futuro.

Pero, primero, debemos destruir el último mito. Es un mito que, a diferencia de los demás, no nos ha vendido nadie. Es un cuento que nos hemos vendido a nosotros mismos. Es cualquier mito o mentira que nos ha impedido actuar en el pasado. ¡Es hora de dar un paso adelante! Superemos nuestros límites y descubramos las mentiras que nos contamos a nosotros mismos.

Capítulo 2.8

Mito 8: «Las mentiras que nos contamos a nosotros mismos»

Busca la verdad y encontrarás el camino.

FRANK SLAUGHTER

Bien, seamos realistas. Acabamos de conocer todos los mitos del marketing y de la inversión que nos han contado durante años, en perjuicio nuestro y en beneficio de las grandes entidades. Y apuesto a que estamos escandalizados, pero también nos sentimos muy capaces. Ahora sabemos lo que debemos evitar y lo que hacer para triunfar.

Pero aún queda un último mito que debemos echar por tierra. Es el que dice que la razón de que no triunfemos, no logremos cosas, no prosperemos, es que algo o alguien que no controlamos nos lo impide. O, si no, la idea de que no estamos hechos para dominar este aspecto de la vida. **Pero ésta es la verdad: lo único que a la mayoría de nosotros nos impide progresar en la vida no son las limitaciones que nos imponen otros, sino las que nos imponen nuestras percepciones o creencias.** Por muy realizados que nos sintamos como seres humanos, por muy arriba que hayamos llegado personal, profesional, espiritual o emocionalmente, siempre hay otro nivel. Y para llegar ahí, tenemos que ser sinceros con nosotros mismos; sinceros respecto de nuestros miedos inconscientes. ¿A qué me refiero?

Todos tenemos miedo al fracaso en alguna medida; a veces tememos que quizá nos falte algo. Incluso cuando sabemos lo que hacer, nuestro miedo puede impedir que ejecutemos nuestros planes. En consecuencia, en lugar de enfrentarnos a nuestros miedos, ¿qué hacemos? Nos inventamos cuentos. Cuentos para explicar por qué no estamos donde queremos estar. Por qué no somos lo bastante inteligentes, competentes, delgados, ricos, por qué no amamos o no nos aman lo suficiente. Estos cuentos siempre tienen que ver con algo que no controlamos, o con que nos falta algún talento o habilidad innata. Pero el talento y la habilidad son dos elementos clave del éxito que cualquiera puede alcanzar si de verdad se lo propone. Podemos adquirir la habilidad si superamos los límites mentales que nos hacen creer en lo duro, lo difícil o lo «imposible» que es dominar algo.

Hemos tomado la decisión financiera más importante de nuestra vida: determinar cuánto exactamente vamos a ahorrar para crear nuestro fondo de la libertad, que nos permitirá construir una máquina de hacer dinero que funcione mientras dormimos. Y hemos examinado todos los mitos comerciales que pueden engañarnos. ¿Qué queda? La última cosa que se interpone en nuestro camino es muchas veces nuestra propia historia, nuestras propias limitaciones, nuestros propios miedos. El último obstáculo al que nos enfrentamos somos nosotros mismos. Por eso, desde hace treinta y ocho años, mi pasión es ayudar a la gente a superar lo que la limita: ayudarla a ir de donde está ahora a donde quiere estar, y más rápido. Toda mi vida ha estado consagrada a ayudar a las personas a progresar. Y, francamente, mientras a un montón de gente le cuesta mucho dar este paso, yo he descubierto que sólo hay tres cosas que, a la larga, marcan la diferencia entre éxito y fracaso, entre quedarnos donde estamos y seguir avanzando, entre buscar excusas para justificar lo que no tenemos y disfrutar de la vida que merecemos.

Avanzar

¿Y qué es avanzar? **Avanzar es descubrir que lo imposible es posible**, es dejar de hablar de algo y pasar a la acción para que ese algo se haga realidad, es empezar a moverse para cambiar y mejorar nuestro mundo.

A veces nos hace avanzar la frustración, la rabia o el cansancio. Traspasamos un umbral, un punto en el que nos decimos: «Se acabó, nunca más». O nos asalta la inspiración: conocemos a alguien que nos inspira y que nos hace ver que la vida es mucho más de lo que nunca imaginamos. Conocemos a alguien que disfruta plenamente de la vida, de la gente, que está físicamente en forma o es financieramente libre, y decidimos: «Yo soy tan capaz como él. Voy a encontrar mi camino». Lo que antes nos parecía aceptable ya no lo es. Ya no hay vuelta atrás. Asombra ver de lo que somos capaces cuando decidimos trazar una raya en la arena, proponernos un nuevo objetivo y pasar a otro nivel.

Casi todos decimos: «Me llevó diez años cambiar eso». Pero la verdad es que no nos llevó diez años dar un paso hacia delante. La verdadera transformación ocurre en un instante. Puede que tardemos diez años en *llegar al punto en el que estamos preparados*, o dispuestos, o motivados. Pero todos hacemos progresos en nuestra vida y esos progresos ocurren en un momento. Luchamos con algo años y años, un trabajo, una profesión, nuestro peso o una relación. Nos sentimos impotentes hasta que un día salta un resorte. De pronto, ocurre.

—¡Te quiero!

—¡Lo dejo!

—¡Adelante!

—¡Empecemos!

No en un día ni en una hora, sino en ese momento, nuestra vida cambia, y lo hace para siempre.

¿Hemos tenido alguna vez una relación que se alargaba mucho, pese a que sabíamos que ni nosotros ni nuestra pareja éramos felices? Estábamos a punto de cortar cuando el miedo a lo desconocido, al cambio, a la soledad, nos lo impedía. El miedo a la pérdida y a la incertidumbre evitaba que actuásemos, y nos conformábamos.

Luchemos contra lo que luchemos, sé que ya hubo un momento en el que dimos un paso adelante. Pensémoslo. ¿En qué ámbito de nuestra vida estuvimos un día luchando, día a día, semana a semana, mes a mes, año a año e incluso durante décadas, hasta que un día llegamos al límite? ¡Nos sentimos inspirados, o hartos, y por fin tomamos la decisión de cambiar ese ámbito de una vez para siempre! Y actuamos inmediatamente para ello. Lo conseguimos. Por fin abandonamos el vicio de fumar. O dejamos un trabajo humillante y emprendimos nuestro propio negocio. O decidimos empezar a hacer ejercicio y cambiar nuestro cuerpo. O cortar una mala relación.

Quiero que demos ese paso adelante. Hubo un tiempo en el que parecía que las cosas no podían cambiar, pero las cambiamos, pudimos cambiarlas. Tenemos la capacidad de cambiar lo que queramos en nuestra vida. No importa el tiempo que lleve siendo de esa manera, podemos cambiarlo en un momento, un momento de decisión, una decisión que llevemos a cabo. Eso es avanzar y ahora es el momento.

Tres pasos que nos harán avanzar

Hay tres pasos que nos harán avanzar: tres fuerzas que, unidas, pueden cambiar cualquier aspecto de nuestra vida. Cada una por separado funciona, pero si las juntamos, podremos cambiar el aspecto de nuestra vida que queramos.

¿Cuáles son los tres grandes retos a los que las personas se enfrentan? ¿Cuáles son los tres ámbitos que constantemente nos causan dolor en la vida? Nuestras finanzas, nuestras relaciones y nuestros cuerpos. ¿A cuánta gente conocemos que tiene apuros económicos, que no puede ahorrar, que no gana lo suficiente, que gasta demasiado, o que no sabe qué hacer con su trabajo? ¿Y qué decir de las relaciones? Hombres y mujeres somos muy diferentes: si no nos entendemos unos a otros, puede costarnos mucho trabajo mantener relaciones íntimas sanas, entender lo que nuestra pareja necesita y quiere de verdad, comunicarnos con comprensión y amor. Y luego está nuestro cuerpo. Vivimos en una época en la que la mayoría de la población del mundo occidental padece sobrepeso (que, según los Centros para el Control y Prevención de las Enfermedades, consiste en tener un índice de masa corporal de 25 a 29,9) u obesidad (con un índice de masa corporal de 30 o más). Nuestra lucha por la salud se ha convertido en un asunto nacional y está extendiéndose por el mundo a medida que los países desarrollados adoptan nuestro estilo de vida y nuestros usos alimentarios.

¿Por qué digo todo esto? ¿Qué tienen que ver los problemas de pareja y la mala alimentación con nuestra capacidad de alcanzar la libertad financiera? Sea cual sea el ámbito en el que queremos avanzar —nuestro cuerpo, nuestras relaciones o el objeto de este libro, el dinero—, sólo hay tres cosas en las que debemos fijarnos. Y son las tres mismas cosas sea cual sea el paso adelante que nos propongamos dar. Si queremos cambiar nuestra vida, tenemos que cambiar de *estrategia*, tenemos que cambiar de *relato* y tenemos que cambiar de *estado*. Empecemos con la estrategia, porque es por donde casi todo el mundo empieza.

La buena estrategia

Si el lector está aquí y ahora conmigo, leyendo este libro, es porque está buscando respuestas, estrategias, para tomar las riendas de su dinero y labrarse un buen porvenir financiero. Yo dedico mi vida a encontrar estrategias que mejoren todos los ámbitos de nuestra vida. Me he pasado los últimos treinta y ocho años buscando sin descanso estrategias y herramientas que nos permitan cambiar inmediatamente la calidad de vida de la gente. Lo he conseguido con más de cincuenta millones de personas de cien países porque mi empeño es encontrar estrategias que nos permitan avanzar rápidamente: en nuestras relaciones, en nuestras finanzas, en nuestra profesión, en nuestro negocio, en nuestra mente, cuerpo y alma.

Siempre he creído que la mejor manera de conseguir algo, la más rápida, es buscar a alguien que ya haya conseguido lo que queremos y seguir sus pasos. Si conocemos a alguien que estaba gordo pero se puso en forma y se ha mantenido saludable una década, ¡imitémoslo! ¿Tenemos una amiga a la que le iba muy mal con su pareja y ahora lleva enamorada y feliz diez años? Hagamos lo que ella. ¿Conocemos a alguien que empezó sin nada y creó riqueza y la mantuvo? ¡Aprendamos esas estrategias! No es que esas personas tengan suerte. Simplemente hacen las cosas de otra manera en ese ámbito de la vida.

Me he pasado la vida persiguiendo la excelencia humana. **Para encontrar una estrategia que funcione, tenemos que fijarnos en los mejores; en aquellos que han obtenido resultados sostenidamente.** Y si seguimos sus estrategias, si sembramos las mismas semillas que ellos, cosecharemos los mismos éxitos. Ésta es la esencia de lo que quiero decir cuando digo: «El éxito deja huellas.» Y este libro está lleno de estrategias tomadas de los mejores.

La otra cosa que la buena estrategia puede hacer es ahorrarnos el recurso más valioso: tiempo. Si empezamos con *un plan ya probado*, con *la buena estrategia*, podemos convertir literalmente décadas de esfuerzo en días de logros. Podemos evitar la inevitable frustración que conlleva aprender algo por primera vez a base de ensayos y errores, y obtener resultados en cuestión de días y no de años, si aprendemos de aquellos que ya han tenido éxito. ¿Por qué reinventar la rueda?

Está, pues, la cuestión del poder de la estrategia. Y si leemos este libro, conoceremos las mejores estrategias financieras que hoy existen en el mundo. Puedo prometerlo porque no son mis estrategias, son las de los mejores inversores de la historia. Pero, aunque estoy obsesionado con la idea de estrategia, sé que la estrategia sola no basta.

¿Por qué no? Hay dos cuestiones que desmienten la idea de que la estrategia por sí sola pueda cambiar nuestra vida. Primera, demasiadas veces la gente sigue una *mala* estrategia, que inevitablemente acaba en decepción. Estamos tratando de perder peso e ingerimos sólo 500 calorías al día: esto, claro está, es insostenible. O queremos enriquecernos apostando por un valor en alza, y es bastante improbable.

¿Cómo aprende estrategia la mayoría de la gente? ¿A quién recurrimos en busca de consejo y guía? ¡Demasiadas veces preguntamos a personas que no triunfan precisamente en el ámbito que queremos mejorar! ¿Cuántas veces pedimos consejo sobre la pareja a personas que se llevan fatal con la suya? ¿O sobre cómo ponernos en forma a amigos que tampoco son capaces de adelgazar? ¿Cuántas personas ven así confirmado el mensaje de que no pueden cambiar su cuerpo? ¿Y por qué lo ven confirmado? Porque están rodeadas de amigos y parientes que no están en forma. Esto mismo es aplicable a los consejos financieros. Fijarnos en quien no ha creado verdadera riqueza es buscarnos la ruina. Eso no hace sino confirmar la creencia de que nada funciona. Y no es que nada funcione: es que esas estrategias no funcionan.

> Por bonita que sea la estrategia, de vez en cuando conviene ver los resultados.
>
> WINSTON CHURCHILL

El poder del relato

Volvamos al tema de nuestros grandes retos: nuestras relaciones, nuestro cuerpo y nuestras finanzas. En estos tres ámbitos nos quedamos atascados por tres razones. Primero, como hemos visto antes, nos falta una buena estrategia. Todos conocemos a alguna pareja en la que él no habla y ella no para de hablar. Ninguno de los dos entiende lo que el otro necesita, y aún menos actúa en consecuencia. ¿Y qué decir del amigo que pasa de una dieta relámpago a otra o siempre está buscando una manera mágica de ganar un millón de dólares y cree que, si no la encuentra, nunca podrá ser financieramente libre? Sin una buena estrategia, fracasaremos. Y cuando fracasamos, desarrollamos un mal relato: «Mi esposa nunca estará satisfecha conmigo», «nunca adelgazaré», «los únicos que hacen dinero son los que ya lo tienen». Estos relatos castradores nos impiden encontrar las buenas estrategias o, si las tenemos, ponerlas en práctica.

¿Conocemos a alguien así? Ponemos la solución delante de sus ojos y ellos siguen diciendo «no, no funcionará porque...», y nos dan un millón de razones: se saben todas las excusas. Así pues, si conocen las buenas estrategias, ¿por qué no las siguen? ¿Por qué siguen sin conseguir sus objetivos? ¿Por qué les cuesta tanto tener una relación apasionada o perder peso de una vez? ¿Son el 70 por ciento de los estadounidenses gordos porque la estrategia para adelgazar, ponerse en forma y estar saludable es muy complicada? ¿Está la información oculta y sólo a disposición del uno por ciento, o es carísima? ¡Diablos, no! Hay respuestas por doquier: hay un gimnasio a cinco minutos en coche (¡no quiera Dios que vayamos andando!). Hay entrenadores en todo el mundo y muchos trabajan en línea, ¡estemos donde estemos! La red está llena de consejos gratuitos, y, claro está, hay miles de libros sobre salud y dietas adelgazantes que podemos descargarnos en cualquier momento en nuestro iPad o teléfono móvil. Las estrategias para estar delgados, fuertes y sanos abundan.

¿Dónde está, pues, el verdadero problema? La respuesta es: hemos de tener en cuenta el factor humano. **Yo siempre digo que el 80 por ciento del éxito en la vida es psicología y el 20 por ciento mecánica.** ¿Cómo si no explicar que alguien que sabe lo que tiene que hacer, quiere hacerlo y tiene una buena estrategia para ello, siga sin actuar? Para resolver este misterio tenemos que profundizar en la psicología humana: los valores, las creencias y los sentimientos que nos mueven.

Cuando alguien dispone de las buenas estrategias y sigue sin triunfar, es porque carece de la segunda clave del progreso: el poder del relato. Si tenemos la solución y no actuamos, sólo hay una explicación: hemos desarrollado una serie de creencias y las hemos convertido en un relato: en el relato de por qué no funcionará, por qué no puede funcionar, por qué sólo sirve para los demás. *Sólo es para los ricos, los delgados, los afortunados, los felices en la pareja*. Es fácil inventarse un relato castrador.

¿Por qué, pues, molestarse en actuar siguiendo una estrategia que «sabemos» que fracasará? El problema no es la estrategia, sino nuestro relato. Un planteamiento tibio que diga «a lo mejor funciona, o a lo mejor no...», ¡no funcionará, desde luego! Esta creencia se convierte en una profecía autocumplida. **Con un relato mutilador, el fracaso está garantizado.** Lo cual, claro está, no hace sino reforzar nuestra creencia de que nada servirá. Y así el círculo vicioso continúa.

Pero las personas que cambian cosas, que hacen cosas, que logran cosas, que evolucionan, aprenden, se desarrollan, siguen su estrategia con otro relato: un relato de capacitación, un relato que dice «puedo y lo haré», en lugar de «no puedo y no lo haré». **Deja de ser un relato castrador y se convierte en un relato de capacitación: «No seré de los muchos que no pueden, seré de los pocos que sí pueden.»**

Yo llegué a pesar casi veinte kilos de más y mi relato decía: «Tengo huesos grandes». Es verdad. Pero también estaba gordo. Los relatos pueden ser ciertos, pero si no nos ayudan, si nos impiden tener la vida que deseamos y merecemos, tenemos que cambiarlos. Todos hemos tenido malos relatos en la vida.

No gano lo suficiente.

No puedo ahorrar.

Nunca podré leer. Tengo dislexia.

Mi amigo Richard Branson, presidente del imperio Virgin, padece dislexia, pero eso no ha sido ninguna limitación en su vida. ¿Por qué? Porque su creencia o relato sobre la dislexia era capacitadora, no limitadora. Su relato no era «nunca podré leer», sino «tengo dislexia y por eso tengo que esforzarme más, y lo haré». **Podemos usar nuestro relato, o nuestro relato puede usarnos a nosotros.** Todos encontramos un relato capacitador si lo buscamos. Lo malo de nuestra vida es tan fácil de encontrar como lo bueno, cuando cambiamos nuestro relato. Si no encontramos una buena pareja es porque no hay buenos chicos, o porque son homosexuales y nosotros no lo somos, o porque sí lo somos y ellos no. Siempre hay un relato, ¿no? Los relatos controlan nuestras emociones y las emociones motivan nuestra conducta y acciones.

Permítaseme hacer una pregunta: ¿nos preocupa el dinero? ¿Nos quita el sueño, nos estresa pensar en la próxima paga, la cuota del coche, la matrícula de nuestros hijos, si tendremos dinero suficiente para jubilarnos? ¿Hasta qué punto nos preocupa nuestra situación financiera? ¿Nos hemos preguntado alguna vez si no podría matarnos todo ese estrés?

Kelly McGonigal, una psicóloga de la salud de la Universidad de Stanford, estuvo advirtiendo sobre los peligros del estrés toda una década hasta que se dio cuenta de que quizá eran sus consejos, más que el estrés mismo, lo que mataba antes a la gente. «Estoy convirtiendo un estímulo [el estrés] que podría vigorizar a las personas en una causa de enfermedad.» Dio un paso adelante en su pensamiento y, tras intensas investigaciones, cambió completamente su punto de vista.

Resulta que el estrés puede ser nuestro aliado. Del mismo modo como tensamos un músculo para reforzarlo (levantando pesas o corriendo), la tensión emocional también puede hacernos física y psicológicamente más fuertes. McGonigal destaca estudios que demuestran que cuando cambiamos nuestra manera de pensar sobre el estrés, también podemos cambiar la manera como nuestro cuerpo reacciona físicamente a él. Según un estudio realizado a lo largo de ocho años, los adultos que sufrían «mucho estrés» y creían que el estrés era perjudicial para su salud vieron cómo su riesgo de morir aumentaba un 43 por ciento. (Esto sí que me estresa a mí.) **Por el contrario, las personas que padecían el mismo grado de estrés pero no creían que éste fuera perjudicial, ¡tenían mucha menos probabilidad de morir!** McGonigal dice que los síntomas físicos de estrés (palpitaciones, respiración agitada, sudoración) no son siempre señales físicas de ansiedad o de que no tenemos bien la tensión. Al contrario, podemos interpretarlas como indicaciones de que nuestro cuerpo está lleno de energía y preparado para afrontar el siguiente desafío. **La cuestión es que la ciencia ha demostrado ya que lo que pensamos del estrés cuenta: el relato que asociamos con el estrés. Decirnos que es bueno para nosotros en lugar de nocivo puede marcar la diferencia entre padecer un infarto por esta causa a los cincuenta años o vivir bien hasta los noventa.**

> El éxito es mi única opción, no el fracaso.
>
> *Lose Yourself*, EMINEM

Conque ¿qué relato nos hemos contado sobre el dinero? ¿Qué nos impide alcanzar nuestros objetivos financieros? ¿Estamos diciéndonos que es demasiado pronto para empezar a ahorrar? ¿O demasiado tarde para empezar a rehacer nuestras inversiones? ¿O que no ganamos lo suficiente para ahorrar? ¿O que el sistema está diseñado para ir contra nosotros y no merece la pena intentarlo? Quizá nuestro relato sea: «El gobierno nos ha cargado de deudas, el sistema financiero se viene abajo» o «no se me dan bien los números». ¡Gran noticia: no tienen por qué dársenos bien! Sólo necesitamos un teléfono y una calculadora, o descargarnos nuestra aplicación, y responder a seis preguntas sencillas sobre nuestra situación actual, sobre adónde queremos ir y sobre qué estamos dispuestos a hacer para trazar un plan que entendamos y que nos permita ser financieramente libres.

Quizá nuestro relato sea «se necesita dinero para ganar dinero». Una de las primeras personas a las que les di a leer una primera versión de este libro estaba convencida de que no sería financieramente libre hasta que no encontrara la manera de hacer mucho dinero. «La gente que empieza con mucho dinero puede ganar millones, no yo.» Cuando leyó el capítulo en el que hablo de cómo construir la máquina de ganar dinero como hizo Theodore Johnson —que nunca ganó más de 14.000 dólares al año pero los convirtió en 70 millones al final de su vida—, vio que aquel relato no tenía sentido. Theodore no era una persona afortunada. Usó un sistema sencillo, el mismo que pronto vamos a aprender.

Éste es su nuevo relato, que podría ser el nuestro: «Si uso este simple sistema del interés compuesto, puedo hacer mucho dinero, puedo ir adonde quiera, vivir como quiera, ser económicamente libre. No hay más límites que los que me impongo yo mismo».

Uno de mis avances en materia financiera se produjo con un importante cambio de relato. Como me crié en la pobreza, siempre asocié la falta de dinero con el dolor de toda mi familia. Pronto me juré que no tendría un hijo hasta que alcanzara un verdadero éxito financiero. Me juré que algún día sería tan rico que mi familia no tendría que experimentar nunca más la humillación, la frustración y el dolor que yo sentí de niño por no poder pagar las facturas ni tener comida que poner en la mesa.

Y cumplí mi promesa. A los dieciocho años ganaba nada menos que 10.000 dólares al mes, lo que entonces era un dineral. Y sigue siéndolo. Estaba tan emocionado que les dije a mis amigos del barrio, los chicos con los que me había criado en la pobreza: «¡Vamos a pasarlo en grande! ¡Vámonos a Egipto a montar en camellos y pasearnos entre las pirámides!». Era un sueño que tenía de niño. Y ahora podía compartir aquel sueño con mis amigos. Pero la respuesta no fue la que esperaba: «Vete tú que puedes, señor ricacho». El desdén que me mostraron aquellos a los que yo consideraba amigos me dolió profundamente. Yo no estaba presumiendo de mi dinero. Simplemente quería compartir mi abundancia con mis amigos y que viviéramos una aventura real. Pero tuve que reconsiderarlo. Creé un nuevo relato: una creencia que decía que podemos triunfar pero sólo hasta cierto punto, o la gente nos juzgará. Si destacamos y triunfamos demasiado, la gente nos aborrecerá.

Así, pues, me pasé años dedicado a mi vida y a mis negocios, pero sin que mis ingresos aumentaran notablemente. Hasta que un día llegué a un punto de inflexión, a una etapa de mi vida en la que pensé: «Esto es absurdo. Si pudiera ampliar mi inteligencia, ¿lo haría?». Mi respuesta fue: «¡Por supuesto!». Si pudiera sentir y dar más amor, ¿lo haría? ¡Por supuesto! Si pudiera aumentar mi capacidad de dar, ¿lo haría? ¡Por supuesto! Si pudiera ganar más y aumentar mi riqueza, ¿lo haría? Y la respuesta fue: «¡Por supuesto!» Pero por primera vez vacilé. ¿Por qué, si en todos los demás ámbitos de mi vida, me parecía natural desarrollarme y ser más, en el tema del dinero era de pronto diferente? ¿Por qué? No tenía sentido.

Pero yo sabía la verdad. Sentía un miedo profundo y subconsciente a que la gente me juzgara si me desarrollaba también en este terreno. Quería gustar a todo el mundo, deseaba tanto que me amaran que, inconscientemente, no sólo consideraba malo el éxito económico, sino que también saboteaba mi propio éxito. Como mucha gente, me decía que el dinero no es espiritual. ¡Qué absurdo!, ¿no? Todos los que se han hecho realmente ricos saben la verdad: la única manera de ser ricos y de seguir siéndolo es hacer más que nadie por los demás en algo que valoren realmente. Si somos una bendición en la vida de los demás, también nosotros seremos bendecidos. El dinero sólo es una de esas bendiciones, pero es una bendición. Es simplemente otra forma de libertad y abundancia.

El dinero no es más que un reflejo de nuestra creatividad, de nuestra capacidad de luchar por algo y de nuestra habili-

dad de crear valor y recibirlo. Si hallamos la manera de crear valor —es decir, crear valor para mucha gente—, tendremos la ocasión de gozar de una gran abundancia económica.

Llegué a un punto en el que me cansé de vivir de aquella manera y vi lo absurdo que era querer acomodarme a ella. Es verdad: si triunfamos económicamente, puede que nos miren como al «uno por ciento». En mi vida, de niño, formar parte del uno por ciento era una aspiración. Yo era del 99 por ciento y no quería conformarme con eso, para mi familia y para mi vida. Pero serlo simplemente por sentirme aceptado no tenía sentido. Decidí que ya bastaba de echar la culpa a los demás de mi falta de progreso económico. Deseché el relato que me había creado para justificar mis limitaciones financieras. Amaría al prójimo, pero no me pasaría la vida tratando de gustarle, sobre todo sabiendo que para gustarle tendría que empequeñecerme. No creo que el creador nos haya hecho para eso. Era hora de intentar ganar más del mismo modo que me esforzaba por dar más, contribuir más, amar más y desarrollar mis capacidades intelectuales, emocionales y espirituales.

Con este repentino cambio de perspectiva —cuando tuve claro que no solo *podía* sino que *debía* desarrollarme en aquel ámbito—, empezaron a aparecer ante mí una serie de estrategias; seguramente habían estado allí siempre, pero, a causa de mi mentalidad, no las había visto. Todo nuestro mundo cambia cuando nuestro relato cambia.

Cambiemos nuestro relato, cambiemos nuestra vida. Divorciémonos del relato que nos limita y casémonos con el relato de la verdad, y todo cambiará. Puedo asegurarlo: cuando desechamos los relatos limitadores, actuamos con decisión y hallamos las estrategias que funcionan, obtenemos resultados verdaderamente milagrosos.

Permítaseme poner un ejemplo. Una querida amiga mía, Julie, una excelente guionista que cobra mucho por su trabajo, no acababa de avanzar económicamente. Cuando ella y su marido tenían cincuenta años, pagaban una hipoteca por una bonita casa, pero sólo tenían 100.000 dólares en un plan de pensiones: mucho, mucho menos de lo que necesitarían para jubilarse. Y ese dinero estaba invertido en un fondo de inversión «socialmente responsable» que les cobraba elevadas comisiones y se quedaba con la mayor parte de lo que les rendía.

El marido de Julie, Colin, deseaba invertir más seriamente, pero ella no quería hablar del tema. Decía que odiaba Wall Street y todo lo que representaba. De hecho, sólo pensar en el dinero la ponía nerviosa. Para ella, el dinero era malo.

Pero de pronto cambió de idea. Julie asistió a mi seminario Unleash the Power Within, en el que usamos el poder de la estrategia, el relato y el cambio de estado de nuestra mente, cuerpo y sentimientos para hacer progresos en todos los ámbitos de la vida. El seminario es intensivo: uso música, movimiento, humor y muchas otras herramientas para poner al público en un estado límite... en el que se produce el cambio, el salto hacia delante.

La idea de Julie aquel fin de semana era dar un giro a su vida financiera. ¿Cómo lo hizo? Para empezar, reconoció que algo tenía que cambiar, si ella y su marido no querían vivir unos «años dorados» bien dolorosos. Por fin cayó en la cuenta de que sus ideas negativas acerca del dinero estaba amargándole el matrimonio y el futuro, y se preguntó: «¿De dónde viene este relato?». Y entonces hizo algo muy importante: profundizó en la cuestión y se preguntó: «¿De verdad creo eso? No nacemos creyendo que el dinero es bueno o malo. ¿De dónde me vino, pues, esa creencia?».

No tuvo que ir muy lejos para hallar la respuesta. Los padres de Julie se criaron durante la Gran Depresión. Su madre no pudo ir a la universidad, aunque sus notas eran excelentes. Tuvo que ponerse a trabajar de dependienta en una tienda, cobraba nueve dólares a la semana pero no se atrevía a quejarse del bajo sueldo o las largas horas que se pasaba de pie. Julie se crió oyendo las mismas historias una y otra vez: que los ricos explotan a los pobres, que los bancos y los corredores de bolsa de Wall Street destruyen la economía, que no puede confiarse en el mercado bursátil. Y Julie hizo una asociación en su mente: «Si me hago una inversora rica, seré una mala persona y mi madre no me querrá».

Julie se dio cuenta de que el relato que había estado contándose a sí misma sobre la maldad del dinero no era suyo, después de todo; era de su madre. «El dinero es la raíz de todos los males», era el mantra de su madre, no suyo. Darse cuenta de esto la liberó. La verdad la hizo libre y aquellas palabras perdieron el poder que tenían sobre ella. (De hecho, cuando consultó la frase bíblica, descubrió que no es «el dinero la raíz de todos los males», sino «el amor por el dinero» por encima de todo —del amor, de los seres queridos, de la generosidad— lo que nos lleva al desastre.)

Fue una transformación asombrosa. Cuando Julie superó su relato limitador, pudo sentarse con su marido por primera vez para hablar de finanzas. Él estaba encantado de poder tomar juntos las riendas de su vida financiera. Imaginemos lo duro que debe de ser crear riqueza cuando en nuestro fuero interno pensamos que el dinero es malo. Cancelaron sus fondos de inversión caros y traspasaron su plan de pensiones a una cartera de fondos indexados de Vanguard. Trazaron entonces un plan financiero a largo plazo, como el que veremos en estas páginas, y por fin emprendieron el camino de la libertad financiera.

Julie y Colin cambiaron su relato. ¿Y qué pasó? Que aprendieron a jugar y a ganar, que aprendieron a generar unos ingresos vitalicios... como aprenderemos nosotros en el capítulo 5.2., Julie y Colin aprendieron cómo embolsarse entre 150.000 y 250.000 dólares extras a lo largo de su vida de inversores, simplemente abandonando esos fondos de inversión caros. ¡Qué buenos parecen ahora esos años dorados!

Recordemos: sabemos la respuesta y el secreto es sencillo: cambiemos nuestro relato, cambiemos nuestra vida. Divorciémonos de nuestro relato limitador y casémonos con la verdad. Podemos lograr lo que queramos.

Nuestro estado

Cuesta cambiar de relato cuando nos sentimos mal. Si nos sentimos fatal, no nos decimos: «¡Qué bella es la vida!» ¿A que, cuando estamos muy enfadados con una persona, recordamos de pronto todas las cosas malas que esa persona nos ha hecho, las veces que nos ha irritado o molestado? Cuando estamos enfadados, la parte de nuestro cerebro que alimenta esa rabia se activa y enseguida creamos el relato que justifica ese estado.

Por el contrario, si alguna vez nos hemos enamorado perdidamente, ¿cómo nos parecía el mundo? Era como mirarlo a través de unas lentes color de rosa: todo era maravilloso, ¿a que sí? Los dependientes desabridos no nos molestaban; los niños que berreaban nos parecían preciosos. Así es como un estado positivo puede cambiar nuestra manera de ver las cosas: nuestro relato.

Nuestro estado mental y emocional tiñe nuestra percepción y experiencia de todas las cosas de la vida. Cuando trabajo con alguien, desde deportistas de élite a altos ejecutivos, **lo primero que hacemos es cambiar su estado**. Hay una parte de nosotros que, cuando está activada, puede con todo; pero, cuando se desactiva, parece que se acaba el mundo. Sabemos de lo que hablo, ¿verdad? Sabemos que cuando estamos en racha todo fluye perfectamente sin necesidad siquiera de pensar en ello, ¿verdad? Jugamos al tenis y hacemos saques directos. Asistimos a una reunión y decimos exactamente lo que hay que decir. Salimos de una negociación y hemos conseguido lo que queríamos. Por el contrario, también hemos experimentado lo contrario: no podemos recordar nuestras señas, o el nombre de nuestro anfitrión, o no somos capaces de articular palabra. A esto lo llamo el «estado estúpido». Pero unos minutos después volvemos: recordamos la respuesta porque hemos entrado en otro estado.

La finalidad de este libro no es enseñarnos a cambiar nuestro estado de ánimo (ése es el tema de muchos otros libros, audios, programas y actos en directo míos). Pero debemos saber, por decirlo pronto, que podemos cambiar de una manera inmediata y radical nuestro estado de ánimo (y no sólo esperar sentirnos bien) sabiendo que, **si cambiamos nuestro cuerpo, también podemos cambiar nuestra mente**.

Yo enseño muchas maneras de producir cambios en nuestro estado, pero una de las más sencillas es **cambiar lo que yo llamo nuestra fisiología**. Podemos modificar nuestra manera de pensar cambiando nuestra manera de movernos y respirar. El sentimiento lo crea el movimiento. La acción cura todos los miedos. Pensémoslo: el miedo es físico. Lo sentimos en la boca, en el cuerpo, en el estómago. Lo mismo pasa con el valor, y podemos pasar de uno a otro en cuestión de milésimas de segundo si aprendemos a hacer cambios radicales en la manera de movernos, respirar, hablar y usar nuestro cuerpo. Llevo aplicando estos métodos casi cuarenta años con algunos de los más grandes deportistas, financieros y políticos del mundo. El año pasado, la Universidad de Harvard hizo un estudio científico que demostró la validez de este planteamiento.

La psicóloga social y profesora de Harvard Amy Cuddy, en su famosa TED Talk de 2012, pidió al público que adoptara cierta postura. El experimento demostró que adoptar una «postura de poder» (como la de la Wonder Woman, con las manos en jarras y los pies bien plantados en el suelo, o la del colega de oficina, reclinado en su asiento, con las manos en la nuca y los codos extendidos... ya sabemos cuál digo) aumenta los niveles de testosterona (la hormona de la dominación) en un 20 por ciento, a la vez que reduce los de cortisol (la principal hormona del estrés). El efecto de este cambio bioquímico transforma inmediatamente nuestra disposición a enfrentarnos a los miedos y a asumir riesgos. Y todo eso sólo en dos minutos de cambio en nuestro cuerpo. En el estudio de Cuddy, el 86 por ciento de los que adoptaron posturas de poder dijeron sentirse más dispuestos a correr riesgos. Pero cuando al segundo grupo de voluntarios se le pidió que adoptara, de pie o sentados, posturas más pasivas, con las piernas y los brazos cruzados, sus niveles de testosterona descendieron un 10 por ciento y los de la hormona del estrés ascendieron un 15 por ciento. Muchos menos de ellos, sólo un 60 por cierto, actuaron con determinación. Recordemos, no eran solamente cambios psicológicos, sino cambios bioquímicos, cambios hormonales. Lo que yo llevaba treinta y ocho años enseñando y todos mis estudiantes sabían que era cierto por experiencia lo corroboraba ahora la ciencia. ¿Qué significa eso? Significa, fundamentalmente, que fluctuamos. Si caminamos con determinación, nos sentimos capaces de asumir los riesgos que sean necesarios y dar forma a nuestro mundo. Adoptar dos minutos una postura puede provocar cambios que disponen nuestro cerebro bien a ser afirmativo y confiado, bien a sucumbir al estrés. ¡Nuestro cuerpo es capaz de modificar nuestra mente!

Hubo un tiempo en mi vida en el que estuve gordo y deprimido, y vivía en un estudio en Venice, California, donde me pasaba horas mirando los muebles vacíos y escuchando discos de Neil Diamond. Siniestro, ¿eh? Un día un amigo al que llevaba sin ver mucho tiempo vino a visitarme. Me miró y me dijo: «Tío, ¿qué te ha pasado?». Aquello me sacó de mi letargo. En aquel mismo momento decidí cambiar de vida.

Conque me puse las zapatillas de correr y cogí mi walkman Sony. (Sí, soy tan viejo que tenía uno.) En aquellos días había que ser fiel a la música que uno tenía: disponíamos de un disco, no de diez mil canciones entre las que elegir. Escogí al legendario grupo de rock Heart, puse la canción *Barracuda* y dejé que la música me enardeciera. Eché a correr resuelto a hacerlo tan rápido como nunca antes lo había hecho, y a no parar hasta que echara los bofes. Decir que estaba dispuesto a ir más allá de mis límites es quedarme corto.

Debí de dar risa, con mis casi veinte kilos de más y mi barriga cervecera bamboleándose mientras corría como un condenado. Cuando me quedé sin aliento, me dejé caer en la playa y saqué un diario que me había llevado. Y en aquel estado de absoluta convicción, determinación, excitación y agotamiento, me puse a anotar todas las cosas que no seguiría tolerando en mi vida. El cuerpo que tenía, mi pereza, mi relación íntima superficial y mis desastrosas finanzas. También confeccioné otra lista con aquellas cosas que estaba decidido a crear: y en aquel momento de moral alta, supe que lo conseguiría.

Con un estado lo bastante fuerte, desarrollaremos un relato fuerte. Mi relato fue: «Esto se acaba ahora mismo; mi nueva vida empieza hoy». Y lo decía con todo mi ser. Descubrí que cuando cambiamos nuestro estado y nuestro relato, hallamos o creamos una buena estrategia para alcanzar lo que nos hemos propuesto. **Así es como avanzamos de verdad: con un nuevo estado, un nuevo relato y una estrategia efectiva.**

Perdí trece kilos en los siguientes treinta días y unos diecisiete en total en poco más de mes y medio. Estaba empeñado. Aquel día me hice una nueva idea de quién era yo y de quién quería ser. No he faltado a ella en los más de treinta años que han pasado desde entonces (y no he vuelto a pesar lo que pesaba).

Pasé de ganar menos de 38.000 dólares anuales a ganar más de un millón poco más de un año después. Era un cambio que no habría podido ni imaginarme entonces. Y lo que es más importante aún, recuperé mi equilibrio emocional y psicológico, que son las dos fuerzas que cambian la vida de las personas. Determinación, fe y valor empezaron a ser las fuerzas que guiaron mis actos y me hicieron avanzar.

Podemos estar rodeados de grandes estrategias y no verlas hasta que estemos en un estado fuerte, determinado y capaz. Un estado que automáticamente alimentará la creencia y el relato de que podemos conseguir lo que nos propongamos. Combinando estado y relato, no sólo encontraremos las estrategias que funcionen, sino que las pondremos en práctica y obtendremos las recompensas que deseamos y merecemos. ¿Nos damos cuenta plenamente de lo que digo? Si hay un ámbito de nuestra vida que no es como quisiéramos que fuera, es hora de cambiarlo.

Recordemos que tenemos lo que toleramos. Conque dejemos de tolerar las excusas que nos damos, creencias del pasado que nos limitan, o estados tibios o temerosos. Usemos nuestro cuerpo como si fuera una herramienta para alcanzar un estado de pura voluntad, determinación y compromiso con uno mismo. Enfrentémonos a los retos que nos esperan con la firme creencia de que los problemas no son más que pequeños obstáculos en el camino de nuestros sueños. Y con esa convicción, cuando pasemos a la acción —siguiendo una estrategia efectiva y probada—, reescribiremos nuestra historia.

Es hora de dejar de ser uno de los muchos y ser uno de los pocos. Uno de los pocos que dan un paso al frente y se hacen dueños y señores de todos los ámbitos de su vida, empezando por el financiero. La mayoría de las personas empiezan con muchas aspiraciones pero luego se conforman con una vida que está muy por debajo de lo que son capaces. Dejan que la frustración los destruya. La frustración es inevitable cuando intentamos cosas grandes. **Pero dejemos que nos lleve a encontrar nuevas respuestas; disciplinemos nuestra frustración.** Aprendamos de cada fracaso, actuemos de acuerdo con lo aprendido y el éxito será inevitable.

La próxima vez, pues, que nos busquemos una razón para justificar que no podemos hacer algo, sabiendo en nuestro fuero interno que el espíritu no tiene límites, no nos la creamos. Cambiemos nuestro estado. Cambiemos de enfoque. Volvamos a la verdad. Replanteémonoslo y persigamos lo que queramos.

Muy bien, respiremos hondo. O gritemos fuerte. Levantémonos, despabilémonos, movámonos. Ahora que hemos desechado estos ocho mitos —estas limitaciones del pasado—, es hora de dar el paso número tres en nuestro camino de siete simples pasos para alcanzar la libertad financiera. Vamos a empezar a jugar para ganar escogiendo una cifra concreta, una que refleje *nuestros sueños financieros cumplidos.* Y entonces crearemos un plan, mejoraremos ese plan y encontraremos los medios de agilizarlo para hacer realidad esos sueños antes de lo que nunca hubiéramos imaginado.

Tercera parte

¿Cuánto cuestan nuestros sueños? Juguemos a ganar

Capítulo 3.1

¿Cuánto cuestan nuestros sueños? Juguemos a ganar

Todos los hombres sueñan, pero no todos sueñan igual.

T. E. LAWRENCE

Suelo empezar mis seminarios con una pregunta: «¿Cuánto cuestan nuestros sueños?». E invito al público a levantarse y a decirme cuánto dinero necesitarían para sentirse financieramente seguros, independientes o libres. La mayoría no lo sabe. El público rumorea y se remueve y al final unos cuantos levantan la mano. En cientos de seminarios con cientos de miles de personas de todos los niveles de vida, he oído casi todas las cifras imaginables.

Conque permítame el lector que le pregunte ahora: ¿cuánto dinero necesitaría para sentirse financieramente seguro, independiente y libre? Diga una cifra. No tiene por qué ser exacta, ni lógica. ¿Un millón de dólares? ¿Cinco millones? ¿Quinientos millones? Que el lector se tome un segundo y escriba lo primero que se le ocurra, en el margen de este libro, en el block de notas del móvil o en un papel. Es importante anotarla porque eso la fija y la hace parecer real.

¿Hecho? Pronto veremos por qué este paso es una primera acción importante.

Pues bien, mi experiencia me dice que, si el lector es como la mayoría de las personas, esa cifra le parecerá un poco abultada, ¿verdad? Pues siga leyendo, porque vamos a hacer unos cuantos ejercicios fáciles que nos ayudarán a domesticar esa cifra. Y apuesto a que el lector verá que podemos reducirla mucho más de lo que imagina. **De hecho, aprenderemos que no hay sólo una «cifra mágica», porque hay cinco niveles diferentes de sueños financieros que nos harán libres.** Y no importa si acabamos de empezar o estamos a punto de jubilarnos, ni lo sólida o precaria que es nuestra situación económica ahora mismo, porque garantizo que al menos uno o dos de esos sueños estarán a nuestro alcance. ¿Cómo? Empecemos por entender lo que necesitamos de verdad.

Hace poco, en uno de mis actos, un joven, en la otra punta de la sala, se levantó y dijo cuál era el precio de sus sueños. Se encogió de hombros y exclamó: «Mil millones de dólares».

Hubo muchos «¡oh!» y «¡ah!» entre el público. El chico era un veinteañero, uno de los asistentes más jóvenes, y seguramente aún no había ganado ni su primer millón. Así que le pedí que pensara lo que aquella cifra significaba.

¿Recordamos lo que decíamos en el capítulo 1.4, «Dominemos el dinero: es hora de avanzar», sobre que la gente siempre actúa por algún motivo? Recordemos: hay seis necesidades humanas básicas: certidumbre y seguridad; inseguridad y variedad; importancia; relaciones y amor, crecimiento y contribución. ¿Para qué quería aquel joven mil millones de dólares? ¿Cuál de estas necesidades estaba tratando de satisfacer? ¿Seguridad? ¡Podemos tenerla por mucho menos de mil millones de dólares! ¿Variedad? Podemos tener variedad con un millón de dólares, o mucho menos, ¿verdad? ¿Relaciones y amor? Difícilmente. Si tuviera mil millones de dólares, habría un montón de gente que querría entrar en su vida, igual que los que ganan la lotería empiezan de pronto a descubrir docenas de parientes y «amigos» que no sabían que tenía. Con ese dinero, conseguiría relaciones, sí, ¡pero no las que quiere y necesita! ¿Crecimiento y contribución? A juzgar por su aspecto, dudo que fuera lo que más le interesara en aquel momento.

Así pues, teniendo en cuenta las necesidades humanas, ¿cuál creemos que lo movía más? Claramente, la importancia. Como él mismo dijo, con mil millones de dólares la gente lo tomaría en serio; sería alguien importante. Esto puede ser cierto. Pero el problema es que, cuando consiguiera mil millones de dólares, no serían bastantes, porque, **cuando buscamos sentirnos importantes, siempre nos comparamos con otros**. Y siempre hay alguien más grande, más alto, más fuerte, más rápido, más rico, más divertido, más joven, más apuesto, más guapo, con un yate más grande, un coche más bonito y una casa mejor. Por tanto, aunque **no hay nada malo en querer sentirse importante, si convertimos eso en nuestra principal necesidad, nunca nos sentiremos realizados.**

Pero, en lugar de adoctrinarlo, decidí demostrarle que podía sentirse importante con mucho menos dinero, lo que haría su vida mucho más sencilla. Después de todo, dijo esa cifra como podía haber dicho otra. Decir que necesitaba mil millones de dólares hacía que se sintiera en pos de un gran objetivo. El problema es que, cuando nos fijamos un objetivo tan grande —que en nuestro fuero interno no creemos posible—, nuestro cerebro lo rechaza. Es como vivir en una mentira. ¿Nos ha pasado alguna vez? Nos proponemos un objetivo enorme y una voz interior nos dice: «¿A quién quieres engañar?». La verdad es que nunca conseguiremos un objetivo hasta que cale profundamente en nuestro subconsciente, esa parte de la mente tan poderosa que hace que el corazón lata cien mil veces al día sin que nos demos cuenta.

¿Nos ha ocurrido alguna vez ir conduciendo y abstraernos y de pronto volver a la realidad y decirnos: «¡Caramba!, ¿quién ha conducido el coche los últimos cinco minutos?». Gracias a Dios ha sido el gran protector de nuestra vida, la mente subconsciente.

Para hacernos una idea de cómo funciona este proceso, veamos la siguiente imagen. Imaginemos que nuestro cerebro se divide en dos mitades, una superior y otra inferior. La superior es la mente consciente y la inferior es la mente subconsciente.

Las ideas intentan alojarse en nuestra cabeza, ideas como «¡voy a ganar mil millones de dólares!» o «¡seré financieramente libre cuando llegue a los cuarenta!», pero la parte superior de nuestro cerebro nos dice «¡imposible!». Rápidamente rechaza la gran idea y hace que rebote de nuevo al vacío como si fuera una pelota de tenis. Pero si en nuestro interior sentimos con absoluta convicción que podemos hacer algo y **empezamos a trazar un**

CÓMO RESPONDEN LAS PERSONAS EN DIFERENTES MERCADOS

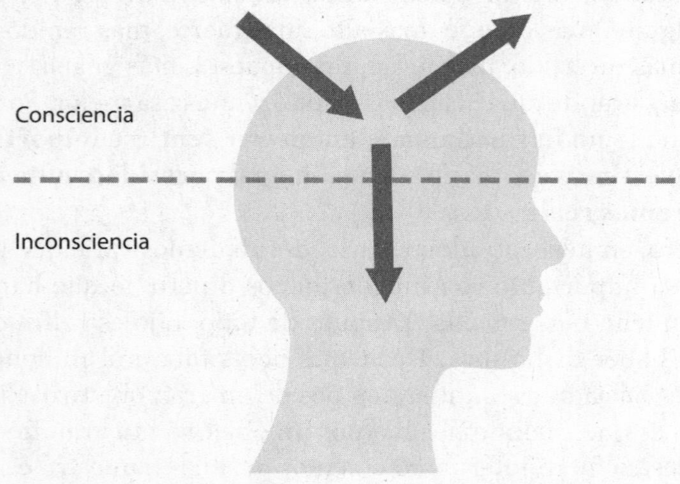

plan, ocurre algo extraordinario. Comenzamos a desarrollar la certidumbre de que podemos conseguirlo. Y con renovada confianza, vemos de pronto que hay un modo de hacerlo. Encontraremos a una persona que ya ha conseguido lo que nosotros queremos y, con ese ejemplo, pasaremos a la acción. **El objetivo cala en nuestro subconsciente y éste empieza a funcionar para convertirlo en realidad. ¡Y entonces se hace la magia!**

Pues bien, dudo que necesitemos mil millones de dólares para cumplir nuestros sueños financieros. Pero apuesto a que la cifra que escojamos para sentirnos financieramente seguros e independientes asusta bastante. Casi siempre es más grande de lo necesario, porque no nos molestamos en calcular lo que costaría realmente vivir con otro nivel de vida. Y por eso tantas personas nunca empiezan a trabajar en esa dirección. Hablan mucho, se emocionan, cuentan su gran sueño, pero no hacen nada por realizarlo. ¿Por qué? Porque psicológicamente no tienen la *seguridad* de que puedan hacerlo. Y la seguridad es la primera necesidad humana que influye en nuestra conducta y en nuestras acciones. Ni más ni menos. Si no hemos actuado en nuestro mundo financiero, es en parte porque nos sentimos inseguros, no sabemos lo que está bien y mal y qué planteamiento triunfará o fracasará. O porque nos sentimos superados por la complejidad de un sistema que nadie se ha tomado la molestia de explicarnos con claridad. Con inseguridad, no hacemos nada o lo aplazamos. Dejamos para mañana lo que tendríamos que hacer hoy.

Para ayudar a mi amigo y futuro multimillonario a conocer el precio real de sus sueños, de suerte que pudiera alojarlo en su subconsciente y hacerlo realidad, le hice unas preguntas. Son las mismas preguntas que haré al lector muy pronto para guiarlo en su camino.

Empecé preguntándole a mi joven amigo qué estilo de vida llevaría si tuviera mil millones de dólares. Se lo pensó un momento y dijo:

—¡Tendría mi propio Gulfstream!

—¡Tu propio avión! —dije—. ¿Y adónde irías con él?

—Pues como vivo en Nueva York —contestó—, seguramente iría a las Bahamas. Y a Los Ángeles a alguna reunión.

Le pregunté cuántas veces volaría en un año y calculó que serían como máximo doce veces. ¿Y cuánto le costaría un avión? Lo consultamos y un Gulfstream G650 de larga distancia costaría unos 65 millones de dólares; un Gulfstream IV casi nuevo le costaría unos 10 millones. Todo eso sin incluir combustible, mantenimiento ni tripulación. Luego miramos el precio de alquilar un avión privado en lugar de comprarlo: uno de tamaño mediano, que es lo que necesitaba para viajar él y los tres miembros de su familia, salía por unos 2.500 dólares la hora. Las cien horas al año que volaría le costarían un total de 250.000 dólares, unos 5.000 la hora; o 500.000 dólares si quería volar siempre en un Gulfstream, lo que seguía siendo mucho menos de lo que cuesta al año mantener muchos aviones y era menos del uno por ciento de lo que le costaría comprar un Gulfstream. Incluso desde el escenario podía yo ver cómo le brillaban los ojos y la mente carburaba.

—¿Qué más comprarías con tus mil millones de dólares? —le pregunté.

—¡Una isla para mí solo!

De eso sabía yo algo, ya que poseo un paraíso en una pequeña isla de Fiyi. Era un sueño que tenía desde niño: un refugio al que llevar algún día a mi familia y a mis amigos. A mis veinte años viajé a islas de todo el mundo en busca de mi Shangri-La. La encontré en Fiyi. Es un país no sólo de una belleza magnífica, sino también llena de bellas almas. Por entonces no podía permitírmelo, pero compré parte de un pequeño centro turístico para excursionistas que había en la isla, con una superficie de 125 acres. En realidad no tenía dinero y seguramente no fue la mejor inversión al principio, pero formaba parte de lo que yo llamo la *caja de los sueños*, de la que hablaremos más adelante. Con todo, lo hice y puedo decir con orgullo que, con los años, he comprado todo el centro y lo he convertido en una reserva natural de más de 500 acres de terreno y unos cinco kilómetros de costa. Namale Resort and Spa ha sido en los últimos diez años el complejo turístico más importante de Fiyi y uno de los diez mejores del Pacífico Sur. Pero ¿cuántas veces visito este paraíso? Con el calendario frenético que llevo, quizá de cuatro a seis semanas al año. Es decir, que mi sueño se ha hecho realidad: ¡todo el mundo se lo pasa allí en grande menos yo!

Le dije a mi joven amigo: «Si quieres disfrutar de tu isla, más vale que no te dediques al negocio hotelero. Y, créeme, no pasarás más que unas semanas al año». Consultamos y vimos que podía comprar una isla en las Bahamas por unos 10 dólares... ¡y luego gastarse unos 30 o 40 millones en acondicionarla! O podía alquilar el complejo turístico de Necker Island de mi amigo Richard Branson una semana por menos de 350.000 dólares, con un personal de servicio de cincuenta personas. Si lo hacía todos los años durante diez años, le costaría sólo 3,5 millones de dólares, frente a los 30 o 40 millones que le costaría su propia isla, y no tendría que ocuparse del mantenimiento.

Repasamos así la lista de sus sueños, ¿y adivinamos cuánto le costaría la vida que quería llevar? Sumamos el coste real de todos sus sueños, incluso los más locos, y no sólo de sus necesidades, y llegamos a un total no de mil millones, ni de quinientos, ni de cien, ni de cincuenta, sino de *diez* millones de dólares por *todo* lo que había soñado poseer en su nueva vida sin tener que trabajar, ¡y eso que soñaba a lo grande! La diferencia entre diez millones y mil millones es astronómica. Esas cifras existen en universos diferentes.

El problema es que, cuando hablamos de cifras realmente altas, no sabemos muy bien lo que decimos. Hay una diferencia radical entre un millón, mil millones y un billón. Incluso el presidente Obama usa los términos «millones» y «mil millones» como si fueran poco menos que sinónimos, cuando no lo son. Permítaseme demostrarlo. Voy a hacer una pequeña prueba. Quiero que pensemos y respondamos lo que se nos ocurra. Este ejercicio nos ayudará a hacernos una idea de la diferencia que hay entre un millón, mil millones y la cifra que el gobierno ha dado últimamente en utilizar mucho: un billón. De hecho, en Washington, un billón son los nuevos mil millones, como dicen.

Mi primera pregunta es: ¿cuánto tiempo atrás son un millón de segundos atrás? Pensémoslo un momento, aunque no lo sepamos... ¿Qué respondemos?

La respuesta es: ¡doce días! ¿Nos hemos acercado? No nos preocupemos, casi nadie acierta. Si lo hemos hecho, enhorabuena. Ahora subamos la apuesta. Como ya tenemos una idea de lo que es un millón (un millón de segundos son doce días), ¿cuánto tiempo atrás son mil millones de segundos? Vamos, digamos una cifra. La respuesta es: ¡treinta y dos años! ¿Nos hemos acercado? La mayoría ni se lo imaginaba. **Ésa es la diferencia entre uno que tiene millones y otro que tiene miles de millones: ¡doce días o treinta y dos años! ¿Vemos a qué me refiero cuando digo que estas cifras pertenecen a «universos diferentes»?** No podemos decir «millones» y «miles de millones» como si fueran lo mismo.

Y ya para concluir el razonamiento: cuando oímos que el gobierno de Estados Unidos tiene una deuda de 17 billones de dólares, ¿cuánto es un billón? Pues bien, si mil millones de segundos son treinta y dos años, ¿cuánto tiempo atrás son un billón de segundos? La respuesta: ¡casi 32.000 años (31.689, para ser exactos)! **El objeto de este ejercicio es que nos demos cuenta de que confundimos las cifras grandes y, cuando nos atenemos a los hechos, vemos que un estilo de vida fastuoso cuesta menos de lo que creemos.**

Pero volvamos a nuestro futuro «milmillonario». Tampoco se me malentienda: 10 millones de dólares sigue siendo una cifra

fabulosa pero que probablemente esté al alcance de este joven empresario a lo largo de su carrera. ¿Quién sabe? Podría acabar haciendo mil millones de dólares... si inventara un nuevo Instagram. Pero ¿y si no lo hace? **Podría seguir llevando la vida estupenda que soñaba con el 99 por ciento menos del dinero que pensaba que necesitaba.** No tendría que ser un «milmillonario» para vivir como tal.

Apuesto a que, cuando calculemos el precio real de nuestros sueños, la cifra que necesitaremos para llegar adonde queremos llegar ¡es mucho menor de lo que pensamos! **Y recordemos siempre la verdad última: la vida no consiste en el dinero, sino en los sentimientos.** La verdadera meta es tener la vida que queremos, no cosas. Cuando muramos, esas cosas se las quedará otro. No son nuestras. No me engaño: por mucho que me alegre y disfrute de «mi» complejo turístico de Fiyi, sé que no soy más que el portero. Algún día otro será el dueño. Pero me gusta la idea de haberlo convertido en un lugar al que gente de todo el mundo va a disfrutar, a amar, a vivir aventuras. Es parte de mi legado y eso es lo que me alegra. La meta no es poseer cosas. **La meta no es el dinero por el dinero.** Nuestra valía no se mide por el tamaño de nuestra cuenta bancaria sino por el tamaño de nuestra alma. El camino que nos lleva al dinero, los lugares a los que el dinero puede llevarnos, el tiempo, la libertad y las posibilidades que el dinero puede darnos, todo esto es lo que realmente perseguimos.

> Podemos tenerlo todo, pero no todo a la vez.
>
> Oprah Winfrey

Ahora pensemos un momento en lo que queremos que el dinero compre. ¡No todo el mundo quiere vivir como Donald Trump o Floyd Mayweather, alias «Dinero»! ¿Nuestro sueño es dar la vuelta al mundo, explorar ciudades antiguas o fotografiar leones en el Serengueti? ¿Es poseer una casa en la playa de las Bahamas o un ático en Nueva York? ¿Es montar nuestro propio negocio —el nuevo Snapchat— o ayudar a la humanidad creando otro Charity Water? ¿Es algo tan simple como enviar a nuestros hijos a la universidad y que nos quede para comprarnos una casa en el campo con un gran huerto? ¿O nuestro sueño es simplemente vivir tranquilos, sabiendo que nunca más tendremos que preocuparnos por el dinero? Nos lleven donde nos lleven nuestros sueños, mostraré un camino para llegar allí. Y aunque no lleguemos a la cima, podremos alcanzar los sueños que más nos importan y celebrar nuestras victorias en el camino. Porque el dinero es un juego de emociones y presentaremos algunas cifras que nos harán decir: «¡Estoy seguro! ¡Prometo que puedo llegar ahí!»

Como en todos los viajes, antes de emprender éste necesitaremos saber dónde estamos. Haremos juntos unos cálculos sencillos. Si nunca nos hemos parado a pensar lo que necesitaremos para alcanzar nuestros objetivos financieros, no somos los únicos. Muchas de las personas que han ganado millones de dólares no tienen trazado un plan que les permita mantener su estilo de vida sin tener que trabajar al menos parte del tiempo. La principal razón que he descubierto, después de hablar con cientos de miles de personas de cien países distintos, es que tenemos *miedo de saber*.

Es como subirse a la báscula. Sabemos que hemos engordado pero no queremos saber cuánto. Es una forma de negación;

una manera de postergar las cosas. Los luchadores y boxeadores profesionales se pesan todos los días y si se han pasado del peso reglamentario lo saben enseguida y pueden obrar en consecuencia. **No podemos manejar nuestra salud si no podemos medirla. Y lo mismo vale para las finanzas.** No podemos realizar nuestros sueños financieros si no sabemos exactamente lo que nos costará hacerlo. Estoy aquí para ayudar al lector a distinguirse de la masa que esconde la cabeza en la arena cuando se trata de dinero. Dentro de un minuto haremos cuentas para saber dónde estamos y dónde queremos estar. (Si sumar unos números nos cuesta, ¡recordemos que tenemos una calculadora en nuestro móvil! Y también podemos entrar en nuestra aplicación, que nos hará las preguntas y los cálculos automáticamente. Véase <www.tonyrobbins.com/masterthegame>.)

Pero primero veamos esos cinco sueños. Cuando digo «seguridad financiera», «vitalidad financiera», «independencia financiera», «libertad financiera» y «libertad financiera absoluta», ¿parece que hablo de lo mismo? ¿Despiertan estas palabras emociones que nuestro cuerpo experimenta de una manera diferente cuando las decimos en voz alta? Intentémoslo. ¿Cuál se siente más, seguridad o vitalidad? ¿Vitalidad o independencia? ¿Independencia o libertad? ¿Libertad absoluta? Cada uno de estos sueños es más grande que el anterior, ¿verdad? Y las cifras que necesitaremos para llegar a ellos serán diferentes.

De estos cinco sueños, podremos descubrir que sólo nos interesan dos o tres. Para algunos, sólo la seguridad financiera es vital y les da una enorme libertad. Así, he concebido este ejercicio incluyendo estos sueños a modo de etapas en el camino de la absoluta libertad financiera. O, si recordamos la montaña de la que hablamos antes, de campos base en la subida a la cumbre. Y recordemos: no todos necesitamos o queremos recorrer todo el camino hasta la cima del Everest. Para algunos, la vitalidad financiera será bastante, y la independencia, miel sobre hojuelas. No todos estos sueños son obligados para todo el mundo.

Invito a que leamos los cinco sueños y elijamos los tres que más nos interesen: lo que yo llamo «los tres sueños de la prosperidad». Nos marcaremos tres objetivos: uno a corto plazo, otro a medio plazo y otro a largo plazo. Lo haremos así porque nada se construye sobre el fracaso; sólo construimos sobre el éxito. Si apuntamos a una gran cifra a lo lejos, puede parecernos demasiado lejos, o incluso inalcanzable, y, en consecuencia, podríamos no emprender el viaje. Necesitamos una meta lo bastante cercana que sintamos que podemos alcanzarla, y alcanzarla en un futuro relativamente cercano. Eso es lo que nos mueve a la acción y a convertir un objetivo a corto plazo en una realidad. Y no olvidemos ir cantando victoria en el camino. ¿Por qué esperar a ser financieramente independiente para celebrar lo que vayamos consiguiendo? ¿Por qué no ir ganando diferentes etapas? Eso es lo que nos anima, nos emociona y nos hace seguir avanzando.

> Se necesita tanta energía para desear como para planear.
>
> ELEANOR ROOSEVELT

Sueño 1: Seguridad financiera

¿Qué significa seguridad? En lugar de decir lo que lo es, permítaseme que pregunte: ¿qué nos parecería que estas cinco cosas estuvieran pagadas mientras viviéramos, sin necesidad de volver a trabajar para hacerlo?

1. Nuestra **hipoteca**, mientras vivamos: pagada. *¡Nunca tendremos que volver a trabajar para pagarnos la casa!*
2. Los **servicios** de la casa: pagados. Nunca tendremos que volver a trabajar para pagar la factura del teléfono o la de la luz.
3. Toda la **comida** de la familia: pagada.
4. Nuestras necesidades básicas de **transporte**: pagadas.
5. Nuestros costes básicos del seguro de salud: todo pagado sin tener que volver a trabajar en la vida.

Apuesto a que nuestra calidad de vida mejoraría mucho, ¿verdad? Nos sentiríamos bastante seguros si supiéramos que estos gastos están cubiertos.

Gasto medio anual del consumidor estadounidense

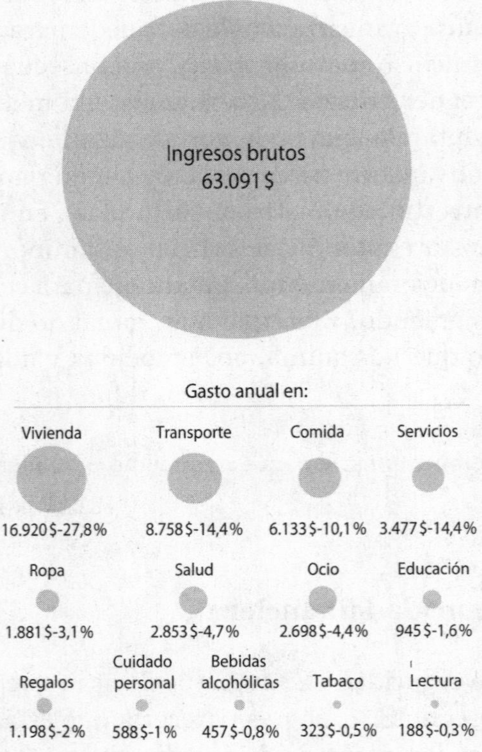

Y ahora unas buenas noticias: ¿recordamos la cifra que apuntamos antes, la cantidad que pensamos que nos permitiría sentirnos seguros y libres, financieramente hablando? Seguro que no era tan alta como la de mi amigo el de los mil millones de dólares, pero probablemente lo es bastante, ¿a que sí? Pues bien, apuesto a que, cuando calculemos estas cifras, nos sorprenderá comprobar que el sueño de la seguridad financiera está mucho más cerca de lo que pensábamos. O, si somos de los pocos que calculamos por lo bajo, lo comparemos con la realidad y veremos la cifra exacta que necesitaremos para realizar nuestros sueños financieros.

Usemos la hoja de cálculo siguiente y anotemos lo que gastamos mensualmente por esos cinco conceptos. Es muy sencillo: ¿cuánto pagamos de hipoteca? (Si somos jóvenes y aún no nos hemos comprado una casa, pongamos lo que pagamos de alquiler. O podemos calcular o consultar por internet lo que pagaríamos de hipoteca por una casa que, aunque no sea nuestra casa ideal, podría servir de momento.) Si llevamos nuestra contabilidad, mejor. En segundo lugar: ¿cuánto pagamos en servicios al mes? Tercero: ¿cuánto gastamos en comida? Sigamos, y si no sabemos las cifras exactas, calculémoslas a ojo de buen cubero, siempre podemos volver atrás y cambiarlas, pero lo que no debemos hacer es dejar de avanzar.

Consignemos cifras que sean razonables. O consultemos nuestra cartilla del banco. Pero si no las tenemos a mano, y sólo para que sigamos avanzando, pondré un ejemplo.

¿Recordamos a mi amiga Angela, a la que presenté en el primer capítulo? Tiene cuarenta y ocho años y está soltera. Quiere saber cuánto necesitaría para sentirse financieramente segura. Su primer cálculo fueron tres millones de dólares. ¿Podría ser eso, más o menos? Le pedí, pues, que hiciera este ejercicio y apuntara sus cincos gastos mensuales principales. Resultó que sus cifras eran casi idénticas a las de la media nacional, como se ve en la siguiente lista:

1. Alquiler o hipoteca:
   .... $ mensuales (la media de Angela: 1.060 $)
2. Comida, hogar:. .
   .... $ mensuales (la media de Angela: 511 $)
3. Gas, electricidad, agua, teléfono:
   .... $ mensuales (la media de Angela: 289 $)
4. Transporte:
   .... $ mensuales (la media de Angela: 729 $)
5. Cuota seguro de salud:
   .... $ mensuales (la media de Angela: 300 $)

   Total:
   .... $ mensuales (la media de Angela: 2.889 $)

Total gastos mensuales básicos:
.... × 12 = ... $ anuales
(Media de gastos anuales básicos: 34.668 $)

Cuando terminó, le pedí que sumara los gastos y multiplicara el total mensual por 12. Esto representa los ingresos anuales que necesitaría para cubrir esos gastos de por vida —sin tener que trabajar— y sentirse financieramente segura. Como podemos ver, su cifra de 34.000 dólares es casi idéntica a la de la media de los estadounidenses.

Pues bien, ¿cómo podría ingresar Angela 34.000 dólares al año sin trabajar? Recordemos que está construyendo una máquina de hacer dinero. Ha automatizado un ahorro del 10 por ciento de sus ingresos y lo ha metido en un plan de pensiones, donde lo invierten en fondos indexados de bajo coste con una rentabilidad estimada del seis por ciento. (Éste es el porcentaje que Jack Bogle estima que rendirá el mercado en los próximos diez años. Sin embargo, el rendimiento medio del mercado de valores en los últimos veinte años ha sido del 9,2 por ciento.) Introdujimos los datos en la «calculadora de la riqueza», que veremos en el próximo capítulo, y descubrimos que, en lugar de los tres millones de dólares que mi amiga creía que necesitaría para conseguir la seguridad financiera, sólo necesitaría ahorrar 640.000 dólares en su fondo de la libertad para embolsarse 34.000 dólares anuales el resto de su vida... ¡menos de una cuarta parte de la cantidad que ella pensó que le haría falta!

Al pronto se quedó desconcertada y me preguntó con incredulidad: «¿Y eso es todo lo que necesitaré? Pero tendré que seguir trabajando, ¿no?». Le dije que sí, claro, pero no para pagar la casa, la comida, los servicios, el transporte, los cuidados de salud básicos... Por cierto, estos cinco conceptos representan, de media, el 65 por ciento del gasto de la mayoría de las personas. Angela, pues, tenía ya una forma de pagarse el 65 por ciento de sus gastos sin tener que trabajar. Y recordemos: casi todos queremos dedicarnos a algo que tenga sentido. Sin trabajar, nos sentimos un poco perdidos. ¡Lo que no queremos es *tener que* trabajar! Mi amiga podría trabajar a tiempo parcial para pagar el resto de sus gastos o a tiempo completo y usar esos ingresos para otras cosas. Le pregunté cómo se sentiría si todo aquello, desde la vivienda al transporte, lo tuviera pagado de por vida sin tener que trabajar. «¡Me sentiría la mar de bien! —contestó—. Es un objetivo que puede alcanzarse. Sé que podría conseguirlo si me pongo.»

«¡Exacto!», dije. Y lo que sus ojos transmitían era certidumbre, y como estaba segura, tenía una razón para actuar.

Le recordé: «Por cierto, éste no tiene por qué ser tu máximo objetivo. Puede ser un objetivo a corto plazo». Lo único que quieren algunas personas es seguridad financiera, por ejemplo aquellas ya mayores que hayan sufrido la crisis de 2008. Para las de mediana edad o jóvenes, este objetivo se quedará corto: siempre que sepamos cuál es nuestra cifra y sigamos los siete pasos que expongo en este libro.

Por cierto, si estamos preguntándonos cuánto tiempo nos llevará acumular la cifra que nos dé seguridad, tranquilos. No tenemos que hacer este cálculo ahora. Lo haremos en el siguiente capítulo, «¿Cuál es nuestro plan?». Juntos desarrollaremos tres planes: uno conservador, uno moderado y otro agresivo. Y cada cual decidirá cuál de ellos le parece más factible.

¿Recordamos al aspirante a «milmillonario»? La renta anual que le daría seguridad financiera era de sólo 79.000 dólares. Muy lejos de los mil millones. Nuestra cifra puede ser más alta o más baja. **Lo único que tenemos que saber es la renta anual que necesitamos para sentirnos financieramente seguros.** Si aún no la hemos calculado, hagámoslo ahora en la siguiente tabla:

1. Alquiler o hipoteca: ....$ mensuales
2. Comida, hogar: ....$ mensuales
3. Gas, electricidad, agua, teléfono: ....$ mensuales
4. Transporte: ....$ mensuales
5. Cuota seguro de salud: ....$ mensuales
6. Total: ....$ mensuales
7. Total gastos mensuales básicos: ...... × 12 = ... $ anuales

Por cierto, no podemos pasar al siguiente objetivo sin hablar de algo que es un simple requisito, no un sueño. Y es algo que casi todo el mundo debería poder conseguir con relativa rapidez, aunque muy pocos lo tienen ya: **un fondo de emergencia o de protección. Según un estudio realizado por la Universidad de Princeton y la Universidad de Chicago en 2014, el 40 por ciento de los es-**

tadounidenses dicen que no disponen de dos mil dólares si los necesitaran de pronto. ¡Cáspita! ¡Eso es tremendo! ¿Por qué necesitamos tener un dinero de emergencia a mano? ¿Qué pasa si de pronto se interrumpen nuestros ingresos? Nos ocurre a todos en algún momento de nuestra vida. Puede ser por un problema de salud, un revés en los negocios, puede ser que nos despidan del trabajo. Es decir, necesitamos un dinero con el que poder mantenernos, digamos, entre tres meses y un año. Sin embargo, para la mayoría de las personas, tres meses es poco tiempo, y un año muchísimo. Así que podemos empezar ahorrando para los gastos de unos cuantos meses, y poco a poco seguir haciéndolo para los de seis meses o un año. ¿No sería maravilloso saber que, si ocurre algo, disponemos de un año para recuperarnos? Seguiremos teniendo un techo sobre la cabeza y comida en la despensa, y pagando las facturas.

Repito: este objetivo no es para conseguir una renta anual vitalicia. Cuando consigamos esto, estaremos tranquilos. Este objetivo sólo es para disponer de un dinero de emergencia que nos proteja hasta que consigamos ahorrar lo bastante para cuidar de nosotros todos los años sin tener que trabajar, pase lo que pase.

¿Cuánto necesitamos? Bueno, sabemos cuánto gastamos al mes. Así que anotemos esa cifra y memoricémosla. Mi amiga Angela, que ahorraba el 10 por ciento de su salario para construir su máquina de ganar dinero, empezó a observar lo que gastaba con idea de ahorrar más. ¿Recordamos que ya se dio cuenta de que le salía más barato comprar un coche nuevo que reparar el viejo? Pues bien, pudo ahorrar un ocho por ciento más para crear su fondo de emergencia. ¡Alcanzó su objetivo y ahora duerme mucho mejor por las noches! Si aún no lo hemos hecho, es fundamental que creemos un fondo de emergencia. (Y garantizo que veremos algunas excelentes ideas para hacer esto en los capítulos 3.3 y 3.4, «Aceleremos».) Tengamos ese dinero en efectivo o en un lugar seguro como en una cuenta bancaria respaldada por la FDIC.

Pasemos ahora al siguiente nivel de sueños. Conseguida la seguridad, veamos:

Sueño 2: Vitalidad financiera

¿Qué entiendo por vitalidad financiera? Este objetivo es un hito en el camino de nuestra independencia y libertad financieras. Aún no hemos llegado, pero es lo que nos permitirá estar seguros y disfrutar además de algunos extras sin tener que trabajar.

¿Cuánto nos gastamos en ropa al mes? ¿100, 500, 1.000 dólares? ¿Y en ocio (televisión de pago, cine, conciertos)? ¿Y en salir a cenar? ¿Esta noche dónde toca? ¿En comida y ocio, pues, nos gastamos 200 o 2.000 dólares más? ¿Y en esos caprichitos o pequeños lujos que nos permitimos como el gimnasio, una manicura o un masaje, o las cuotas del golf? ¿Son 50, 500, 1.000 dólares más? Sea lo que sea, ¿qué nos parecería si la *mitad* de estos gastos estuvieran ya cubiertos para el resto de nuestra vida **sin tener que trabajar**? Es lo que ocurre cuando conseguimos la vitalidad financiera. Creo que es para regocijarse, ¿no?

Así podemos calcular nuestra vitalidad financiera:

1. La mitad de nuestro gasto mensual en ropa:
   ....$ mensuales
2. La mitad de nuestro gasto mensual en restaurantes y ocio:
   ....$ mensuales
3. La mitad de nuestro gasto en caprichos y pequeños lujos:
   ....$ mensuales
4. Total de la renta mensual adicional de vitalidad:
   ....$ mensuales
5. Ya sabemos la cifra que nos da seguridad financiera, así que añadámosla aquí:
   ....$ mensuales
6. Total de la renta mensual necesaria de vitalidad:
   ....$ mensuales
7. Ahora multipliquemos por 12 y obtendremos la cantidad anual que necesitamos para alcanzar la vitalidad financiera:
   ..... × 12 = ... $ anuales

Sueño 3: Independencia financiera

¡Descorchemos la botella de champán, porque cuando hayamos alcanzado la independencia financiera no tendremos que volver a trabajar para seguir llevando el estilo de vida que llevamos hoy! El interés anual que percibamos por nuestros ahorros e inversiones (nuestro fondo de la libertad) nos proporcionará la renta que necesitemos... mientras dormimos. Seremos entonces financieramente independientes, es decir, *no dependeremos del trabajo.* ¿No será estupendo? ¿Cuánta tranquilidad no nos dará a nosotros y a nuestra familia?

Independencia financiera significa que el dinero es ahora nuestro esclavo, y no nosotros esclavos del dinero. El dinero trabaja para nosotros, no nosotros para él. Si no nos gusta nuestro trabajo, podemos decirle a nuestro jefe que se lo meta por donde le quepa. O podemos seguir trabajando, pero con una sonrisa en la cara y una canción en el pecho, porque sabemos que trabajamos porque queremos y no porque debemos.

Calculemos ahora lo que necesitaríamos para mantener nuestro estilo de vida actual. Esta cifra puede ser muy fácil de calcular porque, por desgracia, ¡la mayoría de la gente gasta lo que gana! ¡O a veces más de lo que gana! Si ganamos 100.000 dólares y ese año gastamos 100.000 dólares (incluidos los impuestos) para sufragar nuestro estilo de vida, nuestra independencia financiera equivale a 100.000 dólares. Si gastamos menos de lo que ganamos, ¡enhorabuena! Desafortunadamente, somos la excepción, no la norma. Por lo tanto, si ganamos 100.000 dólares y vivir nos cuesta 80.000, esta última cantidad es la que necesitamos anualmente para ser independientes.

¿Cuál es la cifra de nuestra independencia financiera?
Anotémosla aquí mismo: .... $

Recordemos, la claridad es poder. Cuando nuestro cerebro conoce una cifra concreta, nuestra mente consciente discurre una forma de llegar a ella. Ahora sabemos los ingresos que necesitamos para sentirnos financieramente seguros, vitales e independientes. Veamos lo que pasa cuando nuestros sueños se hacen más grandes.

> Atrévete a vivir los sueños que has soñado por ti mismo.
>
> Ralph Waldo Emerson

Permítaseme contar la historia de Ron y Michelle, una pareja que conocí en uno de los seminarios que imparto todos los años en mi complejo turístico de Fiyi. Eran treintañeros y tenían dos hijitos. Habían triunfado y tenían un pequeño negocio en Colorado. Ron llevaba muy bien el negocio, pero ninguno de los dos atendía las finanzas domésticas. (Por eso estaba él en Fiyi asistiendo a mi acto Business Mastery, porque quería que su negocio creciera entre un 30 y un 130 por ciento.) Su contable les pasaba todos los meses extractos de sus finanzas personales, ¡pero no se molestaban en mirarlos! No es de extrañar que les costara llevar la vida que querían llevar... y que resultó ser una vida dedicada a la beneficencia.

Cuando le pregunté a Ron cuánto necesitaba para sentirse financieramente tranquilo, como le pregunté al joven de los mil millones de dólares, su cifra fue 20 millones. Quise demostrarle que podía ser mucho menor y aun así seguir asegurándoles a él y a su familia un nivel de vida extraordinario, así que le hice calcular lo que gastaban realmente al mes. (Téngase en cuenta que, como empresarios, Ron y Michelle tienen unos ingresos bastante más altos que los del estadounidense medio.)

Empezamos con la seguridad financiera, y me dijo cinco cifras:

Hipoteca de la casa principal:	6.000 $ mensuales
Servicios:	1.500 $ mensuales
Transporte:	1.200 $ mensuales
Comida:	2.000 $ mensuales
Seguro:	750 $ mensuales
Total:	11.4450 $ × 12 = 137.400 $ anuales

Así pues, para su seguridad financiera, sólo necesitaban 137.400 dólares anuales. ¡Algo perfectamente a su alcance! Por cierto, si Ron quisiera saber cuánto necesitaría acumular en su hucha o su fondo de la libertad, la mayoría de los planificadores financieros le dirían que multiplicara su renta anual por 10 o incluso por 15. Pero, hoy, con la baja rentabilidad que ofrecen las inversiones seguras, no es realista. Recordemos: durante el ascenso a la montaña (la fase acumulativa), podemos colocar nuestras inversiones en una cartera agresiva que podría rendirnos de un siete a un diez por ciento. En el descenso de la montaña (la fase desacumulativa), convendrá que coloquemos nuestras inversiones en un entorno más seguro y menos volátil, donde, por definición, tendremos una rentabilidad más baja. Mejor sería, pues, suponer un interés más conservador del cinco por ciento. Diez veces nuestros ingresos supone una rentabilidad del 10 por ciento. Veinte veces nuestros ingresos supone una rentabilidad del cinco por ciento.

Ron descubrió que la seguridad financiera estaría a su alcance: 20 × 137.400 $ = 2.748.000 $, una cifra muy inferior a los 20 millones que él había calculado.

En cuanto a la independencia financiera, estimaron que necesitarían 350.000 dólares anuales para mantener el estilo de vida que llevaban, ya que tenían otra casa y un montón de cosas. A Michelle le gustaban mucho las cosas que llevaban la etiqueta de Louis Vuitton. Así, y tirando por lo bajo, necesitaban siete millones de dólares (350.000 × 20) de masa crítica para vivir como lo estaban haciendo sin trabajar. Ron comprobó con asombro que esta cifra era ¡*casi dos tercios menor* que los 20 millones que había creído que necesitarían! Y conseguiría esa cifra mucho antes de lo que imaginaba, porque tendría que ahorrar ¡13 millones de dólares menos de lo que había calculado antes!

Sueño 4: Libertad financiera

Una vez que nos hemos liberado de la necesidad de trabajar en lo que nos queda de vida, ¿por qué no liberamos también nuestro estilo de vida? **La libertad financiera significa que somos indepen-**

dientes, que hemos conseguido todo lo que tenemos hoy, más dos o tres lujos importantes que queremos en el futuro, para pagar los cuales tampoco tendremos que trabajar. Para llegar aquí hay que peguntarse «¿qué renta anual necesitaría para tener el estilo de vida que quiero y merezco?». ¿Para qué queremos el dinero? ¿Para poder viajar? ¿Para comprarnos una casa más grande o una segunda vivienda? ¿O quizá ese barco o ese coche de lujo que siempre quisimos? ¿O queremos aportar más a nuestra comunidad o a nuestra iglesia?

Volvamos a Ron y a Michelle. Ya estaban viviendo la vida que querían por 350.000 dólares al año, así que les pregunté qué les haría sentirse financieramente libres. ¿Una casa más grande? ¿Un apartamento en Aspen? ¿Un barco?

¿Y qué contestó Ron? Que se sentiría financieramente libre si pudiera donar 100.000 dólares anuales a su iglesia... y quizá comprarse un barquito pesquero Bass y un apartamento en la estación de esquí de Steamboat Springs para la familia.

Fue una respuesta sorprendente. Me conmovió tanto su deseo de contribuir que enseguida quise ayudarles a conseguirlo. Señalé que Ron ganaba al año 500.000 dólares y sólo gastaba 350.000, con lo que ya podía dedicar esa cantidad a su iglesia si realmente quería. Pero ¿no sería mejor que Ron y Michelle pudieran hacer aquella contribución sin necesidad de trabajar? ¿Sólo con lo que les rindieran sus inversiones?

Después de sumar el coste del barco y del apartamento, así como el de la contribución, para alcanzar la libertad financiera tendrían que añadir 165.000 dólares anuales a la cifra de la independencia financiera. En otras palabras, necesitarían 515.000 dólares anuales (× 20) o 10,2 millones de dólares en su máquina de ganar dinero. Pero recordemos: ¡esta cifra representa un estilo de vida mejor del que llevan hoy! Es mucho, pero sigue siendo casi la mitad de lo que Ron había pensado que necesitarían *para ser sólo independientes*.

El mundo que Ron y Michelle querían estaba muy cerca... y ellos no lo sabían. Pero una vez que calculamos el precio de nuestros sueños, siempre hay maneras de realizarlos más rápido y por menos dinero del que supusimos.

¿Cuánto necesitamos nosotros para ser financieramente libres? ¿Qué cosas sumaremos a nuestro total? ¿Un coche deportivo? ¿Una segunda vivienda? ¿Una gran donación, como Ron y Michelle? Sea lo que sea, apuntémoslo y sumemos ese gasto al total de nuestra independencia. Ése es el precio de la libertad financiera. Y si parece muy alto, tranquilos. En los próximos capítulos aprenderemos a domesticar esa cifra.

Éstas son las cifras de la libertad financiera que Ron calculó:

1. Donación mensual a la iglesia: 8.333 $ mensuales.
2. Barco pesquero Bass de 20' de 50.000 $ financiado al 5 % = cuota mensual de: 530 $ mensuales.
3. Hipoteca del apartamento familiar en estación de esquí de 800.000 $ al 4,5 % = cuota mensual de: 4,880 $ mensuales.
4. Renta mensual para la independencia financiera: 29.167 $ mensuales.
5. Total renta mensual para la libertad financiera: 42.910$ mensuales.
6. Ahora multipliquemos eso por 12 y tendremos la cantidad anual que necesitamos para la libertad financiera: 42.910 $ × 12 = 514.920 $ anuales.

¿Cuáles son nuestras cifras?

1. Lujo 1 mensual .... $ mensuales.
2. Lujo 2 mensual .... $ mensuales.
3. Donación al mes .... $ mensuales.
4. Renta **mensual** para la independencia financiera (la cifra que calculamos anualmente dividida entre 12) .... $ mensuales.
5. Renta mensual total para la libertad financiera .... $ mensuales.
6. Ahora multipliquemos eso por 12 y tendremos la cantidad anual que necesitamos para nuestra libertad financiera .... $ anuales.

Sueño 5: Libertad financiera absoluta

¿Y qué decir de la libertad financiera *absoluta*? **¿Cómo sería si pudiéramos hacer todo lo que quisiéramos, cuando quisiéramos? ¿Cómo nos sentiríamos si ni a nosotros ni a nuestra familia nos faltara nunca nada?** ¿Si pudiéramos dar cuanto quisiéramos y vivir plenamente según nuestra voluntad —y no la voluntad de nadie—, y todo eso sin tener que trabajar? El dinero que hagamos mientras dormimos —la renta de nuestras inversiones— sufragaría un estilo de vida ilimitado. Podríamos comprarles a nuestros padres la casa de sus sueños, o crear una fundación para alimentar a los hambrientos, o ayudar a limpiar el océano. Figurémonos lo que haríamos.

Pedí a Ron y a Michelle que me dijeran cuál era el mayor de sus sueños. ¿Qué sería para ellos la libertad financiera absoluta? Otra vez me conmovió profundamente que Michelle me dijera que su máximo sueño era comprar un rancho y convertirlo en un campamento de su iglesia. ¿Cuánto costaría? Ron calculó unos dos millones dólares para comprarlo y un millón más para reformas.

Pude ver cómo se emocionaban cuando hicimos cuentas.

Si pedían prestado el dinero para comprar el rancho, necesitarían unos 120.000 dólares (tres millones al cuatro por ciento) anuales para saldar la deuda. ¡Y eso ya estaba a su alcance!

¿Y qué más? A Ron le gustaba la aventura y los viajes, y su gran sueño era tener su propio avión. Hicimos, pues, el mismo ejercicio que hice con mi joven amigo, el de los mil millones de dólares, y lo convencí de que alquilar un avión le procuraría la misma satisfacción y comodidad por una mínima parte de lo que le costaría comprar y mantener un Gulfstream o un Cessna Citation. ¿Me explico? No tenemos que comprar el avión para disfrutar de él. No tenemos que comprar al equipo deportivo para sentarnos en la tribuna. Y no tenemos que comprar todo el equipo para ser propietario: podemos ser propietarios parciales y disfrutar de todos los privilegios. Eso es lo que hizo mi amigo Magic Johnson: formar parte del grupo que compró Los Angeles Dodgers, junto con mi amigo Peter Guber y otros socios de Guggenheim Baseball Management, que adquirieron el equipo y el estadio por 2.150 millones de dólares; y disfruta de toda la alegría, el orgullo, la emoción, la influencia y la diversión de un propietario.

Pensando de esta manera podemos tener la calidad de vida que queremos para nosotros y para nuestros seres queridos. **La diferencia entre los soñadores y los que viven sus sueños es que aquellos no han calculado el precio real de esos sueños.** Fijan una cifra tan alta que no empiezan el viaje. No hay sueño que no podamos realizar si le ponemos fuerza de voluntad y creatividad, y nos empeñamos en hallar la manera de añadir más valor que nadie a la vida de los demás.

Ahora bien, como podemos imaginar, esta categoría, la libertad financiera absoluta, sirve más que nada para divertirse, en el caso de la mayoría de nosotros. En mis seminarios, sólo hago este ejercicio con personas que sueñan a lo grande y quieren saber el precio de esos sueños. Sé que la mayor parte de la gente nunca conseguirá una libertad financiera absoluta, pero de soñar y desear también se vive. Algunos de estos grandes sueños podrían inspirarnos y hacernos desear ganar más, y ayudarnos a alcanzar antes nuestros objetivos. Pero hay otra razón por la que merece la pena hacer este ejercicio. Podemos tener seguridad financiera sin trabajar, y luego, trabajando a tiempo parcial en algo que nos guste, podríamos ser financieramente independientes. O también es posible serlo gracias a la renta de nuestras inversiones y a nuestro trabajo a tiempo parcial, que nos permiten disfrutar de los lujos de la libertad financiera.

¡Conque adelante! Anotemos lo que pondríamos en esta lista. ¡Nunca sabemos lo que podríamos crear si diéramos rienda suelta a nuestros deseos!

Así calculó Ron las cifras de su libertad financiera absoluta:

1. Un rancho para el campamento de su iglesia que cuesta tres millones de dólares, financiado al 4 % = cuota mensual de 10.000 $.
2. Un avión Beechcraft Bonanza que cuesta 300.000$ financiado al 5 % = cuota mensual de 3.181 $ mensuales.
3. Renta mensual para la libertad financiera: 42.910 $ mensuales.
4. Renta mensual total para la libertad financiera absoluta: 56.091 $ mensuales.
5. Ahora multipliquemos eso por 12 y tendremos la cantidad anual que necesitamos para alcanzar la libertad financiera absoluta: 673.092 $ anuales.

Así, pues, por un barco pesquero de 20 pies de eslora, una donación anual de 100.000 dólares a su iglesia, un apartamento en una estación de esquí, un avión y convertir un rancho en un campamento de esa iglesia, más el estilo de vida que llevan hoy y sin tener que trabajar, Ron y Michelle necesitarían una renta anual de 673.092 dólares. Multiplicado por 20, necesitarían ahorrar una masa crítica de 13,5 millones de dólares, ¡que sigue siendo una tercera parte menos de lo que pensaron que les costaría sólo la seguridad y la independencia!

¿Cuáles son nuestras cifras?

1. Lujo 1 mensual: .... $ mensuales.
2. Lujo 2 mensual: .... $ mensuales.
3. Lujo 3 mensual: .... $ mensuales.
4. Renta **mensual** para la independencia financiera: .... $ mensuales.

5. Renta mensual total para la libertad financiera:
   .... $ mensuales.
6. Ahora multipliquemos eso por 12 y tendremos la cantidad anual que necesitamos para nuestra libertad financiera:
   .... $ anuales.

> Sólo hay una cosa que nos impide realizar un sueño: el miedo al fracaso.
>
> Paulo Coelho

¿Qué nos parecen ahora todas estas cifras que hemos anotado? Espero que hayamos visto cómo el precio de nuestros sueños financieros puede ser mucho más bajo de lo que habíamos pensado, y que hayamos escogido los tres sueños que perseguiremos, incluyendo al menos un objetivo a corto plazo y otro a largo plazo. ¿Cuáles son nuestros «tres sueños de la prosperidad»? Los más importantes para la mayoría de la gente —los más «obligados»— son los de la seguridad, vitalidad e independencia. O, para los que apuntan más alto, los de la seguridad, independencia y libertad. Si aún no lo hemos hecho, escojamos tres y anotémoslos.

Si somos *baby boomers* y venimos pasándolo mal desde la crisis de 2008, ¿cuál de estos sueños es el más importante para nosotros? La seguridad, ¿verdad? Ésta es la buena noticia: quizá no dispongamos de los años necesarios para que nuestros ahorros e inversiones lleguen a la masa crítica, pero podemos conseguir seguridad financiera y explicaré cómo. Quizá nunca lleguemos a la independencia financiera, aunque quizá sí si nos lo proponemos como un objetivo irrenunciable. Si somos jóvenes, tenemos mucho adelantado. Podríamos proponernos conseguir la libertad financiera o incluso la libertad financiera absoluta, incluso sin esforzarnos mucho. Pero es importante que decidamos lo que más nos importa y conozcamos las cifras. ¿Por qué? Porque enseguida pasaremos al siguiente capítulo, donde calcularemos cuántos años nos llevará realizar esos sueños basándonos en lo que estamos ahorrando a una rentabilidad anual media razonable. Y entonces trazaremos juntos un plan para llegar allí. Ésta es la verdadera piedra de toque. Guiaré al lector por cada paso y lo automatizaremos todo. Es absolutamente vital que sigamos avanzando.

Quiero que nos sintamos capacitados y emocionados por el viaje que estamos haciendo.

Quiero que sintamos que somos los creadores de nuestra vida, no simples gestores de ella. A veces olvidamos lo mucho que hemos creado en nuestra vida. No importa quiénes seamos, sé que hay aspectos de nuestra vida hoy que una vez fueron sólo un sueño o un objetivo que parecía imposible. Puede que fuera un trabajo o un puesto superior que queríamos y al que nos parecía imposible llegar, o un lugar que siempre quisimos visitar. Quizá hasta vivamos ahora en él. Quizá hubo alguien en nuestra vida, alguien con quien nunca pensamos que pudiéramos ni salir, y ahora estamos casados con esa persona. En lugar de volver a aquellos días de sueños, en los que nos preguntábamos si esa persona se enamoraría alguna vez de nosotros, quizá estamos ahora mismo a su lado. Si es así, démosle un beso y recordemos que esa relación nos pareció una vez imposible y nosotros la creamos.

¿Qué hay hoy en nuestra vida que un día fue un sueño? ¿Qué deseo nos pareció en el pasado difícil o imposible de realizar y ahora forma parte de nuestra vida? Si queremos tener presente que somos los creadores de nuestra vida y no sólo los gestores de sus circunstancias, primero tenemos que reconectarnos con las cosas que hemos creado conscientemente. Pensémoslo un momento y anotemos tres o cuatro de esas cosas. La lista no tiene por qué ser de grandes logros. A veces las pequeñas cosas que parecen difíciles o imposibles, cuando las conquistamos o realizamos, nos enseñan cómo lograr las grandes. También puede haber hoy cosas en nuestra vida que una vez nos parecieron difíciles o imposibles y ahora las tenemos, pero las damos por supuestas. La ley de la costumbre dice que si nos relacionamos con algo (o con alguien) durante mucho tiempo, acabamos olvidándolo un poco. Conque despabilemos nuestra percepción y hagamos esa lista.

Segundo, tenemos que repasar los pasos que dimos para hacer realidad ese sueño. Hagámoslo ahora mismo. Seleccionemos uno de nuestros logros y preguntémonos: ¿cuáles son las primeras acciones que realizamos? Apuntémoslas ahora mismo.

He entrevistado literalmente a decenas de miles de personas acerca de cómo lograron algo que parecía imposible. ¿Cómo lo crearon? ¿Cómo lo creamos nosotros? Es un proceso que todos hemos seguido. Se compone de tres pasos.

Paso 1: damos rienda suelta a nuestro afán y a nuestro deseo, y nos centramos en nuestro objetivo. Algo ocurre en nuestro interior: o bien nos sentimos inspirados por algo que nos excita tanto que damos rienda suelta a nuestro deseo —nos obsesionamos completamente—, nuestra imaginación se inflama y nos consagramos en cuerpo y alma al objeto de ese deseo, o bien llegamos a un límite, un umbral, un estado interior en el que sentimos que no podemos seguir conformándonos con la vida que llevamos. Tomamos la decisión de no volver atrás y nos concentramos con todas nuestras fuerzas en una nueva vida o en el objeto que deseamos. Puede ser cambiar de trabajo, cambiar de pareja, cambiar de estilo de vida. Nos afanamos por eso, y cuando nos concentramos en algo, hacia eso fluye la energía.

¿Nos ha pasado alguna vez? Nos compramos una prenda o un coche y de pronto vemos esa prenda o ese coche por todas partes. ¿Por qué ocurre esto? Porque una parte de nuestra mente subconsciente, el llamado «sistema de activación reticular», sabe que ahora eso es importante, y por tanto percibe todo lo que se relaciona con ello. Esos coches y esas prendas estuvieron siempre ahí, pero ahora los notamos porque nuestro subconsciente nos advierte.

Eso es lo que pasará cuando leamos este libro. Vamos a empezar a reparar en las comisiones que nos cobran los fondos de inversión y a prestar atención cuando oigamos hablar de colocar activos. Vamos a empezar a oír cosas que no habíamos oído antes —¡negociación de alta frecuencia!, ¡planes de inversión constante!—, cosas que cobrarán vida para nosotros porque ahora nuestro cerebro sabe que son importantes. Y hacia todo lo que es importante, hacia todo aquello en lo que nos concentramos, fluye la energía. Y cuando alcanzamos ese grado de afán, deseo y concentración, empezamos a dar el paso número dos.

Paso 2: pasamos a la acción resuelta y efectiva. Si hemos dado rienda suelta a nuestro deseo y nos concentramos obsesivamente en lo que queremos, haremos lo que sea necesario para que nuestro sueño se cumpla. La energía y flexibilidad que pondremos en la consecución de lo que queremos no tendrá límites. En el fondo, sabemos que la acción resuelta lo puede todo. Si estamos dispuestos a esforzarnos al máximo, conseguiremos lo que nos propongamos. Lo hemos hecho antes, ¿a que sí? Seguramente hubo un día en que teníamos que ver como fuera a nuestra amada y alquilamos un coche y condujimos toda la noche en plena nevada para visitarla en la universidad. O removimos cielo y tierra para que nuestro hijo fuera a la mejor escuela. Si tenemos que hacer algo sea como sea, encontramos la manera de hacerlo.

Pero con una condición, claro: tenemos que desplegar todos esos esfuerzos de una manera efectiva. ¿Qué pasa si conducimos en medio de esa nevada sin mapa y acabamos en la ciudad que no es? Podemos esforzarnos al máximo en ahorrar para el futuro, pero si colocamos nuestro dinero en un plan de pensiones que nos cobra mil comisiones y en fondos de inversión que rinden poco, no llegaremos a ninguna parte. O podemos invertir todo en una sola empresa que en un día puede caer un 40 por ciento. Por eso, aunque estemos dispuestos a hacer lo que sea necesario, debemos ejecutar nuestro plan con mucho cuidado y adaptándonos a las circunstancias. Porque el esfuerzo unido a la acción efectiva hace milagros. Este libro es nuestro mapa, la guía que nos llevará de donde estamos ahora adonde queremos estar, financieramente hablando. Si actuamos de una manera resuelta y efectiva, reajustando nuestro plan cuando no funcione e intentando cosas nuevas, avanzaremos hacia nuestro sueño, pero hay un último e importantísimo elemento que puede decidir si nuestro sueño se hace realidad o no.

Paso 3: ¡gracia! Hay quien lo llama suerte, casualidad, destino o la mano de Dios. Yo lo llamo gracia: el reconocimiento de que hay algo más en este mundo aparte de nosotros, y de que quizá un poder superior nos da tanto la vida como los dones de la lucidez y del liderazgo cuando nos abrimos a ese poder. Es sorprendente cómo, cuando damos los primeros pasos, Dios o el universo o la gracia —llamémoslo como queramos— interviene y nos respalda. Las cosas fluyen hacia nosotros cuando primero ponemos de nuestra parte. Todos hemos vivido el fenómeno del descubrimiento inesperado. Algo ocurre que desafía la explicación y por eso lo llamamos casualidad. Perdemos un tren y conocemos a la persona con la que nos casaremos. Sustituimos a un amigo y eso nos lleva al trabajo con el que siempre habíamos soñado. No lo teníamos planeado, no hicimos nada para conseguirlo: simplemente ocurre. Eso es la gracia para mí. Y cuanto más reconocemos y agradecemos la gracia que ya hay en nuestra vida, más conscientes somos de los dones que hay detrás de lo que hemos creado. A mí me ha ocurrido muchas veces en la vida y sé que existe. También sé que la gratitud nos conecta con la gracia, y cuando estamos agradecidos, no hay rabia. Cuando estamos agradecidos, no hay miedo.

Conque ¿estamos listos para convertirnos en los creadores de nuestra vida y no ser sólo los gestores de nuestras circunstancias? ¿Sabemos realmente por lo que estamos invirtiendo? ¡Una renta vitalicia! ¿Están volviéndose nuestros sueños parte de nosotros, algo obligado en lo que nuestra mente se concentra día y noche? ¿Estamos dispuestos a hacer lo que sea necesario para que se hagan realidad? Pues entonces es hora de pasar la página y hacer lo que tantos otros son incapaces de hacer.

Es hora de trazar un plan...

Capítulo 3.2

¿Cuál es nuestro plan?

> Si no sabemos adónde vamos, ningún camino nos llevará a ninguna parte.
>
> HENRY KISSINGER

Enhorabuena, ¡hemos recorrido un largo camino! Hemos dado tres grandes pasos hacia la libertad financiera. Hemos tomado la decisión financiera más importante de nuestra vida. Nos hemos convertido en inversores y hemos fijado o ampliado el porcentaje de nuestros ingresos que irá automáticamente a nuestro fondo de la libertad, y hemos empezado a construir la máquina de hacer dinero que nos hará libres. También hemos aprendido a protegernos de las grandes mentiras pensadas para separarnos de nuestro dinero. Por último, hemos puesto precio a nuestros sueños: ya sabemos cuánto dinero necesitaremos para sentirnos seguros y ser independientes financieramente. Ahora, con lo que hemos aprendido del poder del interés compuesto, vamos a poner esos «principios del poder monetario» a trabajar. Vamos a trazar juntos un plan para nosotros y nuestra familia que sea perfectamente factible, independientemente del nivel de sueño financiero al que apuntemos: seguridad, vitalidad o independencia.

Una cosa más antes de empezar. Si somos como la mayoría de la gente, seguramente odiamos hablar de dinero. Pero, ojo, esto queda entre nosotros. Nadie más verá estas cifras a menos que tú las compartas. Lo más importante es que seamos sinceros con nosotros mismos. Aquí no vale redondear, ni falsear la verdad, ni mirar nuestras cifras con unas lentes de color de rosa, ni presentar nuestras finanzas un poco mejor de lo que son. Por lo mismo, tampoco nos protejamos con un plan tan conservador que sintamos que es imposible llevarlo a cabo. Seamos francos con nosotros mismos y comprometámonos a presentar un cuadro fidedigno de nuestra situación actual. Así es como el plan funcionará.

Sólo podemos jugar con nuestras cartas

Un buen amigo mío se reunió hace poco con unos amigos de infancia cerca de mi casa de Palm Beach. Celebraban que habían cumplido cincuenta años. Fueron juntos a párvulos y durante el bachillerato fueron vecinos de una urbanización de la constructora Levitt en Long Island, Nueva York. Sus padres eran todos profesionales autónomos o empresarios, sus madres, amas de casa, y los ingresos de las familias, parecidos. Lo que me sorprendió de estas amistades de toda la vida fue el aspecto demográfico. En sus años de formación, estos amigos llevaron vidas paralelas, pero cuando fueron a la universidad tomaron caminos diferentes:

Uno entró a trabajar en una entidad financiera importante de Wall Street.

Otro se hizo fotógrafo y abrió una tienda de marcos en Manhattan.

Otro se puso a construir casas en la costa atlántica.

Otro montó un negocio de importación de vinos de calidad y cerveza artesanal.

Otro estudió ingeniería y trabajó de funcionario en el sur de Florida.

En ese encuentro, estos amigos de infancia compararon sus vidas. Pese a la diferencia de renta y cuenta bancaria, todos estaban contentos, no de la misma manera, pero sí contentos. Tenían cubiertas sus necesidades. Muchas de sus esperanzas y sueños se habían cumplido.

Mi amigo les habló a sus colegas de este libro, que había leído en un primer manuscrito. Al cabo de unas cervezas, la conversación recayó en el dinero y unos a otros se hicieron la misma pregunta que nosotros hemos respondido en el último capítulo: ¿cuánto dinero necesitarían para sentirse financieramente seguros o para pagarse la jubilación? El que trabajaba en Wall Street contestó que tendría que ahorrar al menos 20 millones de dólares para mantener el estilo de vida que llevaba sin necesidad de trabajar. El fotógrafo de Manhattan dijo que con 10 millones se apañaba. El constructor se conformaba con cinco millones, sobre todo ahora que sus hijos habían terminado la carrera. El tratante de vinos acababa de casarse y, aunque esperaba otro hijo, dijo que le bastaría una hucha de dos millones. Y el funcionario, el que había tenido que vivir con arreglo a sus medios y contaba con una pensión segura para el resto de su vida, contestó que podría vivir tranquilamente cuando empezara a cobrar su pensión y a recibir las ayudas de la seguridad social.

¿Cuál de estos amigos estaba más cerca de alcanzar su objetivo? ¿Quién tenía la cifra correcta y el plan correcto que le ayudaría a alcanzarlo? Es una pregunta capciosa, claro. La respuesta no depende del dinero. No «ganamos» la carrera de la vida amasando la mayor cantidad de dinero ni acumulando el mayor número de cosas. Ni la ganamos tampoco agarrándonos al que más corre y dejándonos arrastrar hasta la meta.

¿Cómo la ganamos? Viviendo con arreglo a nuestras circunstancias, tan plenamente como podamos y todo el tiempo que podamos.

Creemos un plan que cubra nuestras necesidades, que funcione para nosotros, y atengámonos a él. Eso es el éxito, ni más ni menos. Si no nos contentamos, si estamos siempre compitiendo con la idea de éxito o de independencia financiera que tienen otros y tratando de alcanzar un objetivo que se nos escapa, nos quedaremos atrás y nos frustraremos. Si perseguimos objetivos ajenos, también perderemos. No importa lo que nuestro vecino tenga, qué coche conduzca ni adónde se vaya de vacaciones. Este plan es nuestro, sólo nuestro y de nadie más.

> El día que dejes de correr para ganar ganarás la carrera.
>
> BOB MARLEY

La ilusión de la ventaja

¿Hemos visto alguna vez una carrera de atletismo? Observamos a los corredores colocados justo antes del disparo de salida y nos preguntamos si el que está en la pista exterior y más adelantado no les saca a los demás una gran ventaja. Intelectualmente sabemos que todos los corredores han de recorrer la misma distancia, pero visualmente nuestros ojos nos engañan. Ese escalonamiento está pensado para igualar las distancias en una pista oval. En una carrera de cuatrocientos metros, hay una distancia de seis entre los corredores.

Pero, claro está, todo el mundo sabe que físicamente no hay ninguna ventaja entre el que corre por la pista exterior y está más adelantado, y el que lo hace por la pista interior y se encuentra más retrasado. Tienen que recorrer la misma distancia. Sin embargo, la apariencia de ventaja puede ser un poderoso estímulo psicológico. ¿Piensa el corredor más adelantado que lleva la delantera? ¿Le da eso confianza o le quita impulso? ¿Siente el corredor más retrasado que empieza perdiendo y corre un poco más rápido para compensar?

Volvamos a nuestros cinco amigos y veámoslo desde fuera. Podría *parecer* que el funcionario es el corredor más retrasado, y que el ejecutivo de Wall Street está en la mejor situación para llegar el primero a la meta, pero eso es la ilusión, no la realidad. Ninguno va por delante.

Aquí no hay *primera* ni *última posición*. La vida no es una carrera. La gente suele medir su situación por el dinero y las *cosas* que adquiere: quién tiene una casa más bonita, un coche más mono, la residencia de verano en Hamptons. Pero la verdad es que no podemos predecir cuánto tiempo viviremos ni cómo estaremos de salud cuando envejezcamos. En el caso de estos amigos de infancia, parece que todos iban en la buena dirección: cada uno con sus circunstancias, a su ritmo. Por eso se sentían tan felices con sus vidas. Con un poco de disciplina y clarividencia, todos tenían posibilidades de ganar la carrera que empezaron juntos cuando iban a párvulos.

Lo mismo vale para nosotros. No importa cómo sea nuestra situación comparada con la de nuestros amigos, familia, colegas o clientes. Lo único que importa es nuestro viaje personal. Es tentador ver en los demás una vara de medir y convencernos de que somos los más adelantados y parecemos los primeros, o resignarnos a ir a la zaga. Pero no se trata de eso. **La carrera de la vida es un maratón, no un esprint.** Lo único que debemos hacer es concentrarnos en el camino que tenemos delante. Mirar al frente. Marcarnos nuestro propio ritmo. Seguir avanzando. Y entonces crear un plan.

> Sólo deberíamos intentar ser mejores que una persona: la que fuimos ayer.
>
> Anónimo

Nuestro plan

Ahora que sabemos que nuestro único competidor somos nosotros mismos, es hora de elaborar un plan de acción financiero. La buena noticia es que sólo tenemos que contestar a seis preguntas en la aplicación *It's Your Money.* Con esta calculadora de la riqueza tendremos una primera versión de nuestro plan en unos segundos.

Las seis preguntas tienen que ver con dos ámbitos: nuestra actual situación y la situación en la que queremos estar en el futuro. Las pocas cifras que necesitamos para responder a esas preguntas podemos sacarlas de nuestros papeles, o de nuestra cabeza. A lo mejor tenemos que hacer algunas cuentas, pero casi todas esas cifras deberíamos tenerlas a mano, y si no disponemos de ellas ahora mismo, podemos calcularlas a ojo de buen cubero y sólo para empezar y seguir avanzando.

Usando esas cifras, la aplicación trazará un plan a nuestra medida, basado en las variables que nosotros determinemos, tales como cuánto esperamos que aumenten nuestros ingresos, cuánto hemos decidido ahorrar, qué rendimiento esperamos que tengan nuestras inversiones. Podemos ser conservadores o agresivos con estas cifras, o podemos calcularlas en los dos sentidos y quedarnos en un término medio. Y lo bueno es que, una vez que tengamos esas cifras, la aplicación hará el resto. Tendremos una verdadera guía para nuestro futuro financiero, un plan claro que seguir.

Elijamos nuestra propia aventura

La calculadora de la riqueza de la aplicación que acabamos de descargarnos es una herramienta que llevo usando más de treinta años en mis talleres y seminarios. Es sencilla y flexible y ha ayudado a millones de personas a crear planes financieros que les iban bien. Se basa en una serie de premisas conservadoras, pero somos libres de cambiarlas si queremos. **Podemos ser más conservadores o más agresivos. Depende de nosotros, así que introduzcamos las cifras que mejor respondan a nuestro estilo de vida, nuestra realidad presente y nuestros sueños futuros.** Si no nos gusta el plan que la aplicación nos presenta, podemos jugar con las cifras y elegir otro camino a la libertad financiera. En lo que queda de esta parte daremos pasos concretos que acelerarán nuestro plan y asegurarán su éxito. El primer plan que tracemos sólo es eso: nuestro primer mordisco a la manzana. En las páginas que siguen procuraremos mejorarlo notablemente...

Tengamos en cuenta una serie de cosas antes de empezar.

Unos de los factores más importantes será la tasa tributaria, que es muy diferente para cada uno de nosotros. Este libro lo lee gente de todo el mundo, así que, en lugar de complicarlo, lo haremos muy sencillo. Vivamos donde vivamos, en las páginas que siguen aprenderemos a utilizar las herramientas de las que dispongamos en nuestro país para una mayor eficiencia fiscal. Siempre que sea posible, contrataremos cuentas con ventajas fiscales para que la rentabilidad de lo que ahorremos sea mayor.

Esta calculadora nos presentará tres planes posibles, con diferentes rentabilidades anuales: 4, 5,5 y 7 por ciento, respectivamente. Un plan conservador, un plan moderado y un plan agresivo. Estas rentabilidades son después de impuestos. A algunos les parecerán demasiado conservadoras o demasiado agresivas; repito, podemos ajustarlas como queramos.

¿Por qué estas rentabilidades? Si miramos los niveles de rentabilidad establecidos por la empresa Charles Schwab, veremos que una rentabilidad agresiva es el 10 por ciento. La de nuestra aplicación es del siete por ciento. ¿Por qué esos tres puntos de diferencia? Schwab ha mostrado que en los últimos cuarenta años, de 1972 a 2012, la rentabilidad media del mercado ha sido del 10 por ciento. Pero nuestra calculadora aplica un 30 por ciento de impuestos, lo que rebaja la rentabilidad al siete por ciento. En Estados Unidos, las tasas tributarias que se aplican a las inversiones a largo plazo son sólo del 20 por ciento, no del 30 por ciento, con lo que, en la cuestión fiscal, nuestra aplicación es agresiva. Además, recordemos que si invertimos con planes de pensiones o el seguro de rentas, se nos aplica el régimen de impuestos diferidos. Así, si nuestra rentabilidad era del 10 por ciento (como en el ejemplo de Schwab), seguiremos acumulando al 10 por ciento, sin deducción de impuestos hasta que retiremos el dinero. Nosotros usamos rentabilidades más bajas, del 4, 5,5 y 7 por ciento, para dejar un margen en caso de error o de que futuros rendimientos no respondan a las altas expectativas que teníamos.[7]

Por eso hemos diseñado así la calculadora de la riqueza. Nos permite pensar flexiblemente en rentabilidades netas (después de impuestos). Nosotros diseñamos el plan que mejor se ajusta a nuestros objetivos de inversión.

Esta calculadora de la riqueza está pensada para darnos una idea del tiempo que tardaremos en alcanzar seguridad, vitalidad o independencia financiera según las diferentes opciones que escojamos.

Una de las mejores maneras de acelerar el ritmo al que vamos alcanzando nuestros objetivos financieros —y la manera menos costosa que conozco— es seguir el plan Save More Tomorrow, que ha ayudado a más de diez millones de estadounidenses a hacer crecer sus ahorros como nunca habían

7. En el momento en el que escribo, las tasas de interés llevan mucho tiempo contenidas. Pero la aplicación se actualizará cuando dichas tasas suban. También podemos introducir cuando queramos la rentabilidad que más convenga a nuestras circunstancias y objetivos de inversión.

creído posible. ¿Recordamos cómo funciona la «máquina de ganar dinero»? Nos comprometemos a ahorrar un porcentaje de cada aumento de sueldo que tengamos y lo añadimos a nuestro fondo de la libertad.

Por ejemplo, pongamos que estamos ahorrando un 10 por ciento de nuestro sueldo actual, que ingresamos en nuestro fondo de la libertad: estamos invirtiendo, pero queremos acelerar nuestro plan de algún modo. Si seguimos el plan Save More Tomorrow, la próxima vez que nos suban el sueldo un 10 por ciento, el tres por ciento irá a ese fondo y el restante siete por ciento podremos gastarlo hoy en nuestro mejorado estilo de vida. Si hacemos lo mismo tres veces en los próximos diez años, podremos ahorrar hasta un 19 por ciento —casi el doble de lo que ahorramos hoy— y sin perder nada, porque todo se basa en ingresos adicionales futuros. Esto incrementará muchísimo el ritmo al que podemos realizar nuestros sueños financieros.

Aprovechemos la oportunidad y pinchemos en la opción Save More Tomorrow de la aplicación. Una última cosa: no he incluido en la ecuación el valor de nuestra casa. Un momento, escuchemos antes de poner el grito en el cielo. Sí, sé que para muchos es la mayor inversión que hemos hecho. Si queremos añadirla, podemos, pero la he excluido para tener otro colchón. ¿Por qué? Porque siempre necesitaremos una casa en la que vivir. No quiero que introduzcamos esas cifras y tracemos un plan que dependa del valor de nuestra casa para generar ingresos. Podemos vender nuestra casa dentro de diez años y obtener una buena ganancia. O podemos seguir en ella toda la vida, o quizá tengamos que apretarnos el cinturón para hacer frente a un gasto inesperado. Pase lo que pase, nuestro plan está diseñado para salir a flote.

¿Por qué incluir todos estos colchones en el sistema? Porque quiero que esas cifras sean reales para nosotros, no reales ahora, sino en todo momento y contra cualquier adversidad. Quiero amortiguar el golpe en caso de que nos salgamos del camino. Pero también quiero que superemos nuestras expectativas. Y, sobre todo, quiero que sepamos con absoluta certidumbre que las proyecciones que hagamos juntos estarán realmente a nuestro alcance.

¿Estamos listos? ¡Abramos la aplicación!

Cuando miro al futuro lo veo tan brillante que deslumbra.

OPRAH WINFREY

Redoble de tambores, por favor...

Sé que estamos deseando entrar enseguida y dejar que la aplicación nos diga qué debemos hacer en lo que nos queda de vida. Pero la cuestión no es ésa. El verdadero valor de este recurso es que nos muestra lo que hay: lo que es realista, lo que es posible, aquello por lo que merece la pena soñar y luchar. Nos permite barajar diferentes planes y jugar con algunas variables para conseguir un cuadro diferente o producir otro resultado. A corto plazo, nos ofrece un plan que podemos seguir, una guía para movernos por nuestro futuro financiero.

Digamos que es nuestro entrenador financiero personal. Toma nuestras cifras «reales» —nuestros ahorros, nuestros ingresos— y calcula lo que valdrán basándose en una serie de resultados anticipados. No nos preocupemos de momento por estrategias de inversión *específicas*. Hablaremos de eso en la cuarta parte, pero importa que nos hagamos una idea de cómo nuestro dinero puede rendir cuando empieza a trabajar para nosotros.

Recordemos: **lo que nos interesa ahora no es saber dónde o cómo invertir nuestro dinero. Este ejercicio es una oportunidad para predecir el futuro: ver en la bola de cristal lo que es posible**. ¿Cómo sería nuestro futuro si nuestras inversiones tuvieran una rentabilidad del seis por ciento? ¿Y si fuera del siete por ciento o más? ¿Cuánto dinero tendríamos pasados diez años? ¿Y pasados veinte? ¿Y si tuviéramos la suerte de conseguir ganancias del nueve o del diez por ciento? ¡Recordemos que una de las carteras de inversiones que veremos en el capítulo 5.1, «Invencible, inhundible, inconquistable: la estrategia para todas las estaciones», ha producido un rendimiento medio de casi el 10 por ciento en los últimos treinta y tres años, y sólo ha perdido dinero en cuatro ocasiones (¡y en una de esas ocasiones solo un 0,03 por ciento!) Es decir, hay muchas posibilidades cuando sabemos cómo invierten los grandes inversores.

Probemos, pues, con distintas cifras hasta que encontremos la que nos parezca bien, una que nos inspire mucha confianza. **Sólo nos llevará unos minutos y sabremos lo que nuestros ahorros, con el poder del interés compuesto y con distintas rentabilidades, nos rendirán.**

> Sólo el primer paso es difícil.
>
> MARIE DE VICHY-CHAMROND

Enhorabuena por haber trazado nuestro primer plan. ¿Nos alegran los resultados? ¿Nos preocupan? ¿Nos frustran? ¿Nos animan? Con los años, y después de haber trabajado con innumerables personas de todo el mundo, he observado que, según los resultados, tienden a clasificarse en tres grandes categorías:

1. Las personas jóvenes con deudas que se preguntan cómo van a tener seguridad financiera. ¡Lo bueno es que descubren que pueden tenerla!
2. Las personas que piensan que les faltan muchos años para llegar a la seguridad financiera, y se sorprenden —o, literalmente, se emocionan— al ver que están sólo a un tiro de piedra: cinco, siete, diez años como máximo. De hecho, algunos ya han llegado y no lo sabían.
3. Las personas que empezaron tarde y temen no poder ya recuperar el terreno perdido.

Pondré algunos ejemplos de personas con las que he trabajado en situaciones parecidas y explicaré cómo han funcionado sus planes: cómo han conseguido seguridad y vitalidad y aun independencia y libertad financieras.

Bien creciditos pero con deudas de estudios...

Empecemos con un joven endeudado. Como muchos miembros de la generación del milenio, Marco acabó la carrera con una buena deuda. Ingeniero de treinta y tres años que ganaba unos

respetables 75.000 dólares anuales, seguía pagando 20.000 en préstamos estudiantiles. Como muchos estadounidenses, Marco sentía que aquella deuda consumía su vida: pensaba que estaría pagando siempre (y seguramente lo estaría, si hubiera pagado sólo la cuota mínima). Esperaba, sin embargo, que su salario aumentara, lenta pero constantemente, entre un tres y un cinco por ciento anual. Después de trabajar juntos en un nuevo plan, asignamos el cinco por ciento de sus ingresos a pagar sus préstamos estudiantiles. Y Marco se comprometió a ingresar el tres por ciento de todos sus futuros aumentos de sueldo en su fondo de la libertad.

¿Qué le dio este nuevo plan? ¡Pues una vida sin deudas en siete años! Y, además, Marco podría coger ese cinco por ciento, cuando hubiera saldado la deuda, e ingresarlo en su fondo de la libertad para que sus ahorros crecieran. **Con este plan de ahorro e inversión, podría tener seguridad financiera en veinte años. Eso puede parecer mucho tiempo, pero para entonces sólo tendrá cincuenta y tres años. Y sólo siete después, a los sesenta,**

podría tener independencia financiera: ¡cinco años antes de la edad a la que había soñado con jubilarse, y con más renta anual de la que nunca imaginó! Marco pasó de temer no poder pagar nunca sus préstamos estudiantiles a ver un futuro de verdadera independencia financiera. Y, lo que es mejor, pasados cinco años, cuando tuviera sesenta y cinco, con todos sus ahorros y todas las ayudas de la seguridad social, Marco experimentaría lo que para él sería la libertad financiera: una perspectiva completamente inimaginable antes de que trazara su nuevo plan. ¡Y recordemos que empezó su viaje sin dinero y sólo con deudas!

Si parece demasiado bonito para ser cierto... a lo mejor sí es cierto

Está luego nuestra segunda categoría de personas: las que ven su plan y piensan que debe de haber un error. ¡Su calculadora no funciona bien! Ven que su vitalidad o su independencia financieras aparecen demasiado pronto. «No es posible que llegue tan rápido —se dicen—. No puedo tener independencia financiera en cinco, siete u ocho años. ¡Imposible!» Mentalmente, han calculado que les quedan unos buenos veinte o treinta años de duro trabajo.

¿Dónde está el truco? ¿Cómo es posible?

Es posible porque la cifra que tenían en mente —esos diez o veinte o treinta millones de dólares que se habían marcado— es absolutamente absurda. No tiene nada que ver con la realidad. **Era simplemente una cifra quimérica que ellos creían** que necesitaban para ser financieramente independientes, no la que realmente necesitaban.

Katherine, una mujer que asistía a uno de mis seminarios Wealth Mastery, es un buen ejemplo. Era una mujer de negocios muy lista que necesitaba 100.000 dólares anuales para estar financieramente segura... una gran cantidad para mucha gente, pero no para ella. Para tener independencia financiera y mantener su estilo de vida sin trabajar, necesitaría 175.000 dólares. **Katherine supuso que le llevaría más de veinte años conseguirlo.**

¿Queremos saber lo que pasó cuando hizo cuentas con mi equipo? Lo primero que descubrieron es que su negocio rendía más de 300.000 dólares anuales de beneficios netos y crecía casi un 20 por ciento al año. Con la ayuda de mi equipo y unas cuantas pesquisas, descubrió que podía vender su negocio por seis veces sus beneficios del momento, es decir, por un total de 1,8 millones de dólares. ¿Qué significa esto?

Pues que, si vendiera su negocio por 1,8 millones de dólares e invirtiera ese dinero con una rentabilidad del cinco por ciento, obtendría una renta de 90.000 dólares. Como tenía otras inversiones que le rendían más de 10.000 dólares anuales, **tendría unos ingresos anuales de 100.000 dólares; es decir, *¡Katherine está ya financieramente segura!***

Katherine se quedó estupefacta... pero también desconcertada. «Pero, Tony —me dijo—, ¡yo no quiero vender mi negocio ahora!» Le dije que no estaba pidiéndole que lo hiciera, ni ella tenía que hacerlo. Pero podía alegrarse y darse cuenta de que está financieramente segura hoy. ¿Por qué? Porque ya tiene los activos necesarios para producir la renta que necesita. Y, lo que es más interesante, con su negocio creciendo a un ritmo del 20 por ciento anual, duplicaría su negocio en los próximos tres años y medio. Y aunque ese ritmo de crecimiento fuera de la mitad, del 10 por ciento anual, en siete años su negocio valdría 3,6 millones de dólares. Si lo vendiera entonces (3,6 millones × 5 por ciento = 180.000 dólares anuales de renta sin tener que trabajar), en un plazo de entre tres años y medio y siete años, Katherine sería financieramente independiente. ¡No veinte años! ¡Y eso sin tener que hacer ninguna otra inversión!

Por cierto, una de las cosas que les enseño a los empresarios que siguen mi programa Business Mastery es una serie de estrategias poco conocidas que nos permiten vender una parte (o incluso la mayor parte) de nuestro negocio pero al mismo tiempo seguir dirigiéndolo, controlándolo y beneficiándonos de él. Con eso podemos obtener una gran inyección de liquidez para asegurarnos la libertad financiera hoy, al tiempo que seguimos teniendo el placer y la satisfacción de hacer crecer el negocio que amamos.

Podemos empezar a jugar tarde y aun así ganar

Volvamos a la historia de mi amiga Angela. Ella no es nada convencional, pero, desde el punto de vista financiero, sí representa al estadounidense medio. Tiene cuarenta y ocho años. Ha vivido siempre como un espíritu libre, viajando por todo el mundo, y nunca ha ahorrado ni invertido. Después de leer la primera parte, ahora está ahorrando el 10 por ciento de sus ingresos, pero sigue habiendo un gran problema: ha empezado a jugar tarde. (Como ella dice: «¡Tengo casi cincuenta!».) Tiene menos tiempo para aprovecharse del poder del interés compuesto.

Cuando Angela calculó los ingresos que necesitaría para tener seguridad financiera, **la cantidad que le salió fue de 34.000 dólares anuales. Para tener independencia financiera, necesitaría 50.000**. Al pronto, estas cifras la alegraron. No tenían siete ceros y eran cantidades que podía abarcar. Pero los plazos que conllevaban esas cifras le hicieron bajar de las nubes. **Habiendo empezado ya entrada en años y ahorrando sólo el 10 por ciento de sus ingresos, mi amiga tardaría veinticuatro años en tener seguridad financiera**: si tuviera cuarenta y un años, estaría muy bien. Lo conseguiría a los sesenta y cinco años, pero como empezó tarde, no tendría seguridad financiera hasta que cumpliera los setenta y dos años. Era, desde luego, un futuro más interesante que el que habría tenido de no haber puesto en marcha el plan, y lo celebraba. Pero el camino largo y lento que tenía por delante le gustaba bastante menos.

Conque ¿qué podíamos hacer para llegar antes a ese objetivo? ¿Cómo podía Angela tener antes esa seguridad financiera? Una manera era aumentar sus ahorros e invertirlos. Ya estaba ahorrando un 10 por ciento. Como nunca había ahorrado, ese porcentaje parecía enorme, pero, si seguía el plan Save More Tomorrow, podía fácilmente ahorrar más cuando le aumentaran el sueldo y acelerar así su plan. Otra manera de acelerar la cosa era asumir un poco más de riesgo y aumentar la rentabilidad al siete por ciento o más. Claro está, este mayor riesgo podía suponer también más pérdidas. Pero resultó que había una manera más sencilla que habíamos pasado por alto.

Por suerte para Angela, tenía otra bala en la recámara. **Había excluido una gran fuente de ingresos futura, una que mucha gente olvida incluir en sus planes financieros: la seguridad social.**

A Angela le quedaban sólo catorce años para cobrar la pensión reducida y diecisiete para cobrarla completa. Cuando cumpliera sesenta y dos, empezaría a ingresar 1.250 dólares mensuales, o 15.000 dólares anuales. Por lo tanto, los 34.000 dólares anuales que necesitaba para tener seguridad financiera se reducían de pronto a 19.000 dólares. Cuando revisamos las cifras en la aplicación, vimos que recortaba nada menos que diez años del plazo previsto. **En lugar de llegar a la seguridad financiera a los setenta y dos, ¡llegaría a los sesenta y dos!** Angela estaría financieramente segura en catorce años, y se puso contentísima. Ingresaría dinero suficiente y no tendría que volver a trabajar para pagar la hipoteca, los servicios, la comida, el transporte y el seguro de salud básico: una verdadera sensación de libertad para ella.

Lo imposible se hizo posible. ¿Y adivinamos qué ocurrió? Cuando Angela vio que la seguridad financiera estaba a su alcance, se alegró, se emocionó y se animó, y dijo: «Oye, pues sigamos. Si puedo tener seguridad financiera a los sesenta y dos, a ver qué pasa con la independencia financiera. ¡Veamos la manera de ser financieramente independiente no a los setenta u ochenta, sino a los sesenta!» ¿Y cuál fue la cifra que necesitaba para conseguirlo? Fue 50.000 dólares... sólo 16.000 dólares anuales más de ingresos de lo que necesitaba para tener seguridad financiera.

Angela dio otro paso. Después de leer el capítulo 3.5, «Aceleremos: 3. Obtengamos mayor rendimiento y aceleremos nuestra marcha a la victoria», vio otra manera de agilizar su plan. Ella siempre estuvo muy interesada en comprar bienes inmuebles que produjeran renta y aprendió unas maneras sencillas de invertir en residencias de mayores a través de fondos de inversión inmobiliaria públicos y privados. En la cuarta parte trataremos con detalle este tema, pero, de momento, digamos que las residencias de mayores son una manera de invertir en bienes inmuebles que producen una renta ligada a lo que yo llamo la «fatalidad demográfica»: una oleada de 76 millones de *baby boomers* que están envejeciendo y que necesitarán usar este tipo de viviendas. Invirtiendo 438 dólares mensuales (o 5.265 anuales) en los próximos veinte años, y suponiendo que capitaliza los intereses, Angela habrá acumulado 228.572 dólares. (Nota: este cálculo presupone una rentabilidad o dividendos del siete por ciento, que es la rentabilidad actual de muchos fondos que invierten en vivienda de la tercera edad.)

La suma acumulada producirá una renta de 16.000 dólares (al siete por ciento de interés) y mi amiga no tendrá que echar mano de su principal si no quiere.

Marco, Katherine y Angela son personas de carne y hueso como nosotros. El lector también tiene su plan a su alcance y, como ellos, puede realizarlo antes de lo que cree. El primer plan que hemos trazado con la aplicación no tiene por qué ser el único. Considerémoslo un punto de partida para hacer realidad nuestros sueños. En los próximos capítulos veremos cuatro maneras de acelerarlo.

> Las cometas vuelan contra el viento, no con él.
>
> Winston Churchill

Tanto si nos sentimos alentados por las cifras de nuestro plan como si nos sentimos frustrados por el largo camino que nos espera, estemos tranquilos: la frustración no siempre es mala. Muchas veces nos da una patada en el trasero que nos insta a hacer grandes cambios. Recordemos: lo que determina nuestra vida **no son las condiciones, sino las *decisiones*.** La frustración puede motivarnos o hundirnos. Yo prefiero que me motive y espero que el lector lo prefiera también. La mayoría de la gente ni siquiera llega a este punto en sus planes, porque no quieren sufrir la desilusión que temen que sentirán cuando echen cuentas. *Pero nosotros hemos aceptado el reto y la promesa de este libro y por eso no somos como la mayoría.* Hemos elegido ser de los pocos, no de los muchos.

Recuerdo vívidamente un viaje que hice un 4 de julio de hace más de veinte años con mi querido amigo Peter Guber y un grupo de ejecutivos del cine por las islas de Nantucket y Martha's Vineyard. Íbamos en el yate de Peter y dos de esos magnates se jactaban de haber ganado 20 y 25 millones de dólares con una película ese año. Yo estaba boquiabierto: aquellas cifras me parecían pasmosas. Yo, a mis treinta años, pensaba que ganaba bastante... hasta aquel día que coincidí en la cubierta de un yate con un grupo de magnates del cine. Aquella gente vivía por todo lo alto y no tardé en dejarme seducir por su tren de vida.

Aquella experiencia me marcó, pero también me hizo preguntarme una cosa: ¿qué quería yo realmente crear en la vida? ¿Y cómo podía conseguirlo? En aquel momento, con mi habilidad principal de entrenar y ayudar a la gente, no veía la manera de acumular tanto valor para el prójimo que pudiera alcanzar aquel nivel de libertad financiera.

Desde luego, era completamente injusto compararme con aquellos hombres. Yo tenía treinta años; Peter y sus amigos productores cinematográficos tenían cincuenta. Peter estaba en lo mejor de su carrera; yo acababa de empezar la mía. Él tenía 52 nominaciones a los Óscar y un montón de éxitos de Hollywood en su haber. Verdad es que yo estaba haciéndome un nombre y dirigía un negocio exitoso —cambiando vidas—, pero lo que para mí era el éxito financiero distaba años luz de lo que era para Peter y sus amigos. Así, cuando me comparé con aquella gente del yate, hice lo que tanta gente hace, injustamente: me desprecié por no haber logrado lo que ellos.

Pero lo bueno de aquel momento, de aquel día, fue que me hallé en un ambiente nuevo y extraño, y algo en mí cambió. Me hallaba muy lejos de mi «zona de confort», como suele decirse. Sentí que estaba fuera de lugar... que no merecía estar allí. ¿Ha sentido el lector alguna vez esto? Es sorprendente lo que nuestra mente puede hacernos si no la controlamos.

Y, sin embargo, el contraste es bueno. Cuando nos vemos rodeados de personas que juegan al juego de la vida a un nivel superior, o nos deprimimos, o nos irritamos, o nos sentimos inspirados. Aquel día me di cuenta de que no quería un yate, pero sí jugar mejor. Me di cuenta de que podía hacer mucho más, dar mucho más, ser mucho más. Lo mejor estaba por llegar.

También reconocí lo muy valioso que era para mí sentirme incómodo en aquel momento de mi vida; hallarme en un ambiente en el que no me sentía superior.

Por supuesto, Peter no pensaba nada de esto. ¡Él simplemente había invitado a unos amigos a dar una vuelta en su yate un 4 de julio porque quería obsequiarlos! Pero lo que en realidad había hecho era mostrarme un mundo de posibilidades ilimitadas. Aquella experiencia me ayudó a ver la verdad. Tuve claro que yo era capaz de crear lo que quisiera. Quizá yo no querría poseer aquellos mismos juguetes de adulto, pero lo que sí quería era tener las mismas opciones para mi familia. Hoy, a mis cincuenta y pocos años, aquellas visiones imposibles son un reflejo de realidad que vivo. ¡Aunque sigo sin querer un yate!

Que quede claro: esto no va de dinero. Va de posibilidad de elegir; va de libertad. Va de ser capaces de vivir la vida como nosotros queremos, no como quieren otros.

No nos quejemos.

No digamos que no podemos.

No inventemos excusas.

Al contrario, tomemos una decisión ¡ya!

Encontremos nuestro regalo y démoselo a cuantas personas nos sea posible.

Si nos hace más fuertes, más listos, más comprensivos y más habilidosos, nuestro objetivo merece la pena.

Uno de mis primeros mentores, Jim Rohn, me decía siempre: «Lo que tengas nunca te hará feliz; lo que llegues a ser te hará muy feliz o muy desgraciado». Si cada día hacemos un pequeño progreso, sentiremos la alegría que acompañaba al crecimiento personal. Y eso nos lleva a la que quizá es una de las lecciones más importantes que yo he aprendido sobre grandes objetivos y logros.

La mayoría sobrestimamos lo que podemos hacer en un año y subestimamos lo que podemos conseguir en diez o veinte.

Lo cierto es que no somos gestores de circunstancias, sino arquitectos de nuestra experiencia vital. Sólo porque algo no esté aquí mismo o muy cerca, no subestimemos el poder de las buenas acciones ejecutadas sin descanso.

Con el poder del interés compuesto, lo que parece imposible se vuelve posible. Tanto si nos gusta como si no nos gusta nuestro plan financiero, tanto si nos entusiasma como si nos da miedo, hagámoslo ahora mismo más fuerte. Veamos los cuatro elementos que pueden agilizarlo y aceleremos.

Capítulo 3.3

Aceleremos 1. Ahorremos más e invirtamos la diferencia

> Si todo parece bajo control, no estamos yendo lo bastante rápido.
>
> MARIO ANDRETTI

¡Enhorabuena: acabamos de dar un gran paso hacia la libertad financiera! La mayoría de la gente no se toma la molestia de considerar su situación financiera global y trazar un plan. Y a aquellos que lo hacen sienten toda clase de cosas. Es algo grande que da miedo. Lo sé, he pasado por lo mismo. Pero ahora que lo hemos hecho, detengámonos un momento y saboreemos la victoria. Y preguntémonos esto: ¿cómo nos sentimos con nuestro plan? ¿Nos sentimos bien pensando en nuestro futuro y en el de nuestra familia? ¿Nos alegra ver que nuestros sueños financieros están más cerca de lo que imaginamos? ¿O nos aterroriza pensar que quizá nunca lleguemos adonde nos gustaría llegar: estamos tan hasta el cuello de deudas que empezamos a preguntarnos si seremos capaces algún día de pagarlas?

Cualquiera que sea nuestra situación, no pasa nada. Hemos recorrido un largo camino, hemos dados grandes zancadas y ya no hay vuelta atrás. Y ahora que hemos aprendido, por así decirlo, a andar, aprendamos a correr. **La finalidad de los siguientes capítulos es ver qué podemos hacer para que nuestros sueños financieros se hagan realidad mucho antes de lo que nunca pensamos posible.** Soñemos a lo grande. Hagamos esos sueños realidad y hagámoslo antes. ¿Hemos tenido alguna vez una jornada loca, en la que hemos trabajado duro, hemos corrido contra reloj y al final, contra todo pronóstico, hemos acabado antes? Esa hora o dos horas extra de vida son un regalo, una bonificación que hace que sintamos que el mundo está con nosotros. Vamos al gimnasio y nos ponemos a correr, acudimos a un cóctel con amigos o corremos a casa a acostar a nuestros hijitos.

Yo viajo mucho; voy y vengo de diversos países, en diversos continentes, paso de una zona horaria a otra y vuelo de aquí para allá por el mundo como si fuera el equivalente en figura de hombre de negocios de los Harlem Globetrotters. Si llego a algún sitio antes de la hora prevista, si he sacado un rato extra en la semana para reconcentrar mis energías o pasarlo con mi mujer y mis hijos, me siento revigorizado y entusiasmado. ¡Y es que he encontrado un tiempo extra!

¿Y si ese tiempo extra durara más de una o dos horas? ¿Y si pudiéramos sacar no sólo una hora extra al día, sino, financieramente hablando, ahorrar dos años de nuestra vida? ¿O cinco? ¿Quizá incluso una década de vida en la que tuviéramos la libertad de no trabajar para mantener nuestro estilo de vida? Eso es lo que prometen estas páginas. Aunque ahora parezca que nuestro plan no puede conseguir eso, en estos capítulos veremos cómo modificarlo para encontrar ese hueco en nuestra vida: ese dinero extra, ese tiempo extra, esa libertad última.

> El que gana tiempo lo gana todo.
>
> Benjamin Disraeli

Si queremos acelerar las cosas, hay cuatro estrategias básicas. Podemos seguirlas todas, si queremos. Cualquiera de ellas por sí sola puede acelerar notablemente el ritmo al que hagamos realidad nuestros sueños de seguridad, independencia y libertad financieras. Sigámoslas todas a la vez y nada nos detendrá.

> Podemos ser ricos teniendo más de lo que necesitamos, o necesitando menos de lo que tenemos.
>
> Jim Mott

Estrategia 1: Ahorremos más e invirtamos la diferencia

La primera forma de acelerar nuestro plan es ahorrar más e invertir esos ahorros. Ya sé, ya sé que no es lo que queremos oír. A lo mejor estamos pensando: «Tony, gasto todo lo que gano. En mis circunstancias no me es posible ahorrar más». Si eso es verdad, y antes de hablar de nada, recordemos la estrategia más fundamental que aprendimos en el capítulo 2.8, «Mito 8: las mentiras que nos contamos a nosotros mismos»: **¡la mejor estrategia para superar nuestro sistema de creencias es desarrollar una nueva creencia!** No podemos sacar agua de una piedra, pero sí cambiar nuestro relato.

Aunque estemos convencidos de que no podemos ahorrar más, el premio Nobel Richard Thaler nos demostró que todos podemos «ahorrar más mañana». ¿Recordamos lo de aquellos obreros que decían que nunca podrían ahorrar? Y sólo cinco años y tres aumentos de sueldo después estaban ahorrando el 14 por ciento. ¡Y un 65 por ciento de ellos ahorraban hasta el 19 por ciento! Podemos hacerlo y sin que nos cueste mucho trabajo usando la misma estrategia. Veamos algunas otras.

¿Y si, de una vez, pudiéramos ahorrar una buena cantidad de dinero para nuestra libertad financiera, sin que nos costara un céntimo más? ¿Nos gusta la idea? Consideremos una de las mayores inversiones de nuestra vida: nuestra casa. Si somos como millones de estadounidenses, tener una casa en propiedad es importante, algo a lo que aspiramos o de lo que estamos orgullosos. Tanto si vivimos en Portland, Maine, como si vivimos en Portland, Oregón, la casa se nos lleva la mayor parte del sueldo.

¿Qué diríamos si pudiéramos ahorrar 250.000, 500.000 e incluso un millón de dólares más con nuestra casa? ¿Parece imposible? No, no hablo de que refinanciemos nuestra hipoteca a un interés más bajo, aunque ésa es una manera fácil de ahorrar cientos y aun miles de dólares al mes.

El secreto del banquero

No tenemos que esperar a que el mercado baje para ahorrar dinero con nuestra hipoteca. Cuando leamos esto, a lo mejor los índices han vuelto a subir. Podemos reducir nuestros pagos hipotecarios a la mitad, empezando ya por el mes que viene, sin tener que hablar con el banco ni cambiar los términos de nuestro préstamo. ¿Cómo? Respondamos a una sencilla pregunta. Pongamos que queremos pedir un préstamo, ¿qué preferiríamos?

> Opción 1: que el 80 por ciento de nuestros pagos hipotecarios combinados fueran a intereses, u
> Opción 2: una hipoteca a 30 años con un interés fijo del seis por ciento.

Pensémoslo un momento. ¿Qué creemos? ¿Nos tienta la segunda opción? ¿La primera nos parece absurda? ¿Seguimos a la multitud y optamos por la segunda? ¿O somos los más listos y elegimos la opción primera?

La respuesta es: da igual. Son lo mismo. Cuando firmamos con nuestro nombre en la línea de puntos y contratamos una hipoteca a treinta años con un interés fijo del seis por ciento, nada menos que el 80 por ciento de nuestros pagos van a amortizar intereses. ¿A que no nos lo imaginábamos? ¿Cuánto acabarán costándonos esos intereses cuando acabemos de pagar el préstamo? ¿Un 30, un 40, un 50 por ciento más? ¡Ojalá! **¿Queremos saber cuál es el secreto del banquero? Los intereses ascenderán *al cien por cien o más* del valor del préstamo.** La casa que compramos por medio millón de dólares acaba costándonos un millón después de pagar los intereses. ¿Y si compramos una casa de un millón de dólares? ¡Nos cuesta más de dos millones con los intereses! Veamos en la tabla de abajo el impacto que tienen los intereses en la compra de nuestra casa. El ejemplo es una casa de un millón de dólares, pero, independientemente de lo que paguemos por nuestra casa, la proporción es la misma. Los intereses duplicarán el precio con el tiempo.

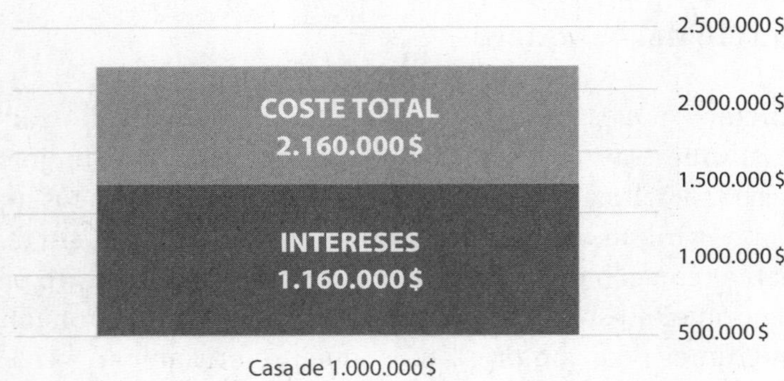

El mayor gasto que hacemos la mayoría es la hipoteca, y como casi todo lo que pagamos se lo llevan los intereses, apuesto a que no nos sorprende saber que el estadounidense medio, si sumamos tarjetas de crédito y préstamos de coches, gasta el 34,5 por ciento de todos los dólares que entran en casa en pagar intereses. Y eso es sólo la media, ¡mucha gente paga más!

¿Cómo podemos, pues, reducir esos enormes costes? ¿Cómo podemos ahorrarnos parte de lo que pagamos en intereses con el tiempo y meter ese dinero en nuestro fondo de la libertad? La respuesta es tan sencilla que puede sorprendernos.

Si tenemos una hipoteca a interés fijo, lo único que tenemos que hacer es anticiparnos a pagar la cuota del capital que nos han prestado y eso mientras dure el préstamo. ***¡Prepaguemos* las cuotas mensuales y podremos saldar una hipoteca a treinta años en quince, en muchos casos!** ¿Significa eso que duplicamos nuestros pagos mensuales? ¡No, en absoluto! Ésta es la clave:

Regla número tres del poder dinerario: ¡reduzcamos a la mitad nuestros pagos hipotecarios! La próxima vez que paguemos nuestra cuota mensual, paguemos también la parte correspondiente sólo al capital prestado del pago del mes siguiente.

Es un dinero que, de todas maneras, tendremos que pagar al mes siguiente, conque ¿por qué no pagarlo un par de semanas

Precio medio de una vivienda en Estados Unidos: 270.000 $

Mes	Pago	Capital prestado	Intereses	Total
Enero	1.618,79 $	268,79 $	1.350,00 $	269.731,21 $
Febrero	1.618,79 $	270,13 $	1.348,66 $	269.461,08 $
Marzo	1.618,79 $	271,48 $	1.347,31 $	269.189,60 $
Abril	1.618,79 $	272,84 $	1.345,95 $	268.916,76 $

antes y ahorrar bastante de paso? De un 80 a un 90 por ciento al menos, y en algunos casos incluso más, de nuestros primeros pagos serán para los intereses, en cualquier caso. Y, de media, la mayoría de los estadounidenses o cambian de hipoteca o la refinancian en los primeros cinco a siete años (con lo que recomienza lo demencial con una nueva hipoteca).

«Es una lástima —declaró a *The New York Times* Marc Eisenson, experto en hipotecas y autor de *The Banker's Secret*—. Hay millones de personas que pagan religiosamente sus cuotas hipotecarias normales porque no entienden ... **las ventajas de los prepagos, que salen muy baratos**».

Veamos un ejemplo (en la tabla de arriba). Las viviendas de los estadounidenses cuestan de media 270.000 dólares, aunque esta estrategia funciona igual si nuestra casa cuesta 500.000 o 2 millones de dólares. Un préstamo a treinta años al seis por ciento requiere un pago inicial de 1.618 dólares. Con esta técnica, pagaríamos además 270 dólares, que es la cuota del capital prestado del mes siguiente, una cantidad pequeña, relativamente. Esta segunda cantidad es un dinero por el que **no pagarás intereses**. Dicho claramente, no pagamos dinero extra; sólo estamos pagando por anticipado lo correspondiente al capital prestado del mes siguiente.

Si seguimos esta estrategia de pagar por adelantado cada mes, podremos saldar una hipoteca de treinta años en sólo quince, y reducir el coste total de nuestra casa casi un 50 por ciento. ¿Por qué no adelantar esos 270 dólares y acortar a la mitad el plazo de nuestra hipoteca? Así, si tenemos una casa de un millón de dólares, ¡supone reembolsarnos medio millón! ¡¿Cuánto aceleraría eso nuestro viaje a la libertad financiera?!

«Baby, you can drive my car»

Y no sólo podemos ahorrarnos mucha pasta en la casa. Uno de mis hijos quería un BMW. Después de años deseando la «mejor máquina de conducir», como dice el eslogan, se compró un Beemer con todas las prestaciones. Estaba entusiasmado. Le encantaba aquel coche: le encantaba cómo iba, lo que decían de él, lo que representaba. Era una cuestión de orgullo y de aspiración y una señal de su triunfo... al menos para él.

¡Lo malo es que aquel BMW le costó una fortuna! Podría haber pagado la cuota mensual de una hipoteca con lo que pagaba por el coche. Un año o dos después el coche llevaba algún que otro bollo y, claro, ya no lucía tanto. Mi hijo, entonces de treinta años y recién comprometido, pensó en comprarse una casa para sí y para su futura esposa. Cuando echó cuentas, casi le da un patatús. Con aquellos 1.200 dólares que pagaba por su BMW X6 (con motor biturbo V8) habría podido pagar literalmente la casa.

Se dio cuenta de que su amor propio ya no necesitaba el halago que suponía conducir un coche de lujo. Era un medio de transporte, al fin y al cabo. Comprendió que podía conducir perfectamente un Volkswagen Passat o un Mini Cooper, que hasta podría ser más bonito y más nuevo y ahorraría en combustible.

Encima, ya no gozaba tanto conduciendo aquel coche. Ahora le hacían feliz otras cosas: la idea de construir una nueva vida, echar raíces con la mujer a la que amaba, comprarse una casa. Deshacerse del BMW ya no era un sacrificio; al contrario, fue una decisión consciente porque quería emplear su dinero en otra cosa y empezar a labrarse un futuro financieramente seguro.

Ahora bien, si somos amantes de los coches (como lo soy yo), no estoy diciendo que conduzcamos un Volkswagen. Para muchas personas, ese Ferrari o Porsche negro reluciente, o el nuevo Tesla, es sencillamente irresistible. Y si nuestro plan está permitiéndonos llegar adonde queremos, financieramente hablando, conduzcamos el coche que queramos, faltaría más. Pero si no llegamos, o no lo hacemos con la rapidez que desearíamos, quizá es hora de replantearnos qué coche queremos y ver si podemos ahorrar más dinero para nuestro fondo de la libertad.

¿Recordamos a Angela? Leyó un primer manuscrito de este libro y volvió a casa con un coche nuevo, ¡el primer coche nuevo de su vida! Veamos sus cifras: pudo vender su viejo coche y ahorrar 400 dólares al mes, casi 5.000 al año, que fue metiendo en su cuenta y acumulando enseguida.

¿Qué más podemos hacer?

La vivienda y los coches no es lo único en lo que podemos ahorrar. ¿Qué otros gastos podemos recortar que no nos aportan nada? Sé que la idea de vivir apretándonos el cinturón no gusta a casi nadie. **Yo no quiero vivir con estrecheces y supongo que el lector tampoco. Pero sí creo en los planes de gasto. Me gusta la idea de planear cómo emplear mi dinero para ser lo más feliz posible pero al mismo tiempo asegurar mi libertad financiera a largo plazo.**

Ahora bien, si somos de esos que dicen «¡qué diablos! Yo no quiero ahorrar. Lo que voy a tratar es de ganar más», podemos saltarnos este capítulo y pasar al siguiente, en el que hablo de cómo ganar más y añadir valor. Si la idea de ahorrar nos subleva, tenemos cuatro estrategias más que nos ayudarán a acelerar las cosas, y no quiero que nos las perdamos porque ahorrar no nos va. Pero si nos va, sigamos leyendo. **Prometo que las pequeñas cosas pueden marcar la diferencia a largo plazo: se suman hasta alcanzar cifras enormes.**

A decir verdad, Amazon y las librerías convencionales están llenas de libros que tratan de cómo ahorrar más dinero. **Dave Ramsey** es una persona muy atenta que ha escrito varios libros sobre el tema, y **Suze Orman** es otra autora que merece la pena leer si estamos interesados en ahorrar. Pero aquí vamos a dedicar unas páginas a exponer cuáles son las estrategias mejores y más sencillas.

Una cosa es segura: podemos trazar un plan de gastos que nos ayude a decidir de antemano cómo y en qué gastar nuestro dinero para que nos rinda lo más posible hoy y en el futuro.

¿Recordamos el capítulo 1.3, «Arranquemos», en el que veíamos que pedir unas pizzas con los amigos en vez de salir a cenar podía ahorrarnos 40 dólares a la semana, o 2.080 al año? Con una rentabilidad del ocho por ciento, son más de 500.000 dólares en cuarenta años. ¡Medio millón de dólares! Es una perspectiva de jubilación muy diferente de la que la mayoría de los estadounidenses tienen hoy. Ese dinero, por sí mismo o metido en nuestro plan de pensiones, puede sin duda hacernos reconsiderar el seguir pidiendo todos los días nuestro café con leche en vaso grande y con un toque de vainilla.

David Bach, experto en finanzas y buen amigo mío, empezó asistiendo a uno de mis seminarios hace más de veinte años. Decidió cumplir su sueño de ayudar a las personas a ser financieramente independientes y unos años después lo contraté para que diera su primera conferencia pagada. Hoy, por su pasión y su dedicación, ha ayudado a formarse a más de cuatro millones de personas con su libro superventas *The Automatic Millionaire: A Powerful One-Step Plan to Live and Finish Rich*, que expone la idea de crear riqueza gracias a lo que él llama «el factor café con leche», metáfora que alude a todas aquellas pequeñas compras que hacemos casi sin darnos cuenta, en las que acabamos gastando mucho dinero. Pero si somos amantes del café, ¿cuánto nos cuesta esta adicción? Digamos que tomamos uno al día, a cuatro dólares diarios, estamos sacrificando 56.500 dólares de ahorros al seis por ciento de interés y a veinte años. ¡Por una sola bebida! Pero seamos realistas: los parroquianos de Starbucks no van sólo una vez al día. ¿Qué pasa con los verdaderos fanáticos que van tres o cuatro veces al día? Nuestro hábito de cuatro dólares pasa a ser de 10 dólares diarios, con lo que nos estamos bebiendo 141.250 dólares en ahorros a veinte años. ¡Es lo que cuestan cuatro años de universidad!

¿Y si somos unos puristas? No tomamos café; nuestro cuerpo es un templo. Lo que nos va es el agua mineral. ¿Hay por ahí entusiastas del agua Fiji o de Evian? O, francamente, aunque compremos Poland Spring en el Costco de la esquina, ¿cuánto dinero nos gastamos al año en agua mineral? Una joven con la que trabajé, a la que adoro y que se considera una persona con conciencia social, va a casarse con un chico que compra periódicamente paquetes de 12 botellas de litro y medio de agua Smartwater. ¿Qué sentido tiene? Suele comprar tres cada vez, en total 36 grandes botellas, que le duran unas dos semanas y le cuestan 75 dólares. Gasta 150 dólares mensuales en agua, casi 1.800 al año, en algo que podría conseguir gratis del grifo, o filtrándola con un filtro Brita y unas cuantas botellas Nalgene que le costarían de 50 a 60 dólares al año. No sólo está acabando con el planeta; está acabando con su bolsillo. Sé que su novia estaría mucho más contenta si metieran esos 1.800 dólares anuales en la cuenta de ahorro de los dos y los acumulara anualmente. A un ocho por ciento a cuarenta años, están tirando 503.605 dólares... o, mejor dicho, orinándolos.

No estoy diciendo que renunciemos al agua mineral o al café, pero siempre hay maneras de ahorrar. ¿No es hora de descubrirlas?

Y, por último, no olvidemos las compras que hacemos movidos por un impulso, esas que nos parecen excelentes en el momento, como el maletín caro o la linda corbata Hermès. A Lisa, una joven madre de Nashville, le gustan mucho las cosas elegantes. Trae loco a su marido con sus compras impulsivas. Llega a casa con un vestido nuevo precioso o un estupendo par de botas y su marido le pregunta: «¿Te lo has comprado?» o «¿has mirado en internet si había más baratos?». Después de varias discusiones, Lisa y su marido han acordado un nuevo plan de acción. Cuando ella se ve de pronto en los grandes almacenes Saks Fifth Avenue o en una tienda Jimmy Choo, hace una foto de lo que se le antoja irresistible y se la envía a su marido. Él tiene entonces dos semanas para encontrar en internet el mismo artículo más barato; si no lo encuentra, ella lo pide por teléfono al precio original. Pero, como Lisa me reconoció con aire compungido, el 80 por ciento de las veces él le encuentra lo que busca, y en ocasiones un 20 o un 30 por ciento más barato.

Conque hagamos lo que Lisa y su marido y consultemos todos los programas de fidelización que hay en internet porque pueden ayudarnos a ahorrar de un 10 a un 30 por ciento en las compras. Por su parte, Lisa y su marido colocaron sus ahorros en una cuenta de Upromise y ahora están tan contentos con ese par de zapatos de tacón.

Al fin y al cabo, la pregunta que tenemos que hacernos es esta: ¿me emocionan las compras, pequeñas o grandes, tanto

como me emocionaban? No se trata de renunciar a nada; se trata de ajustar nuestros hábitos de gasto para que respondan a nuestros valores fundamentales y a lo que de verdad nos importa. Este gasto calculado nos permite invertir en una calidad de vida que es sostenible y placentera. Nos queden 20, 30 o 40 años para invertir, sea cual sea nuestra situación, podamos ahorrar lo que podamos ahorrar o nos queden los años que nos queden para hacerlo, **podemos beneficiarnos del poder inigualable del interés compuesto**. Seguridad financiera, independencia financiera... cualquiera que sea nuestro objetivo, lo alcanzaremos muchísimo antes si ponemos nuestro dinero a trabajar para nosotros.

No es cuestión de estilo de vida, sino de *tiempo*. ¿Por qué no hacer algunos cambios sencillos hoy que nos permitan tener de sobra mañana y seguir pagándonos nuestro estilo de vida y nuestros sueños? Podemos seguir disfrutando de los placeres más exquisitos... pero ahora lo tenemos todo controlado. Podemos elegir cómo invertir nuestro dinero para sacarle más partido. Tanto si queremos reducir nuestra hipoteca como si queremos comprarnos ese bonito coche, hagamos que nuestras compras en línea trabajen para nosotros o ahorremos un poco en los gastos diarios, porque ahí está el dinero. Ahorros reales, del orden de *cientos de miles* de dólares o un millón o más están ahí para que los encontremos y los reinvirtamos.

Pasemos ahora la página y descubramos la manera más rápida que yo conozco de acelerar nuestro plan y alcanzar antes nuestra independencia financiera. Aprendamos a ganar más.

Ahorro consciente

El siguiente ejercicio en seis pasos y muy fácil nos ayudará a pensar más agresivamente —con más *sentido*— en el ahorro:

1. Repasemos todos los gastos ordinarios que podríamos eliminar o reducir: seguro de coche, factura de teléfono, comer fuera, ir al cine. Pensemos qué podemos cambiar.

Cuanto antes empecemos, mayor será nuestra «hucha» (suponiendo una rentabilidad del 10 % anual)

Inversión diaria	Inversión mensual	A 10 años	A 20 años	A 30 años	A 40 años	A 50 años
5 $	150 $	30.727 $	113.905 $	339.073 $	948.612 $	2.598.659 $
10 $	300 $	61.453 $	227.811 $	678.146 $	1.897.224 $	5.197.317 $
15 $	450 $	92.180 $	341.716 $	1.017.200 $	2.845.836 $	7.795.976 $
20 $	600 $	122.907 $	455.621 $	1.356.293 $	3.794.448 $	10.394.634 $
30 $	900 $	184.360 $	683.432 $	2.034.439 $	5.691.672 $	15.591.952 $
40 $	1.200 $	245.814 $	911.243 $	2.712.586 $	7.588.895 $	20.789.269 $
50 $	1.500 $	307.267 $	1.139.053 $	3.390.732 $	9.486.119 $	25.986.586 $

2. ¿Cuánto nos cuestan estas cosas o actividades? Tomemos nota de las que más nos cuesten, calculemos cuántas veces incurrimos en esos gastos a la semana y hagámonos cargo de lo que supone.
3. Ahora, en una escala de cero a 10 (siendo cero ninguno y 10 muchísimo), digamos cuánto placer obtenemos de cada una de esas cosas. Asignemos un número a cada actividad o cosa para que nos sea más fácil asociar esos gastos a nuestra vida.
4. A continuación, pensemos en lo que sería tener libertad financiera absoluta. ¿Recordamos lo que dijimos sobre este concepto en el capítulo 3.1, «¿Cuánto cuestan nuestros sueños? Juguemos a ganar»? ¿Recordamos lo que era? Pero recordamos también que era un sentimiento abstracto, que experimentábamos en teoría. Ahora podemos saborearlo mejor. ¿Cuánto no seríamos capaces de disfrutar, de tener, de hacer, de ser y de dar si fuéramos absolutamente libres, en términos financieros?
5. Preguntémonos qué es más importante para nosotros, si el gozo que nos dan los gastos periódicos de esa lista o el sentimiento de libertad financiera absoluta. Recordemos que la vida es un equilibrio. No tenemos que prescindir de todas las cosas de la lista para experimentar esa sensación de libertad.
6. Apuntemos al menos tres gastos que estemos decididos a suprimir y calculemos cuánto dinero nos ahorraremos el año siguiente.

Controlémoslo: un rápido ejercicio de ahorro consciente

Cosa/actividad	Coste de la cosa/ actividad	Número de veces a la semana	Coste total (coste de la cosa x veces a la semana)	Grado de disfrute (0-10)
1	_	_	_	_
2	_	_	_	_
3	_	_	_	_
4	_	_	_	_
5	_	_	_	_
6	_	_	_	_
Coste total semanal				
Coste total anual				

Capítulo 3.4

Aceleremos 2. Ganemos más e invirtamos la diferencia

No quieras ser un hombre de éxito, sino un hombre de valía.

ALBERT EINSTEIN

Muy bien, pongamos la segunda marcha. Si ahorrar es una manera de acelerar nuestro plan, hay otra aún más rápida que literalmente no tiene límites, siempre y cuando demos rienda suelta a nuestra creatividad y nos entreguemos en cuerpo y alma, obsesivamente, a hacer más que nadie por el prójimo. Así es como ganamos más y nos pasamos al carril rápido que nos lleva a la libertad.

¿Ir a la libertad conduciendo un camión?

Cuando yo era adolescente, mi madre tenía un gran sueño para mí. Quería que me hiciera camionero. Había visto en la tele todos esos anuncios de la escuela de conducción de camiones Truckmaster. Me dijo que, con un poco de formación, podría sacarme el carné de conductor de camiones y ganar 24.000 dólares al año. ¡Guau, 24.000 dólares! Eso era el doble de lo que ganaba mi padre trabajando de guardacoches en Los Ángeles. Mi madre pensaba que era un gran porvenir para mí. Para convencerme, me decía que saldría a la carretera y me sentiría libre. Hasta cierto punto, la idea me atraía: pensar que podía poner música y lanzarme a la aventura es una cosa que molaba a un chaval de catorce años que ni siquiera sabía conducir. Tendría la oportunidad de viajar en vez de pasarme encerrado en un aparcamiento subterráneo más de treinta años.

Pero después de toda la miseria que había presenciado, de toda la vergüenza que había pasado por tener cuatro padres diferentes y carecer de dinero bastante para vestir y comer, me di cuenta de que nunca podría conducir un camión tan lejos que pudiera escapar del dolor de aquella situación. Decidí para mis adentros que jamás permitiría que mi familia pasara por aquello. Además, quería usar mi mente y mi corazón. Quería jugar al juego de la vida en otro nivel.

Miraba alrededor y me preguntaba por qué la vida de otras personas era tan diferente de la mía. ¿Por qué nosotros siempre estábamos luchando por llegar a fin de mes, por pagar a los acreedores, comiendo judías de bote o espaguetis con kétchup porque no podíamos permitirnos comprar salsa de tomate? Y, en cambio, compañeros que fueron conmigo al instituto y vivían en la misma ciudad, no lejos de nosotros, se iban de vacaciones y estudiaban en universidades estupendas, y llevaban una vida que superaba mis sueños más locos, una vida muy diferente de la que viviríamos nosotros. ¿Qué sabían ellos que no sabía yo? ¿Qué hacían ellos diferente que mis padres?

Llegué a obsesionarme. ¿Cómo podía ser que otros ganaran dos veces más en el mismo tiempo? ¿Tres veces más? ¿Diez veces más? ¡Parecía cosa de locos! Para mí, era un enigma irresoluble.

Invirtamos en nosotros

Yo trabajaba de portero y necesitaba más dinero. Un conocido de mis progenitores, a quien mi padre llamaba «fracasado», había prosperado bastante en poco tiempo, al menos en sentido financiero. Compraba, reformaba y revendía inmuebles en el sur de California y necesitaba a un mozo que lo ayudara a trasladar muebles los fines de semana. Aquel encuentro casual, aquellos fines de semana que pasé dando el callo, me hicieron ver cosas que cambiaron mi vida. El hombre se llamaba Jim Hannah. Advirtió mi actividad y mi energía. En cuanto pude, le pregunté:

—¿Qué has hecho para cambiar de vida? ¿Cómo es que has prosperado tanto?

—Porque —me contestó— fui a un seminario que daba uno que se llama Jim Rohn.

—¿Y qué es un seminario? —le pregunté.

—Un sitio en el que una persona coge diez o veinte años de su vida y todo lo que ha aprendido y lo condensa en unas cuantas horas, para que podamos aprender en días lo que se aprende en años.

¡Guau! Aquello parecía estupendo.

—¿Y cuánto cuesta?

—Treinta y cinco dólares —me contestó.

¡¿Cuánto?! Yo ganaba 40 dólares semanales trabajando de portero media jornada mientras cursaba el bachillerato.

—¿Puedes llevarme? —le pregunté.

—¡Claro! —me contestó—. Pero no lo haré... porque si no pagas no lo valorarás. —Me quedé hundido. ¿Cómo iba a pagarle a aquel experto 35 dólares por tres horas?—. Bueno, si no crees que la inversión merece la pena, olvídalo —concluyó encogiéndose de hombros.

Me lo pensé mucho, pero al final decidí ir. Resultó ser una de las inversiones más importantes de mi vida. Cogí la paga de una semana, fui al seminario y conocí a Jim Rohn, que fue mi primer mentor.

Fue en un salón de baile de Irvine, California, y escuché a Jim cautivado. En aquel hombre de pelo cano vi encarnadas todas las cuestiones que bullían en mi cabeza. Él también se había criado en la pobreza, preguntándose por qué su padre, pese a ser un buen hombre, luchaba y sufría tanto mientras otros prosperaban. Hasta que, de pronto, respondió a la pregunta que yo llevaba muchos años haciéndome.

—¿Cuál es el secreto del éxito económico? —decía—. La clave es saber cómo ser más **valioso** en el mercado.

—Para tener más, sólo hay que ser más.

—No desees que sea más fácil; desea que **tú** seas mejor.

—Para que las cosas cambien, **tú** tienes que cambiar.

—Para que las cosas mejoren, ¡**tú** has de mejorar!

—Nos pagan por aportar valor al mercado. Lleva tiempo... pero no nos pagan por el tiempo, nos pagan por el valor. América es única. Es como una escalera que nos permite ascender. Empezamos abajo, ¿a cuánto? A unos 2,5 dólares la hora. ¿Cuánto ganó el año pasado el que más ganó? El que dirige Disney... ¡52 millones de dólares! ¿Pagaría una empresa a alguien 52 millones anuales? La respuesta es: ¡pues claro! Si ayudamos a una empresa a ganar mil millones, ¿nos pagará 52 millones? ¡Pues claro! ¡Para ellos es el chocolate del loro! No es tanto dinero.

—¿Y podemos llegar a ser tan valiosos? La respuesta es: ¡pues claro!

Y entonces me reveló el gran secreto.

—¿Y cómo llegamos a ser tan valiosos? **Trabajando más duro con nosotros mismos que en nuestro trabajo.**

—¿Podemos, pues, ser personalmente dos veces más valiosos y ganar el doble de dinero en el mismo tiempo? ¿Es posible ser diez veces más valiosos y ganar diez veces más dinero en el mismo tiempo? ¿Es posible? ¡Pues claro! —Hizo una pausa y, mirándome a los ojos, añadió—: **Lo único que tenemos que hacer para ganar más dinero en la misma cantidad de tiempo es ser más valiosos.**

¡Allí estaba la respuesta que yo buscaba! Y cuando la tuve, me cambió la vida. Aquella claridad, aquella sencillez, la sabiduría de aquellas palabras, fueron como un mazazo. Eran las mismas palabras que le oí decir a Jim Rohn por lo menos cien veces. Las he tenido presentes en mi corazón todos los días desde entonces, y también el día de 2009 que hablé en su entierro.

Aquel hombre, aquel seminario, aquel día... Lo que Jim Rohn hizo fue devolverme el control de mi futuro. Hizo que dejara de pensar en lo que no podía controlar —mi pasado, la pobreza, las esperanzas ajenas, la situación de la economía— y me enseñó a concentrarme en lo que sí podía controlar. Podía mejorarme a mí mismo, podía encontrar la manera de servir, de hacer, de ser mejor, la manera de aportar valor al mercado. Me obsesioné con la idea de hacer más que nadie por los demás, en menos tiempo. ¡Aquello fue el comienzo de un proceso interminable que continúa hoy! En su nivel más básico, vi el camino de progreso que continúa inspirando todas y cada una de las decisiones que tomo y de las acciones que ejecuto.

En la Biblia hay un principio sencillo que dice que no hay nada malo en querer ser grande.[8] Si queremos ser grandes, aprendamos a servir a los demás. Si sabemos cómo servir a mucha gente, podemos ganar más. Sepamos cómo servir a millones de personas y ganaremos millones. Es la ley del valor añadido.

Y si nos va más el evangelio de Warren Buffett que el versículo bíblico, el oráculo de Omaha es famoso por haber dicho que la mejor inversión que hizo en su vida, y que cualquiera puede hacer, es invertir en sí mismo. Se refiere a invertir en nuestro desarrollo personal, en nuestra formación, y cuenta que un curso de Dale Carnegie cambió su vida por completo. Él mismo me contó la historia un día en un programa «Today». Me eché a reír y le pedí que la contara siempre. «Es buena para los negocios», dije.

Me aprendí bien el mensaje de Jim Rohn y me obsesioné con la idea de no dejar nunca de crecer, de dar, de tratar de ampliar mi influencia y mi capacidad de dar y de hacer el bien. El resultado es que, con los años, he sido más valioso en el mercado, hasta el punto de que hoy tengo la suerte de que las finanzas no sean un problema en mi vida. No soy el único. Cualquiera puede hacer lo mismo, siempre que olvide los relatos que se cuenta del pasado y piense en el presente. Problemas siempre hay, pero oportunidades también.

¿Cómo es hoy la escala de la renta en Estados Unidos? Estoy seguro de que Jim Rohn no podía imaginarse que en 2013 el peldaño más bajo de la escala sería 7,25 dólares la hora (15.080 dólares anuales) y el que más ganó ese año fue el fundador de Appaloosa Management y líder del fondo de inversión de alto riesgo David Tepper, que ingresó personalmente 3.500 millones de dólares. ¿Cómo puede una persona ganar mil millones de dólares al año, y no

8. «Mas entre vosotros no será así, sino que el que quiera hacerse grande entre vosotros, será vuestro servidor» (Mateo 20, 26, versión Reina-Valera 1960).

digamos 3.500 millones? ¿Por qué unas personas ganan tan poco y otras tantísimo? La respuesta es que el mercado asigna muy poco valor a ser cajero de McDonald's (7,77 dólares la hora) porque requiere unas habilidades que casi cualquier persona puede aprender en unas horas. Pero aumentar considerablemente el rendimiento financiero de la gente es una habilidad muy rara y muy valorada. Cuando los bancos les dan a la mayoría de los estadounidenses una rentabilidad de menos de 33 puntos básicos (la tercera parte del 1 por ciento) anuales, ¡David Tepper les consiguió a sus inversores un rendimiento del 42 por ciento en el mismo tiempo! ¿Cuán valiosa fue la contribución a la vida económica de esos inversores? Si les hubiera conseguido un rendimiento del uno por ciento, él habría sido un 300 por ciento más valioso. ¡Un 42 por ciento significa que añadió un 12.627 por ciento más valor económico a esas vidas!

¿Y nosotros? ¿Qué vamos a hacer para añadir más valor al mercado? ¿Cómo vamos a contribuir a la abundancia y no a la precariedad? **Si queremos cambiar radicalmente y pasar de donde estamos a donde queremos estar —la libertad financiera—, éste es el mejor camino que conozco.**

Y ahora, antes de que empecemos con las objeciones, permítaseme decir que sé que las cosas no son como eran. Sé que la economía atraviesa un mal momento. Sé que hemos perdido dos millones de empleos desde 2008 y que los que se crean son en su mayoría en el sector servicios o están mal pagados. Y sé también que la renta lleva congelada desde los noventa.

¿Sabe el lector cómo estaban las tasas de interés y el desempleo en 1978, cuando yo empecé mi carrera? ¡En un par de años las tasas de interés se dispararon. La primera inversión que hice, en un bloque de cuatro viviendas en Long Beach, California, tenía un 18 por ciento de hipoteca. ¿Nos imaginamos lo que sería que hoy nos cobraran un interés del 18 por ciento por comprar una casa? ¡Ha habido una revolución en la Casa Blanca! Pero la historia es cíclica, lo ha sido siempre y siempre lo será. Sí, la renta está congelada, si no encontramos la manera de añadir más valor en proporción geométrica. Pero si encontramos la manera de añadir más valor, la renta se moverá en un sentido: siempre hacia arriba.

Durante la Gran Depresión, se perdieron 8,8 millones de puestos de trabajo. ¡Y sólo en 2008 se perdieron 2,3 millones! El desempleo llegó al 10 por ciento. Pero recordemos una cosa: ese 10 por ciento es la media. En ciertos sectores de la población el desempleo fue de más del 25 por ciento, pero para los que ganaban 100.000 dólares o más, ¿qué tasa de desempleo tenían? La respuesta: ¡más o menos del uno por ciento! ¿Moraleja? Si realmente desarrollamos las aptitudes que el mercado necesita en cada momento —si no dejamos de mejorar y de ser más valiosos—, siempre habrá alguien que nos dé trabajo o siempre podremos montar algo propio, esté como esté la economía. ¡Y si montamos algo propio y lo hacemos bien, la prosperidad está asegurada!

Incluso hoy hay lugares en los que las oportunidades de empleo abundan, como Silicon Valley. Las empresas tecnológicas no llenan sus puestos vacantes lo bastante rápido; no encuentran bastante personal cualificado. Trabajo hay, pero tenemos que renovar nuestras habilidades —renovarnos a nosotros mismos— para ser valiosos en el nuevo mercado. Puedo prometer una cosa: la mayoría de los «viejos empleos» no volverán.

Veamos lo que ha pasado en la historia. En los años de 1860, el 80 por ciento de los estadounidenses eran granjeros. Hoy sólo el dos por ciento de la población de Estados Unidos trabaja en la ganadería y en la agricultura, y alimentamos a medio mundo. La nueva tecnología lo cambió todo: de pronto un granjero hacía el trabajo de quinientos. Mucha gente lo pasó mal, muchos se quedaron sin trabajo. Para quienes no se adaptaron, la revolución industrial fue muy dolorosa. Pero la misma tecnología que nos trajo el vapor y las máquinas hizo que la calidad de vida del resto del mundo creciera exponencialmente y creó más empleo en niveles de renta superiores.

Las nuevas tecnologías de hoy están revolucionándolo todo otra vez. Según unos investigadores de Oxford, ¡casi la mitad de los empleos de Estados Unidos podrían automatizarse (es decir, los trabajadores que los ocupan podrían ser reemplazados por máquinas) dentro de veinte años! Tenemos que reciclarnos a otro nivel. Estoy seguro de que hace ciento cincuenta años nadie se habría imaginado que un día habría profesiones como el marketing de medios sociales, científicos de células madre o ingenieros robóticos. Nadie podía imaginarse que un electricista o un fontanero ganarían 150.000 dólares anuales, o que un operario podría aprender a usar un ordenador para manejar una máquina y ganar 100.000 dólares. Pero que no nos lo imagináramos no significa que no fuera a ocurrir.

Conozco a personas todos los días que me dicen que el mercado de trabajo está quieto, o que los han despedido y temen no encontrar otro empleo. Pero lo que quiero decir es que no es el mercado, somos nosotros. Podemos aumentar nuestras posibilidades de ganancia, todo el mundo puede. Podemos añadir valor al mercado. Podemos aprender nuevas habilidades, podemos cambiar nuestra mentalidad, podemos prosperar y desarrollarnos, y podemos encontrar el trabajo y la oportunidad económica que necesitamos y merecemos.

Pero si vemos que nuestra profesión va a quedarse obsoleta dentro de cinco o diez años, más vale que vayamos pensando en dar un giro e intentar algo nuevo. En Silicon Valley llaman «dar un giro» a cambiar de negocio, normalmente después de un fracaso estrepitoso.

Si estamos leyendo este libro, **es que somos personas que buscamos respuestas, soluciones, algo mejor**. Hay mil maneras de reciclarnos. Podemos ir a la universidad, podemos estudiar un oficio, o podemos ser autodidactas. **Podemos ganar de cien mil a millones de dólares al año, y no sólo por gastarnos un pastón en una carrera universitaria** (lo que puede crearnos una deuda de cien mil dólares o más). En este país hay millones de empleos posibles, pero también hay una gran brecha de cualificación. Según Mike Rowe, presentador del programa de Discovery Channel «Dirty Jobs», hay unos 3,5 millones de trabajos disponibles y solo el 10 por ciento de ellos requieren formación universitaria. Eso significa que el 90 por ciento restante requiere algo más: experiencia, habilidad o disposición a «ensuciarse», quizá, pero sobre todo la voluntad de aprender un oficio nuevo y útil. Según Rowe, «siempre han estado ahí, pero parece que nadie quiere darse cuenta».

Reciclarse es estimulante y a la vez da miedo. Es estimulante porque nos da la oportunidad de aprender, desarrollarnos, crear y cambiar. Es estimulante porque nos damos cuenta de que somos valiosos, de que podemos aportar algo, de que valemos más. Y da miedo porque pensamos: «¿Seré capaz?». Recordemos lo que decía Jim Rohn: «Para que las cosas cambien, tenemos que cambiar nosotros. **Para que las cosas mejoren, tenemos que mejorar**». O nos reciclamos o nos tiran a la basura. Desechemos nuestro relato de limitaciones y pongámonos las pilas.

La gente suele decirme: «Tony, eso está muy bien si uno tiene su propio negocio o trabaja en una empresa que está creciendo. Pero ¿y el que tiene un trabajo tradicionalmente mal pagado y le gusta ese trabajo? ¿Y si somos maestros?». Superemos nuestra estrechez de mente y veamos un ejemplo de un maestro que lo pasaba mal, pero que, por su amor a su trabajo y sus ganas de ayudar a más estudiantes, encontró la manera de añadir más valor y ganar más de lo que la mayoría de los maestros soñaron nunca con ganar. Lo que limita nuestras ganancias no es nuestro trabajo: es nuestra creatividad, nuestro interés, nuestra capacidad de contribuir.

Creatividad, capacidad de contribuir y la estrella del rock coreana

Si alguna vez hemos tenido un maestro que nos animó a hacer algo nuevo, o un profesor que creyó en nosotros, sabremos el poder que tiene un simple modelo en la vida de un niño. Nuestros maestros son uno de los activos más grandes pero menos valorados y peor pagados que tenemos. ¿Qué pasa, pues, si somos maestros o trabajamos en algo en lo que las posibilidades de medro parecen limitadas? Como maestros, ¿qué podemos hacer para serles valiosos a más personas que los treinta estudiantes de nuestra aula? ¿Hay un modo de añadir valor para cientos de estudiantes, miles de estudiantes, incluso millones?

Hay muchos maestros que piensan: «Nunca ganaré bastante dinero haciendo lo que me gusta». Es creencia general que, como sociedad, no valoramos a los maestros como deberíamos. Pero, como sabemos ahora, esta creencia limitadora no hace sino impedir que las personas avancen. Kim Ki-hoon es un maestro surcoreano que se negó a aceptar este relato.

A diferencia de la mayoría de los maestros, Kim Ki-hoon es conocido como una «estrella del rock» en Corea del Sur. Kim es uno de los maestros con más éxito de su país. ¿Cómo consiguió serlo? Porque trabajó más consigo mismo, con su habilidad para enseñar, de lo que lo hizo con su trabajo.

Hace sesenta años, según *The Wall Street Journal*, la mayoría de los surcoreanos eran analfabetos. El país se dio cuenta de que había que hacer algo. Hoy a los maestros se los incentiva constantemente para estudiar, innovar, enseñar a la misma clase de una manera nueva cada día. Se les enseña a aprender unos de otros, a instruirse unos a otros: a desarrollar las mejores técnicas para añadir más valor. ¿Y cuál es el resultado? Hoy los adolescentes surcoreanos son los segundos en comprensión lectora y el índice de éxito académico es del 93 por ciento, frente al 77 por ciento de Estados Unidos.

Ki-hoon siguió este modelo. Se dedicó a buscar a los mejores maestros, estudió y desarrolló sus métodos. Encontró la manera de ayudar a sus estudiantes a aprender más rápida y eficazmente, y no sólo a sus estudiantes, sino a estudiantes de todo el país. ¿Por qué limitarme a enseñar a treinta estudiantes?, pensó. ¿Por qué no ayudar a todos los que pueda? Con la llegada de la tecnología, descubrió que podía subir sus clases a internet y poner su pasión por la enseñanza y el aprendizaje a disposición de todo el mundo.

Hoy, Ki-hoon trabaja unas 60 horas semanales, pero sólo tres de ellas las dedica a dar clase. **Las restantes 57 las emplea en investigar, innovar, desarrollar currículo y responder a sus estudiantes.** «Cuanto más duro trabajo, más gano», dice. Y trabaja lo más duro que puede para servir mejor a las personas que recurren a él. Ki-hoon graba sus clases en vídeo y las cuelga en internet, y sus estudiantes pueden suscribirse por cuatro dólares la hora. ¿Cómo sabe que funciona? ¿Cómo sabe que está añadiendo más valor que nadie? El mercado siempre nos dice lo que de verdad valemos. ¿Adivinamos cuánta gente compra sus clases? ¡El año pasado, sus ganancias anuales fueron de cuatro millones de dólares! Cuanto más valor ofrece Ki-hoon con sus vídeos y tutoriales en línea, más estudiantes se suscriben. Y, lógicamente, más estudiantes significan más dinero... en este caso, mucho más.

Un maestro que gana cuatro millones de dólares. ¿Cuánto es eso comparado con lo que gana el mejor maestro que conocemos? La historia de Ki-hoon desmiente la creencia de que nuestra profesión nos limita. Él forma parte del uno por ciento no porque tenga suerte, ni porque estuviera en el lugar oportuno en el momento oportuno, ni porque eligiera una profesión lucrativa. No, Ki-hoon es un hombre rico, parte del uno por ciento, porque nunca ha dejado de aprender, de crecer, de invertir en sí mismo.

Pluriempleadísima

Pero ¿qué pasa si no somos empresarios? ¿Qué pasa si no nos interesa montar nuestro propio negocio? ¿Qué pasa si trabajamos en una gran empresa o incluso una pequeña? Contaré la historia de una joven. Daniela trabajaba como diseñadora artística en el departamento de marketing de una empresa y no veía cómo medrar. Tenía mucho talento, pero, lo que es más importante, era ambiciosa. Siempre estaba intentando hacer más y dar más; era así. Y por ello ayudaba mucho a sus colegas en cuestión de artes visuales. Luego quiso aprender marketing y empezó a estudiar esta materia y a ofrecer ayuda. Y luego, cómo no, se dio cuenta de que no sabía nada de medios sociales pero, como parecía haber enormes oportunidades, decidió formarse también en este ámbito.

Unos años después Daniela se vio haciendo gran parte del trabajo de sus compañeros. Y éstos olvidaron que los ayudaba porque quería y empezaron a delegar trabajo en ella. Se estableció la costumbre de que, a las cinco, cuando había tareas que había que despachar sin falta, ella se quedaba a trabajar mientras sus colegas se largaban. Ella no quería quedarse más tiempo, pero no podía dejar colgados a la empresa ni a sus clientes. Cuando estuvo claro que sus compañeros estaban aprovechándose de ella, de sus ganas de trabajar y de su ambición, dijo basta. «¡Hago el trabajo de tres personas además del mío!» Pero, en lugar de enfadarse, se lo tomó como una oportunidad.

¿Qué hizo? Daniela se fue a ver al jefe y le dijo sin más: «Ahora mismo estoy haciendo el trabajo de cuatro personas. He ido a cursos, he aprendido artes visuales, marketing y medios sociales. No quiero hacerle la cama a nadie, pero puedo ahorrarle a la empresa el cincuenta por ciento de los gastos de marketing y encargarme del trabajo de tres personas. Y además lo haré mejor. No te pido que me creas: ponme a prueba. Que ellos sigan haciendo su trabajo durante seis meses y yo haré mi tarea y la de ellos, y así podrás elegir. Tú decides quién ha trabajado mejor».

Lo único que pedía Daniela era que, si lo hacía mejor, pasados esos seis meses, su jefe le daría más responsabilidad y le pagaría el doble. ¿Y qué pasó? Que lo hizo: demostró lo buena que era en materia de artes visuales y marketing, escribiendo excelentes textos publicitarios y llevando a cabo una gran campaña en los medios sociales. Daniela demostró que no sólo podía encargarse del trabajo extra, sino también que podía hacerlo mejor que sus colegas. Añadió tanto valor que la empresa se dio cuenta de que podía pagarle el doble a una persona y aun así reducir los gastos a la mitad. El mercado había hablado.

> La felicidad no consiste en la mera posesión de dinero; consiste en el gozo del logro, en la emoción del esfuerzo creativo.
>
> Franklin D. Roosevelt

Las oportunidades abundan

¿Cómo vamos nosotros a añadir más valor al mundo? ¿Cómo vamos a contribuir más, ganar más e incrementar nuestro impacto? Hay cientos, si no miles, de historias de gente normal que vio un problema, miró las cosas de otra manera y llegó a transformar industrias enteras y crear mercados nuevos. No eran empresarios; eran personas normales y corrientes como nosotros, gente que no se conformaba con lo que tenía. En el mundo en el que vivimos hoy, ningún producto ni industria está a salvo: la intersección de todo lo digital —internet, medios sociales y tecnología—, la interconexión que existe entre todas las personas y todas las cosas... Todo esto significa que las mayores empresas y los negocios más sólidos pueden verse revolucionados. Ahí está el caso de Nick Woodman.

En la cresta de la ola

¿Quién podía prever que Kodak, el gigante empresarial que dominó el mundo de la fotografía del siglo XX, iba a verse pillado desprevenido cuando llegó la imagen digital? Kodak inventó la fotografía digital. Pero, después de 124 años de vida, la empresa quebró en 2012, lo que tuvo unas consecuencias desastrosas en la economía de Rochester, Nueva York, y alrededores, donde se perdieron más de 50.000 empleos.

Pero aquellos enormes cambios tecnológicos y culturales que acabaron con Kodak fueron una gran oportunidad para un surfero californiano llamado Nick Woodman. Woodman estaba obsesionado con el surf. El amor y la devoción que sentía por este deporte, unidos a su impulso y su ambición, le permitieron encontrar una manera de añadir valor.

Es posible que no sepamos quién es Woodman, pero tuvo la genial idea de sujetarse con cinta adhesiva una cámara sumergible a la muñeca mientras surfeaba. Lo único que buscaba era disfrutar de su deporte después de practicarlo. Aprovechando la llegada de la fotografía digital, empezó a juguetear con cámaras fotográficas para ver si podía hacerlas más resistentes al agua y grabar vídeos de mejor calidad. La tecnología cambiaba y él siguió en su empeño, hasta que inventó la GoPro, una cámara digital portátil y de calidad profesional.

El gracioso aparatito lo llevan ahora en la cabeza todas las personas que practican deportes extremos. Tanto si vamos en bici como si remamos en rápidos, hacemos snowboard o surfeamos, la GoPro nos permite captar la magia de nuestro subidón de adrenalina y compartirla con todos nuestros seres queridos. Woodman no pudo elegir mejor el momento: empezó a comercializar la GoPro cuando la gente empezaba a subir sus vídeos a YouTube y Facebook. Creó un producto que él quería usar y pensó que no sería el único que querría hacerlo. Supo añadir valor a la vida de millones de personas porque hizo que la nueva tecnología fuera conveniente, divertida y asequible. En última instancia, Woodman supo beneficiarse de una moda, que consistía en compartirlo todo digitalmente. **Una de las claves para ser rico es precisamente esa: aprovechar una moda. Hoy, el surfero de San Diego, California, vale mil millones de dólares.**

Ha nacido una nueva «categoría»

En 2010, Matt Lauer me invitó a una mesa redonda para hablar del futuro de la economía. Participaban también Warren Buffett y la multimillonaria más joven del mundo, una mujer llamada **Sara Blakely**. Hablar de economía con Warren Buffett es siempre un privilegio, pero lo que más me asombró fue la historia de Sara.

Blakely no revolucionó ninguna industria sino que más bien creó una completamente nueva. Exempleada de Walt Disney World, un día estaba vistiéndose para ir a una fiesta cuando se dio cuenta de que no tenía ropa interior que fuera bien con unos pantalones blancos ceñidos que quería ponerse. Y como no quería ir sin ropa interior, decidió hacérsela ella misma. Sin más armas que unas tijeras y mucho descaro, le cortó los pies a unos pantis y, ¡zas!, nació una nueva industria.

No ocurrió, claro está, de la noche a la mañana, ni ocurrió fácilmente. Sara me dijo que uno de los secretos más importantes de su éxito fue que, desde que era muy pequeña, **¡su padre la animaba a «fracasar»!** Aunque para él, fracasar no era no ser capaz de conseguir resultados, sino no intentarlo. En la cena le preguntaba si había fracasado en algo ese día y se alegraba de que ella lo hubiera hecho, porque sabía que aquél era el camino del éxito. «Es decir, me quitó el miedo a intentar cosas», me dijo Sara.

Blakely, que trabajaba vendiendo artículos de oficina y tenía pocas perspectivas de medro, invirtió todo el dinero que tenía, 5.000 dólares, y se puso a diseñar ropa interior que le fuera bien a ella. «Debieron de decirme que no mil veces», me dijo. Pero ella no se daba por vencida. Además de los 5.000 dólares que invirtió, se ahorró 3.000 (que no tenía) en costes legales porque escribió ella misma su patente siguiendo un manual.

La empresa que fundó, Spanx, creó una categoría completamente nueva de productos llamados «shapewear» que se han convertido en una especie de objetos de culto para mujeres de todo el mundo. Según dice mi esposa, si logramos enfundarnos en una de esas fajas, reducimos siete centímetros de cintura al instante.

Con la bendición de Oprah Winfrey, Spanx pasó de ser un pequeño negocio a una sensación mundial. **Hoy la empresa vale mil millones de dólares y ofrece más de doscientos productos** que ayudan a las mujeres a sentirse bien. Optimista como ella sola, Sara quiso obrar su magia conmigo y, una vez que coincidimos en un programa, quiso que yo me pusiera un par de sus nuevas medias para hombres. Le di las gracias y le dije que seguramente no entendía tan bien el mercado masculino como el femenino. Pero su ejemplo no dejó de inspirarme. Al final, Spanx para hombres ha despegado también... aunque no gracias a mí. **Hoy, Blakely posee el cien por cien de la empresa, no tiene deudas y nunca ha necesitado inversión de otros. En 2012, la revista *Time* la clasificó entre las «cien personas más influyentes del mundo».**

Como Nick Woodman, ella vio una necesidad y se apresuró a satisfacerla. Se negó a dejarse limitar por su relato y halló la manera de añadir valor.

¡Nosotros también podemos! No tenemos que montar una empresa de mil millones de dólares, revolucionar un mercado ni ganar cuatro millones de dólares trabajando de maestro en línea. Pero si estas personas son capaces de hacer eso, ¿no podríamos nosotros encontrar la manera de ganar 500 o 1.000 dólares más al mes? ¿O quizá 20.000, 50.000 o incluso 100.000 o más al año? ¿No podríamos discurrir la manera de dar rienda suelta a nuestra creatividad, capacidad de contribuir y dedicación para añadir más valor al mercado y meter más dinero en nuestro fondo de la libertad? Podemos. Es hora de empezar...

Encontremos la manera de ganar o ahorrar 500 euros más al mes, o 6.000 al año. Si lo invertimos al ocho por ciento a 40 años, ganaremos 1,5 millones (recordemos el ejemplo de la pizza). Si de alguna manera podemos ganar 1.000 dólares mensuales, o 12.000 anuales, tendremos más de dos millones de dólares en nuestra hucha. Y si ganamos 3.000 al mes, o 36.000 al año, en nuestra hucha habrá nueve millones de dólares. ¿La moraleja? Si añadimos valor, ganamos más e invertimos nuestras ganancias, podremos alcanzar el grado de libertad financiera que deseemos.

Capítulo 3.5

Aceleremos 3. Obtengamos mayor rendimiento y aceleremos nuestra marcha hacia la victoria

> Si estamos preparados y sabemos lo que necesitamos, no nos supone un riesgo. Sólo tenemos que saber cómo llegar. Y siempre hay un camino.
>
> Mark Cuban

¿Cómo obtenemos más rendimiento reduciendo al mismo tiempo el riesgo? La mayoría de la gente piensa que, para obtener un buen rendimiento, hay que asumir grandes riesgos. Pero los mejores inversores saben que no es así. ¿Recordamos a Kyle Bass, del que hablamos en el capítulo 2.8, «¡Hay que asumir grandes riesgos para obtener un buen rendimiento!»? **Él destrozó el mito de que sin mucho riesgo no se consigue un buen rendimiento aplicando el principio del riesgo y la recompensa asimétricos.**

Esta curiosa expresión se refiere a un concepto simple. ¿Cómo lo explicamos? Kyle convirtió 30 millones de dólares en dos mil millones porque encontró una oportunidad de inversión en la que sólo arriesgaba tres céntimos por la posibilidad de ganar un dólar —mejor dicho, tres millones de dólares por 100 millones de beneficio— y transformó esa proporción entre riesgo y recompensa en miles de millones. ¿Recordamos que a sus hijos les enseñó a hacer inversiones sin riesgos y con una ganancia considerable comprando monedas de níquel? En esta operación, los beneficios son muchos mayores que las posibles pérdidas (riesgo), y por eso es asimétrica.

Uno de los mayores éxitos de Paul Tudor Jones es que sabe que puede equivocarse y aun así no perder, porque en sus inversiones se guía por este criterio del riesgo y la ganancia asimétricos. Siempre ha buscado lo que él llama inversiones 5:1, en las que, si arriesga un dólar es porque cree que puede ganar cinco dólares.

Jones está dispuesto a arriesgar un millón cuando ha estudiado la inversión y cree que puede ganar cinco millones. Por supuesto, puede equivocarse. Pero si usa la misma fórmula de cinco a uno en su siguiente inversión y le sale bien, habrá ganado cinco millones, menos un millón que perdió en la primera inversión, con una ganancia neta de cuatro millones.

Aplicando esta fórmula de invertir sólo cuando puede conseguir una recompensa asimétrica por el riesgo que asume, Paul podría equivocarse cuatro veces de cinco y quedar en paz. Si pierde un millón de dólares cuatro veces seguidas tratando de ganar cinco millones, habrá perdido un total de cuatro millones. Pero si la quinta inversión le sale bien, habrá recuperado de una vez la inversión total de cinco millones. Los mayores inversores de la historia saben cómo maximizar sus ganancias: saben cómo plantearse el juego para ganarlo.

Sabremos más sobre lo que Paul enseña en la sexta parte, «Invirtamos como el 0,001 por ciento: el manual del multimillonario», y en mi entrevista con él. Compartirá con nosotros su «máster de administración de empresas de 100.000 dólares», es decir, las cosas más importantes que ha aprendido sobre inversión... ¡una de las cuales es cómo equivocarse y aun así ganar!

Así, pues, el riesgo y la recompensa asimétricos es la primera manera de obtener más ganancias. ¿La segunda manera? Hablaremos más de esto en el capítulo 4.1 sobre colocación de activos, pero, de momento, sepamos que si el mantra de la inversión inmobiliaria es «¡ubicación, ubicación, ubicación!», dando a entender que lo importante es el lugar, el mantra de la inversión rentable con poco riesgo es «¡diversificación, diversificación, diversificación!». La diversificación no sólo reduce el riesgo sino que nos da la oportunidad de maximizar las ganancias.

La colocación de activos, según todos los inversores profesionales con los que he hablado, los mejores del mundo, es el factor clave que más determina nuestra situación financiera. Por eso, en el capítulo 4.1, «La hucha definitiva: la colocación de activos», veremos en qué consiste el poder de la colocación de activos y cómo aplicarlo para beneficio nuestro y de nuestra familia. Además, en la sexta parte veremos cómo han colocado exactamente sus activos algunos de los mejores inversores del mundo, que han producido los rendimientos más altos de una manera sostenida.

Sí, hemos leído bien: podremos seguir exactamente las mismas estrategias de los mejores inversores del planeta. ¡Sabremos cómo ha colocado sus activos Ray Dalio! Claro está, el éxito pasado no garantiza el futuro, pero, en el caso de Ray, seguiremos la estrategia de uno de los mayores inversores de todos los tiempos, cuyo objetivo es conseguir el mayor rendimiento con el menor riesgo. Dalio ha estudiado todos los mercados, lleva más de veinte años colocando activos y sabe cuál es la mejor cartera. Gestiona más de 160 mil millones en activos y solo ha sufrido pérdidas tres años en los últimos veintidós. Cuando acabemos de leer este libro, conoceremos una estrategia basada en el planteamiento pionero de Ray, que usan las personas, entidades y gobiernos más ricos del mundo.

¿Cuánto más rápido podemos ir?

Es bastante evidente que todos queremos más rendimiento. Pero no lo es tanto el fuerte impacto que el mayor rendimiento tiene en nuestro horizonte de inversión temporal. La «regla del 72» dice que se tardan 72 años en duplicar nuestro dinero a un interés compuesto del uno por ciento. Así, si invertimos 10.000 dólares al uno por ciento de interés compuesto, es posible que no vivamos para ver duplicado ese dinero. Podemos acortar a la mitad ese tiempo aumentando al dos por ciento el interés compuesto, y de nuevo a la mitad aumentándolo al cuatro por ciento. ¿Cuál es, pues, la diferencia entre una rentabilidad del 10 por ciento y otra del cuatro por ciento? Con la del 10 por ciento nuestro dinero se duplica cada 7,2 años; con la del cuatro por ciento, ¡cada dieciocho años! Si queremos cambiar radicalmente nuestro plan y alcanzar la libertad financiera en siete años en lugar de dieciocho, podemos. ¡O en catorce en vez de en treinta y seis! Éstas son las diferencias que podemos marcar cuando aprendemos a obtener un mayor rendimiento. Y lo más importante es obtener este mayor rendimiento sin asumir grandes riesgos siempre que sea posible. Buscamos esa oportunidad de riesgo y recompensa asimétricos que todos los grandes inversores buscan. Es difícil, pero no imposible, y es otra manera de cumplir antes nuestros sueños. (Veamos la tabla de la página siguiente para ver lo poco —o lo mucho— que tardará nuestro dinero es duplicarse.)

Seguro que el lector se preguntará: «¿Y dónde están esas oportunidades de riesgo y recompensa asimétricos?» A veces se presentan donde menos se las espera. Yo, quizá porque crecí en el sur de California, siempre he creído que los bienes inmuebles debían formar parte fundamental de mi cartera de inversiones. Si vemos las noticias, observaremos sin duda el cambio demográfico que está produciéndose en este país, en el que diez mil personas cumplen sesenta y cinco años todos los días. Los *baby boomers* están jubilándose en masa. Siempre supe que, con mi dinero, iba a contribuir a mejorar la calidad de las residencias destinadas a las personas que entran en esta etapa de la vida, a la vez que obtenía algún beneficio. Pero no fue hasta que visité a la abuela de mi mujer en Vancouver cuando tuve claro que en el futuro invertiría en viviendas de la tercera edad.

Mi mujer, mi Bonnie Pearl —mi «Sage»— es el amor de mi vida. Su familia es mi familia. Su abuela Hilda es mi abuela. La quería entrañablemente. Después de cincuenta y ocho años de casados, su marido murió y todos vimos lo mucho que ella sufrió. Lo lloró durante diez años. Vivía sola, orgullosa e independiente, pero echaba terriblemente de menos al que había sido su pareja de toda la vida. No tuvimos ánimos para ingresarla en una residencia, pero su demencia empeoraba y mi suegra, Sharon, decidió buscarle una donde recibiera el mejor cuidado posible.

Nos habían dicho que había residencias de mayores muy buenas y, después de unas semanas buscando, Sharon encontró al fin una que no tenía nada que envidiarles a los hoteles Four Seasons: era un lugar maravilloso. Siempre he dicho que yo mismo viviría allí, y no es cosa que diga de muchos sitios.

Número de años que tardamos en duplicar nuestro capital según la rentabilidad

Rentabilidad	Años	Rentabilidad	Años
25%	2,88	10%	7,20
20%	3,60	9%	8,00
19%	3,80	8%	9,00
18%	4,00	7%	10,20
17%	4,20	6%	12,00
16%	4,50	5%	14,40
15%	4,80	4%	18,00
14%	5,10	3%	24,00
13%	5,50	2%	36,00
12%	6,00	1%	72,00
11%	6,50		

¿Adivina el lector qué le pasó a mi abuela cuando se mudó a su nueva casa? No sólo se halló en un precioso apartamento con servicios modernos y atención las veinticuatro horas del día —eso era sólo la punta del iceberg—, ¡sino que empezó una nueva vida! A sus ochenta y ocho años, se transformó en una mujer nueva y volvió a enamorarse. Un italiano de noventa y dos años conquistó su corazón. («Aún no me he acostado con él, pero me lo pide todo el tiempo», nos decía sonriendo.) Pasaron cuatro bonitos años juntos hasta que él falleció, y en el funeral —no miento— conoció a su nuevo galán. Sus últimos diez años vivió con una calidad de vida que nunca habría podido imaginarse. Halló de nuevo felicidad, alegría, amor y amistad. Fue un último capítulo de su vida inesperado y un aviso de que el amor es la riqueza última: puede aparecer cuando menos se lo espera y en cualquier lugar... y nunca es demasiado tarde.

La historia de mi abuela me hizo comprender que se necesitaban residencias de ancianos con personal cualificado y tan bonitas como la suya. ¿Cómo podía yo invertir en aquel sector? Presentarme en una residencia y decir que quería invertir no era la estrategia más efectiva, obviamente. Así que fui a ver a mi asesor, Ajay Gupta, de Stronghold, y le dije lo que creía y lo que quería. Me encontró una oportunidad que no sólo parecía muy rentable, sino que también coincidía con mis valores y convicciones y con una tendencia del mercado más amplia. Muchos expertos llaman a esta categoría «fatalidad demográfica» porque la población de setenta y cinco años aumentará un 84 por ciento entre 2010 y 2030. ¡Habrá más demanda que oferta!

Ajay encontró una empresa inversora dirigida por un gran empresario que construye, invierte y gestiona residencias de lujo para personas de la tercera edad. Empezó con nada y ahora su empresa vale tres mil millones de dólares. Encuentra el lugar, pone personalmente la mitad del dinero y luego reúne a un grupo reducido de inversores que aportan el resto. Esto es lo que obtengo a cambio: una rentabilidad preferente (que se traduce en pagos todos los meses) basada en los beneficios que rinda la residencia en cuestión, y que puede ir del seis al ocho por ciento anual. Además, poseo parte de esa propiedad inmueble, que, a largo plazo, creo que valdrá más. Participo en la «estrategia de salida» si el grupo inversor decide vender la residencia. La verdad es que esta inversión concreta está limitada a los inversores acreditados[9] que cumplen ciertos requisitos de patrimonio y renta. ¡Pero no nos asustemos! Para aquellos que no lo son, también hay fondos de inversión inmobiliaria (*real estate investment trust* o REIT) que cotizan en bolsa y se concentran únicamente en la propiedad de un conjunto de inmuebles repartidos por todo el país. En el momento en que escribo esto, podemos comprar estos fondos por sólo 25 dólares la acción y nos pagan dividendos todos los trimestres. Estudiémoslo nosotros mismos o consultemos a un asesor independiente que nos ayude a encontrar los mejores.

Si las residencias de mayores no están a nuestro alcance, otra estrategia de inversión inmobiliaria es prestar dinero con un «contrato de fideicomiso preferente» (*first trust deed*). En el capítulo dedicado a la colocación de activos, veremos que hay

9. Para que una persona sea considerada un inversor acreditado debe tener un patrimonio neto de al menos un millón de dólares, sin incluir el valor de su vivienda principal, o haber percibido unos ingresos de al menos 200.000 dólares anuales los dos últimos años (o 300.000 dólares con su cónyuge, en caso de estar casada).

inversores que, necesitados de dinero, piden préstamos a corto plazo con un interés alto, por ejemplo, un préstamo a un año con un ocho o diez por ciento, y nosotros obtenemos un fideicomiso preferente a modo de aval. Si sabemos hacerlo, podemos prestar, por ejemplo, 50.000 dólares por una casa de 100.000, o 500.000 por una casa de un millón, y aunque la propiedad se devalúe un 50 por ciento, seguimos ganando. Mientras otros obtienen un rendimiento del tres o cuatro por ciento, nosotros obtenemos un ocho o diez por ciento.

Si nos empeñamos apasionadamente en buscar maneras de ahorrar más, ganar más, reducir comisiones e impuestos y obtener mayor rendimiento, nos sorprenderá la cantidad de oportunidades que se nos presentan. Repito: un buen asesor independiente no sólo nos guiará, también nos ayudará a encontrar las mejores oportunidades de riesgo y recompensa asimétricos que todos los buenos inversores buscan.

Estamos llegando a la recta final de esta parte. Este último paso puede acelerar muchísimo el ritmo al que alcanzamos nuestros objetivos financieros. Además, soñar y explorar es divertido. En el siguiente capítulo emprenderemos un viaje que nos gustará mucho. Allá vamos...

Capítulo 3.6

Aceleremos 4. Cambiemos a mejor nuestra vida... y nuestro de estilo de vida

> Las cosas que prefiero en la vida no cuestan dinero. Está claro que el recurso más valioso que tenemos es el tiempo.
>
> STEVE JOBS

¿Qué pasaría si, por un momento, consideráramos hacer un cambio, un gran cambio, como mudarnos a otra ciudad? Podríamos vivir en Boulder, Colorado, sólo por lo que pagamos de alquiler en Nueva York o San Francisco. Los gastos de vivienda, alimentación, impuestos y demás difieren enormemente dependiendo de dónde vivamos. Nuestro país —nuestro mundo— está lleno de oportunidades que sólo esperan a que las exploremos. ¿Por qué no ampliamos nuestras miras un momento y pensamos lo que sería vivir en otra ciudad o en otro país?

¿Nos quedamos como un témpano los inviernos en el Medio Oeste o nos achicharramos los veranos en Atlanta, preguntándonos año tras año por qué no nos vamos a un sitio donde haya mejor clima? Yo, que he nacido en el sur de California, siempre me sorprende la gente que se pasa la vida muriéndose de frío en esa especie de tundra ártica que es Mineápolis o Chicago. Y aunque no nos importe el tiempo, seguro que sí nos importa el coste de la vida. Una casa que en Washington cuesta medio millón de dólares, cuesta mucho menos en Raleigh, Carolina del Norte, una ciudad que la revista *Forbes* considera la tercera mejor del país para hacer negocios y carrera, por no hablar de que es un centro tecnológico y educativo importante (y además tiene un clima estupendo). ¿Y si hablamos de algo más local: mudarnos de San

Francisco a San Diego? Podemos vivir en el gran estado de California y aun así recortar nuestro gasto en vivienda en un 32 por ciento.

Una cosa es ser eficientes fiscalmente en nuestras inversiones y otra es serlo en nuestra *vida*. Tratamos de ahorrar un cinco por ciento aquí, un 10 por ciento allí. ¿Y ahorrar un 10 o un 15 por ciento o más en todo lo que hacemos mudándonos a una ciudad menos cara o a un estado con menor presión fiscal? Pensemos en todo el dinero que podríamos invertir, compartir, donar si no nos lo gastáramos en alquiler, comida y transporte. **Una simple mudanza podría aumentar nuestros ingresos de un 10 a un 30 por ciento.** Si ya estamos ahorrando el 10 por ciento, eso podría permitirnos ahorrar de un 20 a un 40 por ciento sin gastarnos un céntimo más. **Este cambio en el porcentaje de nuestros ahorros acelerará vertiginosamente nuestra máquina de hacer dinero y nos permitirá alcanzar nuestra libertad financiera mucho antes.**

Sé que el lector dirá: «¿Mudarme a otra ciudad? Debes de estar loco, Tony. ¡No puedo mudarme así como así! Tengo un trabajo, una familia, amigos; he vivido toda la vida en Dallas (o Seattle, o Miami, o Denver)». Pero si sabemos que podemos ahorrar diez años de nuestra vida, alcanzar nuestros objetivos de libertad financiera diez o más años antes, ¿merecería la pena?

Generaciones de estadounidenses han pensado en la jubilación como un tiempo en el que mudarse a un clima más cálido, a una ciudad menos cara, o a un lugar bello y poco conocido como Boise, Idaho, o Greenville, Carolina del Sur, para respirar aire puro y disfrutar del aire libre.

Si seguimos diciendo que no, lo entiendo. La verdad es que yo pensaba lo mismo... hasta hace poco. Me crié en California y nunca me imaginé viviendo en otro sitio. Incluso cuando empecé a viajar mucho y a comprar casas y propiedades por todo el mundo, siempre consideré que California era mi casa.

De pronto, en 2012, en California subieron los impuestos a las rentas altas más de un 30 por ciento, hasta el 13,3 por ciento. Después de toda una vida pagando un montón de impuestos estatales (históricamente de los más altos del país), la situación fiscal se volvió aún peor. Mi tramo fiscal —entre impuestos sobre la renta federales y estatales, impuestos sobre las inversiones, impuestos sobre el trabajo e impuestos de seguridad social— se disparó al 62 por ciento. O sea, que de cada dólar me quedaban 38 céntimos. ¡Sólo 38 céntimos! Para colmo, la subida del impuesto sobre la renta estatal tenía efectos *retroactivos*, lo que significa que tendría que pagar más impuestos por los ingresos que había percibido ese año. ¡Cambiaron las reglas del juego a mitad de partido! Aquello fue la gota que colmó el vaso. Entre los viajes que hacía y el tiempo que pasaba en mis otras casas, ¡vivía en California sólo 90 días al año! ¿Sólo 90 días por una factura fiscal estatal de, literalmente, millones de dólares? California dejó de ser sostenible para mí... ¡me había cansado!

Me había portado bien y ésa era la recompensa. Pero en lugar de lamentarme, decidí tomar cartas en el asunto. Como habían hecho miles de personas, Sage y yo decidimos que California había dejado de tratarnos bien y que era hora de irnos a vivir a otro sitio. (De hecho, en las dos últimas décadas, California ha perdido más de treinta mil millones de dólares anuales en ingresos por impuestos sobre la renta que se han ido a estados como Nevada, Arizona, Texas y Wisconsin.)

Aquello fue como buscar un tesoro. Miramos lugares como Lake Tahoe, cuyas montañas, estaciones y animación nos gustaron mucho, y Austin, Texas, cuya música, energía y alta tecnología conspiran para crear una comunidad innovadora y muy cohesionada.

También miramos en Florida, aunque a regañadientes. Tenía la impresión de que lo único que había allí eran caimanes y viejos. Pero eso era un estereotipo, no la realidad. Lo que encontramos fue un paraíso en Palm Beach. Después de ver 88 viviendas en tres estados y en sólo tres semanas (ya he dicho que soy un hombre de acción), encontramos una casa nueva en la playa de Palm Beach. Dos acres de terreno, casi sesenta metros de costa a un lado y el Canal Intracostero del Atlántico al otro, y un embarcadero de quince metros. Tengo la sensación de volver a mi casa de Fiyi, es extraordinario. Sage tiene todo lo que necesita cerca: restaurantes de primera categoría, compras, fácil acceso a toda la

Costa Este y toda la intimidad y tranquilidad de vivir en una isla en el mismo Estados Unidos.

Por supuesto, el precio era mucho más alto del que yo habría imaginado o querido pagar por una casa. Pero en Florida no hay impuesto sobre la renta. Pasamos de pagar un 13,3 por ciento en California a pagar... nada, cero patatero. Y lo mejor es que con los impuestos que nos ahorramos anualmente habremos pagado nuestra nueva casa ¡en exactamente seis años! ¿Nos damos cuenta? Estamos pagando *toda la casa* con lo que nos ahorramos en impuestos ahora que somos residentes del Sunshine State en lugar del Golden State. ¿A que tendríamos que haberlo hecho antes? Más vale tarde que nunca.

Y, por si eso no bastara (¡que sí basta!), nuestra calidad de vida ha mejorado muchísimo: todos los días, al despertarnos con un tiempo magnífico —unos 25 grados con una fresca brisa que sopla del océano y un agua tan caliente que casi se derrite uno en ella—, tenemos que pellizcarnos porque no nos lo creemos. De hecho, estamos tan entusiasmados con nuestra nueva casa que les decimos a nuestros parientes y amigos que se vengan a vivir aquí. Mi hijo menor ya se ha mudado. Dos de mis mejores amigos están viniendo de Connecticut y de Nueva York, y se quedarán un tiempo. Y, claro, aunque no se vengan a vivir aquí, con lo que nos ahorramos en impuestos nosotros estaremos encantados de pagarles los pasajes para que nos visiten en este paraíso.

El ancho mundo

Y, ya que estamos, ¿por qué no pensamos con miras más amplias? Si aumentar nuestra capacidad de gasto en un 10 o un 20 por ciento no nos basta, ¿por qué no reducir en un tercio, o incluso a la mitad, el coste de nuestra vida? Pensemos en el ancho mundo y busquemos un lugar bonito (y asequible) en el que podríamos vivir a poco que ampliáramos nuestros horizontes.

Hay grandes oportunidades por todo el mundo de mejorar nuestra vida y reducir nuestros gastos, en lugares como Bali, Fiyi,

Uruguay, Costa Rica... ¡si tenemos el valor y la libertad de decidirnos! Podemos alquilar un magnífico apartamento en las montañas de Buenos Aires, Argentina, por una pequeña parte de lo que nos costaría un estudio sin ascensor en una gran ciudad de Estados Unidos. Podemos mudarnos a la República Checa y vivir al ladito de la plaza de Wenceslao, en la Ciudad Nueva de Praga, el centro cultural de la ciudad.

¿Recordamos a mi hijo, el amante de los BMW? Después de cambiar su cochazo por una oportunidad de vida mejor, decidió pensar a lo grande. Viajó a Costa Rica un par días y quedó fascinado por la extraordinaria cultura de ese país. Resulta que en Costa Rica hay una gran comunidad angloparlante, montones de expatriados que descubrieron que su dinero daba para muchas más cosas allí, sus días eran más ricos y sus noches más emocionantes. Y Costa Rica no es sólo un lugar donde relajarse. Algunas de las principales empresas estadounidenses han establecido allí sedes importantes: Procter & Gamble, Heinz, Microsoft, Intel... la lista es muy larga, y eso significa que hay también muchas oportunidades profesionales.

La vida puede ser una aventura. Cuando visitemos una ciudad en el extranjero, hagámoslo pensando en la posibilidad de irnos a vivir a ella. Que nuestras siguientes vacaciones sean una especie de expedición que podría llevarnos a cambiar completamente de vida. No tenemos que vivir encerrados y haciendo todos los días las mismas cosas. Si nos abrimos a la idea de cambiar radicalmente de vida, no tendremos que preocuparnos de pagar el alquiler o subvenir a nuestros gastos básicos. Salgamos de nuestra «zona de confort» y gastemos un 60, un 70 y aun un 80 por ciento menos, lo que nos permitirá alcanzar nuestra libertad financiera mucho antes y, a la vez, mejorar nuestra calidad de vida de una manera exponencial.

Y aunque mudarnos al extranjero nos parezca ahora una decisión demasiado radical, tengámoslo en cuenta como una opción de futuro: un plan a cinco o diez años, o incluso para cuando nos jubilemos. ¿Por qué no considerar al menos que hay un lugar bonito y barato que espera a que lo descubramos? Nuestro mundo es dinámico, cambia constantemente. La idea de que irnos a vivir a otro sitio es malo para nuestros hijos es cosa del pasado. Vivimos en una economía global; ¡qué magnífica experiencia sería dar a nuestros hijos la oportunidad de ver mundo, aprender otros idiomas, adaptarse a otras culturas! Podemos tomar una decisión que mejore la calidad de vida de toda la familia.

> La vida es como una bicicleta. Para mantener el equilibrio tenemos que seguir moviéndonos.
>
> ALBERT EINSTEIN

Al fin y al cabo, se trata de ser más eficientes y más efectivos con lo que ganamos y lo que ahorramos y de acelerar nuestra marcha hacia la libertad financiera. Podemos hallar la manera de mejorar nuestra calidad de vida y a la vez reducir su coste. Salimos ganando. Después de todo, la mejor inversión que podemos hacer es la que hacemos en nosotros mismos y en nuestra calidad de vida.

Ya hemos dado tres grandes pasos hacia la libertad financiera:

Paso 1. Hemos tomado la decisión más importante de nuestra vida.
Hemos decidido convertirnos en inversores y no solamente en consumidores. Nos hemos comprometido a ahorrar un porcentaje de nuestros ingresos y a invertirlo en nuestro fondo de la libertad, y hemos automatizado el proceso.

Paso 2. Nos hemos iniciado en el juego y conocemos sus reglas.
Hemos desenmascarado los ocho mitos y nunca más se aprovecharán de nosotros.

Paso 3. Sabemos cómo ganar el juego.

— **Sabemos exactamente cuánto dinero necesitaremos para tener seguridad, independencia y libertad financieras.** Conocemos nuestros objetivos a corto, medio y largo plazo.

— **Hemos trazado un primer plan financiero y un calendario para cumplirlo.** Hemos usado la aplicación para calcular aproximadamente cuánto tardaremos en alcanzar los objetivos financieros que nos hemos fijado.
— **Hemos enumerado cuatro maneras de acelerar nuestro plan.** Hemos empezado a discurrir cómo aplicar lo que hemos aprendido hasta aquí para ahorrar más dinero que ingresar en nuestro fondo de la libertad financiera, lo que puede ayudarnos a alcanzar mucho antes nuestros objetivos.

¿Qué toca ahora, pues? El cuarto paso responde a la obvia pregunta que seguramente estamos haciéndonos: «¿Dónde coloco mi dinero? ¿Qué inversiones concretas maximizarán mis beneficios y me protegerán contra las pérdidas?» Es hora de tomar la decisión de *inversión* más importante de nuestra vida. Es hora de saber en qué consiste la «colocación de activos»...

CUARTA PARTE

Tomemos la decisión de *inversión* más importante de nuestra vida

Capítulo 4.1

La hucha definitiva: la colocación de activos

Nunca tanteemos la profundidad del río con los dos pies.

WARREN BUFFETT

Pongamos que nuestra máquina de hacer dinero se ha puesto en marcha: nuestro jefe acaba de darnos una prima de 10.000 dólares o de pronto hemos heredado 100.000 dólares. ¿Qué hacemos con ese dinero? ¿Los meteremos en nuestra cuenta de ahorro o en nuestro plan de pensiones? ¿Lo invertiremos en una cuenta virtual de Bitcoin? ¿Pujaremos por una caja de vino añejo en eBay? ¿Nos iremos a Las Vegas y nos lo jugaremos todo a los dados? ¿O compraremos cien acciones de Apple? ¿Lo colocaremos todo en un lugar o en muchos?

La respuesta a esta última pregunta es la clave de nuestro futuro financiero.

Cómo colocar nuestros activos es la decisión de *inversión* más importante de nuestra vida, más importante que cualquier inversión concreta que hagamos en acciones, bonos, propiedades inmuebles o lo que sea. ¿Cuál es la diferencia? Con las decisiones *financieras* que ya hemos tomado —invertir automáticamente un porcentaje de nuestros ingresos y capitalizar los intereses— hemos empezado a jugar. Pero una vez que empezamos a jugar, tenemos que seguir jugando... ¡mucho tiempo! Podemos perderlo todo si sabemos dónde colocar nuestro dinero. **Cualquiera puede llegar a rico; colocar bien nuestros activos nos permite *seguir* siéndolo.**

Todo esto no lo digo yo. Lo dice David Swensen, el gran inversor institucional. Recordemos: hizo crecer la cartera de inversiones de la Universidad de Yale de mil millones a más 23.900 millones con una rentabilidad anual media del 13,9 por ciento en el curso de treinta años de mercados alcistas y bajistas. Nadie lo hace mejor. Cuando lo visité en su despacho de New Haven, Connecticut, le pregunté: «¿Qué es lo que debe saber un inversor para conseguir la libertad financiera?» **Me contestó que sólo hay tres maneras de reducir nuestro riesgo y aumentar nuestras posibilidades de éxito financiero:**

1. **Seleccionar acciones.**
2. **Invertir a corto plazo en la dirección del mercado.**
3. **Colocar activos, que es la estrategia a largo plazo de diversificación de inversiones.**

Antes de que pudiera preguntarle por los dos primeros puntos, dejó una cosa perfectamente clara: «La más importante de las tres, con gran diferencia, es la colocación de activos, que, por cierto, explica que haya inversiones con rendimientos superiores al ciento por ciento». Un momento: ¿cómo pueden ser superiores al ciento por ciento? Porque las comisiones, impuestos y pérdidas que lleva consigo la compraventa de acciones y la inversión a corto plazo merman nuestros beneficios.

Colocar activos es más que diversificar. **Supone repartir nuestro dinero entre diferentes clases de inversiones (acciones, bonos, materias primas o bienes inmuebles) y en determinadas proporciones que decidimos por adelantado, según nuestros objetivos y necesidades, nuestra tolerancia al riesgo y el momento de la vida en el que nos encontremos.**

¡Guau! Vaya frasecita.

Pero ésa es la clave del éxito o del fracaso para los que mejor saben jugar a las finanzas, incluidos todos los inversores y operadores a los que he entrevistado para este libro. Paul Tudor Jones confía ciegamente en la colocación de activos. Mary Callahan Erdoes, quizá la mujer más poderosa de Wall Street, dirige a 22.000 profesionales de las finanzas cuyo sustento depende de ella. Ray Dalio, que creó el mayor fondo de inversión de alto riesgo del mundo y tiene personalmente 14 mil millones de dólares, vive de eso.

Este capítulo aborda un tema complejo y lo simplifica para que actuemos y aumentemos el rendimiento de nuestras inversiones el resto de nuestra vida, ¡conque estemos muy atentos! No importa si sólo podemos ahorrar e invertir mil dólares o un millón. Los principios que vamos a aprender podemos aplicarlos inmediatamente. Si creemos que ya los conocemos, es hora de dar un paso más.

Veamos por qué saber colocar bien nuestros activos es tan importante para nuestro plan de inversión, y cómo podemos empezar a sacarle provecho hoy mismo.

> Los que piensan que los números son seguros no han leído las páginas bursátiles.
>
> IRENE PETER

¿Cuántas veces nos hemos puesto en la que parecía la cola más rápida del supermercado y ha resultado ser la más lenta? ¿O cuántas veces, en un atasco de tráfico, nos pasamos al carril rápido y vemos cómo los coches que van por el carril lento nos pasan zumbando? Pensamos que vamos a ir más rápido y vemos que nos equivocamos. ¿Y qué decir de las relaciones íntimas? Pese a todo lo que sabemos de nosotros mismos y lo que creemos y valoramos, ¿hemos elegido alguna vez a la pareja «equivocada»? ¡Todos sabemos que esa decisión puede afectar seriamente a nuestra calidad de vida!

Lo mismo puede ocurrir con nuestras inversiones. Sólo que, cuando nos equivocamos con nuestra hucha, si la equivocación es grande, podemos perderlo todo. Podemos perder nuestra casa, o tener que buscar trabajo a los setenta, o no tener dinero para pagar la educación de nuestros hijos. Por eso este capítulo es tan importante.

Saber colocar nuestros activos es lo único que nos diferenciará del 99 por ciento de los inversores. ¿Y adivinamos una cosa? No nos costará un centavo. David Swensen suele citar a Harry Markowitz, el premio Nobel y padre de la moderna teoría sobre carteras de inversión, al que también entrevisté para este libro. Dijo: «Diversificar es lo único que nos sale gratis». ¿Por qué? Porque repartir nuestro dinero por diferentes inversiones disminuye el riesgo, aumenta nuestras ganancias con el tiempo y no nos cuesta nada.

Todos hemos oído el antiguo dicho que reza: «No pongamos todos los huevos en la misma cesta». Pues bien: colocar bien nuestros activos evita que cometamos esta equivocación financiera. Parece una regla elemental, pero ¿a cuánta gente conocemos que la viola?

Tengo un amigo que se entusiasmó tanto con Apple que colocó todo su dinero en la empresa. Durante un tiempo fueron los mejores valores del mundo... hasta que cayeron un 40 por ciento en cuestión de semanas. ¡Ay! Otra amiga dejó su trabajo de ejecutiva de televisión cuando tenía treinta años, vendió su casa en Los Ángeles en plena burbuja inmobiliaria y con el dinero abrió un restaurante rústico en Wyoming. Invirtió lo que le quedaba en valores de alto riesgo y bonos basura, creyendo que podría vivir de los intereses. Y pudo durante un tiempo. Pero en 2008 el mercado bursátil se desplomó y se llevó por delante todos sus ahorros. Tuvo que ponerse de nuevo a trabajar por su cuenta por una mínima parte de lo que ganaba.

Todos hemos oído historias tremendas sobre la crisis económica. Seguro que conocemos a *baby boomers* que tenían todo su dinero invertido en bienes inmuebles antes de que la burbuja explotara. O a parejas que iban a jubilarse con sus planes de pensiones y sus fondos de inversión con fecha objetivo a punto de dar sus frutos: habían elegido la caravana que iban a comprarse, tenían el barco en la puerta de casa, habían trazado el itinerario que harían y las visitas a los nietos. Y de pronto el mundo financiero se hundió. Perdieron la mitad de su patrimonio y los sueños de su jubilación se convirtieron en veinte años más de trabajo.

Estas historias son muy tristes y no quiero que vuelva a pasarnos nada igual. Y lo bueno es que no tiene por qué volver a pasarnos. Por eso he escrito este capítulo: para que no sólo estemos protegidos sino también para que nuestra hucha crezca antes.

¿Cuál es la lección sencilla y fundamental que sacamos de esto? **¡Que lo que sube baja!** Ray Dalio me dijo claramente que «casi podemos estar seguros de que, coloquemos donde coloquemos nuestro dinero, llegará un día en el que perdamos del cincuenta al setenta por ciento». ¡Cáspita! ¡Eso significa que cualquier inversión que elijamos perderá de la mitad a dos terceras partes o más de su valor! ¿Y no elige la mayoría de la gente un tipo de inversión porque creen que «saben» más sobre él o porque en ese momento está rindiendo mucho? Hay gente que tiende a colocar todo su dinero en bienes inmuebles, otros en acciones, bonos o materias primas. Si no diversificamos lo suficiente, ¡acabaremos perdiendo hasta la camisa! ¿Me explico? No importa lo bueno que sea nuestro plan, todos los tipos de activos tendrán su día del juicio final. **Conque diversifiquemos o muramos. Pero si diversificamos *bien*, ¡ganaremos!**

A estas alturas seguro que tenemos claras como el agua las consecuencias de no diversificar. ¿Queremos conocer ahora el maravilloso efecto de diversificar *bien*? Es casi como tener licencia para imprimir moneda. Sé que es una exageración, pero imaginemos lo que sería saber que estamos ganando dinero mientras dormimos y que nuestra diversificación nos diera tranquilidad fuera cual fuera la situación económica.

Veamos un ejemplo real. ¿Cómo nos sentiríamos si, en medio de la crisis de 2008, cuando los mercados de valores perdieron más de dos billones de dólares, los bonos se desplomaron y el mercado inmobiliario se hundió por completo, hubiéramos tenido nuestros activos colocados de tal forma que nuestra máxima pérdida hubiera sido del 3,93 por ciento? Este ejemplo no es una fantasía. Es el poder de la colocación de activos que he mencionado varias veces en este libro y cuyos fundamentos no tardaremos en ver. Mejor aún: ¿y si en los últimos treinta años (entre 1984 a 2013), hubiéramos tenido colocados nuestros activos de tal manera que sólo hubiéramos perdido dinero en cuatro ocasiones, con una pérdida media de sólo el 1,9 por ciento, y nunca más del 3,93 por ciento? Recordemos: en esos treinta años, todo el mundo tuvo que bregar contra la inflación y la deflación. Sólo en los últimos diez años, el mercado ha perdido casi el cincuenta por ciento en dos ocasiones, pero nosotros habríamos capeado el temporal sin problemas y con un rendimiento compuesto anual medio de casi el diez por ciento. No estoy planteando una situación hipotética. Hablo de una cartera de inversiones real, de una colocación de activos determinada, que Ray Dalio diseñó. Pronto revelaré la fórmula exacta que ha producido estos asombrosos resultados. Pero antes de que podamos usarla, **debemos entender los principios fundamentales que expongo en este capítulo**.

Regla 1: no perdamos dinero.
Regla 2: véase la regla 1.

Las reglas de inversión de WARREN BUFFETT

No me canso de repetirlo: **mucha gente buena falla porque hacen la cosa acertada en el momento equivocado**. Comprar una casa ¿es una buena idea? La mayoría de los expertos nos dirán que sí. ¡Pero el año 2006 no era el momento para hacerlo! La cuestión es, pues: si todos nos equivocamos en algún momento, ¿dónde invertimos nuestro dinero? En eso consiste saber colocar activos.

Pongamos otro ejemplo: si queremos formar un equipo deportivo que gane, tenemos que conocer las aptitudes de todos los jugadores. Tenemos que conocer sus puntos fuertes y sus puntos flacos. Tenemos que decidir con quién podemos contar en diversas situaciones. Colocar activos consiste en elegir quién empieza y en qué posición. **En última instancia, es la combinación adecuada en el momento oportuno la que nos da la victoria.**

Para colocar bien nuestros activos tenemos que seguir una serie de principios, un criterio inversor que nos ayude a decidir dónde colocar el dinero de nuestro fondo de la libertad o de nuestra hucha y en qué proporciones.

Es como coger parte de nuestro dinero y ponerlo en dos cajas de inversión con diferentes niveles de riesgo y recompensa. Una de esas cajas es segura, pero no crecerá muy rápido. Puede que nos fastidie, pero es una inversión segura y sabemos que, cuando necesitemos el dinero, ahí estará. La segunda caja es más interesante porque puede crecer mucho más rápido, pero con riesgo. **¡Tanto que tenemos que estar preparados para perderlo todo!**

¿Cuánto ponemos, pues, en cada caja? Pues depende del tiempo que tengamos para que nuestra inversión rinda y de cuánto riesgo estamos dispuestos a asumir. Tenemos que preguntarnos: «¿Cuánto riesgo puedo permitirme correr en este momento de mi vida?». Pero recuerda: no diversificamos sólo para protegernos. Queremos mejorar nuestros resultados: ¡encontrar la combinación de inversiones ideal que nos permita prosperar, no sólo sobrevivir!

Pero, sí, reconozcámoslo: bastantes cuidados tiene mucha gente en su vida diaria como para encima tener que preocuparse por sus inversiones día y noche. Una parte importante de la seguridad y la libertad financiera consiste en la tranquilidad que nos da, en saber que no tenemos que preocuparnos por el dinero. La primera caja nos dará esa seguridad que, después de todo, es la primera necesidad humana. Y por eso la llamo **«caja de la seguridad o de la tranquilidad»**. En ella podemos poner la parte de nuestra hucha que no podemos permitirnos perder... ¡ni aun *imaginar* que perdemos sin despertarnos con sudores fríos! **Es un santuario de inversiones seguras que cerramos... y cuya llave escondemos.**

> No juego porque ganar cien dólares no me procura un gran placer, pero perderlos sí me fastidia bastante.
>
> ALEX TREBEK,
> presentador del concurso televisivo «Jeopardy!»

Los reveses financieros no sólo aligeran nuestro bolsillo sino que pueden quitarnos el gusto de vivir. ¿Recordamos aquel estudio de economía conductual sobre los monos y las manzanas? Un mono se ponía muy contento cuando le daban una manzana. Pero si le daban dos y luego le quitaban una, se enfadaba... pese a que, de todas maneras, seguía quedándole una. Los humanos somos iguales. La investigación sobre los sentimientos humanos muestra que la mayoría de las personas subestimamos lo mal que nos sentimos cuando perdemos. El placer de la victoria se ve empequeñecido por el dolor de los fracasos y las pérdidas. Por eso tenemos que disponer de una caja de la seguridad y la tranquilidad que nos proteja de reveses que no sólo nos perjudiquen financieramente sino que también nos depriman moralmente.

Para familiarizarnos con la clase de inversiones consideradas más seguras, veamos ocho tipos básicos de activos (opciones o recursos de inversión) que podrían pertenecer a esta caja. No es más que una muestra. No es todo lo que puede caber en esa caja. Pero, conforme leamos, veremos que tienen un común denominador: ninguno de estos tipos de inversiones tiene mucha volatilidad —o sea, que su valor no fluctúa mucho—, sobre todo si los comparamos con los que veremos cuando hablemos de la caja del riesgo y el crecimiento. (Aunque, como todos sabemos, hay cortos periodos en la historia en los que la volatilidad ha sido mayor en prácticamente todas las inversiones. Más adelante nos enseñará Ray Dalio a estar preparados también para esto.) Pero esta breve lista está pensada para darnos una idea de en qué invertir en el futuro. **Preguntémonos «antes de invertir en esto, ¿es un riesgo? ¿Es mejor tenerlo en la caja del riesgo y el crecimiento o en la de la seguridad?».**

Conque veamos de qué va todo esto y empecemos por el primer y quizá más importante lugar donde colocar una parte de nuestro dinero: la caja de la seguridad y la tranquilidad. ¿Qué activos vamos a poner en ésta? Recordemos: esta caja es lenta pero segura, como la tortuga de la carrera financiera. ¡Porque muchas veces gana la tortuga! Y tenemos que pensar que es el sagrado templo de nuestros ahorros e inversiones... porque lo que entra en él ya no sale.

Antes de seguir, tengamos en cuenta que este capítulo empieza exponiendo algunos fundamentos de la colocación de activos. Si somos inversores experimentados, podemos pasar por alto esta lista de opciones de inversión, porque seguramente ya sabemos cuáles son, y ahorrarnos así algún tiempo. Pero no quiero dejar a nadie fuera, y además podemos hallar alguna que otra distinción que encontremos interesante.

Allá vamos.

1. **Dinero en efectivo o equivalentes.** En algún momento de nuestra vida necesitaremos un colchón de dinero con el que subvenir nuestras necesidades en caso de emergencia o de repentina pérdida de ingresos. Independientemente de lo que ganemos, necesitamos cierta liquidez, es decir, acceso instantáneo al dinero. ¿Es posible ser rico en activos y sentirnos pobres porque no tenemos efectivo o liquidez? La crisis de 2008, en la que los bancos dejaron de pronto de prestar dinero (incluso unos a otros) y parecía imposible vender bienes inmobiliarios, pilló a mucha gente desprevenida. Según un estudio de 2011, la mitad de los estadounidenses tenían problemas para disponer de 2.000 dólares en un momento de urgencia, tal como pagar una factura médica inesperada, un gasto legal o una reparación doméstica o del coche. Necesitamos algún dinero en efectivo para que esto no nos ocurra. Pensémoslo: ¡no nos costaría ni mucho esfuerzo ni muchos ahorros ser mejores que más de la mitad de los estadounidenses!

   Pero una vez que hemos decidido cuánto dinero queremos tener a mano, ¿dónde lo guardamos? La mayoría elegimos cuentas bancarias protegidas por la Corporación Federal de Seguro de Depósitos (FDIC por sus siglas en inglés), o en España por el Fondo de Garantías de Depósitos, para saldos superiores a 250.000 dólares. Por desgracia, los bancos físicos apenas pagan intereses hoy día —la última vez que miré, el interés de algunos era del ¡0,01 por ciento!—, mientras que los bancos en línea pagan intereses algo más altos. No será lo mejor, pero por lo menos sabemos que el dinero está seguro y disponible. También podemos querer guardar ese efectivo en algún lugar seguro o cerca de casa —«debajo del colchón», como quien dice—, en una caja fuerte secreta, por si hay un terremoto o un huracán o alguna otra emergencia y los cajeros automáticos dejan de funcionar.

Otros instrumentos de equivalentes de efectivo son los *fondos del mercado monetario*, de los que hay tres tipos, y si queremos saber más detalles, veamos el siguiente recuadro.

Si queremos guardar cantidades mayores de dinero, podemos colocarlo en inversiones a muy corto plazo, que se llaman «equivalentes de efectivo» (*cash equivalents*). Los más conocidos son los viejos fondos de inversión del mercado monetario. Quizá incluso ya hemos invertido en uno. Son, fundamentalmente, fondos de inversión formados por bonos u otros títulos de deuda de bajo riesgo y a cortísimo plazo (enseguida hablaremos más sobre esto). Es una excelente opción porque nos dan un interés algo más alto que las aburridas cuentas bancarias tradicionales pero seguimos teniendo acceso inmediato a nuestro dinero las veinticuatro horas del día, y hay algunos que hasta nos dejan extender cheques.

Por cierto, muchos bancos ofrecen *cuentas de depósito del mercado monetario*, que no son lo mismo que los fondos del mercado monetario. Son como cuentas de ahorro según la cuales los bancos pueden invertir nuestro dinero en deuda a corto plazo y a cambio nos da un interés un poco más alto. Normalmente, se exige un saldo mínimo o hay otras restricciones, interés bajo y recargos si el saldo es demasiado bajo. Pero los garantiza la FDIC, lo que está muy bien. Y eso los distingue de los fondos del mercado monetario, que no están garantizados y podrían perder valor.

Pero si queremos guardar nuestro dinero en un lugar seguro, con liquidez y a un buen interés, una opción es un fondo del mercado monetario del Tesoro de Estados Unidos, que ofrecen la posibilidad de emitir cheques. Es verdad que estos fondos no los asegura la FDIC, pero como sólo están vinculados a la deuda del país y no a empresas ni bancos que podrían quebrar, la única manera de que perdamos nuestro dinero es que el Estado deje de pagar sus deudas a corto plazo. Aunque para que esto ocurra tendría que desaparecer el Estado, ¡y entonces no habría inversión que valiera!

2. **Bonos.** Todos sabemos lo que es un bono, ¿verdad? Cuando yo te doy un bono, te doy mi palabra. Te hago una promesa. Cuando yo te compro un bono, me das tu palabra —me haces la promesa— de devolverme mi dinero con un determinado interés después de un periodo *x* de tiempo (la fecha de vencimiento). Por eso mis bonos se llaman **«inversiones de renta fija»**. La renta —el rendimiento— que obtendremos de los bonos está fijada en el momento en el que los compramos, y depende del tiempo que convengamos en tenerlos. Y a veces podemos usar estos pagos de intereses periódicos (dividendos) como si fuera renta hasta que el bono vence. Es decir, es como un pagaré con beneficios, ¿no? Pero hay tropecientos mil tipos de bonos y fondos de inversión de bonos en el mercado; muchos de ellos, si no todos, están clasificados por diversas agencias según su nivel de riesgo. Al final de este capítulo daré una breve información sobre los bonos para que sepamos cuándo pueden ser perjudiciales para nuestra salud financiera y cuándo pueden ser buenas —¡incluso excelentes!— inversiones.

Después de todo, ¿quién quiere invertir en viejos bonos de interés bajo cuando sale al mercado otro bono nuevo flamante con un interés más alto? Pero una manera de evitar preocupar-

El balancín del bono

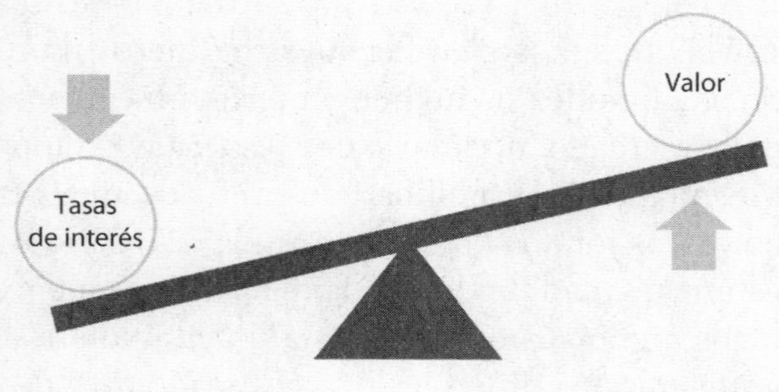

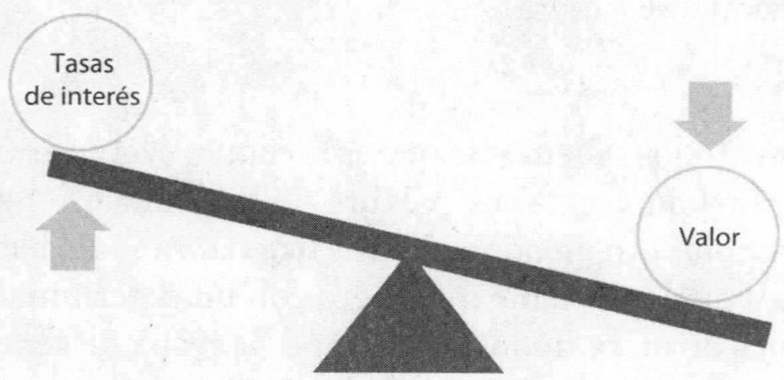

nos por las fluctuaciones de precio de los bonos es diversificar e invertir en un fondo indexado de bajo coste.

Y recordemos: no todos los bonos son iguales. Los de Grecia no serán tan fuertes como los de Alemania. Los bonos de la ciudad de Detroit no serán tan fuertes como los del Tesoro de Estados Unidos. De hecho, algunos asesores dicen que el único bono completamente seguro es el que cuenta con el pleno respaldo del Estado. Y podemos por cierto comprar bonos del Estado llamados «valores del Tesoro protegidos contra la inflación», o TIPS, por sus siglas en inglés, que aumentan de valor para equipararse a la inflación mediante el índice de precios al consumo. Veremos todo esto cuando hablemos de los bonos. Y luego mostraré una magnífica cartera de inversiones que usa fondos de bonos de una manera totalmente única. Pero por ahora veamos otra inversión de renta fija que podría entrar en nuestra caja de la seguridad.

3. **Depósitos a plazo fijo.** ¿Recordamos lo que son? Con los depósitos a plazo fijo, somos nosotros los que prestamos nuestro dinero al banco. A cambio de ese dinero, el banco nos da un interés fijo y luego nos lo devuelve —junto con las ganancias— al cabo de determinado tiempo. Como los depósitos a plazo fijo están asegurados por la FDIC o FDG en España, son tan seguros como las cuentas de ahorro, y —en el momento de escribir esto— casi tan interesantes como ellas. Pero escribo este libro para que valga en todo momento. No sé en cuál se encuentra el lector, pero puedo contarle una historia: en 1981, cuando yo tenía veintiún años, podíamos contratar un depósito a plazo fijo con... ¡un 17 por ciento de interés! Pero no tenemos que remontarnos tanto para ver cómo algunos tipos de depósitos a plazo fijo, en el entorno adecuado, pueden rendir mucho. ¡Recordemos que mi asesor de Stronghold **contrató un depósito a plazo fijo con una renta fija baja**, pero, **como estaba indexado**, es decir, estaba vinculado al crecimiento del mercado de valores, **¡llegó a tener una rentabilidad del ocho por ciento!** Fue un negocio inusualmente bueno, pero sigue habiendo otras formas de hacer un buen negocio (sin arriesgar nuestro principal) invirtiendo en estos **depósitos estructurados**. (Podemos repasar el capítulo 2.8 para ver cómo funcionan.)

¿Cómo va nuestro equipo de activos hasta el momento, pues? Depósitos a plazo fijo, efectivo, fondos del mercado monetario y bonos serían claros jugadores de nuestra caja de la seguridad. Pero ¿cuándo los ponemos a jugar? Algunos jugadores lo harán bien en ciertos entornos y mal en otros. ¿Qué ventaja tiene el jugador del efectivo? El jugador del efectivo puede entrar en el juego en cualquier momento. Podemos guardar nuestro dinero en un lugar seguro y tenerlo preparado para invertirlo cuando se presente una buena oportunidad. Por otro lado, si tenemos mucho dinero en efectivo, nuestro poder adquisitivo no crece. De hecho, disminuye cada año debido a la inflación. Pero en momentos deflacionarios, como 2008, nuestro efectivo vale más. Si hubiéramos tenido dinero en 2008 y el valor de hacerlo, podríamos haber comprado una casa por el 40 por ciento menos de lo que costaba un año antes. (Por cierto, es lo que muchos fondos de inversión hicieron. Compraron decenas de miles de casas aprovechando el mercado bajista, las arreglaron y las alquilaron, para luego venderlas entre 2011 y 2014 con grandes beneficios.) Muchos valores pudieron comprarse con descuentos parecidos o incluso mayores en 2008.

¿Cuál es la ventaja de un jugador de bonos? Dependiendo del tipo de bono, obtenemos una rentabilidad garantizada que nos da seguridad cuando el precio de otras clases de activos podría caer. Los depósitos a plazo fijo normales, en el momento en el que escribo esto, 2014, seguramente no interesen al lector, ni me interesan a mí. Pero este jugador puede desempeñarse bien en entornos de tasas de interés altas. Y si los depósitos estructurados son excelentes cuando los índices bursátiles son altos, son muy seguros en cualquier entorno porque no perdemos nuestro principal. El punto flaco de los bonos es éste: si queremos vender bonos antes de la fecha de vencimiento (momento en el que recibimos toda nuestra inversión más los intereses), y las tasas de interés han subido bastante y otros bonos dan mayor rentabilidad, tendremos que venderlos más baratos.

Si todo esto nos parece complejísimo, ésta es la buena noticia: Ray Dalio ha concebido una estrategia llamada *All Seasons* o «para todas las estaciones» que nos mostrará cómo ganar con la combinación exacta de bonos, acciones, materias primas y oro en cualquier «estación» económica. Hablaremos de todo esto más adelante.

Primero, debemos entender que, dado que los bonos ofrecen una rentabilidad prometida o declarada y la devolución del principal, son más seguros que las inversiones que no garantizan ni una rentabilidad ni el principal. Pero la promesa sólo vale si el emisor del bono cumple. La cuestión aquí es que necesitamos al jugador adecuado, en la proporción adecuada y en el momento adecuado.

Veamos ahora algunos activos más que podrían convenir al equipo de nuestra caja de la seguridad y en los que quizá no hayamos pensado:

4. **Nuestra casa** también entra aquí. ¿Por qué? Porque es un santuario sagrado. ¡No deberíamos «gastar» nuestra casa! Los estadounidenses hemos aprendido una dura lección los últimos años sobre los peligros de la especulación inmobiliaria y de usar nuestra casa como si fuera un cajero automático. Una casa, si es nuestra vivienda principal, no deberíamos verla como una inversión a la que sacar provecho, ni esperar obtener de ella un gran rendimiento. Aunque ¿no nos han dicho siempre que es nuestra mejor inversión porque siempre se revaloriza?

   En mi búsqueda de respuestas, entrevisté al premio Nobel de economía Robert Shiller, uno de los grandes expertos en el mercado inmobiliario y creador del índice de precios inmobiliarios Case-Shiller. Usé sus conocimientos para trazar la siguiente tabla. Shiller descubrió que, cuando los ajusta a la inflación, los precios de la vivienda en Estados Unidos llevan sin apenas variar ¡un siglo! Echó por tierra uno de los grandes mitos de nuestro tiempo: que el precio de la vivienda sube constantemente. «Menos cuando hay una burbuja», me dijo. Y todos sabemos lo que pasa al final con las burbujas.

Por otro lado, comprar una casa con un préstamo hipotecario a interés fijo es una buena manera de protegerse contra la inflación y puede tener ventajas fiscales. Además, si poseemos una vivienda y la alquilamos total o parcialmente, puede suponernos ciertos ingresos. Asimismo, y como veremos pronto, hay varias formas excelentes de invertir en bienes inmuebles, como los fideicomisos preferentes, REIT, residencias de mayores, propiedades que produzcan rentas y demás. Es decir, nadie está diciendo que no debamos invertir en vivienda si es eso lo que queremos. Pero lo mejor es meter estas inversiones en la otra caja, de la que hablaremos a continuación: la caja del riesgo y el crecimiento.

¿Y qué otros activos podríamos incluir en la de la seguridad?

5. **Nuestra pensión.** ¿Tenemos una? Esta es la caja en la que meterla. ¿Recordamos el caso de Alicia Munnell, directora del Centro para la Investigación de la Jubilación de la Universidad de Boston? Liquidó su pensión y sacó su dinero anticipadamente pensando que podía invertir y obtener más rendimiento que la Reserva Federal, donde había trabajado. Aprendió a su costa que no debemos arriesgar nuestro plan de renta vitalicia y ahora cuenta su historia para aviso de todos.
6. **Seguros de rentas.** Si somos jóvenes y oímos esta palabra, seguramente pensemos que no nos interesa. En el pasado había que tener mucho dinero y cierta edad para beneficiarse de estas herramientas de inversión. Pero como veremos en el capítulo 5.3, «Libertad: creemos nuestro plan de renta vitali-

cia», hay nuevos útiles que podemos usar. Recordemos: estas inversiones son productos de seguros que pueden generar una **renta vitalicia garantizada. Son, si las contratamos bien, como pensiones privadas**. Pero, como hemos visto, la mayoría de los seguros de rentas son inversiones malísimas con comisiones altas y absurdos recargos. ¡Deberían ir acompañadas de más avisos que un anuncio de Viagra! Pero también podemos encontrar unos cuantos seguros de rentas selectos —como veremos en la quinta parte— que son tan seguros y asequibles que para muchos expertos son la mejor de las soluciones. ¿Por qué? **Porque pueden rendir como la caja del riesgo y el crecimiento, y al mismo tiempo ser tan seguros como la caja de la seguridad. ¡Una renta garantizada que nos durará toda la vida y cuyo valor nunca disminuirá!**

7. **Al menos, un seguro de vida entra en nuestra caja de la seguridad y no podemos jugar con él.** ¿Por qué? ¿Tenemos familia? Si morimos, nuestra familia no quedará desvalida. Un seguro de vida normal suele ser suficiente en la mayoría de los casos. Y si los estructuramos bien, también pueden ser fiscalmente muy eficientes. Las grandes empresas y los superricos llevan décadas usando estos seguros, aprobados por la hacienda pública.
8. **Notas estructuradas.** A estos productos se los ha llamado «dispositivos de seguridad» para inversores. Las notas estructuradas son como depósitos estructurados pero que no están garantizados por la FDIC, o el FGD en España. ¿Cómo funcionan? Prestamos dinero a un banco —generalmente alguno de los grandes bancos del mundo— y éste promete devolvérnoslo al cabo de un determinado tiempo, *más* un porcentaje de las ganancias que se hayan acumulado en un índice concreto (por ejemplo, el S&P 500 —menos dividendos—, materias primas, oro, REIT, o una combinación de todos ellos). Por ejemplo, en el momento en el que escribo esto, JPMorgan ofrece una nota estructurada a siete años con una protección del principal del ciento por ciento, lo que significa que nunca perderemos nuestra inversión original, y además nos da un 90 por ciento de las ganancias del S&P 500. No sorprende

que los superricos, como vimos en el capítulo 2.8, usen con frecuencia esta herramienta de inversión. Las notas estructuradas, si son buenas, pueden ser una manera excelente de beneficiarnos de los mercados alcistas sin temor a las pérdidas, sobre todo en un momento de nuestra vida en el que no podemos permitirnos asumir tamaños riesgos de volatilidad.

Cuando entrevisté a **Mary Callahan Erdoes, consejera delegada de JPMorgan Asset Management**, que gestiona 2.500 millones de dólares, me dijo que las notas estructuradas pueden ser una buena inversión, sobre todo para la gente que teme invertir su dinero después de la crisis financiera de 2008. Y no son un truco. «Muchas personas ven una nota estructurada y dicen: "Demasiado bonito para ser cierto". Pero tenemos que entender lo que es este producto desde el principio hasta el final. No hay trucos, no hay trampa; los mercados son pura matemática... **Cuanto más tiempo podamos prescindir de liquidez, más nos recompensará por ello el mercado.** Si inmovilizamos un dinero durante siete años, tienen que recompensarnos».

¿Entran, pues, las notas estructuradas en nuestra caja de la seguridad? Las notas estructuradas son seguras si lo es el banco que las emite. Erdoes dejó claro que JPMorgan es el banco más grande del mundo. Algunos fiduciarios recomendarán el Banco Real de Canadá u otros bancos canadienses, pues están clasificados como los mejores y más seguros del mundo. (En Estados Unidos quebraron más de 9.400 bancos durante la Gran Depresión y casi 500 en la última Gran Recesión. *¡En Canadá no quebró ni uno!*) Así que, como siempre, tenemos que sopesar los riesgos y los beneficios y decidir. Miremos también las comisiones y los contratos complicados. Como dijimos en el capítulo 2.8, las notas estructuradas pueden ser un producto malísimo, como los fondos de inversión, si nos cobran muchas comisiones. Si la entidad emisora es fiscalmente fuerte, no perderemos nuestro dinero. Pero si no invertimos en el momento oportuno, no ganaremos nada. Es, pues, más una estrategia de protección segura. Conviene que consultemos con nuestro asesor independiente antes de lanzarnos.

El tiempo está de nuestro lado

¡Guau! Mucha tela. Pero recordemos: si tanta opción nos marea, no somos los únicos.

Pero es importante entender en qué consiste colocar activos y qué inversiones podemos meter en cada una de estas cajas para que, en general, nuestra cartera —el conjunto de nuestras inversiones— responda a nuestros objetivos y al grado de riesgo que estamos dispuestos a asumir. ¡Así seguiremos controlándolo todo! Ante cada decisión, nos preguntaremos: «¿Cuánto arriesgo y cuánto guardo?». ¡Así se gana o se pierde el juego!

Y, como hemos visto, la gran cuestión de nuestra Caja de la Seguridad es hoy: ¿qué es realmente seguro? Sabemos que el mundo ha cambiado y que incluso los ahorradores conservadores se han visto obligados a hacer inversiones más y más arriesgadas a causa de las absurdamente bajas tasas de interés. Es tentador buscar rentabilidades más altas, sobre todo cuando el mercado de valores sube mucho. Podemos empezar a pensar: «Así nunca llegaré donde quiero llegar». Pero sí podemos si nos empeñamos. (Y sobre todo si encontramos inversiones con rentabilidad garantizada sin arriesgar nuestro principal; hablaremos pronto de esto.)

Como dice la canción de los Rolling Stones, el tiempo está de nuestra parte cuando se trata de que nuestra riqueza crezca. Y el tiempo es sin duda el mejor activo de la caja de la seguridad... incluso si empezamos tarde. Después de todo, cada vez más personas llegamos a los ochenta y noventa años, con lo que nuestras inversiones pueden rendir tanto como nosotros vivamos. Y si somos de la generación X, Y o Z —pues hay una generación Z, ¡los posmillennials!—, ¡llevamos ventaja! Podemos empezar con una cantidad pequeña y dejar que la magia del interés compuesto nos lleve a donde queremos ir mucho más fácilmente.

Lo que pasa con el dinero de la caja de la seguridad me recuerda un viejo ardid del jugador de golf. El jugador le dice a su víctima: «¿Juegas al golf? Yo acabo de empezar y no soy bueno. ¿Nos apostamos diez céntimos por hoyo?» El otro dice: «Vale». De camino al primer hoyo, el jugador dice: «La verdad es que diez céntimos es muy poco. Para que sea más divertido ¿por qué no doblamos la apuesta en cada hoyo?». El primer hoyo vale 10 céntimos; el segundo, 20, el tercero 40. Cuando llegan al quinto, la apuesta es de 1,60 dólares. El sexto vale 3,20, y sólo han recorrido una tercera parte del circuito de 18 hoyos. Cuando llegan al hoyo decimoctavo, ¿cuánto están jugándose? ¡Pues nada menos que 13.107 dólares! Es una buena apuesta incluso para Donald Trump. Ésta es la magia del interés compuesto en acción.

A la larga, ocurre lo mismo cuando invertimos en nuestra caja de la seguridad. Capitalizamos los intereses devengados y, durante un tiempo, parece que no pasa nada. Pero de pronto llegamos al decimotercer hoyo, y luego al decimocuarto, y luego al decimosexto... ¡y entonces explota! Veamos la tabla de la página siguiente. Ésa es la progresión exponencial que trabajará para nosotros.

A esta generación, tener paciencia le parecerá sin duda muy difícil. Somos una sociedad que busca la recompensa inmediata, y esperar a que los activos de nuestra caja de la seguridad aumenten de valor puede parecer al pronto como ver crecer la hierba. Por eso tendemos a meter mucho dinero en la otra caja, la del riesgo y el crecimiento. Pero no todo lo que tenemos en la caja de la seguridad tiene por qué ser tan poco emocionante. Si tenemos talento, un asesor independiente con experiencia puede enseñarnos a sacar más provecho de estos aburridos instrumentos seguros, o incluso mucho más provecho, si damos con el entorno adecuado.

A continuación, doy un ejemplo de lo que mi asesor de Stronghold me recomendó, y es un activo que la mayoría de la gente no pondría en su caja de la seguridad: ¡un préstamo para vivienda residencial!

La cosa empieza con un tipo que construye una casa en Indian Wells, California, tiene apuros financieros y se la vende a un grupo de inversores. ¿Nos suena Indian Wells? Es como el Beverly Hills de Palm Springs, que es una de las regiones con mayor renta per cápita de Estados Unidos. La ciudad es bonita, tiene un clima excelente y está rodeada de campos de golf y de centros turísticos: un lugar maravilloso para comprarse una casa

El juego del golf

HOYO	$
1.º	0,10
2.º	0,20
3.º	0,40
4.º	0,80
5.º	1,60
6.º	3,20
7.º	6,40
8.º	12,80
9.º	25,60
10.º	51,20
11.º	102,40
12.º	204,80
13.º	409,60
14.º	819,20
15.º	1.638,40
16.º	3.276,80
17.º	6.553,60

en la que vivir o ir de vacaciones. La empresa inversora que compró la casa de nuestro hombre adquiere docenas de propiedades, por lo que requiere de mucho efectivo: pero la empresa no lo necesita para mucho tiempo porque enseguida reforma y revende las casas. Para que fluya el dinero, la empresa busca inversores que le hagan préstamos a corto plazo a cambio de «contratos de fideicomiso preferente» (*first trust deeds*) sobre las propiedades que compra.

¿Sabemos lo que son los fideicomisos preferentes? Si tenemos una casa con hipoteca, es que una entidad financiera nos ha prestado el dinero para comprarla y nosotros le hemos dado nuestra palabra de que se lo devolveremos con cierto interés. Ahora bien, si no mantenemos la palabra dada y dejamos de pagar, la entidad que tiene la hipoteca, el fideicomiso, tiene el derecho de obligarnos a vender... y seguir percibiendo los intereses hasta que se venda. Como inversor, yo siempre busco la manera de maximizar el rendimiento en un entorno seguro: un fideicomiso preferente bien estructurado puede ser perfecto.

Mi asesor y yo descubrimos que la empresa inversora ofrecía un fideicomiso preferente de esa casa de Indian Wells como aval de un préstamo de un millón de dólares, a un año y con un interés del 10 por ciento. Quería un inversor, o veinticinco, que pusieran 40.000 dólares cada uno. Al final decidí invertir yo solo el millón. Se me podría decir: «¡Guau, eso es mucho! Ganas cien mil dólares por inmovilizar ese dinero sólo un año. ¿Y cuál es el riesgo?». Por eso precisamente hicimos muchas averiguaciones. La casa, supimos después de dos peritaciones, valía dos millones tal y como estaba. Por tanto, si yo prestaba un millón, la proporción entre el préstamo y el valor era del cincuenta por ciento, ¿verdad? Aunque la empresa quebrara, mi millón de dólares estaba asegurado porque el valor de la propiedad era de dos millones.

Fue un muy buen negocio, pero también he comprado fideicomisos de casas más pequeñas. Por ejemplo, en el Medio Oeste encontré una casita que valía 80.000 dólares. Si ponía 40.000, el cincuenta por ciento del valor, podía ser un buen negocio. El caso de Indian Wells era parecido, solo que a mayor escala. Así que me decidí a invertir y puse aquella operación en mi caja de la seguridad.

Ya estoy oyendo al lector: «¡Un momento, Tony! ¿Y si el mercado cae? ¿No entraría mejor esta inversión en tu caja del riesgo y el crecimiento?».

¡Es una gran cuestión, porque acabamos de sufrir una de las peores crisis inmobiliarias de la historia! Y, al pronto, seguramente la pondríamos en la caja del riesgo. Pero es una inversión segura, y la razón es ésta: en 2008, cuando el mercado inmobiliario se desplomó y el mundo quedó patas arriba, el precio de la vivienda cayó entre un 30 y un 40 por ciento en la mayor parte de Estados Unidos. Hubo unas cuantas excepciones, como en ciertas partes de La Vegas, Phoenix y Miami, donde los precios cayeron más del cincuenta por ciento. Pero en todos estos lugares los precios subieron muchísimo justo antes de que la burbuja explotara. En la zona de Indian Wells la burbuja no tuvo esas dimensiones, y mientras que los precios cayeron un 31 por ciento de 2008 a 2010 (mucho menos que el cincuenta por ciento), la mayor pérdida en un solo año fue del 13,6 por ciento (de 2008 a 2009). Y recordemos: sólo prestábamos por un año. O sea, si la vivienda residencial no cayó tanto en Indian Wells en 2008, no es probable que lo vaya a hacer este año.

Por eso decidí poner esta inversión en mi caja de la seguridad. **Es donde tenemos que ser cautelosos.** Pero tampoco tiene por qué ser completamente aburrido. Y a veces la rentabilidad es muy interesante (del ocho al diez por ciento, cuando mucha gente se conforma con rentabilidades del uno al cuatro por ciento en esta caja) si nos lo trabajamos bien.

> Estoy convencida de que Esopo escribía para las tortugas. Las liebres no tienen tiempo para leer.
>
> ANITA BROOKNER

> El aburrimiento viene de las mentes aburridas.
>
> *The Struggle Within*, METALLICA

Ahora bien, ¿y si esa misma empresa me ofreciera una rentabilidad del 12 por ciento por invertir en esa propiedad de dos millones de dólares... pero, por este interés más alto, me pidiera que le prestara 1,5 millones de dólares en lugar de uno? Con eso la relación entre el préstamo y el valor sería del 75 por ciento: lógicamente conseguiría más rentabilidad asumiendo más riesgo. Eso significa que si el mercado cayera un 25 por ciento o más, yo podría perder parte de mi inversión. No es probable, pero sí posible. O sea, si estuviera dispuesto a asumir más riesgo por una mayor rentabilidad, me lo pensaría. Eso sí, ya no pondría esta inversión en mi caja de la seguridad, sino en la que veremos a continuación, una caja que debería estar envuelta en cinta amarilla en la que dijera «precaución» y ser manejada con guantes de horno, porque si no tenemos cuidado nos quemamos. Pero si sabemos manejarla, puede acelerar nuestra marcha a la libertad financiera.

A estas alturas sabemos por qué colocar activos es un arte y no una ciencia. La idea de seguridad es totalmente subjetiva. ¡Hay gente que piensa que nada es seguro! Otros se sienten seguros aunque vivan con cierto riesgo. Cada cual tiene que considerar sus inversiones individualmente.

Colocar bien nuestros activos consiste en saber cuánto dinero guardamos en lugar seguro y cuánto estamos dispuestos a arriesgar a cambio de una mayor rentabilidad y de la posibilidad de crecer más rápido. De eso depende, en materia de inversión, que vivamos o muramos, que triunfemos o fracasemos. ¿Qué porcentaje de nuestro dinero, pues, pensamos que deberíamos poner en nuestra caja de la seguridad, es decir, en inversiones seguras? ¿Un tercio? ¿La mitad? ¿Dos tercios? No proteger una parte considerable de nuestro dinero en inversiones seguras puede llevarnos al desastre financiero. Por lo mismo, poner demasiado dinero en esta caja puede ralentizar notablemente nuestro crecimiento. ¿Cómo encontrar el equilibrio? Para eso estamos trabajando. Y ahora que hemos sentado las bases de la seguridad, es hora de empezar realmente a jugar. Es hora de jugar a ganar.

Daré aquí brevemente información sobre los bonos que vale la pena que tengamos en cuenta, porque los bonos pueden ser una inversión muy importante en nuestra caja de la seguridad. Si no es el momento de considerarla, sepamos que la tenemos aquí y pasemos al siguiente capítulo. ¡Sigamos avanzando! Vamos camino de mayores riesgos y de mayores recompensas.

Unas palabras sobre los bonos

> Los caballeros prefieren bonos.
>
> ANDREW MELLON,
> fundador del Bank of New York Mellon

No hace tanto tiempo, los bonos parecían la inversión más segura y fiable. Eran la gran arma de las carteras de los superricos y el fundamento de la caja de la seguridad y la tranquilidad del inversor medio. Pero de unos años a esta parte han adquirido mala fama y con razón. Con unas tasas de interés mantenidas absurdamente bajas por el gobierno de Estados Unidos y algunas empresas, ciudades y aun naciones emitiendo bonos cuando están a punto de quebrar —y aun en quiebra—, ya no parecen el buen negocio que eran.

Pero la mayoría de los expertos piensan que los bonos son una parte importante de nuestra combinación de inversiones. (De hecho, son la base de la magnífica cartera que funciona en todos los climas económicos y de la que hablaremos en el capítulo 5.1.) Examinemos, pues, las clases de bonos básicos que existen para ver qué tienen de bueno... y también de malo.

— **Bonos del Tesoro.** Muchos expertos en inversiones, entre ellos ese mago de la colocación de activos que es David Swensen, de la Universidad de Yale, creen que los bonos más seguros son los bonos del Tesoro de siempre, porque están respaldados por el Estado. David dice que «son como un ancla para cualquier cartera de inversiones». Pero como el pago de estos bonos está asegurado, también son menos rentables. Y, como en el caso de otros bonos menos seguros, su cotización puede fluctuar dependiendo de circunstancias externas, sobre todo de la inflación o deflación. Por tanto, lo que pensábamos que era una inversión a prueba de bombas ¡puede estallarnos en la cara!

Hay cuatro tipos de bonos del Tesoro (con diferentes nombres según el plazo de vencimiento).

1. **T-bills**: son títulos de deuda del Estado que vencen en menos de 12 meses. Son la base de la mayoría de los fondos indexados de bonos a corto plazo y de los fondos del mercado monetario.
2. **T-notes**: notas del Tesoro que vencen en uno a diez años y ofrecen un interés fijo (llamado «cupón»). Pagan intereses cada seis meses.
3. **T-bonds**: lo mismo que las T-notes, pero vencen en diez a treinta años.

4. **TIPS**: creados en 1997, estos valores del Tesoro nos protegen de inflaciones altas. Existen en España, y son los bonos y obligaciones indexadas a la inflación. Cuando compramos TIPS, el principal (o «nominal») de nuestro bono sube o baja cuando el índice de precios al consumo cambia, con lo que también varía el interés que nos pagan cada seis meses. Así, si compramos TIPS por valor de 10.000 dólares al 1,5 por ciento de interés y el índice de precios al consumo cambia en seis meses, el valor «nominal» de nuestro bono se mantiene y nosotros cobramos 150 dólares de intereses. Pero —¡y esto es lo bueno de los TIPS!—, si el coste de la vida aumenta un dos por ciento, nuestro bono pasa a valer 10.200 dólares, devengando unos intereses semestrales de 153 dólares. Si compramos muchos TIPS y hay una gran inflación, ¡ese dinero puede aumentar mucho! La tabla de la página siguiente muestra cómo funciona.

Obsérvese que el valor también puede ajustarse a la baja. Por lo tanto, si sobreviniera otra recesión o crisis económica, podríamos perder parte de nuestro principal si liquidáramos el bono al valor que tuviera en ese momento.

En definitiva, si compramos TIPS, confiamos en que habrá un periodo de inflación. ¿Es eso probable? Si no estamos seguros (y nadie puede estarlo nunca), podríamos hacer lo que David Swensen recomienda en una cartera de inversiones ideal: como los TIPS suben de precio cuando lo hacen las tasas de interés (como normalmente ocurre en épocas inflacionistas), compensémoslos comprando la misma cantidad de bonos del Tesoro tradicionales que bajan de precio cuando las tasas de interés suben. ¡De ese modo estamos siempre protegidos!

Por supuesto, Estados Unidos no es el único país que emite bonos para pagar sus actividades. Y en los buenos

Tabla de TIPS de Raymond James

Año	Cupón	Nominal	Periodo de inflación	Cambio en el IPC	Valor ajustado del principal	Intereses
1	1,5 %	1.000 $	Inflacionista	+2 %	1.020 $	15,30 $
2	1,5 %	1.020 $	Deflacionista	–1 %	1.010 $	15,15 $
3	1,5 %	1.010 $	Inflacionista	+3 %	1.040 $	15,60 $
4	1,5 %	1.040 $	Inflacionista	+2 %	1.060 $	15,90 $
5	1,5 %	1.060 $	Inflacionista	+1 %	1.070 $	16,05 $

viejos tiempos, hace unos años, un bono respaldado por una nación soberana se consideraba una inversión muy segura. Pero después de lo que ha pasado con Grecia, con España y con otras naciones que han estado a punto de quebrar —o, como Argentina, que han quebrado directamente—, los bonos extranjeros son ahora un negocio más arriesgado. Y también son más vulnerables a los riesgos inflacionistas, por lo que, si compramos bonos en una moneda inestable, podríamos tener serios problemas para cambiarlos de nuevo a dólares. Casi todos los asesores recomiendan dejar estas inversiones para operadores expertos y fondos de inversión de alto riesgo.

¿Y qué pasa con otro tipo de bonos que pueden ser más rentables que los viejos y sencillos bonos del Tesoro? Algunos de los que enumero más abajo pueden ser más seguros que otros. Podemos saber lo que piensan otras personas sobre sus perspectivas, gracias a un sistema de evaluación que clasifica los bonos según el nivel de riesgo que supone para los inversores.

Hay varias agencias de calificación de bonos reconocidas internacionalmente, como Moody's, Fitch Ratings y Standard & Poor's, que usan fórmulas especiales para evaluar el crédito de los diferente emisores, igual que evalúan nuestro crédito cuando pedimos un préstamo para comprarnos un coche o una tarjeta Visa. La agencia Standard & Poor's, por ejemplo, los clasifica desde la categoría AAA (el mayor grado de confianza en que la empresa no se declarará en suspensión de pagos), pasando por la categoría BBB (o «grado de inversión»), hasta la categoría D (que significa que el emisor del bono ha quebrado). Cuanto menor es la calificación, más intereses ha de pagarles el emisor a los tenedores de bonos por el riesgo que asumen. Los llamados por los expertos «bonos de alto rendimiento», conocidos antes por «bonos basura», tienen una calificación inferior a BBB, lo que los hace de «grado de subinversión».

— **Bonos empresariales.** Las empresas emiten bonos cuando necesitan dinero para expandirse, comprar, pagar dividendos, financiar una pérdida o cualquier otra razón. ¿Debemos comprar bonos de empresas? Depende del riesgo. Si compramos un mal bono, podemos perder casi todo o todo nuestro dinero. Incluso empresas emblemáticas como TWA y Kodak quebraron. Al año de declararse en suspensión de pagos, los bonos no garantizados de Kodak se vendían por 14 céntimos. Pero los de la mayoría de las grandes empresas estadounidenses se consideran seguros. Apple (con una calificación de AA+) ha vendido bonos bien calificados a compradores ansiosos, pero el interés que ofrecen estos es ¡sólo un uno por ciento superior al de los bonos del Tesoro equivalentes! Algunos inversores, como David Swensen, dicen: «¿Por qué molestarnos en comprar bonos empresariales cuando podemos obtener mayor rentabilidad comprando acciones de la empresa?».

Pero si buscamos bonos más rentables, tenemos muchas opciones... ¡siempre que pongamos estas inversiones en nuestra caja del riesgo y el crecimiento, y no en la de la seguridad! Por ejemplo, no todo el mundo retrocede ante los llamados «bonos basura». Tenemos que considerarlos uno por uno para ver cuál merece la pena. En mayo de 2014, la compañía aérea más grande de Australia, Qantas, ofreció un bono a ocho años en «grado de subinversión» y en dólares australianos con un interés del 7,75 por ciento. La calificación crediticia de la empresa había bajado por pérdidas recientes y problemas de deuda, pero ¿los descartaríamos? O, caso aún más extremo, en enero de 2013, en medio del caos, hubo gente que compró bonos del Tesoro egipcios a un año con una rentabilidad garantizada (en la medida en que un gobierno inestable puede garantizarla) del 14,4 por ciento. Los que los compraron contaban con que los gobiernos de Estados Unidos y de Arabia Saudí garantizarían la estabilidad y solvencia de Egipto.

¿Compensarán los beneficios el riesgo de quiebra? Ésta es la decisión que tenemos que tomar antes de comprar bonos basura.

Naturalmente, muchos no tenemos ni la experiencia ni el tiempo necesarios para investigar a este nivel. Por eso puede sernos de gran ayuda tener a mano a un asesor independiente con talento y experto en el tema. Pero también hay fondos indexados de bonos de alto rendimiento que pueden darnos buena rentabilidad a la vez que reparten el riesgo entre muchos bonos.

— **Bonos municipales.** ¿Y qué decir de estos bonos? Cuando una región, ciudad o condado necesita dinero para llevar a cabo una gran obra pública (sistemas de alcantarillado, hospitales, transporte público), pide prestado dinero emitiendo bonos. Antes, estos bonos municipales estaban considerados un buen negocio para todo el mundo, porque los intereses que devengaban solían estar exentos de impuestos estatales y aun federales. Pero ¿qué ha pasado con muchas ciudades y estados del país, como San Bernardino y Stockton, en California, o el condado de Jefferson, en Alabama, y en Detroit, en Chicago? Todos quebrados o casi, y los tenedores de sus bonos colgados. Ya no parecen tan seguros. Además, cuando las tasas de interés bajan, a veces el emisor del bono puede «retirarlo» y devolvernos nuestro principal antes de la fecha de vencimiento, con lo que perdemos el rendimiento que nos habían garantizado y con el que contábamos. Pero si conocemos los riesgos y sabemos elegir bien, los bonos municipales pueden ser una gran oportunidad.

¿Queremos dejarnos de conjeturas a la hora de elegir la mejor combinación de bonos para nuestra cartera de inversiones? El fundador de Vanguard, Jack Bogle, recomienda contratar **fondos indexados de bonos de bajo coste y pocas comisiones que extienden el riesgo porque participamos en todo el mercado de bonos**. En la sexta parte el libro, «Invirtamos como el 0,001 por ciento: el manual del multimillonario», veremos cómo Bogle aplica esta idea a su propia cartera.

Y ahora asumamos más riesgo y obtengamos mayor recompensa.

Capítulo 4.2

Jugar a ganar: la caja del riesgo y el crecimiento

No vence el que tiene el coche más veloz, sino el que se niega a perder.

Dale Earnhardt padre

La **caja del riesgo y el crecimiento** es lo que todo el mundo quiere. ¿Por qué? ¡Porque es sexy! ¡Porque es excitante! Podemos obtener ganancias mucho más grandes... pero la clave es la palabra «podemos». **También podemos perder todo lo que hemos ahorrado e invertido. En consecuencia, pongamos lo que pongamos en nuestra caja del riesgo y el crecimiento, tenemos que estar preparados para perder una parte y aun todo si no tomamos medidas protectoras.** ¿Por qué lo sabemos? Porque todo en la vida, y los mercados también, es cíclico. Hay momentos en los que sube y momentos en los que baja. Y todo el que invierta en un determinado tipo de activo que esté en alza —bienes inmobiliarios, acciones, bonos, materias primas o lo que sea— y crea que será así siempre porque «esta vez es diferente», debe prepararse para un duro despertar. Cuando entrevisté a Jack Bogle para este libro, me repitió uno de sus mantras: «Los mercados siempre vuelven a donde estaban». (Esto quiere decir que lo que sube, baja y viceversa.) Y estoy seguro de que nos hemos quedado con lo que dijo Ray Dalio: que sea cual sea nuestra inversión favorita, podemos estar seguros de que, en algún momento de nuestra vida, el valor de esa inversión caerá entre un 50 y un 70 por ciento. Si bien las posibilidades alcistas de esta caja son ilimitadas, tampoco olvidemos nunca que podemos perder toda nuestra inversión (o al menos gran parte de ella). Por eso la llamo caja del riesgo y el crecimiento y no caja del crecimiento y el riesgo, porque el crecimiento no es seguro, ¡pero el riesgo sí!

¿Qué inversiones, pues, pondremos en esta caja?

A continuación enumero siete tipos principales de activos que podríamos considerar:

1. **Acciones.** Así se llaman las participaciones de propiedad de una empresa o de los instrumentos de propiedad de muchas a la vez, como son los fondos de inversión, los índices y los «fondos de inversión cotizados» (ETF por sus siglas en inglés).

Los fondos de inversión cotizados han ejercido una enorme atracción en el mercado bursátil. Entre 2001 y 2014 gozaron de una popularidad de más del 2.000 por ciento y movieron más de dos billones de dólares. Pero ¿qué son exactamente? Son como los fondos de inversión o los fondos indexados normales, porque contienen una serie de activos diversificados, pero podemos comprarlos y venderlos como si fueran acciones. La mayoría se centran en una clase de valores (acciones de empresas de pequeña capitalización, bonos municipales, oro) o siguen un índice. Pero, a diferencia de los fondos de inversión o indexados normales, en los que tenemos que esperar al final de la jornada bursátil para comprar o vender, los fondos de inversión cotizados pueden comprarse y venderse en cualquier momento del día. Los expertos dicen que si nos gusta la idea del fondo indexado, pero queremos comprar cuando vemos que la cotización es baja y vender cuando es alta en el curso de la sesión bursátil, este tipo de fondos de inversión son los mejores. Aunque eso es comprar y vender, no invertir, y querer replicar el mercado conlleva muchos y serios riesgos.

Pero hay otra diferencia: cuando compramos acciones de un fondo cotizado, no compramos realmente valores, bonos, materias primas ni cualquier otra cosa en la que el fondo haya invertido: compramos participaciones de ese fondo de inversión, que es el que posee los activos. Ese fondo nos *promete* los mismos resultados financieros que si nosotros mismos poseyéramos los activos. Parece complicado, pero descuidemos: no lo es tanto.

A mucha gente le gustan los fondos cotizados porque ofrecen una gran diversificación a poco coste. De hecho, muchos de estos fondos cobran menos comisiones que los fondos indexados tradicionales, y en ocasiones exigen menos requisitos.

¿Deberíamos invertir en fondos cotizados? Jack Bogle, fundador de Vanguard (que, por cierto, ofrece muchos fondos de este tipo), me dijo que no ve nada malo en invertir en fondos como éstos, indexados y muy diversificados, pero avisa de que muchos se han especializado demasiado para los inversores particulares. «No sólo podemos invertir en el mercado, sino en países, en sectores industriales. Y lo mismo podemos acertar como equivocarnos», me dijo. David Swensen no entiende por qué los inversores particulares se interesan por los fondos cotizados. «Yo creo en comprar y en tener a largo plazo —me dice—. Invertir en esos fondos sólo tiene sentido si queremos comprar y vender. Y por eso no me gustan mucho.»

2. **Bonos de alto rendimiento.** También se llaman «bonos basura», y se los llama así por una razón. Son bonos con una calificación de seguridad muy baja y una rentabilidad más alta que la de otros bonos más seguros porque asumimos un gran riesgo. Al final del capítulo anterior doy información sobre estos bonos que podemos repasar.
3. **Bienes inmuebles.** Todos sabemos que invertir en inmuebles puede ser altamente rentable. Seguramente ya conocemos lo que es esta categoría, pero hay muchas maneras de invertir en ella. Podemos comprar un inmueble, reformarlo y revenderlo enseguida. Podemos invertir en fideicomisos preferentes. Podemos comprar inmuebles comerciales o vivienda. Una de mis preferencias, de la que ya he hablado, es invertir en residencias de mayores, que a la vez nos dan ganancias y tienden a revalorizarse. O podemos comprar REIT, fondos de inversión inmobiliaria. Los hay que poseen grandes

cantidades de inmuebles comerciales (o hipotecas) y venden acciones a pequeños inversores, como fondos de inversión. Los REIT se compran y venden como valores, y también podemos comprar acciones de un fondo indexado REIT, que nos ofrece una serie de diferentes REIT.

Para un mejor rendimiento, el premio Nobel de economía Robert Shiller me dijo que vale más invertir en REIT que comprarnos una casa (que entra en la caja de la seguridad, de todas maneras). «Comprar un REIT de un apartamento me parece mejor inversión que comprarnos una casa —dice—, porque ahora parece que se tiende a alquilar.» Esto podría cambiar, desde luego. Y, como en toda inversión, tenemos que pararnos a pensar: «¿Por qué apuesto?». Apostamos por que el precio del inmueble subirá con el tiempo. Pero no lo sabemos a ciencia cierta, y por eso está en la caja del riesgo y el crecimiento. Si sube, podríamos obtener grandes beneficios; si no, no ganamos nada... y hasta podríamos perderlo todo. Cuando compramos una casa, apostamos por que el precio de esta casa subirá. Cuando compramos bienes inmuebles que producen renta (como un piso en alquiler, un bloque de viviendas, un inmueble comercial, un REIT o un índice que tenga éstos), Shiller señala que ganamos de dos maneras. Percibimos una renta todo el tiempo y, si el inmueble se revaloriza, podemos aprovechar para vender y sacarnos un buen dinero.

4. **Materias primas.** Esta categoría incluye oro, plata, petróleo, café, algodón, etc. Desde hace mucho, el oro se ha considerado el último refugio de mucha gente, una constante en la caja de la seguridad, y, según la sabiduría convencional, en época de incertidumbre, su valor siempre sube. ¡Pero en 2013 su precio cayó más del 25 por ciento! ¿Por qué invertir en oro? Podríamos tener una pequeña cantidad de este activo en nuestra cartera de inversiones, como queriendo decir: «Si el papel moneda desaparece, este oro es parte de mi seguridad». O sea, si la cosa se pone fea y el gobierno sucumbe a una invasión de zombis, por lo menos disponemos de algún oro (o plata) con el que podemos comprarnos una casa flotante y escapar al mar. (Aunque, ahora que lo pienso: ¿los

zombis saben nadar?). De otro modo, el oro seguramente entra en la caja del riesgo y el crecimiento. Invertiríamos en él para protegernos de la inflación o como parte de una cartera equilibrada, como veremos más tarde, pero tenemos que aceptar el riesgo. Conque no nos engañemos: si compramos oro, es porque confiamos en que su precio aumente. A diferencia de muchas otras inversiones, ésta no produce renta, como la producen las acciones, en forma de dividendos, los bienes inmuebles y los bonos. Es decir, el oro podría ser un buen riesgo o un mal riesgo, pero lo que es seguro es que entra en la caja del riesgo y el crecimiento. Esto no es un ataque al oro. ¡De hecho, en circunstancias económicas normales, el oro rinde excelentemente! Por eso, en el capítulo 5.1, «Invencible, inhundible, inconquistable: la estrategia para todas las estaciones», veremos por qué es una buenísima idea tener algún oro en nuestra cartera.

5. **Moneda.** ¿Tenemos un yen y queremos comprar más? Como las monedas no son más que «papel», invertir en ellas no es más que pura especulación. Hay gente que hace una fortuna invirtiendo en ellas y hay mucha más que la pierde.
6. **Objetos de coleccionismo.** Arte, vino, monedas, automóviles y antigüedades, por mencionar unos cuantos. Estos activos también exigen que tengamos un conocimiento muy especial... y pasarnos mucho tiempo en eBay.
7. **Notas estructuradas.** ¿Por qué están estas notas en las dos cajas? Porque las hay de diferentes tipos. Algunas ofrecen una protección del ciento por ciento del principal, y éstas podemos incluirlas en la caja de la seguridad, siempre y cuando el banco que las emite sea sólido. Otras notas ofrecen mayor rentabilidad, pero sólo una protección parcial del principal si el índice cae. Pongamos que compramos una nota con un 25 por ciento de protección. Esto significa que si el mercado bursátil cae un 25 por ciento, no perdemos nada. Si cae un 35 por ciento, perdemos el 10 por ciento. Pero como asumimos más riesgo, obtenemos más ganancias: a veces hasta del 150 por ciento del índice de referencia. En otras palabras, si el mercado sube un 10 por ciento, obtenemos un rendimiento del 15. Hay, pues,

posibilidad de mayores ganancias, pero el riesgo también es mayor. Recordemos una vez más: las notas estructuradas debemos comprarlas mediante un asesor independiente que se encargue de suprimir las comisiones excesivas para que las ganancias sean aún mayores.

La seguridad no la tenemos por casualidad.

Mensaje de una señal vial de Florida

Hemos visto una serie de instrumentos o activos de inversión que podríamos encontrar en una caja del riesgo y el crecimiento. Quizá se pregunte el lector por qué no he incluido algunos de los instrumentos de inversión más audaces del momento: opciones de compra y venta (*call and put options*), obligaciones garantizadas por deuda (*credit-default obligations* o CDO) y toda una serie de instrumentos financieros exóticos que hay hoy día disponibles en el mercado. Si tenemos mucho dinero, quizá queramos que nuestro fiduciario considere alguno de estos instrumentos. Pero démonos cuenta de que, si empezamos a jugar a este juego, es porque hemos dejado de ser sólo inversores y nos hemos convertido también en especuladores. Es lo que se llama *momentum trading* y debemos saber que podemos perderlo todo y más si jugamos mal. Y como el lema de este libro es que la libertad financiera se consigue a través del ahorro y de la inversión acumulativa, dejaré el debate de estos instrumentos para otro momento.

Es hora de empezar a jugar

Muy bien, ya sabemos qué jugadores tenemos colocados en nuestras cajas y cuál es la clave de un equipo ganador: **¡diversificar, diversificar y diversificar!** Pero hay más. No sólo tenemos que diversificar *entre* la caja de la seguridad y la del riesgo y el crecimiento, sino también *dentro* de ellas. Como me dijo Burton Malkiel, tenemos que **«diversificar entre valores, entre categorías de valores, entre mercados... y en el tiempo»**. ¡Así es como conseguimos tener una cartera para todas las estaciones! Por ejemplo, dice que no sólo debemos invertir en acciones y bonos sino también en diferentes *tipos* de acciones y bonos, muchos de ellos de diferentes mercados en diferentes partes del mundo. (Hablaremos de la diversificación en el tiempo en el capítulo 4.4, «*Timing*: ¿la oportunidad lo es todo?».)

Y la mayoría de los expertos coinciden en que el mejor instrumento de diversificación que hay para los inversores particulares son los fondos indexados de bajo coste, que nos permiten acceder a la mayor cantidad de valores por menos coste. «La mejor manera de diversificar es **invertir en un índice**, porque no nos cobran tantas comisiones», me dijo David Swensen.

¡Divirtámonos!

Claro está, **si nuestra máquina de hacer dinero funciona a pleno rendimiento y nos apetece, no hay nada malo en coger un pequeño porcentaje de la caja del riesgo y el crecimiento y ponernos a comprar y vender unos cuantos valores. «Indexemos nuestro dinero importante y luego divirtámonos —me dijo Burton Malkiel—. Es mejor que colocarte en la pista de carreras, pero limitémonos a un cinco por ciento o menos de nuestros activos totales o cartera.»**

¿Nos da todo esto una de idea de la combinación de activos que más nos conviene? Antes de que decidamos nada, tengamos presente que todos tendemos a acumular aquellas inversiones que creemos que nos darán las mejores victorias. Y todo el mundo consigue victorias. ¿Sabemos por qué? Porque entornos diferentes recompensan inversiones diferentes. Digamos, por ejemplo, que los bienes inmuebles están en alza. Como hemos invertido en bienes inmuebles, somos unos genios. ¿Que el mercado bursátil está en alza? Si tenemos acciones, somos unos genios. ¿Que los bonos van a las mil maravillas? Si tenemos bonos, somos unos maestros de la inversión. O a lo mejor es que hemos caído en el lugar oportuno en el momento oportuno, ¿no? Y por eso no queremos confiarnos. Por eso saber colocar activos es tan importante. ¿Qué dicen las personas más listas del mundo? «Puedo equivocarme.» Por eso colocan sus activos con la idea de ganar dinero a largo plazo aunque se equivoquen a corto plazo.

Veamos lo que sabemos

En las páginas que siguen, mostraré las carteras de inversiones, o colocación de activos, de algunos de los inversores más grandes de todos los tiempos. Empecemos con alguien del que llevamos hablando todo el rato: David Swensen, el hombre de los 23.900 millones de Yale, un verdadero maestro en la colocación de activos. ¿Le interesa al lector saber lo que recomienda personalmente? ¡A mí también! Así que, cuando lo entrevisté en su despacho, le pregunté la cuestión fundamental: **«Si no pudieras dejarles dinero a tus hijos, sino sólo una cartera de activos y un conjunto de principios sobre cómo invertir, ¿cuáles serían éstos?»**

Me dijo cómo recomienda él a los inversores particulares colocar sus activos de manera que sus carteras superen la prueba del tiempo. También se lo recomienda a todas las instituciones que no sean las Universidades de Yale, Stanford, Harvard y Princeton. ¿Por qué? Porque estas cuatro instituciones tienen a una legión de analistas de primera categoría dedicados exclusivamente a ellas.

Cuando vi la lista, me quedé sorprendido de lo elegante y sencilla que era. Yo he mostrado quince clases de activos entre los que podemos elegir; él sólo usa seis categorías, todo en fondos indexados. También me sorprendió el mucho peso que le daba una caja en particular. ¿Adivinamos cuál? Pongamos en práctica parte de lo que hemos aprendido hasta ahora acerca de la diferencia entre la caja de la seguridad y la del riesgo y el crecimiento.

Veamos la tabla siguiente y señalemos a qué caja corresponde cada clase de activos. Marquemos las que creamos que corresponden a la caja de la seguridad, en el que ponemos inversiones con poca rentabilidad y menos riesgo, y luego las que corresponden a la caja del riesgo y el crecimiento, que tiene mayor potencial de rendimiento pero también es más insegura.

La cartera de David Swensen		**¿Qué caja?**	
Clases de activos (fondos indexados)	***Peso de cartera***	***Riesgo / Crecimiento***	***Seguridad***
Acciones nacionales	20 %	□	□
Acciones internacionales	20 %	□	□
Mercados bursátiles emergentes	10 %	□	□
REIT (inmuebles)	20 %	□	□
Bonos del Tesoro a largo plazo	15 %	□	□
TIPS (títulos protegidos contra la inflación)	15 %	□	□

Empecemos por los cuatro primeros. El primero es un índice bursátil nacional, como el Vanguard 500 Index o el Wilshire 5000 Total Market Index. ¿Dónde lo pondríamos? ¿Conlleva riesgo? Desde luego. ¿Nos garantizan un rendimiento? De ninguna manera. ¿Podríamos perderlo todo? Es improbable, pero podría caer mucho... ¡y ha caído a veces! A largo plazo, las acciones estadounidenses se han comportado siempre muy bien. ¿Recordamos cómo son comparadas con poseer nuestra casa? Las acciones funcionan bien con el tiempo, pero son uno de los activos más volátiles a corto plazo. En los últimos ochenta y seis años (hasta 2013), el S&P ha perdido dinero en veinticuatro ocasiones. ¿A qué caja corresponden los fondos indexados, pues? Exacto: a la del riesgo y el crecimiento.

¿Y las acciones internacionales? David Swensen da mucho peso a las acciones extranjeras porque hacen la cartera muy diversa. Si se hunden en Estados Unidos, en Europa o en Asia pueden dispararse. Pero no todo el mundo piensa como David. Las monedas extranjeras no son tan estables como el dólar estadounidense, por lo que invertir en acciones extranjeras conlleva un «riesgo cambiario». Y Jack Bogle, el fundador de Vanguard, con sesenta y cuatro años de éxito, dice que poseer empresas estadounidenses es global. «Tony, ninguna de las grandes empresas estadounidenses son nacionales —me dijo—. Están en todo el mundo: McDonald's, IBM, Microsoft, General Motors. Es decir, nuestra cartera no deja de ser internacional.» ¿A qué caja corresponden las acciones extranjeras? Creo que estaremos de acuerdo en que corresponden a la del riesgo y el crecimiento, ¿no?

¿Mercados emergentes? A David Swensen le gusta poner dinero en acciones volátiles de los países en vías de desarrollo como Brasil, Vietnam, Sudáfrica e Indonesia. Podemos obtener excelentes rendimientos, pero también perderlo todo. ¿Los ponemos en la caja del riesgo y el crecimiento? ¡Sin duda!

¿Y los REIT? David me dijo que le gustaban «los fondos de inversión inmobiliaria que poseen grandes edificios de oficinas en los distritos financieros, grandes edificios industriales y grandes centros comerciales regionales. Por lo general rinden mucho». Es decir, estos fondos indexados suelen ser muy rentables pero suben y bajan con el mercado de inmuebles comerciales. ¿A qué caja corresponden? Lo hemos adivinado: a la del riesgo y el crecimiento.

¿Y los dos últimos de la lista: bonos del Tesoro a largo plazo y TIPS? ¿Ofrecen menos rentabilidad pero también más seguridad? ¡Precisamente! Luego ¿a qué caja corresponden? Eso mismo: a la de la seguridad.

¡Enhorabuena! ¡Acabamos de colocar seis clases principales de activos en la debida caja, que es algo que el 99,9 por ciento de la gente que vemos por la calle no sería capaz de hacer! Interesante, ¿no? Pero profundicemos un poco más para saber por qué David escogió esta combinación y por qué podría o no podría ser buena para nosotros.

Fijémonos primero en la caja de la seguridad. David dijo que eligió sólo bonos del Tesoro «porque hay una especie de pureza en contar con el pleno respaldo del Estado». Pero ¿por qué eligió esta combinación concreta de fondos de bonos? La mitad son tradicionales bonos del Tesoro a largo plazo y la otra mitad bonos protegidos contra la inflación.

Le dije a David:

—**Según tú, si queremos estar seguros, debemos protegernos tanto contra la inflación como contra la deflación.**

—Exactamente —contestó—. ¡Veo que lo has entendido! Mucha gente que invierte en índices de bonos los confunde. Los bonos del Tesoro son para la deflación, como la que tuvimos en 2008.

Pero si compramos bonos del Tesoro normales y la inflación se dispara, nuestra cartera de inversiones acabará sufriendo pérdidas. Si compramos TIPS y la inflación se dispara, estaremos protegidos.

Quiero que observemos que David Swensen, como hacen los mejores, no sabiendo si habrá inflación o deflación, se prepara para ambos casos. Podríamos decir: «Bueno, cincuenta por ciento para la inflación y cincuenta por ciento para la deflación. Así no perdemos ni ganamos, ¿verdad?». No es tan simple, pero por ahí va la cosa. David usa su caja de la seguridad para protegerse: si sus inversiones en acciones o en bienes inmuebles dejan de rendir, él palía las pérdidas con esas inversiones seguras. Así se asegura de que habrá algún dinero en su caja de la seguridad. Y no pierde su principal, porque hace un uso inteligente de esta caja. No perderá dinero y sí ganará un poco tanto si hay inflación como si hay deflación. Es un planteamiento inteligentísimo.

Pero me sorprendió bastante que sólo colocara el 30 por ciento de sus activos en la caja de la seguridad, ¡y el 70 por ciento restante lo pusiese en la caja del riesgo y el crecimiento! Eso me pareció bastante agresivo para algunos inversores, y le pregunté cómo funcionaría para el inversor medio.

—Es una buena pregunta, Tony —me contestó—. Las acciones son la clave de las carteras con futuro. Si nos fijamos en lo que ha pasado en los últimos diez, veinte, cincuenta, cien años, vemos que el rendimiento de las acciones es superior al que obtenemos de la renta fija.

Los datos históricos lo corroboran. En la tabla siguiente se muestra el rendimiento de acciones y bonos por periodos de cien y de doscientos años. Se ve que las acciones han superado siempre a los bonos en rendimiento anual. De hecho, un dólar invertido en 1802 a un 8,3 por ciento anual habría rendido 8,8 millones de dólares a principios del nuevo milenio.

David Swensen diseñó, pues, su cartera de inversiones ideal para que fuera una máquina de generar riqueza que ofreciera cierta estabilidad gracias a su enorme diversidad. Y como responde a una estrategia de inversión a largo plazo, resiste las caídas periódicas del mercado bursátil.

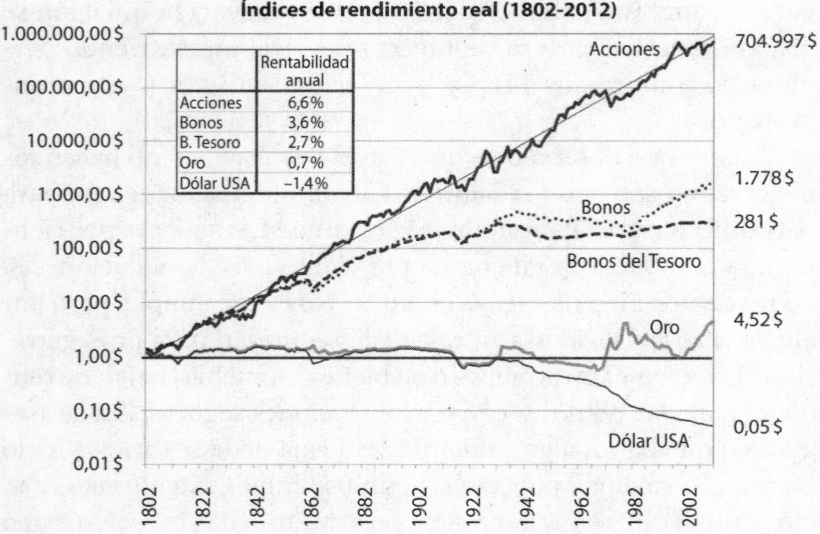

Yo tenía curiosidad por saber cómo esta combinación de activos habría funcionado en el pasado: esos volátiles diecisiete años que fueron del 1 de abril de 1997, cuando los TIPS salieron al mercado, al 31 de marzo de 2014. En aquellos años el índice Standard & Poor's se comportó estupendamente, pero cayó un 51 por ciento. Pedí, pues, a un grupo de expertos en finanzas que compararan el rendimiento de la cartera de David con el del índice durante esos años. ¿Adivinamos qué? **¡La cartera de Swensen superó al mercado bursátil con un rendimiento anual del 7,86 por ciento!** Durante el periodo bajista de 2000 a 2002, cuando el S&P cayó casi un 50 por ciento, la cartera de Swensen se mantuvo relativamente estable, ¡con una pérdida total de sólo el 4,572 por ciento en aquellos tres años tremendos! Como otras carteras de inversiones con muchas acciones, la de Swensen se vio afectada por la grave crisis de 2008, pero siguió comportándose mejor que el S&P 500 en más del seis por ciento (perdiendo el 31 por ciento frente al 37 por ciento) y luego se recuperó. (Nota: véase al final de este capítulo el método concreto de calcular el rendimiento. Los rendimientos pasados no garantizan resultados futuros.)

Así que, damas y caballeros, podemos decir que **David Swensen es uno de esos rarísimos inversores que pueden superar al mercado bursátil de una manera sostenida... ¡y en esta cartera lo hace sólo con el poder de la colocación de activos! Y tenemos acceso a su mejor asesoramiento, aquí y ahora.** Si esto fuera lo único que sacáramos de este capítulo, creo que estaremos de acuerdo en que merecía la pena. Sin embargo, lo más importante es que entendamos esto: aunque esta cartera se comporte mejor y sea más estable que el mercado, sigue siendo una cartera agresiva que requiere mucha valentía porque poca gente puede permitirse perder el 35 por ciento de sus ahorros de toda la vida sin rendirse y vender. ¿Sigue, pues, conviniéndonos? Si somos jóvenes, podría interesarnos mucho una combinación de este tipo, porque tenemos más tiempo para recuperarnos de las pérdidas. Si estamos próximos a la jubilación, esta cartera podría ser demasiado arriesgada.

Pero no nos preocupemos. En las siguientes páginas daré varios ejemplos más de carteras de inversiones, entre ellas la que Ray Dalio me confió y que casi me tiró de espaldas. Es una combinación de activos tan espectacular que le he dedicado todo un capítulo de la parte siguiente. Pero ahí va una pista: es una cartera mucho menos agresiva que la de Swensen pero, cuando examinamos su comportamiento en el mismo periodo de tiempo, vemos que **tuvo un rendimiento medio anual mucho más alto y bastante menos volatilidad... un chollo. ¡Puede ser el modelo ideal de cartera de inversiones, porque ofrece un buen rendimiento con el menor grado de riesgo que he visto en mi vida!**

> A la hora de decidir, lo mejor que podemos hacer es lo acertado, lo segundo mejor es lo equivocado, y lo peor es no hacer nada.
>
> THEODORE ROOSEVELT

Pero, de momento, veamos cómo decidimos nuestras cifras básicas: ¿qué porcentaje de nuestros activos vamos a arriesgar y qué porcentaje vamos a asegurar? Antes de pronunciarnos, debemos considerar tres factores:

— La etapa de la vida en la que nos encontramos.
— El grado de tolerancia al riesgo.
— Nuestra liquidez.

Primero, ¿cuánto tiempo tenemos por delante para crear riqueza y equivocarnos con nuestras inversiones antes de necesitar el dinero? Si somos jóvenes, podemos ser más agresivos porque tendremos más tiempo para recuperarnos de las pérdidas. (¡Aunque nadie quiere acostumbrarse a perder!)

Nuestros porcentajes dependen también de nuestros ingresos. Si ganamos mucho dinero, podemos permitirnos equivocarnos más, porque siempre podemos poner remedio, ¿no?

Concurso: ¿Qué estamos dispuestos a arriesgar?

Cuando de riesgo se trata, cada cual tiene sus ideas de lo que es tolerable. A algunos nos importa mucho la seguridad. ¿Recordamos lo de las seis necesidades humanas? La certidumbre es la principal. Pero a algunos nos encanta la incertidumbre y la variedad; nos gusta vivir al borde del precipicio. Tenemos que conocer nuestra personalidad antes de lanzarnos. Imaginemos, pues, que estamos en un concurso: ¿con qué nos quedaríamos?

— con 1.000 dólares en efectivo;
— con un 50 por ciento de probabilidades de ganar 5.000 dólares;
— con un 25 por ciento de probabilidades de ganar 10.000 dólares;
— con un 5 por ciento de probabilidades de ganar 100.000 dólares.

Otro caso: llevamos toda la vida ahorrando para tomarnos unas vacaciones. Tres semanas antes de irnos, perdemos el trabajo. ¿Qué hacemos?

— cancelar el viaje
— tomarnos unas vacaciones mucho más modestas;

— partir como teníamos planeado, diciéndonos que necesitamos tiempo para prepararnos y buscar otro trabajo, o
— alargar las vacaciones porque podría ser la última vez que fuéramos en primera clase.

La Universidad de Rutgers ha confeccionado un cuestionario de veinte preguntas que tarda cinco minutos en contestarse y puede hacerse en línea (<http://njaes.rutgers.edu/money/riskquiz>) para ayudarnos a saber cuál es nuestro grado de tolerancia al riesgo. Pero la verdadera respuesta es nuestro instinto.

Llevo treinta años impartiendo seminarios de Wealth Mastery en los que trabajo con personas de más de cien países que se sumergen completamente en el tema durante cuatro días. En esos seminarios suelo jugar a un juego que llamo el «pasadinero». Desde el escenario, le pido al público que «intercambie dinero». No digo nada más. Normalmente hay unos momentos de silencio confuso y luego empiezan a intercambiar dinero. Algunos sacan un dólar, otros veinte, otro cien. Podemos imaginar lo que ocurre. La gente va y viene, se mira, deciden cuánto intercambiar. Algunos negocian, otros dan todo su dinero; hay quien da un billete de cien dólares y recibe un dólar. Podemos imaginar la cara que se le queda. A los tres o cuatro minutos de estos intercambios, digo: «Muy bien, sentaos». Y paso al siguiente tema.

Siempre hay alguien que exclama: «¡Eh! ¡Que me devuelvan mis cien dólares!».

Yo digo: «¿Y quién te dice que eran tuyos?». Y él: «Bueno, es un juego». Y yo: «Eso es. ¿Y qué te hace pensar que el juego ha acabado?». Normalmente, el otro me mira con desconcierto y se sienta, frustrado por haber perdido cien dólares. Al final captan la idea: nuestra percepción del riesgo que somos capaces de tolerar y la realidad pertenecen a universos distintos. Esa persona piensa que tiene una gran tolerancia al riesgo, pero se mosquea cuando pierde cien dólares. Es algo que siempre me choca. Imaginemos lo que sería si perdiera 10.000, 100.000 o 500.000 dólares, que es lo que los inversores agresivos pueden perder en poco tiempo. No conocemos nuestra verdadera tolerancia al riesgo hasta que vivimos la experiencia real de perder una cantidad considerable.

—

Yo he perdido verdaderas fortunas, muchos millones de dólares en momentos de mi vida en los que no tenía tanto dinero, en los que perdía más de lo que tenía. ¡Estos reveses nos sirven para escarmentar! Pero lo de menos son las cifras. Podemos deprimirnos por perder cien dólares y por perder mil. El dolor de perder es mucho mayor que la alegría de ganar. Y por eso conviene disponer de una cartera All Seasons en nuestro arsenal inversor, porque, simplemente sabiendo colocar bien nuestros activos, podemos reducir considerablemente el riesgo de pérdidas graves.

Igual que la ciencia nos demuestra que estamos hechos para que no nos guste perder, también nos muestra que no sabemos evaluar nuestro potencial para ganar. Cuando hemos invertido con éxito unas cuantas veces, empezamos a pensar: «¡Caramba! Se me da muy bien esto, ¡puedo hacer lo que quiera!». Está en nuestra naturaleza pensar que podemos superar al sistema. Es lo que los psicólogos llaman «sesgo motivacional». La mayoría de las personas pensamos que somos mejores de lo que somos prediciendo acontecimientos y tenemos más suerte de la que tenemos cuando se sortea algo. ¡¿Cómo si no explicar por qué tanta gente juega a la lotería?! Según un famoso estudio de la Universidad de Estocolmo de 1981, el 93 por ciento de los conductores estadounidenses piensan que conducen mejor que la media. Hay incluso un nombre para este fenómeno, el «efecto de Lake Wobegon», por alusión a la mítica ciudad de Garrison Keillor en la que «todos los niños están por encima de la media». ¡¿Quién no se cree por encima de la media!? Pero cuando de dinero se trata, creernos mejores que los demás puede sernos fatal.

Si somos hombres, este sesgo tiene causas bioquímicas. La testosterona produce exceso de confianza. Muchos estudios demuestran que la mujeres tienden a ser mejores inversoras porque no sobrevaloran su capacidad de predecir el futuro. A veces la confianza va en nuestra contra. Fijémonos en los niños: «¡Soy Supermán! ¡Puedo volar! ¡Miradme, que me tiro del tejado!». Conque ya sabemos: ¡si somos mujeres, tenemos naturalmente ventaja!

Cuando los mercados suben y suben y suben, los inversores pueden dejarse embelesar por el rendimiento que obtienen. A todos nos seduce la *posibilidad* de crecer, creyendo que es la *proba-*

bilidad de crecer. Por eso tenemos problemas. En consecuencia, colocamos la mayor parte de nuestro dinero en inversiones de la caja del riesgo y el crecimiento: no sólo el 70 por ciento, sino a veces el 80, el 90 o el 100 por ciento. Hay incluso quienes piden prestado dinero para invertir en cosas que creen que van a subir siempre, hasta que dejan de hacerlo. Y como hemos colocado mal nuestros activos, apostando demasiado dinero a una carta, lo perdemos todo y hasta acabamos endeudados. Y la razón de que nos arruinemos es que, cuando nos dicen que el mercado bursátil (o el del oro, o el inmobiliario, o el de materias primas, o cualquier otro) es una buena inversión, muchas veces la burbuja está a punto de explotar. Por eso necesitamos un sistema que evite que nos convenzan de colocar demasiado dinero en ningún mercado o clase de activo ni en la caja del riesgo y el crecimiento.

Todo esto puede parecer bastante básico, sobre todo a los inversores experimentados que creen que lo tienen todo cubierto. Pero a veces son las rachas de éxitos las que pierden a los mejores inversores. Olvidan los fundamentos.

Naturalmente, siempre habrá inversores que no se avengan a razones y se dejen llevar por su «exuberancia irracional». Se convencen del mayor mito que existe en el mundo de la inversión: **«Esta vez será diferente»**. Conozco muchas historias de éstas, todas con final desgraciado. Por ejemplo, la de Jonathan, un amigo mío que hizo una fortuna en los negocios (y cuyo verdadero nombre no revelaré por respeto a su privacidad) y luego lo liquidó todo para invertir en el pujante mercado inmobiliario de Las Vegas. Como empezó ganando dinero, redobló la apuesta y pidió prestado como loco para seguir construyendo viviendas. Siempre que venía a mis conferencias oía hablar de la importancia de colocar parte de nuestras ganancias en la caja de la seguridad y no apostarlo todo a una carta, por grande que sea el rendimiento hoy. Jonathan me hacía caso a mí y mi programa Business Mastery mientras sus negocios crecían más de un mil por ciento, que fue lo que hizo posible todas aquellas inversiones. Ganó más de 150 millones de dólares vendiendo su empresa. Pero no me escuchó cuando le recomendaba que cogiera parte de ese dinero y lo metiera en la caja de la seguridad, y lo pagó muy caro. Hoy reconoce que dejó que su ego

«LO INTERESANTE ES LA TASA A LA QUE SE SEPARAN.»

hiciera oídos sordos. Quería ganar miles de millones y sabía que iba por el buen camino. Pero ¿recordamos lo que pasó entonces cuando el mercado inmobiliario de Las Vegas se hundió? ¿Cuánto cayó el precio de la vivienda? Un 61 por ciento entre 2007 y 2012. Jonathan no sólo lo perdió todo: perdió quinientos millones de dólares más de lo que tenía.

Espero sinceramente que tomemos nota de todo esto. Si hay algo que debemos aprender de este capítulo, es esto: colocar todo nuestro dinero en la caja del riesgo y el crecimiento es correr a nuestra perdición. Por eso muchos expertos calculan que el 95 por ciento de los inversores pierden dinero casi cada década. Normalmente se dejan llevar por la ola (inmobiliaria, accionaria o del oro) y cuando ésta desaparece se hunden como piedras y sucumben a las pérdidas causadas por la inevitable caída.

Hay personas que simplemente no harán caso. Tienen que aprender por las malas, si es que aprenden. Pero si queremos evitar estas dolorosas lecciones y decidir qué opciones nos convienen, recordemos que la mejor elección es recurrir a un gestor independiente. ¿Vemos cómo los deportistas profesionales, hombres y mujeres que ocupan los primeros puestos en sus respectivos deportes, tienen siempre entrenadores que les ayudan a competir al máximo? ¿Por qué los tienen? Porque un entrenador nota cuando decaen y los ayuda a hacer pequeños ajustes que pueden producir grandes resultados. Lo mismo ocurre en las finanzas. Un buen asesor independiente nos mantendrá en el buen camino cuando empecemos a comportarnos como un adolescente en busca de ganancias. Pueden disuadirnos de tomar fatales decisiones de inversión.

Escojamos una cifra, cualquier cifra...

¡Bien, ha llegado la hora de la verdad! Digamos que nos han dado esa prima de 10.000 dólares (o que tenemos ahorrados 100.000, 200.000, 500.000 o un millón de dólares) y hemos decidido invertirlos. Sabiendo lo que hasta ahora sabemos, ¿cómo lo repartiríamos? ¿Cuál es nuestra nueva idea de invertir? ¿Qué porcentaje de nuestro dinero dejaremos que rinda en un entorno seguro y qué porcentaje estamos dispuestos a arriesgar por un rendimiento potencialmente mayor?

Probablemente conocemos esa vieja regla de oro (que Jack Bogle llama «método crudo») que dice: invierte en bonos la edad que tengas. Es decir, restemos nuestra edad a cien y ése será el porcentaje que debemos invertir en acciones. O sea, si tenemos cuarenta años, el 60 por ciento debe ir a acciones de nuestra caja del riesgo y el crecimiento, y el restante 40 por ciento a nuestra caja de la seguridad en forma de bonos. Si tenemos sesenta años, la proporción es de 40 por ciento en acciones y 60 por ciento en bonos. Pero, en los tiempos que corren, estas proporciones están desfasadas. La volatilidad de acciones y bonos ha aumentado y vivimos más tiempo.

¿Qué conviene, pues? ¿Queremos arriesgarnos más, como David Swensen, y poner el 30 por ciento en la seguridad y el 70 por ciento en el riesgo? Eso significaría colocar el 30 por ciento de nuestros 10.000 dólares de prima —3.000 dólares— en la caja de la seguridad y el 70 por ciento —7.000 dólares— en la del riesgo y el crecimiento. (Si tenemos un millón, pondremos 300.000 dólares en la primera caja y 700.000 en la segunda.) ¿De verdad podemos permitirnos esta proporción? ¿Disponemos de efectivo suficiente? ¿De tiempo suficiente? ¿Somos lo bastante jóvenes? ¿O sería mejor ser un poquito más conservadores, como lo son la mayoría de los planes de pensiones, con un 60/40 por ciento? ¿O nos conviene un 50/50 por ciento? ¿Estamos tan próximos a jubilarnos que preferimos asegurar el 80 por ciento y dejar sólo el otro 20 por ciento para inversiones más arriesgadas? Lo importante no es lo que la gente haga. Lo importante es que satisfagamos nuestras necesidades financieras y emocionales.

Sé que es una decisión muy personal y que incluso los grandes financieros han de pensárselo a veces mucho para decidir qué les conviene más a ellos y a sus familias. Cuando entrevisté a Mary Callahan Erdoes, de JPMorgan, le pregunté:

—¿Qué criterios sigues a la hora de colocar tus activos? Y si tuvieras que diseñar una cartera de inversiones para tus hijos, ¿cómo sería?

—Tengo tres hijas —me contestó—. Tienen edades diferentes. Tienen aptitudes diferentes que cambiarán con el tiempo y que no sé cuáles serán. Una podría ser más gastadora que otra. Una podría querer trabajar en un medio en el que pudiera ganar mucho dinero. Otra podría ser más filántropa por naturaleza. A una podría ocurrirle algo, un problema de salud. Una podría casarse, otra no; una podría tener hijos, otra no. Cada cambio variará con el tiempo, y por eso, aunque empezara a colocar activos el día en que nacieron, la receta tendría que cambiar.

»Y tiene que cambiar según el riesgo que cada cual esté dispuesto a asumir, porque **puedo haberles hecho una cartera de inversiones perfecta que, con el tiempo, a ellas no les parezca tan perfecta**. Y si un día vienen y me dicen: "Yo sólo quiero bonos del Tesoro para poder dormir bien por las noches", ésa podría ser la mejor solución.

—Porque de lo que se trata —le dije— es de satisfacer sus necesidades emocionales, ¿verdad?, no de ganar dinero.

—Exacto, Tony —contestó ella—. Porque si, invirtiendo la mitad de esa cartera en el mercado bursátil, les causo más estrés y hago más infelices sus vidas, ¿qué sentido tiene?

—Porque ¿para qué invertimos? —dije yo—. ¿No es para tener libertad financiera nosotros y nuestra familia?

—Eso es. Para hacer las cosas que queremos hacer —añadió ella—. Pero no a costa de la tensión, la angustia y la incomodidad que supondría una mala situación del mercado.

¿Cuál es, pues, la lección que podemos sacar de una de las mejores mentes financieras del mundo? Que más importante que hacer dinero es hacerlo de manera que vivamos tranquilos.

¿Y cuál será esa manera? ¡Decidamos nuestras cifras y hagámoslas reales! ¿Nos convienen esos porcentajes? Movámonos con ellos. Vivamos con ellos. ¡Poseámoslos! Porque esos porcentajes son la clave de nuestra tranquilidad y de nuestro futuro financiero.

¿Hecho?

¡Muy bien! **Acabamos de tomar la decisión de *inversión* más importante de nuestra vida. Y ahora que hemos determinado nuestros porcentajes, no debemos cambiarlos hasta que entremos en una nueva etapa de nuestra vida o nuestras circunstancias cambien radicalmente. Debemos atenernos a ellos y tener equilibrada nuestra cartera. Mostraré cómo más adelante.**

¿Seguimos preguntándonos si hemos tomado la mejor decisión? Recordemos que tenemos a un asesor independiente que puede ayudarnos. Y no necesitamos decenas de miles, cientos de miles, millones de dólares para empezar a invertir: podemos hacerlo con casi nada y gratis con los servicios actualmente disponibles en internet.

¡Por cierto, aún no he acabado! Hay formas de aumentar el rendimiento dentro de estas cajas y las veremos luego.

Ahora que entendemos estos principios y hemos decidido cuánto colocar en nuestra caja del riesgo y cuánto en la de la seguridad, diré la buena noticia: después de entrevistar a cincuenta de los mejores inversores del mundo, a las mentes financieras más lúcidas, **sé cómo podemos obtener rendimientos propios de la caja del crecimiento con protección propia de la caja de la seguridad**. El consejo más importante que todos los inversores con los que he hablado han repetido es: «¡No perdamos dinero!». Pero, para muchos inversores, eso significa tener que conformarse con rendimientos bajos de la caja de la seguridad.

Dentro de un par de capítulos diré cómo disfrutar de los pros y no padecer los contras, cómo obtener un crecimiento considerable sin correr grandes riesgos. Sé que parece mentira, pero es verdad, es la realidad.

Hasta aquí hemos trabajado muy duro y por eso me alegro de poder decir que el siguiente capítulo será fácil, será un placer. Ahora vamos a tratar de una tercera caja, de la que aún no hemos hablado, pero que nos gustará mucho porque es divertida, estimulante y puede procurarnos una mejor calidad de vida hoy, no dentro de décadas. Descubramos en qué consiste la caja de los sueños.

David Swensen nos dio los porcentajes concretos de cada una de las clases de activos, pero no dijo qué índices representaban esas clases. Los analistas independientes usaban los siguientes índices para representarlas y se da por supuesto que la cartera se reequilibra trimestralmente. **Tengamos en cuenta que los rendimientos pasados no garantizan resultados futuros. Yo ofrezco estos datos históricos al efecto de debatir e ilustrar los principios subyacentes.**

20 %	Wilshire 5000 Total Mkt TR USD
20 %	FTSE NAREIT All REITs TR
20 %	MSCI ACWI Ex USA GR USD
15 %	Barclays US Long Credit TR USD
15 %	Barclays US Treasury US TIPS TR USD
10 %	MSCI EM PR USD

Capítulo 4.3

La caja de los sueños

Cuando dejamos de soñar, dejamos de vivir.

MALCOLM FORBES

¿Qué es la caja de los sueños? Es el lugar en el que reservamos algo para que nosotros y nuestros seres queridos disfrutemos de la vida mientras nos hacemos ricos. ¡Es algo para hoy, no para mañana! La caja de los sueños tiene que entusiasmarnos, tiene que añadir sustancia a nuestra vida, para que queramos ganar más y contribuir más. Digamos que las cosas para las que ahorramos en la caja de los sueños son *derroches estratégicos*.

¿De qué querríamos disfrutar ahora mismo? Podríamos, por ejemplo, comprarnos ese par de zapatos Manolo Blahnik que siempre hemos querido, o un asiento de primera fila en un partido de los Miami Heat, o un viaje de primera a Disneylandia con nuestros hijos. O podríamos empezar a llenar esa caja con idea de regalarnos algo aún mejor: un abono para toda la temporada, un viaje a la montaña en verano o a esquiar y practicar snowboard en invierno, o un nuevo coche, quizá uno poco práctico, como un Mini Cooper o un Mustang. O una residencia veraniega o una casa.

Conozco a un millonario que siempre viaja en segunda porque le gusta ahorrar, pero su mujer se queja constantemente. «Tenemos mucho dinero. ¿Por qué no disfrutarlo?», dice. La cosa era un verdadero problema porque viajaban mucho por negocios. Después de asistir a mi seminario de Wealth Mastery, decidió usar la caja de los sueños para viajar en primera clase cuando iba con la familia. Descubrió no sólo que viajaba más cómodamente, sino también (y más importante) que su vida doméstica era más cómoda. ¡Relájate, amigo! A lo mejor algún día decide alquilar un avión privado... y ve que no es tan caro como cree.

Mucha gente tiene mucho dinero pero no sabe disfrutarlo. Se pasa la vida viendo cómo se acumula en la cuenta del banco y renuncian a la alegría y el placer que pueden crear y compartir con ese dinero.

Recuerdo que cuando mi caja del crecimiento dio sus primeros frutos, al principio de mi carrera, la idea que yo tenía del premio era comprarme un par de trajes nuevos que había visto en una tienda de ropa masculina. O quizá irme de vacaciones a Hawái. ¡Aquello entonces suponía mucho para mí!

Mi complejo turístico de Fiyi fue un sueño más grande que se cumplió. Como dije antes, cuando tenía veinticuatro años me enamoré de las aguas color turquesa de las islas del sur del Pacífico. Sentí como si aquello fuera mi hogar. Quería un refugio para mí, mis amigos y mi familia. Pasados los años, Namale Resort and Spa se ha convertido en un activo muy considerable porque he trabajado y lo he transformado en uno de los primeros destinos turísticos de la región. Pero eso es sólo un extra. De hecho, lleva más de diez años siendo el mejor complejo turístico de Fiyi, y Oprah lo eligió como su lugar favorito el año pasado. Un premio que corona el sueño que lo creó.

Nuestros sueños no están pensados para que nos recompensen financieramente, sino para que nos den una mayor calidad de vida. ¿Acaso no hemos llenado nuestras dos primeras cajas sobre todo por eso? Pero también aquí tenemos que obrar con cautela. Si colocamos todo nuestro dinero en la caja de los sueños, es muy posible que acabemos arruinándonos como le pasó a Willie Nelson. Es cuestión de equilibrio. Y los premios de nuestra caja de los sueños no tienen por qué ser sólo para nosotros. Los mejores premios son los que damos a los demás.

> Los sueños son las piedras angulares de nuestro carácter.
>
> Henry David Thoreau

Quizá el lector sea como yo y le guste hacer regalos. Los mejores regalos son los que no se esperan.

Mi madre nunca tuvo dinero de joven y mi familia siempre lo pasó mal, viviendo en casas baratas del este de Los Ángeles, donde, según los avisos por contaminación que daban casi todos los días en las noticias, no era saludable salir a la calle.

Así que un día, cuando mis negocios empezaron a ir bien, le pedí a mi madre que me acompañara a ver un apartamento que quería comprar en la playa de Huntington Beach. Se lo enseñé y le mostré las magníficas vistas del océano que tenía. Luego salimos a la playa y respiramos el aire salino.

—Me encanta este sitio, pero quiero saber tu opinión —le dije—. ¿Qué te parece?

—¿Que qué me parece? —contestó—. ¡Es increíble! ¿Te imaginas vivir aquí, viniendo de donde venimos?

—O sea, que te gusta el lugar.

—¡Es maravilloso!

Le di las llaves.

—¿Qué es esto? —me preguntó.

—Es tuyo, mamá.

Nunca olvidaré la cara de asombro que puso y las lágrimas de alegría que derramó. Mi madre falleció ya, pero sigo recordando aquellos momentos vívidamente como uno de los mejores de mi vida.

No tenemos que esperar. También el lector puede hacer lo que yo hice. **Podemos cumplir nuestros sueños. Si lo queremos con las ganas suficientes, encontraremos la manera.**

No mucho después de regalarle a mi madre aquel apartamento, conocí en una escuela a unos cien alumnos de quinto de un barrio pobre de Houston, Texas. La mayoría iba por un camino que no los llevaría a la universidad. Así que decidí hacer un trato con ellos. Les pagaría los cuatro años de carrera si sacaban un notable de media y no se metían en problemas. Les dije que, si se aplicaban, podían sacar buena nota y yo les buscaría a un tutor que los ayudara. Había dos condiciones fundamentales: no podían ir a la cárcel ni quedarse embarazadas antes de sacarse el bachillerato. Y lo más importante: tenían que contribuir con veinte horas de servicio al año en alguna organización de su comunidad. ¿Por qué puse este requisito? La universidad está muy bien, pero para mí era más importante enseñarles que tenían algo que dar, no sólo algo que conseguir en la vida. No sabía cómo iba a poder pagar todo aquello a la larga, pero estaba completamente decidido y firmé un contrato legal que me exigía aportar los fondos. Es curioso lo estimulante que puede ser el no tener más remedio que seguir adelante. Yo siempre digo: **si quieres llegar a la isla, has de quemar los barcos**. Así que firmé los contratos. Treinta y tres de aquellos niños trabajaron conmigo desde quinto curso hasta la universidad. Varios de ellos cursaron el posgrado, ¡incluso de derecho! Los llamo mis campeones. Hoy son trabajadores sociales, empresarios y padres. Hace unos años nos reunimos y me contaron preciosas historias de cómo dar a los jóvenes se había convertido en una costumbre. Les había hecho creer en sí mismos, les había dado alegría de vivir y muchos de ellos se lo enseñaban a sus hijos.

Digo esto porque no tenemos que esperar a estar completamente preparados para cumplir nuestros sueños. Hagámoslo, encontremos la manera y la gracia nos asistirá. **La gracia viene cuando nos comprometemos a hacer algo que servirá a otras personas además de a nosotros: algunos lo llaman suerte o casualidad. Que el lector decida qué creer. Sepamos que cuando lo damos todo, la recompensa es infinita.** Creo que la motivación importa. Pero eso no significa que no nos aprovechemos nosotros también, ¿verdad?

Los golpes de suerte pueden ayudarnos a crear más riqueza, porque la clave de crear riqueza está en dar rienda suelta a nuestra creatividad para hallar la manera de hacer por el prójimo más que nadie. Si sabemos cómo añadir más valor que los demás, también sabremos cómo prosperar personalmente. Esto vale tanto para nuestra vida como para la vida de los demás. ¿Recordamos que, cuando hablamos de acelerar nuestro plan, decíamos que, si queremos ser buenos en algo, debíamos aprender a servir a muchos? Ahora sabemos que la vida ayuda a los que ayudan. Y ayudando nos elevamos también y más abundancia recibimos.

> Procurémonos la paz interior. Merecemos ser felices. Merecemos gozar.
>
> HANNAH ARENDT

¿Cómo llenamos nuestra caja de los sueños? Veamos tres maneras. Primera: cuando trabajamos bien y recibimos una prima, como la de esos 10.000 dólares de la que hablamos en el último capítulo. Segunda: si nuestra caja del riesgo y el crecimiento rinde mucho. Como en el caso de Las Vegas, podría ser hora de jugar con menos riesgo. Un método que muchos de mis estudiantes emplean es dividir esas ganancias y reinvertirlas en una proporción determinada: por ejemplo, una tercera parte en la caja de la seguridad, otra tercera parte en la del riesgo y el crecimiento y la otra tercera parte en la de los sueños. En el caso de la prima antedicha, serían unos 3.333 dólares para nuestra caja de los sueños.

Colocar una tercera parte del dinero de la caja del riesgo y el crecimiento en la de la seguridad sirve para acelerar el crecimiento de nuestras inversiones más seguras y con ello nuestra tranquilidad. Dejar otra tercera parte en la del crecimiento es continuar corriendo riesgos con mayores ganancias potenciales, pero los corremos con dinero que hemos ganado. Colocar la otra tercera parte en la caja de los sueños es crear un bote del que podemos disfrutar hoy. Esto nos estimulará y animará a ganar más dinero, ahorrar más e invertir con mayor eficacia, porque la recompensa es inmediata, no futura.

La tercera manera de llenar nuestra caja de los sueños es ahorrar un porcentaje fijo de nuestros ingresos hasta que podamos cumplir nuestros sueños: comprarnos una casa, un coche, irnos de vacaciones o permitirnos esos caprichitos que nos alegran el día. Pero tengamos presente que no podemos sacar dinero de nuestro fondo de la libertad. ¡Ese dinero es sagrado y no puede tocarse! Pero podemos encontrar maneras de aumentar la cantidad que colocamos en nuestro fondo de la libertad y al mismo tiempo en nuestra caja de los sueños. He aquí un pequeño recordatorio de lo que vimos en los capítulos de «Aceleremos»:

— Ahorremos más e invirtamos la diferencia.
— Ganemos más e invirtamos la diferencia.
— Obtengamos más rendimiento.
— Cambiemos nuestro estilo de vida.

Con estos ahorros, pues, podemos invertir o podemos hacer realidad nuestros sueños hoy o en un futuro próximo.

¿Cuál será nuestra estrategia para llenar esta caja? ¿Esperaremos a que nos den una prima o a obtener una repentina ganancia en bolsa, o ahorraremos un porcentaje de lo que ganamos, como hace mi amiga Angela, que al principio creía que no podría ahorrar ni aun para alcanzar la libertad financiera?

Siguiendo los consejos de este libro, mi amiga decidió mudarse a Florida, lo que permite ahorrar en el impuesto sobre la renta estatal tanto que puede reservar el 10 por ciento de sus ingresos para su fondo de la libertad y además otro ocho por ciento para su caja de los sueños. **El fisco está llenando su caja de los sueños.** Está muy bien, ¿no? ¡Y además goza de mejor clima! Repasó sus cuentas y consiguió ser aún más eficiente fiscalmente, con lo que puede ahorrar un dos por ciento más para su fondo de la libertad, lo que hace un total del 12 por ciento, además del ocho por ciento que ahorra para sueños.

Si al principio le hubiéramos dicho que llegaría a ahorrar el 20 por ciento de sus ingresos nos habría tomado por locos. Pero hoy no sólo tiene el futuro asegurado, sino que también está ahorrando para cumplir a corto plazo sueños más importantes que la motivan. Caminar por el Himalaya y remar por el océano. Es antropóloga y siempre ha soñado con trabajar con la famosa paleontóloga Louise Leakey en el instituto que ésta tiene en Kenia. Incluso está invitada. Es sólo que ahora no tiene dinero. Pero si cumple con su plan de eficiencia fiscal, lo tendrá. ¿No sería estupendo gozar de seguridad e independencia financiera y, a la vez, vivir esa vida aventurera? ¿Recordamos la estrategia de Save More Tomorrow? Podemos decidir que la próxima vez que nos aumenten el sueldo, un tres por ciento, por ejemplo, podría ir a nuestro fondo de la libertad, y otro 1,5 o 2 por ciento a nuestra caja de los sueños... sobre todo si hay sueños que nos importan mucho ahora, como ahorrar para pagar la entrada de una casa o irnos de vacaciones. ¡Hay muchas maneras de hacerlo!

Pero diré el secreto: lo más importante es hacer una lista de nuestros sueños. Pongámoslos en orden de importancia, pequeños y grandes, a corto plazo y a largo plazo. Anotemos por qué queremos cumplirlos o vivirlos. He descubierto que si queremos ahorrar un porcentaje sin saber concretamente para qué lo ahorramos, no ahorramos nada. El secreto está en saber lo que de verdad queremos y por qué lo queremos, y hacer de ello una pasión ferviente. De pronto daremos rienda suelta a nuestra creatividad y hallaremos nuevas maneras de ganar más, de ahorrar más, de añadir más valor, de ser más eficientes fiscalmente, de ser mejores inversores o de cambiar nuestro estilo de vida de manera que cumplamos nuestros sueños hoy, no en el futuro. Ésa es la clave de todo.

¡Pero decidámoslo hoy! Parémonos un momento y hagamos una lista de nuestros sueños. Apuntémoslos para que nos parezcan reales. ¿Cuánto estamos dispuestos a ahorrar por cumplirlos? ¡Apasionémonos y empecemos!

> Todos los grandes sueños empiezan con un soñador.
>
> Harriet Tubman

Al final, la cuestión es: ¿qué porcentaje de nuestros activos totales creemos que debe ir a la caja de los sueños? No tiene que ser muy alto, puede ser sólo el cinco o el diez por ciento. Pero, por favor, no nos olvidemos de disfrutar de la vida. Si bien importa guardar nuestro dinero y que rinda, nunca olvidemos, en nuestro camino a la libertad financiera, pasarlo bien, dar y vivir nuestra vida plenamente. De eso se trata, en definitiva. No dejemos nuestra caja de los sueños para el día en que nos tengamos. Disfrutemos ya de él.

Si no lo hacemos, podría ocurrirnos lo que un amigo me contó que le ocurrió a una pareja. Esta pareja se pasó la vida cicateando y ahorrando y por fin decidieron que podían permitirse un fantástico crucero por el Caribe. Era una travesía de una semana en uno de esos inmensos cruceros que van de isla en isla. Podemos imaginárnoslo: el barco tenía piscinas para nadar, una roca para escalar, montones de restaurantes y discotecas. La pareja estaba entusiasmada, pero seguían mirando mucho por el dinero, porque habían trabajado muy duro y ahorrado para la jubilación. No querían gastar en manjares. El viaje ya era bastante derroche para ellos. Así que, para ahorrarse aquellas comidas caras durante el trayecto, se fueron con las maletas llenas de quesos y tostadas.

El tiempo era perfecto y la pareja se lo pasaba pipa con todas las actividades que había a bordo. Pero en las comidas y cenas, cuando todo el mundo comía en el bufé platos exquisitos servidos en mesas enormes —marisco, langostas, bistecs, montañas de postres y buenos vinos de todo el mundo—, nuestra pareja se retiraba a su camarote y comía queso y tostadas. A ellos no les importaba. Estaban disfrutando del viaje de su vida y se enorgullecían de ser frugales. Pero el último día cedieron por fin y decidieron pegarse una comilona en el restaurante. Fueron, pues, a uno de aquellos espléndidos bufés y se llenaron los platos con los mejores manjares que habían comido en su vida.

Después de despachar muchos postres y beber buenos vinos, pidieron la cuenta al camarero. Pero éste, con cara de asombro, les dijo:

—¿Qué cuenta?

—Pues la cuenta de esta magnífica cena. El vino, los postres, todo.

El camarero se quedó mirándolos desconcertado y les dijo:

—¿Es que no saben que la comida está incluida en el crucero?

La comida estaba incluida. Apliquémonos el cuento. No nos conformemos con queso y tostadas en este viaje; disfrutemos de todo lo que lleva consigo.

Y otra cosa: gran parte de lo que nos hace ricos es gratis. Recordemos lo que nos decía sir John Templeton: el secreto de la riqueza es la gratitud. No es sólo lo que realizamos o logramos. Es lo que valoramos y agradecemos. No es sólo la aventura de un crucero. Es lo que somos capaces de disfrutar. Podemos hallar aventura y placer en nuestros seres queridos, en los ojos danzarines de nuestros hijos, en los rostros alegres de las personas a las que queremos. Hay premios por todas partes si despertamos a la belleza de lo que es nuestra vida hoy. Conque no nos prometamos superar algún día la escasez; empecemos superándola. Sepamos la suerte que tenemos y toda la riqueza que poseemos en forma de amor, alegría, oportunidades, salud, amigos y familia. No nos hagamos ricos; empecemos siendo ricos.

Hasta aquí hemos aprendido cómo invertir en diferentes categorías de activos y colocar nuestro dinero en cajas separadas que hemos llamado de la seguridad y la tranquilidad, por un lado, y del riesgo y el crecimiento, por otro. También hemos aprendido que tenemos que reservar otra porción de nuestro dinero para meterla en una caja que hemos llamado de los sueños, que dará sustancia a nuestra vida mientras creamos riqueza y nos estimulará a hacer más cosas por nosotros y por los demás. Ahora nos queda un último y breve capítulo en el que veremos tres sencillas habilidades que pueden aumentar de un uno a un dos por ciento el rendimiento anual de nuestras inversiones y, lo que es más importante, evitarnos cometer los errores que tanta gente comete por tratar de anticipar el mercado. Veamos cómo gracias al poder del conocimiento...

Capítulo 4.4

Timing: ¿la oportunidad lo es todo?

Hemos encontrado a nuestro enemigo, y somos nosotros.

POGO

¿Cuál es el secreto del éxito de los inversores y cómicos?

El sentido de la oportunidad. Lo es todo.

Los mejores humoristas saben cuándo hacer el chiste. **Y los mejores inversores saben cuándo comprar y vender... ¡menos las veces que no lo saben!** Incluso los mejores de los mejores fallan alguna vez. Para un cómico, un chiste inoportuno causa un silencio embarazoso y sepulcral en el público... y quizá que le arrojen algún que otro objeto. **Pero si somos inversores, esa misma falta de oportunidad puede destruir todo nuestro capital. Por eso necesitamos una solución que no requiera que seamos videntes.**

Ya hemos visto que diversificar nuestra cartera invirtiendo en diferentes categorías de activos y en diferentes mercados puede protegernos en una economía volátil. **Pero ¿no nos ha pasado a todos estar en el lugar correcto haciendo exactamente lo correcto... pero no en el momento oportuno?** Por eso estaremos preguntándonos: «Vale, Tony, ya sé cómo diversificar mis inversiones... pero ¿y si no lo hago en el momento oportuno?».

Yo me he hecho la misma pregunta. **¿Y si invierto mi dinero en el mercado bursátil en el momento de mayor alza y empieza a caer? ¿Y si contrato un fondo de bonos y las tasas de interés empiezan a subir? Los mercados son siempre fluctuantes**

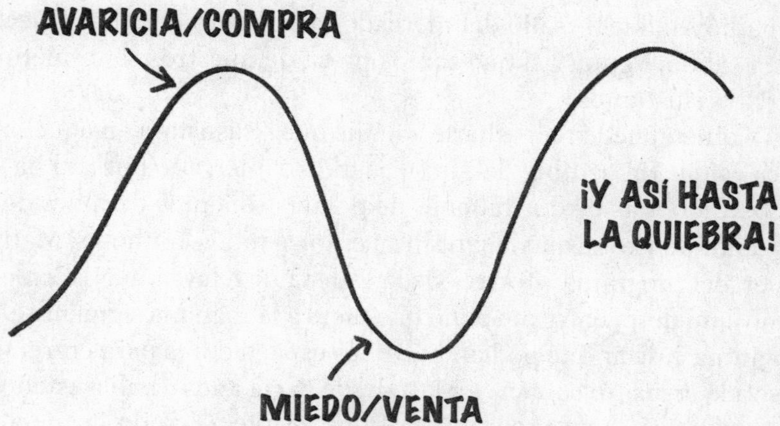

y ya hemos visto que nadie, repito, nadie puede predecir certeramente y muchas veces seguidas lo que va a pasar.

Así que ¿cómo podemos protegernos de los altibajos y salir ganando?

La mayoría de los inversores tienen una especie de mentalidad multitudinaria que les hace seguir a los ganadores y huir de los perdedores. Los gestores de fondos de inversión hacen lo mismo. Es humano querer seguir a la manada y no perderse nada. «Los sentimientos se apoderan de nosotros y, como inversores, tendemos a hacer cosas realmente estúpidas —me dijo Burton Malkiel, economista de la universidad de Princeton—. **Tendemos a meter dinero en el mercado y a sacarlo en los momentos más inoportunos.»**

Me recordó lo que pasó durante la burbuja tecnológica de principios del siglo XXI: **«El primer trimestre de 2000, cuando más creció la burbuja de internet, entró más dinero en el mercado que nunca** —me dijo—. **Luego, en el tercer trimestre de 2002, cuando el mercado había caído, el dinero volvió a salir.»** ¡Aquellos inversores que se retiraron en lugar de aguantar el derrumbe se perdieron una de las mayores alzas de la década! «Luego, en el tercer cuarto de 2008, en plena crisis financiera

—añadió Malkiel— salió del mercado más dinero del que nunca había salido. Vemos así que somos presa de nuestros sentimientos. Nos asustamos.»

¡Y quién puede reprocharle a nadie que se asustara en aquella épica caída! En octubre de 2009, cuando el mercado bursátil había perdido más de dos billones de dólares y cientos de miles de estadounidenses se quedaban sin su empleo todos los meses, Matt Lauer, del programa «Today» de la cadena de televisión NBC, me llamó a mi despacho y me pidió que fuera a la mañana siguiente al programa a decir qué podían hacer los espectadores para enfrentarse a la crisis. Yo conocía a Matt desde hacía años y había estado muchas veces en su programa, así que acepté. Cuando llegué al plató, el productor me dijo:

—Vale, tienes cuatro minutos para levantar los ánimos del país.

«¿Te ríes de mí o qué?», pensé.

—Es que yo no me dedico a levantar ánimos —le dije—, sino a decir la verdad.

Y es lo que hice. En dos ocasiones advertí a los espectadores del programa de que la crisis del mercado financiero no había acabado y lo peor podía estar por llegar. ¡Y querían que levantara los ánimos!

«Muchas acciones que se vendían por cincuenta dólares no hace mucho se venden ahora por diez o cinco dólares, y la verdad es que podrían seguir bajando hasta un dólar», dije, viendo cómo la presentadora, Ann Curry, abría más y más los ojos. Pero también les dije a los espectadores que, en vez de asustarse, debían vencer sus miedos y tomar ejemplo de personas que habían sabido salir bien librados en momentos difíciles. Como sir John Templeton, que hizo toda su fortuna cuando los mercados se hundieron durante la Gran Depresión. Les dije que si estudiábamos la historia, veríamos que había muchas posibilidades, visto lo ocurrido en los años treinta y setenta, de que en poco tiempo acciones cuyo precio había caído a un dólar volvieran a subir. A lo mejor pasaba mucho tiempo sin que llegaran a los 50 dólares, pero, históricamente, muchas subirían a cinco dólares en cuestión de meses. ¡Eso supone un rendimiento del 400 por ciento y podría producirse en seis meses! «Si somos fuertes y listos, y el mercado sigue recuperándose, ¡podríamos ganar un mil por ciento o más! ¡Podría ser la mayor oportunidad de inversión de nuestra vida!», dije.

No era precisamente el mensaje que los del programa querían que diera, pero resultó ser la pura verdad. ¿Cómo sabía yo que el mercado iba a seguir cayendo? ¿Porque soy listísimo? Ojalá fuera por eso, pero no. La verdad es que mi amigo y cliente Paul Tudor Jones llevaba avisándome de lo que iba a pasar en los mercados casi un año antes de la crisis. Es uno de esos inversores excepcionales que prevén casi siempre el mercado. Por eso no sólo es uno de los mejores inversores de la historia, sino toda una leyenda. Predijo el Lunes Negro de 1987 y cuando todo el mundo se asustó, él consiguió que sus clientes ganaran un 60 por ciento mensual y un 200 por ciento anual.

¡Bien puedo estarle agradecido a Paul! A principios de 2008 me dijo que era inminente una crisis bursátil e inmobiliaria. Tanto me preocupó que llamé a mis Platinum Partners, un grupo exclusivo de clientes con los que trabajo tres o cuatro veces al año en sesiones intensivas y a los que ayudo a mejorar sus relaciones, negocios y finanzas. Convoqué por sorpresa una reunión y les pedí que acudieran a Dubái en abril de 2008, porque quería avisarles de que se avecinaba una crisis y ayudarles a estar preparados. Recordemos: la anticipación es poder. Con cuatro a seis meses de antelación, muchos de mis clientes fueron capaces de sacar provecho de unas de las peores crisis económicas de la historia.

Y, en efecto, la cotización de las acciones se desplomó en el último trimestre de 2008. **En marzo de 2009, el mercado se había hundido y las acciones de Citigroup habían caído de 57 dólares a —¡exacto!, tal y como yo había dicho— 0,97 dólares. ¡Podíamos comprar una acción de esta empresa por menos de lo que nos cobran por sacar dinero sus cajeros automáticos!**

¿Qué debe hacer, pues, un inversor en situaciones tan extraordinarias como ésa? De creernos el lema de sir John Templeton, «las mejores oportunidades se presentan en tiempos de máximo pesimismo», o el mantra de Warren Buffett, «sé temeroso cuando los demás son avariciosos, y avaricioso cuando los demás son temerosos», era un buen momento para encontrar gangas. ¿Por qué? Porque los inversores listos que invierten a largo plazo saben que las estaciones siempre cambian. Nos dirán que el momento de comprar es el invierno... ¡y los primeros meses de 2009 eran sin duda un invierno! Es el momento en el que se hacen las fortunas, porque, aunque tarde, la primavera siempre llega.

Pero ¿y si nos asustamos y creímos que lo mejor era vender cuando los mercados se hundieron? Podríamos decir: «Tony, perdí mi empleo en 2008 y no tenía otra fuente de ingresos», o «tenía que pagarles la matrícula a mis hijos y los bancos no prestaban». Si vendimos nuestras acciones en 2008, lo único que puedo decir es: lo siento, ojalá hubiéramos encontrado otra manera de salir a flote. Los inversores particulares que liquidaron sus fondos cuando el mercado cayó aprendieron una amarga lección. En lugar de beneficiarse de la recuperación, lo que hicieron fue agravar sus pérdidas. Si luego volvieron a invertir, tuvieron que pagar un precio mucho más alto, porque, como es sabido, el mercado se recobró enseguida.

Ver a tanta gente perder tanto en tan poco tiempo y sentir el sufrimiento, me hizo empeñarme en llevar el mejor conocimiento inversor al gran público. Fue literalmente lo que dio nacimiento a este libro.

También me hizo preguntarme si la inteligencia financiera que creó el mercado de alta frecuencia (en el que los inversores que compran y venden ganan sin perder) podía aprovecharse para bien del inversor normal y corriente. Recordemos: los inversores de alta frecuencia ganan dinero y casi nunca lo pierden.

¿Cuál es, pues, la buena noticia? En la siguiente sección de este libro, «Ganar sin perder: creemos un plan de renta vitalicia», veremos que hay una manera de no perder dinero sin abandonar el mercado. ¿Cómo? Usando unas herramientas financieras —concretamente, seguros— con las que no tenemos que preocuparnos de cuándo es o no oportuno comprar y vender. Ganamos dinero cuando el mercado sube y no perdemos un céntimo cuando cae un 10, un 20, un 30 y aun un 50 por ciento (según las condiciones del seguro). Parece demasiado bonito para ser cierto, pero en realidad es lo mejor para confeccionar una cartera que nos dé tranquilidad. De momento hablaré de tres herramientas que pueden ayudarnos a reducir muchos de los riesgos de nuestras inversiones y maximizar el rendimiento de éstas en un formato de inversión tradicional.

> El futuro ya no es lo que era.
>
> Yogi Berra

> Predecir es muy difícil, sobre todo si se trata del futuro.
>
> Niels Bohr

El 2 de marzo de 2009, Paul Tudor Jones me dijo que el mercado estaba tocando fondo y los precios remontarían. Llegaba la primavera. Así que tuiteé:

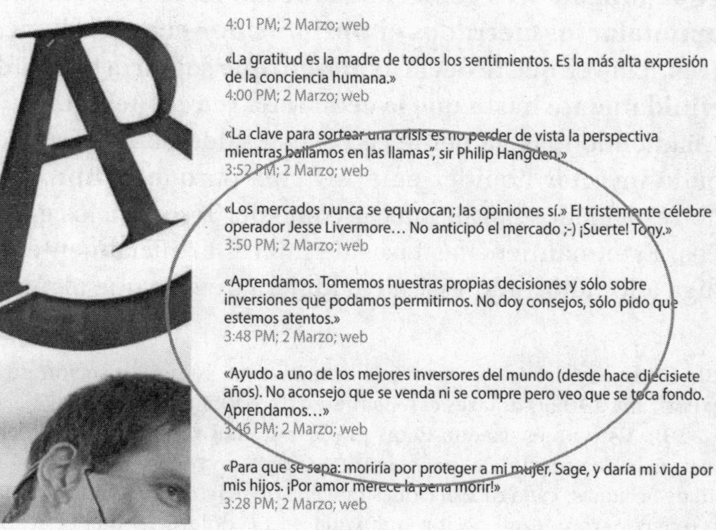

¡Por cierto, fue la primera vez que tuiteé información sobre la posible evolución de la bolsa! **Sólo siete días después, los índices de las bolsas estadounidenses hicieron exactamente eso: el 9 de marzo tocaron fondo.** Las cotizaciones empezaron a subir poco a poco y al final despegaron. Y, claro está, las acciones de Citigroup, que el 9 de marzo de 2009 se cotizaban a 1,05 dólares, cerraron el 27 de agosto del mismo año cotizándose a 5 dólares, ¡un incremento del 400 por ciento![10] ¡Qué estupenda ganancia habríamos podido obtener de haber vencido nuestro miedo y comprado cuando todo el mundo vendía!

Ahora bien, me gustaría poder decir que el comportamiento pasado del mercado permite predecir el futuro, o que Paul Tudor Jones o cualquier otro conocido mío puede prever en todo momento estas variaciones, pero no es posible. Basándome en los análisis de los que saben, llamé otra vez la atención sobre posibles problemas en 2010, esta vez en vídeo, cuando parecía que el mercado estaba sobrecargado y a punto de sufrir otra corrección. Deseaba que la gente decidiera con conocimiento de causa si quería protegerse de otra posible crisis. Pero esta vez nos equivocamos. **Nadie podía adivinar que el gobierno de Estados Unidos iba a hacer algo que ningún otro gobierno ha hecho en la historia: ¡decidió apuntalar los mercados «imprimiendo» cuatro billones de dólares, a la vez que le decía al mundo que seguiría haciéndolo indefinidamente hasta que la economía se recuperara!**

Añadiendo mágicamente ceros a su saldo, la Reserva Federal pudo inyectar liquidez en el sistema porque compró bonos (tanto respaldados por hipotecas como del Tesoro) a los grandes bancos. Esto mantiene las tasas de interés artificialmente bajas y obliga a los ahorradores y a cualquiera que busque algún ren-

10. En la mayoría de las gráficas bursátiles se ve que la acción de Citigroup cotizaba a 10,50 dólares el 9 de marzo de 2009, y a 50,50 el 27 de agosto de 2009. Esto no es exacto. Estas gráficas se han rehecho para reflejar la circunstancia de que el 6 de mayo de 2011 Citigroup procedió a un reagrupamiento de acciones: cada diez acciones que el 5 de mayo se vendían a 4,48 dólares se reagruparon en un acción que valía 44,80 dólares, y que al acabar la jornada se cotizaba a 45,20 dólares, con una pequeña ganancia por acción. Así, 29.000 millones de acciones de Citigroup se convirtieron en sólo 2.900 millones, con objeto de aumentar el precio de la acción. Ahora bien, como *The Wall Street Journal* dijo el 10 de mayo de 2011, «las acciones de Citigroup se cotizaron a 40 dólares por primera vez desde 2007, con lo que el precio pareció subir más de un 850 por ciento desde el cierre del viernes. Lo malo es que los inversores no ganaron un céntimo».

Activos totales de la Reserva Federal (en millones de dólares) e índice semanal S&P 500

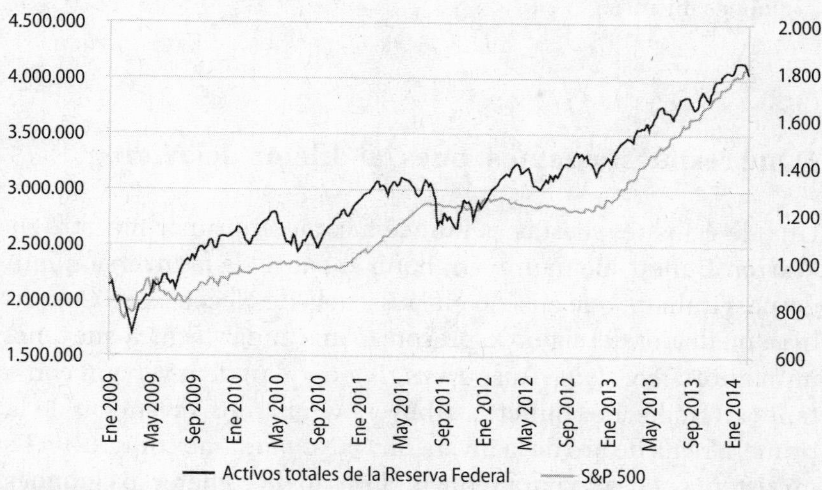

Fuente: Fred, Standard & Poors

dimiento a operar en bolsa. Y la Reserva Federal siguió haciendo lo mismo año tras año. ¡No sorprende que las bolsas estadounidenses no caigan nunca de esas dulces alturas!

Si pensamos, pues, que podemos anticipar los mercados, nos equivocamos. Incluso los mejores del mundo son incapaces de hacerlo cada vez, porque siempre habrá factores que no podamos prever. Como la elección de acciones, es mejor que dejemos la anticipación del mercado a los expertos que emplean a numerosos analistas; expertos como Paul, que puede permitirse equivocarse porque hace muchas apuestas por las diferentes tendencias del mercado. Pero eso no significa que no podamos aprovecharnos de la idea de «anticipar el mercado» —de aprovechar oportunamente sus subidas y bajadas— aplicando un par de principios sencillos pero eficaces que enseguida vamos a aprender. Los dos principios suponen automatizar nuestras inversiones para que no dependan de nosotros. «No podemos controlar el mercado, pero sí lo que pagamos —me dijo Burt Malkiel—. Tenemos que intentar ponernos el piloto automático para que nuestros sentimientos no nos traicionen.»

> Los inversores han perdido mucho más dinero preparándose para las correcciones, o intentando anticiparse a ellas, que por las correcciones mismas.
>
> Peter Lynch

¿Qué respuesta damos, pues, al dilema del *timing*?

Una de estas respuestas es tan vieja como el primer maestro de Warren Buffett, Benjamin Graham, el padre de la inversión moderna. Graham, que enseñó en la Escuela de Negocios de Columbia a mediados del siglo xx, preconizó una audaz técnica que tenía un nombre feo: *dollar-cost averaging* o «plan de inversión constante». (De hecho, Buffett atribuye a Graham la invención de la primera regla de oro de la inversión: «¡No perdamos dinero!».) Es un sistema pensado para reducir el riesgo de cometer los grandes errores inversores que todos tememos: comprar algo justo antes de que su cotización caiga o dejar de invertir en algo justo antes de que su cotización suba.

Ya hemos aprendido los dos primeros fundamentos de la colocación de activos: diversificar en *categorías de activos* y diversificar en *mercados*. Pero recordemos que hay un tercer fundamento: **diversificar en el *tiempo***. Y eso es lo que el plan de inversión constante hace por nosotros. Digamos que este plan activa nuestra cartera de inversiones. **Colocar activos es la teoría; el plan de inversión constante pone en práctica esa teoría.** Este plan evita que nuestros sentimientos den al traste con la gran cartera de activos que acabamos de confeccionar, ya sea porque nos abstengamos de invertir, pensando que el mercado está muy alto y esperando que caiga antes de entrar, ya sea pasando por alto o vendiendo los fondos que no rinden debidamente en ese momento.

Según muchos de los partidarios de esta técnica —incluyendo a eminencias como Jack Bogle y Burt Malkiel—, es la clave para dormir bien por las noches, porque sabemos que nuestras inversiones no sólo sobrevivirán a mercados inestables, sino que seguirán creciendo a largo plazo, independientemente de las circunstancias económicas. ¿No parece estupendo? Lo único que tenemos que hacer es aportar por igual en todas nuestras inversiones a intervalos regulares, ya sean mensuales o trimestrales.

Fácil, ¿verdad?

Pero hay dos problemas de los que quiero avisar al lector. Primero, el plan de inversión constante nos parecerá contrario al sentido común y podríamos creer que si lo aplicamos perderemos dinero. Sin embargo, enseguida explicaré que lo que parece contrario al sentido común redunda, en realidad, en nuestro favor. **Recordemos que la idea es excluir los sentimientos a la hora de invertir porque los sentimientos impiden demasiadas veces el éxito de esa inversión**, ya sean sentimientos de miedo o de avaricia. Segundo, se ha debatido últimamente sobre la eficacia a largo plazo de los planes de inversión constante, y expondré lo que dicen las dos partes. Pero, primero, hablemos de cómo suelen aplicar este plan los inversores y de sus posibles consecuencias.

Cuando invertimos según un plan constante —misma cantidad de dinero mensual o semanal y en exacta correspondencia con nuestra distribución de activos—, las fluctuaciones del mercado tienden a aumentar nuestra ganancia, no a disminuirla. Si disponemos de mil dólares para invertir mensualmente y hemos establecido que el 60 por ciento vaya a la caja del riesgo y el crecimiento y el 40 por ciento a la de la seguridad, colocaremos 600 dólares en la primera y 400 en la segunda, independientemente de lo que les ocurra a las cotizaciones. **La volatilidad puede acabar beneficiándonos.** Esto puede parecer poco lógico, pero Burt Malkiel me puso un ejemplo de cómo funciona.

Es un ejemplo excelente. Parémonos un momento y respondamos como mejor sepamos a la siguiente cuestión: supongamos que invertimos mil dólares anuales en un fondo indexado durante cinco años. ¿Cuál de estos dos índices creemos que nos convendría más?

Índice 1

— El índice se mantiene a 100 dólares la acción el primer año.
— El segundo año cae a 60 dólares.
— Permanece en 60 dólares el tercer año.
— El cuarto año sube a 140 dólares.
— El quinto año vuelve al precio de partida, 100 dólares.

Índice 2

— El mercado empieza a 100 dólares el primer año.
— El segundo sube a 110 dólares.
— El tercero, a 120 dólares.
— El cuarto, a 130 dólares.
— El quinto, a 140 dólares.

¿Qué índice creemos que nos rinde más dinero al cabo de los cinco años? **Nuestro instinto nos dirá que ganamos más con el segundo, que sube constantemente, pero nos equivocamos. En realidad obtenemos más ganancia invirtiendo regularmente en un mercado accionario volátil.**

Pensémoslo un momento: en el índice 1, como invertimos la misma cantidad de dinero, compramos más acciones cuando el índice está más barato, a 60 dólares, ¡de manera que poseemos más mercado cuando el precio vuelve a subir!

Esta gráfica de Burt Malkiel muestra lo que ocurre:

Beneficios mutuos

Una cartera de fondos de inversión muy diversificada* (con reequilibrio anual) frente a una cartera únicamente de bonos

*: 33 % de renta fija (VBMFX), 27 % acciones (VTSMX), 14 % mercados de países desarrollados (VDMIX), 14% de mercados emergentes (VEIEX), 12 % de inversión inmobiliaria (VGSIX).
Fuentes: Vanguard y Morningstar.

Al cabo de cinco años de subida constante del mercado, nuestros 5.000 dólares se han convertido en 5.915 dólares. No está mal.

Pero en el mercado volátil conseguimos un 14,5 por ciento más de beneficio, es decir, ¡6.048 dólares! El problema, como me dijo Malkiel, es que la mayoría de la gente no deja que el primer índice trabaje para ellos. «Cuando el mercado cae, se dicen: "¡Ay, Dios mío! ¡Vendo!". Es decir, hay que mantener el rumbo y ser constantes.»

Los inversores aprendieron una dura lección en la primera década del siglo XXI, conocida en los círculos financieros como la «década perdida». Si invertimos todo nuestro dinero en la bolsa estadounidense a principios de esa década, nos arruinamos. **Un dólar invertido en el S&P 500 el 31 de diciembre de 1999 valía 90 céntimos a finales de 2009.** Pero, según Burt Malkiel, **si hubiéramos diversificado nuestras inversiones con un plan de inversión constante durante el mismo periodo, ¡habríamos ganado dinero!**

En un artículo que escribió para *The Wall Street Journal* titulado «Comprar y tener sigue siendo rentable», Malkiel explicaba que si hubiéramos diversificado entre una serie de fondos indexados, como acciones nacionales y extranjeras, acciones de mercados emergentes, bonos y bienes inmuebles, entre principios de 2000 y finales de 2009, una inversión inicial de 100.000 dólares habría rendido 191.859 dólares. Es decir, más del 6,7 por ciento anual durante una «década perdida».

«Con un plan de inversión constante, ponemos la volatilidad del mercado a nuestro servicio», me dijo.

Todo el mundo, desde Benjamin Graham, el mentor de Warren Buffett, a Burt Malkiel, pasando por los estudiosos más respetados, defienden sin duda el uso de planes de inversión constante cuando se trata de invertir un porcentaje de nuestros ingresos regulares. Pero si queremos invertir una gran suma de efectivo, quizá no sea lo mejor. Si es nuestro caso, veamos el recuadro explicativo que incluyo en este capítulo, titulado: «Plan de inversión constante vs. inversión de efectivo».

Un plan de inversión constante supone colocar sistemáticamente la misma cantidad de dinero en todas las inversiones de nuestra cartera, no solo en las acciones.

Recordemos que la volatilidad puede redundar en nuestro beneficio con un plan de inversión constante, pero además nos permite emplear otra técnica que nos ayudará: la del «reequilibrio», de la que nos ocuparemos enseguida.

¿Cuál es, pues, la mejor manera de hacer que un plan de inversión constante trabaje para nosotros? Por suerte, la mayoría de las personas que tienen un plan de pensiones de empleo, los cuales automáticamente invierten la misma cantidad a intervalos regulares, ya obtienen los beneficios de los planes de inversión constante. Pero si no tenemos un sistema automatizado, es fácil establecer uno. Yo tengo una amiga autónoma que contrató un plan de pensiones con Vanguard y dio instrucciones para que sacaran automáticamente mil dólares mensuales de su cuenta y los repartieran entre sus diversos fondos indexados. Sabe que no siempre tendrá la disciplina necesaria para comprar cuando un mercado parece muy alto y otro muy bajo, así que prefiere no intervenir. Es una inversora a largo plazo que ya no tiene que preocuparse de comprar y vender oportunamente, porque el sistema está automatizado y las decisiones no dependen de ella.

Además, como dije, en la parte siguiente hablaré de una herramienta extraordinaria que puede protegernos de perder nuestra inversión inicial en estos tiempos volátiles, y gracias a la cual, aunque no sepamos comprar y vender en el momento oportuno, no perdemos un céntimo. Y si sabemos hacerlo, aún ganamos más. Pero antes veamos un *modelo de inversión* que protegerá nuestros ahorros y nos ayudará a maximizar nuestro fondo de la libertad mientras creamos verdadera riqueza.

El modelo de inversión que debemos evitar: ¡El de todo el mundo! La cuestion del reequilibrio

David Swensen y Burt Malkiel tienen a veces ideas diferentes de las finanzas, pero hay una cosa que los dos me han enseñado y en la que todos los demás expertos a los que he entrevistado coinciden: **para ser un buen inversor, tenemos que reequilibrar nuestra cartera de inversiones cada cierto tiempo**.

Tenemos que observar nuestras inversiones y asegurarnos de que la distribución de nuestros activos sigue estando equilibrada. De cuando en cuando puede ocurrir que una parte de nuestra cartera crezca mucho y desproporcionadamente y desequilibre el conjunto.

Digamos que empezamos poniendo un 60 por ciento de nuestro dinero en la caja del riesgo y el crecimiento y un 40 por ciento en la de la seguridad. A los seis meses hacemos balance y descubrimos que las inversiones de la primera caja han rendido mucho y ya no representan el 60 por ciento de nuestros activos, sino más bien el 75 por ciento, y ahora nuestra caja de la seguridad sólo tiene el 25 por ciento en lugar del 40 por ciento. ¡Tenemos que reequilibrar nuestra cartera!

Como la del plan de inversión constante, la técnica del reequilibrio parece simple al principio, pero puede exigir mucha disciplina. Y a menos que tengamos presente lo importante y efectivo que es reequilibrar a la hora de maximizar nuestros beneficios y protegernos de las pérdidas, nos hallaremos atrapados en la dinámica de lo que parece que funciona en el momento. Caeremos en la ilusión de que el éxito de nuestras inversiones del momento continuará siempre, o de que el mercado en cuestión (bursátil, inmobiliario, de bonos, de materias primas) sólo puede ir en un sentido: hacia arriba.

Esta pauta sentimental y psicológica es la causa de que tengamos una inversión demasiado tiempo y acabemos perdiendo las ganancias de las que al principio estábamos tan orgullosos. Se necesita disciplina para vender algo cuando aún está creciendo e invertir ese dinero en otra cosa que se cotiza menos o que crece más lentamente, pero esta fuerza de voluntad es lo que nos convierte en grandes inversores.

Un buen ejemplo de este principio lo tuve un día hablando con **Carl Icahn**, ese as de la inversión. Acababa de saberse que había ganado casi 800 millones de dólares con sus acciones de **Netflix**. Había comprado la mayoría de sus acciones a 58 dólares el año anterior y en aquel momento las vendía por 341 dólares cada una. Su hijo, Brett, que trabaja con Carl y fue quien le presentó esta oportunidad de inversión, se opuso a la venta. Estaba seguro de que Netflix seguiría creciendo. Carl estaba de acuerdo, pero tenían que reequilibrar la cartera. Si no lo hacían, podrían perder parte de las extraordinarias ganancias que habían obtenido. Carl cogió sus ganancias del 487 por ciento y las reinvirtió en otros activos de su cartera, quedándose con el dos por ciento de las acciones de Netflix para aprovechar un posible crecimiento. Parte de ese dinero lo empleó en comprar **2.380 millones** de una pequeña empresa llamada Apple que él pensaba que estaba infravalorada. Vendió acciones que se cotizaban mucho y compró otras que se cotizaban poco. Y reequilibrar la cartera fue una parte fundamental de ese proceso.

¡Si los multimillonarios lo hacen, quizá nosotros también deberíamos!

¿Qué hacemos, pues, si vemos que nuestra cartera se desequilibra? Teníamos un 60 por ciento colocado en la caja del riesgo y el crecimiento y un 40 por ciento en la de la seguridad, pero, como decíamos antes, las acciones se han disparado y ahora tenemos una proporción del 75 y el 25 por ciento. En este caso, un plan de reequilibrio consiste en coger las aportaciones periódicas que hacemos a la caja del riesgo y el crecimiento y pasarlas a la caja de la seguridad hasta que ese 25 por ciento suba de nuevo al 40 por ciento. O también podemos desviar las ganancias o incluso vender parte de las inversiones de la caja del riesgo que están creciendo y reinvertir el dinero en bonos, fideicomisos preferentes o cualquier combinación de activos que tengamos en nuestra caja de la seguridad. Pero esto puede ser muy difícil, sobre todo si, por ejemplo, los REIT se disparan o las acciones internacionales se cotizan mucho. ¿Quién quiere bajarse del tren cuando va a toda velocidad? ¡Lo que queremos es más! Pero tenemos que ser capaces de retirar parte de esos activos a fin de reducir el riesgo al que nos exponemos y asegurarnos de que conservamos parte de las ganancias que hemos obtenido.

Igual que en el caso del plan de inversión constante, tenemos que excluir nuestros sentimientos. Reequilibrar la cartera nos obliga a hacer lo contrario de lo que queremos hacer. En el mundo de la inversión, suele ser lo mejor.

Pongamos un ejemplo real: estamos en el verano de 2013 y el índice S&P 500 está remontando hasta niveles de récord, mientras los bonos siguen produciendo magros rendimientos. ¿Vendemos nuestras acciones y compramos bonos? ¡Quia! Pero las reglas del reequilibrio de cartera nos dicen que eso es exactamente lo que debemos hacer para mantener nuestra proporción original... aunque una voz interior nos diga: «¡No, tonto! ¿Por qué quieres invertir en algo tan poco rentable?».

Las leyes del reequilibrio no garantizan que vayamos a ganar siempre. Pero reequilibrar significa que ganaremos más a menudo. Aumenta nuestras probabilidades de éxito. **Y las probabilidades son las que, a lo largo del tiempo, determinan el éxito o el fracaso de nuestras inversiones.**

Los inversores expertos reequilibran también en los mercados y en las categorías de activos, lo que aún cuesta más.

Pongamos que teníamos un montón de acciones de Apple en julio de 2012. Habría parecido absurdo vender esas acciones, cuya cotización estaba en alza —un 44 por ciento en los dos trimestres anteriores— y era de más de 614 dólares por acción. Pero si las acciones de Apple dominan nuestra cartera (recordemos, han crecido un 44 por ciento y la han desequilibrado, más bien bastante), las leyes del reequilibrio nos dicen que tenemos que vender algunas de esas acciones para restablecer la proporción original. ¡Ay! Pero lo habríamos agradecido al año siguiente. ¿Por qué? Las acciones de Apple empezaron a subir y a bajar descontroladamente, pasando de los 705 dólares por acción en septiembre de 2012 a los 385 dólares en abril del año siguiente, y acabando en los 414 dólares en julio de 2013: una pérdida del 41 por ciento que evitamos porque reequilibramos nuestra cartera.

¿Cuántas veces tenemos que reequilibrarla? La mayoría de los inversores lo hacen una o dos veces al año. Mary Callahan Erdoes, de JPMorgan, cree que reequilibrar es una herramienta tan valiosa que la usa «constantemente». ¿Qué significa eso? «Tantas veces como nuestra cartera se desvía del plan que trazamos al principio o del plan que ajustamos con arreglo a lo que ocurre en el mundo. Y no debería ser rígido. **Ha de ser una evaluación constante, pero no obsesiva.**»

A Burt Malkiel, por su parte, le gusta seguir la corriente de los mercados alcistas. **Aconseja reequilibrar sólo una vez al**

año. «No me gusta precipitarme y vender algo que está subiendo —dice—. **Prefiero tener los activos que rinden por lo menos un año.»**

Independientemente de las veces que lo hagamos, reequilibrar no sólo nos protege del riesgo excesivo, sino que también puede aumentar mucho el rendimiento de nuestra cartera. Igual que en los planes de inversión constante, la disciplina nos hace invertir en activos que rinden poco cuando se cotizan a la baja para que tengamos muchos cuando se coticen al alza. Nuestros beneficios pasan a otros jugadores de nuestro equipo, como pasa el balón en un ataque de Los Angeles Lakers, o el testigo en una carrera de relevos camino de la meta.

Si reequilibrar nos parece muy difícil, la buena noticia es que cualquier asesor independiente que escojamos puede hacerlo por nosotros automáticamente. Este asesor nos ayudará a ser fiscalmente más eficientes y a beneficiarnos del poder del reequilibrio de carteras.

Ya sabemos, pues, dos maneras eficaces de reducir el riesgo y aumentar el rendimiento de nuestras inversiones simplemente distribuyéndolas bien. Pero aún hay otro factor que puede evitarnos pérdidas... ¡e impuestos!

Tiempo de recolección

¿Qué pasa, pues, cuando llega la hora de reequilibrar nuestra cartera y tenemos que vender acciones? ¿Nos fastidian los impuestos sobre la renta del capital? Pues hay una técnica perfectamente legal de reducir estos impuestos y a la vez mantener equilibrada nuestra cartera: la técnica del *tax-loss harvesting*, que podría traducirse por «recolección o amortización de pérdidas fiscales», y que consiste en vender activos que pierden para compensar las ganancias que has obtenido y con ello los impuestos sobre la renta del capital. La ventaja es que **reducimos nuestros impuestos, ¡lo que aumenta el rendimiento neto!** En esencia, usamos parte de nuestras inevitables pérdidas para maximizar nuestras ganancias netas.

Burt Malkiel cree que el aprovechamiento de las minusvalías para reducir impuestos puede aumentar nuestra rentabilidad anual hasta en un uno por ciento anual, luego es una técnica que merece la pena estudiar.

Multimillonarios y grandes entidades aumentan sus ganancias de esta manera, pero pocos inversores normales y corrientes se benefician de estas técnicas. Pocos las conocen e incluso quienes las conocen creen que reequilibrar y aprovechar minusvalías para reducir impuestos es tan complicado que renuncian a intentarlo. ¡No nos preocupemos! Podemos recurrir a nuestro asesor fiduciario o a programas informáticos que lo harán tan fácil como pedir una pizza por internet, o al menos como actualizar las preferencias de seguridad de nuestra cuenta de Facebook.

Tengamos en cuenta que mi objetivo es hacer que invertir sea sencillo para todo el mundo, ¡y esta parte del libro es seguramente la que más a prueba ha puesto la mente del lector! Conque, en primer lugar, lo felicito por seguir conmigo. Todo parece muy técnico y la mayoría de la gente huye de esto como de la peste. Si nos sentimos algo abrumados por la idea de colocar activos, trazar planes de inversión constante, reequilibrar carteras y aprovechar pérdidas para rebajar los impuestos, quiero que sepamos que todas estas operaciones pueden automatizarse. Pero siempre conviene entender en qué consisten y por qué son efectivas.

Recordemos por lo menos cuatro cosas:

1. **¡Distribuir bien los activos es fundamental!** Tenemos que diversificar entre la caja de la seguridad y la del riesgo y el crecimiento. Debemos diversificar entre categorías de activos, mercados y tiempo.
2. **No debemos dudar en entrar en el mercado porque esperemos el momento oportuno**; al contrario, tracemos un plan de inversión constante y sepamos que la volatilidad puede sernos beneficiosa, porque nos ofrece la oportunidad de comprar inversiones baratas cuando el mercado es bajista.
3. **Constituyamos una caja de los sueños que dé vida y emoción a nuestras inversiones y nos permita disfrutar de ellas a corto y medio plazo**, y no algún día futuro.

4. **Reequilibremos nuestra cartera y aprovechémonos fiscalmente de las minusvalías para maximizar el rendimiento y minimizar las pérdidas de nuestras inversiones.**

Cuando dije que en este libro quería hablar de la colocación de activos y de estas estrategias concomitantes, muchos de mis amigos del mundo financiero me dijeron: «¡Tú estás loco! Es demasiado complejo. Las personas normales y corrientes no lo entenderán e incluso serán muy pocos quienes lo lean». Mi respuesta fue sencilla: «Estoy aquí por los pocos que hacen, no por los muchos que hablan». Se necesitan ganas para aprender algo nuevo. Pero, tratándose de dominar los principios de la inversión, el esfuerzo merece realmente la pena. Aunque tengamos que leer algo dos veces para entenderlo, la recompensa puede ser muy grande: podría suponernos años de vida sin tener que trabajar. Y, lo que es más importante, dominar estos principios nos hará sentirnos más capaces y más tranquilos.

Aprender bien lo que enseño en esta parte es como aprender a conducir un coche no automático. ¡¿Qué?! ¿Tenemos que aprender a usar el acelerador, el freno, el embrague, el espejo retrovisor, el volante y además mirar la carretera? ¡¿Estás de broma o qué?! Pero al poco estamos conduciéndolo como si tal cosa.

Bien, hemos recorrido un largo camino juntos en los siete simples pasos hacia la libertad financiera. Veamos en qué punto estamos:

1. **Hemos tomado la decisión financiera más importante de nuestra vida: ahorrar un porcentaje de nuestros ingresos —nuestro fondo de la libertad— e invertirlo automáticamente en una cuenta con interés compuesto.** ¿Hemos ya dado órdenes a nuestro banco de traspasar ese dinero? ¡Si no lo hemos hecho, hagámoslo ahora mismo!
2. **Hemos aprendido las leyes de la inversión y cómo evitar los ocho grandes mitos de Wall Street.** Estamos convirtiéndonos en jugadores, no en piezas del juego.

3. **Hemos dado el tercer paso en nuestro camino a la libertad financiera y hemos empezado a jugar a ganar.** Este paso tiene tres fases: una, nos hemos marcado nuestros tres objetivos principales, que para la mayoría de la gente son la seguridad, la vitalidad y la independencia financiera; dos, hemos trazado un plan con cifras concretas; y tres, hemos buscado y puesto en práctica maneras de acelerar este plan para que podamos disfrutar de la recompensa cuanto antes.
4. **En esta parte hemos tomado la decisión de inversión más importante de nuestra vida: distribuir nuestros activos en una cartera asignando un porcentaje específico a diversas cajas (de la seguridad, del riesgo y el crecimiento y de los sueños). Hemos diversificado y tenemos un plan que promete hacer realidad nuestros sueños.**

A estas alturas estamos años luz por delante de otros estadounidenses (y de inversores de todo el mundo) en la comprensión de nuestras finanzas y en el manejo de nuestro dinero. Y a poco que nos parezcamos a los hombres y a las mujeres que han tenido la suerte de leer este libro en forma de manuscrito, quizá ahora estemos tan entusiasmados por lo aprendido que demos saltos de alegría y cojamos a nuestros amigos del cuello para mostrarles algunas de las formas como pueden sumar cientos de miles de dólares, o incluso millones, a las ganancias de las inversiones de toda su vida. **Por eso puede sorprendernos saber... ¡que aún no hemos visto nada! Prometo que lo mejor está por llegar. ¡Y todo lo que queda será mucho más fácil que lo tratado en esta parte!**

Ahora que pensamos y actuamos como iniciados, veremos cómo invertir también como tales. Descubramos cómo podemos tener éxito en cualquier ambiente financiero, cómo ganar sin perder y cómo crear una fuente de ingresos vitalicios.

Plan de inversión constante versus inversión de una gran suma de efectivo

Pero ¿es la mejor estrategia si queremos invertir una gran suma de dinero?

¿Qué hacemos si de pronto nos cae del cielo un dineral, como la prima de 10.000 dólares de la que antes hablábamos, o un pago del seguro de 50.000 dólares? ¿Invertiremos ese dinero según un plan de inversión constante a intervalos fijos mensuales o incluso anuales, o todo de una vez?

Ahí está la controversia. Algunos asesores se oponen a los planes de inversión constante porque, como reconoce Burt Malkiel, no es la estrategia más productiva para invertir en bolsa cuando la tendencia es alcista, como ha ocurrido en los años posteriores a la reciente crisis.

Habríamos ganado más dinero de haberlo invertido «todo» al principio de la tendencia alcista que si lo hubiéramos dosificado a lo largo de cinco años. Eso está claro, ¿no? Y ha habido estudios recientes, entre ellos uno de Vanguard de 2012, que demuestran que, en los últimos ochenta años, divididos en periodos de diez años, y en las bolsas de Estados Unidos, Reino Unido y Australia, la inversión de grandes sumas ha rendido más que los planes de inversión constante más de dos terceras partes de las veces.

¿Por qué es así? Porque ponemos a rendir nuestro dinero antes y durante más tiempo y nos evitamos las comisiones de la compraventa. Invertir grandes sumas de dinero de una vez nos ofrece más posibilidades de crecimiento pero también mayor riesgo cuando el mercado cae. Hay estudios que demuestran que invertir grandes sumas de dinero a largo plazo, si diversificamos correctamente la inversión, es más rentable. Pero ¿cuánto más? Al final, el rendimiento medio no pasaba del 2,3 por ciento más. Y recordemos la estadística que Burt Malkiel nos facilitaba sobre la «década perdida» de 2000 a 2010: en este caso, si hubiéramos invertido un dólar en el S&P 500 el 31 de diciembre de 1999, diez años después valdría sólo 90 céntimos. Pero si lo hubiéramos invertido con un plan de inversión constante, en el mismo periodo habríamos ganado dinero. ¿Qué haríamos con 50.000 dólares? ¿Los invertiríamos de una vez, o los guardaríamos en un lugar más seguro e invertiríamos mil dólares al mes durante diez meses? ¿O los 50.000 en dos años? Si el mercado sigue alcista, podríamos dejar de ganar algo. Pero, como nos dicen los economistas conductuales, ¡no lo lamentaríamos tanto como lo lamentaríamos si el mercado se hundiera dos días después de invertirlo todo!

Conque depende completamente de nosotros. Repito una vez más que no estoy aquí para dar mi opinión, sino para ofrecer los mejores conocimientos de los mejores expertos. La mayoría de la gente no se plantea invertir grandes sumas ¡porque no disponen de ellas! Si es nuestro caso, seguiremos maximizando el rendimiento de nuestras inversiones diversificando éstas y con un plan de inversión constante.

Quinta parte

Ganar sin perder: creemos un plan de renta vitalicia

Capitulo 5.1

Invencible, inhundible, inconquistable: la estrategia para todas las estaciones

La invencibilidad reside en la defensa.

SUN TZU, *El arte de la guerra*

Hay acontecimientos en nuestra vida que condicionan para siempre nuestra manera de ver el mundo. Son como hitos de nuestro viaje que, sepámoslo o no, nos han dado las lentes a través de las cuales vemos el mundo. Y lo que permitamos que esos acontecimientos signifiquen para nosotros se reflejará en nuestra conducta y en las decisiones que tomemos el resto de nuestra vida.

Si crecimos en los «fabulosos años veinte», nuestra vida estuvo marcada por la prosperidad y el esplendor. Eran los días del Gran Gatsby. Pero si nos criamos durante la Gran Depresión, nuestra vida estuvo marcada por la penuria y la angustia. Crecer en un riguroso «invierno» económico nos obligaba a convertirnos en supervivientes.

Las generaciones de hoy día tienen una experiencia del mundo completamente diferente. Han crecido en medio de una gran prosperidad, aunque sus ingresos no les permitan pertenecer al uno por ciento. Todos disfrutamos de los beneficios de vivir en un mundo al alcance de la mano. Nos traen las compras a casa, ingresamos dinero desde la comodidad de nuestros pijamas y vemos miles de canales de televisión cuando y donde queremos. Mi nieta no sabe atarse los zapatos pero con cuatro años maneja un iPad tan bien como yo y ya sabe que Google puede responder a cualquier pregunta que se le ocurra. Es, además, una era de posibilidades, en la que una empresa emergente como WhatsApp, con apenas cincuenta empleados, puede revolucionar una industria y valer 19.000 millones de dólares.

No cabe duda de que nuestras vidas están condicionadas por la época y las circunstancias en las que vivimos, pero, y esto es lo importante, es el significado que damos a estas circunstancias lo que determinará nuestra trayectoria última.

Los años setenta

Ray Dalio, que ahora tiene sesenta y cinco años, se hizo adulto en los setenta. Fue una época de cambios bruscos en la que seguramente se vivió la peor situación económica desde la Gran Depresión. Al mucho desempleo se sumó una altísima inflación, que hizo que las tasas de interés se dispararan hasta alcanzar casi el 20 por ciento. ¡Recordemos que el interés de mi primera hipoteca, que salió de la inflación de los setenta, era del 18 por ciento! Además, hubo una «crisis del petróleo» en 1973, con un embargo que pilló desprevenido a Estados Unidos e hizo que los precios subieran de 2,10 dólares el barril a 10,40 dólares. Nadie estaba preparado para aquello. Unos años después, el gobierno impuso el racionamiento de gasolina y la gente tuvo que hacer cola durante horas en las gasolineras, que sólo suministraban combustible en días pares o impares. Fue una época de turbulencia política en la que se quebró la fe en el gobierno a raíz de la guerra de Vietnam y del caso Watergate. En 1974, el presidente Nixon tuvo que dimitir y fue luego absuelto de todos los cargos por su sucesor, el exvicepresidente Gerald Ford (¡ejem, ejem!).

En 1971, Ray Dalio acababa de terminar la carrera y trabajaba de empleado en la bolsa de Nueva York. Veía cómo el mercado subía y bajaba bruscamente, con una enorme volatilidad en varias categorías de activos. Las tendencias cambiaban rápida e inesperadamente. Ray veía que había grandes oportunidades pero al mismo tiempo grandes riesgos. Quiso, pues, entender la relación que había entre todos aquellos fenómenos. Si entendía cómo funcionaba la gran «máquina» económica, sabría cómo evitar aquellas pérdidas tremendas que condenaban a tantos inversores.

Todas aquellas circunstancias marcaron al joven Ray Dalio, que se convirtió en el gestor del mayor fondo de inversión de alto riesgo del mundo. Pero el acontecimiento decisivo que determinó sus ideas sobre la inversión se produjo una calurosa noche de agosto de 1971 cuando el presidente Nixon anunció por sorpresa una cosa que había de cambiar la faz del mundo financiero.

La noche de Nixon

Las tres grandes cadenas de televisión interrumpieron de repente la emisión y el presidente de Estados Unidos apareció en el salón de todos los hogares del país. Con aire grave y nervioso, dijo: «Le he pedido a mi secretario [John] Connally que suspenda temporalmente la convertibilidad del dólar en oro». Con una frase breve, en unas cuantas palabras, el presidente Nixon le dijo al mundo que el dólar tal y como lo conocíamos no volvería a ser el mismo nunca más. El valor del dólar dejaba de estar vinculado directamente al oro. ¿Recordamos Fort Knox? Antes, el gobierno tenía en oro a buen recaudo el valor equivalente de cada billete de dólar. Pero con la declaración de Nixon, el dólar pasaba a ser simple papel. Es como si tuviéramos un cofre lleno de oro y un buen día, al abrirlo, nos encontramos una nota que dice: «Pagaré».

Lo que estaba diciendo Nixon es que el valor del dólar lo determinaríamos en adelante nosotros (es decir, el mercado). La noticia conmocionó también a gobiernos extranjeros que tenían enormes cantidades de dólares, creyendo que podían convertirlos en oro cuando quisieran. De la noche a la mañana, Nixon acababa con esa posibilidad (haciendo una vez más honor a su mote, «Tricky Dick», algo así como «Ricardito el Tramposo»). ¡Ah!, y también decretó un recargo del 10 por ciento sobre todas las importaciones, para proteger la competitividad del país. Y como una ventisca de finales de octubre, la alocución de Nixon supuso un cambio estacional de proporciones épicas.

Ray estaba en su apartamento y no daba crédito a lo que oía. ¿Cuáles eran las implicaciones de la decisión de Nixon de suprimir el patrón oro en Estados Unidos? ¿Qué significaba para los mercados? ¿Qué significaba para el dólar estadounidense y su posición en el mundo?

Una cosa pensó Ray: «La definición de dinero ha cambiado. ¡Creí que habría una crisis!». Estaba seguro de que, cuando llegara a la bolsa al día siguiente, vería cómo el mercado se hundía.

Se equivocó.

Para su gran sorpresa, el Dow Jones subió casi un cuatro por ciento al día siguiente y las acciones se dispararon, alcanzando la mayor cotización en un día de la historia. ¡Y el oro también subió muchísimo! Era exactamente lo contrario de lo que, en buena lógica, la mayoría de los expertos esperaban. Después de todo, habíamos roto la sagrada promesa que le habíamos hecho al mundo de que esos papelitos en los que se veía la cara de presidentes muertos valían realmente algo. Seguramente aquel cambio no inspiraría confianza en la economía ni en el gobierno de Estados Unidos. Era un misterio. Aquella alza del mercado llegó a conocerse como el «repunte Nixon».

Pero no todo fueron buenas noticias. Al permitir que el valor del dólar fuera el que «todos acordemos que sea», una tormenta inflacionaria empezó a incubarse en el horizonte. Ray explica: «Fue el caldo de cultivo de la primera crisis del petróleo, en 1973. Nunca habíamos tenido una. Nunca habíamos tenido inflación. Todo aquello fue una sorpresa. Y yo desarrollé un modus operandi para esperar sorpresas». Y no podemos permitirnos ni tolerar sorpresas. No podemos permitirnos un nuevo 2008. No podemos permitirnos un nuevo terremoto que sacuda nuestros mercados.

El «repunte Nixon» fue un punto de inflexión para Ray; a partir de ese momento se obsesionó con prepararse para todo: lo desconocido que nos espera a la vuelta de la esquina. Se dedicó a estudiar todos las posibles situaciones del mercado y lo que suponían para determinadas inversiones. Es el principio fundamental que le permite gestionar el mayor fondo de inversión de alto riesgo del mundo. No por eso cree que lo sabe todo. Al contrario. Está ávido de descubrir lo que no sabe. Porque lo obvio está obviamente equivocado. El pensamiento dominante suele ser erróneo. Y como el mundo no para de cambiar y evolucionar, el propósito de Ray de conocer lo desconocido es una empresa interminable.

El mejor nirvana del inversor

Lo que el lector va a leer ahora podría muy bien ser el capítulo más importante de este libro. Sí, ya sé que he dicho lo mismo antes. Y es verdad que si no conocemos las reglas del juego, nos aplastan. Y que si no pensamos como iniciados, el saber convencional nos hará aceptar el destino del rebaño. Y que si no determinamos un porcentaje y automatizamos nuestros ahorros, nunca despegaremos del suelo. Pero creo sinceramente que nada hay en este libro que supere la estrategia usada por Ray para obtener el mayor rendimiento posible con el menor riesgo. Es la especialidad de Ray. Es aquello por lo que se le conoce en todo el mundo.

La cartera de inversiones que veremos en las próximas páginas nos habría dado:

1. **¡Un rendimiento extraordinario: casi el 10 por ciento anual (9,88 por ciento para ser exactos, sin comisiones) en los últimos cuarenta años (de 1974 a 2013)!**
2. **Una seguridad extraordinaria: ¡habríamos ganado dinero exactamente el 85 por ciento de las veces en los últimos cuarenta años! Sólo habríamos perdido en seis ocasiones en esos cuarenta años, y las pérdidas medias sólo fueron del 1,47 por ciento. Dos de esas pérdidas quedaron en tablas, en todos los sentidos, pues únicamente fueron del 0,03 por ciento o menos. Con lo que, desde un punto de vista práctico, habríamos perdido dinero cuatro veces en cuarenta años.**
3. **Poquísima volatilidad: la peor pérdida que habríamos sufrido en esos cuarenta años habría sido sólo del –3,93 por ciento.**

¿Recordamos las grandes reglas de la inversión de Warren Buffett? Regla 1: no perdamos dinero. Regla 2: véase regla 1. El genio de Ray consiste en saber aplicar esta regla. Por eso es el Leonardo da Vinci de la inversión.

Cualquiera puede mostrarnos (a posteriori) una cartera con la que podríamos haber asumido enormes riesgos y obtenido grandes ganancias. Y si no nos hubiéramos arrugado como bolsas de papel cuando la cartera caía un 50 o un 60 por ciento, habríamos acabado obteniendo grandes ganancias. Este consejo es muy comercial, pero no responde a la realidad para la mayoría de la gente.

No me imaginaba que hubiera una manera de obtener los inversores particulares (como el lector y como yo) ganancias dignas de grandes inversores con una estrategia que al mismo tiempo redujera mucho tanto la frecuencia como la magnitud de las pérdidas prácticamente en cualquier entorno económico imaginable. ¿Nos imaginamos un modelo de cartera que sólo perdió un 3,93 por ciento en 2008, cuando el mundo se desplomaba y el mercado caía un 50 por ciento? ¿Una cartera que nos garantice una seguridad casi total cuando la próxima crisis se lleve por delante billones de dólares de los planes de jubilación? Éste es el regalo que nos hacen las páginas que siguen. (Tengamos en cuenta que los rendimientos pasados no garantizan resultados futuros. Sólo estoy facilitando información histórica para ilustrar los principios en los que se basa esta estrategia.)

Pero antes de entrar en materia, y de que podamos valorar la belleza y la bondad de los consejos de Ray, conozcamos la historia de uno de los inversores más increíbles que existen en la faz de la tierra. Sepamos por qué gobiernos y grandes empresas de todo el mundo están en comunicación directa con Ray cuando quieren maximizar sus ganancias y reducir sus pérdidas.

Me gusta

El año 1983 fue malo para los pollos. McDonald's decidió lanzar el popularísimo «Chicken McNugget», que tuvo tanto éxito que durante años hubo problemas de suministro porque no encontraban bastantes aves. Pero de no haber sido por el genio de Ray Dalio, el Chicken McNugget no existiría.

¿Qué tiene que ver el mundo de las altas finanzas con el payaso que vende comida rápida? Esto: cuando McDonald's quiso lanzar el nuevo producto, el precio del pollo estaba en alza y les preocupaba tener que subir los precios, lo que no podían permitirse porque su clientela miraba mucho el dinero. Pero los proveedores no estaban dispuestos a poner un precio fijo a sus pollos porque sabían que lo caro no eran los animales en sí. Lo caro era alimentarlos con maíz y soja. Y si el precio de alimentarlos subía, los proveedores tenían que cargar con las pérdidas.

McDonald's llamó a Ray, sabiendo que es una de las mentes más dotadas del mundo cuando se trata de eliminar o minimizar riesgos y maximizar beneficios... y Ray encontró una solución. Concibió un contrato de futuros (traducción: una garantía contra futuras subidas del precio del maíz y la soja) que permitió a los proveedores vender sin problemas sus pollos a un precio fijo. ¡Qué aproveche!

La pericia de Ray va más allá de las salas de juntas de las grandes empresas. ¿Hasta qué punto influye su conocimiento en el mundo? En 1997, cuando el Tesoro de Estados Unidos decidió emitir bonos protegidos contra la inflación (TIPS, por sus siglas en inglés), los funcionarios acudieron a la empresa de Ray, Bridgewater, para asesorarse. Las recomendaciones de Bridgewater determinaron el diseño actual de los TIPS.

Ray es más que un simple gestor de dinero. Es un experto en mercados y en riesgo. Sabe cómo juntar las piezas para inclinar las probabilidades de ganar claramente a favor suyo y de sus clientes.

¿Cómo lo hace? ¿Cuál es su secreto? ¡Sentémonos a los pies de este maestro en economía y dejemos que guíe!

Un comando intelectual

¿Recordamos la metáfora de la jungla que nos expuso Ray en el capítulo uno? Según él, para conseguir lo que queremos en la vida, tenemos que atravesar una jungla, que está llena de peligros desconocidos. Los desafíos acechan en la siguiente curva del camino y pueden salirnos al paso. Por eso, y para llegar a donde queremos llegar, tenemos que rodearnos de las mentes más lúcidas y respetadas. La empresa de Ray, Bridgewater, es su equipo personal de expertos en junglas. Tiene más de 1.500 empleados que están casi tan empeñados como él en maximizar el rendimiento y minimizar el riesgo.

Como dije antes, Bridgewater es el fondo de alto riesgo más grande del mundo, que gestiona 160.000 millones de dólares. Esta cantidad es asombrosa, si consideramos que la mayoría de los grandes fondos del mismo tipo gestionan unos 15.000 millones. Aunque el inversor medio no haya oído hablar de Ray, su nombre resuena en las más altas esferas. Sus informes diarios los leen los personajes más poderosos de las finanzas, desde los jefes de bancos centrales hasta los de gobiernos extranjeros pasando por el presidente de Estados Unidos.

La razón de que los mayores jugadores del mundo, desde los fondos de pensiones más grandes hasta los fondos soberanos de inversión de países extranjeros, inviertan con Ray es una: él no se rige por el «saber convencional». Piensa por sí mismo. Y piensa muy bien. Su apetito voraz por aprender constantemente, desafiar las convenciones y hallar «la verdad» lo llevó desde su primer despacho (su apartamento) hasta la vasta mansión de Connecticut donde tiene la sede su empresa. De su personal, esos valientes de la jungla, se ha dicho que son un «comando intelectual». ¿Por qué? Porque si trabajamos en Bridgewater, atravesaremos la jungla de la mano de Ray. La cultura de la empresa exige que seamos creativos, perspicaces y valientes, capaces siempre de defender nuestras ideas. Pero Ray nos exige también que estemos siempre dispuestos a cuestionar, o incluso a atacar, cualquier cosa que consideremos falsa. La misión es descubrir la verdad y luego discurrir la mejor forma de afrontarla. Este planteamiento requiere «amplitud de miras, y veracidad y transparencia absolutas». La supervivencia (y el éxito) de la empresa depende de ello.

Perro Alfa

Ray Dalio saltó a la palestra con el extraordinario (y continuado) éxito de una **estrategia llamada Pure Alpha. Lanzada en 1991, esta estrategia tiene ahora 80.000 millones de dólares y ha producido un asombroso 21 por ciento de rendimiento anual** (sin descontar comisiones) con un riesgo relativamente bajo. Entre los inversores del fondo se cuentan las personas más ricas del mundo, gobiernos y fondos de pensiones. Es el uno por ciento del uno por ciento del uno por ciento, y el «club» lleva muchos años cerrado a nuevos inversores. La estrategia Pure Alpha es de gestión activa, lo que significa que Ray y su equipo estan continuamente buscando buenas oportunidades de inversión. Quieren comprar en el momento oportuno y vender en el momento oportuno. **No se limitan a seguir los mercados, como demuestra el 17 por ciento de ganancias (sin descontar comisiones) de 2008, cuando muchos gestores de fondos de alto riesgo cerraban sus puertas o rogaban a los inversores que no se fueran.** Los inversores de la estrategia Pure Alpha quieren grandes ganancias y están dispuestos a asumir riesgos... aunque reduciendo el riesgo lo más humanamente posible.

Los niños y la beneficencia

Gestionando increíblemente bien la estrategia Pure Alpha, Ray ha acumulado una considerable fortuna personal. A mediados de los años noventa, empezó a pensar en su legado y en el dinero que quería dejar, pero se preguntaba: «¿Qué cartera de inversiones usaría si yo no estuviera para seguir gestionando activamente el dinero?» ¿Qué tipo de cartera podría prescindir de sus decisiones y seguir manteniendo a sus hijos y sus empeños filantrópicos las siguientes décadas?

Ray sabía que el saber y la gestión de inversiones convencionales lo dejarían en manos de un modelo que continuamente demuestra ser incapaz de sobrevivir a los momentos difíciles. Así que empezó a preguntarse si podría confeccionar una cartera —distribuir sus activos— que funcionara bien en cualquier entorno económico futuro, ya fuera otro crudo invierno como el de 2008, una depresión, una recesión o lo que fuese. Porque nadie sabe lo que ocurrirá dentro de cinco años, y no digamos de veinte o treinta.

¿El resultado?

Una manera completamente nueva de concebir la colocación de activos. Una serie de reglas nuevas. Y **sólo después de probar la cartera año tras año hasta remontarse a 1925, y de que esa cartera produjera magníficos resultados para el fondo familiar de Ray, en distintas condiciones económicas, empezó a ofrecerla a un selecto grupo, siempre que sus miembros invirtieran un mínimo de cien millones de dólares, claro**. La nueva estrategia, llamada All Weather («para todas las estaciones»), salió a bolsa en 1996, cuatro años antes de que una fuerte corrección del mercado la sometiera a prueba. Y pasó esta prueba con sobresaliente.

Las preguntas son la respuesta

Todos conocemos la máxima: «Pide y se te dará». ¡Y si hacemos mejores preguntas, obtendremos mejores respuestas! Es lo que tienen en común todos los triunfadores. Bill Gates no preguntó: «¿Cómo creo el mejor software del mundo?». Preguntó: «¿Cómo puedo crear la inteligencia [el sistema operativo] que controlará todos los ordenadores?». Esta diferencia es una de las razones principales de que Microsoft se convirtiera no sólo en una empresa de software próspera, sino en la fuerza dominante de la informática... ¡que sigue controlando casi el 90 por ciento del mercado del ordenador personal! Sin embargo, Gates no llegó a hacerse con la red porque su interés se centraba en lo que hay dentro del ordenador, a diferencia de los «chicos de Google», Larry Page y Serguéi Brin, que se preguntaron: «¿Cómo organizamos toda la información mundial y la hacemos accesible y útil?» En consecuencia, se centraron en una fuerza que aún era más poderosa en la tecnología, en la vida y en los negocios. Una pregunta de nivel más alto les dio una respuesta también de nivel más alto y la recompensa correspondiente. Para obtener resultados, no podemos hacernos la pregunta una sola vez, tenemos que empeñarnos en encontrar la mejor respuesta.

Las personas normales y corrientes nos hacemos preguntas como «¿qué hago para salir de ésta?» o «¿por qué me pasa a mí esto?». Algunos incluso nos hacemos preguntas que nos incapacitan y nos ponen obstáculos en lugar de darnos soluciones. Preguntas como «¿por qué no consigo perder peso?» o «¿por qué no consigo ahorrar?» no hacen sino limitarnos más.

A mí me ha obsesionado la pregunta de cómo mejorar las cosas. ¿Cómo puedo ayudar a la gente a vivir mejor ya? Este empeño lleva treinta y ocho años animándome a hallar o crear estrategias y herramientas que marquen inmediatamente la diferencia. ¿Y tú, lector? **¿Qué preguntas te haces más a menudo? ¿Qué es lo que más te interesa? ¿Cuál es la obsesión de tu vida? ¿Encontrar el amor? ¿Destacar entre todos? ¿Aprender? ¿Ganar dinero? ¿Agradar a todo el mundo? ¿Evitar el dolor? ¿Cambiar el mundo? ¿Eres consciente de qué es lo que más te interesa en la vida? Sea lo que sea, eso marcará, moldeará y dirigirá tu vida.** Este libro responde a la pregunta «¿qué es lo que hacen los mejores inversores para triunfar una y otra vez?». ¿Cuáles son las decisiones y acciones de quienes empiezan de la nada y se las arreglan para crear riqueza y libertad financiera para sus familias?

En el mundo financiero, Ray Dalio se obsesionó con una serie de grandes preguntas. Cuestiones que lo llevaron a crear la cartera All Weather. Es un planteamiento del que hablaremos aquí y que podría cambiar nuestra vida financiera a mejor, y para siempre.

«¿Qué clase de cartera de inversiones necesitaríamos para tener la absoluta seguridad de que rendirá tanto en tiempos buenos como en tiempos malos y en cualquier entorno económico?»

Esto puede parecer una pregunta obvia y, de hecho, muchos «expertos» y asesores fiscales dirán que la cartera diversificada que ellos usan está concebida precisamente para eso. Pero la respuesta convencional a la pregunta es por qué muchos profesionales cayeron de un 30 a un 50 por ciento en 2008. Vimos cómo muchos fondos a plazo fijo se perdieron cuando se suponía que estaban programados para ser más conservadores conforme sus titulares se acercaban a la jubilación. Vimos cómo Lehman Brothers, una entidad con 158 años de historia, se hundía en cuestión de días. La mayoría de los asesores financieros se escondieron debajo de la mesa de sus despachos y evitaron responder a las llamadas de sus clientes. Ninguno de los maravillosos programas informáticos que el sector usa —la simulación Monte Carlo que calcula todos los posibles escenarios futuros— predijo las crisis de 1987, 2000 y 2008, ni protegió a los inversores de ellas.

Si recordamos la crisis de 2008, las respuestas que se daban eran: «Es que nunca había ocurrido», «nos ha pillado desprevenidos», «esta vez es diferente». Ray no se creía estas respuestas (**y por eso predijo la crisis financiera global y ganó dinero en 2008**).

No nos equivoquemos, lo que Ray llama «sorpresas» parecerán siempre algo nuevo respecto de lo anterior. La Gran Depresión, la crisis del petróleo de 1973, la inflación galopante de finales de los setenta, la crisis de la libra esterlina de 1976, el Lunes Negro de 1987, la burbuja de las puntocom de 2000, la crisis inmobiliaria de 2008, la caída del 28 por ciento del precio del oro en 2013... todas estas sorpresas pillaron a la mayoría de los inversores profesionales muy desprevenidos. Y la siguiente sorpresa los pillará igual. De esto podemos estar seguros.

Pero en 2009, cuando la cosa se aclaró y el mercado empezó a recuperarse, muy pocos gestores se pararon a pensar si el planteamiento convencional de la colocación de activos y la gestión del riesgo estaba equivocada desde el principio. Muchos siguieron haciendo lo mismo y rogaron a Dios que las cosas volvieran a la **«normalidad». Pero recordemos el mantra de Ray: «Esperemos sorpresas», y la pregunta fundamental de su modus operandi: «¿Qué no sé?». No se trata de saber si va a haber o no otra crisis, sino de saber cuándo.**

Markowitz: El secreto de la maximización del rendimiento

Harry Markowitz es conocido por ser el padre de la moderna teoría de la cartera de inversiones. Explica el concepto fundamental que hay detrás del trabajo que le valió el premio Nobel. Resumiendo, dice que las inversiones de una cartera no deben considerarse individualmente, sino como grupo. Debe haber un equilibrio entre el riesgo y el rendimiento y por eso no debemos escuchar sólo a un instrumento, sino a toda la orquesta. Y hasta qué punto nuestras inversiones funcionen juntas y estén bien diversificadas determinará, en última instancia, nuestra recompensa. Este consejo puede parecer hoy simple, pero en 1952 era una manera de pensar revolucionaria y, de alguna manera, ha influido en casi todos los gestores de carteras del mundo, de Nueva York a Hong Kong.

Como todos los grandes inversores, Ray se basó en la teoría de Markowitz para reflexionar sobre el diseño de las carteras de inversión y la colocación de activos. Pero quiso ir un poco más allá. Estaba seguro de que podía añadir dos o tres elementos clave —accionar dos o tres palancas clave— y hacer su propio y pionero descubrimiento. Aprovechó sus cuarenta años de experiencia financiera, reunió a sus hombres y puso a todos a pensar en su proyecto. Ray se pasó literalmente muchos años haciendo pesquisas hasta que descubrió una manera completamente nueva de considerar la colocación de activos. La mejor forma de maximizar el rendimiento y minimizar el riesgo. Y sus hallazgos le han dado una gran ventaja respecto de la competencia... una ventaja que pronto será nuestra.

Hasta la publicación de este libro, sólo los clientes de Ray se beneficiaban de este planteamiento revolucionario y pionero. Gobiernos, planes de pensiones, multimillonarios, todos se beneficiaban de las ventajas de inversión que pronto vamos a conocer, gracias a la estrategia All Weather de Ray. Como dije antes, es donde Ray se la juega de verdad, donde invierte todo el dinero de su familia y de su legado, así como las Cajas de la Seguridad de las entidades más conservadoras y sofisticadas del mundo. Como Ray, también yo invierto ahora parte del dinero de mi familia en esta estrategia, así como el de mi fundación, porque, como veremos, ha producido ganancias en todos los entornos económicos en los últimos ochenta y cinco años. En crisis y recesiones, en tiempos de inflación y de deflación, en tiempos buenos y en tiempos malos, esta estrategia ha sido capaz de maximizar las oportunidades. Históricamente, parece una de las mejores formas de cumplir mis deseos cuando yo no esté.

Día de juego

Entrevistar a otra de las grandes leyendas de nuestro tiempo fue un verdadero privilegio. Empleé casi quince horas en estudiar y prepararme para la ocasión, y eché mano de todas las fuentes de información que pude (lo que no fue fácil, porque suele evitar los medios de comunicación y la publicidad). Escuché algunos discursos que dio a los líderes mundiales en Davos y en el Consejo de Relaciones Exteriores. Vi su entrevista con Charlie Rose en el programa *60 Minutes* (una de sus pocas apariciones en un medio de gran audiencia) y su vídeo animado *How the Economic Machine Works—In Thirty Minutes* (<www.economicprinciples.org>). Es un excelente vídeo que animo a ver a todo el que quiera entender cómo funciona la economía mundial. Me leí todos los artículos de prensa que encontré. Leí y subrayé casi todas las páginas de su famoso texto *Principles*, que trata tanto de su vida como de los principios que guían su gestión. Era la oportunidad de mi vida y debía estar completamente preparado.

Lo que debía ser una entrevista de una hora se alargó a casi tres. Yo no sabía que Ray era un admirador de mi obra y llevaba escuchando mis programas de audio casi veinte años. ¡Qué honor! Hablamos largo y tendido de todo, desde cómo invertir a cómo funciona realmente la máquina de la economía mundial. Empecé con una pregunta sencilla: «¿Puede el inversor particular ganar el juego?».

«¡Sí!», contestó él con énfasis. Pero no lo ganaremos haciéndole caso a ese colega nuestro que es corredor de bolsa. Ni lo ganaremos tampoco queriendo anticipar el mercado. Querer anticipar el mercado es como jugar al póquer con los mejores jugadores del mundo que se dedican a ello todo el día y disponen de recursos casi ilimitados. Sólo hay un número limitado de fichas en la mesa. «Es un juego en el que unos pierden y otros ganan.» Por eso, pensar que vamos a quitarle las fichas a gente como Ray no es sólo de ingenuos, es de bobos. «El juego está jugándose a nivel mundial y sólo unos cuantos ganan dinero, y mucho, quitándoles las fichas a aquellos jugadores que no son tan buenos.» Como dice el viejo dicho: si llevas un rato jugando al póquer y no sabes quién es el memo, ¡lo eres tú!

Ray hizo un último aviso para que no intentemos superar o anticipar el mercado: «¡No juguemos a ese juego!».

—Muy bien, Ray, ya sabemos que no debemos intentar ganarles a los mejores jugadores del mundo. Ahora déjame preguntarte lo que les he preguntado a todas las personas a las que he entrevistado para este libro: si no pudieras dejarles a tus hijos tu riqueza, sino sólo una cartera de inversiones, con una serie de activos colocados de una determinada manera y unos principios que los guiaran, ¿cuál sería esa cartera?

Ray se reclinó en su asiento y pude ver que dudaba. No porque no quisiera contestar, sino porque vivimos en un mundo sumamente complejo de riesgos y oportunidades.

—Eso es muy complejo, Tony. Me es muy difícil explicárselo a las personas normales en tan poco tiempo, y las cosas cambian constantemente.

Tenía razón. No se pueden meter cuarenta y siete años de experiencia en una entrevista de tres horas. Pero le insistí un poquito...

—Sí, estoy de acuerdo. Pero acabas de decir que un inversor particular no triunfará recurriendo a un gestor tradicional. Así que ayúdanos a entender qué podemos hacer para triunfar. Todos sabemos que colocar bien los activos es fundamental para tener éxito, y por eso te pido que nos digas algunos de los principios que tú usarías para obtener las máximas ganancias con el mínimo riesgo.

Y así empezó Ray a hablar y a revelar algunos asombrosos secretos y conocimientos. Su primer paso fue sacudir mi «saber convencional» y demostrarme que una cartera que, según el saber convencional, está «equilibrada», no lo está en absoluto.

> El secreto de todas las victorias consiste en organizar lo que no es obvio.
>
> MARCO AURELIO

Desequilibrada

La mayoría de los asesores (y de los anuncios) nos aconsejan tener una «cartera equilibrada». Esto parece bueno, ¿verdad? Una cartera equilibrada nos garantiza que no estamos corriendo demasiados riesgos, y que las inversiones más arriesgadas las compensan otras más conservadoras. Pero la cuestión es:

¿Por qué la mayoría de las carteras equilibradas convencionales cayeron del 25 al 40 por ciento cuando el mercado se hundió?

Una cartera equilibrada convencional se divide entre un 50 por ciento de acciones y un 50 por ciento de bonos (o un 60/40 si somos algo más agresivos, o un 70/30 por ciento si lo somos más aún). Pero quedémonos con el ejemplo del 50/50 por ciento. Alguien que tuviera 10.000 dólares invertiría 5.000 en acciones y 5.000 en bonos (o, si tuviera 100.000, 50.000 en bonos y 50.000 en acciones, ya se entiende).

Con esta proporción convencional, esperamos tres cosas:

1. *Esperamos* que las acciones se comporten bien.
2. *Esperamos* que los bonos se comporten bien.
3. *Esperamos* que ni acciones ni bonos caigan al mismo tiempo cuando sobrevenga otra crisis.

Es fácil *advertir* que la esperanza es la base de este planteamiento típico. Pero iniciados como Ray Dalio no confían en la esperanza. La esperanza no es una estrategia cuando nos jugamos el bienestar de nuestra familia.

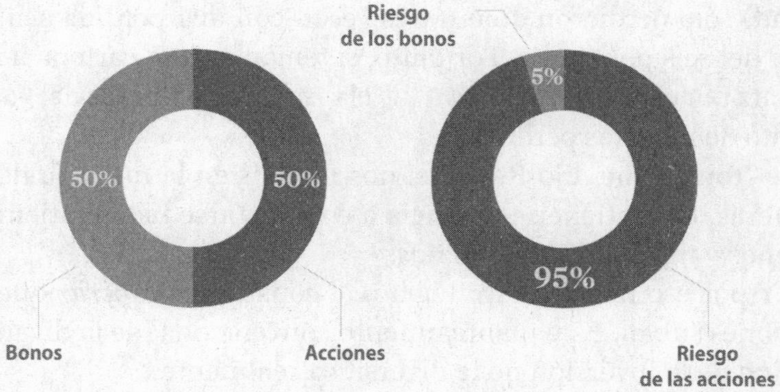

Negocio de riesgo

Como dividen su dinero entre un 50 por ciento de acciones y un 50 por ciento de bonos (o alguna variante parecida), muchos piensan que así lo diversifican y reparten el riesgo. **Pero, en realidad, corremos mucho más riesgo del que creemos. ¿Por qué? Porque, como Ray señaló muchas veces en nuestra conversación, las acciones son tres veces más arriesgadas (es decir, volátiles) que los bonos.**

«¡Tony, una cartera dividida al cincuenta por ciento tiene en realidad el noventa y cinco por ciento del riesgo en acciones!» El gráfico de arriba muestra una cartera al cincuenta por ciento. El círculo de la izquierda representa el porcentaje de dinero repartido entre acciones y bonos. El de la derecha, el porcentaje de riesgo de la misma cartera.

Es decir, con el 50 por ciento de nuestro dinero invertido en acciones, a primera vista parece una cartera equilibrada. Pero, como muestra el gráfico, tendríamos un 95 por ciento o más de ese dinero en peligro, por el tamaño y volatilidad de las acciones que tenemos. En consecuencia, si las acciones se hunden, toda la cartera se hunde. ¡Vaya equilibrio!

¿Cómo se traslada este concepto a la vida real?

De 1973 a 2013, el S&P 500 ha perdido dinero nueve veces, ¡con una pérdida acumulada del 134 por ciento! En el mismo periodo, los bonos (representados por el índice Barclays Aggregate

Bond) sólo perdieron dinero tres veces, con una pérdida acumulada del seis por ciento. Por tanto, si teníamos una cartera al cincuenta por ciento, ¡el S&P 500 fue el responsable de más del 95 por ciento de nuestras pérdidas!

—Tony —me dijo Ray—, si nos fijamos en la mayoría de las carteras, todas tienen tendencia a comportarse bien en tiempos buenos y mal en tiempos malos.

Y por eso nuestra estrategia real consiste en *esperar* que las acciones suban. Este planteamiento convencional de la diversificación de la inversión no la diversifica realmente.

Yo nunca había oído este concepto de equilibrio frente a riesgo tan claramente explicado. Empecé a pensar en mis propias inversiones y a preguntarme si me habría equivocado.

Por eso te pregunto, lector: ahora que sabes todo esto, ¿qué piensas del «equilibrio» de tu cartera?

¿Cambia esto tu idea de lo que es una inversión diversificada? ¡Espero que sí! La mayoría de la gente procura protegerse diversificando la cantidad de dinero que colocan en determinados activos. Nos decimos: «El cincuenta por ciento de mi dinero está en acciones arriesgadas (que pueden rendir más si las cosas van bien) y el cincuenta por ciento en bonos seguros que me protegen». Ray nos muestra que si repartimos nuestro dinero a partes iguales pero el riesgo de nuestras inversiones no es igual, ¡nuestra cartera no está equilibrada! ¡Seguimos teniendo la mayor parte de nuestro dinero en peligro! Tenemos que repartir nuestro dinero basándonos en la proporción de riesgo y ganancia que haya, y no colocar la misma cantidad de dinero en las distintas inversiones.

¡Ya sabemos algo que el 99 por ciento de los inversores no saben y la mayoría de los profesionales tampoco conocen o no aplican! Pero descuidemos. Ray dice que la mayoría de las entidades, con cientos de miles de millones de dólares, ¡cometen el mismo error!

La danza de la lluvia

¡Ray estaba lanzado y sistemáticamente echaba por tierra todo lo que me habían enseñado o vendido durante años!

—Tony, la «teoría» de la cartera equilibrada tiene otro gran problema y es que se basa en un enorme, pero inexacto, supuesto: la diferencia entre correlación y causalidad.

Correlación es una curiosa palabra que se usa en el ámbito de la inversión para decir que las cosas van juntas. En las culturas primitivas, bailaban para hacer que lloviera. ¡Y a veces lo conseguían! O eso creían ellos. Confundían la *causalidad* con la *correlación*. En otras palabras, pensaban que el hecho de dar brincos *causaba* la lluvia, pero no era sino una coincidencia. Como ocurría cada vez más, empezaron a concebir una falsa confianza en su capacidad de predecir la *correlación* entre la danza y la lluvia.

Los profesionales de la inversión caen a veces en la misma mitología. Dicen que hay inversiones que están o correlacionadas (se mueven juntas) o no correlacionadas (no tienen una relación predecible). Y sí, a veces pueden están correlacionadas, pero, como en el caso de la danza de la lluvia, casi siempre es pura casualidad.

Ray y su equipo han demostrado que todos los datos históricos apuntan a que muchas inversiones tienen una relación completamente fortuita. La crisis económica de 2008 destruyó ese supuesto, porque casi todas las categorías de activos cayeron a la vez. La verdad es que a veces se mueven juntas y a veces no. Así, cuando los profesionales quieren equilibrar una cartera esperando que las acciones se muevan en sentido contrario al de los bonos, por ejemplo, se la juegan. Pero esta mala lógica es la que guía a la mayoría de los profesionales de las finanzas.

Ray ha demostrado claramente algunas de las flagrantes lagunas que tiene el modelo tradicional de la colocación de activos. Si fuera profesor en alguna universidad de la Ivy League y hubiera publicado este trabajo, ¡probablemente lo habrían nominado para el premio Nobel! Pero él vive mejor en las trincheras, en la jungla.

Las cuatro estaciones

Cuando hablé con David Swensen, el director de inversiones de la Universidad de Yale, me dijo que «el saber no convencional es la única manera de triunfar». Seguir al rebaño significa perder seguro. A veces la gente oye el mismo consejo o pensamiento una y otra vez y lo confunde con la verdad. Pero es el saber no convencional lo que suele llevar a la verdad y sobre todo nos da ventaja.

Y así es como apareció la segunda idea no convencional de Ray.

—Tony, cuando miramos al pasado **hay una cosa que vemos con absoluta claridad: cada inversión tiene un entorno ideal en el que florece. En otras palabras, hay una estación para todo**.

Tomemos por ejemplo el mercado inmobiliario. A principios de la década de 2000, los estadounidenses (¡incluso los que no tenían dinero!) compraban todo lo que pillaban. Pero no adquirían casas sólo porque «las tasas de interés estaban bajas». Las tasas estaban aún más bajas en 2009 y nadie compraba. La gente compraba casas en pleno *boom* porque los precios subían rápidamente. El precio de la vivienda aumentaba cada mes y no querían perder la oportunidad. El multimillonario George Soros observó que «los estadounidenses han acumulado más deuda hipotecaria en los últimos seis años [en 2007] que en toda la historia del mercado hipotecario». Y es verdad: se hicieron más préstamos en seis años que en toda la historia del crédito inmobiliario.

En Miami y en muchas partes del sur de Florida, podíamos pagar la entrada de un piso y, debido a la inflación, antes incluso de que el piso estuviera terminado podíamos venderlo con una ganancia considerable. ¿Y qué hacía la gente con ese patrimonio que era la casa? Lo usaba como si fuera un cajero automático y lo gastaba, y con este gasto masivo las empresas ganaban y la economía crecía. Soros citaba algunas cifras sorprendentes: «Martin Feldstein, un expresidente de la Junta de Asesores Económicos, calculaba que de 1997 a 2006, los consumidores sacaron más de 9 billones de dólares en dinero contante y sonante en concepto de hipotecas». Para hacernos una idea de lo que esto significa, en apenas seis años (de 2001 a 2007), los estadounidenses acumularon más deuda hipotecaria (unos 5,5 billones de dólares) que en toda la historia del mercado hipotecario, que tiene más de cien años. Naturalmente, este comportamiento por parte de una nación no es sostenible. Cuando el precio de la vivienda cayó a plomo, lo mismo hizo el gasto y la economía.

En resumen, ¿en qué «estación» o entorno se comporta bien la vivienda? En un entorno inflacionista. Pero en 2009 hubo deflación, los precios se hundieron y resultó que la casa de muchos tenedores de hipotecas valía menos de lo que debían. La deflación hace caer los precios de este tipo de inversión.

¿Y qué pasa con las acciones? También se comportan bien en un medio inflacionista. Con la inflación los precios suben. Los precios altos hacen que las empresas ganen más dinero. Y los mayores ingresos hacen que suba la cotización de las acciones. Esto se ha demostrado cierto con el tiempo.

Los bonos son otra cosa. Tomemos, por ejemplo, los bonos del Tesoro de Estados Unidos. Si tenemos una estación deflacionista, que va acompañada de una caída de las tasas de interés, el precio de los bonos subirá.

Ray hizo entonces la distinción más sencilla e importante de todas. Sólo hay cuatro cosas que mueve el precio de los activos:

1. inflación,
2. deflación,
3. crecimiento económico y
4. decrecimiento económico

	Crecimiento	Inflación
Sube ↑	Crecimiento económico mayor de lo esperado	Inflación mayor de la esperada
Baja ↓	Crecimiento económico menor de lo esperado	Inflación menor de la esperada

Ray reduce todo a cuatro posibles entornos diferentes, o «estaciones económicas», que son las que en definitiva determinan si las inversiones (el precio de los activos) suben o bajan. (Salvo que, a diferencia de lo que ocurre en la naturaleza, no hay un orden predeterminado en el que esas estaciones se suceden.) Son:

1. inflación mayor de lo esperado (precios en alza),
2. inflación menor de lo esperado (o deflación),
3. crecimiento económico mayor de lo esperado, y
4. crecimiento económico menor de lo esperado.

Hoy día, el precio de una acción (y de un bono) incluye lo que nosotros (el mercado) «espera» que ocurra en el futuro. Ray me dijo: «Los precios que vemos hoy día reflejan literalmente el futuro». En otras palabras, el precio de las acciones de Apple incluyen las *expectativas* de los inversores que creen que la empresa seguirá creciendo a cierto ritmo. Por eso, una acción cae cuando una empresa dice que su crecimiento futuro (sus ganancias) será menor del que esperaba.

«Son las *sorpresas* las que al final determinan qué tipo de activo se comportará bien. Si la sorpresa es que hay un gran crecimiento, será muy bueno para las acciones y no tan bueno para los bonos. Si la inflación se reduce, será bueno para los bonos.»

Si sólo hay cuatro posibles entornos o estaciones económicas, Ray dice que tendríamos que colocar el 25 por ciento del riesgo en cada una de estas categorías. Explica: «Sé que hay buenos y malos entornos para todos los tipos de activos. Y sé que, en una vida, habrá un entorno ruinoso para uno de esos tipos. Así ha ocurrido siempre en la historia».

Por eso llama a esta estrategia All Weather: porque hay cuatro posibles estaciones en el mundo financiero y nadie sabe realmente qué estación vendrá después. Con esta técnica, todas las estaciones, todos los cuadrantes, están cubiertos todo el tiempo y por tanto estamos siempre protegidos. Ray explica: **«Yo me imagino cuatro carteras, cada una con la misma cantidad de riesgo. Eso significa que no estaremos particularmente expuestos a ningún entorno.»** ¿Qué nos parece? No estamos tratando de predecir el futuro, porque nadie sabe lo que éste nos deparará. Lo que sí sabemos es que sólo nos enfrentaremos a cuatro posibles estaciones. Si usamos esta estrategia de inversión, sabemos que estamos protegidos —no sólo esperamos estarlo— y que nuestras inversiones están a salvo y se comportarán bien sea cual sea la estación que venga.

Bob Prince, el codirector de inversiones de Bridgewater, destaca el carácter único del planteamiento All Weather: «Hoy podemos confeccionar una cartera que funcionará bien en 2022, aunque no podamos saber cómo será el mundo ese año».

La verdad es yo estaba boquiabierto porque nadie me había expuesto nunca una solución tan simple y a la vez tan elegante. Es perfectamente lógico tener inversiones repartidas según el mismo riesgo y que funcionen en todas las estaciones, pero la cuestión es cómo conseguirlo.

«Conocemos, pues, las cuatro posibles estaciones, pero ¿qué tipo de inversión funcionará bien en cada uno de esos entornos?» Ray contestó clasificándolas por estaciones, como muestra el gráfico de abajo.

	Crecimiento	**Inflación**
Sube ↑	Acciones Bonos empresariales Materias primas/Oro	Materias primas/Oro Bonos ajustados a la inflación (TIPS)
Baja ↓	Bonos del Tesoro Bonos ajustados a la inflación (TIPS)	Bonos del Tesoro Acciones

Dos menos, queda uno

A primera vista, la colocación de activos puede parecer compleja, aunque entendamos los principios que Ray ha explicado. Pero una cosa sé: **la complejidad es enemiga de la acción.** Si de verdad quería pasar por todo el proceso y obtener la recompensa, tenía que hallar la manera de simplificar esta estrategia.

Así que le dije a Ray:

—Lo que has compartido con nosotros no tiene precio. Es una manera completamente nueva de considerar la colocación de activos. A estas alturas sabemos que saber colocar nuestros activos es fundamental para invertir con éxito. Pero el problema para el inversor medio, e incluso para los más expertos, es cómo aplicar estos principios y crear una cartera con los porcentajes más efectivos de cada tipo de activo. Será muy difícil para el noventa y nueve por ciento de la gente. Nos harías, pues, un gran regalo si pudieras decirnos qué porcentajes concretos deberíamos invertir en cada tipo de activo para que el riesgo se repartiera a partes iguales entre las estaciones.

Ray se quedó mirándome y pude ver cómo le daba vueltas a la cuestión.

—Tony, no es tan simple. —Me explicó que en su estrategia All Weather, usan instrumentos de inversión muy sofisticados, como el apalancamiento financiero (*leverage*) para maximizar el rendimiento.

Yo sabía de dónde venía Ray y le pedí que me lo simplificara aún más:

—¿Puedes decirme qué porcentajes puede usar una persona para, sin necesidad de apalancamiento, obtener el mayor rendimiento con el menor riesgo? Sé que no será tu cartera ideal porque te pido que la hagas ahora mismo, pero sin duda será mejor que la de una persona normal. ¿Podrías darnos una versión de la cartera All Weather que los lectores puedan aplicar por sí mismos o con ayuda de un asesor fiduciario?

Ray ha aceptado a muy pocos inversores en los últimos diez años, y la última vez que lo hizo había que ser un inversor institucional con 5.000 millones de activos susceptibles de inversión y hacer una inversión inicial de al menos 100 millones de dólares, sólo por recibir su consejo. Esto nos da idea de lo que yo le pedía. Pero yo sé lo mucho que se preocupa por la gente corriente. No ha olvidado sin duda sus raíces de hombre que se hizo a sí mismo desde sus inicios humildes en Queens, Nueva York.

—Ray, sé que tienes un gran corazón, así que dale a la gente una receta para que triunfe. Ya no aceptas el dinero de nadie, ni aunque ofrezcan 5.000 millones. ¡Ayuda a tus hermanos! —dije con una gran sonrisa.

Y entonces ocurrió algo mágico.

Miré a Ray a los ojos y vi que sonreía.

—Muy bien, Tony. No será exacto ni perfecto, pero te pondré un ejemplo de cartera que cualquier persona podría usar. —Y entonces, lentamente, empezó a explicar lo que, según su experiencia, nos dará una mayor probabilidad de obtener el máximo rendimiento con el mínimo riesgo en cualquier mercado y mientras vivamos.

Redoble de tambores, por favor

Vamos a ver cómo coloca exactamente los activos un hombre a quien muchos consideran el mejor del mundo en eso, en colocar activos. Un hombre que, de la nada, levantó un patrimonio de más 14.000 millones de dólares, gestiona 160.000 millones al año y les produce a sus inversores rendimientos anuales de más del 21 por ciento (sin descontar comisiones). Aquí nos dice no sólo qué tipo de inversión sino también qué porcentaje de cada tipo de activo necesitamos para ganar. De hecho, si miramos por internet, veremos que hay mucha gente que ha intentado copiar esta estrategia, a partir de entrevistas anteriores dadas por Ray. Hay incluso una nueva categoría de productos de inversión llamada «paridad de riesgo» que se basa en las innovaciones de Ray. Los promotores de muchos fondos y estrategias dicen que se «inspiran» en sus planteamientos, pero nadie coloca los activos exactamente como él nos dice que los coloquemos aquí. Muchas de esas copias cayeron hasta un 30 por ciento en 2008. ¡Son más «para ciertas estaciones» que para «todas las estaciones», por así decirlo! Un Rolex falso nunca será un Rolex. (Por cierto, la estrategia que damos a continuación no es la estrategia All Weather de Ray, claro. Como él dijo, su fondo emplea inversiones más complejas y apalancamiento financiero. Pero los principios fundamentales son los mismos y los porcentajes concretos están pensados por el mismo Ray y por nadie más, **así que llamaremos a esta cartera All Seasons**.)

Las cifras

—Dime, pues, Ray, ¿qué porcentaje colocarías tú en acciones? ¿Y en oro? ¿Y en lo demás?

Y condescendió a contestar lo siguiente:

Primero, dijo, **tenemos que invertir un 30 por ciento en acciones (por ejemplo, en el S&P 500 u otros índices si queremos diversificar más esta inversión)**. Al pronto me pareció poco, pero, recordemos, las acciones son tres veces más arriesgadas que los bonos. ¡¿Y quién soy yo para corregir al Yoda de la colocación de activos?!

—A continuación debemos invertir en bonos del Estado. **15 por ciento en bonos del Tesoro a medio plazo [de 7 a 10 años] y 40 por ciento en bonos a largo plazo [de 20 a 25 años]**.

—¿Por qué tanto? —pregunté.

—Para compensar la volatilidad de las acciones. —Recordé rápidamente que se trata de equilibrar el riesgo, no de cuánto dinero se invierte en una cosa u otra. Y apostar por bonos a largo plazo aumenta las posibilidades de que una cartera rinda más.

Redondeó la cartera con un 7,5 por ciento en oro y otro 7,5 por ciento en materias primas.

—Nuestra cartera debe poder comportarse bien en momentos de inflación acelerada, por eso colocamos un porcentaje en oro y en materias primas, que tienen una gran volatilidad. Y hay entornos en los que una rápida inflación puede perjudicar tanto a las acciones como a los bonos.

Por último, las carteras han de ser reequilibradas. Es decir, cuando un segmento funciona bien, debemos vender una parte y recolocar ese dinero en la proporción original. Esto hay que hacerlo al menos una vez al año, y si lo hacemos bien, podemos aumentar la eficiencia fiscal de nuestra cartera. Por eso recomiendo que recurramos a los servicios de un asesor independiente que nos ayude a gestionar este proceso fundamental.

Gratitud

¡Guau! Allí estaba, bien clarito. Ray, con su maestría y amabilidad, acababa de darnos una receta revolucionaria que cambiaría la vida de millones de estadounidenses. ¿Nos damos cuenta de lo generoso que fue con nosotros aquel maravilloso día? Dar con el corazón es esencial para Ray. Por eso no me sorprendió saber

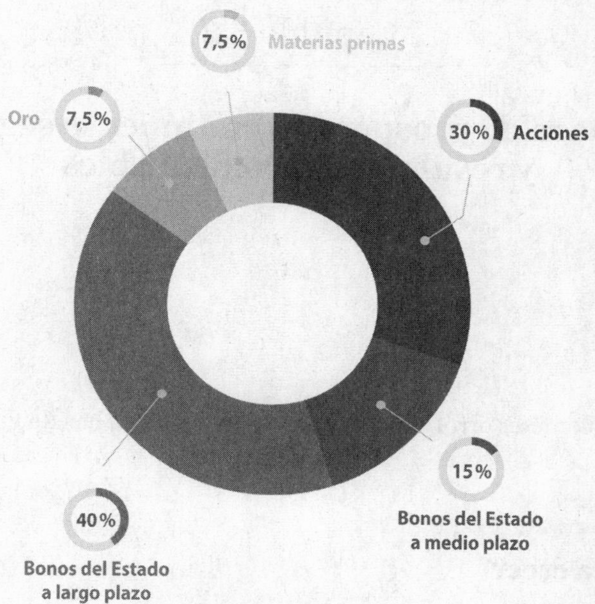

luego que él y su mujer Barbara habían firmado el Giving Pledge o «compromiso de dar», por el cual las personas más ricas del mundo, como Bill Gates y Warren Buffett, prometen donar la mayor parte de su dinero a causas filantrópicas.

¿Me hace el lector caso ahora?

Cuando mi equipo inversor sometió las cifras de rendimiento de esta cartera All Seasons al llamado «test retroactivo» (*backtesting*) y me enseñó los resultados, me quedé asombrado. Nunca lo olvidaré. Estaba cenando con mi mujer y recibí un mensaje de mi asesor personal, Ajay Gupta, que decía: «¿Has visto el correo electrónico que te hemos enviado con los resultados de la prueba de la cartera de Ray Dalio? ¡Increíble!» Ajay no suele escribirme por la noche y deduje que no pudo evitarlo. En cuanto acabamos de cenar cogí mi teléfono y abrí el correo...

Capítulo 5.2

Es hora de prosperar: rendimiento seguro y resultados incomparables

> Si no cometes errores pero pierdes, a otro juego has de jugar.
>
> YODA

Ver para creer

Podemos decir que los últimos ochenta años y pico hemos atravesado todas las posibles «estaciones» económicas y no sin pocas sorpresas, desde la Gran Depresión a la Gran Recesión, pasando por todo lo demás. ¿Y cómo se ha comportado la cartera All Seasons? Como dije antes, pedí a un grupo de analistas que la testaran retroactivamente hasta 1925. Los resultados nos asombraron a todos.

Ya vimos en el capítulo anterior cómo se comportó la cartera en cuarenta años, así que profundicemos un poco más. Veamos **cómo se comportó durante lo que yo llamo el «periodo moderno»: los treinta años que van de 1984 a 2013. La cartera se mantuvo sólida como una roca:**[11]

— **Casi un 10 por ciento (exactamente un 9,72 por ciento neto) de rendimiento anual medio.** (Importa observar que es el verdadero rendimiento, no un rendimiento medio inflado.)

11. Teniendo en cuenta que se reequilibró todos los años. El rendimiento pasado no garantiza resultados futuros. Como dije antes, doy datos históricos para debatir e ilustrar los principios en cuestión.

— **Habríamos ganado dinero en más del 86 por ciento de las veces.** Eso supone que sólo hubo cuatro años negativos o de pérdidas. La pérdida media fue sólo del 1,9 por ciento y una de las pérdidas fue apenas del 0,03 por ciento (un año en el que ni se ganó ni se perdió, en realidad), **con lo que sólo habríamos perdido dinero tres años de treinta.**
— **El peor año fue 2008 con una pérdida del -3,93 por ciento (¡cuando el S&P 500 cayó un 37 por ciento!).**
— ¡Atención, genios de la inversión! La desviación típica fue sólo del 7,63 por ciento. (Esto significa que hubo muy poco riesgo y poca volatilidad.)

¿Por qué digo que el periodo moderno empieza en 1984? Porque ese año se implanta el plan 401(k) por el que todos los estadounidenses se convierten en inversores y el mercado de valores deja de ser para una élite. Para hacernos una idea, digamos que hace treinta años no había internet. El primer teléfono «móvil» se comercializó en 1984. El Motorola DynaTac era un pedazo de aparato color beige que costaba casi 4.000 dólares. La tarifa era de 50 dólares al mes y 50 céntimos por minuto, pero sólo podíamos hablar media hora, que era lo que duraba la batería. Lo sé porque soy tan mayor que fui una de las primeras y orgullosas personas que tuvo uno.

Pero no nos fijemos sólo en lo bueno. **Veamos cómo resistió la cartera los malos tiempos: los inviernos económicos.** Este análisis es lo que en el mundillo se llama «prueba de estrés».

Si consideramos lo que yo llamo el «periodo histórico», de 1939 a 2013 (75 años), las estadísticas son sorprendentes. (Obsérvese que, para remontarnos en el tiempo, tenemos que representar la colocación de activos usando «índices» diferentes, pues algunos no existían antes de 1983. Véase el final del capítulo para una explicación completa del método usado.)

Remontémonos aún más y lleguemos a 1927, que incluye la peor década de nuestra historia económica, la Gran Depresión:

Si nos dicen que una casa es a prueba de tormentas, la única manera de comprobarlo es someterla a la prueba del tiempo y de las peores tormentas. En la tabla siguiente se muestran las siete

S&P versus All Seasons (75 años)

S&P	All Seasons
En 75 años, el S&P perdió dinero 18 veces.*	En el mismo periodo, la cartera All Seasons sólo perdió dinero en 10 ocasiones (un poco más de una vez cada diez años, de media).**
La mayor pérdida fue del –43,3 por ciento	La mayor pérdida fue sólo del –3,93 por ciento.
La pérdida media fue del –11,40 por ciento.	La pérdida media fue de sólo el –1,63 por ciento.

* Incluye reinversión de dividendos.
** Dos de las diez pérdidas fueron sólo del 0,03 por ciento (esencialmente quedaron en tablas; así, desde el punto de vista práctico, apenas hubo ocho años de pérdidas en 75 años).

S&P versus All Seasons (desde 1928)

S&P	All Seasons
En 87 años (hasta 2013), el S&P ha perdido dinero 24 veces (un 27 por ciento de las veces).*	En el mismo periodo, la cartera All Seasons ha perdido dinero sólo 14 veces (lo que significa que ha habido 73 años de rendimiento positivo).
En plena depresión, durante los cuatro años consecutivos de pérdidas (1929-1932), el S&P perdió el 64,40 por ciento.	Durante los mismos cuatro años, de 1929 a 1932, la cartera All Seasons perdió un total de 20,55 por ciento (59 por ciento mejor que el S&P).
La pérdida media fue de 13,66 por ciento.	La pérdida media fue de sólo 3,65 por ciento.

* Incluye reinversión de dividendos.

peores caídas desde 1935. Como vemos, ¡la cartera All Seasons ganó en dos de esos siete «inviernos»! Y las pérdidas que sufrió fueron relativamente pequeñas comparadas con las del mercado bursátil. Eso es ir contra corriente. ¡Mientras el invierno golpeaba a todo el mundo, esta cartera nos habría permitido pasarlo esquiando o practicando snowboarding y disfrutando de un chocolate caliente!

¡Si comparamos la cartera All Seasons con el mercado en años más recientes, vemos que la diferencia es aún mayor! Del 1 de enero de 2000 al 31 de marzo de 2014, la cartera All Seasons superó aplastantemente el rendimiento del mercado (el S&P 500). Durante este intervalo de tiempo, tuvimos toda clase de lo que Ray llama «sorpresas»: el desplome de las empresas tecnológicas,

la crisis crediticia, la crisis de deuda europea y la caída del oro más grande (del 28 por ciento en 2013) en más de una década. El periodo incluye también lo que los expertos llaman la «década perdida», en la que el S&P 500 estuvo quieto durante diez años, de principios de 2000 a finales de 2009. Veamos la diferencia de comportamiento:

¡A la hoguera!

Fascina y al mismo tiempo entristece comprobar que vivimos en una época en la que los medios de comunicación están deseando derribar a cualquiera que destaque. La gente lo eleva a un pedestal de perfección esperando ver cómo cae estrepitosamente. Ya sea un deportista, un consejero delegado o un inversor, cualquier desliz o leve raja en la armadura es explotada al máximo. Los lapidamos en la plaza pública de la televisión y de internet.

Me pareció asombroso que, con más de treinta años rindiendo magníficamente, la estrategia All Weather de Ray recibiera fuertes críticas cuando cayó un 4 por ciento en 2013. Sólo un cuatro por ciento, frente al 37 por ciento que cayó el S&P unos años antes. Recordemos: según los datos históricos, la cartera All Seasons puede sufrir pérdidas, pero la idea es minimizar las fuertes caídas. Digamos la verdad: podríamos usar esta cartera y perder dinero el primer año. No está pensada para ser perfecta. Está pensada para que funcione a largo plazo y lo más regularmente posible. Sería un error juzgarla por un solo año; al contrario, hay que evaluar su rendimiento a largo plazo, como cualquier otra oportunidad de inversión, por cierto. En el momento de escribir esto (a mediados de 2014), los medios han vuelto a reconciliarse con Dalio porque su fondo All Weather subió un 11 por ciento en junio.

No se explica esta atención de los medios por una pérdida del cuatro por ciento. No importa que en los últimos cinco años, de 2009 a 2013, la cartera All Weather haya obtenido una ganancia media de más del 11 por ciento, ¡incluido ese único año negativo! Pero el hecho de que perdiera un poco cuando el mercado estaba en alza y eso llamara tanto la atención de los medios demuestra hasta qué punto se espera que su cartera funcione. Para los medios financieros, sólo cuenta el presente. Es absurdo. No importa que los clientes de Ray hayan obtenido enormes ganancias año tras año y década tras década, como decía *The New Yorker* en un artículo de 2011 sobre Bridgewater titulado «Controlar la máquina»:

«En 2007, Dalio predijo que la burbuja inmobiliaria acabaría mal. A finales de ese año, advirtió a la administración Bush de que muchos de los mayores bancos del mundo estaban a punto de declararse insolventes. En 2008, un año desastroso para muchos de los rivales de Bridgewater, el principal fondo de la empresa, Pure Alpha, creció un 9,5 por ciento después de pagar comisiones. El año pasado, el fondo creció un 45 por ciento, el mayor rendimiento de todos los grandes fondos de inversión de alto riesgo.»

El asunto es que hay una serie de expertos que siempre criticarán *cualquier* estrategia que empleemos. Como dice mi cita favorita de David Babbel: «Dejemos que critiquen y durmamos tranquilos.»

Buenas preguntas

Cuando se habla de la cartera All Weather, la pregunta fundamental que se hacen los blogueros es: ¿qué ocurre cuando las tasas de interés suben? ¿No caerán los bonos del Estado y perderá la cartera por el alto porcentaje colocado en ellos?

Es una buena pregunta, que no se puede responder así como así. En primer lugar, debemos recordar que tener una gran cantidad de dinero colocado en bonos no significa apostar sólo por bonos. Esta cartera reparte el riesgo entre las cuatro posibles estaciones económicas.

Ray nos dice que la cuestión no es hacer una cartera pensando en una estación concreta ni creyendo saber qué estación vendrá a continuación. Recordemos que las sorpresas nos pillarán desprevenidos a la mayoría.

De hecho, muchas personas han querido cambiar de estación abogando por una rápida subida de las tasas de interés. Después de todo, son las más bajas de la historia. Pero, como dice Michael O'Higgins, autor del famoso libro *Beating the Dow*, podemos esperar sentados a que se produzca una subida significativa de las tasas de interés, porque la Reserva Federal ha tendido siempre a contenerlas durante largos periodos para que los préstamos cuesten poco: «A los muchos inversores que creen que las tasas de interés van a subir inevitablemente el próximo año (2014), les digo que **recuerden que la Reserva Federal las mantuvo por debajo del tres por ciento durante veintidós años, de 1934 a 1956.**»

La Reserva Federal lleva manteniendo las tasas de interés bajas desde 2008, luego no se sabe hasta cuándo van a seguir así. Nadie puede decirlo a ciencia cierta. A principios de 2014, cuando todo el mundo esperaba que subieran, cayeron de nuevo y causaron un repunte del precio de los bonos del Estado. (Recordemos que, cuando la tasa de interés baja, los precios suben.)

¿Cómo se comportó la cartera All Seasons en un mercado con tasas de interés altas?

Un revelador ejercicio consiste en mirar atrás y ver qué pasó con la cartera All Seasons en una estación en la que las tasas de interés subieron como un globo de aire caliente. Después de muchas décadas de bajas tasas de interés, en los años setenta se produjo una rápida inflación. **Aunque las tasas se dispararon, la cartera All Seasons sólo tuvo un año de pérdidas y obtuvo unas ganancias anuales del 9,68 por ciento durante la década**, incluyendo las caídas consecutivas de 1973 y 1974, cuando el S&P perdió un 14,31 por ciento y luego otro 25,90 por ciento, con una pérdida acumulada del 40,21 por ciento.

Conque no dejemos que los supuestos expertos nos convenzan de que saben qué estación viene. Pero preparémonos, eso sí, para todas las estaciones y para la serie de sorpresas que nos deparará el futuro.

Seamos realistas

Una última y crucial ventaja de la cartera All Seasons tiene que ver con un elemento mucho más humano. Muchos críticos dirán que si asumiéramos más riesgo podríamos superar esta cartera. Y tendrían razón. ¡Pero lo bueno de la cartera es que reduce el riesgo y la volatilidad y maximiza las ganancias!

Si somos jóvenes y tenemos un horizonte temporal más largo, o estamos dispuestos a asumir más riesgo, también podemos usar la cartera All Seasons, simplemente ajustando al alza la proporción de acciones frente a la de bonos para, con suerte, obtener un mayor rendimiento. Pero tengamos en cuenta que aumentar el porcentaje de acciones y disminuir el de bonos aumentará el riesgo y la volatilidad y significará que apostamos más por una estación (en la que esperamos que las acciones suban). En el pasado, esto ha funcionado muy bien. Pero esto es lo interesante. Comparada con una cartera típica equilibrada al 60/40 por ciento (60 por ciento en el S&P 500 y 40 por ciento en el índice Barclays Aggregate

Bond), **la All Seasons, con más acciones y mayor riesgo, funcionó mucho mejor, aparte de que, con la tradicional cartera al 60/40 por ciento, tendríamos que haber asumido casi un 80 por ciento más de riesgo (desviación típica) para obtener resultados que aun así seguirían siendo algo peores que los de esta cartera All Seasons con más acciones.**

Pero seamos sinceros con nosotros mismos. Nuestra capacidad de asumir riesgo es mucho menor de lo que dejamos ver. La agencia de evaluación Dalbar reveló la verdad sobre el tema. **Durante los veinte años que fueron del 31 de diciembre de 1993 al 31 de diciembre de 2013, el S&P 500 rindió un 9,2 por ciento anual, mientras que el inversor medio de fondos de inversión ganó un 2,5 por ciento, apenas más que la inflación.**[12] **Para hacernos una idea de lo que esto significa, nos habría sido más rentable invertir en bonos del Tesoro a tres meses (que es casi un equivalente de efectivo) y nos habríamos evitado las vertiginosas caídas de esos años.**

¿Por qué renunció el inversor medio a ganar todo eso?

El presidente de Dalbar, Louis Harvey, dice que los inversores «meten y sacan su dinero del mercado en los peores momentos. Se entusiasman o se aterrorizan, y se perjudican a sí mismos».

Uno de los más sorprendentes ejemplos de esto lo encontramos en un estudio de Fidelity sobre el rendimiento de su principal fondo de inversión, Magellan. **El fondo lo dirigía el legendario inversor Peter Lynch,**[13] **que rindió de media un asombroso 29 por ciento anual entre 1977 y 1990. Pero el estudio mostraba que, en realidad, ¡¡¡el inversor medio de Magellan había perdido dinero!!!** ¿Cómo es posible? Fue posible porque, cuando el fondo caía, la gente vendía, asustada por la posibilidad de perder más, mientras que,

12. Fuente: Richard Bernstein Advisors LLC, Bloomberg, MSCI, Standard & Poor's, Russell, HFRI, BofA Merrill Lynch, Dalbar, FHFA, FRB, FTSE. Rendimiento total en dólares estadounidenses.

13. Tuve el privilegio de entrevistar a Peter Lynch sobre los principios de su práctica de inversión cuando estaba en plena racha ganadora, un día que habló para mi programa «Wealth Mastery», a principio de los noventa.

cuando el fondo subía, volvían a comprar, como si fueran «hijos pródigos» de la inversión.

Ésta es la verdad: la mayoría de la gente no podría pasar otro 2008 sin vender parte o todas sus inversiones. Así es la naturaleza humana. Por eso cuando la gente habla de mejores rendimientos, en la mayoría de los casos hablan de un inversor ficticio, que tiene nervios de acero y un cajón lleno de Tums. Un ejemplo: hace poco leía *MarketWatch* y di con un artículo de Mark Hulbert, en el que se examina el rendimiento de unos boletines informativos o *newsletters* que aconsejan a los suscriptores sobre inversión. ¡El boletín con mejor rendimiento en veinte años rindió un 16,3 por ciento anual! Rendimiento asombroso, cuando menos. Pero con los beneficios vienen las pérdidas. Como Mark explica: «Este excelente rendimiento puede causar también mucha angustia, porque en las caídas de los tres últimos ciclos del mercado —desde 2000—, el rendimiento de ese boletín ha estado entre los peores del sector. Durante el mercado bajista de 2007 a 2009, por ejemplo, la cartera del inversor medio del boletín perdió casi dos tercios de su valor.» ¡¿Dos tercios?! ¡Eso es un 66 por ciento! ¿Nos imaginamos invertir 100.000 dólares y ver de pronto que nuestro saldo mensual es de sólo 33.000 dólares? ¿O un millón de los ahorros de nuestra vida y verlos reducidos a 333.000? ¿Tendríamos agallas suficientes para aguantar?

Cuando Mark le preguntó al editor del boletín si los inversores podrían sobrevivir a semejantes subidas y bajadas, contestó, en un correo electrónico, no sin sutileza, que su boletín no era para inversores que «venden su cartera bien diversificada a la primera preocupación que surge».

Yo diría que una caída del 66 por ciento es más que una «preocupación». Parece que nosotros, los mortales, tendemos a reaccionar con demasiado nerviosismo, como saltaríamos de un coche en marcha al ver que se enciende el testigo del motor. **Recordemos que una pérdida del 66 por ciento requeriría una ganancia de casi el 200 por ciento para quedar en tablas, ¡y recuperar nuestros ahorros de toda la vida!**

Si perdemos	Debemos ganar para recuperarnos
5%	5%
10%	11%
15%	18%
20%	25%
25%	33%
30%	43%
35%	54%
40%	67%
45%	82%
50%	100%
75%	300%
90%	900%

Todos los magos de las finanzas a los que he entrevistado para este libro están obsesionados con no perder dinero. Saben que, cuando perdemos dinero, tenemos que ganar bastante más para quedar en tablas.

La verdad, seamos sinceros, es que todos tomamos decisiones de inversión llevados de nuestros sentimientos. Todo somos seres emocionales y hasta los mejores inversores del mundo luchan con sus miedos. ¡¡¡La cartera All Seasons nos protege no sólo de todo posible entorno sino también de nosotros mismos!!! Nos proporciona un «soporte emocional» que evita que tomemos malas decisiones. Si nuestra mayor pérdida de los últimos 75 años ha sido del 3,93 por ciento, ¿qué probabilidades hay de que nos asustemos y vendamos todo? Y en 2008, en plena hecatombe, cuando todas las carteras se desplomaban, si la nuestra sólo hubiera perdido un 3,93 por ciento, ¿cuán tranquilos no nos habríamos sentido?

¡Conque aquí la tenemos! La receta «para todas las estaciones» que nos brinda el *master chef* Ray Dalio. ¡Y en lugar de esperar a tener 5.000 millones de dólares, la tenemos aquí, por los pocos dólares invertidos en este libro! La ha simplificado excluyendo el apalancamiento financiero y planteándola de una manera más pasiva (sin tratar de superar el mercado por elección de acciones ni predicción del futuro). Podemos aplicar y desarrollar esta cartera nosotros solos, pero, si lo hacemos, tengamos en cuenta lo siguiente:

— Los fondos indexados de bajo coste y los fondos cotizados que elijamos influirán en el rendimiento. Es fundamental buscar los más eficientes y menos costosos.
— Habrá que revisar la cartera constantemente y reequilibrarla todos los años.
— La cartera no siempre es fiscalmente eficiente. Debemos usar planes fiscalmente eficientes para maximizar la eficiencia.

All Seasons + renta vitalicia

Algunos querrán desarrollar la cartera ellos solos y otros preferirán recurrir a los servicios de un asesor independiente. Actuemos como mejor nos parezca, pero actuemos.

¡Acción!

Ahora nos toca a nosotros. Si tenemos una estrategia mejor que ha demostrado ser capaz de minimizar las pérdidas y maximizar las ganancias, quizá deberíamos dirigir nuestro propio fondo de inversión. Ahora disponemos de información para hacerlo por nuestra cuenta, o, si lo preferimos, podemos contratar a un fiduciario que lo desarrolle y controle por nosotros como parte de un plan general.

La solución es la renta

¡Guau! Hemos recorrido un gran trecho en estos dos últimos capítulos. Pero ahora creo que sabemos por qué. Lo que tenemos en nuestras manos es un plan de inversión con un pasado de rendimientos «regulares» inmejorable. Podemos aplicarlo en cinco minutos y ya no tendremos que preocuparnos por las subidas y bajadas del mercado. Claro está, nadie sabe lo que nos deparará el futuro, pero la historia muestra que, con esta cartera, ganaremos dinero y estaremos protegidos en cualquier entorno.

Volvamos ahora a la metáfora del «Everest personal» de la inversión. Con la estrategia All Seasons tenemos las mayores probabilidades de subir a la cima de una manera constante y regular. Habrá sorpresas, sí, pero estaremos preparados para triunfar a largo plazo. Ahora bien: una vez que el valor de nuestras inversiones ha llegado a formar una masa crítica suficiente para que seamos financieramente libres, tendremos que convertir nuestra hucha (esas inversiones) en una fuente de ingresos vitalicia: nuestro plan de renta vitalicia. Un sueldo de por vida sin tener que volver a trabajar. Eso es realmente la libertad financiera. Pasemos la página y veamos por qué la cartera All Seasons más la renta vitalicia es igual a la libertad financiera real. ¡Aprendamos a crear una renta de por vida!

¿Cómo lo hace él?

¿Cómo genera Ray Dalio un rendimiento tan extraordinario y constante? Sabe que la economía es una gran máquina y que todo está conectado entre sí de alguna manera. A veces esa conexión es obvia, otras no. Él la observa y ve que hay pautas predecibles de las que puede aprovecharse. De hecho, los descubrimientos que ha hecho sobre la máquina económica están condensados en un excelente vídeo de 30 minutos que, en mi opinión, deberíamos ver todos. Ray decidió producirlo para influir en la sociedad y contribuir a explicar la economía que mueve el mundo. Veámoslo, no nos arrepentiremos: <www.economicprinciples.org>.

¿Cómo calculamos el rendimiento?

Al objeto de comprobar la exactitud y fiabilidad de los resultados obtenidos por la cartera All Seasons que hemos presentado aquí, un equipo de analistas la testó usando, cuando fue posible, el rendimiento anual de una serie de fondos indexados de bajo coste y muy diversificados. ¿Por qué esto es importante para nosotros? Porque, como se han manejado datos reales y no datos teóricos de un índice artificial, todos los rendimientos expuestos en este capítulo incluyen los gastos anuales y los posibles «errores de seguimiento» (*tracking errors*) en los que hayan podido incurrir los fondos en cuestión. Esto tiene la ventaja de mostrarnos rendimientos históricos reales que nos dan idea del funcionamiento de la cartera All Seasons (frente a los rendimientos teóricos que se usan a veces para los «test retroactivos»), lo que garantiza que las cifras y datos de las inversiones usadas para testar la cartera estaban y están a disposición de todas las personas y no sólo de las multimillonarias entidades de Wall Street. Cuando fue imposible usar datos de fondos indexados reales porque esos fondos no existían, se usaron datos de índices muy diversificados para cada tipo de activo y se ajustó el rendimiento restando los gastos correspondientes. Téngase en cuenta que los cálculos se han hecho reequilibrando todos los años y dando por supuesto que las inversiones se tenían en una cuenta exenta de impuestos y sin costes transaccionales. Por último, quiero dar las gracias a Cliff Schoeman, a Simon Roy y a todo el equipo de Jemstep por su análisis profundo y su coordinación con Ajay Gupta de Stronghold Wealth Management en este esfuerzo. (El rendimiento pasado no garantiza resultados futuros.)

Capítulo 5.3

Libertad: creemos nuestro plan de renta vitalicia

> Una jubilación feliz depende de que tengamos una fuente de ingresos vitalicia.
>
> *Time*, 30 de julio de 2012

> Tengo dinero suficiente para jubilarme y vivir holgadamente el resto de mi vida. El problema es que me muero la semana que viene.
>
> Anónimo

En 1952, Edmund Hillary condujo la primera expedición que escaló la cumbre del monte Everest, una hazaña que parecía imposible. La reina de Inglaterra enseguida lo nombró caballero, pasando a llamarse «sir» Edmund Hillary.

Sin embargo, muchas personas creen que sir Edmund Hillary no fue el primero que llevó a cabo aquella proeza. Se cree que le precedió George Mallory, casi treinta años antes.

Entonces, si George Mallory alcanzó la cima del Everest en 1924, ¿por qué se llevó Edmund Hillary toda la fama, con nombramiento de caballero incluido?

Porque éste no sólo llegó a la cima, sino que también bajó de ella. George Mallory no tuvo tanta suerte. Como la mayoría de los que murieron en el Everest, fue el descenso el que resultó fatal.

Invertir ¿para qué exactamente?

Muchas veces le pegunto a la gente: «¿Para qué inviertes?».

Las respuestas son muchas y variadas:

—Rendimiento.

—Crecimiento.

—Activos.

—Libertad.

—Diversión.

Rara vez oigo la respuesta que más importa: ***¡¡¡renta!!!***

Todos necesitamos contar con una renta; con unos ingresos que lleguen a nuestra cuenta corriente todos los meses, con la regularidad de un reloj. **¿Nos imaginamos lo que sería no tener que preocuparnos de pagar las facturas ni de quedarnos sin dinero?** ¿O poder disfrutar de la libertad de viajar sin preocuparnos de nada? ¿O no temer ver nuestro saldo mensual ni tener que rogar que el mercado resista? ¿O poder donar tranquilamente a nuestra iglesia o a nuestra organización benéfica preferida y no tener que preocuparnos de si podremos seguir donando? Todos sabemos intuitivamente que *los ingresos son libertad*.

Gritemos desde las colinas como hace Mel Gibson en la película *Braveheart*: «¡¡¡Los ingresos son libertad!!!».

Y la *falta* de ingresos es angustia. La falta de ingresos es penuria. La falta de ingresos no es una posibilidad que podamos aceptar para nosotros ni para nuestra familia. Que ésta sea nuestra divisa.

Jeffrey Brown, experto en jubilación y asesor de la Casa Blanca, lo dijo mejor en un artículo de *Forbes*: «Lo más importante de nuestra jubilación es asegurarnos unos ingresos».

Los ricos saben que el valor de sus activos (acciones, bonos, oro y demás) fluctuará siempre. Pero no podemos «gastar» activos. Sólo podemos gastar dinero en efectivo. El año 2008 mucha gente con activos (inmobiliarios, sobre todo) vieron cómo los precios se desplomaban y no podían vender. Eran «ricos» en activos y «pobres» en efectivo. Esta ecuación lleva muchas veces a la quiebra. **Recordemos siempre: la solución es la renta.**

Al final de esta sección dispondremos de las herramientas que necesitamos para asegurarnos exactamente los ingresos que deseemos. Es lo que llamo **«seguro de ingresos»: una manera segura de tener un sueldo de por vida sin necesidad de trabajar en el futuro, de saber con absoluta seguridad que nunca nos quedaremos sin dinero**. ¿Y sabemos qué? Que sólo tenemos que decidir cuándo queremos empezar a percibir esa renta.

Hay muchas maneras de asegurarnos esos ingresos, así que veremos unos cuantos métodos para ellos.

Uno de los más interesantes tiene otras grandes ventajas. **Es el *único* instrumento financiero que nos ofrece lo siguiente:**

- **Una garantía del ciento por ciento de nuestro depósito. (No perdemos nuestro dinero y lo controlamos en todo momento.)**
- **Beneficios sin pérdidas: el valor de nuestra cuenta esta vinculado al mercado, de suerte que, si éste sube, participamos en las ganancias, pero si baja no perdemos ni un céntimo.**
- **Impuestos diferidos sobre nuestro crecimiento.**
- **Una fuente de ingresos vitalicios que controlamos nosotros y que podemos activar en cualquier momento.**
- **No hay gastos de gestión anuales.**

¡Obtenemos todos estos beneficios con una versión moderna de un instrumento financiero que tiene dos mil años de antigüedad! ¿Cómo es posible? Seguro que parece demasiado bonito para ser verdad, pero créaseme: ¡es verdad! Yo mismo lo uso y me alegra compartirlo con el lector.

Como hemos dicho a lo largo de todo el libro, nuestro futuro financiero se parece mucho a la subida al Everest. Nos pasaremos décadas trabajando para acumular nuestra masa crítica (llegar a la cima), pero eso es sólo la mitad de la historia. **Si reunimos esa masa crítica pero no trazamos un plan que la convierta en unos ingresos que nos duren toda la vida, nos pasará lo que a George Mallory: moriremos bajando la montaña.**

¿Son los 80 los nuevos 50?

La idea de una jubilación longeva y provechosa se remonta a unas pocas generaciones. Si recordamos lo que hablábamos antes, cuando Franklin Roosevelt creó la seguridad social en 1935, la esperanza de vida era apenas de sesenta y dos años. Y como la pensión no empezaba a cobrarse hasta los sesenta y cinco, sólo un pequeño porcentaje de los trabajadores recibían las ayudas.

Entonces, el sistema de la seguridad social tenía sentido, financieramente hablando, porque había cuarenta trabajadores (contribuyentes) por cada jubilado que cobraba una pensión. Eso significa que había cuarenta personas empujando el carro y sólo una sentado en él. En 2010, la proporción ha caído a sólo 2,9 personas empujando por cada jubilado. Las cuentas no salen, pero ¿desde cuándo ha preocupado esto al gobierno?

Hoy, la esperanza de vida para el hombre es de setenta y nueve años, y para la mujer es de ochenta y uno. En el caso de los matrimonios, hay un 25 por ciento de probabilidades de que al menos un cónyuge llegue a los noventa y siete años.

¡Y aún hay más!

Podríamos vivir mucho más. Pensemos en lo mucho que la tecnología ha adelantado en los últimos treinta años. Desde los disquetes a la nanotecnología. Hoy, los científicos usan impresoras 3D para crear nuevos órganos. ¡Los investigadores pueden emplear células humanas tomadas delicadamente de nuestra piel para «imprimir» una oreja, una vejiga o una tráquea completamente nuevas![14] La ciencia ficción se ha hecho realidad. Luego hablaremos de esto con mi amigo Ray Kurzweil, el Thomas Edison de nuestra época y actual jefe de ingeniería de Google. Cuando le preguntamos cómo los adelantos en biociencia afectarán a la esperanza de vida, dice: «En la década de 2020, los seres humanos dispondrán de medios para cambiar sus genes; no sólo será posible "diseñar niños", sino también rejuvenecer todos los tejidos y órganos del cuerpo mediante la transformación de las células de nuestra piel en versiones jóvenes de todas las otras clases de células. Podremos "reprogramar" nuestro sis-

14. El doctor Anthony Atala, director del instituto de medicina regenerativa Wake Forest, lleva más de una década creando e implantando este tipo de órganos.

tema bioquímico para que no enferme ni envejezca, con lo que la esperanza de vida se alargará muchísimo.»

¡Interesantísimas palabras para los entrados en años! ¡Adiós a las arrugas! Pronto podríamos beber de la proverbial fuente de la juventud.

Pero las implicaciones para nuestra jubilación están claras. Nuestro dinero tendrá que durar más de lo que pensamos. ¿Nos imaginamos lo que pasaría si Ray tiene razón y los *baby boomers* viviéramos hasta los ciento diez o ciento veinte años? ¿Cómo será la tecnología que cambiará la duración de la vida de los millennials? Nada será más importante que asegurarnos una renta vitalicia; un sueldo que percibamos mientras vivamos será nuestro mejor activo.

> Cuando era joven creía que el dinero era lo más importante de la vida; ahora que soy viejo, lo sé.
>
> Oscar Wilde

La regla del 4 % ha muerto

A principios de los años noventa, un planificador financiero californiano inventó lo que llamó la «regla del 4 %. La regla decía que si queremos que el dinero nos dure toda la vida, podemos sacar un cuatro por ciento anual de nuestro dinero siempre que tengamos una «cartera equilibrada» con el 60 por ciento invertido en acciones y el 40 por ciento en bonos. Y podemos aumentar la cantidad cada año para compensar la inflación.

«Fue bonito mientras duró», dice un artículo de 2013 de *The Wall Street Journal* titulado «Digamos adiós a la regla del 4 %». ¿Por qué esta muerte súbita? Porque cuando se creó la regla, ¡los bonos del Estado rendían más del cuatro por ciento y las acciones estaban en alza! Si nos hubiéramos jubilado en enero de 2000 y hubiéramos seguido la tradicional regla del cuatro por ciento, en 2010 llevaríamos perdido el 33 por ciento de nuestro dinero y, según T. Rowe Price Group, sólo tendríamos un 29 por ciento de probabilidades de que ese dinero nos durara toda la vida. O, dicho lisa y llanamente, habríamos tenido un 71 por ciento de probabilidades de vivir más de lo que durasen nuestros ingresos. Ser viejo y no tener dinero son dos cosas que a la mayoría de nosotros no nos gustaría experimentar a la vez.

Hoy vivimos en un mundo de tasas de interés bajas, en lo que es, en realidad, una guerra contra los ahorradores. Y muy seguramente una guerra contra los mayores. ¿Cómo vamos a jubilarnos tranquilamente cuando las tasas de interés rayan el cero por ciento? Tenemos que aventurarnos a salir a territorio desconocido en busca de rendimiento para nuestro dinero. Como la historia del antílope que debe acercarse a las aguas llenas de cocodrilos para saciar su sed. El peligro acecha y quienes necesitan rendimientos positivos para vivir, para pagar sus facturas, son cada vez más vulnerables.

La destrucción de la masa crítica

Digan lo que digan o nos vendan lo que nos vendan, no hay un solo gestor de carteras de valores, bróker o asesor financiero que pueda controlar el principal factor del que dependerá que nuestro dinero dure o no. Es el secretillo inconfesable del mundo financiero que muy pocos profesionales saben. Y de los que lo saben, muy pocos se atreven a revelarlo. Fiel a mis maneras directas, se lo planteé de buenas a primeras cuando entrevisté al legendario inversor Jack Bogle.

¿Recordamos quién es Jack Bogle? Es el fundador de Vanguard, el mayor fondo de inversión del mundo, y una persona franca como él solo. Hablé con él cuatro horas en su despacho de Pensilvania y saqué el tema del secretillo inconfesable; expuso sus ideas y opiniones sin ambages:

—Siento tener que decirlo, pero esto es como la lotería: cuándo nacemos, cuándo nos jubilamos y cuándo van nuestros hijos a la universidad. Y no podemos controlarlo.

¿A qué se refería con lo de la lotería?

A que todo es cuestión de suerte: ¿cómo estará el mercado cuando nos jubilemos? **Si nos jubilamos a mediados de los noventa, fuimos afortunados. Si nos jubilamos a mediados de los 2000,**

somos unos desgraciados. El mismo Bogle dijo en una entrevista de 2013 para la cadena CNBC que, en la siguiente década, debemos estar preparados para dos caídas de hasta el 50 por ciento. ¡Puñeta! Pero quizá esta predicción no debería sorprendernos. **En los 2000 ya hemos vivimos dos derrumbes de casi el 50 por ciento. Y no olvidemos que si perdemos un 50 por ciento, tendremos que ganar un ciento por ciento para recuperar lo perdido.**

El riesgo que todos corremos, el secretillo inconfesable, es la terrible idea de la *secuencia de rendimiento*. Parece complicado, pero no lo es. Viene a decir que los primeros años de nuestra jubilación determinarán los últimos. Si sufrimos pérdidas en los primeros años, lo que depende completamente de la suerte, nuestras probabilidades de recuperar lo perdido caen en picado. Pero podemos hacerlo todo bien: contratar a un asesor fiduciario, reducir las comisiones que nos cobran, invertir con eficiencia fiscal y crear un fondo de la libertad.

Pero cuando llega la hora de bajar la montaña, cuando llega la hora de empezar a sacar dinero de nuestra cartera, si tenemos un mal año al principio, nuestro plan podría irse fácilmente al garete. Unos cuantos años malos más y tendríamos que volver a trabajar y a vender la casa veraniega. ¿Parece demasiado alarmante? Veamos un ejemplo hipotético de cómo el riesgo de la secuencia de rendimiento funciona en el tiempo.

Un hombre mordió a un perro

Un hombre mordió a un perro. Un perro mordió a un hombre. Las mismas seis palabras, pero si las colocamos en una secuencia diferente significan cosas completamente diferentes. ¡Sobre todo para el hombre!

Llamémoslo Juan. Ahora tiene sesenta y cinco años, ha ahorrado 500.000 dólares (mucho más que el estadounidense medio) y va a jubilarse. Como la mayoría de los estadounidenses en edad de jubilarse, Juan tiene una cartera «equilibrada» (60 por ciento en acciones y 40 por ciento en bonos) que, como sabemos por Ray Dalio, ¡no está equilibrada en absoluto! Como las tasas de interés están tan bajas, la regla del cuatro por ciento no sirve. Juan decide que tendrá que sacar un cinco por ciento, 25.000 dólares, de su hucha o fondo de la libertad cada año para subvenir a sus gastos más básicos. Con eso y con lo que percibe de la seguridad social debería bastarle. Y además debe sacar más cada año (un tres por ciento más) para compensar la inflación, pues cada año el mismo dinero dará para menos bienes y servicios.

Quiere la mala suerte que Juan empiece sufriendo algunas pérdidas. De hecho, los tres primeros de los llamados «años dorados» son malos. No empieza lo que se dice con buen pie.

En apenas cinco años, los 500.000 dólares de Juan se han visto reducidos a la mitad. Y sacar dinero con el mercado bajo es peor, porque habrá menos dinero que pueda crecer cuando el mercado se recupere. Pero la vida sigue y las facturas hay que pagarlas.

Desde la edad de setenta en adelante, a Juan le esperan muchos años de mercado alcista, pero el daño ya está hecho. El camino a la recuperación es demasiado empinado. Para cuando frise en los ochenta, tendrá claro que el dinero se le acaba. A los ochenta y tres, su cuenta no valdrá nada. Al final, habrá sacado 580.963 dólares de los 500.000 iniciales de su cuenta. En otras palabras, **al cabo de dieciocho años de inversión constante durante su jubilación, sólo ha ganado unos 80.000 dólares.**

Pero esto es lo demencial: **mientras Juan bajaba trabajosamente la montaña, el mercado crecía de media un ocho por ciento anual**, que es un rendimiento bastante bueno, se mire como se mire.

El problema es que el mercado no nos da el rendimiento medio anual cada año, sino el rendimiento real con el que se hace la media. (¿Recordamos lo que decíamos sobre la diferencia entre el rendimiento real y el rendimiento medio en el capítulo 2.3, «Mito 3: "¿Nuestra rentabilidad? La que ves"»?) Y «esperar» que no suframos pérdidas en años en los que no podemos permitírnoslo no es una estrategia efectiva para asegurar nuestro futuro financiero.

Juan

Edad	Ganancias y pérdidas hipotéticas	Retiradas de dinero a comienzos de año	Hucha a comienzos de año
64	–	–	500.000 $
65	**–10,14 %**	25.000 $	500.000 $
66	**–13,04 %**	25.750 $	426.839 $
67	**–23,37 %**	26.523 $	348.766 $
68	14,62 %	27.318 $	246.956 $
69	2,03 %	28.318 $	251.750 $
70	12,40 %	28.982 $	228.146 $
71	27,25 %	29.851 $	223.862 $
72	**–6,56 %**	30.747 $	246.879 $
73	26,31 %	31.669 $	201.956 $
74	4,46 %	32.619 $	215.084 $
75	7,06 %	33.598 $	190.084 $
76	**–1,54 %**	34.606 $	168.090 $
77	34,11 %	35.644 $	131.429 $
78	20,26 %	36.713 $	128.458 $
79	31,01 %	37.815 $	110.335 $
80	26,67 %	38.949 $	95.008 $
81	19,53 %	40.118 $	71.009 $
82	26,38 %	36.923 $	36.923 $
83	**–38,49 %**	0 $	0 $
84	3,00 %	–	–
85	13,62 %	–	–
86	3,53 %	–	–
87	26,38 %	–	–
88	23,45 %	–	–
89	12,78 %	–	–
	Rendimiento medio		**Total dinero retirado**
	8.03 %		**580.963 $**

Al revés

Susana también tiene sesenta y cinco años y 500.000 dólares. Como Juan, sacará el cinco por ciento, es decir, 25.000 dólares al año para sus gastos y sacará cada año un poco más para compensar la inflación. Y para ilustrar correctamente la idea, usamos las mismas cifras de rendimiento, pero **cambiando la secuencia de esas cifras**. Invertimos el orden, de manera que el primer año pasa a ser el último y viceversa.

Susana

Edad	Ganancias y pérdidas hipotéticas	Retiradas de dinero a comienzos de año	Hucha a comienzos de año
64	–	–	500.000 $
65	12,78 %	25.000 $	500.000 $
66	23,45 %	25.750 $	535.716 $
67	26,38 %	26.523 $	629.575 $
68	3,53 %	27.318 $	762.140 $
69	13,62 %	28.318 $	760,755 $
70	3,00 %	28.982 $	832.396 $
71	**–38,49 %**	29.851 $	827.524 $
72	26,38 %	30.747 $	490.684 $
73	19,53 %	31.669 $	581.270 $
74	26,67 %	32.619 $	656.916 $
75	31,01 %	33.598 $	790.788 $
76	20,26 %	34.606 $	991.981 $
77	34,11 %	35.644 $	1.151.375 $
78	**–1,54 %**	36.713 $	1.496.314 $
79	7,06 %	37.815 $	1.437.133 $
80	4,46 %	38.949 $	1.498.042 $
81	26,31 %	40.118 $	1.524.231 $
82	**–6,56 %**	41.321 $	1.874.535 $
83	27,25 %	42.561 $	1.712.970 $
84	12,40 %	48.383 $	2.125.604 $
85	2,03 %	45.153 $	2.339.923 $
86	14,62 %	46.507 $	2.341.297 $
87	**–23,37 %**	47.903 $	2.630.297 $
88	**–13,04 %**	49.340 $	1.978.993 $
89	**–10,14 %**	50.820 $	1.677.975 $
	Rendimiento medio		**Total dinero retirado**
	8.03 %		**911.482 $**

Simplemente invirtiendo el orden del rendimiento, Susana vive una jubilación muy distinta. De hecho, **cuando tiene 89, ha sacado más de 900.000 dólares y aún le quedan ¡1.677.975 dólares en la cuenta! No tuvo que preocuparse nunca.**

Dos personas, misma cantidad de dinero en el momento de jubilarse, misma estrategia de retirada de efectivo: uno se queda pelado y la otra es completamente libre, en sentido financiero.

Y lo que es aún más sorprendente: **¡los dos tienen el mismo rendimiento medio (8,03 por ciento anual) en esos veinticinco años!**

¿Cómo es posible? Porque la «media» es la suma del rendimiento anual dividido por el número de años.

Nadie puede predecir lo que ocurrirá mañana. Nadie sabe cuándo subirá el mercado ni cuándo bajará.

Ahora imaginemos que Juan y Susana tuvieran una renta asegurada. Juan se habría evitado una úlcera porque sabría que, aunque su cuenta mengüe, tiene una renta garantizada al final del túnel. Susana simplemente tendría más dinero para hacer con él lo que quisiera: tomarse otras vacaciones, darles más a sus nietos o donar a su organización benéfica favorita. ¡Tener un seguro de este tipo vale mucho! Y si lo acompañamos de una cartera All Seasons, tenemos una combinación excelente.

Seis títulos de separación

Recordaremos a David Babbel, el profesor de la Escuela de Wharton al que presenté al principio del libro. No sólo es una de las personas más cultas que he conocido, sino también un alma sensible con una fe inquebrantable. Y prefiere que le llamemos David en lugar de «doctor» o «profesor».

Recordemos su historia. ¡Tiene seis títulos! Es licenciado en economía, doctor en finanzas, doctor en economía alimentaria y de recursos, doctor en agricultura tropical, doctor en estudios hispanoamericanos y tiene un máster en finanzas internacionales. Ha enseñado inversión en la Universidad de Berkeley y en la Escuela Wharton más de treinta años. Fue director de investigaciones en el departamento de pensiones y seguros de Goldman Sachs. Ha trabajado para el Banco Mundial y ha sido consejero del Tesoro, la Reserva Federal y el Departamento de Trabajo. Decir que sabe de lo que habla es como decir que Michael Jordan sabe jugar al baloncesto.

David es también autor de un controvertido informe en el que explica su propio plan de pensiones. Cuando se jubilara, decía David, quería una estrategia que le diera tranquilidad y le garantizara una renta vitalicia. Recordaba que *la solución es la renta*. También tuvo en cuenta, sabiamente, otros factores, como el de no querer tener que tomar decisiones complejas en edad avanzada. Barajó todas las opciones y recurrió a su vasto conocimiento del riesgo y los mercados. Incluso consultó con sus amigos y antiguos compañeros de Wall Street para comparar estrategias. Al final, David decidió que donde mejor podía colocar su dinero era en ¡seguros de rentas (*annuities*)!

¡Guau! Un momento.

¿Cómo pudo Babbel cometer lo que sus colegas de Wall Street llaman «anualicidio»? *Anualicidio* (del inglés *annuicide*) es un término que acuñaron los corredores de bolsa para denominar a un cliente que saca dinero del mercado bursátil y recurre a las compañías de seguros para garantizarse una renta vitalicia. Para ellos, es una decisión irreversible que les impide seguir aprovechándose de nuestras inversiones. Es la muerte de *sus* beneficios.

Pensémoslo: **¿cuándo fue la última vez que nuestro corredor de bolsa nos habló de la necesidad de crear un plan de renta vitalicia?** Seguramente no lo hizo nunca. Wall Street no tiene ningún interés en promover ideas que lleven a retirar dinero. Esta idea les da repelús. La ironía es que somos una renta vitalicia para ellos mientras no nos vayamos.

> Los estadounidenses deberían convertir al menos la mitad de los ahorros de su plan de pensiones en un seguro de rentas.
>
> Departamento del Tesoro de Estados Unidos

Jeffrey Brown sabe bastante de crear planes de renta vitalicia. Es asesor del Tesoro y del Banco Mundial y una de las personas a las que ha consultado China para evaluar la estrategia de la futura seguridad social del país. También es una de las siete personas nombradas por el presidente de Estados Unidos para formar parte de la Junta de Asesores de la Seguridad Social.

Jeff se ha pasado la mayor parte de su carrera profesional estudiando cómo proporcionar a la gente una renta vitalicia. **¿Cuál**

es su conclusión? Que los seguros de rentas son uno de los instrumentos de inversión más importantes que tenemos.

Jeff y yo tuvimos una fascinante entrevista de tres horas en la que dijo estar sorprendido de que la cuestión de la renta no figure en casi ningún plan financiero.

Le pregunté:

—¿Qué podemos hacer para protegernos y asegurarnos una renta vitalicia, ahora que vivimos más tiempo que nunca? Nos jubilamos a los sesenta y cinco y tenemos veinte o treinta años por delante en los que necesitaremos unos ingresos, pero nuestros ahorros no durarán tanto. ¿Cuál es la solución?

—Lo bueno, Tony, es que hoy sabemos cómo resolver este problema —me contestó—. Lo único que tenemos que hacer es cambiar nuestra manera de pensar a la hora de financiar nuestra jubilación. Hay productos como los seguros de rentas que es como si fuéramos a una compañía de seguros y les dijéramos: «Voy a coger mi dinero y dároslo a vosotros, vosotros vais a gestionarlo y hacer que rinda, y me vais a pagar una renta mensual mientras viva.» **Para entender en qué consiste esto, pensemos qué es lo que hace la seguridad social. Nosotros pagamos a la seguridad social mientras trabajamos y, cuando nos jubilamos, ésta nos devuelve una renta mensual mientras vivamos.** No tenemos que conformarnos con lo que nos da la seguridad social; podemos aumentar nuestra renta vitalicia haciendo lo mismo por nuestra cuenta.

Jeff y su equipo realizaron un estudio en el que comparaban distintas maneras de explicar lo que eran los seguros de rentas y cómo esas explicaciones cambiaban por completo la percepción de la necesidad o el deseo que tenían los oyentes de contratar un seguro de rentas.

En primer lugar, las describieron como lo hacen los corredores de bolsa: como una cuenta de «ahorros» o una inversión con poca rentabilidad. No sorprende que sólo al 20 por ciento de las personas les pareciera interesante. ¿Nos suena? Podemos oír al corredor de bolsa diciendo: «Los seguros de rentas son una mala inversión».

Pero cuando cambiaron unas cuantas palabras y mencionaron los beneficios *reales* de los seguros de rentas, la cosa

cambió. Explicaron que éstos son una herramienta que nos garantiza una pensión el resto de nuestra vida ¡y entonces a más del 70 por ciento les pareció interesante! ¿Quién no quiere una pensión que nos cubra cuando nos fundamos los ahorros? Puede que nuestro nivel de vida sea más alto de lo esperado. O que tengamos una urgencia médica inesperada. O que el rendimiento del mercado no nos sea propicio. ¡Qué alivio da saber que nuestra renta futura depende de una llamada de teléfono!

Y hoy, una industria financiera revolucionada ha creado toda una serie de oportunidades que tienen que ver con los seguros de rentas. Muchas de éstas nos ofrecen una rentabilidad parecida a la del mercado de valores pero nos ahorran las pérdidas de éste. Los seguros de rentas ya no son sólo para nuestros abuelos. **Pasemos la página y veamos cinco tipos que podrían cambiarnos la vida.**

Capítulo 5.4

Es hora de ganar: la solución es la renta

> La cuestión no es a qué edad quiero jubilarme, sino con qué renta.
>
> George Foreman

Los seguros de rentas han sido durante mucho tiempo el hazmereír del mundillo financiero. La primera vez que me sugirieron que contratara uno, hace unos años, me lo tomé a broma. Me habían hecho creer que no era una buena idea. Pero cuando me preguntaban por qué, no tenía razones sólidas para explicar por qué. Simplemente cogía la horca y la antorcha, como el resto de la turba.

Pero la cosa fue cambiando. Cuál no sería mi sorpresa el día que me pasaron un número de 2011 de la revista *Barron's* con este titular en la portada: «Los mejores seguros de rentas. Reportaje especial. Jubilación: con una renta asegurada, los seguros de rentas están de moda».

¿*Barron's*? ¡La revista clásica sobre inversiones abriendo con un reportaje sobre los seguros de rentas! ¿Es que se hundía el mundo? Hojeé rápidamente el número y allí lo ponía bien clarito:

«Ahora que los *baby boomers* se acercan a la jubilación teniendo bien presentes las pérdidas de los mercados, muchos asesores avispados recomiendan un seguro de rentas como parte importante de un plan de pensiones.»

¡Guau! Los seguros de rentas han recibido no poca promoción últimamente. El mismo seguro que nuestro abuelo guardaba en un cajón polvoriento es ahora un producto de moda recomendado por los más avispados asesores financieros. ¿Y sabemos una cosa? **Ya no son sólo para jubilados. Cada vez hay más jóvenes que los contratan, sobre todo aquellas cuyo crecimiento está vinculado a un índice de mercado (como el S&P 500), como una alternativa segura.**

A decir verdad, no son una alternativa para invertir en bolsa ni sirven para superar al mercado. Ya hemos dejado claro que nadie lo supera sostenidamente y que, como Jack Bogle y muchos otros han dicho, contratar un fondo indexado de bajo coste es la mejor manera de invertir en bolsa. Pero algunos seguros de rentas, en particular aquellos vinculados al rendimiento de los mercados, pueden reemplazar otras alternativas seguras como los depósitos a plazo fijo, los bonos, los bonos del Tesoro y demás... y **ofrecer mayor rentabilidad**.

¡Pero estoy adelantándome! Parémonos un momento a ver lo que hay hoy disponible y lo que lo estará pronto.

Para empezar, quede clara una cosa: sólo hay dos clases generales de este tipo de seguros: los *de rentas inmediatas* y los *de rentas diferidas*.

Seguros de rentas inmediatas

Éstos van bien para las personas en edad de jubilarse o ya jubiladas. Si no es nuestro caso, podemos pasar por alto esta página e ir directamente a los seguros de rentas diferidas, o podemos seguir leyendo porque quizá les interese a personas cercanas, como nuestros padres o abuelos.

Dicho llanamente, **los seguros de rentas inmediatas son el mejor instrumento para garantizar una renta vitalicia** por una razón: por los llamados «créditos de mortalidad» (*mortality credits*). Sé que suena raro, pero no lo es. ¿Recordamos cómo empezaron los seguros de rentas hace dos mil años, en tiempos de César? Durante cientos de años, las compañías de seguros han garantizado ingresos vitalicios a millones de personas porque, cuando un grupo contrata un seguro de renta inmediata, algunas personas morirán antes y otras vivirán mucho tiempo.

Como se pone un fondo común, **el que vive más tiempo se lleva el dinero** que deja el que se muere antes. Pero antes de aprovecharnos del potencial que tiene el dinero que dejan, conozcamos el poder que tienen éstos cuando se manejan bien.

Un rendimiento del 2.750 por ciento

Mi hijo lleva trabajando en el sector de los servicios financieros toda su vida. El otro día me contaba la historia de un cliente que iba a jubilarse. Acababa de cumplir sesenta y cinco años y había conseguido ahorrar unos 500.000 dólares. Quería una renta segura sin asumir riesgos. Por desgracia, su antiguo corredor de bolsa le había hecho invertir en una cartera muy arriesgada y había perdido casi el 50 por ciento en la crisis de 2008, que le había arrebatado cientos de miles de dólares de un dinero que le había costado ahorrar toda una década de duro trabajo. Y, como tanta gente, había conseguido a duras penas recuperar lo perdido y ahora temía más que nunca quedarse sin dinero.

Deseaba empezar a cobrar inmediatamente. Josh, pues, le expuso las limitadas opciones que tenía:

— Podía ir a un banco y contratar un depósito a plazo fijo, que le daría un interés del 0,23 por ciento (23 puntos básicos) al año. Esta solución le rendiría 95,80 dólares al mes en renta imponible por un depósito de 500.000 dólares. Eso suponía unos **1.149 dólares al año**... brutos. ¡No los gastemos de una!
— Los bonos le rendirían un tres por ciento anual, es decir, **15.000 dólares al año** brutos, pero el riesgo de esta opción sería que las tasas de interés subieran, lo que haría que el valor de sus bonos (su capital) disminuyera.
— Josh le explicó que depositar 500.000 dólares en un seguro de renta inmediata le rendiría, a día de hoy, 2.725 dólares mensuales, es decir, **32.700 dólares al año**, ¡de por vida! Eso representa un incremento del 2.750 por ciento respecto de los depósitos a plazo fijo y del 118 por ciento respecto de los bonos, sin los riesgos de ambos.

Dadas la esperanza de vida actual, a este hombre le quedaban al menos catorce años de vida, y si Ray Kurzweil tiene razón, ¡podría vivir mucho más! Sumada esta renta segura a la pensión de la seguridad social, tenía más que suficiente para mantener su nivel de vida y podría emplear su tiempo en lo que más le gustaba: sus nietos y pescar.

¿Vemos la diferencia? Con cualquier otro tipo de inversión «segura», se habría quedado irremediablemente sin dinero. Pero con un seguro de renta inmediata, que en realidad es una forma de seguro de renta vitalicia, está cubierto de por vida.

Los críticos dirán: «Ya, pero si te mueres, ¡se quedan con tu dinero! Les dejarás toda la pasta». Cuando le pregunté a David Babbel por esto, su respuesta fue inmediata y rotunda: «Si te mueres, ¡¿qué más te da?! Lo malo es vivir mucho sin dinero... ¡eso sí que nos hará sufrir!» Y si de verdad nos preocupa morir prematuramente, podemos escoger la opción de que la compañía de seguros pague a nuestros herederos la misma cantidad que depositamos. (Ahora bien, con esta opción cobraremos menos, es decir, hay una contrapartida.) O, como David recomienda, podemos contratar un seguro de vida a término que sea barato. Así, si vivimos una vida longeva y provechosa, salimos ganando porque tenemos una renta asegurada. Y —Dios no lo quiera— si morimos antes, con un seguro de vida, nuestros herederos salen ganando también.

El control es una ilusión

A todos nos gusta controlar las cosas. Pero muchas veces es una ilusión. Creemos que controlamos nuestra salud, nuestras finanzas, a nuestros hijos... bueno, quizá no a nuestros hijos, pero todos sabemos que las cosas pueden cambiar en un abrir y cerrar de ojos. Una tormenta puede inundar nuestro hogar (como me ocurrió a mí en mi nueva casa de Florida después de que una lluvia torrencial nos obligara a mi mujer y a mí a salir a las tres de la madrugada en medio de treinta centímetros de agua), o podemos recibir una llamada del médico después de una revisión aparentemente rutinaria. Quiero decir que el control es muchas veces más una ilusión que una realidad.

Los corredores de bolsa nos dirán que si damos nuestro dinero a una compañía de seguros a cambio de una renta vitalicia, estaremos «perdiendo el control» de nuestro capital. Veamos esto más detenidamente. Digamos que tenemos sesenta años y hemos ahorrado un millón de dólares. Nuestro corredor nos aconseja que lo invirtamos en acciones y bonos, como es tradicional, y aplicamos la regla del cuatro por ciento para nuestra renta (lo que significa que podremos sacar 40.000 dólares al año). En realidad, necesitaremos esos 40.000 dólares para pagar nuestras facturas. Sabemos que el dinero hay que invertirlo y por eso no podemos permitirnos tocar nuestro principal. **¿Y qué pasa si el mercado cae?** No queremos vender con el mercado bajista, pero, al mismo tiempo, sabemos que tampoco podemos permitirnos pérdidas en este momento de nuestra vida. Estamos entre la espada y la pared. **El llamado control es una ilusión. Flotar a merced de las olas del mercado y esperar que la corriente vaya a nuestro favor puede llevarnos a la ruina.**

Recordemos: nuestro interés no es sólo que nuestros activos crezcan. ¡Lo que queremos es **garantizarnos una renta de por vida**!

> Es mejor tener unos ingresos regulares que ser fascinante.
>
> Oscar Wilde

Seguros de rentas diferidas

Decíamos que había dos clases generales de seguros de rentas. Ya sabemos lo que es un seguro de renta inmediata: damos nuestro dinero a una compañía de seguros y ésta empieza inmediatamente a pagarnos una renta para toda la vida.

El otro tipo se llama seguro de renta diferida. Esto significa que damos dinero a la compañía de seguros, ya sea de una vez o a lo largo de años, y en lugar de recibir una renta inmediata, las ganancias se reinvierten en un entorno de impuestos diferidos, de manera que, cuando queramos, podemos empezar a cobrar la renta que nos parezca para el resto de nuestra vida. Tenemos literalmente un calendario de lo que será nuestra renta cuando tengamos cuarenta, cincuenta, sesenta años: para cada año de nuestra vida.

Así como hay tres clases diferentes de seguros de rentas inmediatas, con diferentes condiciones y recompensas que varían según sea la compañía que las ofrece, así hay también varios tipos de seguros de rentas diferidas. **Pero lo bueno es que sólo hay tres tipos principales de ellas.** Una vez que conocemos estos tres tipos, y habiendo entendido lo que son los seguros de rentas inmediatas, sabremos cuáles son nuestras opciones y podremos aprovecharnos de este instrumento seguro.

Es tan simple como decir un, dos, tres. Hay tres tipos de seguros de rentas diferidas, que son:

1. Seguro de renta fija. Obtenemos una rentabilidad fija anual (independientemente de que el mercado bursátil suba o baje), igual que la que obtenemos con un depósito a plazo fijo o un bono, aunque las tasas son diferentes.
2. Seguro de renta indexada. La rentabilidad está vinculada al mercado de valores, pero obtenemos un porcentaje de las ganancias (no todas) sin perder nada.
3. Seguro de renta indexada «híbrida». Obtenemos los beneficios de un seguro de renta indexada con una cláusula de «renta vitalicia». **¡Esta cláusula nos da la posibilidad de empezar a cobrar un sueldo de por vida!** (Nota: técnicamente hablando, no hay un producto llamado «híbrido», pero es el nombre por el que los profesionales conocen este tipo, que incluye la cláusula de la renta vitalicia.)

¿Hasta qué punto son fiables los seguros de rentas? El poder de la renta asegurada

Una garantía será tan buena como lo sea la compañía de seguros que la emite, por lo que es fundamental elegir una compañía que esté bien asentada. Muchas de las mejores compañías tienen más de cien años de antigüedad y han sobrevivido a crisis, recesiones y guerras mundiales. En Estados Unidos hay más de mil aseguradoras, pero las mejor valoradas sólo son un puñado. Pregunté a Jeffrey Brown si los seguros de rentas son seguros y si la gente debe preocuparse por que las aseguradoras quiebren.

—Sí, es una preocupación que tienen muchas personas —admitió—. Yo siempre procuro tranquilizarlas, diciéndoles que, en los quince años o más que llevo estudiando el tema, no conozco a nadie que haya perdido dinero con un seguro de este tipo, y hay muchas razones de que así sea.

Seguros de rentas variables

Hay un tipo de seguro de renta diferida que no he mencionado antes y que se llama seguro de renta variable. El motivo de la omisión es que **casi todos los expertos a los que he entrevistado coinciden en que conviene evitarlos**. Son muy caros y el capital se invierte en fondos de inversión (también llamados «subcuentas»).

No sólo, pues, pagamos comisiones por la selección de fondos de inversión (que no superan el mercado y pueden cobrarnos hasta un tres por ciento anual en comisiones), sino que también pagamos a la compañía de seguros (entre un uno y un dos por ciento anual). Estos productos pueden ser tóxicos y, sin embargo, los corredores se las arreglan para vender unos 150.000 millones al año en nuevos depósitos. He hablado más detenidamente de los seguros de rentas en el capítulo 2.6, «Mito 6: "Odio los segu-

«SI TRABAJAS DURO E INVIERTES BIEN,
PODRÁS PERMITIRTE CUMPLIR 65 A LOS 80 AÑOS».

ros de rentas y tú también deberías odiarlos"». Podemos volver atrás y repasarlo.

Profundicemos ahora un poco más en cada una de estas tres opciones.

Seguros de rentas fijas

Un seguro de renta temporal diferida fija ofrece una rentabilidad fija (por ejemplo, del tres o el cuatro por ciento) durante un periodo de tiempo determinado (como cinco o diez años). El dinero crece en régimen de impuestos diferidos y al vencimiento tenemos varias opciones: podemos retirar el dinero, podemos contratar otro seguro de rentas o podemos convertir el saldo en una renta vitalicia. Los seguros de rentas temporales diferidas fijas no nos cobran comisiones anuales. Sabremos de antemano cuánto nos rendirá cuando venza.

Bastante simple, ¿no? Puede que la rentabilidad no sea gran cosa en el mercado actual, pero cambia con las tasas de interés.

Pero veamos algo más interesante:

Cuanto más esperamos, más ganamos

¿Qué pasa si somos jóvenes y acabamos de empezar a construir nuestro futuro financiero, o estamos en un momento de la vida en el que no necesitamos una renta pero nos preocupa que nuestras inversiones no rindan mientras vivamos? Recordemos que, si nos jubilamos a los sesenta y cinco años, podemos vivir veinte o treinta años más en los que necesitaremos ingresos. Saber cómo estirar nuestro dinero tanto tiempo es una ardua tarea. Por eso es cada vez más popular una nueva modalidad llamada «seguro para la longevidad». Este producto nos permite contratar un seguro que nos garantiza una renta fija desde, por ejemplo, los ochenta u ochenta y cinco años hasta que muramos. Saber que a partir de esa edad empezaremos a cobrar una renta nos permite planear sólo quince años de jubilación en lugar de veinte o treinta. Pondré un ejemplo:

En un artículo de *The Wall Street Journal* de 2012 titulado «Cómo crear un pensión (con varios trucos)», la escritora Anne Tergesen destaca los beneficios de invertir 100.000 dólares hoy (en el caso de un hombre de sesenta y cinco años) en un seguro de renta fija diferida. Ese hombre tiene otros ahorros e inversiones, que cree que le durarán hasta los ochenta y cinco años y le permitirán bajar la montaña tranquilamente. Pero si vive más de ochenta y cinco años, empezará a cobrar de su seguro de renta, y unas cantidades muy grandes comparadas con la que invirtió.

«Hoy día, un hombre de sesenta y cinco años que invierta 100.000 dólares en un seguro de renta fija inmediata puede ganar unos 7.600 dólares anuales de por vida ... Pero con una póliza para la longevidad [un "seguro de renta fija diferida a largo plazo"... sí, sé que el nombre es largo] que empiece a pagar a los ochenta y cinco años, cobrará al año 63.990 dólares, según la compañía de seguros New York Life.»

¡Guau! **Si, a la edad de** sesenta y cinco **años, deposita 100.000 dólares, ¡a los** ochenta y cinco **cobrará 64.000 dólares al año! ¿Por qué es esto tan importante? Porque, a los 85 años, si vive otros diez o quince años, percibirá 64.000 dó-**

lares *todos* los años, por una inversión inicial de solo 100.000. Pero lo mejor es que sólo tiene que preocuparse por que sus ahorros e inversiones iniciales duren veinte años, no treinta o treinta y cinco, lo que, dada la volatilidad de los mercados y el inevitable problema de la secuencia de rendimientos, puede resultar muy difícil para casi todos.

Eché cuentas en mi caso y descubrí que, como sólo tengo cincuenta y cuatro años, ¡a los ochenta y cinco cobraré 83.000 dólares al año por hacer hoy el mismo depósito de 100.000! (Y no tiene por qué ser tanto dinero; puede ser mucho menos, aunque también producirá menos renta.) Esto significa que si vivo hasta los noventa y cinco, cobraré en total 830.000 dólares (diez años *x* 83.000) por mi depósito de 100.000 dólares. Y no tengo que esperar a los ochenta y cinco para empezar a cobrar. El día que hago el depósito me dan un calendario especificando la renta anual que percibiré a la edad en la que quiera empezar a cobrar. Si creo que necesito dinero a los sesenta y cinco o a los setenta y cinco, sé exactamente cuánto cobraré.[15]

La renta vitalicia asegurada, si la estructuramos bien como parte de un plan general, es un instrumento magnífico que revierte o elimina el riesgo de vivir mucho tiempo y convertirnos en una carga para nuestra familia. Cuando entrevisté a Alicia Munnell, directora del Centro de Investigación de la Jubilación de la Universidad de Boston, compartió mi entusiasmo: «Mucha gente con la que he trabajado está muy interesada en los seguros de rentas diferidas, que vienen a ser un seguro para la longevidad».

En el acto que celebro todos los años en Sun Valley, Idaho, entrevisté al famoso editor Steve Forbes y le pregunté cuál era su planteamiento personal de las finanzas: ¡también él tenía contratado un seguro para la longevidad!

15. Naturalmente, si empiezo a cobrar el seguro de rentas antes, a los sesenta y cinco o setenta años, la renta que percibiré será menor que la que percibiría a los ochenta y cinco.

La solución definitiva al problema de la renta

Se ha dicho que si le damos un martillo a un hombre, todo se convierte en un clavo. Con esto quiero decir que la solución que doy más abajo, por interesante que sea, no es la solución total, ni sirve a todas las personas ni en todas las situaciones. Forma parte de una cartera de inversiones. Mi idea aquí es destacar un producto financiero bueno, el seguro de rentas híbrido, que nos da un gran potencial de beneficio en su fase de crecimiento pero a la vez nos proporciona una renta vitalicia para cuando, alcanzada la cima de la montaña, empecemos la segunda parte de nuestra vida. Se llama **seguro de renta indexada fija o estructurado** (FIA por sus siglas en inglés).

A decir verdad, hay dos tipos relativamente nuevos de seguros de rentas diferidas que se han hecho cada vez más populares desde que fueron introducidas a principios de los noventa:

1. El seguro de renta indexada, cuya rentabilidad está vinculada a un índice bursátil.
2. **La versión híbrida, aún más popular, que nos ofrece tanto una rentabilidad fija como la opción de una rentabilidad vinculada al crecimiento del índice bursátil, así como la posibilidad de una renta vitalicia.** Estos seguros de rentas híbridos se conocen con el nombre de seguros de rentas indexadas fijas o estructurados, y van acompañadas de una cláusula de renta vitalicia o de retirada mínima garantizada, la cual ofrece la posibilidad de retirar todos los años un porcentaje del capital independientemente de las pérdidas y hasta que la inversión inicial se recupere (Ya dije que explicaría esta sopa de letras financiera.)

Sólo en 2013 se depositaron en estos seguros de rentas 35.000 millones de dólares. Y cuando concluíamos este libro, los depósitos en seguros de rentas estructurados ascendían a niveles de récord en la primera mitad de 2014, con más de 24.000 millones de dólares en nuevos depósitos y un crecimiento del 41 por ciento respecto de 2013. **¿A qué se debe este crecimiento récord?**

— **En un seguro de renta indexada fija, nuestros depósitos están siempre bajo nuestro control. Nadie puede acceder a nuestro dinero.**
— **Ofrece un potencial de rendimiento anual mayor que el de otras soluciones seguras como los depósitos a plazo fijo o los bonos.**
— **Garantiza al ciento por ciento de nuestro principal: no podemos perder dinero.**
— **Los impuestos son diferidos, lo que garantiza el máximo crecimiento a interés compuesto de nuestro fondo de la libertad.**
— Garantiza una renta vitalicia si suscribimos la cláusula correspondiente.

Como dije antes, este tipo de seguros de rentas ofrecen ganancias sin pérdidas. En muchos sentidos, son la solución al problema de la secuencia de rendimientos.

¿Cómo funcionan?

Para empezar, un seguro de renta indexada fija es **fija, lo que significa que nuestra cuenta nunca pierde. Pase lo que pase, nunca perderemos nuestro principal.** ¡Eso es media batalla ganada! Pero, en lugar de obtener una rentabilidad baja, como un seguro de renta fija tradicional, el crecimiento de nuestro capital sigue las ganancias de un índice bursátil como el S&P 500. Por ejemplo, si el S&P 500 sube un ocho por ciento un determinado año, percibimos **un porcentaje de esas ganancias** (**o participamos de ellas**), **porcentaje normalmente sometido a un límite. Por ejemplo, si nuestro límite es del cinco por ciento, el valor de nuestro capital aumentará un cinco por ciento.**[16] En otras palabras, en la mayoría de los seguros de rentas hay un límite o «techo» para nuestras ganancias. **Pero, a cambio, si el mercado cae ese año, ¡no perdemos nada!**

En los últimos años ha habido unos cuantos productos que nos ofrecen el ciento por ciento de las ganancias del mercado o índice ¡y, sí, evitando también las pérdidas! No hay límite a

16. El grado de participación y los límites dependerán del producto concreto.

las ganancias. ¿Dónde está el truco? En lugar de poner un límite a nuestras ganancias anuales, la compañía de seguros se queda con una parte de esas ganancias (1,5 por ciento en muchos casos). Por ejemplo, si el índice o mercado sube un ocho por ciento un determinado año, nuestra cuenta crecerá un 6,5 por ciento y la aseguradora se quedará con un 1,5 por ciento. O si el mercado tiene un año más alcista, con una ganancia del 14 por ciento, nosotros ganamos el 12,5 por ciento. Muchos expertos con los que he hablado dicen que estos seguros de rentas sin límite de ganancia serán el futuro.

Muy bien, pero ¿qué pasa si el mercado cae?

Si el índice baja, incluso si es uno de esos malos años con pérdidas del 20, el 30 o el 50 por ciento, nosotros no perdemos un céntimo. Evitamos todos los años malos y participamos de las ganancias de los años buenos.

Pero sé lo que estás pensando, lector. Es lo mismo que yo pensé la primera vez que me hablaron de estos productos. **«¿Cómo puede una compañía de seguros ofrecernos ganancias sin pérdidas?»**

«Aquí no hay magia», me dijo Babbel cuando le hice la misma pregunta. Me explicó que la compañía de seguros guarda la mayor parte de nuestro dinero en sus reservas de efectivo sin invertirlo nunca en el mercado bursátil. Así garantiza nuestro principal. El resto lo usa para comprar «opciones» del índice bursátil y para cubrir gastos. Así, si el mercado sube, recibimos nuestra parte de las ganancias. Si baja, las opciones «vencen», pero nosotros no perdemos... ni pierde la compañía. Todos ganamos.

Aseguremos nuestra ganancias

Además de participar de las ganancias y no sufrir las pérdidas, con estos seguros de rentas indexadas fijas tenemos otra ventaja. A todos nos gusta mirar nuestra cuenta y ver que el saldo sube. Pero nunca sabemos a ciencia cierta si ese dinero será nuestro algún día o si otro derrumbe del mercado se lo llevará por delante. Una de las grandes ventajas de los seguros de rentas estructurados es que las ganancias, sean cuales sean, quedan aseguradas todos los años, pasando a ser la nueva base. Por ejemplo, si gano un 6,5 por ciento en mi cuenta de 100.000 dólares, paso a tener asegurados 106.500 dólares. Nunca puedo perder esos 6.500 dólares que me han rendido. Todos los años, la cuenta o quedará igual que estaba, porque no participo de las pérdidas del mercado, o crecerá. Como un ascensor que sólo pudiera subir, esta característica de garantizar las ganancias todos los años es un gran instrumento para mantener a buen recaudo nuestro dinero.

¡Renta! ¡Renta! ¡Renta!

Si estos seguros de rentas estructurados son instrumentos excelentes para obtener un rendimiento asegurado, lo que de verdad los hace interesantísimos es **la capacidad que tienen de proporcionarnos una fuente de ingresos vitalicia**. Y si los seguros de rentas indexadas fijas me gustan por las razones antedichas (garantía del principal, eficiencia fiscal, ganancias sin pérdidas), aún me gustan más por la renta garantizada que ofrecen. Y para eso tenemos que optar por una «cláusula de renta vitalicia garantizada». Veamos qué significa.

Independientemente de lo que rinda nuestra cuenta, y aunque se pase muchos años igual o creciendo sólo moderadamente, suscribir una cláusula de renta vitalicia garantizada nos asegura una fuente de ingresos anuales, al margen de lo que ocurra con nuestro principal.

Yo tengo un seguro de rentas que me garantiza una rentabilidad del siete por ciento a veinte años. El día que lo contraté me dieron un calendario de renta, de manera que, cuando decida activar la cláusula, sabré exactamente cuál es la renta que se me garantiza para el resto de mi vida (y viva lo que viva). Y cuanto más espere, más crecerá mi cuenta y, por tanto, más cobraré. Esta cuenta forma parte importante de mi caja de la seguridad. ¿A que otra vez parece demasiado bonito para ser cierto? Le pedí a mi asesor financiero que indagara y descubrió que no sólo era verdad, sino que este tipo de seguro de rentas estaba atrayendo miles de millones de dólares en depósitos anuales por parte de *baby boomers* como yo.

Después de todo, ¿quién no querría un producto que garantiza una rentabilidad del siete por ciento y a la vez nos evita los riesgos del mercado, de la secuencia de rendimientos, etc.? Recordemos: era a principios de 2009, cuando el mercado se hundía. No parecía haber ningún lugar seguro. Y otros instrumentos garantizados como los depósitos a plazo fijo rendían poco. Como seguramente recordamos, se respiraba pánico y la gente buscaba desesperadamente seguridad financiera. Luego supe que este producto concreto fue el seguro de rentas que más se vendió por aquel entonces.

Hice la inversión y enseguida pensé: «¿Cómo podría arreglar esto para mis hijos y nietos? Es demasiado bonito para ser cierto».

Pero había una trampa. Descubrí que las compañías de seguros solo ofrecen este producto a las personas mayores de cincuenta y cinco años. Como no pueden ofrecer una rentabilidad del siete por ciento para siempre, estipulan un máximo de veinte años. Si somos más jóvenes, la compañía no puede permitirse ofrecernos una rentabilidad del siete por ciento mientras vivamos. Además, este seguro de rentas exige que el monto del depósito sea considerable. Me sentí burlado y frustrado. Si este producto es bueno para una persona de mi edad, aún lo sería más para una persona de veinte, treinta o cuarenta años que puede dejar que su dinero crezca mucho tiempo. **Aquel día decidí buscar una solución apta para los jóvenes.** ¿Cómo si no iban a crearse un plan de renta vitalicia que les permitiera abrirse camino hacia la libertad financiera sin el estrés y la volatilidad del mercado?

Un premio gordo

Cody Foster y sus dos socios, David Callanan y Derek Thompson, parecen personajes salidos de una historia de Horatio Alger. En 2005, estos tres amigos se sentaron a la mesa de la cocina de

Cody, en la soñolienta ciudad de Topeka, Kansas. Habían hecho un fondo común con los ahorros de su vida y, con 135.000 dólares en el banco, decidieron crear una empresa: Advisors Excel. Es posible, lector, que nunca hayas oído hablar de ella, pues no trabaja para el consumidor último. La empresa sólo presta servicio a los mejores asesores financieros. ¡Y qué «servicio»! Advisors Excel trabaja con las mejores compañías de seguros para ofrecer a los asesores financieros los seguros de rentas más innovadores y seguros del país. Podemos decir que son los asesores de los asesores.

Hoy, nueve años después, **Advisors Excel es el mayorista de seguros de rentas más grande de Estados Unidos, con casi 5.000 millones de dólares en depósitos anuales**. Domina una industria de empresas con décadas de antigüedad. El negocio ha crecido tan rápidamente que, en su breve existencia, ¡ha tenido que cambiar cinco veces de sede porque se le quedaba pequeña! La primera oficina fue el sótano de una clínica dental (y usaban cajas a modo de mesa para su primer empleado). Hoy ocupan una sede modernísima de más de siete mil metros cuadrados... ¡hasta que se les quede pequeña también!

Cuando uno ve a Cody no se imagina que esa persona humilde de Topeka es dueña de una empresa que vale miles de millones de dólares. Es un buen hombre que no ha olvidado sus raíces, ni la gracia de Dios a la que, según él, debe su éxito. Lo conocí en mi hotel de San José, California, al día siguiente de que asistiera a un acto de mi programa Unleash the Power Within al que asistieron unas seis mil personas. Nos había concertado la cita mi hijo Josh. La entrevista iba a durar una hora pero se prolongó tres (¡algo nada infrecuente en mí!).

Entré en materia...

—Cody, tengo una idea que creo que puede cambiar la vida de millones de personas y ayudarles a alcanzar sus objetivos financieros antes y con muchísimo menos estrés y riesgo.

—A ver, cuenta —dijo, y se adelantó en la silla, a la escucha.

—Quiero ver si es posible ofrecer las mismas oportunidades que se les ofrecen a las personas mayores y ricas, a jóvenes que quizá no tengan tanto dinero para invertir. Un seguro de renta indexada fija en la que los jóvenes puedan hacer aportaciones mensuales, como harían en un plan de pensiones, sabiendo que por cada dólar que aportan se les garantiza una fuente de ingresos vitalicia. Un plan de pensiones personal.

Cody se reclinó. Parecía más bien escéptico.

Lo que le decía era realmente insólito.

Adopté el estilo que empleo cuando imparto seminarios y me lancé al ataque. Hice una apasionada defensa de aquella solución, que podía cambiar muchas cosas. Atraerse a los millennials es la gran aspiración del sector de los servicios financieros, porque son personas independientes que piensan por sí mismos y difíciles de captar. Y hay estudios que demuestran que no son precisamente fans de la bolsa. Justo cuando empezaban a hacer sus pinitos, la crisis de 2008 se llevó por delante lo poco que habían ahorrado. Y, lo que es peor, según un estudio del LIMRA, la mayor asociación mercantil del sector de los servicios financieros y los seguros de vida, ¡los miembros de la «generación X» perdieron el 55 por ciento de su patrimonio entre 2005 y 2010! Tremendo. Ahora quieren garantías, quieren protección, quieren ingresos, quieren que sea más fácil.

Cody empezó a asentir con la cabeza. Entendía lo que yo decía, pero también conocía las dificultades. Después de todo, lleva trabajando en el mundillo desde que terminó la carrera y conoce perfectamente los puntos fuertes y flacos de las mayores aseguradoras del mundo.

—Tony, sé lo que dices, pero tienes que entender el negocio. Las compañías de seguros no pueden ofrecer esas cosas a los jóvenes porque lo que hace que los seguros de renta vitalicia funcionen, y que los números cuadren, es que se rigen por las tasas de mortalidad. Y saben lo que una persona de cincuenta y cinco años va a vivir de media y según eso toman sus decisiones. Pero con una persona de cuarenta y cinco, o de treinta y cinco, y no digamos de veinticinco, la cosa se complica.

Yo había previsto su respuesta y tenía una idea:

—¿Y si lo primero que les garantizáramos es que no perderán su dinero? Y como cuesta más asegurar su renta futura, ¿por qué no ofrecerles un crecimiento anual más pequeño y luego sumarle las posibles ganancias que produzca el mercado? Podría ser más del siete por ciento, sobre todo para los jóvenes de veinte, treinta o cuarenta años, porque tienen mucho tiempo para que sus inversiones rindan. Todo el mundo sabe que, con el tiempo, los mayores beneficios los ha producido el mercado bursátil, ¡pero el problema es el riesgo de esas desastrosas caídas! **Podríamos ofrecerles ganancias sin pérdidas por sus depósitos y una renta vitalicia garantizada.**

»Además, tenemos que **hacerlo asequible**, y para eso, en lugar de pedir un depósito de mucho dinero, **permitirles que hagan pagos mensuales más pequeños por las cantidades que ellos quieran**. Con este planteamiento, la compañía de seguros no tendrá que preocuparse de si el cliente vive mucho o poco, y éste tendrá muchas más posibilidades de ganancia porque la mayor parte de ésta estará vinculada al crecimiento del mercado.

A Cody le gustó la idea, porque, en periodos de tiempo largos, el mercado beneficia a los inversores, sobre todo si sólo participan en las ganancias. Pero quedaba otro serio obstáculo:

—Tony, tal como yo lo veo, este producto tendría que ser eficiente y barato. Pero, tradicionalmente, lo más caro de un seguro de rentas son las comisiones que pagan a los vendedores. Las compañías de seguros las adelantan de su propio bolsillo para no tener que cobrárselas al cliente. Así que, para que la cosa funcione, no podrían pagar mucho por vender el producto, con lo que les costaría convencer a los agentes tradicionales de que las vendan. Es un círculo vicioso.

De nuevo tenía la respuesta preparada.

—¿Y si no tuvieran que pagar ninguna comisión por adelantado? —le pregunté—. Piensa en la venta de otra manera. Hace cincuenta años, los seguros de vida se vendían de puerta en puerta. Hoy podemos contratarlos por internet sin tener que hablar en ningún momento con un vendedor y, en consecuencia, ahora son muy prácticas y más baratas que nunca. Lo mismo debería pasar con este tipo de seguro de rentas. En realidad, los jóvenes prefieren no tener que hablar con nadie. ¡Fuera el intermediario!

»Tendría que ser tan sencillo como entrar en internet, decidir cuánto dinero queremos invertir al mes y que nos lo restaran automáticamente de nuestra cuenta corriente. Contratarlo y olvidarnos.

La página podría calcular el importe exacto de la renta que cobraremos a cualquier edad, cincuenta, cincuenta y cinco, sesenta años, dependiendo de lo que podamos permitirnos ahorrar. Con sólo unos clics, cualquiera podría contratar un plan de renta vitalicia. No hay que ser ni ricos ni viejos para hacerlo. Y hasta podrían seguirlo con una aplicación en su iPhone.

Cody empezaba a verlo. Así que le pregunté:

—Cody, ¿cuántas vidas crees que podríais cambiar? ¿A cuántas vidas llegarías si usarais la influencia que tenéis con las compañías de seguros para crear un producto al que pudiera acceder cualquiera y que procurara a la gente un futuro financiero más seguro?

Cody sonrió.

—¿Con los años? ¡Millones! ¡Decenas de millones! ¡La gran mayoría de los estadounidenses!

Mis palabras habían tocado la fibra sensible de aquel muchacho de campo que se había criado en el seno de una familia de clase media baja. Cody es increíblemente generoso con su riqueza y quiere que todo el mundo tenga una oportunidad, sobre todo la oportunidad de ser financieramente libre.

Salió del hotel. Estaba entusiasmado. Tenía una misión: ver si convencía a las compañías de seguros más grandes del mundo para que crearan un plan de renta vitalicia para jóvenes y que exigiera menos depósito.

Hoy

Hace sólo unos años, la edad mínima exigida por la mayoría de los seguros de rentas era de cincuenta o cincuenta y cinco años, dependiendo de la aseguradora, y casi todas exigían un depósito mínimo de 20.000 a 50.000 dólares. Y encontrar una cláusula de renta vitalicia garantizada para el mercado juvenil (personas menores de cincuenta años) era casi imposible. Hoy la cosa ha cambiado. Me enorgullece poder decir que mis socios de Advisors Excel y yo hemos conseguido que las mayores compañías de seguros del mundo empiecen a ofrecer productos nuevos y revolucionarios que no dependen de nuestra edad ni de nuestro nivel de ingresos.

Estos nuevos seguros de rentas estructurados tienen ventajas como:

— **Garantizan nuestro principal**: nunca perdemos el dinero que invertimos, sea cual sea.
— **Ganancias sin pérdidas**: participamos del ciento por ciento del crecimiento del índice bursátil. Así es: el ciento por ciento de las ganancias, y no hay pérdidas ni límite de ganancias. La compañía de seguros simplemente participa de nuestros beneficios llevándose un pequeño porcentaje (que va del 1,25 al 1,75 por ciento). Si el mercado sube un 10 por ciento y la compañía se queda con un 1,5 por ciento, nosotros ganamos un 8,5 por ciento, interés que capitalizamos. **En cambio, si el mercado cae un año, ¡la compañía de seguros no se lleva nada ni nosotros perdemos nada, ni pagamos comisiones!** La compañía sólo se lleva un porcentaje si ganamos dinero.

Para entender lo bueno que es este arreglo, se me ocurrió una metáfora una noche que cené con un colega en el Wynn Encore de Las Vegas. Observé el casino y le dije a mi amigo:

—Imagínate que en este casino hubiera una mesa de juego especial reservada para los vips. Las reglas serían que podemos jugar toda la noche y que nunca perderemos un dólar. Pase lo que pase, Steve Wynn nos garantiza que nos iremos con lo que empezamos: nos garantiza nuestro principal.

»Si ganamos, nos quedamos con todas las ganancias menos el 1,5 por ciento que se queda la casa. ¿Cuánto dinero te jugarías? **¿Cuánto tiempo jugarías si sabes que no puedes perder, y que si ganas, sólo tienes que desembolsar una pequeña parte de lo que has ganado?**

Mi amigo sonrió y contestó:

—¡Me jugaría todo el dinero y durante todo el tiempo que pudiera!

Yo me eché a reír y dije:

—¡Y yo también!

Y eso es exactamente lo que consigue este tipo de seguro de renta indexada fija, que ahora no está limitada a la gente mayor con mucho dinero.

— **Tampoco nos cobran gastos de gestión ni corretajes.**
— **Si queremos cobrar una renta vitalicia garantizada, también podemos suscribir esta cláusula.** Si lo hacemos, tendremos dos cuentas que competirán entre sí: 1) una cuenta básica que acumula las ganancias cuando la bolsa crece y las asegura cada año, como hemos dicho antes, y 2) una cuenta de ingresos en la que, dependiendo de la compañía de seguros que tengamos, obtendremos una rentabilidad garantizada o una combinación de rentabilidad garantizada y de rendimiento del mercado. Para nuestro beneficio, la renta que percibamos se basará en la cuenta que haya crecido más en el momento en el que decidamos empezar a percibirla.

Además de todo esto, lo más importante es que Cody convenció a las compañías de seguros para que eliminaran el requisito del cuantioso depósito inicial y pusieran a disposición de casi todo el mundo este instrumento financiero. La época en la que se necesitaban 25.000 o 50.000 dólares para empezar se ha acabado. Ahora podemos contratar un seguro de renta de este tipo con un depósito inicial de sólo 300 dólares. Podemos incluso programar la deducción mensual de cierta cantidad de nuestra cuenta corriente y así nuestro fondo de la libertad crecerá cada mes convertido en una «pensión personal», es decir, en una renta vitalicia.

Aunque tengamos poco dinero o ninguno en otras inversiones, este producto puede ser una estupenda manera de empezar a invertir. ¿Por qué? Porque nos ofrece las ganancias del índice bursátil sin sus pérdidas. Es como si por cada dólar que aportamos, nos garantizáramos una fuente de ingresos vitalicia. Cuanto más ahorremos, más renta cobraremos. ¡Y tenemos los depósitos asegurados!

Como dije antes, si lo combinamos con la cartera All Seasons, ¡un buen producto de renta vitalicia puede ser una herramienta muy poderosa!

Las herramientas del 0,001 por ciento

¡Hemos recorrido un largo camino! ¡No sólo tenemos la mentalidad de los iniciados, sino también sus herramientas! Sólo en esta parte, Ray Dalio nos ha enseñado un poderoso modelo de cartera que ha demostrado resistir en todas las estaciones económicas desde 1925. ¡Y muchas personas han de invertir cien millones de dólares para conocer estos secretos! Podemos estar seguros de que este modelo de cartera sobrevivirá y a largo plazo prosperará en toda clase de entornos.

También hemos aprendido que un seguro de rentas correctamente estructurado puede proporcionarnos un sueldo vitalicio sin que tengamos que trabajar. Y no sólo eso: ¡con un buen seguro de renta indexada fija, nuestros depósitos pueden participar del 100 por ciento de las ganancias del mercado o índice y no perder cuando el mercado baja! Es una caja de la seguridad pero con cierta emoción. Aunque hay muchas maneras de alcanzar la libertad financiera, una cartera All Seasons unida a la seguridad de tener una fuente de ingresos garantizada para toda la vida da mucha paz interior.

Pero una vez que hemos creado nuestra riqueza, tenemos que protegerla para que podamos disfrutarla nosotros y nuestros hijos. Los superricos protegen su dinero rodeándose de una serie de asesores expertos.

Sexta parte

Invirtamos como el 0,001 por ciento: el manual del multimillonario

Capítulo 6.0

Conozcamos a los maestros

Sólo hay cinco colores primarios, pero, combinados, dan más matices de los que nunca podremos ver.

SUN TZU,
El arte de la guerra

Hace cuatro años emprendí un increíble viaje en el que me propuse encontrar la manera de que los inversores particulares como tú, lector, tomaran las riendas de su dinero en un sistema que parece pensado contra ellos. Me prometí que les ofrecería la mejor información posible sacada de los expertos más reputados e influyentes. ¡Qué viaje ha sido! Desde entonces, he entrevistado a **más de cincuenta** multimillonarios que partieron de la nada, a premios Nobel, a titanes de la inversión, a escritores superventas, a profesores y a leyendas de las finanzas, y les he hecho las mismas preguntas que les haría el lector si estuviera conmigo en la habitación. Unos ejemplos:

—¿Qué ventajas tienes sobre los demás a la hora de invertir? ¿Qué es lo que te hace excepcional? ¿Qué conocimientos te han permitido dominar los mercados década tras década?

—¿Podemos seguir ganando el juego? ¿Cómo pueden los inversores particulares prosperar en medio de la volátil economía de hoy?

—¿Cuáles son los retos más grandes y las mayores oportunidades que existen hoy para los inversores?

Y, quizá, la pregunta más importante de todas:

—Si no pudieras dejarles tu dinero a tus hijos, sino sólo una cartera de valores o una serie de principios financieros que los ayudaran a prosperar, ¿cuáles serían?

Sus respuestas me han inspirado, impresionado, hecho reír. Otras me han emocionado hasta las lágrimas. Ha sido mejor que cualquier enseñanza que podamos recibir en la universidad. Ha sido el gran doctorado en inversión, impartido directamente desde las trincheras, en el que mis «profesores» movían mercados y daban forma a la economía mundial mientras me impartían una clase particular.

Mi propósito ha sido sintetizar lo mejor de lo que me han enseñado para crear una especie de guía financiera sencilla de siete pasos; una guía que podamos usar de una manera práctica para ir de donde estamos ahora a donde queremos estar.

Ojalá pudiera el lector oírlos a todos, pero sus palabras están condensadas en estas páginas, citadas directamente o no. La cantidad de tiempo que he empleado con cada uno de ellos va de los más de veinte años que he tenido a Paul Tudor Jones por buen amigo y cliente, a los veinte minutos de conversación informal que tuve con Warren Buffett en un camerino mientras grabábamos unos episodios del programa «Today».

Estaba previsto que la mayoría de las entrevistas durasen una hora, pero al final duraron tres o cuatro. ¿Por qué? Porque todos aquellos gigantes de las finanzas quisieron profundizar más cuando vieron que no los había citado para hacerles algunas preguntas superficiales. Mi misión de servir al inversor particular los conmovió. Todos fueron muy generosos con su precioso tiempo.

Las conversaciones fueron extraordinariamente variadas. Tuve el privilegio de reunir a algunas de las mentes financieras más brillantes del mundo. Uno de los encuentros más interesantes se produjo en una de las conferencias que doy en Sun Valley, Idaho. Estaba entrevistando a Larry Summers, exsecretario del Tesoro, director del Consejo Económico Nacional y asesor del presidente Obama en medio de la crisis económica mundial. Hablábamos de lo que se había hecho y de lo que debía hacerse para que la economía del país se recuperara. El editor y excandidato republicano a la presidencia Steve Forbes estaba entre el público y levantó la mano para hacer una pregunta. Podemos imaginar las «chispas» de respeto que saltaron.

Otro momento: cuando supe que Carl Icahn había sido un viejo admirador de Jack Bogle, pero no se conocían. Tuve el privilegio de presentar a estos dos gigantes. Entre los dos sumaban más de un siglo de experiencia de inversión. Jack me invitó a acompañarles, pero yo estaba en el extranjero. ¿No habría sido estupendo estar presente cuando por fin se conocieron?

Lo curioso es que, después de todo el tiempo que he pasado con cada uno de estos expertos, el lector sólo verá de cada entrevista de cinco a diez páginas de las setenta y cinco que las transcripciones ocupaban de media. Para que esta parte no sobrepasara las 9.000 páginas, incluyo sólo lo más destacado de once entrevistas. Bueno, once más un suplemento: aunque ya ha fallecido, no podía excluir la entrevista que le hice a sir John Templeton, uno de los inversores más grandes de todos los tiempos y excelente persona.

Como todos los expertos, los maestros del dinero a los que oiremos en estas páginas tienen opiniones distintas sobre lo que nos deparará el futuro inmediato, así como sobre los instrumentos de inversión que prefieren. Algunos invierten a corto plazo; otros a largo. Algunos piensan que el índice es lo mejor, mientras otros juran que podemos hacer más dinero con el arbitraje. Pero aunque a veces difieren en la táctica, podemos congratularnos de las muchas veces que, por caminos diferentes, llegan a las mismas metas.

Y una cosa es cierta: todos son grandes líderes. Por ejemplo, la excepcional Mary Callahan Erdoes, jefa de veintidós mil profesionales de las finanzas, entre ellos algunos de los mejores gestores de inversiones del mundo, que supervisa activos por valor de 2.500 millones de dólares para JPMorgan Asset Management. O Chuck Schwab, que transformó una industria gracias a su obsesión por servir y proteger al inversor particular, fundando una empresa que tiene más de 8,2 millones de cuentas de clientes y gestiona activos por valor de 2.380 millones de dólares desde unas trescientas oficinas de todo el mundo.

Las páginas que siguen nos mostrarán que hay muchas maneras de ganar: muchas maneras de triunfar financieramente y hacernos ricos en el mundo en el que vivimos hoy. Aunque cada una de estas leyendas de las finanzas tiene un planteamiento distinto, observé que al menos comparten tres obsesiones comunes:

1. **No perder.** Todos estos maestros, aunque su objetivo es procurar grandes rendimientos, aún están más obsesionados con no perder dinero. Incluso los gestores de los mayores fondos de inversión de alto riesgo, a los que supondríamos avezados a los grandes riesgos, se concentran sobre todo en protegerse de las pérdidas: Ray Dalio, Kyle Bass, Paul Tudor Jones... Si no perdemos, vivimos para luchar un día más. Como dijo Paul: «Cuesta muchísimo ganar dinero. Por eso no quiero perderlo... Lo más importante para mí es que la defensa es cien veces más importante que el ataque. Tenemos que tener mucho cuidado con las pérdidas». Y estas frases las dice una persona que les ha hecho ganar dinero a sus clientes veintiocho años consecutivos. Es muy simple, pero no puedo dejar de insistir. ¿Por qué? **Si perdemos un cincuenta por ciento, tendremos que ganar un ciento por ciento para recuperar lo perdido, y eso consume algo que nunca podremos recuperar: tiempo.**
2. **Arriesgar poco para ganar mucho.** Mientras que la mayoría de los inversores buscan la manera de obtener un «buen» rendimiento, todos estos expertos sin excepción buscan algo completamente diferente: ¡chollos! Viven para descubrir inversiones en las que arriesguen poco y ganen mucho. Lo llaman riesgo y recompensa asimétricos.

   Veremos que la manera que tenía sir John Templeton de obtener grandes ganancias con poco riesgo no era comprar y vender, sino esperar hasta que, como dijo el aristócrata británico del siglo XVIII Barón Rothschild, haya «sangre en las calles» y todo el mundo venda desesperadamente. Entonces es cuando se consiguen las mejores gangas. Paul Tudor Jones, por otro lado, sigue las tendencias del mercado, pero, como dice en su entrevista, no invierte en nada que no le rinda al menos cinco dólares por cada dólar que arriesgue. ¡Y eso, dice, vale por un máster en administración de empresas de cien mil dólares! En la entrevista a Kyle Bass veremos cómo se las arregla para, arriesgando sólo un tres por ciento, obtener un rendimiento del ciento por ciento. ¡Y cómo supo explotar esa ganancia para convertirla en una del 600 por ciento!

3. **Anticipar y diversificar.** Los mejores de los mejores anticipan; encuentran oportunidades de riesgo y recompensa asimétricos. Estudian muy bien el mercado hasta que saben lo que es una buena oportunidad... ¡salvo que no lo sea! Y para protegerse de pérdidas, diversifican. Porque, al cabo, todos los grandes inversores tienen que tomar decisiones con una información limitada. Cuando entrevisté al exsocio de Lyle Bass, Mark Hart, me dijo: «Mucha gente inteligente invierte fatal. Y es porque no son capaces de tomar decisiones con una información limitada. Para cuando tienen toda la información, todo el mundo la conoce y hemos perdido la ventaja». T. Boone Pickens lo dice de esta manera: «Muchas personas se preparan, se preparan... pero nunca salen».
4. **No darse por satisfechos.** Al contrario de lo que la mayoría de la gente esperaría, estos triunfadores nunca están satisfechos. ¡Siempre quieren aprender más, ganar más, crecer más, dar más! No importa lo mucho que han hecho o sigan haciendo, nunca pierden las ganas, la fuerza que libera al genio humano. La mayoría de la gente pensaría: «Si yo tuviera todo ese dinero, me plantaría. ¿Para qué seguir trabajando?» Porque todos creen, en lo profundo de su alma, que «a todo aquel a quien se haya dado mucho, mucho se le demandará». Su obra es su amor.

Igual que estos maestros del dinero invierten de diferentes maneras, también devuelven lo recibido de diferentes maneras. Dan su tiempo, su dinero, crean fundaciones, invierten en el prójimo. Todos han descubierto que el verdadero sentido de la vida está en dar. Sienten la responsabilidad de usar sus dones para servir al prójimo. Como decía Winston Churchill: «Vivimos gracias a lo que ganamos, pero damos sentido a la vida gracias a lo que damos». Lo que los une a todos es la verdad última de que la vida consiste en algo más que en tener. Consiste en dar.

Así, pues, lector, como inversor que eres, ¿qué harás con el manual del multimillonario? Siéntate a mi lado porque voy a preguntarles a doce de las más grandes eminencias financieras del mundo cómo podemos descubrir nuestro camino hacia la libertad financiera. Sabremos cómo se convirtieron en los campeones de las finanzas y cómo también nosotros tenemos que estar alerta y preparados para lo que pueda ocurrir. **Aprenderemos estrategias financieras que nos prepararán para resistir en todas las estaciones, en tiempos de inflación y de deflación, de guerra y de paz, y, como dice Jack Bogle, «de penas y alegrías».**

Capítulo 6.1

Carl Icahn: el amo del universo

El hombre más temido de Wall Street

Pregunta: ¿Cuándo vale un tuit 17.000 millones de dólares?

Respuesta: Cuando Carl Icahn dice que Apple está infravalorado y anuncia que va a comprar acciones.

A la hora de publicar Icahn este tuit el verano de 2013, las acciones de Apple subían 19 puntos. El mercado captó el mensaje: cuando el multimillonario se interesa por una empresa, toca comprar. Cuatro meses después, la revista *Time* sacó su cara en portada con el titular: «El amo del universo». Y añadía que es «el inversor más importante de América». Es verdad. En las últimas cuatro décadas, las empresas de Icahn han ganado un 50 por ciento más que la de esa otra gran figura de la inversión, Warren Buffett. Según un reciente estudio de la revista *Kiplinger's Personal Finance*, mientras que la mayoría de la gente cree que el que mayores ganancias ha generado en el tiempo es Warren Buffett, si hubiéramos invertido con Icahn en 1968, en 2013 habríamos obtenido un rendimiento del 31 por ciento, frente al rendimiento de «sólo» el 20 por ciento de la empresa de Buffett, Berkshire Hathaway.

El talento de Icahn para los negocios lo han convertido en una de las personas más ricas del mundo —en la última lista de *Forbes* fue el vigesimocuarto, con un patrimonio de más de 23.000 millones de dólares— y ha ganado miles de millones más para los accionistas que invierten en su holding, Icahn Enterprises LP (NASDAQ: IEP), o tienen acciones de las empresas en las que él invierte. ¿El secreto de su éxito? Hasta sus detractores dirán que **Carl Icahn no sólo busca oportunidades de negocios: las crea**.

Pero la mayoría de las personas ajenas al mundillo siguen pensando que es un personaje típico de Wall Street, un capitalista rapaz que saquea las empresas por afán de lucro personal. Cuando tecleamos en Google la expresión *corporate raider* (tiburón de las finanzas), enseguida se rellena con el nombre de Icahn.

Pero Carl Icahn desafía este viejo y chirriante estereotipo. Icahn dice ser un «accionista activista». ¿Qué significa eso? «Nosotros ayudamos a las empresas que no dan a sus accionistas el valor que merecen», dice. Su obsesión es mejorar la gestión y responsabilidad empresarial para evitar los abusos que sufren los accionistas: así las empresas estadounidenses serán más fuertes y en consecuencia también lo será la economía del país.

The New York Times dice de él: «Revolucionando consejos de administración, comprando empresas y promoviendo cambios en ellas, ha hecho una fortuna de miles de millones, inspirando miedo entre los ejecutivos y admiración entre sus colegas inversores».

Icahn compra todas las acciones que puede de empresas mal gestionadas y las avisa de que deben ponerse las pilas... o disponerse a librar una lucha por el control del consejo de administración.

Se ve batallando contra los que usan las arcas de las empresas para enriquecerse a costa de los accionistas: «Tony, la gente no sabe cómo la explotan», dice, y añade que el inversor medio no es consciente de los abusos que se cometen tras las puertas de las salas de juntas. Pero parte del problema es que los accionistas no se creen con poder para cambiar las cosas porque no piensan como propietarios. Icahn sí conoce su capacidad de influencia... y no teme usarla.

¿Un total de 24.000 millones en incentivos para los directivos de Coca-Cola?

Un ejemplo de las cosas que los directivos hacen y que indignan a Icahn podemos encontrarlo en el reciente caso de Coca-Cola que él ha criticado. La empresa planeaba depreciar el valor de sus acciones emitiendo acciones rebajadas por valor de 24.000 millones de dólares. ¿El motivo? Para pagar enormes bonificaciones a sus directivos. Esto debilitaría los planes de pensiones de los inversores normales y corrientes, como profesores y bomberos, porque hay mucha gente que tiene acciones de Coca-Cola en su cartera.

Icahn escribió un editorial en la revista *Barron's* denunciando a la empresa por aquel plan y pidiendo a Warren Buffett —el accionista mayoritario de la empresa y miembro de la junta directiva— que votara contra la iniciativa. «Muchos miembros de la junta directiva piensan que ésta es una especie de cofradía o club en el que más vale no levantar ampollas —escribió Icahn—. Esta actitud no sirve más que para reforzar a los administradores mediocres.»

Buffett contestó que él se había abstenido en la votación pero que se oponía al plan, y que había hablado con la junta para que moderaran la propuesta... pero que no quería «entrar en guerra» con la empresa por aquel tema.

En cambio, Carl Icahn siempre está dispuesto a dar la batalla. Ha estado en las trincheras muchas veces y ha hecho incursiones en empresas tan distintas como US Steel, Clorox, eBay, Dell y Yahoo. Pero esta vez era diferente: en lugar de Icahn, un joven gestor de fondos llamado David Winters estaba comprando acciones y encabezando la lucha contra los directivos de Coca-Cola. Para desesperación de todos los consejeros delegados demasiado bien pagados, una nueva generación de «inversores activistas» está continuando la batalla que Icahn empeñó hace décadas.

Por supuesto, Carl Icahn ha cabreado a muchos empresarios con gran influencia en los medios. Por eso oiremos a muchos críticos decir que sólo le interesa la pasta, que «infla» el valor de las acciones y sacrifica los objetivos mediatos de la empresa por obtener beneficios inmediatos. Pero él se defiende diciendo que esto es absurdo, porque tiene sus acciones mucho más tiempo de lo que la gente cree: a veces diez, quince y aun treinta años. Y cuando pasa a controlar una empresa, el valor de ésta aumenta año tras año, incluso después de que él la deje. Es lo que ha confirmado un estudio del profesor de la facultad de derecho de Harvard Lucian Bebchuk, que analizó dos mil campañas de inversores activistas de 1994 a 2007. La conclusión fue que «el rendimiento mejora con la intervención de los inversores activistas». El estudio concluyó también que no sólo no hubo efectos perjudiciales a largo plazo, sino que, al contrario, cinco años después esas empresas seguían rindiendo más.

Carl Icahn no va tras la cabeza de todos los consejeros delegados del país. Muchas veces ha reconocido que hay muy buenos directivos y ejecutivos que maximizan los recursos de las empresas y contribuyen a reforzar la economía. Pero quiere siempre que la administración de las empresas —incluso de las más populares y mejor gestionadas— sean más responsables ante los accionistas.

Tomemos, por ejemplo, lo del tuit de Apple. Me dijo que no buscaba que la cotización subiera para vender sus acciones. (De hecho, el día de nuestra entrevista compró una gran cantidad de acciones de Apple.) No estaba tratando de interferir en la administración de la empresa, que piensa que es sólida. El tuit era sólo parte de una campaña de presión para que Apple devolviera 150.000 millones de sus reservas líquidas a sus accionistas en forma de dividendos. La empresa acabó ampliando su programa de devoluciones a más de 130.000 millones de dólares en abril de 2014 y aumentó las autorizaciones de compra de acciones propias de los 60.000 millones previstos inicialmente a los 90.000 millones. Al mismo tiempo, anunció un incremento de sus dividendos trimestrales y un desdoblamiento de acciones de siete por una. Hoy vale un 50 por ciento más que el día del tuit.

Icahn mismo es consejero delegado de una empresa, Icahn Enterprises, de la que tiene el 88 por ciento. Las acciones de la empresa se han comportado excelentemente, incluso durante la llamada «década perdida». **Si hubiéramos invertido en Icahn Enterprises desde el 1 de enero de 2000 al 31 de julio del 2014, ¡habríamos obtenido un rendimiento total del 1.622 por ciento, comparado con el 73 por ciento del índice S&P 500!**

Carl Icahn no nació así. Dice que se crió «en las calles» del barrio neoyorquino de Far Rockaway. Su madre era maestra; su padre, estudiante de derecho y cantante de ópera frustrado que trabajaba de cantor en una sinagoga del barrio. Carl jugaba al póquer para pagarse los gastos de la Universidad de Princeton, donde se especializó en filosofía. Después de un breve paso por la facultad de medicina y el ejército (y más póquer), se dio cuenta de que su gran talento era hacer dinero. Y aquello cambió la economía estadounidense.

Icahn tiene ahora setenta y ocho años y está pensando en su herencia. Ha escrito artículos de opinión y ha dado entrevistas escogidas sobre los derechos de los inversores y accionistas. Pero, francamente, está harto de que lo malentiendan y lo citen fuera de contexto. Por eso, como no sabía quién era yo ni mis verdaderas intenciones, pidió que no grabáramos nuestra entrevista y dijo que me concedía «unos minutos».

Para mi gran alivio, Icahn se mostró más cálido tras los primeros momentos de frialdad y dos horas y media después hablábamos tranquilamente en el vestíbulo y me presentaba a Gail, su extraordinaria esposa, con la que llevaba casado quince años. Carl es muy diferente de su imagen pública. Es divertido y curioso y muy afable. Sus amigos dicen que se ha dulcificado un poco. Pero sigue hablando con un acento de Queens y sigue teniendo el tipo afilado del bravucón neoyorquino. Dice que no es de los que desisten de su empeño, sobre todo cuando encuentra algo por lo que merece la pena luchar.

TR: Procedes de una familia muy modesta y te educaste en escuelas públicas de un barrio bajo de Queens. Cuando empezaste, ¿te proponías ya convertirte en el mejor inversor de todos los tiempos?

CI: Soy una persona muy competitiva. Apasionada u obsesiva, llámalo como quieras. Y, por mi carácter, siempre quiero ser el mejor en lo que hago. Cuando buscaba una universidad en la que matricularme, mis profesores me decían: «Con las de la Ivy League ni te molestes. No aceptan a estudiantes de esta zona». Yo hice las pruebas y me aceptaron en todas. Elegí Princeton. Mi padre se ofreció a pagarme todo, pero luego se echó atrás y sólo me pagó la matrícula, que entonces costaba, ojo, 750 dólares. Le dije: «¿Y dónde voy a dormir? ¿Cómo voy a comer?». «Eres listo, ya te espabilarás», me contestaron mis padres.

TR: ¿Y qué hiciste?

CI: Empecé a trabajar en un club playero de Rockaways. ¡Se me daba bien! Los propietarios del chiringuito me decían: «Chaval, vente a jugar al póquer, que pierdas las propinas de la semana». Al principio no sabía jugar y siempre me desplumaban. Entonces me leí tres libros sobre póquer en dos semanas y a partir de ahí fui cien veces mejor que ellos. Era cosa seria, nos jugábamos mucho. Todos los veranos me sacaba unos dos mil dólares, que en los años cincuenta eran como cincuenta mil hoy.

TR: ¿Y cómo empezaste con los negocios?

CI: Cuando terminé la universidad me enrolé en el ejército, donde seguí jugando al póquer. Ahorré unos veinte mil dólares y empecé a invertirlos en Wall Street en 1961. Vivía bien, tenía una novia modelo que estaba buenísima y me compré un Galaxia blanco descapotable. Pero en 1962 el mercado se hundió y lo perdí todo. ¡No sé qué desapareció primero, si mi novia o el coche!

TR: He leído que volviste a invertir en bolsa, vendiendo acciones, y luego te dedicaste al arbitraje.

CI: Pedí prestado porque quería invertir en la bolsa de Nueva York. Iba a por todas. Sabía por experiencia que invertir en bolsa era peligroso y que era mucho mejor usar mis dones matemáticos para hacerme experto en varias cosas. Los bancos me prestaban el noventa por ciento del dinero que necesitaba para el arbitraje, porque entonces, cuando el arbitraje no era arriesgado, si uno era bueno, no podía perder. Y empecé a ganar mucho dinero, de millón y medio a dos millones de dólares al año.

TR: Me gustaría preguntarte por la cuestión del rendimiento asimétrico. ¿Buscabas eso cuando empezaste a interesarte por las empresas infravaloradas?

CI: Empecé a fijarme en estas empresas y a analizarlas. Es como el arbitraje, pero nadie se da cuenta. Cuando compras una empresa, lo que realmente compras son sus activos. Y ves esos activos y te preguntas: «¿Por qué no rinden como deberían rendir?». El noventa por ciento de las veces la culpa es de la gestión. Así que buscábamos empresas mal gestionadas y, como yo tenía dinero, les decía: «O cambiáis y hacéis esto o lo otro, u os compro». La mayoría de las veces los ejecutivos me contestaban que «vale». Pero a veces se resistían o incluso nos llevaban a juicio. Muy poca gente era tan tenaz como yo, o estaba dispuesta a jugarse el dinero. Parecía que estuviéramos arriesgando mucho, pero en realidad no era así.

TR: Pero a ti no te parecía arriesgado porque sabías lo que los activos valían de verdad, ¿no?

CI: Todo tiene su recompensa y su riesgo. Lo que tenemos que entender es en qué consiste ese riesgo y esa recompensa. La mayoría de la gente veía más riesgo que yo. Pero las cuentas no engañan y es lo que ellos no entendían.

TR: ¿Por qué no?

CI: Porque había muchas variables y muchos analistas que le confundían a uno las ideas.

TR: Hoy te cuesta más vencerlos.

CI: No, la verdad. El sistema está tan viciado que no puedes echar a los malos gestores. Te pongo un ejemplo: imagina que heredo un precioso viñedo en una buena tierra. A los seis meses veo que no rinde y quiero venderlo. Pero hay un problema: el tipo que gestiona el negocio nunca está. Se pasa el día jugando al golf. Pero no renuncia a su trabajo de gestor, ni quiere que nadie se ocupe del viñedo, porque no quiere que lo vendan. Podríamos decir: «¿Estás tonto o qué? ¡Llama a la policía y échalo!». Pero ése es el problema con las empresas que cotizan: no puedes echarlo sin una dura pelea.

TR: La legislación pone muy difícil echar al consejero delegado de tu empresa.

CI: Ése es el problema: a los accionistas de las empresas les cuesta mucho hacerse oír, pero nosotros luchamos y muchas veces ganamos. Una vez que tenemos el poder, a veces descubrimos que el consejero delegado no es tan malo. Pero la cuestión es: la manera como en este país están gobernadas las empresas que cotizan perjudica mucho a la economía. Hay muchas leyes que impiden el activismo inversor. Se le ponen muchos obstáculos a quien quiere hacerse con el control de la empresa, pero cuando nosotros lo conseguimos, todos los accionistas, como se ha demostrado, salen ganando. Además, lo que hacemos también es muy bueno para la economía, porque hace que estas empresas sean más productivas, y no sólo a corto plazo. ¡A veces nos pasamos quince o veinte años sin vender!

TR: ¿Cuál es la solución?

CI: Desechar la manzanas podridas (que emiten acciones rebajadas si un accionista compra demasiadas) y establecer un buen sistema de elección de los directivos para que los accionistas decidan cómo quieren que se gestione la empresa. Estas empresas tienen que rendir cuentas y celebrar elecciones de verdad. Incluso en la política podemos echar a un presidente si queremos. Sólo está por cuatro años. Pero en nuestras empresas es muy difícil echar a un consejero de-

Inversiones destacadas

El rendimiento de las acciones de IEP ha superado con creces el de las compañías rivales

Rendimiento bruto de inversiones en acciones

Periodo de tiempo	IEP	Berkshire	Leucadia	Loews	S&P 500	Dow Jones	Russell 2000
3 años a 31 de julio de 2014	164%	69%	–22%	8%	59%	47%	47%
5 años a 31 de julio de 2014	215%	94%	8%	45%	117%	106%	115%
7 años a 31 de julio de 2014	37%	71%	–29%	–7%	55%	52%	59%
1 de abril de 2009[1] a 31 de julio de 2014	382%	117%	78%	97%	171%	151%	184%
1 de enero de 2000 a 31 de julio de 2014	1.622%	235%	264%	372%	73%	104%	168%

Rentabilidad anualizada

Periodo de tiempo	IEP	Berkshire	Leucadia	Loews	S&P 500	Dow Jones	Russell 2000
1 de abril de 2009[1] a el 31 de julio de 2014	34,3%	15,6%	11,5%	13,6%	20,5%	18,8%	21,6%
1 de enero de 2000 a 31 de julio de 2014	21,5%	8,7%	9,3%	11,2%	3,8%	5,0%	7,0%

1: El 1 de abril de 2009 es la fecha en la que se considera que empezó la recuperación económica.
Fuente: Bloomberg. Incluye reinversión de dividendos. Basado en la cotización de las acciones a fecha de 31 de julio de 2014.

legado aunque esté haciendo muy mal su trabajo. Muchas veces los consejeros delegados llegan a ese alto cargo porque son como el jefe de las fraternidades universitarias. No son los más inteligentes, pero sí los que más don de gentes tienen y los más amables y por eso ascienden.

TR: A veces no es preciso hacerse con el control de una empresa para cambiar su rumbo. Vosotros habéis comprado hace poco acciones de Netflix, casi el 10 por ciento, y habéis ganado dos mil millones de dólares en dos años.

CI: Fueron mi hijo, Brett, y su socio. Yo no entiendo mucho de tecnología, pero él, en veinte minutos, me demostró que era un gran negocio. Y yo le dije: «¡Pues compra todo lo que puedas!». En realidad no fue una estrategia activista.

TR: ¿Y qué viste? ¿Qué te dijo en esos veinte minutos que te convenció de que esas acciones estaban infravaloradas?

CI: Muy simple: la mayoría de los grandes expertos veían un problema donde no lo había. En ese momento, Netflix ingresaba dos mil millones de dólares anuales en tarifas. Pero ese dinero no aparece en su balance. Así, todos los expertos decían: «¿Cómo van a pagar el contenido?». ¡Pues con esos dos mil millones! Y por lo general los suscriptores son más

Planteamiento inversor

- Icahn cree que nunca ha habido un periodo mejor para los inversores activistas, si saben actuar.
  - — Esto se debe a varios factores:
    1) tasas de interés bajas, que hacen que comprar empresas sea mucho más barato y por tanto mucho más atractivo,
    2) abundancia de empresas con liquidez que se beneficiarían de las sinergias de compras, y
    3) la conciencia que tienen muchos inversores institucionales de que hay que hacer al predominio de la administración mediocre y de directivos negligentes si queremos acabar con el desempleo y competir en la economía global.
  - — **Pero muchas veces se necesita un catalizador que impulse las compras.**
  - — En IEP llevamos años dedicados a la inversión activista y creemos que ésta es el catalizador que necesitamos para impulsar las compra y fusiones y consolidar las empresas.
  - — En consecuencia, las tasas de interés bajas harán que aumente la capacidad de las empresas que IEP controla para realizar compras juiciosas, amistosas y no tan amistosas, usando nuestra experiencia activista.
- Un pasado de rendimientos excelentes:
  - — **Rendimiento total de las acciones de IEP de 1.622 %[1] desde el 1 enero de 2000.**
    1) El rendimiento de los índices S&P 500, Dow Jones Industrial y Russell 2000 han sido del 73 %, 104 % y 168 % respectivamente en el mismo periodo.
  - — **Rendimiento de Icahn Investment Funds desde su lanzamiento en noviembre de 2004.**
    1) Rendimiento total aproximado de 293 %[2] y rendimiento compuesto anual medio de aproximadamente el 15 %.[2]
    2) Rendimientos del 33,3 %, 15,2 %, 34,5 %, 20,2 %,[3] 30,8 % y 10,2 % en 2009, 2010, 2011, 2012, 2013 y lo que llevamos de 2014[4] respectivamente.
- Resultados financieros recientes
  - — Ganancias netas atribuibles a Icahn Enterprises de 612 millones de dólares en los primeros seis meses hasta el 30 de junio de 2014.
  - — Valor neto indicativo de unos 10.200 millones de dólares hasta el 30 de junio de 2014.
  - — EBIDTA atribuible a Icahn Enterprises en los últimos doce meses hasta el 30 de junio de 2014 de unos 2.200 millones de dólares.
- 6 dólares de dividendos anuales (5,8 % de interés el 31 de julio de 2014).

1: Fuente: Bloomberg. Incluye reinversión de dividendos. Basado en el precio de las acciones el 31 de julio de 2014.
2: Rendimientos calculados el 30 de junio de 2014.
3: El rendimiento presupone que las acciones de IEP en CVR Energy permanecieron en Investment Funds todo el tiempo. IEP compró la participación mayoritaria de CVR Energy en mayo de 2012. El rendimiento de Investmen Funds era de un 6,6 % excluyendo el de CVR Energy después de su transformación en una entidad consolidada.
4: En los cuatro meses anteriores al 30 de junio de 2014.

fieles de lo que se cree. Esos enormes ingresos tardarían mucho más tiempo del previsto en correr peligro, pasara lo que pasara.

TR: Pero ¿no has tratado de controlar Netflix?

CI: No, aunque ellos creyeron que era lo que pretendía. Le dije a Reed [Hastings, cofundador y consejero delegado de Netflix]: «No voy a pelearme contigo por el control de la empresa. ¡Acabas de ganar cien puntos!». Y le pregunté si sabían lo que era la «ley Icahn». «¿Qué es, Carl?», dijeron. Y yo les contesté: «Nunca doy puñetazos al que me hace ganar ochocientos millones en tres meses».

TR: (*Riendo.*) Liquidaste parte de las acciones a finales de 2013.

CI: Cuando las acciones llegaron a los 350 dólares, decidí vender algunas. Pero no todas.

TR: ¿Cuál es el mayor malentendido que hay sobre ti?

CI: Creo que la gente no entiende, y quizá yo tampoco, mis motivaciones. Aunque parezca cursi, puedo decir que, a estas alturas de mi vida, lo que quiero es contribuir a que sigamos siendo un gran país. Quiero que la posteridad diga de mí que cambié la manera de hacer negocios. Me fastidia que haya tantas grandes empresas que estén tan mal gestionadas. Quiero cambiar las reglas y que los consejeros delegados y los directivos respondan ante sus accionistas.

TR: Tu mujer y tú habéis firmado el Giving Pledge. ¿A qué otras actividades filantrópicas te dedicas?

CI: Yo doy mucho, pero me gusta hacerlo a mi manera. Acabo de donar treinta millones de dólares a unas escuelas concertadas porque en estas escuelas el director y los profesores tienen que responder ante los inversores. Por eso, las escuelas concertadas bien gestionadas imparten una educación mucho mejor que las públicas. Somos un gran país, pero, por desgracia, nuestra manera de gestionar las empresas y el sistema educativo deja bastante que desear, en general. Espero que mi riqueza me ayude a cambiar esto. Por desgracia, si no cambiamos, vamos camino de convertirnos en un país de segunda, o aún peor.

Lo que vale un inversor activista en una junta directiva

La siguiente tabla la ha elaborado Icahn Enterprises en respuesta a quienes cuestionan la eficacia de incluir a inversores activistas en las juntas directivas.

Del 1 de enero de 2009 al 30 de junio de 2014 (5 años), un inversor de Icahn formó parte de la junta directiva de las 23 empresas que figuran en la lista de la tabla. Como se ve, una persona que hubiera invertido en esas empresas el día en el que el inversor entró en la junta directiva y hubiera vendido sus acciones el día en el que el inversor dejó la junta (o hubiera seguido teniéndolas hasta el 30 de junio de 2014, si éste no hubiera dejado la junta), habría obtenido una ganancia anualizada del 27 por ciento.

#	Nombre de la empresa	Fecha de entrada en la junta	Fecha de salida de la junta (o 30/06/2014 si hubiera seguido en ella)	Ganancia anualizada del hipotético inversor
1	Amylin Pharmaceuticals, Inc.	09/06/2009	08/08/2012	38%
2	Biogen Idec, Inc.	10/06/2009	30/06/2014	43%
3	Chesapeake Energy Corp.	21/06/2012	30/06/2014	33%
4	CIT Group, Inc.	18/12/2009	10/05/2011	38%
5	Dynegy, Inc.	09/03/2011	01/10/2012	–81%
6	Ebay, Inc.	17/06/2014	30/06/2014	76%
7	Enzon Pharmaceuticals, Inc.	21/05/2009	30/06/2014	–10%
8	Forest Laboratories, Inc.	05/08/2012	30/06/2014	77%
9	Genzyme Corp.	16/06/2010	11/04/2011	61%
10	Herbalife International, Ltd.	25/04/2013	30/06/2014	60%
11	Hologic, Inc.	09/12/2013	30/06/2014	28%
12	Mentor Graphics Corp.	18/05/2011	30/06/2014	13%
13	MGM Studios	25/04/2012	15/08/2012	96%
14	Motorola Mobility, Inc.	03/01/2011	22/05/2012	22%
15	Motorola Solutions, Inc.	04/01/2011	01/03/2012	23%
16	Navistar International Corp.	08/10/2012	30/06/2014	33%
17	Nuance Communications, Inc.	07/10/2013	30/06/2014	2%
18	Talisman Energy, Inc.	01/12/2013	30/06/2014	–15%
19	Take-Two Interactive Software, Inc.	15/04/2010	26/11/2013	12%
20	The Hain Celestial Group, Inc.	07/07/2010	19/11/2013	52%
21	Transocean, Ltd.	17/05/2013	30/06/2014	–10%
22	Voltari Corp.	17/06/2010	30/06/2014	–62%
23	WebMD Health Corp.	24/07/2012	05/08/2013	124%
				TOTAL: 27%

Los rendimientos presuponen inversiones de magnitud equivalente.
Fuente de los datos de rendimiento: fórmula Total Return de Bloomberg, que incluye los dividendos reinvertidos.
La tabla no incluye los resultados de la inversión de IEP, ni es indicativa de resultados futuros.

Capítulo 6.2

David Swensen: una obra de amor que vale 23.900 millones de dólares

Director de inversiones de la Universidad de Yale
y autor de *Unconventional Success:*
A Fundamental Approach to Personal Investment

David Swensen es probablemente el inversor más conocido del que habrá oído hablar el lector. Se ha dicho de él que es el Warren Buffett de la inversión institucional. En su cargo de celebérrimo director de inversiones de la Universidad de Yale, ha convertido mil millones de dólares en más de 23.900, con un rendimiento anual del 13,9 por ciento, un récord que no ha igualado ninguno de los grandes fondos de inversión que en los últimos veintisiete años han tratado de captarlo

En cuanto lo vemos, sabemos que no busca el dinero: todo lo hace por amor al juego y por servir a la gran universidad. Y su sueldo lo demuestra: en el sector privado ganaría incomparablemente más de lo que gana en Yale.

En esencia, Swensen es un inversor y un revolucionario. Su modelo de Yale, también llamado *endowment model* (modelo de la dotación), lo desarrolló con su colega y antiguo estudiante Dean Takahashi, y es una aplicación de la moderna teoría de la cartera de valores. La idea es dividir una cartera en cinco o seis partes más o menos iguales e invertir cada una de esas partes en un tipo de activo. El modelo de Yale es una estrategia a largo plazo que tiende a una gran diversificación y a la inversión en acciones, y da menos importancia a tipos de activos menos rentables como bonos y materias primas. La postura de Swensen respecto de la liquidez también se ha considerado revolucionaria, porque la evita más que la busca, alegando que conlleva menos rendimiento en activos que podrían invertirse de manera más rentable.

Antes de convertirse en la estrella de la inversión institucional, Swensen trabajó en Wall Street para la poderosa Salomon Brothers. Muchos le atribuyen haber ejecutado la primera permuta de divisas (*currency swap*) del mundo, un intercambio entre IBM y el Banco Mundial que de hecho llevó a la creación de los mercados de permuta de tasas de interés (*interest rate swap*) y de permuta de riesgo de crédito (*credit-default swap*), que hoy mueven activos por valor de un billón de dólares. ¡Pero no se lo echemos en cara!

Tuve el privilegio de visitar a Swensen en su despacho de Yale, y antes de entrar en los sacrosantos ámbitos de aquel historiado establecimiento, hice lo que cualquier buen estudiante haría: me pasé la noche anterior empollando. Como quería ir bien preparado, me chupé las 400 páginas de *Unconventional Success*, el manifiesto de Swensen sobre la inversión personal y la diversificación, antes de acudir a la cita. Lo que sigue es una versión editada y abreviada de nuestra entrevista de casi cuatro horas.

TR: Trabajas para uno de los más grandes establecimientos de este país, pero te interesas y te preocupas mucho por el inversor particular. Háblame de eso.

DS: Soy una persona generalmente optimista, pero cuando pienso en el mundo al que el inversor particular se enfrenta, me irrito.

TR: ¿Por qué?

DS: La razón fundamental por la que los particulares no tienen la clase de opciones que deberían tener es que el sector de los fondos de inversión está orientado al beneficio. Entiéndeme, soy un capitalista, creo en los beneficios. Pero hay un conflicto fundamental entre el afán de beneficios y la responsabilidad fiduciaria, porque, cuanto mayores son los beneficios para el proveedor del servicio, menores son las ganancias para los inversores.

TR: Cuando hablamos de responsabilidad fiduciaria, no todos los inversores saben lo que es. A lo que nos referimos es que tenemos que poner el interés de los inversores por encima del nuestro.

DS: El problema es que los gestores de fondos de inversión ganan dinero cuando reúnen grandes cantidades de activos y cobran comisiones altas. Las comisiones entran directamente en conflicto con el objetivo de producir buenos rendimientos. Y lo que así pasa una y otra vez es que los beneficios ganan y los inversores que buscan beneficios pierden. Sólo hay dos organizaciones en las que este conflicto no existe, y son Vanguard y TIASS-CREF. Las dos operan sin ánimo de lucro: defienden los intereses de los inversores y son buenos fiduciarios. Y la responsabilidad fiduciaria siempre gana.

TR: Porque los fondos de inversión rinden mucho menos que el mercado. He leído que de 1984 a 1998, sólo el cuatro por ciento de los fondos [que gestionan más de cien millones de dólares en activos] superan el Vanguard 500. Y ese cuatro por ciento no es el mismo todos los años; dicho más claramente: el 96 por ciento de los fondos de inversión no superan el mercado.

DS: Esas estadísticas son sólo la punta del iceberg. La realidad es peor aún. Cuando hablamos de rendimientos pasados, nos referimos a fondos de inversión que existen hoy.

TR: Que han sobrevivido.

DS: Exactamente. Esas estadísticas sólo tienen en cuenta a los fondos que han sobrevivido. En los últimos diez años, cientos de fondos de inversión han dejado de operar porque rendían poco. Y, claro, no fusionan fondos que rinden mucho con otros que rinden poco, sino al contrario: fusionan fondos que rinden poco con otros que rinden mucho.

TR: O sea, ese 96 por ciento no es exacto.

DS: Es peor.

TR: ¡Guau!

DS: Hay otra razón por la que la realidad del inversor es peor que los números que citas, y son los errores que cometemos como inversores particulares. Los particulares tienden a comprar fondos que rinden bien, porque buscan rentabilidad. Y cuando los fondos rinden menos, venden. Y así acaban comprando caro y vendiendo barato. Y así no se gana dinero.

TR: ¿Y qué pasa en realidad cuando se busca rentabilidad?

DS: Mucho tiene que ver con el marketing. A nadie le gusta decir: «Tengo acciones de fondos con una o dos estrellas.» Quieren fondos de cuatro o cinco estrellas, para presumir en la oficina.

TR: Ya.

DS: Los fondos con cuatro o cinco estrellas son fondos que han rendido bien, pero eso no significa que vayan a seguir haciéndolo. Si sistemáticamente compramos fondos que han rendido bien y vendemos los que han rendido mal, acabamos perdiendo. Añade, pues, a tus estadísticas que más de un 90 por ciento de los fondos rinden menos que el mercado, y que el comportamiento de la gente aún hace que rindan menos.

TR: Es decir, ¿que buscar rentabilidad es una manera segura de obtener menos rendimientos y perder dinero?

DS: Los factores fortuitos que hacen que algo rinda bien pueden revertir y hacer que lo que hasta ese momento rendía deje de rendir... Es lo que se llama «reversión a la media» (*reversion to the mean*).

TR: Ya. Entonces ¿qué pueden hacer los inversores?

DS: Los inversores sólo tienen tres herramientas para aumentar su rendimiento. La primera es la colocación de activos: ¿en qué activos vamos a invertir? ¿En qué proporción vamos a invertir? La segunda es la oportunidad: ¿por qué activos podemos apostar que a corto plazo vayan a rendir mejor que otros en los que hemos invertido?

TR: ¿Vamos a invertir en bonos, acciones, inmuebles?

DS: Sí, esa clase de apuestas a corto plazo que dependen de la oportunidad. Y la tercera herramienta es la selección de activos: ¿cómo vamos a organizar nuestra cartera de bonos o nuestra cartera de acciones? Y ya está. Éstas son las únicas herramientas que tenemos. La más importante, con mucha diferencia, como podemos imaginar, es la colocación de activos.

TR: Eso he leído en tu libro y me ha llamado mucho la atención.

DS: Una de las cosas que enseño a mis estudiantes de Yale es que, cuando invertimos, **colocar nuestros activos supone más del cien por ciento del rendimiento**. ¿Por qué es así? Porque jugar a anticipar el mercado nos cuesta dinero; no podemos hacerlo gratis. Cada vez que vendemos o compramos, pagamos a un corredor. Es decir, perdemos dinero en comisiones y gastos, y esto reduce nuestras ganancias. Y lo mismo ocurre con la selección de activos.

TR: Con esto volvemos al tema de los fondos de inversión y de la inversión pasiva.

DS: Eso es. Los gestores activos nos cobran comisiones más altas porque nos prometen rendimientos mayores que los del mercado, pero ya hemos visto que la mayoría de las veces son promesas incumplidas. Si invertimos de una manera pasiva, podemos tener todo el mercado. **Y podemos comprar todo el mercado por una comisión muy, muy baja.**

TR: ¿Por cuánto?

DS: Por menos de veinte puntos básicos. Y podemos invertir a través de un fondo de inversión de Vanguard. Si podemos invertir en fondos indexados de bajo coste y de gestión pasiva, saldremos ganando.

TR: Porque no pagamos comisiones ni pretendemos superar el mercado.

DS: Además, tenemos otra ventaja: **pagaremos menos impuestos**. Una gran cosa. Uno de los problemas más serios que tiene el sector de los fondos de inversión, entre muchos otros, es que casi todos los gestores de esos fondos actúan como si los impuestos no importaran. Pero los impuestos importan. Y mucho.

TR: ¿Hay algo por lo que paguemos más?

DS: No. **Y por eso es tan importante aprovechar cualquier oportunidad que tengamos de invertir con los impuestos diferidos.** Deberíamos maximizar nuestras aportaciones si tenemos un plan de pensiones 401(k) o, si trabajamos en una organización sin afán de lucro, un 403(k). Tenemos que aprovechar todas las oportunidades que se nos presenten de invertir con impuestos diferidos.

TR: ¿Cuál es para ti la mejor manera de colocar activos?

DS: Cualquier estudiante de primer curso de económicas conocerá el refrán que dice que «no hay almuerzos gratis», o sea, que nadie da nada por nada. Pero Harry Markowitz, considerado el padre de la teoría moderna de la cartera de inversiones, dice que «la diversificación es un almuerzo gratis».

TR: ¿Por qué?

DS: Porque, para un nivel de rendimiento dado, si diversificamos, podemos obtener ese rendimiento con menor riesgo; o, para un nivel de riesgo dado, si diversificamos, podemos obtener un rendimiento mayor. Por eso es un almuerzo gratis. Diversificar mejora nuestra cartera.

TR: ¿Cuánto deberíamos diversificar como mínimo?

DS: Hay dos niveles de diversificación. Uno tiene que ver con la selección de activos. Si decidimos comprar un fondo indexado, diversificamos todo lo que podemos porque con eso tenemos todo el mercado. Es una de las ventajas de los fondos de inversión indexados y una de las cosas maravillosas que Jack Bogle hizo por los inversores estadounidenses: les dio la oportunidad de comprar todo el mercado a bajo coste. Pero desde el punto de vista de la colocación de activos, cuando hablamos de diversificar, nos referimos a invertir en varias clases de activos. Para mí hay seis clases de activos realmente importantes, y son: acciones nacionales, bonos del Tesoro, bonos del Tesoro protegidos contra la inflación (TIPS), acciones de países extranjeros desarrollados, acciones de mercados emergentes y fondos de inversión inmobiliaria (REIT).

TR: ¿Por qué prefieres estos seis? ¿Cómo has colocado tú tu cartera?

DS: Las acciones son la clave de las carteras con un horizonte temporal largo. Naturalmente, son más arriesgadas que los bonos. Si el mundo marcha como debería marchar, las acciones rendirán más. Esto no es verdad de un día para otro, o de una semana para otra, o incluso de un año para otro, pero, para periodos más bien largos de tiempo, las acciones rinden más. En mi libro presento un modelo de cartera con un 70 por ciento invertido en acciones [o equivalentes] y un 30 por ciento en renta fija.

TR: Empecemos con las acciones: el 70 por ciento. Una de tus reglas es no invertir en nada más del 30 por ciento, ¿verdad?

DS: Sí.

TR: ¿Dónde colocarías, pues, el primer 30 por ciento?

DS: En acciones nacionales. Una de las cosas que me parecen importantes es que **nunca debemos subestimar la firmeza de la economía estadounidense. Es muy poderosa.** Y por mucho que los políticos la maltraten, tiene mucha fuerza. Y yo nunca apostaré por lo contrario.

TR: Y por eso inviertes tanto, el 70 por ciento, en crecimiento. No sólo en la economía estadounidense, sino en la de todo el mundo.

DS: Y luego seguramente colocaría un 10 por ciento en mercados emergentes, 15 por ciento en países en vías de desarrollo y 15 por ciento en fondos inmobiliarios.

TR: Explícame lo del 30 por ciento en bonos de renta fija.

DS: Todos son bonos del Estado. La mitad son bonos tradicionales. La otra mitad TIPS protegidos contra la inflación. Si compramos bonos del Tesoro normales y la inflación sube, tendremos pérdidas.

TR: La gente se confunde con eso, por desgracia.

DS: Cuando empecé a trabajar en Wall Street, recuerdo que iba a las reuniones con mis primeros clientes diciéndome: «Tasas de interés altas, precios que bajan, tasas de interés altas, precios que bajan...». No quería equivocarme. Hubiera sido muy embarazoso.

TR: ¿Puede un inversor particular ganar dinero tal y como está hoy el mercado?

DS: Eso es lo bueno de aplicar una estrategia de comprar y tener a largo plazo. **Por eso diversificamos. No es suficiente con saber hacia dónde van los mercados.** A finales de los años noventa, la gente decía: «¿Por qué te molestas tanto en diversificar tu cartera? Lo único que tienes que hacer es tener el S&P 500». Y lo que hacían era buscar los mejores activos, que resultaban ser las acciones del mercado nacional. Y decían: «Todo lo que has hecho ha sido una pérdida de tiempo.» Pero eso pasaba aquí. En otras partes del mundo no pasaba lo mismo. Si, a principios de los noventa, éramos un inversor japonés que invertía todo su dinero en el mercado japonés, a finales de los noventa estaríamos fatal. Nunca obtendremos un rendimiento que iguale el mejor rendimiento de un tipo de activo solo, y nunca sabremos de antemano cuál será ese activo.

TR: ¿Qué les dirías a los *baby boomers* a los que les queda poco para jubilarse?

DS: Por desgracia, creo que la mayoría de las personas no sabemos cuánto dinero necesitamos ahorrar para nuestra jubilación. Me preocupa que mucha gente mire su cuenta 401(k) y diga: «Tengo cincuenta mil o cien mil dólares, es mucho dinero». Porque si de lo que se trata es de financiar una jubilación, no es mucho dinero.

TR: Mucha gente no podrá jubilarse cuando quiera.

DS: La única salida que le queda a la gente es aprender. Y me alegra que tú quieras ayudarles a adquirir el conocimiento que necesitan para tomar buenas decisiones.

TR: Tengo entendido que has tenido un grave problema de salud. ¿Qué harás ahora?

DS: Hace como un año me diagnosticaron cáncer. No tenía una lista de cosas que hacer antes de morir. No quería dejarlo todo y ponerme a viajar por el mundo. Quería seguir haciendo lo que pudiera para mantener la universidad. Gestionar la cartera de Yale todo el tiempo que pudiera. Y eso es lo que estoy haciendo. Me gusta mi trabajo.

TR: Es admirable.

DS: Creo que la Universidad de Yale es uno de los más grandes establecimientos del mundo. Y si puedo hacer algo para que sea aún más grande y mejor, seguramente habré marcado la diferencia.

TR: David, gracias, ha sido estupendo. Es como si hubiera asistido en Yale a una clase sobre cómo confeccionar una cartera de inversiones.

DS: Es lo que has hecho.

Capítulo 6.3

John C. Bogle: la vanguardia de la inversión

Creador de los fondos indexados, fundador
y exconsejero delegado del grupo Vanguard

Si no hemos leído ninguno de los libros de Jack Bogle ni escuchado sus sensatísimos comentarios en televisión, no conocemos a una de las personas más valiosas de este país. **La revista *Fortune* dice que es uno de los cuatro mayores inversores del siglo** XX. Se lo ha comparado con Benjamin Franklin por su inventiva y espíritu cívico. Algunos dicen que ha hecho más por los inversores particulares que nadie en la historia de los negocios.

¿Cómo lo hizo? Cuando Jack Bogle fundó el grupo Vanguard en 1974, los fondos indexados no eran más que teoría académica. Pero Bogle y su empresa apostaron por la idea de que unos fondos de inversión baratos que siguieran el rendimiento del mercado bursátil rendirían, con los años, más que los fondos gestionados. ¿Por qué? **Porque los inversores, en conjunto, no pueden superar el mercado, porque son el mercado.** ¡Aquello era revolucionario! Al principio, a los fondos indexados se les llamó, con burla, «la locura de Bogle». Un rival hasta dijo que la idea era «antiamericana».

Pero Bogle no hizo caso de las críticas y perseveró hasta convertir Vanguard en la mayor gestora de fondos de inversión del mundo, con 2,86 billones de dólares en activos gestionados. ¿Cuánto es eso? Si Vanguard fuera un país, ¡su economía sería del mismo tamaño que la de Gran Bretaña! Y actualmente, según *Morningstar*, los fondos indexados representan más de una tercera parte de todas las inversiones en fondos de acciones.

Jack Bogle nació en Nueva Jersey en 1929, al principio de la Gran Depresión. Su familia no era rica, pero Bogle era listo y consiguió una beca para estudiar en la Universidad de Princeton, donde servía comidas a sus compañeros para ganarse un dinero. Dedicó su tesis a los fondos de inversión y en ella anticipaba ya el camino que luego seguiría el sector. Y nunca ha olvidado lo que un amigo le dijo un verano que trabajó de corredor de bolsa: **«Bogle, voy a decirte lo único que tienes que saber sobre la bolsa: *nadie sabe nada*».**

Después de graduarse con honores, en 1951 entró a trabajar en Wellington Management Company de Filadelfia y llegó a ser presidente. Pero durante los dinámicos años de mediados de los sesenta, Bogle se unió a un grupo de gestión que creyó que contribuiría a mejorar sus negocios. «Fue el peor error de mi vida», me dijo. Los nuevos socios gestionaron tan mal los fondos que arruinaron la inversión y luego usaron su voto en la junta directiva para echarlo.

¿Y qué hizo él? En lugar de aceptar la derrota, Bogle convirtió aquel fracaso en su mayor victoria, que cambió el mundo de la inversión. A causa de la legislación sobre los fondos, él seguía a cargo de los fondos de Wellington, que eran independientes de la empresa gestora y tenía otra junta directiva. Seguía siendo el director de los fondos, pero no podía *gestionarlos*. «¿Cómo me dedico a la gestión de inversiones si no soy un gestor de inversiones? —me dijo en nuestra entrevista—. Has adivinado la respuesta. Creando un fondo que no necesite gestión. **Lo llamamos fondo indexado; lo bauticé Vanguard. Al principio todo el mundo pensó que era una broma.»** ¡Increíble! Si Jack Bogle no hubiera cometido aquel error, no habría fundado Vanguard, y millones y millones de inversores particulares no habrían tenido la oportunidad de evitar comisiones excesivas y de sumar miles de millones de dólares a sus ganancias colectivas.

Visité a esta leyenda viva en su despacho de la sede de Vanguard en Malvern, Pensilvania, un día de invierno en el que una tormenta azotaba la Costa Este. Sigue yendo todos los días al centro de investigación Vanguard que lleva dirigiendo desde que renunció a la presidencia en 2000. Jack me estrechó la mano con la fuerza de un hombre de mediana edad. Quizá es que el trasplante de corazón que le hicieron en 1996 le dio renovadas ganas de vivir para proseguir lo que él llama la «cruzada a favor de los inversores».

Lo que sigue es una versión editada y abreviada de nuestra conversación de cuatro horas.

TR: Dime, Jack, ¿de dónde sacas la energía?

JB: **Desde que tengo memoria he trabajado.** Empecé repartiendo periódicos en el barrio y me levantaba a las nueve de la mañana. Siempre me ha gustado. Soy bastante introvertido y después de trabajar todo el día no está uno para paliques. Y tengo un carácter competitivo. Estas ganas de lucha, aunque una no sea necesaria, valen mucho.

TR: Empezaste tu carrera en una gestora de fondos de inversión tradicional.

JB: Era joven, no era lo bastante sabio y no aprendí las lecciones de la historia que tendría que haber sabido, ni obré en consecuencia. **Pensaba que se podía ser un buen gestor siempre; pero no es posible.** Una veces se acierta y otras no.

TR: ¿Por qué?

JB: Porque se necesita mucha más suerte que habilidad. Invertir es 95 por ciento de suerte y 5 por ciento de habilidad. O quizá me equivoco, y es 98 y 2.

TR: ¡Sin querer ofender a los gestores activos!

JB: Mira, imaginemos que metemos a 1.024 personas en una habitación y les pedimos que lancen una moneda. Si a una de esas 1.024 personas le salen diez caras seguidas, diríamos: «¡Qué suerte!», ¿no? Pero en el mundo de los negocios diríamos: «¡Qué genio!». (*Risas.*) ¡Pueden ser incluso gorilas y el resultado es exactamente el mismo!

TR: ¿A qué te refieres cuando dices que hay una gran diferencia entre un tío listo y un buen inversor?

JB: Bueno, para empezar, los inversores son mediocres. Eso lo primero. Así de simple. **Y la mayoría de los inversores particulares pagan demasiado por el privilegio de ser mediocres.**

TR: Explícate.

JB: La gestión activa nos cuesta un dos por ciento en total en caso de un fondo de inversión normal (incluido el 1,2 por ciento en gastos totales, costes transaccionales, costes de capital no invertido, de suscripción, etc.). Eso significa que, en un mercado que rinde el 7 por ciento, ganamos un 5 por ciento. [Con un fondo indexado que nos cuesta 0,05 por ciento, ganamos un 6,95 por ciento.] **Con una rentabilidad del 6,95 por ciento, un dólar rinde 30 en 50 años. Pero con una rentabilidad del 5 por ciento, obtenemos 10 en lugar de 30 dólares. ¿Y eso qué significa? Significa que ponemos el ciento por ciento del dinero, asumimos el ciento por ciento del riesgo y la recompensa es del 30 por ciento.** Eso es lo que pasa cuando nos fijamos en las ganancias a largo plazo. La gente no lo hace, pero tendrá que aprender a hacerlo.

TR: No entienden el crecimiento compuesto de los costes y de las comisiones.

JB: La gente debería saber bien por qué compra acciones. Lo hace por los dividendos y por las ganancias. **El hecho es que, a largo plazo, la mitad de lo que rinde el mercado bursátil consiste en dividendos.** Y de ahí se cobran todos los gastos los fondos de inversión. Pensemos en esto un minuto, Tony: los dividendos brutos medios de un fondo de acciones normal son del 2 por ciento. Los gastos totales de ese fondo son del 1,2 por ciento, que sacan de esos dividendos.

O sea, que ganamos un 0,8 por ciento. **¡El gestor se queda con la mitad de nuestros dividendos!** Este sector consume la totalidad del 60 por ciento de los dividendos, y a veces el 100 por ciento, y a veces más del ciento por ciento. Por eso esta gente no me puede ver.

TR: Pero hay cien millones de personas que siguen invirtiendo en fondos de inversión de gestión activa. ¿Cómo es posible?

JB: Bueno, nunca subestimes el poder del marketing. En 2000 comprobamos que los fondos que se anunciaban en la revista *Money* ofrecían una rentabilidad anual del 41 por ciento. Muchos de estos fondos, seguramente la mayoría, ya no existen. **Los inversores esperan que sus listos gestores sean listos siempre, pero eso no ocurre.** Esperan que, si han producido un rendimiento del 20 por ciento, sigan haciéndolo. Pero eso es absurdo, no ocurre, no puede ocurrir.

TR: Vanguard sólo se gestiona para beneficiar a los accionistas del fondo, que de hecho poseen la empresa. ¿Eres partidario del patrón fiduciario universal?

JB: La exijo y seguramente soy de los primeros. El Investment Company Institute [el grupo de presión del sector de los fondos de inversión] dice: «No necesitamos un patrón federal de deberes fiduciarios. Nosotros somos fiduciarios». Bueno, pues, primero, ¿por qué se oponen? Pregunta interesante.

Pero, segundo, no entienden que hay un conflicto de deberes fiduciarios. El gestor de una sociedad que cotiza como, por ejemplo, BlackRock, tiene dos tipos de deberes fiduciarios. Uno es el deber fiduciario que tiene con los accionistas de los fondos de inversión de la empresa, que consiste en maximizar las ganancias de esos accionistas. Y el otro es el deber fiduciario de ganar todo el dinero que pueda para los propietarios de BlackRock. Así, el consejero delegado de BlackRock, Laurence D. Fink, tiene un buen dilema. Para maximizar las ganancias de los accionistas de los fondos de inversión, debe rebajar las comisiones. Pero para maximizar las de los propietarios de la empresa, tiene que subir las comisiones. Así que tratan de hacer las dos cosas. Y la empresa está ganando más dinero que nunca.

TR: ¡Qué absurdo!

JB: ¿No somos un gran país?

TR: ¿Cuáles son, según tú, las dificultades a las que nos enfrentaremos en los próximos diez años?

JB: Creo que las empresas van a seguir creciendo. Y, recuerda, el mercado bursátil es un derivado. Es un derivado del valor que crean nuestras empresas. Ganan dinero y van a seguir ganando dinero. Puede que ganen menos, pero seguirán creciendo más y más, y serán más y más eficientes. **Así que continuarán creciendo, seguramente a un ritmo más lento del habitual, pero a buen ritmo también.**

TR: ¿Porque el gasto va a disminuir, según los datos demográficos, o porque nos hemos endeudado tanto que tenemos que poner orden en nuestra casa?

JB: Tenemos que reducir la deuda. **Hemos pedido demasiado dinero prestado.** La deuda de las empresas no es tan grande. Los balances están bastante saneados. Pero la deuda pública, incluyendo la federal, estatal y municipal, es enorme. Y tenemos que solucionar eso.

Uno de los grandes riesgos, una de las grandes cuestiones, mejor dicho, es que la Reserva Federal tiene ahora unos cuatro billones de dólares en reservas. Es decir, tres billones más de lo normal, adquiridos en los últimos cinco o seis años. Y eso hay que corregirlo. Y nadie sabe exactamente cómo. Pero todo el mundo sabe que tiene que hacerse tarde o temprano.

TR: ¿Hasta qué punto deberíamos preocuparnos por otra crisis financiera?

JB: Si pensamos no como inversores sino en general, no perdamos nunca la visión histórica. No creamos que no va a repetirse. Como decía Mark Twain: «La historia puede no repetirse, pero se parece.» Es decir, existe la posibilidad de que se produzca otra grave crisis financiera mundial. Incluso una depresión mundial. **¿Cuáles son las probabilidades de que se produzca una depresión mundial?** Yo diría que de una entre diez. Pero no es de una entre mil. No lo veo probable, pero quien diga que no puede ocurrir se equivoca...

TR: No aprende de la historia.

JB: Eso es. Usemos el sentido común que Dios nos ha dado. No nos dejemos llevar por las modas del momento, ni por los vuelcos de los mercados, acciones o bonos.

TR: En tus sesenta y cuatro años dedicados a los negocios, has visto toda clase de mercados. ¿Cómo prescindes del elemento emocional a la hora de invertir?

JB: Nadie puede, y yo tampoco. Lo intento. **La gente dice: «¿Cómo te sientes cuando el mercado cae el cincuenta por ciento?» Y yo contesto, sinceramente, que fatal.** Se me hace un nudo en el estómago. ¿Y qué hago? ¡Pues saco un par de mis libros sobre «seguir el rumbo» y los releo!

TR: Si no pudieras dejarles a tus hijos y nietos ningún dinero y sólo pudieras transmitirles una serie de principios, ¿cuáles serían?

JB: Para empezar, hay que tener mucho cuidado con dónde colocamos nuestros activos. Tenemos que invertirlos según nuestro grado de tolerancia al riesgo y nuestros objetivos. Segundo, diversifiquemos. Invirtamos sobre seguro y diversifiquemos en fondos indexados baratos. Hay un montón carísimos, no lo olvidemos. Y no nos pongamos a comprar y vender. **No hagamos nada, ¡quedémonos como estamos!** ¡Pase lo que pase! Y seremos más capaces de resistir esa tentación si invertimos en bonos unos pocos más activos de los que pensamos que deberíamos.

TR: ¿Qué otros consejos les darías a los inversores?

JB: ¡Que no lean *The Wall Street Journal*! ¡Que no vean la CNBC! Nosotros bromeamos sobre el tema. A mí me hacen un montón de entrevistas en la CNBC y no dejo de preguntarme por qué siguen llamándome. A Jim Cramer lo aguanto entre cuarenta y cincuenta segundos. **Tanto vocear y gritar y que si compra esto y vende lo otro. Eso no hace más que distraer al que tiene que invertir.** Perdemos demasiado tiempo, dedicamos demasiadas energías a todo lo que tiene que ver con la inversión, cuando sabemos cuál va a ser el resultado. Vamos a ganar lo que rinda el mercado más o menos un poco. Casi siempre menos. ¿Por qué, pues, perder tanto tiempo comprando y vendiendo el Standard & Poor's 500, como nos decían que hiciéramos las campañas publicitarias de los primeros fondos de inversión cotizados?

Todos los que hacen eso deberían vivir la vida. Llévate a los hijos al parque. Vete a cenar por ahí con tu mujer. Y a falta de algo mejor, lee un buen libro.

TR: ¿Qué significa el dinero para ti?

JB: **Para mí el dinero no es un fin, sino un medio para llegar a un fin.** Hay una anécdota buenísima sobre los escritores Kurt Vonnegut y Joe Heller. Se ven en una fiesta en Shelter Island. Kurt se queda mirando a Joe y le dice: «¿Ves allí a nuestro anfitrión? Hoy ha ganado un millón de dólares. Ha hecho más dinero en un día del que tú harás nunca con tu novela *Trampa 22*». Y Heller se queda mirando a Kurt y le dice: «Me parece bien, porque yo tengo una cosa que nuestro anfitrión nunca tendrá: la capacidad de conformarme».

A mis hijos les dejo bastante para que hagan lo que quieran, pero no tanto que puedan no hacer nada. Siempre les digo: «A veces pienso que ojalá hubierais crecido con todas las ventajas que yo tuve». Y su primera reacción es decir: «¿Querrás decir desventajas?» «No, hijo, quiero decir ventajas. Desenvolveros solos en el mundo, abriros camino en él.»

TR: La idea del fondo indexado tardó en cuajar, pero hoy este tipo de fondos dominan el sector. ¿Cómo te sientes viendo que tenías razón?

JB: Bueno, la gente me dice: debes de sentirte muy orgulloso, mira lo que has conseguido. Y yo les digo que ya habrá tiempo para eso, espero, algún día. Pero no hoy. Creo que fue Sófocles quien dijo: «Tenemos que esperar al ocaso para disfrutar del esplendor del día». Y mi ocaso aún no ha llegado.

Tengo que confesarte una cosa: yo debería llevar muerto mucho, mucho tiempo. Antes de que me trasplantaran el corazón tuve ocho infartos. **Mi corazón se detuvo. Yo no debería estar aquí. Pero vivir es fabuloso.** No me paro a pensarlo mucho, pero me doy cuenta de que estoy asistiendo al triunfo del fondo indexado. Y es una verdadera revolución en las preferencias del inversor. De eso no hay duda. Va a cambiar Wall Street. Wall Street va a empequeñecer un poco. No sé si significa algo, pero supongo que si me hubiera muerto no estaría viéndolo.

TR: ¿Vas a jubilarte algún día, por cierto?

JB: Seguramente eso está más en las manos de Dios que en las mías. Disfruto de lo que hago y me encanta ayudar a los inversores.

Capítulo 6.4

Warren Buffett: el oráculo de Omaha

La leyenda que lo previó todo;
consejero delegado de Berkshire Hathaway

Me hallaba en el camerino del programa «Today» esperando a salir al plató cuando entró el mismísimo Warren Buffett, uno de los mayores inversores del siglo XX y, con una fortuna personal de 67.700 millones de dólares, la tercera persona más rica del mundo. Íbamos a participar (junto con la fundadora de Spanx, Sara Blakely, y el futuro secretario de Vivienda y Desarrollo Urbanístico Julian Castro) en una mesa redonda con Matt Lauer en la que debatiríamos sobre el éxito económico y el futuro de la economía estadounidense. Siempre he sido un gran admirador de Buffett. Como millones de inversores de todo el mundo, me había inspirado la historia del humilde corredor de bolsa de Nebraska que convirtió un declinante negocio textil de Nueva Inglaterra llamado Berkshire Hathaway en la quinta empresa más grande del mundo, con activos valorados en casi medio billón de dólares y todo tipo de inversiones, desde la aseguradora Geico hasta la fábrica de dulces See's Candies. Su secreto —a voces— del éxito ha sido «invertir en valor», un sistema que aprendió de su mentor Ben Graham y él perfeccionó. Consiste en buscar empresas infravaloradas y comprar acciones con la esperanza de que, a largo plazo, cotizarán al alza. Es una de las formas más simples del principio del riesgo y la recompensa asimétricos, y requiere mucha investigación, mucha habilidad y mucho dinero, siendo éste uno de los motivos por los que Buffett invertía en aseguradoras, que gestionan grandes flujos de capital y son por tanto buenas oportunidades de inversión.

No sólo ha tenido un éxito formidable en los negocios, sino que también es uno de los filántropos más generosos de todos los tiempos, porque dedica el 99 por ciento de su gran fortuna personal a obras de beneficencia a través de la fundación Bill and Melinda Gates. Probablemente, es también uno de los hombres de negocios más dignos de ser citados —y citados de hecho—, y el lector ya ha leído algunas inestimables perlas de su sabiduría a lo largo de estas páginas.

Cuando por fin me hallé a solas con él, no desperdicié la ocasión de hablarle del proyecto de este libro. ¿Sería posible que me concediera una entrevista sobre las posibilidades que tiene un inversor particular de ganar en esta volátil economía?

Se quedó mirándome con los ojos echando chispas y me dijo:

—Tony, me gustaría ayudarte, pero ya he dicho todo lo que una persona puede decir sobre el tema.

Era difícil replicar a esto. Desde 1970 lleva escribiendo una muy esperada carta anual a sus accionistas, llena de buenos consejos y lúcidas observaciones. Además, a estas alturas se han publicado casi cincuenta libros que tratan de él... ¡e algunos incluso escritos por él!

Pero insistí:

—Pero ahora que has anunciado que vas a donar casi toda tu fortuna a organizaciones benéficas, ¿qué cartera recomendarías a tu familia para que proteja sus inversiones y las haga rendir?

Sonrió de nuevo, me cogió del brazo y dijo:

—Muy sencillo. La solución es invertir en fondos indexados. Invertir en las grandes empresas estadounidenses sin pagar comisiones a gestores de fondos y aferrarse a ellas, y saldremos ganando a largo plazo.

¡Guau! El hombre que era famoso en todo el mundo por saber escoger acciones decía que los mejores y más rentables instrumentos de inversión eran los fondos indexados.

Luego, y aunque Steve Forbes y Ray Dalio se pusieron en contacto con él para pedirle que me concediera una entrevista más detallada, me hizo saber que no hacían falta entrevistas. Todo lo importante que tenía que decir sobre inversión estaba publicado. Lo único que le diría a un inversor particular hoy es que invierta en fondos indexados que le permitan participar del mercado de las grandes empresas mundiales y que se aferre a ellas todo el tiempo. Supongo que la repetición es la madre de la habilidad. ¡Entendido, Warren! En la carta de este año a los accionistas, Warren insistía otra vez en el mismo mensaje. ¿Qué colocación de activos recomienda? Éstas son las instrucciones que ha dejado a su mujer y a su fideicomisario para cuando fallezca:

«Colocar un 10 por ciento en bonos del Estado a corto plazo y un 90 por ciento en un fondo indexado del S&P 500 muy barato. (Sugiero el de Vanguard.) Creo que los resultados que el fideicomiso obtenga a largo plazo con esta estrategia serán superiores a los de la mayoría de los inversores, sean fondos de pensiones, entidades o particulares, que empleen gestoras que cobren altas comisiones.»

¡A Jack Bogle le alegra mucho este consejo! ¡El inversor más respetado de América secunda la estrategia que Jack lleva promoviendo casi cuarenta años!

¿Recordamos que Buffett apostó un millón de dólares con la gestora de Nueva York Protégé Partners a que esta agencia no era capaz de elegir a cinco gestores de fondos de inversión de alto riesgo que superaran juntos el índice S&P 500 durante un periodo de diez años? A fecha de febrero de 2014, el S&P 500 rendía un 43,8 por ciento, mientras que los fondos de inversión de alto riesgo rendían un 12,5 por ciento.

¡El oráculo de Omaha ha hablado!

Capítulo 6.5

Paul Tudor Jones: un moderno Robin Hood

Fundador de Tudor Investment Corporation
y de la fundación Robin Hood

Uno de los más exitosos operadores bursátiles de todos los tiempos, Paul Tudor Jones, montó su propio negocio a los veintiséis años, después de haberse fogueado con la compraventa de algodón en las «bolsas» de materias primas.

Desafiando la gravedad, Paul ha producido ganancias veintiochos años seguidos. Es famoso porque predijo el Lunes Negro, la crisis bursátil de 1987, con una caída del 22 por ciento (que sigue siendo la mayor caída en un día de la historia). En un momento en el que el resto del mundo se hundía, ¡Paul y sus clientes obtenían un rendimiento del 60 por ciento mensual y casi del 200 por ciento aquel año!

Paul es uno de mis mejores amigos y de mis héroes. He tenido el privilegio de ser su entrenador desde 1993, es decir, durante veintiuno de sus veintiochos años consecutivos de ganancias y la mayor parte de su carrera profesional. Más que su asombroso éxito financiero, lo que me impresiona es su obsesión por dar y marcar la diferencia. Como fundador de la emblemática fundación Robin Hood, Jones ha inspirado e implicado a algunos de los inversores más hábiles y ricos del mundo en la lucha contra la pobreza en la ciudad de Nueva York. Paul y el personal de su fundación desempeñan su trabajo con el mismo rigor analítico con el que invierten los multimillonarios de los fondos de alto riesgo. Desde 1988, la fundación Robin Hood ha invertido más de 1.450 millones de dólares en programas municipales. Y así como él busca incansablemente el rendimiento asimétrico (enseguida nos hablará de su regla del cinco por uno), así opera también su fundación. Los gastos de funcionamiento y administración de la fundación los cubre al cien por cien la junta directiva, y por eso los donantes obtienen un beneficio de 15 por uno por el dinero que dan a sus comunidades respectivas. Como dice Eric Schmidt, director ejecutivo de Google: «No hay fundación ni actividad que sea más eficiente».

Jones mismo nos dirá que es un operador, no un inversor tradicional, pero, como en el caso de su exjefe, E. F. Hutton, cuando Jones habla, la gente escucha. En su calidad de macro-operador, estudia las causas últimas, la psicología, los análisis técnicos, los flujos de capital y los acontecimientos mundiales para ver cómo influyen en las cotizaciones. En lugar de centrarse en acciones concretas, apuesta por las tendencias que gobiernan el mundo, desde Estados Unidos a China, desde las divisas a las tasas de interés, pasando por las materias primas. Lo solicitan algunos de los líderes financieros más influyentes del mundo: ministros de finanzas, funcionarios de bancos centrales y gabinetes estratégicos o *think tanks* de todo el mundo.

Para esta entrevista, quedé con Paul en la magnífica sede que su empresa Tudor Investment tiene en Greenwich, Connecticut. Durante la entrevista, le pregunté por los principios más valiosos que podía compartir con los inversores particulares. Paul va así a darnos una «curso que vale 100.000 dólares», como el que imparte a sus colegas y a unos pocos estudiantes universitarios que tienen la suerte de oír su mensaje todos los años. ¡Todo ese saber en sólo seis páginas!

TR: Paul, lo que has hecho invirtiendo, comprando y vendiendo, es extraordinario: veintiocho años consecutivos de ganancias, veintiocho años sin perder. ¿Cómo hace eso un mortal?

PTJ: Todos somos productos de nuestro medio. Empecé dedicándome a la compraventa de materias primas en 1976. Lo bueno de tratar en materias primas —algodón, soja, zumo de naranja— es que son mercados muy influidos por el clima. En cuestión de tres o cuatro años, había enormes subidas y enormes bajadas de los mercados. Enseguida aprendí la psicología del mercado alcista y del mercado bajista, y lo rápido que podían cambiar. Aprendí qué se sentía cuando estaban bajos. Vi cómo se ganaban y se perdían fortunas. Vi cómo Bunker Hunt pasaba de una posición de cuatrocientos millones de dólares en plata a diez mil millones en 1980, con lo que se convirtió en la persona más rica del mundo. Luego pasó de nuevo de esos diez mil millones a los cuatrocientos en cinco semanas.

TR: ¡Guau!

PTJ: Así que aprendí que todo se puede perder muy rápidamente y lo precioso que es ganarlo. Lo más importante para mí es que la defensa es cien veces más importante que el ataque. La riqueza que tenemos puede ser muy efímera; hay que tener mucho cuidado de no perder.

TR: Sin duda.

PTJ: Cuando tenemos una buena posición en algo, no tenemos que preocuparnos; se mantiene por sí sola. Cuando debemos estar vigilantes es cuando empezamos a perder, y entonces la gente prefiere cerrar los ojos: «Mi cuenta está bajando, no quiero ni mirarla.» **Por eso, con el tiempo, he creado un procedimiento en el que lo más importante**

es controlar el riesgo, días tras día. Quiero saber que no estoy perdiendo.

TR: ¿Cuáles crees que son los mayores mitos que la gente tiene sobre la inversión? ¿Qué es lo que más los perjudica?

PTJ: Podemos invertir todo el tiempo, pero eso no significa que seamos ricos todo el tiempo, porque todo tiene un precio y un valor que cambian con el tiempo. Pero creo que no podemos exigirle a un inversor normal que entienda en todo momento los criterios de evaluación. La manera de protegernos contra eso —contra el hecho de no ser los mejor informados sobre todas las clases de activos— es diversificar nuestra cartera.

TR: Desde luego.

PTJ: Te cuento una historia que nunca olvidaré. Era 1976, yo llevaba trabajando seis meses y le dije a mi jefe, el tratante en algodón Eli Tullis: «¡Quiero dedicarme a comprar y vender!». Y él me dijo: «Chaval, ahora no. Quizá dentro de seis meses te dejo». «No, no, no... Yo quiero ahora mismo.» «Mira, los mercados seguirán ahí dentro de treinta años. La cuestión es: ¿estarás tú?»

TR: Muy bueno.

PTJ: La tortuga gana la carrera. Creo que lo más importante que podemos hacer es diversificar nuestra cartera. Diversificar es fundamental, defenderse, también; y, repito, seguir jugando todo el tiempo que puedas.

TR: A propósito de la diversificación, ¿cómo crees que deberíamos colocar nuestros activos para defendernos?

PTJ: Nunca podremos decir con absoluta certeza que esta o aquella combinación nos servirá para los cinco o diez años siguientes. El mundo cambia muy rápido. Si nos fijamos en cómo se cotizan ahora las acciones y los bonos en Estados Unidos, vemos que están absurdamente sobrevalorados. Y como el efectivo no vale nada, ¿qué hacemos con nuestro dinero? Hay un momento para tener y otro para vender. No siempre podremos estar en situación de ganar mucho dinero, ni habrá grandes oportunidades.

TR: ¿Qué hacer, entonces?

PTJ: A veces tenemos que decirnos: «Esto no rinde, no me interesa. Más vale defenderme y confeccionar una cartera sin muchas expectativas. Me mantengo en una posición que no me perjudique y ya pasaré al ataque cuando los valores suban».

TR: Y dime: ¿alguna estrategia concreta para proteger nuestra cartera?

PTJ: Doy clase en la Universidad de Virginia y les digo a mis estudiantes: «Voy a ahorraros tener que ir a la escuela de negocios. Esta clase vale cien mil dólares y voy a dárosla en dos ideas, ¿vale? **No tenéis que ir a la escuela de negocios, sólo tenéis que recordar dos cosas. La primera es seguir siempre la tendencia dominante. Nunca invirtáis a contra corriente.** ¿Cómo ganaron su dinero las dos personas más ricas de Estados Unidos, Warren Buffett y Bill Gates? Bill Gates porque tenía acciones de Microsoft que subieron ochocientas veces y él siguió la tendencia. Y Warren Buffett se dijo: "Voy a comprar buenas empresas y voy a seguir con ellas, no voy a vender porque sé, correcta y astutamente, que el interés compuesto me beneficia si no vendo"».

TR: Y así ganó su dinero gracias al flujo de caja de todas sus compañías de seguros.

PTJ: Aprovechó una de las mayores rachas alcistas de la historia de la civilización. Aguantó hasta el final.

TR: Sorprendente. Así que mi siguiente pregunta es: ¿cómo determinas la tendencia?

PTJ: **Uso la misma medida para todo y es la media del precio de las acciones en doscientos días.** He visto muchas cosas caer a cero, acciones y materias primas. Invertir consiste en una cosa: «¿Cómo evito perderlo todo?» Si usamos la regla de la media de los doscientos días, nos salvamos. Nos defendemos y nos salvamos. Cuando doy clase de análisis técnico, hago el siguiente ejercicio. Dibujo una tabla como ésta, en un folio o en la pizarra:

Y entonces pregunto: «Lo único que sabéis es lo que veis. ¿Cuántos queréis seguir lo más posible en este gráfico?» El 60 por ciento levanta la mano. ¿Y cuántos queréis

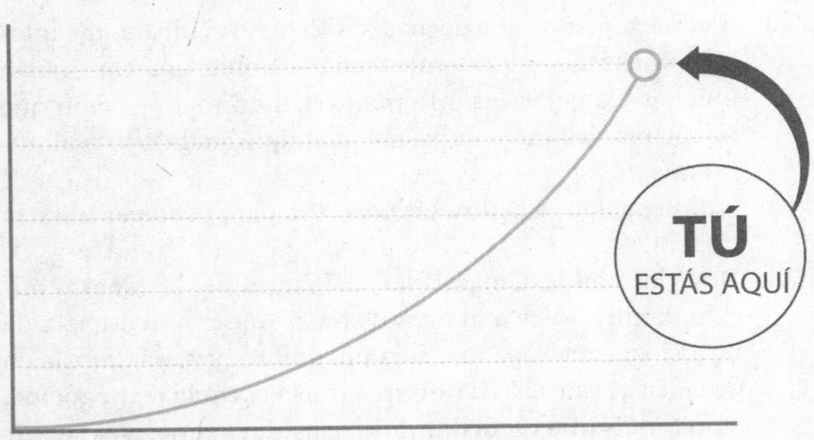

abandonar esta inversión y vender? El 40 por ciento. **Y yo digo: «¡Vosotros, los del 40 por ciento, no invirtáis dinero nunca! Porque tenéis tendencia a llevar la contraria** y esa es la mejor manera de arruinaros. Significa que vais a comprar cualquier cosa que tienda a cero y a vender cosas que tiendan al infinito, y un día moriréis.»

TR: Exacto, muy buen ejemplo. De hecho, tú dices que algunas de tus grandes victorias se han producido en momentos de cambio, ¿no? Por eso eres diferente.

PTJ: Exacto. Por ejemplo, en la crisis de 1987. Yo hice mi dinero el mismo día de la crisis.

TR: Sí, hablemos de eso. **¡Se considera una de las tres mejores inversiones de la historia!** Muchas personas estarían encantadas con un rendimiento anual del 20 por ciento; tú obtuviste el 60 por ciento en aquella operación. ¿Fue porque hiciste caso de tu teoría de la media de los doscientos días?

PTJ: Por eso mismo. Había estado por debajo de esa media. En el peor momento de la crisis, yo estaba estable.

TR: ¿Y esperaste a que la cosa cambiara?

PTJ: Exactamente.

TR: ¡Sorprendente! Estoy impresionado. Así que no te consideras una persona que asume riesgos y te preocupas por protegerte siempre y seguir la tendencia. ¿Cuál es la segunda idea que les enseñas a tus estudiantes?

PTJ: El principio del cinco por uno.

TR: ¿El principio del riesgo y la recompensa asimétricos?

PTJ: El mismo. **El principio del cinco por uno significa que arriesgo un dólar para ganar cinco.** Este principio nos da un porcentaje de acierto del 20 por ciento. **Puedo ser un completo imbécil. Puedo equivocarme el 80 por ciento de las veces, pero sigo sin perder**, siempre que sepa controlar el riesgo. Lo único que tenemos que hacer es acertar una de cada cinco veces. Lo malo es que no invertimos así. La naturaleza humana es como es y nunca calculamos bien cuándo comprar. Nunca somos plenamente conscientes de lo que arriesgamos.

TR: ¡Pues tú, Paul, no te equivocas el 80 por ciento de las veces! Dada la importancia que tiene colocar los activos, te pregunto: si no pudieras dejarles ningún dinero a tus hijos y sólo pudieras legarles una cartera concreta y una serie de principios que los guiaran, ¿cuáles serían? Lo pregunto para que el pequeño inversor vea el asunto a través de tus ojos.

PTJ: Lo siento mucho por el inversor particular, el pequeño inversor, porque es muy difícil. Si fuera fácil, si hubiera una fórmula, una manera de invertir, todos seríamos multimillonarios. Un principio es sin duda no invertir en algo que caiga por debajo de la media de los doscientos días. Otro sería invertir según el principio del cinco por uno y otro sería la disciplina. Pero eso es todo lo que sé. Tienes que entrevistar a Ray Dalio. Él sabe más que nadie. Si te interesa cómo colocar activos, es la persona que mejor lo hace.

TR: ¡Es el siguiente de mi lista, gracias! Vale, cambiemos de tema. Has tenido un enorme éxito en la vida, eres una figura legendaria, pero te lo tomas con mucha humildad. Háblame de dar: ¿qué ha inspirado toda esa gran labor filantrópica que llevas a cabo? ¿Qué sigue inspirándote para cambiar la vida de tantas personas?

PTJ: Un día, cuando era niño, mi madre me llevó a un gran mercado de fruta y verdura de Memphis y recuerdo que, de pronto, miré y ella no estaba. Cuando uno tiene cuatro años, la madre lo es todo. Entonces un hombre negro y alto, muy amable y muy viejo, se me acercó y me dijo: «No te preocupes, vamos a encontrar a tu madre. No llores, vamos a encontrarla. Vas a ser feliz dentro de un momento». Me cogió de la mano y me llevó por aquellas calles hasta que por fin dimos con ella. Mi madre se echó a reír porque me vio llorar.

TR: ¡Guau!

PTJ: Estas cosas no se olvidan. Todas las acciones de Dios, todas esas pequeñas acciones se vuelven mucho más grandes y se multiplican. **Olvidamos lo importante que puede ser la acción más pequeña. A mí, creo, aquel gesto me marcó y desde entonces creo que estoy tratando de corresponder a aquella bondad.**

TR: Es muy bonito, Paul; ya veo la profunda huella que dejó en tu vida aquel momento. Estás al borde de las lágrimas y yo también. Gracias. La última pregunta: hay mucha gente que cree que, si tuvieran dinero suficiente, el estrés se les pasaría. ¿Es verdad? ¿Se cura el estrés financiero?

PTJ: Aún no ha llegado ese día.

TR: Vale, eso es lo que quería oír.

PJ: El problema es que, como en todo, nunca tenemos bastante. El estrés financiero ahora mismo para mí es que hay muchas causas en las que creo. Mi estrés financiero tiene que ver con ser capaz de hacer cosas que me hacen feliz, que dan pasión a mi vida, que son realmente emocionantes. Hace un mes descubrí un gran proyecto de conservación de la naturaleza que seguramente no puedo permitirme. El plazo de tiempo son cien años, al menos. Y pienso: «¡Oh, Dios mío! Si comprara esa madera y dejara que la tierra se recuperara. Cien años a partir de ese día... ¡sería uno de los lugares más maravillosos del mundo! Como el lugar en el que Dios le habló a Adán, como el jardín del Edén». Y me digo: «**Vale, no puedo permitírmelo,**

pero quiero hacerlo. Más vale que me ponga a trabajar, porque será la mejor contribución que puedo hacerle a los que vivan dentro de cien años. No sabrán quién lo hizo, pero adorarán ese sitio y serán felices.»

TR: Gracias, Paul. Te aprecio, hermano.

Capítulo 6.6

Ray Dalio:
un hombre para todas las estaciones

Fundador y codirector de inversiones
de Bridgewater Associates

Ray Dalio ha formado parte del ADN de este libro desde el momento en el que lo entrevisté en casa de Connecticut. Nuestro primer encuentro se prolongó casi tres horas y hablamos de todo lo divino y humano, desde la meditación («Me da serenidad», dijo Ray) hasta el funcionamiento de la economía («Es una máquina simple.»). Yo ya sabía la historia de su fondo de inversión de alto riesgo, Bridgewater Associates, de 160.000 millones de dólares y el mayor del mundo. Sabía que Ray gestiona el riesgo mejor que nadie y que es la persona a la que recurren los líderes mundiales y las grandes entidades financieras cuando buscan un puerto seguro en medio de la volatilidad del mercado. Pero lo que no sabía cuando le hice la misma pregunta que le hago a todas las eminencias financieras que aparecen en este libro —«¿Qué cartera le dejarías a tus hijos si no pudieras dejarles dinero?»— es que su respuesta iba a ser lo que yo más buscaba desde el momento en que empecé esta pesquisa. ¿Qué fue? Nada menos que un plan de inversión para que los inversores particulares, como el lector, puedan hacer crecer su dinero, un plan que funciona en todas las estaciones y sin riesgo de que perdamos los ahorros de nuestra vida. Hasta ahora, sólo los clientes de Ray Dalio tenían acceso a su mágica fórmula para invertir bien y en todas las estaciones. La generosidad que tuvo de elegir este momento y este lugar para compartirlo con el mundo me dejó asombrado y agradecido.

No tengo que contar aquí la historia de Ray. El lector me ha acompañado en este viaje desde las primeras páginas y, si ha llegado hasta aquí, habrá leído los capítulos 5.1 y 5.2, «Invencible, inhundible, inconquistable: la estrategia para todas las estaciones» y «Es hora de prosperar: rendimientos seguros y resultados incomparables», que cuentan su historia y explican las bases de su cartera de inversiones. Pensaba repetirlas aquí, pero no serían tan potentes fuera de contexto. Si el lector se saltó esos capítulos, ¡que no haga trampa! Que vuelva atrás y los lea. ¡Lo dejarán asombrado y le cambiarán la vida! Si ya los ha leído, es hora de aplicarlos. Ray Dalio es el maestro de todas las estaciones.

Capítulo 6.7

Mary Callahan Erdoes: la mujer del billón de dólares

Consejera delegada
de JPMorgan Asset Management Division

Mary Callahan Erdoes mide sólo un metro cincuenta y siete, pero proyecta una alargada sombra como consejera delegada de uno de los mayores grupos de gestión de activos del mundo, en el mayor banco de Estados Unidos. La revista *Forbes* ha dicho de ella que es «el raro cometa femenino en el firmamento masculino de Wall Street» y la incluyó entre las «cien mujeres más poderosas del mundo». Desde 2009, cuando pasó a dirigir el departamento de gestión de activos de JPMorgan, el fondo de inversión ha crecido en más de medio billón con *b* de dólares, ¡más del 30 por ciento! Hoy Erdoes supervisa la gestión de 2.500 millones de dólares invertidos por fundaciones, bancos centrales, fondos de pensiones y algunas de las personas más ricas del mundo. Los medios de comunicación la presentan a menudo como candidata a suceder al consejero delegado de JPMorgan Chase, Jamie Dimon.

A diferencia de la mayoría de las personas que aparecen en este libro, que sostienen que la gestión pasiva y de bajo coste produce, con el tiempo, los mejores resultados para los inversores particulares, Erdoes afirma que los fondos gestionados por las mejores mentes valen las comisiones que cobran. La prueba, dice, es la lealtad de sus satisfechos clientes, así como el hecho de que no dejan de atraer a nuevos inversores.

Lo de administrar dinero lo lleva Erdoes en la masa de la sangre. Fue la primogénita y única hija de una numerosa familia católica irlandesa de Winnetka, Illinois. Su padre, Patrick Callahan, trabajó en la banca de inversión con Lazard Frères en Chicago. Mary destacaba en matemáticas en el bachillerato —y ganaba también medallas en carreras ecuestres— y llegó a ser la única alumna de su clase que se especializó en matemáticas en la Universidad de Georgetown. Conoció a su marido, Philip Erdoes, estando los dos estudiando un máster de administración de empresas en la Escuela de Negocios de Harvard.

Como ejecutiva de servicios financieros, Erdoes ha roto moldes en muchos sentidos: en un negocio famoso por un tipo de gestión agresiva, sus colegas dicen que ella es «leal», que «fomenta el trabajo en equipo» y que es muy «atenta». Cuando ascendía en JPMorgan, viajaba por todo el país para reunirse con clientes que necesitaban más ayuda en la gestión de su dinero. Ahora, a sus cuarenta y siete años, directiva de una empresa que tiene 260.000 empleados, es respetada tanto por su extraordinaria capacidad de liderazgo como por sus dotes financieras.

Nos citamos en el clásico Union Carbide Building, la sede mundial de JPMorgan, que da a Park Avenue y a los rascacielos de Manhattan. En el ascensor, camino de la sala de conferencias, Darin Oduyoye, el director de comunicaciones de JPMorgan

Asset Managament, me contó una historia que me impresionó profundamente y que ilustraba la clase de persona que iba a conocer. Oduyoye siempre había querido ser presentador de radio y televisión, pero había aceptado un puesto en el departamento de fondos de inversión de JPMorgan y había pasado luego al de relaciones públicas. Un día, y para su estupefacción, Erdoes le propuso que produjera un programa de entrevistas matutino para gestores financieros de todo el mundo.

—¡Pero no soy un experto en el tema! —objetó.

—¿No me dijiste que siempre has querido dedicarte a la radio y la televisión? —dijo ella—. ¡Pues ahora puedes!

—Vio en mí más de lo que yo veía —me dijo Darin.

No importa lo que hacen en la empresa, Erdoes se interesa por todos y cada uno de sus empleados. Pero también saca tiempo para comer con sus tres jóvenes hijas y recogerlas del colegio casi todos los días. Así es como funciona y eso es lo que la convierte en la gran líder —y en el gran ser humano— que es.

TR: Diriges uno de los mayores grupos de gestión del mundo. Háblame un poco de tu trayectoria, de las dificultades a las que te has enfrentado y de los principios por los que te has guiado.

ME: No creo que podamos trazar un camino en la vida que nos lleve exactamente a donde queremos ir. Muchas cosas ocurren por casualidad.

Recuerdo cuando me dieron mi primera acción; era de Union Carbide. Era un regalo de cumpleaños de mi abuela. Yo tendría siete u ocho años; lo bastante mayor para recordarlo y lo bastante joven para no saber qué hacer con aquello.

Lo primero que mi abuela me dijo fue: «No la vendas». ¡No recuerdo si le hice caso! Pero ella dijo: «Éste es el valor del interés compuesto. Si lo guardas, con el tiempo crecerá y tendrás mucho más». Aquello también me inculcó a una edad temprana la idea de ahorrar y empecé a pensar en cómo administrar el dinero. Los números ya se me daban bien y por eso la idea de ahorrar en vez de gastar me gustaba mucho.

Además, mi padre era del mundillo y yo pasaba muchos fines de semana con él mientras trabajaba, jugando a la «oficina». ¡Yo me sentaba a su mesa y mis hermanos se sentaban en la de la secretaria! Nos divertíamos así y creo que eso me hizo ver hasta qué punto podían ser interesantes y emocionantes las finanzas, y no había que temerlas. Eso me ayudó mucho en mis inicios.

TR: Trabajas en un mundo que ha estado dominado por hombres. ¿A qué dificultades has tenido que enfrentarte?

ME: La gestión del dinero es un sector en el que los resultados hablan por sí solos. Es un círculo virtuoso: si les hace ganar a tus clientes, seguirán invirtiendo contigo, y su dinero hará más dinero, es la misma idea del interés compuesto que aprendí de mi abuela. Como lo importante es lo que se rinde, este negocio promueve la igualdad. Si rindes, triunfas.

TR: ¿Qué es el liderazgo? ¿Cómo lo definirías?

ME: Es importante no confundir la gestión con el liderazgo. Para mí, el liderazgo consiste en no pedirles a las personas que hagan lo que yo no haría. Es levantarse cada mañana tratando de hacer de tu empresa un lugar mejor. Creo realmente que trabajo para la gente de JPMorgan Asset Management, no al revés, y por eso trato de ver más allá de lo que ellos mismos ven.

Como he sido gestora de carteras, asesora y jefa de negocios, sé lo que somos capaces de hacer por los clientes. Por eso considero que mi trabajo no es sólo dirigir a un equipo sino también unirme a él y trabajar codo con codo.

Creo que, en muchos sentidos, se es un líder nato o no se es líder, pero eso no significa que no tengas que trabajar, que mejorar, que preguntarte qué cosas funcionan y qué cosas no. El estilo de liderazgo cambiará dependiendo de las personas y de las situaciones, pero los principios básicos del liderazgo son siempre los mismos.

TR: Hace poco entrevisté a Robert Shiller, al que acababan de conceder el premio Nobel de Economía, y hablaba de las muchas cosas buenas que las entidades financieras hacían en el mundo sin que sepamos apreciarlas. ¿Por qué crees que la reputación de estas entidades ha cambiado y qué puede hacerse para remediarlo?

ME: Con la crisis financiera es fácil entender por qué hay personas que han perdido su confianza en el sector. Visto retrospectivamente, había cosas que había que cambiar, productos que eran muy complejos y confusos. Pero, en general, el sector de los servicios financieros contribuye mucho al desarrollo del mundo. Proporcionamos capital a las empresas para que crezcan, lo que a su vez crea empleo. Ayudamos a las personas a ahorrar y a invertir para que se compren una casa, se paguen la universidad o se jubilen tranquilos. Ayudamos a las comunidades locales financieramente y con el capital intelectual y físico de nuestra gente.

Estoy orgullosísima de trabajar en este mundo y aún más orgullosa de hacerlo en JPMorgan. Tenemos a 260.000 personas que trabajan duro todos los días para nuestros clientes y siempre procuran hacer lo mejor. Nosotros tenemos un dicho que dice: si no permites que tu abuela compre un producto, más vale que no te dediques a esto. Es una manera simple pero importante de ver las cosas.

TR: Es una cuestión delicada, seguro, pero si oyes a Ray Dalio, a Jack Bogle, a David Swensen, a Warren Buffett... todos dicen que la gestión activa no funciona a largo plazo, que el 96 por ciento de los gestores activos no superan el mercado. Quería que opinaras sobre el particular porque tu desempeño ha sido extraordinario.

ME: Una de las mayores dificultades que se tienen para invertir con éxito es que no hay una manera de hacerlo que sirva para todas las situaciones. Si te fijas en los mejores gestores del mundo, verás que muchos gestionan el dinero activamente, y compran y venden empresas que creen que merecen la pena. Su trayectoria demuestra que la gestión activa, en largos periodos de tiempo, mejora mucho una cartera. Lo que un gestor activo hace es estudiar dos empresas aparentemente iguales y emitir un juicio, basado en una investigación a fondo, sobre cuál de las dos es mejor inversión a largo plazo. En JPMorgan Asset Management nos hemos rodeado de gestores que han hecho esto con éxito de una manera continuada, y por eso tenemos activos por valor de 2,5 billones de dólares que las personas nos piden que les ayudemos a gestionar.

TR: Los grandes inversores invierten siempre según el principio del riesgo y la recompensa asimétricos, ¿no? Y los superricos siempre lo han hecho. Pero dime una cosa: ¿cómo puede el inversor normal y corriente de hoy enriquecerse sin correr riesgos, o al menos corriendo poco riesgo, si no son ya superricos?

ME: La cuestión no es si somos ricos, sino si estamos bien preparados, bien aconsejados, y nos ceñimos a un plan. Mucha gente empieza con un plan diversificado, pero cuando las condiciones del mercado cambian, tratan de anticiparse a los mercados para conseguir más oportunidades de ganancia o más protección en caso de adversidad. Y esto es muy peligroso, porque es imposible predecir todas las situaciones.

A lo que una cartera bien diversificada nos ayuda es a aprovechar el *tail risk* [riesgos que pueden producir grandes ganancias] y si nos atenemos a un plan, podemos obtener un rendimiento grandísimo a largo plazo.

TR: ¿Cuáles son las mayores oportunidades que tienen hoy los inversores y cuáles los grandes retos para los que han de estar preparados?

ME: Creo que algún día echaremos la vista atrás y diremos de los tiempos que estamos viviendo: «Fue un gran momento para invertir». Hay mucha liquidez en el sistema y podemos corregir muchas cosas que funcionaron mal. Pero invertir en los próximos cinco años, sobre todo quienes tienen perspectivas de crecimiento a largo plazo, es una oportunidad que debemos considerar ya. La mayoría de los inversores hoy quieren renta, poca volatilidad y liquidez. Siguen notándose los efectos de 2008 y mucha gente se pregunta, preocupada: «Si necesitara mi dinero ahora mismo, ¿puedo tenerlo?». Si no lo necesitamos ahora mismo, invirtámoslo. Nos rendirá mucho en los próximos años y cuando miremos atrás nos alegraremos de haber invertido.

Además, el sector ha hecho muchos cambios en normativas y reglamentos para mejorar las condiciones en el futuro. Eso no quiere decir que no vaya a haber anomalías, pero el sistema es mejor y debería ser más seguro.

TR: Le he preguntado esto a todos los multimillonarios con los que he hablado y que empezaron de la nada: ¿se te ha pasado a ti el estrés financiero?

ME: El estrés financiero nunca se pasa independientemente de nuestro nivel de riqueza o éxito.

TR: ¿Por qué?

ME: Porque, estemos en la situación que estemos, siempre queremos administrar nuestro dinero de la manera más efectiva, tanto si se trata de pagar la sanidad y el bienestar de nuestra familia, como si se trata de invertir bien para las generaciones futuras o con fines filantrópicos.

TR: ¿Hay algún remedio contra ese estrés? ¿Cuál crees que es?

ME: Yo creo que el remedio es ver las cosas con perspectiva y concentrarnos en aquello que podemos controlar, hacer todo lo que podamos todos los días y poniendo todo nuestro empeño. Debemos cuidar siempre de nosotros como personas, de nuestro trabajo como profesionales, de nuestra familia, de nuestros amigos, de nuestra mente, de nuestro cuerpo. Las cosas pueden írsenos de la manos alguna vez, pero no siempre.

TR: Si lo único que pudieras dejarles a tus hijos fueran unas reglas y una estrategia de inversión y colocación de activos, ¿cuáles serían?

ME: Invirtamos a largo plazo y no saquemos dinero si no lo necesitamos de verdad. Cada cartera de inversión será distinta dependiendo de las personas. Por ejemplo, yo tengo tres hijas. Tienen edades diferentes. Tienen aptitudes diferentes que cambiarán con el tiempo y que no sé cuáles serán. Una podría ser más gastadora que otra. Una podría querer trabajar en un medio en el que pudiera ganar mucho dinero. Otra podría ser más filántropa por naturaleza. A una podría ocurrirle algo, un problema de salud. Una podría casarse, otra no; una podría tener hijos, otra no. Cada cambio variará con el tiempo, y por eso, aunque empezara a colocar activos el día en que nacieron, tendría que cambiar.

TR: ¿Qué edades tienen tus hijas?

ME: Once, diez y siete años. Son muy graciosas.

TR: Según tengo entendido por lo que he leído, tú crees en la conciliación de vida y trabajo. Háblame de eso.

ME: Tengo la gran suerte de trabajar en una empresa que apoya mucho a las familias y es muy flexible a la hora de permitirnos hacer lo que nos vaya mejor, por ejemplo, salir un poco antes para ver el partido de fútbol de nuestro hijo y luego volver por la tarde para acabar un proyecto, o traernos a los hijos al despacho los fines de semana, como hacía mi padre conmigo; siempre tenemos la opción de organizarnos como más nos convenga a nosotros y a nuestra familia.

TR: ¡Como hacías tú en el despacho de tu padre! Ahora son nuestros hijos los que se sientan a la mesa de nuestro despacho y se preparan para el futuro.

ME: Exactamente. Mi vida laboral y mi vida familiar son una y la misma cosa, y estoy decidida a sacar lo mejor de ellas.

Capítulo 6.8

T. Boone Pickens: hecho para ser rico, hecho para dar

Presidente y consejero delegado de BP Capital Management

T. Boone Pickens, llamado «el oráculo del petróleo» por la CNBC, siempre se ha adelantado a su tiempo. A principios de los años ochenta era considerado el perfecto tiburón, aunque él siempre ha preferido que lo llamen «accionista activista». Su temprano interés por maximizar el valor del accionista, algo insólito en su tiempo, lleva ya mucho tiempo siendo una característica de la cultura empresarial estadounidense. Como dijo la revista *Fortune*, «las ideas de Boone, que una vez fueron revolucionarias, se han asumido tan completamente que hoy forman parte de la esencia de la economía».

A principios del siglo XXI, Pickens era gestor de fondos de inversión de alto riesgo y **ganó sus primeros mil millones de dólares *después* de cumplir los setenta, en una segunda carrera de inversor en activos energéticos**. En los siguientes quince años había de convertir esos mil millones en cuatro mil: dos mil de ellos volvió a perderlos y otros mil los donó.

Siempre optimista, Boone se casó hace poco por quinta vez y, con ochenta y seis años, tiene una enorme presencia en los medios sociales y no da muestras de decaimiento. Después de desaparecer de la lista de las cuatrocientas personas más ricas del mundo de la revista *Forbes*, publicó un famoso tuit en el que decía: «No os preocupéis. Con 950 millones de dólares me las arreglo. Curioso, los mil millones que he donado superan mi patrimonio». Cuando le pregunté por su fortuna, me dijo: «Ya me conoces, Tony; voy a recuperar esos dos mil millones en los próximos años».

Boone, nacido en plena Gran Depresión, empezó de la nada. A los doce años repartía periódicos y pronto pasó de repartir 28 a repartir 156; luego habló de aquel trabajo infantil como de un ejemplo precoz de «crecimiento por adquisición». Después de licenciarse en geología por la Oklahoma State University (entonces llamada Oklahoma A&M) en 1951, creó un imperio energético en Texas. En 1981, su Mesa Petroleum Corporation era una de las mayores compañías petrolíferas del mundo. Sus compras de empresas de la década de los ochenta fueron legendarias, siendo Gulf Oil, Phillips Petroleu y Unocal algunas de sus más famosas adquisiciones.

Pero la suerte (y la riqueza) de Pickens siempre fue cambiante. Cuando dejó Mesa en 1996, después de una serie de caídas de los beneficios, muchos lo dieron por acabado: no tardó en perder el 90 por ciento de su capital. Pero Pickens volvió en lo que fue una de las reapariciones más sonadas del sector, y **convirtió los últimos tres millones de dólares de su fondo de inversión en miles de millones**.

A diferencia de casi todo el mundo, que hoy día se interesa principalmente por dos clases de activos, las acciones y los bonos, el fondo BP Capital de Boone apuesta por los futuros energéticos y por los mercados de derivados. Y ya que este libro habla de cómo alcanzar la libertad financiera, **Boone dice que nuestra dependencia del petróleo extranjero es la mayor amenaza que existe no sólo contra nuestra seguridad nacional, sino también contra nuestro bienestar económico**. Siempre a la vanguardia, Boone lucha hoy por liberar al país de la dependencia del petróleo de la OPEP y, con su Plan Pickens, apuesta por una nueva política energética.

He sido un admirador de Boone desde que tengo memoria y ahora es un privilegio llamarlo amigo. Ha sido tan amable que ha accedido a hablar en muchos de mis actos. Lo que sigue es un extracto de nuestra última conversación sobre creación de riqueza, protección del futuro energético de América y sus humildes comienzos.

TR: Quisiera empezar hablando de la increíble historia de tu nacimiento. Siempre dices que eres «la persona más afortunada del mundo» y lo crees realmente. Cuéntame.

TBP: Mi madre se quedó embarazada en 1927 y yo nací en mayo de 1928, en un pueblo de Oklahoma. El médico le dijo a mi padre: «Tom, vas a tener que tomar una decisión difícil: o salvamos a tu mujer o a tu hijo». Mi padre dijo: «No puede ser. Seguro que sabes sacar al niño sin que ninguno de los dos muera». La suerte fue que, de los dos médicos que había en el lugar, el de mi madre era cirujano. El médico dijo: «Lo que estás pidiéndome es que le haga una cesárea. Nunca la he hecho. He visto hacerla. He leído sobre el tema y quiero que veas lo que he leído». Llevó a mi padre a la otra punta del cuarto y le enseñó una página y media que trataba de esa operación. «Tom, esto es lo único que sé». Mi padre lo leyó y lo miró: «Creo que puedes hacerlo». Se arrodillaron y rezaron. **Y así convenció mi padre al médico de que me trajera al mundo ese día de 1928 con una cesárea.**

TR: ¡Guau!

TBP: Pasaron treinta años hasta que se practicó otra cesárea en aquel hospital.

TR: **Tu padre tuvo el valor de no aceptar lo que le decían cuando tuvo que decidir sobre la vida y la muerte de sus seres queridos.** Tuvo el valor de decir que había otro camino y no ceder. Seguro que eso ha influido en tu vida, ¿verdad, Boone? No aceptas un no por respuesta, ¿a que no?

TBP: No, no lo acepto.

TR: Pues tu padre es el mejor ejemplo para alguien que tiene la capacidad de tomar decisiones difíciles. Tú estás aquí y tu madre también vive. ¡Qué bonita historia! Ahora te entiendo cuando dices que eres «la persona más afortunada del mundo».

TBP: Sí.

TR: También te ha marcado profundamente la idea de la honradez que, por desgracia, para mucha gente del sector financiero, no es un principio fundamental. Cuéntame.

TBP: Un día, de niño, estando repartiendo periódicos, vi algo entre la hierba que me llamó la atención: era una cartera. Supe que era la de un vecino, de una persona a la que le llevaba el periódico, así que fui, llamé a su puerta y le dije: «Señor White, he encontrado su cartera». Y él me dijo: «¡Ay, qué bien! Es muy importante para mí, gracias. Voy a recompensarte». Me dio un dólar y no me lo creía. Un dólar era mucho dinero entonces.

TR: Ya lo creo.

TBP: Era 1940. Yo tenía once años.

TR: ¡Guau!

TBP: Me fui a casa todo contento y se lo conté a mi madre, a mi tía y a mi abuela: que el señor White me había dado un dólar. Empezaron a mover la cabeza. No les gustaba la cosa. Yo les decía: «¿No lo entendéis? Se alegra de que haya encontrado su cartera y se la haya llevado». Mi abuela se quedó mirándome y me dijo: «No tienen que recompensarte por ser honrado». Así que se decidió que fuera a devolverle el dólar al señor White.

TR: ¡Asombroso! Es decir, tomar decisiones difíciles y la honradez... esos dos valores te han marcado realmente. Recuerdo haber leído una cita tuya que me influyó de niño.

Siempre me he preguntado qué convierte a alguien en un líder y no en un seguidor, y tú decías que siempre has vivido a tu manera. Creo recordar que tú dices que el secreto del liderazgo es saber tomar decisiones.

TBP: En 1984 quisimos comprar Gulf Oil. Yo pensaba que el consejo de administración era muy flojo. «Nunca se deciden. ¡Apuntan, apuntan y apuntan y nunca disparan!, como se dice.»

TR: Muy bueno. O sea, ¿tú disparas más rápido?

TBP: Hay muchos a los que los ponen de líderes y me sacan de quicio porque no toman decisiones. No quieren tomarlas, quisieran que otros las tomaran por ellos. Yo siento que las decisiones que tomo serán buenas y que veré buenos resultados.

TR: Bueno, esa teoría se ha revelado verdadera, sin duda. Te hiciste multimillonario porque entendiste lo que era la energía y supiste sacarle partido.

TBP: He acertado el precio del petróleo diecinueve de veintiuna veces.

TR: ¡Guau!, ¿diecinueve de veintiuna?

TBP: En la CNBC, sí.

TR: ¡Sorprendente! Y supiste que la gasolina llegaría a costar cuatro dólares el galón, ¿verdad? En 2011 nadie pensaba que subiría tanto.

TBP: Tony, cuando hablé en tu acto de Sun Valley, en 2011, me arriesgué y dije que el fin de semana del 4 de julio el barril costaría 120 dólares y así fue. Recuerdo que dije que la demanda global iba a ser de 90.000 millones de barriles diarios y que el precio subiría en consonancia con esa demanda.

TR: Muchos de mis Platinum Partners hicieron mucho dinero con esa predicción, Boone. Les diste la oportunidad de aprovechar aquella subida. Fue una predicción certera, gracias. Dados, pues, tus buenos resultados, pregunto: una de las cosas que he visto en todos los grandes inversores ha sido un gran interés por las inversiones con riesgo y recompensa asimétricos. ¿Cómo reduces tú el riesgo y te aseguras de que la recompensa merece asumirlo? ¿Qué piensas del tema?

TBP: Eso es lo que enseñan en los másteres de administración de empresa: reduce la posibilidad de pérdidas, aumenta la posibilidad de ganancias y tendrás tu recompensa. Nunca invierto con ese planteamiento.

TR: ¿De veras?

TBP: Mira, hay negocios que son mejores que otros y creo que hacemos bien en analizar el riesgo. Pero no puedo decirte exactamente cómo llego a una decisión. Sé que si acierto, acierto a lo grande. Pero también puedo fallar. Estoy dispuesto a asumir grandes riesgos por obtener una gran recompensa.

TR: Vale, entendido. Otra pregunta: si no pudieras dejarles tu riqueza a tus hijos y lo único que pudieras legarles fuera una idea de la inversión, o una estrategia de inversión, ¿cuál sería? ¿Qué les dirías para que pudieran crear riqueza mucho tiempo?

TBP: Creo que si tienes una buena ética del trabajo, la transmites. Y si además de una buena ética del trabajo te has formado bien y estás dispuesto a trabajar duro, harás dinero. A mí la ética del trabajo me vino de un pueblo de Oklahoma. Vi a mi abuela, a mi madre y a mi padre trabajar duro, vi a la gente que me rodeaba trabajar duro. He visto que las personas bien preparadas hacen más dinero.

TR: Parece que, más que enseñarles una cartera de inversiones, quieres enseñarles una mentalidad, una ética del trabajo.

TBP: Así es.

TR: Tú has ganado y perdido miles de millones de dólares. ¿Qué es el dinero para ti? ¿Qué es la riqueza?

TBP: Bueno, puedo decirte cuándo supe que era rico.

TR: ¿Y cuándo fue?

TBP: El día que tuve doce perros de caza.

TR: ¿Y cuántos años tenías?

TBP: Cincuenta.

TR: ¿De veras?

TBP: Un día estaba cazando. Siempre he tenido perros de caza y siempre me ha gustado cazar perdices. Mi padre era cazador, y yo también lo soy ahora. Pero tenía un perro en el patio, y cuando me fue mejor, dos. Y cuando tuve doce, construí una perrera. Y un día me dije: «Vaya, soy rico, ¡tengo doce perros de caza!».

TR: Y has usado esa riqueza para hacer mucho bien a este país. Sé que eres uno de los benefactores más generosos que ha habido nunca y que has donado más de quinientos millones a tu universidad de Oklahoma. Me parece estupendo.

TBP: Mi idea ha sido siempre hacer que esa universidad fuera más competitiva, en lo deportivo y en lo académico. Tengo el privilegio de donar a mi universidad.

TR: ¿No fue la donación que hiciste en 2005 al equipo deportivo de esa universidad la mayor de toda la historia de la Asociación Nacional Atlética Universitaria?

TBP: Correcto.

TR: Es asombroso. Y sé que eso es sólo una parte de lo que donas y por eso te admiro. Cambiemos de tema y hablemos de independencia energética. Tú te enriqueciste en la industria del petróleo. No eres el más indicado para defender la independencia petrolera de este país, pero a eso te has dedicado los últimos siete años. Háblame del Plan Pickens.

TBP: El asunto es el siguiente, Tony: **América depende del petróleo. Y esa dependencia amenaza nuestra economía, nuestro medio ambiente y nuestra seguridad nacional**. Y cada década que pasa es peor. En 1970 importábamos el 24 por ciento del petróleo que consumíamos. Hoy importamos casi el 70 por ciento y la cosa va en aumento.

TR: ¡Guau! Y tú estás tratando de remediarlo.

TBP: Es que hemos dejado nuestra seguridad en manos de naciones extranjeras potencialmente inestables y hostiles. Si dependemos de recursos extranjeros para casi el 70 por ciento de nuestro petróleo, estamos en una situación precaria en un mundo impredecible. Y en los próximos diez años, nos costará 10 billones de dólares... Será el movimiento de dinero más grande de la historia de la humanidad.

TR: ¡Tremendo! ¿Y cuál es la solución, pues?

TBP: Podemos ganar mucho si nos pasamos a las energías renovables, pero eso no soluciona el problema de la OPEP.[17] La OPEP no tiene nada que ver con las renovables; la energía eólica y la solar no son combustibles para el transporte. Y aquí entra en juego el gas natural. El setenta por ciento de todo el petróleo que se consume diariamente en el mundo va al transporte. La única forma de prescindir de la OPEP es usar gas natural o nuestro propio petróleo.

TR: ¿Y qué podemos hacer entonces?

TBP: Importamos unos doce millones de barriles diarios, cinco de los cuales vienen de la OPEP. Tenemos que producir más gas natural aquí para prescindir del petróleo de la OPEP. Y tenemos los recursos. Tony, en América tenemos una reserva de gas natural de cien años, que son unos cuatro billones de barriles equivalentes de petróleo (BEP). Eso es tres veces la cantidad de reservas de petróleo que tiene Arabia Saudí. Si no lo aprovechamos, seremos unos estúpidos.

TR: Es increíble.

TBP: Y el gas natural está ahora muy barato. Un barril de petróleo de cien dólares equivale a unos dieciséis dólares de gas natural... Nunca hemos visto el gas natural a dieciséis dólares. Sea para el transporte, sea para generar electricidad, cualquiera que use energía hoy tiene que pensar en el gas natural.

TR: Sé que has empleado muchísimo tiempo, energía y dinero en el Plan Pickens. Has explicado tu plan a los ciudadanos y has lanzado una campaña a nivel nacional. ¿Crees que funcionará?

TBP: Propuse este plan en Washington en 2008 y me he gastado cien millones de dólares de mi bolsillo en promoverlo. Creo que he hecho todo lo que podía hacer y, sí, vamos a tener un plan energético para este país.

TR: En este libro hablo mucho de la colocación de activos. Casi todos tus activos los tienes invertidos en energía, a la que te has dedicado casi toda la vida, ¿no es así?

17. Organización de Países Exportadores de Petróleo, entre los que están Arabia Saudí, Irán, Irak, Kuwait y otros.

TBP: Así es, pero hay muchos sectores energéticos. Invertimos en todo el espectro de la energía, pero no nos salimos de él.

TR: Ésa es tu versión de la colocación de activos. Si fueras un inversor particular y tuvieras, digamos, cincuenta mil dólares para invertir, ¿dónde los colocarías?

TBP: Al final de la cadena productiva tenemos empresas de exploración, refinerías y demás. Yo me he pasado casi todo el tiempo al principio de esa cadena, en la parte de la exploración y la producción. Pero ahora mismo el gas natural es muy barato. Es muy interesante; ahí hay que invertir. En general, creo que la industria del petróleo y del gas tiene un excelente futuro, gracias a la tecnología. Los adelantos que hemos hecho en tecnología son increíbles. **Nuestro país parece hoy mucho mejor, desde el punto de vista de los recursos naturales, que hace diez años.** Entonces no pensaba lo mismo. No tenía tanta confianza como ahora.

TR: ¿Qué es lo que te mueve en la vida, Boone?

TBP: Tú sabes, Tony, que, a estas alturas, lo que me mueve es que me gusta ganar dinero. Y me gusta darlo... no tanto como ganarlo, pero casi. Creo firmemente que una de las razones por las que he venido al mundo es para triunfar, ganar dinero y ser generoso con él.

TR: ¿Ser generoso?

TBP: Una de las cosas que quiero hacer antes de morir es dar mil millones de dólares. Conoces el Giving Pledge de Warren Buffett y de Bill Gates, ¿no? Un día me llamaron y me pidieron que me uniera. Y yo dije: «Si veis la revista *Fortune* desde 1983, **¿por qué no os unís vosotros a *mi club*, donde dije que iba a dar el noventa por ciento de mi fortuna?**»

TR: Es espectacular.

TBP: Todos los días voy al despacho y todos los días estoy deseando ir. Así ha sido toda mi vida. Mi trabajo lo es todo para mí. Aunque tú dirás: «No, mi familia lo es todo para mí. No puedes decir eso.» Yo me divierto con todo. Estar con mi familia es divertido. Trabajar es divertido. Las cosas no salen perfectas, pero sí lo bastante bien para que pensemos que al día siguiente será estupendo. A lo mejor no lo son, pero todos los días pienso que lo serán.

TR: Eres un ejemplo para mí, como lo eres para tanta gente en el mundo. Lo eres por tu pasión y tu intensidad. A tus ochenta y seis años, con tantas cosas extraordinarias que has hecho, sigues creciendo y dando.

TBP: Gracias, Tony, tú también has triunfado y has ayudado a mucha gente... seguramente a muchas más que yo.

TR: Ah, no lo sé.

TBP: Pero los dos hemos triunfado porque damos.

TR: Sí, estoy de acuerdo. Te aprecio mucho, amigo. Gracias.

Capítulo 6.9

Kyle Bass: el amo del riesgo

Fundador de Hayman Capital Management

Como saltador profesional, Kyle Bass conoce las leyes fundamentales de la física. Sabe que todo lo que sube baja. Por eso, en 2005, empezó a hacerse preguntas sobre la burbuja inmobiliaria de Estados Unidos, preguntas que nadie se hacía, como: «¿Qué pasaría si el precio de la vivienda no sigue subiendo siempre?». Estas preguntas lo llevaron a hacer una de las mayores apuestas que se hicieron en vísperas de la crisis inmobiliaria de 2008 y el colapso que siguió. Aquella operación le valió sus primeros mil millones. Bass obtuvo unas ganancias del 600 por ciento en sólo 18 meses, y se ganó un puesto entre los mejores gestores de fondos de inversión de alto riesgo del mundo.

Kyle concede muy pocas entrevistas, pero resultó que conocía mi obra desde que iba a la universidad y tuve así el privilegio de viajar a Texas y visitarlo en su rascacielos, que domina la gran ciudad de Dallas. Bass es una de las pocas eminencias financieras que considera una ventaja vivir lejos de Nueva York. «No nos aturde el ruido», dice.

Bass es humilde y amable. Cuando le pregunté qué le llevó a apostar contra el mercado inmobiliario, me contestó:

—Tony, no hay que ser un lince, basta un tonto de Dallas que se hace preguntas.

Bass vive con su familia y es miembro de la junta directiva de la empresa University of Texas Investment Management, que gestiona uno de los mayores dotaciones públicas del país, con más de 26.000 millones de dólares en activos. El lector ya conoce a Bass y sus níqueles: es el que enseñó a sus hijos la lección del riesgo y la recompensa comprando níqueles por valor de dos millones y ganando un 25 por ciento de buenas a primeras. ¡De hecho, dice que invertiría todo su patrimonio en níqueles si pudiera comprar tanta moneda!

Níqueles aparte, el interés constante que tiene Bass por el riesgo y la recompensa asimétricos le ha valido ganar dos de las mayores apuestas del siglo: en el mercado inmobiliario y en la crisis de deuda europea que empezó en 2008. Y tiene entre manos otra operación que dice que es incluso mayor. Lo que sigue es un extracto de nuestra conversación de dos horas y media en su despacho.

TR: Háblame un poco de ti.

KB: Yo fui saltador de trampolín. La gente piensa que es una actividad muy física, pero en un noventa por ciento es mental. Es una lucha contra uno mismo. Para mí fue muy gratificante. Me enseñó a ser disciplinado y a aprender de mis fracasos. En realidad, lo que nos define como personas es la manera que tenemos de asumir nuestros fracasos. Mis padres fueron muy buenos, pero no ahorraron dinero. Yo me juré que nunca sería así. Los dos fumaban; yo juré que nunca fumaría. Las cosas negativas siempre me han movido en la vida más que las positivas... Hay muchos paralelismos entre mi vida y tus enseñanzas.

TR: Seguro. Cuando me pregunto qué es lo que tienen en común los triunfadores, aparte de los estudios o el talento, es la ambición.

KB: La ambición y el dolor.

TR: La ambición viene del dolor. No se tiene ambición si se vive bien.

KB: Es verdad.

TR: Así que tu ambición te llevó a crear tu propio fondo de inversiones. Fue en 2006, ¿no?

KB: Exacto.

TR: Lo que sorprende es lo rápidamente que empezaste a rendir beneficios.

KB: Fue suerte.

TR: Rendiste un 20 por cierto el primer año y un 216 por ciento el segundo, ¿no?

KB: Sí. Fue una casualidad que ya al principio viera lo que estaba pasando en el mercado hipotecario. Creo en el dicho que dice: «Suerte es cuando la preparación coincide con la oportunidad». Creo que leí eso en algún libro tuyo cuando iba a la universidad. Pues bien, yo estaba preparado. Me gusta pensar que tuve suerte y estuve en el lugar oportuno en el momento adecuado porque tenía todos mis recursos dedicados a aquello en aquel preciso instante.

TR: Mucha gente conocía el problema de la vivienda y no hicieron nada. ¿Qué fue diferente en tu caso? ¿Qué es lo que te hizo triunfar en ese sector?

KB: Si recuerdas lo que pasaba entones, el dinero era casi «gratis». En 2005 y en 2006 uno podía pedir un préstamo baratísimo y comprar la empresa que quisiera con un poco de liquidez y un montón de deuda. Hablé por teléfono con mi amigo y colega Alan Fournier y tratamos de ver cómo podíamos apostar contra la vivienda sin perder. Y los expertos seguían diciendo: «El auge de la vivienda es consecuencia del empleo y de la renta» y, por tanto, mientras haya empleo y renta, el precio de la vivienda seguirá subiendo. Se equivocaban.

TR: Sí, y lo vimos todos.

KB: En septiembre de 2006 asistí a una reunión de la Reserva Federal. Me decían: «Mira, Kyle, tú eres nuevo en esto. Date cuenta de que el crecimiento de la renta arrastra la vivienda». Y yo decía: «La vivienda se ha movido a la par con la renta media durante cincuenta años. Pero en los últimos cuatro, la vivienda ha subido un 8 por ciento anual y la renta solo un 1,5 por ciento, o sea, cinco o seis puntos de desviación típica».[18] Para que esa relación volviera a nivelarse, la renta tendría que subir un 35 por ciento o la vivienda caer un 30 por ciento. Me recorrí los despachos de Wall Street diciendo: «Quiero ver vuestro modelo financiero. **Mostradme qué ocurriría si los precios de la vivienda subieran sólo el cuatro por ciento anual, el dos por ciento anual, el cero por ciento.» No había ni una sola empresa en Wall Street, ni una, en junio de 2006 con un modelo financiero que contemplara la posibilidad de que la vivienda no subiera.**

TR: ¿De veras?

KB: Ni una.

TR: ¡Qué insensatos!

KB: Así que, en noviembre de 2006, encargué a UBS un modelo que previera que los precios de la vivienda no subieran ni bajaran. Según ese modelo, el *pool* hipotecario perdería un nueve por ciento. [Un *pool* hipotecario es un conjunto de hipotecas con vencimiento y tasas de interés parecidas que se juntan en un paquete, o valor, llamado «valor respaldado por hipotecas» (*mortgage-backed security*). A estos valores se le daba una calificación crediticia alta y se vendían a los inversores, a cambio de un rendimiento esperado. Supo-

18. En finanzas, la desviación típica se aplica a la rentabilidad anual de una inversión para calcular la volatilidad de ésta. La desviación típica se conoce también como volatilidad histórica y la usan los inversores para medir el grado de volatilidad que se espera.

niendo que el precio de la vivienda siguiera subiendo, el *pool* produciría grandes ganancias.] Llamé a Alan Fournier, de Pennat Capital Management [antes trabajó en Appaloosa Management de David Tepper] y le dije: «Así están las cosas». Y cuando formé la sociedad comanditaria de mis fondos de alto riesgo, la llamé AF GP, por Alan Fournier y por la conversación telefónica que tuvimos. Porque, para mí, aquella llamada fue decisiva.

TR: ¡Guau! ¿Y puedes decirme qué proporción de riesgo y de recompensa tenía aquella apuesta para ti y para Alan?

KB: Podía apostar contra la vivienda y perder sólo un tres por ciento anual. Si apostaba un dólar y el precio de la vivienda subía, ¡no perdía más que tres céntimos!

TR: Sorprendente. Así que el riesgo —el precio de apostar contra la vivienda— era mínimo.

KB: Sí. Sólo del tres por ciento.

TR: Porque todo el mundo pensaba que el mercado seguiría subiendo indefinidamente. ¿Y la ganancia?

KB: Si el precio de la vivienda no variaba o incluso bajaba, ganaba todo el dólar.

TR: Es decir, tres por ciento de pérdida si te equivocabas, y cien por ciento de ganancia si acertabas.

KB: Sí. Y menos mal que no escuché a ninguno de los expertos con los que hablé. Todos me decían: «Kyle, no sabes lo que dices. Éste no es tu mercado. Eso no va a ocurrir». Y yo les decía: «Esa razón no me sirve, porque he investigado mucho, y a lo mejor no sé todo lo que vosotros sabéis». Pero podía ver el bosque, y los que vivían en ese mercado no veían más que árboles.

TR: Entendías el principio del riesgo y la recompensa.

KB: También me decían muchas veces: «Eso no va a ocurrir porque entonces todo el sistema financiero se vendría abajo». Aquella razón tampoco me valía. Esa tendencia positiva es innata en nosotros, es inherente a la naturaleza humana. No nos levantaríamos de la cama si no tendiéramos a ser positivos con nuestra vida, ¿a que no? Ser optimistas es una tendencia que tenemos como humanos.

TR: Funciona en todas partes menos en el mundo financiero.

KB: Tú lo has dicho.

TR: Aún más sorprendente fue que, después de prever la burbuja inmobiliaria, tuvieras también razón con respecto a Europa y Grecia. ¿Cómo lo hiciste? Repito: quiero entender la psicología de tu pensamiento.

KB: A mediados de 2008, después del colapso de Bear Stearns y antes del de Lehman, nos reunimos aquí y dijimos: «A ver, lo que está pasando en esta crisis es que el riesgo en el mundo, que antes estaba en las cuentas privadas, está pasando a las cuentas públicas. Así que cojamos una pizarra y analicemos las cuentas públicas de las naciones. Veamos lo que pasa en Europa, en Japón, en Estados Unidos, allí donde haya mucha deuda, y tratemos de entenderlo». Así que pensé: «Si yo fuera Ben Bernanke [entonces jefe de la Reserva Federal] o Jean-Claude Trichet, presidente del Banco Central Europeo, y quisiera resolver este problema, ¿qué haría y cómo lo haría? Pues miraría las deudas que tiene mi país. Y luego querría saber lo grande que es mi sistema bancario con respecto a dos cosas: mi producto interior bruto y la recaudación pública».

TR: Está bien pensado.

KB: Así que cogimos una serie de países y nos preguntamos: «¿Qué tamaño tiene el sistema bancario? ¿Cuántos préstamos hay?». Luego nos preguntamos cuántos de esos préstamos irían mal y qué consecuencias tendría eso para nuestro país. Para responder a estas preguntas, llamamos a una serie de empresas y les preguntamos cómo era el sistema bancario de esos países. ¿Sabes cuántas empresas lo sabían a mediados de 2008?

TR: ¿Cuántas?

KB: Ninguna. Y llamamos a todas.

TR: ¡Guau!

KB: Así que cogí todos los documentos oficiales sobre deuda pública y me los leí. La mayoría se referían a economías emergentes, porque, históricamente, han sido los países emergentes los que han reestructurado sus cuentas públicas.

TR: Los países desarrollados lo hicieron en la posguerra.

KB: Exacto. Dos países gastan una fortuna para ir a la guerra; elevan la deuda, el vencedor se lleva el botín y el perdedor las deudas. Así funciona el mundo. **En este caso, era la mayor acumulación de deuda en tiempo de paz de la historia.**

TR: Sorprendente.

KB: ¿Qué tamaño tenía el sistema bancario, pues? Salimos, recabamos los datos y usamos dos criterios: el producto interior bruto y la recaudación pública. Y fue un proceso muy largo porque nunca se había hecho antes.

TR: Creo que no, en efecto.

KB: No hay que ser un lince, Tony. Es un tonto de Dallas que se pregunta: «¿Cómo abordo este problema?». Así que nos pusimos manos a la obra, elaboramos unas tablas y dije: «Clasifícalos de peor a mejor». ¿Cuál es el peor de la lista?

TR: Islandia.

KB: Exacto, Islandia era el primero. ¿Y el siguiente? No hay que ser un lince.

TR: ¡¿Grecia?! (*Kyle asiente*). ¡Guau!

KB: En fin, analizamos todo aquello y dije: «¡No puede ser!». Me estaba pasando con mi equipo. Decía: «Si esto está bien, ya sabéis lo que va a pasar».

TR: Exacto.

KB: Así que les pregunté: «¿Cómo está el mercado de contratos de seguros en Irlanda y Grecia?», y los de mi equipo me contestaron: «El de Grecia está en once puntos básicos». ¡Once puntos básicos! Eso es once centésimos del uno por ciento. Y dije: «Pues compremos mil millones».

TR: ¡Guau! Es increíble.

KB: Y, ojo, era el tercer trimestre de 2008.

KB: Para entonces estaba claro lo que iba a pasar.

KB: Llamé al profesor Kenneth Rogoff de la Universidad de Harvard, que no sabía quién era yo, y le dije: «He pasado varios meses elaborando un balance mundial y tratando de entenderlo. A mí las conclusiones se me antojan demasiado negativas». Le dije, palabras textuales: «Creo que debo de malinterpretarlas. ¿Le importaría echarle un vistazo?». «Por supuesto que no», me dijo.

TR: ¡Muy bien!

KB: En febrero de 2009 nos reunimos durante dos horas y media. Nunca lo olvidaré: llegó al índice, con una tabla con todos los datos, se reclinó en el asiento, se levantó las gafas y dijo: «Kyle, no creo que esté tan mal». Lo primero que pensé fue: «¡Diablos! El padre del análisis de las cuentas públicas está confirmando todos mis temores». Conque si él no pensaba en todo aquello, ¿crees que lo hacían Bernanke y Trichet? Nadie pensaba en aquello; no había un plan coherente.

TR: ¿Ninguno?

KB: El buen hombre iba de sorpresa en sorpresa.

TR: Parece mentira. Te pregunto ahora por Japón, que sé que es el país que actualmente te interesa.

KB: Ahora mismo, la mayor oportunidad del mundo está en Japón y es mejor de lo que fueron las *subprime*. El mercado es más incierto, pero la recompensa es mucho mayor. Creo que el punto débil del mundo es Japón. Y ahora está más barato que nunca... quiero decir, comprar un seguro.

TR: Sí, ¿y qué cuesta?

KB: Las dos cosas que hay que tener en cuenta a la hora de elaborar un modelo de fijación de precios de opciones son, una, la tasa de riesgo cero y, dos, la volatilidad del activo subyacente. Imaginemos, por ejemplo, que un pavo usara esta teoría. Si calculara el riesgo que corre de que lo sacrifiquen, basándose en la volatilidad histórica de su vida, sería cero.

TR: Exacto.

KB: Hasta el día de Acción de Gracias.

TR: Hasta que es demasiado tarde.

KB: En Japón ha habido diez años de precios contenidos y de poca volatilidad. Ésta ronda el cinco por ciento. **Es tan baja como la de cualquier activo mundial.** La tasa de riesgo cero es una décima parte del uno por ciento. Cuando preguntas el precio de una opción, pues, la fórmula viene a decirnos que debería ser gratis.

TR: Eso es.

KB: Así, si el bono japonés sube de 150 a 200 puntos básicos [del 1,5 al 2 por ciento], se acabó. Todo el sistema revienta, en mi opinión.

TR: ¡Guau!

KB: Pero mi teoría es, como les digo siempre a nuestros inversores: «Si sube doscientos puntos básicos, es que va a subir mil quinientos».

TR: Ya.

KB: O se queda parado y no ocurre nada, o estalla.

TR: Esto tiene que ver con tu idea del *tail risk*. Háblame de qué es eso; no muchos inversores lo tienen en cuenta.

KB: Si te fijas en lo que estoy haciendo, verás que estoy invirtiendo tres o cuatro puntos básicos al año en Japón. Eso es cuatro centésimas del uno por ciento, ¿vale? Si acierto en lo del carácter binario del posible desenlace de la situación de ese país, esos bonos llegarán a cotizarse al 20 por ciento o más. Es decir, ¡estoy invirtiendo cuatro centésimas del uno por ciento en opciones que podrían valer un 2.000 por cien! **Tony, nunca ha habido opciones más baratas en la historia del mundo.** Claro, es mi opinión. Podría estar equivocado. De momento lo estoy, por cierto.

TR: Te falla la oportunidad.

KB: Te diré una cosa. Puedo equivocarme durante diez años, pero si acierto dentro de diez, habré tenido razón al ciento por ciento al anticipar los hechos. La gente me dice: «¿Cómo puedes apostar por eso, si nunca ha ocurrido?». Y yo digo: «¿Cómo puede uno ser un fiduciario prudente si te cuento lo que acabo de contarte y no haces nada? Olvídate de si estoy equivocado o no. Cuando te muestro los costes, ¿por qué no haces nada? Si tu casa está en una zona proclive a los incendios y hace doscientos años hubo uno que arrasó con todo, ¿por qué no la aseguras?».

TR: Entiendo, es asombroso. Déjame que te pregunte: ¿te consideras una persona que asume muchos riesgos?

KB: No.

TR: Yo no lo creo; por eso te lo preguntaba. ¿Por qué no te consideras una persona que asume muchos riesgos?

KN: Te repito: asumir mucho riesgo significa que puedes perder todo tu dinero. Yo nunca me arriesgo a eso.

TR: Dime una cosa: si no pudieras dejarles ningún dinero a tus hijos, sino sólo una cartera de inversiones y una serie de reglas, ¿cuáles serían?

KB: Les daría níqueles por valor de unos cuantos cientos de millones de dólares y así no tendrían que preocuparse de nada.

TR: Con eso estarían apañados, ya tendrían hecha la cartera de inversiones. ¡Dios, qué fuerte! ¿Qué es lo que más te alegra la vida?

KB: Mis hijos.

TR: ¡Muy bonito!

KB: Al ciento por ciento.

TR: Kyle, gracias. ¡He disfrutado mucho y he aprendido un montón!

Capítulo 6.10

Marc Faber:
el multimillonario llamado Dr. Doom

Director de Marc Faber Limited,
editor del informe *Gloom, Boom & Doom*

¡El hecho de que el boletín sobre inversión que escribe Marc Faber se titule *Gloom, Boom & Doom* (tristeza, explosión y ruina) da idea de lo que piensa de los mercados! Pero este multimillonario suizo no es el típico inversor pesimista. Marc, que es amigo mío desde hace muchos años, es una persona franca y animosa y un inversor a contra corriente que sigue el consejo del inversor del siglo XVIII Barón Rothschild: «El mejor momento para comprar es cuando hay sangre en las calles». Y, como sir John Templeton, busca las oportunidades que todo el mundo ignora o evita. Por eso, mientras que muchos se centran en las bolsas estadounidenses, él mira casi exclusivamente a Asia para hacer sus inversiones. Es también muy crítico con todos los bancos centrales, y particularmente con la Reserva Federal, a la que acusa de desestabilizar la economía mundial inundándola de billones de dólares, prácticamente «impresos» de la nada.

Marc se ha ganado el mote de Dr. Doom porque siempre está diciendo que los activos más populares están sobrevalorados y que van a hundirse. Como el *Sunday Times* londinense dijo, «Marc Faber dice las cosas que nadie quiere oír». Pero muchas veces tiene razón, sobre todo en 1987, cuando ganó una fortuna anticipando la caída de las bolsas estadounidenses.

El padre de Faber era un cirujano ortopédico y su madre procedía de una familia de hoteleros suizos. Se doctoró por la Universidad de Zúrich y empezó su carrera financiera en la empresa de inversiones White Weld & Company. En 1973 se trasladó a Asia y nunca regresó. Desde su despacho de Hong Kong y su villa de Chian Mai, Tailandia, ha presenciado en primera persona la increíble transformación de China, que ha pasado de ser un imperio comunista a ser el motor económico de la zona. Se lo considera uno de los mejores expertos en mercados asiáticos.

Marc es famoso por su excentricidad —reconoce alegremente su reputación de «experto en vida nocturna»— y es asiduo participante de foros financieros y noticiarios de televisión. **Es miembro del prestigioso Barron's Roundtable y, según observadores independientes, las recomendaciones que hace en este foro han producido los mayores rendimientos, de casi un 23 por ciento anual, durante doce años seguidos.** También es autor de varios libros sobre Asia y el director de Marc Faber Limited, un fondo de inversión y asesoría con sede en Hong Kong. Habla inglés con un fuerte acento suizo y nunca se toma demasiado en serio. Lo que sigue es un extracto de la entrevista que le hice en directo en mi conferencia de Sun Valley en 2014.

TR: ¿Cuáles dirías que son las tres mayores mentiras que siguen contándose hoy en el mundo?

MF: ¡Bueno, creo que todo es mentira! ¡Siempre es así de simple! Entiéndeme: he conocido a mucha gente honrada y demás, pero, por desgracia, lo que más hay en la vida son asesores financieros tipo vendedor. Tendrían que ser gente muy honrada, pero, por experiencia, sé que todos quieren venderte la inversión de tus sueños, aunque, como director que soy de muchos fondos, sé que los clientes suelen hacer muy poco dinero. En cambio, los gestores de los fondos y los promotores se forran, todos.

TR: ¿Qué tendrían que hacer los inversores?

MF: Hay muchas teorías sobre cómo invertir. Por ejemplo, están los partidarios de la teoría de la eficiencia del mercado, que dicen que los mercados son eficientes. O sea, que lo mejor es invertir en índices. Y que seleccionar individualmente los valores no tiene sentido. Pero yo conozco a gestores de fondos que han rendido bastante más que los mercados durante mucho tiempo, pero bastante más. Creo que hay gente que sabe analizar empresas o porque son buenos contables, o porque tienen ese don.

TR: ¿Qué piensas de los mercados hoy día?

MF: Creo que sigue habiendo riesgo en los mercados emergentes y aún es pronto para comprar en ellos divisas y acciones... como es muy tarde para comprar los estadounidenses. No se me ocurre invertir en el índice S&P cuando llega a 1.800. No veo ganancia. ¡Así que lo mejor es irse a tomar una copa y a bailar y no hacer nada! ¿Entiendes? Ya dijo Jesse Livermore [un famoso negociador de principios del siglo XX]: «La mejor forma de ganar dinero es no hacer nada, quedarse quieto». Quedarnos quietos significa que tenemos liquidez.

Lo importante en la vida es no perder dinero. Si no vemos buenas oportunidades, ¿para qué arriesgar? Se presentarán grandes oportunidades cada tres, cuatro o cinco años, y para entonces querremos tener dinero. A finales de 2011 hubo una gran oportunidad con el precio de la vivienda en

Estados Unidos. De hecho, escribí sobre el particular. Fui a Atlanta y luego a Phoenix a ver cómo estaba la vivienda. No quiero vivir allí, pero había una gran oportunidad. Pero la oportunidad se pasó muy pronto y los inversores particulares quedaron en desventaja porque los fondos de inversión de alto riesgo acudieron con dinero... los del capital privado compraron miles de viviendas.

TR: ¿Qué crees que nos espera, inflación o deflación?

MF: El debate sobre la inflación y la deflación no está bien planteado, en mi opinión, porque habría que definir la inflación como un incremento de la cantidad de dinero. Si el que circula aumenta, el crédito aumenta y tenemos inflación monetaria. Esto es lo importante: la inflación monetaria. Luego están los síntomas de esta inflación monetaria y estos síntomas pueden ser distintos. Pueden ser un aumento de los precios del consumo, puede ser un incremento de los salarios, pero, repito, no es tan simple, porque, por ejemplo, en Estados Unidos, y en muchos sectores, además, los salarios llevan ya veinte o treinta años bajando, respecto de la inflación. Pero ¿qué pasa con los salarios en Vietnam o en China? En China, los salarios han subido un 20 o un 25 por ciento anual y lo mismo ha pasado en otras economías emergentes.

O sea, y respondiendo a tu pregunta, en un sistema, puede haber deflación en algunas cosas, en activos, bienes, precios e incluso servicios, e inflación en otras. Muy pocas veces ocurre que el precio de todo suba o baje al mismo ritmo. Normalmente, lo que pasa, sobre todo en un sistema de dinero fiduciario, en el que puede imprimirse moneda, es que el dinero no desaparece. Simplemente va a otra cosa. Lo que sí puede desaparecer es el crédito... y por eso los precios, en general, pueden caer.

Pero a nosotros, los inversores, lo que nos interesa es saber qué precios suben. Por ejemplo, ¿sube el precio del petróleo o baja? Porque si sube, a lo mejor nos interesa comprar acciones de petroleras, y si baja, a lo mejor nos interesa comprar otra cosa.

TR: ¿Cómo colocarías tú los activos para aprovechar al máximo el entorno en el que estamos ahora y protegernos?

MF: Yo solía colocar los activos de la siguiente manera: 25 por ciento en acciones, 25 por ciento en oro, 25 por ciento en efectivo o liquidez y bonos, y 25 por ciento en inmuebles. Ahora he reducido el porcentaje de acciones. Tengo más efectivo del que normalmente tendría. He aumentado la inversión en inmuebles y en acciones de Vietnam.

TR: Entonces ¿cuáles son esos porcentajes hoy, sólo por curiosidad?

MF: Bueno, no sabría decirte porque es muy grande.

TR: ¿Muy grande la cartera de inversiones o a qué te refieres?

MF: (*Riendo.*) Bueno, ¡es que no lo sé! O sea, hago cuentas todos los días.

TR: Bueno, pero ¿cómo serían más o menos?

MF: Más o menos, creo que así: en bonos y efectivo un 30 o 35 por ciento, en acciones un 20 por ciento, en inmuebles, no sé, un 30 por ciento, y en oro un 25 por ciento. Sale más del ciento por ciento, pero ¿qué más da? ¡Soy como el Tesoro de Estados Unidos!

TR: Sabemos por qué te gusta invertir en liquidez. ¿Qué piensas de los bonos, cuando mucha gente teme que estén al nivel más bajo posible?

MF: Normalmente invierto en bonos de mercados emergentes. Los bonos empresariales también están mayoritariamente en dólares o en euros. Pero quiero dejar esto bien claro. Estos bonos de mercados emergentes se comportan de un modo muy parecido al de las acciones. Si las bolsas caen, el valor de estos bonos cae también. Como pasó en 2008, que cayeron como si fueran bonos basura. Es decir, son más acciones que bonos. Tengo unos cuantos de estos. Por eso, cuando digo que el nivel de riesgo de mi cartera de acciones es bajo, del 20 por ciento, en realidad es más, quizá del 30 por ciento, por culpa de este tipo de bonos.

Creo que, muchas veces, los inversores cometemos el error de fiarnos demasiado de nuestro criterio, porque éste es irrelevante para el conjunto del mercado, ¿entiendes? El mercado funcionará independientemente de lo que pensáramos, y por eso, aunque no seamos muy optimistas respecto de los bonos del Tesoro, por ejemplo, pueden darse unas condiciones en las que éstos sean una muy buena inversión incluso para varios años. Sólo nos rendirán un 2,5 o un 3 por ciento, pero puede ser una buena rentabilidad en un mundo en el que el valor de los activos baje. ¿Me entiendes? Si la bolsa cae los próximos tres años un, pongamos, cinco o diez por ciento anual, y nosotros ganamos ese 2,5 o 3 por ciento, seremos los reyes.

TR: ¿Y qué piensas de las demás clases de activos?

MF: Se especula mucho con los inmuebles de lujo, que están infladísimos. No digo que no vayan a subir más, pero sí creo que algún día caerán bastante. Y si eso ocurre, más vale que estemos protegidos.

TR: Tienes una cuarta parte de tus activos en oro. ¿Por qué?

MF: Pregunta interesante. Cuando lo comentaba antes de 2011 [año en el que los precios empezaron a bajar], la gente me decía: «Marc, si tan seguro estás del oro, ¿por qué sólo tienes el 25 por ciento de tu dinero invertido en ello?». Y yo contestaba: «Puedo equivocarme, pero quiero diversificar porque el precio del oro ha subido mucho pero tiene que consolidarse». El oro es seguramente una inversión segura, pero no completamente en un entorno deflacionista si lo tenemos en forma física. Pero seguramente es mejor inversión que muchos otros activos no líquidos. Es probable que su precio caiga, pero menos que el de otras cosas. Los bonos del Tesoro, al menos para unos años, deberían comportarse bien en un entorno deflacionista... ¡salvo que el Estado quiebre!

TR: Última pregunta. Si no pudieras dejarles ningún dinero a tus hijos sino sólo una serie de principios que los guiaran a la hora de hacerse una cartera de inversiones, ¿cuáles serían?

MF: Creo que la lección más importante que les daría a mis hijos o a quien fuera es ésta: lo que importa no es lo que compramos, sino el precio al que lo compramos. Hay que tener mucho cuidado con las cosas que adquirimos a un precio alto, porque luego cae y perdemos dinero. Debemos mantener la sangre fría y tener dinero cuando los vecinos y todos están deprimidos. Si tenemos dinero cuando todos los demás tienen, todos competiremos por los activos y estos se pondrán caros.

También diría que no creo que, en general, sepamos lo que va a ocurrir dentro de cinco o diez minutos, y no digamos dentro de uno o de cinco años. Podemos hacer ciertas predicciones que a veces se verifican y otras no, pero nunca sabemos a ciencia cierta lo que ocurrirá. Por eso recomiendo a los inversores que diversifiquen.

Ahora bien, no todos los inversores pueden hacer esto porque algunos invierten en su propio negocio. Si yo tuviera un negocio como el de Bill Gates, colocaría todo mi dinero en Microsoft, que por cierto fue, al menos por un tiempo, una inversión muy buena. Lo mejor para la mayoría de la gente es tener un negocio e invertir en algo en lo que lleven ventaja, comparado con el resto del mercado, porque tengan conocimientos de primera mano. Eso es lo que yo haría. O dar nuestro dinero a un gestor de carteras. Si tenemos suerte, no perderá nuestro dinero, pero hay que tener mucha suerte.

Capítulo 6.11

Charles Schwab: hablando con Chuck, el bróker del pueblo

Fundador y presidente de Charles Schwab Corporation

Habremos visto los anuncios: un hombre apuesto de pelo blanco que nos mira a los ojos a través de la cámara y nos invita a «ser dueños de nuestro mañana». O quizá recordamos esos spots de dibujos animados en los que unas personas hacen preguntas sobre sus inversiones y aparece un bocadillo animándolos a que «hablen con Chuck». **Por este compromiso personal y directo lleva Charles Schwab cuarenta años en el pináculo del sector de la correduría de bajo coste y ha contribuido a crear un imperio que gestiona activos de clientes por valor de 2,38 billones**, tiene 9,3 millones de cuentas, 1,4 millones de planes de pensiones de empresas, 956.000 cuentas bancarias y una red de 7.000 asesores independientes.

Antes de que Chuck Schwab apareciera, si queríamos comprar acciones, teníamos que contratar a un corredor o empresa de correduría que nos cobraba unas comisiones exorbitantes por cada operación. Pero en 1975, cuando la Comisión de Bolsa y Valores obligó al sector a desregularse, Schwab creó una de las primeras corredurías de bajo coste y lideró una nueva manera de hacer negocios que sacudió los cimientos de Wall Street. Revolucionó la inversión y de pronto cualquier persona pudo participar completamente en los mercados sin necesidad de onerosos intermediarios. Mientras corredores exclusivos como Merrill Lynch subían sus comisiones, Charles Schwab disminuía drásticamente —y aun eliminaba— las suyas y ofrecía una serie de servicios gratuitos que buscaban el interés del cliente y creaban un nuevo modelo. Después lideró también el paso al comercio electrónico y sigue introduciendo innovaciones que enseña a los inversores a tomar sus propias decisiones.

A sus setenta y seis años, Chuck Schwab se presenta como una persona de grandísima humildad e integridad. «Parece que la gente confía en nosotros —dice—. Tratamos a las personas para que vean que pueden confiar en nosotros y que cuidaremos de su dinero.»

Es posible que la modestia y la tranquila confianza que transmite le vengan de una vida de superación de diversas dificultades, empezando por la dislexia, un trastorno de aprendizaje que tiene en común con un número sorprendentemente alto de hombres de negocios superricos, como Richard Branson, del grupo Virgin, o John Chambers, de Cisco Systems. Pese a sus problemas lectores, Chuck se licenció por la Universidad de Stanford y cursó un máster de administración de empresas en la Escuela de Negocios de la misma universidad. Empezó su carrera en las finanzas con un boletín informativo sobre inversión. Aceptando su condición de persona ajena a Wall Street, se estableció en su California natal y fundó su correduría en San Francisco en 1973. Desde entonces, Charles Schwab Corporation ha pasado por los mercados alcistas y bajistas de los últimos cuarenta años, se ha recuperado de las crisis de 1987, 2001 y 2008, que se llevaron por delante negocios más pequeños, luchando contra las numerosas empresas semejantes que le comían el mercado y encontrando siempre la manera de innovar y crecer en todos los entornos.

Aunque dejó el cargo de consejero delegado en 2008, Chuck sigue siendo el presidente y el mayor accionista de la empresa. Según la revista *Forbes*, **posee una fortuna personal de 6.400 millones de dólares**. Con su mujer y su hija, Carrie Schwab-Pomerantz, ha participado muy activamente en las fundaciones de la familia, que ayudan a organizaciones que trabajan en educación, prevención de la pobreza, servicios humanos y sanidad. También es el presidente del Museo de Arte Moderno de San Francisco.

Chuck y yo tenemos agendas apretadísimas, pero por fin pudimos quedar en su despacho de San Francisco justo cuando este libro iba a la imprenta. Lo que sigue es un extracto de nuestra conversación:

TR: Todo el mundo conoce a Charles Schwab, y a su empresa. Pero la mayoría no sabe nada de tu historia. ¿Nos contarías algo? Tengo entendido que empezaste a interesarte por la inversión nada menos que a los trece años, ¿es así?

CS: Así es. Cuando tenía trece años, la segunda guerra mundial acababa de terminar y el mundo no era muy rico. Mi padre era un modesto abogado del valle de Sacramento y mi familia no era lo que se dice adinerada. Pensé que viviría mejor si tenía más dinero y me puse a discurrir cómo conseguirlo. Hablé con mi padre del tema y me recomendó que leyera biografías de famosos. Todos habían invertido, así que me dije: «Esto es lo mío».

A los trece años, pues, monté una empresa de pollos. Los criaba y demás. Y monté unos cuantos negocios más por el estilo. Se me daba bien y fui haciéndome una idea de cómo funcionan los negocios.

TR: ¿Cuál fue tu idea original? ¿Y cuáles fueron tus primeros pasos prácticos? Cuéntamelo, si te apetece, para que la gente se haga una idea de tu trayectoria.

CS: Tuve bastante suerte al principio. Empecé trabajando de analista financiero y tuve algunos altibajos. Tenía unos treinta y cinco años y mucha experiencia cuando monté mi empresa en 1973. Por eso conocía algunos de los fallos que tenía el negocio de las finanzas, por ejemplo, por qué no trataban a la gente como debían. Era porque sólo les interesaba ganar dinero ellos y no darle al inversor lo que le correspondía. Siempre pensaban primero en sus empresas y en ganar dinero. «¡Ajá! —me dije—. Esto va a cambiar.»

TR: ¿Cuál ha sido la ventaja de tu empresa a lo largo de los años? El mercado inversor norteamericano creo que mueve 32 billones de dólares y vosotros representáis una buena parte de ese mercado.

CS: Somos probablemente del 5 al 10 por ciento del mercado minorista, algo así. Cuando empecé con los negocios, **quise ver todos los productos, todos los servicios que ofrecemos a los clientes a través de sus ojos**. Creamos un producto que era como un fondo de inversión sin comisiones de entrada (*no-load*). Y lo hicimos muy bien. Hace años que a través de nosotros, la gente puede invertir gratis en fondos de inversión sin comisiones.

La gente nos decía: «¿Y cómo vais a ganar dinero con eso?». Así que buscamos la manera de hacer algún dinero. Convencimos a los fondos de inversión de que nos pagaran una comisión de lo que cobraban en concepto de gestión. Y nuestros clientes se beneficiarían de eso. Y funcionó de maravilla. Los inversores pudieron invertir gratis en una serie de fondos de inversión sin comisiones. Hicimos el mismo tipo de análisis con otras cosas. Primero la veíamos a través de los ojos de los clientes.

Pero **Wall Street hacía exactamente lo contrario**. Siempre decidían pensando: «¿Cuánto dinero podemos ganar con esto? Vale, pues adelante. A venderlo, muchachos». Así tomaban ellos las decisiones. Nosotros éramos lo contrario.

TR: ¿Ha cambiado eso? ¿O sigue siendo así?

CS: Sigue siendo así. Y por eso es un mercado que nos interesa mucho. Nuestro destino, por así decirlo, es seguir tratando al cliente como a un rey, y hacer todo lo posible en su interés, en primer lugar. Claro, ganamos un poco de dinero, somos una empresa. Pero en quien primero pensamos es en el cliente.

TR: ¿Cuáles son los dos o tres mitos con los que les dices a tus clientes que tengan cuidado a la hora de invertir, para que no se llamen a engaño?

CS: Muy sencillo. Lo he visto en Wall Street muchas veces. Se abusa mucho de la gente. Nos viene un corredor muy listillo y nos dice: «Señor, ¿quiere ganar dinero?». Por supuesto, todos decimos que sí. Y nos dejamos enredar en la conversación. «Esta gente tiene el mejor aparato que has visto en tu vida. Va a pasar lo que pasó con Apple.» Total, que escuchamos la historia y al final decimos: «Vale, voy a invertir en eso».

Pues bien, la probabilidad de que la cosa nos salga bien es de una entre diez mil. ¿Por qué no apostamos más bien a los caballos? ¿O compramos un billete de lotería? Eso satisfará nuestro prurito inversor. Y coloquemos el dinero real que tenemos en un fondo indexado, que es bastante predecible y cuyo rendimiento será bastante bueno.

TR: Muchas personas no saben las cosas y no preguntan y acaban perjudicadas. Tú eres de los primeros que dicen: «Haz preguntas».

CS: Exacto.

TR: Pero muy poca gente sabe las preguntas que hay que hacer. Ven un fondo de inversión, ven lo que rinde y piensan que es lo que ganarán. Pero tú y yo sabemos que no es verdad.

CS: No es verdad, claro, nunca lo es. El pasado nunca garantiza el futuro. Pero hay motivos para sacar un folleto, un informe sobre los fondos indexados. Son los motivos de por qué las acciones son la mejor inversión a largo plazo. Y es porque las empresas están para crecer. En todas las juntas directivas a las que he asistido, y he estado en seis o siete de las de la lista Fortune 500, no se habla más que de crecer. ¿Cómo podemos hacer que esta empresa crezca? Si no crecemos, echamos al consejo de administración. Y nombramos a otro.

Ahora bien, ese edificio de allí es muy bonito. Pero si vuelves dentro de cien años, seguirá teniendo el mismo tamaño, o lo habrán derribado. Lo que no habrá hecho es crecer. Sólo las empresas crecen. Y por eso es muy buena idea invertir en acciones. Y, por supuesto, en nuestro caso, le decimos a la gente que invierta en fondos indexados, para que tengan una amplia gama de empresas y acciones y demás. Además, son los más...

TR: ... baratos.

CS: Los más baratos y los que más probabilidades tienen de comportarse tan bien como el índice. Y si nos fijamos en los de cualquier sector en los últimos cien años, se han comportado muy bien y han rendido mucho a los inversores.

TR: Si escuchamos a Jack Bogle, de Vanguard, o a alguien como David Swensen, de Yale, todos dicen que lo mejor es la gestión pasiva. Porque el 96 por ciento de todos los fondos de inversión no superan el índice durante más de diez años. Pero ¿qué le recomiendas tú al pequeño inversor, la gestión pasiva o la activa?

CS: Yo soy un inversor mixto. Invierto en un montón de acciones individuales. Pero yo tengo tiempo. Tengo conocimientos. Tengo formación. El noventa y ocho por ciento de la gente no se preocupa de eso. Tienen otras cosas que hacer en la vida, que no pasarse todo el día metido en inversiones, como hago yo, o como hace Warren Buffett. Son médicos, abogados, lo que sea. Necesitamos a esa gente para que nuestra sociedad funcione. Seguramente sólo el dos por ciento sepamos de inversiones. Por eso el resto de la gente necesita ayuda y consejo. Eso es lo que aprendí hace mucho y eso es lo que hacemos hoy. **Y, en mi opinión, el noventa y ocho por ciento de la gente debe invertir, en efecto, sobre todo en fondos indexados, porque es la inversión más predecible.** Mejor de lo que sería si trataran de invertir ellos mismos en esto o lo otro, que es algo muy difícil, si además tienen otro trabajo. No se pueden hacer las dos cosas.

TR: Y otra cosa de la que la gente no se da cuenta son los costes, como señala Jack Bogle. Por cada uno por ciento que nos cobran, al final perdemos el 20 por ciento.

CS: Sí, es tremendo.

TR: Y si nos cobran el dos por ciento, perdemos el 40 por ciento, y si es el tres por ciento, perdemos el 60 por ciento.

CS: Es muchísimo. Y si es después de impuestos, ya se dispara.

TR: Todos los grandes inversores con los que he hablado dicen que **colocar los activos** es **la decisión más importante que podemos tomar**. Tú tratas con muchas clases de inversores. ¿Qué ideas quieres que tu equipo aplique para hacer entender a la gente cómo debería colocar sus activos?

CS: Hoy en día es muy fácil. Hace cuarenta años era peor. Ahora tenemos los fondos indexados de los que hablábamos. Y los fondos de inversión cotizados. Podemos invertir en diferentes porciones del mercado y diversificar mucho. ¿Queremos acciones de empresas energéticas? Podemos invertir en un fondo cotizado de empresas de ese tipo. ¿Queremos invertir en empresas de tecnología médica? Podemos hacerlo. Y, por supuesto, creo que deberíamos diversificar entre los mayores grupos empresariales. Por eso solemos invertir en un fondo indexado. Invertimos en todo, porque nunca se sabe. A veces el equipamiento electrónico va bien y sube mucho. A lo mejor el petróleo no va bien, pero ¿y el año que viene? Hay demanda de petróleo y por tanto su precio sube, y entonces rinde. Y así siempre. Eso nos permite equilibrar las ventajas de todos los sectores.

TR: Cuando colocas activos, ¿qué crees que es mejor, la inversión nacional o la internacional?

CS: Ése es otro nivel de sofisticación que creo que todo el mundo debería incluir en su cartera. Una parte hay que invertirla en el extranjero, porque la verdad es que Estados Unidos está creciendo en torno al dos o tres por ciento anual, y hay muchos otros países, como China, Indonesia o Japón, que están creciendo más. Y donde mejor rendimiento se obtiene es donde más crecimiento hay, ni más ni menos.

Pero aunque la economía estadounidense esté creciendo sólo al tres por ciento, hay sectores de ella que crecen muy rápido. Y en esos sectores debemos invertir, claro está.

TR: ¿Adónde crees que **se dirigirá el mundo en los próximos diez años**? ¿Qué oportunidades y dificultades crees que habrá para los inversores?

CS: Creo que nos esperan enormes oportunidades, pese a lo lentas que van las cosas ahora. Cuando recuperemos las políticas que necesitamos, la cosa prosperará, porque no es posible que Estados Unidos deje de crecer. La innovación que está produciéndose en este país es profunda. Por ejemplo, yo vivo en San Francisco y aquello bulle de actividad.

TR: Viendo la manera como la Reserva Federal controla las tasas de interés, ¿dirías que estamos en una burbuja, en la que tenemos que asumir mucho riesgo para ver recompensas? El mercado parece ser el único lugar al que puede ir el dinero. ¿Hasta cuándo será así?

CS: No soy un gran admirador de la política actual de la Reserva Federal. Creo que manipular las tasas de interés tanto tiempo como llevan haciéndolo no es bueno. Y supongo que eso podría crear algún tipo de burbuja. Pero no durará siempre. Probablemente pagaremos un precio. Pero será pasajero. Habrá una inflación alta o mercados bajistas. Pero lo superaremos. Como siempre sucede cuando los políticos toman malas decisiones.

TR: Cada uno lo dice de una manera diferente, pero todos los grandes inversores del mundo se rigen por el principio del riesgo y la recompensa asimétricos. Asumen poco riesgo e intentar obtener una gran recompensa. ¿Cómo pueden hacer lo mismo los pequeños inversores? ¿Qué les aconsejarías?

CS: Todo nos remite a la pregunta de antes: **¿dónde hay mayor crecimiento?** Entender los principios básicos del crecimiento es fundamental para conseguir un buen rendimiento a largo plazo. Por ejemplo, Warren Buffett lo supo desde muy joven. Compra empresas y nunca las vende. ¿Por qué? Porque las empresas siempre crecen. Ellas crecen y crecen, y él se hace más y más rico.

TR: No paga impuestos.

CS: Y no paga impuestos. ¡Si no vendemos, no pagamos impuestos!

TR: Es asombroso.

CS: Es su secreto. ¡El enigma se ha resuelto! ¡No vende!

TR: Creo que tienes cinco hijos.

CS: Y doce nietos.

TR: ¡Doce nietos! Dime una cosa: ¿si no pudieras dejarles dinero a tus hijos y lo único que pudieras legarles fuera una serie de principios sobre inversión y una cartera, ¿qué les aconsejarías?

CS: Creo que lo primero de todo es ganar nuestro dinero, tener éxito en eso. Y ahorrar una parte.

— Asegurémonos de estudiar lo que debemos y que nos sirva para entrar en el mercado, que es el que crea empleo.
— Debemos tener un trabajo bien pagado, lo que precisamente no abunda hoy.
— Y luego meter ese dinero en un plan de pensiones. Eso significa renunciar a cosas. No comprarnos un coche. No irnos de vacaciones. Ahorrar.
— Y entonces podemos pensar en invertir.

Es una fórmula muy sencilla. Hay mucha gente que no lo sabe, pero seguro que tú se lo enseñas.

TR: (*Riendo.*) ¡Eso espero!

CS: Creo que está bien dejar algo a nuestros hijos, para que se eduquen bien, pero no mucho dinero. No debemos impedir que busquen sus propias oportunidades, que desarrollen su carácter, que se realicen por sí mismos. Tenemos que ser personas muy curiosas. Tenemos que transmitir esa curiosidad a nuestros hijos. Y no es sólo cuestión de ganar dinero.

Como me crié sin dinero, sé muy bien lo que es la riqueza. En los últimos veinte años he tenido éxito y eso me ha dado posibilidades increíbles. Mi mujer y yo podemos irnos de vacaciones sin preocuparnos de lo que cuesten. Nos divertimos. Yo juego al golf. Y así muchas otras cosas. Por eso quiero perpetuar este éxito. Quiero que las generaciones que vienen tengan lo que tenemos.

TR: Has tratado a mucha gente de éxito, has estudiado empresas de éxito y a las personas que las dirigen. ¿Cuál crees que es el factor más importante?

CS: En el noventa por ciento de los casos es la necesidad. Hay mucha gente en el mundo que necesita más recursos, pero no tiene la formación, quizá tampoco la motivación. A lo mejor no ven la oportunidad que se les presenta. ¿Cómo se percibe la oportunidad que se nos pone delante? Vemos a las personas que han triunfado y nos decimos: «Yo también puedo hacerlo.» ¿Cómo se siente eso? No lo sé.

TR: Ahora tienes setenta y seis años y no descubriste que eras disléxico hasta los cuarenta, ¿verdad?

CS: Así es.

TR: Mucha gente piensa que eso es una limitación. ¿Cómo es que nunca lo fue para ti?

CS: ¡Quizá porque, gracias a Dios, no lo sabía cuando era niño! Pero a mi hijo, cuando empezó la escuela, lo llevamos a hacerle unas pruebas y vimos que era disléxico. «¡Oh, Dios mío! —me dije—. ¡Ahora tiene que enfrentarse a todo lo que yo me enfrenté cuando tenía siete, ocho, nueve años!» Y quedó claro que yo también era disléxico, lo que explicaba muchas cosas de mis años escolares. Por ejemplo, el alfabeto me resultaba imposible. Y leer... ni siquiera hoy leo novelas, sólo leo ensayo.

TR: ¡Guau! ¿Qué te hizo triunfar en el mundo financiero, pues?

CS: Era bastante bueno en matemáticas. Y también lo era con la gente. No sabía escribir muy bien, pero a mi alrededor había personas que sí sabían. Así que pronto se aprende una cosa: *no podemos hacerlo todo solos*. Necesitamos a gente con nosotros que sea mejor que nosotros en todo lo demás. Pero debemos ser capaces de inspirar a esas personas para que trabajen juntas en nuestro proyecto común. Y eso es lo que sí he hecho bien todos estos años.

TR: ¿Cuál es tu pasión?

CS: Mi pasión es convencer a la gente de la necesidad que tenemos de ganar, ahorrar y crecer para poder jubilarnos. Y vamos a vivir, ¡ya lo creo! Ahora tengo setenta años, pero es probable que vivamos noventa, noventa y cinco años. Vamos a estar jubilados mucho tiempo. Así que tenemos que ahorrar mucho dinero para poder vivir cómodamente.

TR: Las personas con las que he hablado y que te conocen desde hace veinte años dicen que sigues siendo tan apasionado como eras o más.

CS: Seguramente más. (*Risas.*)

TR: ¡Guau! ¿Cómo es eso? ¿Cómo mantienes esa pasión? ¿Por qué es mayor?

CS: Bueno, fíjate por ejemplo en lo que podemos hacer por filantropía. Cuánto ayudamos a la gente. Porque hemos triunfado. Yo no podría hacerlo si no hubiera triunfado. No tendría los medios. Pero como he triunfado, puedo hacer muchas cosas. Por ejemplo, ayudar a niños con dislexia. O a las escuelas, también podemos ayudar a los niños. O a los museos; ayudar a construir lugares mejores y más grandes para que la gente vaya y vea y disfrute del arte.

Creo que una de las grandes satisfacciones de triunfar es poder dar; haces que la gente disfrute de muchas más cosas y tú también.

TR: Si alguien quisiera montar un nuevo negocio o emprender algo, ¿qué le aconsejarías para que empezara con buen pie? ¿Cómo pasaste de la idea del joven que eras, que decía «quiero conseguir que la gente se preocupe por el cliente», a crear un negocio de varios billones de dólares? ¿En qué le dirías a la gente que debe concentrarse realmente?

CS: Pues en estudiar y en adquirir toda la experiencia que pueda. Y luego en tener la paciencia de trabajar un día sí y otro también, un día sí y otro también. No es fácil, sin duda. Es como el dueño del restaurante que sirve buenos platos en cada comida. No es fácil. Pero así es como se hace un buen restaurante. Así es como somos buenos vendedores de coches. Prestando servicio todos los días. No podemos fallar. Tenemos que dar el callo todos los días. Sirviendo bien. Lo mismo pasa con la tecnología. Hemos visto muchas empresas que han fracasado porque no fueron capaces de innovar. O porque simplemente no fueron capaces de crear un producto o servicio que sirviera al cliente. Perdieron sus clientes. *No perder un solo cliente.* De eso se trata.

TR: Última pregunta. Sé que pasarán veinte o treinta años antes, porque te cuidas y cuidas de tu salud, y porque eres muy apasionado, pero ¿cómo querrías que te recuerden? ¿Cuál es, para ti, el legado que dejas, lo que has construido en el curso de tu vida?

CS: Bueno, varias cosas, claro. Para mi familia y demás. Pero, en el plano profesional, **estoy muy orgulloso de haber cambiado el comportamiento de Wall Street**. Esta institución tiene doscientos años de existencia, y nosotros, una pequeña empresa de la Costa Oeste, hemos hecho que se replanteen una serie de cosas. Y ahora están haciéndolo mucho mejor... ¡aunque no tan bien como nosotros! (*Risas.*) Pero están haciéndolo mucho mejor y tratando con mucha más consideración al cliente.

TR: Tú diste ejemplo.

CS: Muchas gracias.

TR: Ve con Dios. Gracias por tu tiempo.

Capítulo 6.12

Sir John Templeton: ¿el mayor inversor del siglo xx?

Fundador de Templeton Mutual Funds, filántropo
y creador del Premio Templeton,
dotado con 1 millón de libras esterlinas

Sir John Templeton no sólo fue uno de los mayores financieros de todos los tiempos, sino también una de las mejores personas que ha habido nunca. Yo tuve el honor de contarlo entre mis mentores. Su lema: «Sabemos muy poco, queremos aprender mucho», lo guió a lo largo de su longeva y deslumbrante vida de pionero, iconoclasta, persona de inquietudes espirituales y filántropo. **Era famoso por su capacidad de enfrentarse a las situaciones más difíciles y encontrar la manera de aprovecharlas en bien de todos.**

John Templeton no siempre fue «sir». Tuvo unos comienzos humildes en un pueblo de Tennessee, donde fue educado en el ahorro, la autosuficiencia y la disciplina personal. Estudió en las universidades de Yale y Oxford y empezó a trabajar en Wall Street en 1937, en plena Gran Depresión. Siempre fue a contra corriente y creía que había que comprar acciones en el «momento de máximo pesimismo». **Cuando todo el mundo pensaba que era el fin del mundo, John pensaba que era el momento de invertir.** Cuando todo el mundo pensaba: «¡Oh, Dios mío! ¡No nos puede ir mejor!», para él era el momento de vender.

La primera vez que puso en práctica su teoría fue en el otoño de 1939. Cuando la Depresión aún se dejaba sentir y las tropas de Hitler entraban en Polonia, dando inicio a la segunda guerra mundial, John Templeton decidió, con todo el dinero que había ahorrado y alguno más que pidió prestado, comprar 100 dólares de todas las acciones que se cotizaran a un dólar o menos en la bolsa de Nueva York. Aquella cartera se convirtió en la base de una gran fortuna personal y de un imperio de gestión de activos. También fue pionero de la inversión internacional. Mientras que el resto de los estadounidenses se negaba a mirar más allá de las fronteras de Estados Unidos, John buscaba oportunidades por todo el mundo.

Y conforme su fortuna crecía, crecía también su dedicación a los demás. **En 1972 creó el mayor premio anual del mundo concedido a un individuo, más dotado que el premio Nobel, en reconocimiento del compromiso espiritual.** La madre Teresa fue la primera galardonada con el premio Templeton. La fundación de sir John también financia la investigación científica y tecnológica, y en 1987 la reina Isabel lo nombró caballero por su gran contribución a la humanidad.

Sir John habló, escribió e inspiró a millones de personas con su humilde mensaje de integridad, capacidad de empresa y fe, hasta el mismo día de su muerte en 2008, a los 95 años de edad. (Digamos de paso que predijo certeramente el estallido de la burbuja inmobiliaria de ese año.) Lo que sigue es un extracto de una entrevista que le hice unos meses antes de su fallecimiento. Su amabilidad se trasluce en cada respuesta. Nos dice que las prendas que nos hacen un buen inversor son las mismas que pueden hacernos buenas personas.

TR: Sir John, casi todo el mundo se mueve o por dinero o por motivos espirituales —o una cosa o la otra—, pero parece que tú has encontrado la manera de integrar ambas cosas en tu vida de una manera muy natural. ¿Puede la gente hacer lo mismo?

JT: ¡Por supuesto! No hay contradicción. ¿Querrías tú hacer negocios con una persona en la que no confías? ¡No! Si un hombre tiene fama de ser poco fiable, la gente lo rehuirá. Su negocio fracasará. Pero si una persona tiene unos principios éticos elevados, unos principios espirituales elevados, tratará de ofrecer a sus clientes y a sus empleados más de lo que éstos esperan. Y si lo hace, será popular. Tendrá más clientes. Obtendrá mayores beneficios. Hará más bien en el mundo y, por tanto, prosperará y tendrá más amigos y será más respetado.

Así que empecemos siempre dando más de lo que se espera de nosotros, tratando a los demás con más justicia de la debida, porque ese es el secreto del éxito. No intentemos nunca aprovecharnos de los demás ni impedir que los demás progresen por su cuenta. **Cuanto más ayudemos a los demás, más prosperaremos nosotros.**

TR: ¿Cuál fue tu primera inversión? ¿Por qué lo hiciste y cómo resultó?

JT: Empecé al principio de la segunda guerra mundial, en septiembre de 1939. Acabábamos de pasar la mayor crisis económica del mundo y muchas empresas habían quebrado. Pero una guerra produce demanda de casi todos los productos, por lo que, durante una guerra, casi todas las empresas volverán a prosperar. Así que le pedí a un corredor de bolsa que compraran cien dólares de todas las acciones que se cotizaran a un dólar o menos, y había ciento cuatro. De esas, gané en cien y sólo perdí dinero en cuatro.

Tres años después, mi mujer y yo tuvimos la ocasión de comprar una pequeña consultoría de inversiones cuyo dueño se jubilaba y, como disponíamos de ahorros, la compramos. Empezamos sin apenas clientes en Radio City, Nueva York, y trabajamos durante veinticinco años, **sin dejar de ahorrar cincuenta céntimos de cada dólar que ganábamos, que guardábamos para nuestra jubilación y nuestras obras benéficas.**

TR: ¡Guau! Y no rindieron poco esos cincuenta céntimos de cada dólar, sir John. La mayoría de la gente diría: «¡Eso es imposible! ¡No puedo ahorrar la mitad de lo que gano e invertirlo!» ¡Pero así es como creaste tú tu riqueza de la nada, y eso en plena Depresión! También he leído que **si alguien hubiera invertido contigo 100.000 dólares en 1940, sin meter un céntimo más y olvidándose de la inversión, en 1999 habrían rendido ¡55 millones de dólares! ¿Es eso verdad?**

JT: Sí, siempre que hubiera reinvertido las ganancias.

TR: Déjame preguntarte por tu idea de la inversión. Una vez me dijiste: «No sólo hay que comprar cuando mayor es el pesimismo, sino también vender cuando el optimismo es máximo». ¿Es verdad eso?

JT: Es verdad. Hay un buen dicho que reza: **«El mercado baja en momentos de pesimismo, sube en momentos de escepticismo, madura en momentos de optimismo y termina en momentos de euforia»**. Eso siempre ocurre en todo mercado alcista y nos ayuda a saber dónde estamos. Si conoces el estado anímico de los inversores, podrás decir si el mercado es seguro a un nivel bajo o peligroso a un nivel alto.

TR: ¿Cuál crees que es el mayor error que cometen los inversores?

JT: La gran mayoría de la gente no se hace rica porque no se disciplina para ahorrar una parte de lo que cobra cada mes. Pero, aparte de eso, y una vez que hemos ahorrado dinero, tenemos que invertirlo en buenas oportunidades, y eso no es fácil. Muy pocas personas, sobre todo si sólo lo hacen en su tiempo libre, saben elegir las buenas inversiones. **Así como no somos nuestro médico ni nuestro abogado,**

tampoco es bueno querer ser el gestor de nuestras inversiones. Es mejor recurrir a los mejores profesionales y a los analistas para que nos ayuden.

TR: Hablando con algunos de tus socios en Bahamas, les pregunté: «¿En qué invierte Sir John?», y ellos me contestaron: «¡En todo! Compraría un árbol si cree que puede hacer negocio con él». «¿Y cuánto tiempo mantiene una inversión?», pregunté yo. «¡Todo el tiempo! ¡Hasta que la inversión empieza a rendir!» Sir John, ¿cuándo sabes que tienes que vender una inversión? ¿Cómo sabes si te has equivocado? ¿Cómo sabes que es hora de liquidar?

JT: ¡Ésa es una de las cuestiones más importantes! Mucha gente dirá: «Sé cuándo comprar, pero no cuándo vender». Pero después de cincuenta y cuatro años que llevo ayudando a inversores, creo que tengo la respuesta: sólo hay que vender un activo cuando hayamos encontrado otro que sea una oportunidad un 50 por ciento mejor que la otra. Hay que buscar siempre buenas oportunidades y mirar lo que tenemos. Si entre lo que tenemos en la cartera hay una inversión que es un 50 por ciento peor que la oportunidad que encontramos, vendemos la vieja y compramos la nueva. Pero aun así no siempre acertamos.

TR: ¿Por qué deberían los estadounidenses estar tranquilos cuando invierten fuera de su país?

JT: Piensa una cosa: si nuestro trabajo consiste en encontrar las mejores oportunidades, sin duda encontraremos más si no nos limitamos a buscarlas en una sola nación. Por lo mismo, encontraremos mejores oportunidades si miramos en todos los sitios y no sólo en un país. Pero lo más importante es que eso reduce nuestro riesgo porque los mercados de todos los países sufren caídas. **Más o menos dos veces cada doce años hay una fuerte caída del mercado en un país importante, pero no ocurre al mismo tiempo.** Por lo tanto, si hemos diversificado y tenemos nuestros activos invertidos en muchos países, cuando el mercado de un país caiga, no sufriremos tanto como quien haya invertido todo en ese país.

Siempre aconsejamos a nuestros inversores que diversifiquen, es decir, que inviertan no sólo en más de una empresa y en más de una industria, sino también en más de un país, para que nuestra cartera esté más segura y pueda rendir más.

TR: ¿Qué crees que te distingue de los demás inversores? ¿A qué se debe que seas uno de los mayores inversores de todos los tiempos?

JT: Gracias. No me considero eso. No siempre lo hemos hecho bien. Nadie lo hace, pero sí hemos tratado de ser un poco mejores que la competencia, dar más de lo que se espera de nosotros, mejorar siempre nuestros métodos y usar nuevos para aventajar a la competencia. Si hay algún secreto, es este: ¡no queramos coger e irnos, cojamos y demos!

TR: Sir John, hoy día hay mucho miedo en muchos niveles de la sociedad. ¿Cómo nos enfrentamos al miedo?

JT: Para superar el miedo, lo mejor es estar muy agradecidos. Si nos levantamos todas las mañanas pensando en cinco cosas por las que estamos muy agradecidos, seguramente no sentiremos miedo, transmitiremos optimismo, gratitud, haremos las cosas mejor, atraeremos a más gente. **Creo que la gratitud nos salvará de una vida de miedo.**

TR: Me gustaría saber cómo te ves a ti mismo: ¿quién es sir John Templeton? ¿En qué consiste realmente tu vida? En definitiva, ¿cómo te gustaría que te recordaran?

JT: Soy un estudiante que siempre quiere aprender. Soy un pecador. Todos lo somos. Siempre he tratado de mejorar día a día, y sobre todo me he preguntado: «¿Cuáles son los designios de Dios? ¿Por qué creó Dios el universo? ¿Qué espera de sus hijos en la tierra?». Y la mejor respuesta que podemos dar es: espera que crezcamos espiritualmente. Nos somete a pruebas y tribulaciones como nos hacen exámenes en la escuela, porque eso puede ayudarnos a engrandecer nuestra alma. La vida es un reto. La visa es una aventura. Es una aventura maravillosa y emocionante. Todos deberíamos hacer las cosas lo mejor que podamos mientras el Señor nos tenga en este planeta.

Séptima parte

¡Haz, disfruta y comparte!

Capítulo 7.1

El futuro es más luminoso de lo que creemos

Vivimos porque creemos que lo mejor está por llegar.

PETER USTINOV

¿Por qué la mayoría de nosotros perseguimos la riqueza? Porque queremos una calidad de vida mejor. Y una cosa que sé sin la menor duda es que todos podemos soportar un presente duro si sabemos que el mañana será más prometedor.

Todos necesitamos un futuro estimulante.

Si el lector está preguntándose por qué vamos a hablar de futuro y adelantos tecnológicos en un libro sobre finanzas, sepa que es porque **la tecnología es un *activo oculto* cuya capacidad de enriquecer nuestra vida aumenta todos los días**.

Hoy están produciéndose, y seguirán produciéndose en los próximos meses y años, avances que revolucionarán la calidad de vida de todos los que vivimos en la tierra. Esta marea tecnológica hará posible que todos los barcos floten.

En el terreno financiero, ¿sabemos lo mejor? ¡El coste de la tecnología disminuye a la vez que sus posibilidades aumentan en proporción geométrica! ¿Qué significa esto para nosotros? Significa que aunque empecemos a crear riqueza tarde, seguramente tengamos una calidad de vida mejor en el futuro, incluso por menos dinero del que podemos imaginar.

Además, **conocer las tendencias tecnológicas puede ofrecernos las mejores oportunidades de inversión de nuestra vida. Estas tecnologías crecen exponencialmente. Es hora de prestarles atención.**

Espero que este capítulo nos convenza de que debemos cuidar más de nosotros y de nuestra familia, no sólo en el plano financiero, sino también en el físico. Sin salud no hay riqueza. Vivir lo bastante para aprovecharnos de algunos de estos enormes adelantos tecnológicos debe ser una prioridad, sobre todo conociendo algunos de los cambios que están operándose ahora mismo.

Emprendamos juntos, pues, un breve viaje y exploremos la vanguardia de nuestro futuro tecnológico. Una cosa digo ya: este capítulo tiene un tono descaradamente positivo. Pero no sólo se basa en mi entusiasmo, sino sobre todo en la labor de los mayores científicos del mundo, no sólo de los que predicen cosas, sino de los que ejecutan esas cosas; como los que han decodificado el genoma humano, diseñado el primer sistema digital de reconocimiento de voz y desarrollado naves espaciales que traen y llevan a las personas a la Estación Espacial Internacional.

Sé que mucha gente tiene otra opinión de la tecnología, más escéptica. Y quizá tengan razón. Algunos ven el futuro como una distopía a lo *Terminator*, llena de robots asesinos y alimentos genéticamente modificados. Otros ven un mundo de coches voladores, como en la serie de dibujos animados *Los Supersónicos*, o de androides serviciales, como el C-3PO de *La guerra de las galaxias*, o de carne y verduras que pueden desarrollarse a partir de células para alimentar a los hambrientos de la tierra. Ninguno de estos mundos extremos existe aún. Yo prefiero preguntarme cómo usaremos la tecnología para que nuestra calidad de vida mejore radicalmente. También entiendo que haya gente que tema las nuevas tecnologías y piense que van demasiado rápido.

Después de todo, siempre ha habido un «lado oscuro» en este tipo de adelantos, muchas veces porque la tecnología deja sin trabajo a las personas que no se adaptan a los nuevos empleos. Como dijo Steven Rattner, el influyente financiero y columnista del *New York Times*, ya la reina Isabel I de Inglaterra, en el siglo XVI, se negó a patentar un telar porque dejaría sin trabajo a sus «pobres súbditos». Pero, según Rattern, «el asunto no es proteger viejos empleos ... sino crear nuevos. Y, desde la invención de la rueda, eso ha ocurrido».

Estas nuevas herramientas se han usado casi siempre para mejorar la vida humana. Y hoy, algunos de los mayores retos del mundo —exceso de dióxido de carbono en el aire, falta de agua dulce, escasez de tierra cultivable— estamos resolviéndolos gracias a nuevas tecnologías. Y todo esto parece ocurrir de la noche a la mañana. Ahora bien, también ha habido siempre una minoría de personas que han usado estas herramientas y tecnologías como armas. La electricidad puede iluminar una ciudad o matar a una persona. Pero hay millones de farolas más que sillas eléctricas. Un avión Boeing puede llevarnos a través de océanos o servir de bomba para asesinar a miles de personas, pero hay millones de vuelos más que secuestros aéreos.

Es natural que los seres humanos temamos lo nuevo y desconocido, y pensemos en los peores escenarios. Nuestro cerebro está hecho para sobrevivir y así lo hemos hecho como especie. Pero nuestra imaginación también puede ser un freno. La ciencia ficción ha hecho que muchos teman las tecnologías del futuro, como la inteligencia artificial. Pero científicos y visionarios como Ray Kurzweil, Peter Diamandis y Juan Enríquez ven en las tecnologías avanzadas una oportunidad para que la humanidad evolucione y se transforme en algo mejor.

¡Así que, si la idea de un futuro optimista nos irrita, mejor será que pasemos al capítulo siguiente! Pero si de verdad nos interesa saber cómo la tecnología da forma a nuestra vida, creo que este capítulo nos ayudará a entender lo que hay y lo que viene. Tal como yo lo veo, podemos decidir temer el futuro o aceptarlo, pero eso no cambia nada.

¿Por qué? **Porque el futuro ya está aquí.**

> La mejor manera de predecir el futuro es inventarlo.
>
> Alan Kay

Cada diez minutos una persona se quema horriblemente en Estados Unidos. Enseguida es llevada al hospital entre terribles dolores, de los peores que puede sufrir un ser humano. Las enfermeras rascan la carne ampollada y carbonizada y cubren la herida con piel de cadáver para que no se infecte. ¡¿Nos imaginamos lo que debe de ser que nos pongan la piel de un muerto?! Si el paciente sobrevive, las cicatrices pueden ser tremendas. Seguro que el lector ha visto caras, brazos y piernas con cicatrices que los hacen irreconocibles. A veces se necesitan varias operaciones y las heridas pueden tardar años en curarse.

Una noche, Matt Uram, un agente de policía de cuarenta años, estuvo a punto de convertirse en uno de esos siniestros casos. Su vida cambió para siempre.

¿Qué pasó? Esa noche, Matt se hallaba junto a una hoguera cuando alguien arrojó una taza de gasolina a las llamas y éstas le quemaron el brazo derecho y la parte derecha de la cabeza y la cara. Los médicos y doctores intervinieron rápidamente, limpiando la piel quemada, desinfectando las quemaduras, aplicando pomadas. Normalmente, se hubiera pasado semanas o meses en la unidad de quemados, sometido dos veces diarias al mismo angustioso tratamiento. En cambio, un equipo de especialistas se puso manos a la obra con una técnica nueva. Cogieron una muestra de células de la piel sana de Matt. ¡Él no necesitaba piel de cadáver! Esas células se cultivaron y, no mucho después, con una pistola pulverizadora, le rociaron las quemaduras con una solución de esas células madre.

Tres días después, su brazo y su cara habían sanado completamente. (¡Y este milagro hay que verlo para creerlo! Vayamos a <www.youtube.com/watch?v=eXO_ApjKPaI> y veamos la diferencia.) Apenas quedaron cicatrices. Sé que parece cosa de ciencia ficción, pero es una historia real que ocurrió en Pittsburgh hace sólo unos años.

Si bien la técnica que curó a Matt está todavía en prueba en Estados Unidos, en Europa y en Australia ya se ha aplicado un tratamiento parecido a base de células madre. Asombroso, ¿verdad? Hay también un *bio-pen* o «bolígrafo biológico» que permite a los cirujanos extraer células sanas de hueso y cartílago. Las células se multiplican y crecen hasta formar nervios, músculos y huesos, sanando así la parte dañada. La tecnología permite al cirujano colocar células donde quiere, en un instante. Y ésta es sólo otra de las increíbles terapias que están poniéndose en marcha y siendo cada vez más asequibles para todo el mundo.

Por si aún no lo hemos notado, **el mundo en el que vivimos hoy es un lugar de milagros diarios y los cambios se producen a tal velocidad que muchas veces ni los notamos. O quizá es que los tenemos asumidos.**

Pero si le describiéramos el mundo de 2015 a una persona de 1980, hace sólo treinta y cinco años, ¡pensaría que hacemos magia! ¿Pulverizar células madre? ¡Diablos!, si ya sería un milagro hablar por teléfono mientras conducimos, ¿no?

Estamos acostumbrados a la idea de que podemos predecir el mañana sólo con ver lo ocurrido hoy o ayer. Pero eso ya no es posible. Hasta hace muy poco, el cambio era excepcional y tan lento que se medía en edades: la Edad del Bronce, la Edad del Hierro y demás. Hoy el cambio es exponencial, o sea, acelerado, y da grandes saltos hacia delante en periodos de tiempo más cortos. Eso significa que estamos creando herramientas que pueden transformar nuestra calidad de vida antes y a mejor, y están a disposición de todos.

Las personas normales y corrientes de hoy tienen posibilidades con las que el más rico faraón de Egipto ni soñó. ¿Nos imaginamos lo que habría dado por poder volar en una silla o en una cama hasta la otra punta del mundo en unas horas, en lugar de bregar durante meses con los océanos? Ahora podemos hacerlo por 494 dólares en Virgin Atlantic Airways.

Ni siquiera un faraón podía gastarse 200 millones de dólares en hacer una película para entretenerse dos horas. Pero nosotros podemos disfrutar por 10 dólares (o 9,99 dólares al mes en Netflix) de un montón de películas que se estrenan todas las semanas.

Reconozcámoslo: vivimos uno de los momentos más extraordinarios de la historia. En los últimos cien años, la esperanza de vida ha pasado de treinta y uno a sesenta y siete años, más del doble. Al mismo tiempo, la renta media per cápita (teniendo en cuenta la inflación) de todas las personas del planeta se ha triplicado. Hace cien años, la mayoría de los estadounidenses empleaban el 80 por ciento del día en trabajar para comer. Hoy, gracias a los adelantos en agricultura y distribución, emplean el siete por ciento.

«EVITA QUE MIRE EL TELÉFONO CADA DOS SEGUNDOS.»

¡Tenemos correo!

La primera vez que me entrevisté con el presidente Bill Clinton fue a principios de los años noventa, y recuerdo que le dije: «Sabes, presidente, a lo mejor hay una manera de comunicarnos electrónicamente». Se quedó mirándome desconcertado y añadí: «He empezado a usar una cosa nueva que se llama email. Tengo una cuenta en AOL. ¿Tú tienes una?». «¡Ah, sí, he oído hablar de eso!», dijo él. Pero el presidente de Estados Unidos no tenía entonces una cuenta de correo electrónico. Hoy, el teléfono que un indígena amazónico lleva por la selva tiene más capacidad procesadora de la que Clinton, el líder del mundo libre, tenía entonces a su disposición. Ese mismo indígena puede entrar en internet y comprar comida para sus vacas o pagar la escuela de su hijo. Puede traducir idiomas. Si quiere, puede acceder a cursos de economía gratuitos de la Universidad de Yale y de matemáticas del MIT. Ahora vivimos en un universo completamente distinto y no es más que el principio del principio.

Y las cosas mejoran más rápidamente cada día. «El futuro será mucho mejor de lo que pensamos», dice mi querido amigo Peter Diamandis, fundador de la fundación X Prize, ingeniero aeroespacial, médico, empresario y grandísima persona. «La humanidad está entrando en un periodo de transformación radical, en el que la tecnología puede mejorar considerablemente el nivel de vida de todos los hombres, mujeres y niños del planeta.»

¿Qué significa esto para nosotros? Que aunque metamos la pata y no hagamos caso de nada de lo que se dice en estas páginas, en el futuro disfrutaremos de una calidad de vida mejor de la que nunca imaginamos, aunque no tengamos grandes ingresos. Y para los que sí los tengan, las posibilidades son ilimitadas.

> La clave de la abundancia está en responder a circunstancias limitadas con ideas ilimitadas.
>
> MARIANNE WILLIAMSON

La tecnología va a cambiar nuestra idea de la escasez. Es el común denominador de nuestros miedos. Pensar que no habrá suficiente de aquello que necesitamos y valoramos: agua, comida, dinero, recursos, tiempo, espacio, alegría y amor. ¿Por qué queremos ser ricos? Creemos que, si lo somos, siempre tendremos suficiente, nunca nos quedaremos sin nada. Es un temor que está inscrito en nuestro cerebro.

Pero la escasez no tiene por qué ser una condición permanente. La tecnología puede solucionarla. ¿Sabíamos que hubo un tiempo en el que el metal más raro y precioso del mundo era... el aluminio? ¡Pues sí! Separar este elemento del barro era dificilísimo y carísimo. El aluminio era el mejor símbolo de estatus en la Francia del siglo XIX. En un banquete imperial, Napoleón III le puso al rey de Siam cubiertos de aluminio en lugar de los habituales de oro. Pero a finales de siglo, los científicos descubrieron la manera de procesar aluminio a gran escala y el ligero y barato metal inundó de pronto el mercado.

Peter Diamandis cuenta la historia del aluminio para señalar que la escasez depende de nuestra capacidad —o incapacidad— de acceder a los recursos. Escribió un libro extraordinario, *Abundancia: el futuro es mejor de lo que piensas*, que en unas trescientas páginas expone lo que en este capítulo estoy tratando de condensar en unas pocas. De ese libro saco esta excelente metáfora que ilustra la capacidad que tiene la tecnología de subsanar la escasez: «Imaginemos un naranjo gigante lleno de fruta —escribe Peter—. Si cojo todas las naranjas de las ramas bajas, me quedo, efectivamente, sin fruta accesible: las naranjas son ahora escasas. Pero si alguien inventa un objeto tecnológico llamado escalera, de pronto tengo más capacidad de alcance. Problema resuelto. La tecnología es un mecanismo que libera recursos.»

Dado el ritmo al que la población mundial crece, necesitaremos liberar esos recursos más rápidamente que nunca. ¿De qué cambio exponencial estamos hablando? Pondré un ejemplo:

— La población humana tardó **200.000 años** —o hasta el año **1804**— en llegar a los **mil millones**.
— Tardó **123 años** (**1927**) en llegar a los **dos mil millones**.
— ¡Pero tardó sólo **33 años** (**1960**) en llegar a los **tres mil millones**!
— Tardó solo **14 años** (**1974**) en sumar otros mil millones, con un total de **cuatro mil millones**.

Y este crecimiento no ha parado. Pese a la política de un hijo por familia que China aplica a su población de 1.300 millones de habitantes, y a todos los demás esfuerzos por frenar el incremento poblacional, ¡sólo en los últimos **cuarenta años** hemos aumentado en **tres mil millones de personas**! ¡Es un 300 por ciento más de personas en esas cuatro décadas respecto del número de habitantes al que se tardó 200.000 años en llegar! ¡Hoy somos **7.200 millones de habitantes en el planeta**! Si seguimos creciendo al ritmo actual, los científicos calculan que la población será de **9.600 millones en 2050**.

¿Cómo puede la Tierra mantener a tanta gente? Según Jim Leape, del Fondo Mundial para la Naturaleza, citado por *The*

Wall Street Journal, al ritmo actual de consumo de recursos, «estamos usando un 50 por ciento más de recursos de los que la Tierra puede producir de una manera sostenible, y como no hagamos algo, esa cifra aumentará rápidamente: en 2030, ni siquiera dos planetas bastarán.»

El ingenio humano y la tecnología pueden subvenir nuestras necesidades.

Recuerdo que hubo un tiempo en el que pensamos que el petróleo se agotaba. A principios de los años setenta, cuando yo estudiaba el bachillerato, hubo una crisis del petróleo en Oriente Medio. Si el lector recuerda, la gasolina se racionó por días pares e impares. ¡Yo temía que nos quedáramos sin combustible antes de sacarme el carné de conducir! Un día, el profesor de ingeniería nos dijo: «Voy a leeros un artículo». Yo ya había visto en la revista *Time* un informe del Club de Roma en el que predecían, para susto de todo el mundo, que las reservas de petróleo se acabarían en unos años y toda la economía se hundiría. El artículo que nos leyó el profesor era de ese tenor y usaba el mismo lenguaje apocalíptico. Al final nos mostró lo que nos había leído: un artículo de prensa de los años cincuenta de siglo XIX que hablaba de una crisis... ¡pero del aceite de ballena!

En el siglo XIX, la grasa de ballena era la fuente principal del aceite para lámparas. No podíamos iluminar nuestra casa sin ella. Pero se cazaban demasiadas ballenas, la gente empezaba a preocuparse por la escasez de aceite y los precios se disparaban. ¿Y qué pasó en 1859? Se descubrió petróleo en Pensilvania. Disponíamos de una nueva fuente de energía completamente nueva. ¿La crisis del petróleo de 1973? La tecnología ya había aliviado esa escasez. Con nuevas técnicas de exploración y extracción se descubrieron enormes cantidades de combustibles fósiles. Y ahora, con las tecnologías de perforación lateral, ¡tenemos más gas que petróleo tiene Arabia Saudí! Estas tecnologías no sólo cambian una economía sino que también influyen en el poder geopolítico. Por primera vez en casi una década, Estados Unidos produce más petróleo nacional del que importa de Oriente Medio.

El futuro está en energías alternativas como la eólica, los biocombustibles y, por encima de todo, la energía solar. Según el inventor y visionario Ray Kurzweil, una diezmilésima parte de la luz solar que recibe la Tierra cada día basta para satisfacer las necesidades energéticas de todo el mundo. El reto está en captar y almacenar esa energía a costes competitivos. Ray predice que el coste por vatio de la energía solar será menor que la del petróleo y el carbón en sólo unos años.

> Lo que necesitamos es que más gente se especialice en lo imposible.
>
> Theodore Roethke

Parémonos un momento y pensemos: ¿de dónde saldrán todas estas tecnologías? Ya han venido saliendo de los sitios de siempre: Silicon Valley, NASA, la Agencia de Proyectos de Investigación Avanzados de Defensa (DARPA, por sus siglas en inglés) y las grandes universidades y laboratorios del mundo. Pero hay cada vez más inventores particulares que usan los recursos de internet para hacer las cosas mejores, más rápidas y más baratas.

Contaré la historia de un adolescente que revolucionó el mundo de las prótesis desde un laboratorio... ¡en su habitación! Easton LaChappelle dirigía un programa de robótica para la NASA cuando tenía diecisiete años, y no tuvo que ir a una gran universidad para aprender ingeniería: tenía internet.

Easton se crió en una pequeña ciudad del sudoeste de Colorado y, como no tenía mucho que hacer, se entretenía montando y desmontando aparatos domésticos. A los catorce años decidió fabricar su primera mano robótica. ¿Por qué no? En la ciudad no había grandes bibliotecas ni universidades cercanas, así que visitaba páginas web como Instructables y Hack It! para aprender electrónica, programación y mecánica. Al final, usando los objetos que había reunido —Legos, hilo de pescar, cinta aislante, motores de juguetes y un guante electrónico Nintendo—, construyó un prototipo.

A los dieciséis años había perfeccionado su diseño con una impresora 3D y había creado una mano mecánica con una serie de capas de plástico. Presentó el invento en un concurso escolar y fue allí donde tuvo lo que él llama su momento «¡ajá!». Conoció a una niña de siete años con un brazo ortopédico que les costaba a sus padres 80.000 dólares. La pequeña necesitaría dos más a lo largo de su vida. Easton pensó: «¿Quién puede pagar eso?». Además, la mano mecánica unida al brazo tenía un único sensor y sólo se podía mover de una manera. El aparato que él había construido era mucho más sofisticado y tenía cinco dedos flexibles. En aquel momento decidió crear una prótesis sencilla, funcional y asequible que pudiera ayudar a personas mancas como aquella niñita.

Easton volvió al laboratorio de su habitación y fabricó un miembro que replicaba el movimiento y la fuerza del brazo humano. Y, cosa aún más sorprendente, creó unos electrodos que transformaban las ondas cerebrales en señales de Bluetooth que controlan el brazo postizo. (Sí, estas cosas no sólo existen en las películas de ciencia ficción.) El brazo pesa tres veces menos que la versión de 80.000 dólares y es mucho más fuerte. ¡Como que una persona que use ese brazo puede levantar más de 136 kilos! Una mejora enorme con respecto a la anterior tecnología. ¿Y qué pensamos que el invento de Easton cuesta, frente a los 80.000 dólares de la otra prótesis? ¿20.000 dólares? ¿5.000? ¿1.500? ¡¿Qué nos parece 250 dólares?!

Después de entrevistarse con el presidente Obama el verano que cumplió dieciocho años, Easton entró a trabajar en el Johnson Space Center de Houston, donde empezó a dirigir un equipo que trabajaba en robótica para la Estación Espacial Internacional. A finales de agosto, Easton ya pensaba: «Me voy. ¡Esta gente es muy lenta!». No podía construir las cosas que diseñaba y había mucha burocracia. Volvió a su casa y empezó a construir un exoesqueleto para un estudiante de bachillerato que, a raíz de un accidente, estaba paralizado de cintura para abajo. Easton se propuso que caminara antes de acabar el bachillerato.

Cuando me enteré del proyecto de exoesqueleto de Easton, supe que tenía que ponerme en contacto con él. Yo había estado trabajando con los supervivientes de matanzas recientes, como las de Newtown, Connecticut, y Aurora, Colorado. Había ayudado a muchos de ellos a dar un vuelco a sus vidas después de tan terrible tragedia, como por ejemplo a Ashley Moser, una madre embarazada que vio cómo el demente asesino mataba a su hija de seis años y le apuntaba luego con el rifle. Las dos balas que le disparó mataron al hijo que llevaba en el vientre y a ella la dejaron paralizada de cintura para abajo. Cuando la conocí, no pensaba más que en suicidarse. Llevé a ella, a su familia y al equipo médico a nuestro acto de Unleash the Power Within y juntos trabajamos para crear un ambiente en el que esta notable joven pudiera emprender su curación emocional.

¡Quiero que Ashley vuelva a caminar! Por eso llamé a Easton y le ofrecí financiar su proyecto. **Desde entonces estamos negociando juntos para crear prótesis baratas que pueda comprar todo el mundo y cambien radicalmente la vida de las personas**, vivan donde vivan y tengan el dinero que tengan. Ésa es la misión de Easton. (Por cierto, el amigo bachiller de Easton acaba el bachillerato en 2015 y Easton dice que todo va según lo planeado para que pueda subir al podio. ¡La idea de Easton es que el exoesqueleto sea tan ligero y flexible que pueda llevarse debajo de la ropa! A lo mejor ni nos enteramos de que lo llevan.)

Easton también quiere transmitir un mensaje a todos los jóvenes del mundo: que también ellos pueden crear tecnología y no sólo consumirla. «Todo el mundo puede ser un inventor —me dijo Easton—. Con acceso a internet y a tecnología 3D, los chavales pueden hacer lo que quieran. No tienen que ponerse límites pensando: "Tengo que ir a la universidad si quiero triunfar, no hay otra manera". Tenemos otras opciones.»

No hay duda de que Easton LaChappelle es una persona extraordinaria. Podemos decir que es un genio. Pero ¿cuántos más Eastons creemos que hay por ahí, en lugares como India, Tanzania, Australia, Daguestán, Uruguay, Singapur, que entran en sus ordenadores y sueñan con mejorar el mundo en el que vivimos? Easton usó tecnología de código abierto y compartió el diseño de su primera mano robótica para que personas de todo el mundo pudieran copiarla y mejorarla si querían. **Hoy día, todos podemos publicar, crear y compartir ideas con cualquier persona con una conexión a internet.**

Las compuertas se han abierto y por ellas ha entrado la mayor revolución de nuestro tiempo: lo que la gente llama la «era de MakeBot» o la «revolución Maker». Easton LaChappelle no es sino una de las muchas personas que están a la vanguardia de la innovación del «hazlo tú mismo», alimentada por el vertiginoso progreso tecnológico. Chris Anderson, consejero delegado de 3-D Robotics, lo llama la «nueva revolución industrial». Hoy día, todo el mundo puede aprender lo que los estudiantes aprenden en Harvard, MIT y Stanford. Pueden comunicarse con los mejores profesores —y entre sí—, compartir ideas y técnicas y, por unos cientos de dólares, fabricar dispositivos y ofrecer servicios que costaban millones.

Todos los años se celebran por todo Estados Unidos Maker Faires o ferias de inventores en las que se dan cita inventores, aficionados, ingenieros, estudiantes, profesores, artistas y empresarios en lo que se llama el «mayor espectáculo (para ver y contar) del mundo». En 2013 se celebraron cien de estas ferias en todo el mundo a las que asistieron más de 540.000 personas, y en Maker Media, creador de las ferias, esperan que en 2014 se celebren ciento cuarenta. El presidente Obama albergó hace poco una de ellas en la Casa Blanca, en la que un robot jirafa de cinco metros llamado Russell lo saludó y él mismo se paseó por una casa portátil y tocó un teclado hecho de plátanos. **También conoció a Marc Roth, de San Francisco, que vivía en una chabola cuando empezó a asistir a un taller tecnológico del barrio para aprender a usar impresoras 3-D y cortadoras láser. Dieciséis meses después montó su propio negocio de cortadoras láser y ahora dirige un programa de enseñanza de alta tecnología para personas que quieren reciclarse.**

Obama también reconoció públicamente la labor de dos chicas de Carolina del Norte que fundaron su propia empresa de robots en lugar de repartir periódicos. Su lema: «Si puedes imaginarlo, puedes hacerlo... sea lo que sea.»

«Y es un buen lema para América», dijo Obama. «Éste es un país que imaginó un ferrocarril que comunicó un continente, que imaginó la electricidad iluminando nuestras ciudades y pueblos, que imaginó rascacielos que llegaban al cielo y una red que nos acerca los unos a los otros.» Y emplazó a las empresas, universidades y comunidades a apoyar a aquellos emprendedores e inventores. «Si lo hacemos, sé que podremos crear nuevos puestos de trabajo en los próximos años. Vamos a crear industrias completamente nuevas que aún no podemos imaginar.»

Esta «revolución Maker» está siendo posible gracias a la plétora de nuevas tecnologías y a la expansión masiva de internet. **Hace diez años, internet conectaba a 500 millones de personas; hoy conecta a 2.000 millones. Dentro de seis años, los expertos calculan que otros 3.000 millones se sumarán a la red, con un total de 5.000 millones. ¡Nos imaginamos el poder que tendrá esa creatividad conectada y liberada en todo el planeta!** El primer internet fue el internet de las agencias militares y las universidades; luego fue el internet de las empresas electrónicas (*dot-com* o «puntocom»); luego fue el de las ideas; luego, con los medios de comunicación sociales, fue el de las relaciones; y ahora es el internet de las cosas, de todas las cosas. Los objetos cotidianos llevan integrados ordenadores y sensores que se transmiten mensajes unos a otros. Las máquinas están conectadas entre sí y con nosotros y todos formamos una única y poderosa red global. Y la impresión 3D va a permitir que este internet se transforme y expanda más allá de nuestros sueños más locos.

La impresión 3D: de la ciencia ficción a la ciencia real

¿Se acuerda el lector de los «replicadores» de las películas de *Star Trek* que sintetizan de la nada hamburguesas y café caliente en la nave espacial *Entreprise*? Pues bien, ¡los científicos dicen que no estamos tan lejos de eso! Se habla mucho de la impresión 3D, pero no es fácil hacerse una idea de lo poderosa que puede llegar a ser esta tecnología hasta que la vemos en acción. La impresión 3D es una expresión general que usamos para referirnos a la fabricación digital, y las «impresoras» son, en realidad, como minifábricas que usan archivos informáticos bajo cuya guía crean objetos tridimensionales capa a capa. Las impresoras pueden utilizar al menos 200 materiales en forma líquida o pulverulenta como plástico, vidrio, cerámica, titanio, nailon, chocolate... y células vivas. ¿Qué podemos hacer con ellas? Mejor sería preguntarnos: ¡¿qué no podemos hace con ellas?! Hasta ahora la impresión 3D se ha usado para fabricar zapatillas de correr, pulseras de oro, piezas de avión, vajilla, biquinis, guitarras y paneles solares... así como tráqueas humanas, orejas y dientes. Como hemos visto, hay impresoras 3D pequeñas que caben en la habitación de un adolescente y que a base de capas y capas de masa sintética son capaces de crear miembros postizos que funcionan. Y hay impresoras 3D del tamaño de hangares que, como en China, pueden imprimir diez casas al día a base de capas de cemento mezclado con escombro reciclado. ¿Cuánto cuestan esas casas? ¡Sólo 5.000 dólares y casi no se necesita mano de obra!

Lo que es quizás más importante, la NASA se ha asociado con America Makes, un consorcio de empresas de estas impresoras, para patrocinar un concurso mundial que solucione uno de los mayores retos de la humanidad: los refugios, sobre todo de emergencia, en caso de desastres naturales como huracanes, tsunamis y terremotos. Imaginemos impresoras 3D imprimiendo casas sobre el terreno, usando materiales locales y en cuestión de horas, no de meses. El impacto de esta tecnología, bien usada, es ilimitado.

Algún día podríamos imprimirnos nuestros propios pantalones vaqueros hechos a medida sin tener que salir de casa, **y pueblos remotos del Himalaya podrán descargarse patrones de la nube e imprimir herramientas, bombas de agua, material escolar... lo que necesiten**. Y lo mismo harán los viajeros espaciales. Naturalmente, conforme nuevas tecnologías como la impresión 3D se impongan, otras viejas se verán desplazadas, y algunos negocios podrían desaparecer. No habrá necesidad de almacenes de piezas, por ejemplo. Y aún menos de enviarlas. Cosa muy buena para el planeta... aunque peor para los transportistas. Los expertos calculan que 3,5 millones de transportistas se quedarán sin trabajo sólo en Estados Unidos porque habrá camiones automáticos que podrán operar las veinticuatro horas del día y no sólo las ocho que un ser humano puede conducir sin descansar. Además, no habrá que pagar salarios después de la inversión inicial hecha en el vehículo automático.

Conforme las viejas industrias sucumban, se crearán nuevas. Sólo necesitamos la educación, la preparación y la mentalidad necesarias para aceptar el cambio y responder a las demandas de la nueva y emergente economía.

Pero la impresión 3D es sólo una tecnología que forma parte del extraordinario desarrollo que cambiará nuestra calidad de vida. La nanotecnología, la robótica y la regeneración de tejidos son otros tres campos de los que debemos estar pendientes. Si el lector se pregunta por qué hablamos de todo esto, es porque los adelantos tecnológicos que den solución a nuestros problemas más acuciantes seguirán produciéndose independientemente de la situación económica en la que estemos, tanto si hay inflación como deflación y tanto en tiempo de guerra como de paz.

¿Ha oído el lector lo que es la ola o curva demográfica? El gasto de 77 millones de *baby boomers* ha mantenido la economía estadounidense durante décadas. Pero ahora diez mil personas cumplen sesenta y cinco años todos los días. Y esto puede dar lugar a una crisis de las pensiones, porque la mayoría no ha ahorrado dinero ni tienen planes de jubilación.

Tenemos una ola de deuda que es la mayor de la historia de este país: 17 billones de dólares y pasivos no cubiertos por valor de otros 100 billones de dólares, entre Medicare, Medicaid, seguridad social y otros compromisos.

Hay una ola medioambiental, aunque no creamos en el cambio climático. Y es evidente que estamos sobreexplotando nuestras tierras. **Sin embargo, y por grandes que sean estas olas, aún lo es más la ola tecnológica**, que promete reflotar todos los barcos y llevar al mundo entero a un futuro de mayor abundancia.

«Creo que estos adelantos tecnológicos tienden a ser mayores que las crisis», dijo el visionario e inversor Juan Enríquez en una de mis conferencias económicas recientes. «Cuando todo el mundo se preocupaba por la guerra de Corea y la guerra fría, había personas fabricando transistores. Cuando todo el mundo se preocupaba por la segunda guerra mundial, había gente inventando antibióticos. La mayoría de estos avances han tenido más impacto en nuestras vidas que las guerras y las crisis económicas.»

Nuestros problemas vienen en oleadas, pero lo mismo hacen las soluciones.

Cabalgo sobre la gran ola de la vida.

WILLIAM SHATNER

Nadie entiende mejor esta idea que mi amigo Ray Kurzweil, el inventor, escritor y empresario. Es una de las mentes más brillantes del planeta y lo han llamado el Thomas Edison de nuestra época. Seguramente el lector no sabrá quién es si no ve los vídeos del TED ni se fija en la lista de empleados de Google, en la que él figura como director de ingeniería. Pero Ray Kurzweil ha influido en nuestra vida más de lo que podemos imaginar. Si oímos música en internet con nuestro móvil, en cualquier sitio, a él tenemos que agradecérselo. Creó la primera música digital. Si alguna vez hemos dictado un correo electrónico con Siri u otro sistema de transcripción automática, es por Ray.

Recuerdo cuando lo conocí hace veinte años y lo escuchaba con asombro hablar del futuro. Entonces parecía cosa de magia, pero hoy todo es real. Vehículos automáticos, un ordenador que podría vencer al mejor jugador de ajedrez del mundo. Ya había inventado un sistema de reconocimiento óptico para crear el primer aparato de lectura para ciegos: Stevie Wonder fue su primer cliente. Entonces quería ayudar a los ciegos a leer las señales viales y a moverse por las ciudades sin necesidad de ayuda, y entrar en los restaurantes y pedir usando un dispositivo del tamaño de un paquete de cigarrillos. Me dijo el año en el que ocurriría: 2005.

—¿Cómo lo sabes, Ray? —le pregunté.

—No lo entiendes, Tony. La tecnología se alimenta a sí misma y avanza cada vez más rápido. Crece exponencialmente.

Me explicó que la ley de Moore, según la cual la capacidad de procesamiento se duplica cada dos años y su coste se reduce al mismo ritmo, no sólo funciona con los microchips. Puede aplicarse a todas las tecnologías de la información... y, en definitiva, a todos los aspectos de nuestra vida.

¿Qué significa esto? Cuando las cosas crecen exponencialmente, en lugar de crecer de una manera lineal o aritmética (1, 2, 3, 4, 5, 6...), crecen duplicándose: 1, 2, 4, 8, 16, 32... Es decir, su ritmo de crecimiento es cada vez más rápido. Pero, como hemos visto, este concepto no es fácil de entender. Los seres humanos no estamos hechos para pensar así.

«Para empezar, el crecimiento exponencial es completamente diferente de nuestra intuición —dice Ray—. Tenemos una intuición sobre el futuro inscrita en nuestro cerebro. Hace mil años, si, caminando por la sabana, por el rabillo del ojo veíamos un animal que venía hacia nosotros, predecíamos linealmente el lugar en el que ese animal se hallaría a los veinte segundos o lo que haríamos.» Pero, con una progresión exponencial, el animal daría unos pasos lentos, aceleraría y de pronto se hallaría en otro continente.

Peter Diamandis nos pone otro ejemplo: «Si te digo: "Da treinta pasos lineales", tú te alejarás unos treinta metros de mí. Pero si te digo: "En lugar de treinta pasos lineales, da treinta pasos exponenciales", ¿cuánto te alejarías? ¡Pues **mil millones de metros**! ¡O sea, veintiséis veces la vuelta a la Tierra!»

Cuando entendemos lo que es el crecimiento exponencial, dice Ray, su trayectoria es predecible. **Él sabe cuándo la tecnología coincidirá con su visión.** Predijo la fecha de lanzamiento de su primer lector de bolsillo para ciegos y otros productos. Ray habla en muchos de mis seminarios y hace poco nos contó cómo predijo uno de los hallazgos más increíbles de nuestro tiempo: el desciframiento del genoma humano.

«Predije que el proyecto genoma se concluiría a los quince años de su inicio en 1990 porque sabía que el progreso sería exponencial», dijo. Pero los escépticos pensaban que se tardaría un siglo en descifrar el complejo código. **Después de siete años y medio, sólo se había cumplido el uno por ciento del proyecto. Según Ray, «los escépticos seguían siendo muchos, y decían: "Te dijimos que no podía ser. Ya ha pasado la mitad del tiempo y solo se ha descifrado el 1 por ciento. Es un fracaso".». Pero Ray decía que no era así: ¡todo iba según lo planeado! «El crecimiento exponencial no es rápido al principio. Se duplican números pequeños. Parece que no avanza. Pero cuando se alcanza el uno por ciento, ya sólo tiene que duplicarse siete veces para llegar al ciento por ciento.» El genoma se secuenció por completo en 2003, antes de lo previsto.**

¿Y ahora qué? Ya hemos visto cómo las células madre pueden regenerar la piel humana sin dolor ni cicatrices de injertos de piel, y cómo la abundante energía del sol y del viento puede explotarse para alimentar nuestro futuro. Pero ¿y otros grandes retos?

La falta de agua dulce es una de las mayores preocupaciones que tiene la gente que vive en regiones secas del planeta, y su escasez se deja sentir por todas partes, desde Los Ángeles, California, a Lagos, Nigeria. Según Naciones Unidas, más de 3,4 millones de personas mueren cada año a causa de enfermedades transmitidas por el agua. Pero hay nuevas tecnologías de desalinización que están convirtiendo el agua del mar en agua potable en Australia o Arabia Saudí. En Israel ya hay una empresa llamada WaterGen que fabrica una máquina que extrae agua limpia del aire, y sólo usa dos céntimos de electricidad para producir un litro. Y en pueblos remotos donde no hay electricidad, hay **un nuevo tipo de torres**

de agua que, sólo por la forma que tienen y los materiales naturales con los que están hechas, extraen la humedad del aire y la transforman en agua potable.

El asombroso inventor Dean Kamen (conocido por ser el creador del patín eléctrico Segway) se ha asociado con Coca-Cola para fabricar un aparato energéticamente eficiente y del tamaño de un frigorífico pequeño que vaporiza agua sucia, la limpia y la potabiliza. El aparato se llama Slingshot, «honda», como si fuera una solución del tamaño de David a un problema del tamaño de Goliat. Con innovaciones como ésta, el problema de la escasez de agua se resolverá dentro de no mucho tiempo.

¿Y qué pasa con la comida? Ray Kurzweil dice que están apareciendo nuevas tecnologías alimentarias que resolverán el doble problema de la falta de terreno cultivable y la contaminación agrícola. ¿Cómo? Cultivando verticalmente en lugar de horizontalmente. Ray ve un mundo que, dentro de quince años, «cultivará plantas verticalmente y producirá carne sin sacrificar animales, clonando tejido muscular en fábricas computerizadas, todo a muy bajo coste, con propiedades altamente nutritivas y sin impacto medioambiental». Sin insecticidas. Sin contaminación de nitrógeno. Sin necesidad de matar animales para obtener proteína. ¡Guau! Parece imposible, pero Ray dice que es real y está a la vuelta de la esquina.

Con estas necesidades básicas cubiertas, los seres humanos podremos vivir vidas más plenas, sobre todo si resolvemos los otros retos que Ray Kurzweil cree que podemos resolver: los de la salud y el envejecimiento.

> La vejez está en la mente, no en el cuerpo. Basta no pensar en ella.
>
> Mark Twain

Todos estos cambios son revolucionarios, pero, según Juan Enríquez, los que la tecnología hará en el futuro de la salud nos asombrarán más que ninguna otra cosa. Resulta que la vida es una tecnología informática. ¿Por qué? Porque nuestro ADN está formado por una secuencia de bases llamadas (si recordamos las clases de biología) A, C, T y G. En otras palabras, las piezas con las que se construye la vida pueden expresarse en forma de código. Y estos códigos pueden alterarse, y crearse, para hacer vida artificial. Que es lo que Craig Venter, el pionero del genoma humano, hizo en 2010. Juan Enríquez formó parte de su equipo.

Hace poco Juan Enríquez habló en uno de mis seminarios y yo le pregunté:

—¿Cómo se os ocurrió a Craig Venter y a ti lo de crear vida artificial?

Él se rió y contestó:

—Un día estábamos tomándonos unas copas en un bar de Virginia y, después de cuatro de whisky, alguien dijo: «¿No estaría bien que pudiéramos programar una célula desde el principio, igual que se programa un chip de ordenador? ¿Qué pasaría?» —Hizo una pausa—. ¡Sólo tardamos cinco años y treinta millones de dólares en saberlo!

Primero, extrajeron todo el código genético de un microbio. Luego introdujeron uno nuevo y resultó una nueva especie. Por cierto, es la primera forma de vida que lleva una página web inscrita en su código genético. Como dijo Craig Venter cuando dio a conocer su experimento: **«Es la primera especie autorreplicante que tenemos en el planeta cuyo padre es un ordenador.»**

Como explica Ray Kurzweil, nuestros genes son como programas informáticos que pueden cambiarse para activar y desactivar comportamientos. ¿Qué significa esto? Significa que podemos usar las células como si fueran maquinitas y programarlas para que fabriquen otras cosas, incluidas más células como ellas. «Este software produce su propio hardware. Programe como programe un ThinkPad, a la mañana siguiente solo tendré un ThinkPad, no mil. Pero si programo una bacteria, mañana tendré miles de millones de bacterias», dijo Juan.

Parece cosa de locos, de película, pero, como no paro de decirme a mí mismo, no es ciencia ficción. Esta técnica ya se utiliza para fabricar ropa. «Todo lo que llevamos ahora... esa ropa transpirable y elástica como la de Under Armour —dijo Juan— se hace ahora a partir de bacterias, no con petroquímicos.» En Japón, las bacterias producen seda sintética que es más fuerte que el acero.

Y animales de granja genéticamente modificados se utilizan ya en la industria farmacéutica. En Nueva Inglaterra hay una explotación cuyas vacas producen leche que puede curar el cáncer.

> La mente humana puede realizar cualquier cosa que conciba y en la que crea.
>
> NAPOLEON HILL

Repito: es un mundo completamente nuevo y será una aventura muy emocionante. Los adelantos en nanotecnología y en impresión 3D podrían crear un día dispositivos médicos del tamaño de células que viajaran por nuestro cuerpo y combatieran enfermedades como el Parkinson y la demencia. Implantes computarizados a escala nanométrica reemplazarán las células nerviosas biológicas destruidas por la enfermedad. E implantes cocleares no sólo nos devolverán el oído sino que lo mejorarán, de manera que oiremos todas las notas que cantan las ballenas. **Según Ray, ya está trabajándose en la creación genéticamente mejorada de glóbulos rojos que algún día podrían transportar oxígeno suficiente para que un buceador permaneciera cuarenta minutos bajo el agua sin respirar... o para salvar la vida de un soldado en el campo de batalla.**

Los científicos están trabajando con impresoras 3D para crear órganos y otras partes del cuerpo personalizados que puedan usarse cuando los necesitemos, prescindiendo así de los trasplantes de donantes, que son peligrosos y caros. El doctor Anthony Atala, director del instituto de medicina regenerativa Wake Forest, dice: «En teoría, todo lo que se desarrolla dentro del cuerpo puede desarrollarse fuera.» Atala ya ha creado en el laboratorio vejigas que funcionan perfectamente y las ha trasplantado. En los últimos quince años, ninguno de los tejidos hechos a partir de células madre ha sido rechazado por el cuerpo. Él y otros están ya trabajando en órganos más complejos, como corazones, riñones e hígados. Así, algún día, si un infarto o un virus dañase nuestras válvulas cardiacas, los médicos podrán pedirnos unas nuevas. ¡O quizá directamente fabricarnos un corazón nuevo a partir de unas cuantas células de la piel!

Si tenemos medios, algunas de estas curas milagrosas están ya disponibles. Hay una cosa llamada «matriz extracelular» o MEC que está hecha de células de vejiga de cerdo. Cuando aplicamos esta matriz al tejido humano herido, la matriz induce a nuestras células madre a desarrollar músculos, tendones y hasta huesos. ¡Ya se ha usado para regenerar yemas de dedos! Esta sustancia extraordinaria ya existe. No todo el mundo puede permitírsela, pero pronto podrá.

La idea en la que se basan las terapias regenerativas es simple: nuestro cuerpo ya sabe cómo regenerar las partes que lo componen; sólo tenemos que aprender a activar las células madre que ya viven dentro de nosotros. Ya sabemos que cuando perdemos los dientes de leche, en su lugar nos crecen otros. Pero ¿sabíamos que, según el doctor Stephen Badylak, de la Universidad de Pittsburgh, si un recién nacido pierde un dedo, puede crecerle otro hasta la edad de dos años? Perdemos esa capacidad a medida que crecemos, conque la cuestión es: ¿cómo la estimulamos? **Las salamandras regeneran su cola, ¿por qué no vamos los humanos a regenerar nuestros miembros o nuestra médula espinal?** Cuando sepamos explotar todo el poder de las células madre, las aplicaciones médicas y cosméticas serán ilimitadas.

Ray Kurzweil dice que si queremos aprovecharnos de estos adelantos médicos y prolongar nuestra vida, más vale que empecemos a cuidarnos desde ahora mismo. La idea es vivir lo suficiente para que la tecnología nos alcance. Si somos de la generación del milenio, podemos llegar. Si somos *baby boomers*, es hora de subirnos a la bicicleta elíptica y empezar a comer bien. Ray hasta se ha asociado con un médico para escribir un libro titulado *Transcend: Nine Steps to Living Well Forever*, con estrategias para optimizar nuestra salud y mantenernos vivos el tiempo suficiente para beneficiarnos de una tecnología que prolongará aún más nuestra vida.

Su objetivo inmediato es vivir lo suficiente para ver el día en el que los ordenadores sean más inteligentes que los humanos. Ese día llegará pronto.

Los ordenares somos nosotros

Lo que nosotros tardamos horas en asimilar, los ordenadores lo hacen ya en segundos. Pero en 2020, dice Ray, un ordenador de mil dólares tendrá toda la capacidad de una mente humana. Y en 2030 será capaz de procesar el conocimiento de todas las mentes humanas *juntas*.

Para entonces no seremos capaces de reconocer la diferencia entre la inteligencia humana y la artificial, dice, pero no tendremos nada que temer. ¿Por qué? Porque los ordenadores serán parte de nosotros, nos harán más inteligentes, más poderosos, más sanos y más felices. ¿No creemos que pueda ser? ¿Cómo nos sentimos cuando no tenemos nuestro teléfono inteligente a mano? ¿Un poco perdidos? Eso es porque **esa tecnología y toda esa conectividad forman ya parte de nuestra vida**. El teléfono inteligente se ha convertido en un «cerebro fuera borda»: es nuestra memoria portátil y almacena tanta información personal que nos es indispensable. Y pasaremos de los teléfonos móviles a una tecnología que se pueda llevar e implantar en nuestro cuerpo en los próximos veinte años.

Conque pensemos lo que será el mundo dentro de poco. ¿Será un mundo en el que no tengamos que leer este libro, porque podremos subir su contenido a nuestro cerebro y listo? (Y sospecho que el lector estará deseando que el futuro esté ya aquí, ¡sobre todo con un tocho como este!) ¿O en el que podamos subir nuestra mente, nuestros pensamientos y nuestra personalidad a la nube, que los preservará para siempre? Ése será más o menos el momento en el que Ray Kurzweil y otros grandes pensadores y visionarios creen que los humanos y las máquinas se fundirán. Este épico momento se llama «singularidad». ¿Cuándo será... si es que es? Ray predice que llegará en 2045.

> Los que tienen un «porqué» para vivir, pueden soportar casi cualquier «cómo».
>
> VICTOR FRANKL

Si la tecnología resuelve el problema de la escasez de recursos, ¿estaremos más seguros, seremos más libres, más felices? Fijo. La escasez hace que nos salga el instinto; activa esa parte profunda del cerebro reptiliano que dice: «O tú o yo». El mecanismo de «lucha o huida» puede ayudarnos a sobrevivir, pero también saca muchas veces la peor parte de una sociedad «civilizada». Nuestro cerebro tiene dos millones de años. No ha evolucionado tanto. La agresión y la guerra serán siempre, pues, un problema. Pero si hay menos escasez, quizá haya también menos motivos que desencadenen violencia.

Hay pruebas estadísticas que demuestran que un mayor acceso a la tecnología hace a la gente más feliz. La Encuesta Mundial de Valores ha mostrado que, de 1981 a 2007, la felicidad ha aumentado en 45 de los 52 países estudiados. ¿Y qué pasaba en esos años? Exacto: la revolución digital. La ola tecnológica se extiende por todo el globo, o lo que el informe llama «la transición de las sociedades industriales a las sociedades del conocimiento». Los científicos sociales dicen que ese índice significa que «el desarrollo económico, la democratización y la tolerancia social han aumentado hasta el punto de que la gente percibe que tiene libre elección, lo que a su vez ha hecho crecer el grado de felicidad en todo el mundo». La misma encuesta dice que el dinero no hace a la gente más feliz. Algunas de las personas más felices son de los países más pobres; los ciudadanos de Filipinas se consideran más felices que los de Estados Unidos. **La felicidad tiene más que ver con los valores que con el producto interior bruto.**

Todos sabemos que trabajar para subsistir nos quita el bien más preciado: el tiempo. ¿Recordamos lo que decía de que no hace mucho la mayoría de los estadounidenses eran granjeros y empleaban el 80 por ciento de su tiempo cavando en busca de comida, y que ahora solo empleamos el 7 por ciento del día en ganar el dinero que nos cuesta esa comida? Con más tecnología, disponemos de más tiempo, es decir, tenemos más posibilidades de aprender, desarrollarnos, comunicarnos y dar, actividades con las que nos realizamos como seres humanos.

Pero el disponer de más tiempo tiene también un lado oscuro.

La inteligencia artificial y los robots van a desempeñar cada vez las tareas que los seres humanos hacemos ahora. Según un estudio de la Universidad de Oxford, el 47 por ciento del mercado laboral actual de Estados Unidos corre peligro de ser mecanizado en el futuro. ¡Los expertos en Oxford vienen a decir que, algún día, la mitad de los trabajadores podrían ser reemplazados por robots! Eso significa que la sociedad tendrá que reinventarse y crear trabajo con sentido para todo el mundo, y que todos tendremos que aprender nuevas habilidades. Será una transición difícil, no cabe duda.

Pero ¿qué pasará en el futuro si el trabajo desaparece y los ordenadores hacen todas las tareas y lo piensan casi todo? ¿Cuando no tengamos otra cosa que hacer que pasearnos en coches automáticos y esperar a que los drones nos traigan la compra? ¿Cuando no tengamos que librar luchas que nos refuercen? Es una pregunta interesante.

Hace más de una década hablé de esto con Ray Kurzweil y me contó la historia de un episodio de *En los límites de la realidad* que había visto de niño. No sé si el lector es tan mayor que recuerde la serie, pero era muy interesante, y los episodios daban siempre un giro siniestro al final. En este capítulo, un tipo al que le gusta jugar muere y cuando despierta tiene al lado a una especie de amable «guía» vestido de blanco. Este guía, este ángel, que parece un mayordomo, lo lleva a un lujoso casino, paraíso del jugador. Lo conducen a una suite magnífica y cuando abre un armario lo ve lleno de trajes y zapatos preciosos, que le sientan de maravilla. Su guía abre un cajón que está repleto de dinero, más del que ha visto nunca. El jugador se viste, baja a la sala de juego y todos lo saludan por su nombre y le sonríen. Se ve rodeado de mujeres bellísimas. ¡Es su fantasía suprema! Juega al blackjack y consigue 21 puntos a la primera. Gana. ¡Es estupendo! Recoge las fichas. La siguiente vez: 21. La siguiente: 21. Diez veces seguidas. ¡Es extraordinario! Se pasa a los dados y gana, gana, gana. Tiene un montón de fichas. No tiene más que pedir de beber, de comer, mujeres, y todo aparece. Todo lo que quiere le es dado. Esa noche se acuesta... acompañado, por cierto, y muy feliz.

La cosa sigue así un día tras otro. Unos meses después, está jugando al blackjack y la banca dice:

—¡Blackjack!

—¡Blackjack, claro! —exclama el jugador.

—¡Veintiuno! ¡Ganas! —dice la banca.

—¡Pues claro! ¡Yo siempre gano! ¡Estoy harto! ¡Gano siempre, pase lo que pase!

Se vuelve al guía del traje blanco y le dice que quiere hablar con su jefe.

Cuando el jefe de los ángeles se presenta, el hombre le suelta:

—¡No soporto más este aburrimiento! Debe de haber un error. Yo no soy tan buena persona. No debería estar aquí. ¡No merezco estar en el paraíso!

El ángel deja de sonreír y dice:

—¿Qué te hace pensar que estás en el paraíso?

¿Qué pasa, pues, cuando obtenemos todo lo que queremos con poco esfuerzo? Al rato será un infierno, ¿verdad? Entonces tendremos otro problema: **¿dónde hallaremos sentido en un mundo de abundancia?** Conque quizá en el futuro nuestro problema no sea la escasez. Y la solución no será la abundancia de cosas materiales. Como dice Peter Diamandis: «La abundancia no consiste en proporcionar a todo el mundo una vida de lujo, sino una vida de posibilidades.»

En nuestro último capítulo juntos, pues, veamos qué cosas darán a nuestra vida un sentido duradero. Cosas que nos alegren cuando nos enfrentemos a grandes retos o a extraordinarias oportunidades, que nos den fuerza en tiempo de dificultades económicas y en tiempo de prosperidad. Descubramos la riqueza última de la plenitud y el sentido. Aprendamos a beber en la fuente de la riqueza pasional.

Capítulo 7.2

La riqueza de la pasión

El hombre sólo es grande cuando obra por pasión.

BENJAMIN DISRAELI

Hemos hecho un largo camino juntos, ¿verdad? Ha sido una aventura increíble y me siento honrado y agradecido de que el lector haya hecho este viaje conmigo.

Hemos repasado los mitos financieros que obstaculizan nuestro camino a la libertad financiera; hemos subido la montaña del ahorro y la inversión que nos permitirá cumplir nuestros sueños financieros, y hemos aprendido nuevas maneras de caminar tranquilamente hacia un futuro en el que sólo trabajemos porque queremos y no porque tengamos que trabajar.

Hemos conocido a notables genios financieros y personas increíbles, como Ray Dalio, Paul Tudor Jones, Mary Callahan Erdoes, Carl Icahn, David Swensen, Jack Bogle, Charles Schwab y muchos otros que pueden guiarnos en nuestro viaje. Espero que el lector consulte una y otra vez a lo largo de su vida los siete simples pasos que ha aprendido en este libro, para mantenerse siempre en el buen camino. Al final de esta parte incluyo también una lista de acciones que nos ayudarán a seguir y sostener nuestro progreso. Usemos todo esto para asegurarnos de que seguimos en todo momento los sencillos principios que nos garantizarán la libertad. Repasar este libro en el futuro puede ser una buena manera de recordarnos a nosotros mismos que no somos producto de las circunstancias, sino creadores de nuestra vida.

Recordemos: el conocimiento no es poder... ¡lo es la acción! ¡La acción siempre triunfa sobre el conocimiento!

Para mí, este viaje ha sido la culminación de décadas de aprendizaje y enseñanza, y este libro es realmente una obra de amor. Es mi sentido obsequio al lector. Espero que le sirva tanto que también él quiera regalarlo a otros. Porque el mayor regalo en la vida es vivir por algo que perdure: un legado que siga creciendo más allá de nosotros.

Y ahora que concluimos juntos este viaje, no quiero dejar de recordarle al lector en qué ha consistido todo esto.

> La felicidad no nos es dada. Es consecuencia de nuestras acciones.
>
> Dalái Lama XIV

He tenido el enorme privilegio de trabajar con gente de todo tipo: políticos, financieros, gentes del mundo del espectáculo, deportistas, pero también líderes religiosos y espirituales. He trabajado en Oriente Medio reuniendo a jóvenes israelíes y palestinos en un programa de liderazgo en Cisjordania. Al principio manifestaron su odio mutuo, pero a la semana se habían hecho muy buenos amigos (y llevan nueve años trabajando en varios proyectos de paz).

En consecuencia, el Dalái Lama vino a visitarme a mi casa de Sun Valley y luego me invitó a una conferencia de paz interreligiosa que se celebró en San Francisco en 2006. Tuvo lugar durante la semana de abril en la que tres grandes religiones celebran una de sus mayores festividades: Semana Santa los cristianos, Pascua los judíos y el Milad, el nacimiento de Mahoma, los musulmanes. La fecha tenía sentido, porque el propósito de la conferencia era promover el buen entendimiento entre las tres grandes religiones.

El Dalái Lama, envuelto en ropajes rojos y naranjas, me recibió en el salón de baile del hotel Mark Hopkins con un cálido abrazo y una franca risotada. Irradiaba calor y alegría, como si fuera la viva estampa del «arte de la felicidad» que enseña. Asistían a la conferencia unas mil personas, pero yo tuve el honor de participar en un encuentro privado que organizó con unos veinticinco de los principales líderes religiosos y espirituales del mundo: hindúes, budistas, episcopalianos, indígenas americanos, católicos, judíos, suníes, chiíes y muchos más.

Fue una experiencia fascinante porque todo empezó como la mayoría de este tipo de conferencias empiezan, siendo todo el mundo maravilloso y amabilísimo, pero cuando pasamos a tratar de las cuestiones esenciales y de los viejos conflictos de la vida humana, la ideología y el dogma empezaron a hervir por debajo de la superficie. La conversación se acaloró un poco y todo el mundo empezó a hablar a la vez, sin escuchar a nadie.

Por fin, el Dalái Lama levantó la mano, como haría un niño en clase. No estaba irritado, sino que movía la mano y sonreía como quien se divierte de lo que ve. Poco a poco los presentes fueron reparando en él y parecieron algo avergonzados de discutir sin hacer caso del anfitrión. Cuando por fin callaron, el Dalai Lama bajó la mano y dijo:

—Damas y caballeros, en una cosa podemos estar de acuerdo todos. Las grandes confesiones del mundo están aquí representadas y muchos de nosotros nos consideramos líderes de esas confesiones. Todos nos enorgullecemos de nuestras respectivas tradiciones. Pero no creo que queramos perder de vista el propósito de nuestras religiones y lo que las personas a las que representamos quieren de verdad. —Hizo una pausa efectista y añadió—: ¡Lo que de verdad quieren es ser felices!

¿Qué tienen en común, preguntó, un cabrero de Afganistán y un corredor de bolsa de Nueva York, el jefe de una tribu de África y una madre con diez hijos argentina, el modisto de París y el tejedor de Perú? ***«Todos quieren ser felices.»***

—Ésa es la esencia de todo —dijo Su Santidad—. Si lo que hacemos crea más infelicidad, entonces hemos fracasado estrepitosamente.

Pero ¿qué crea felicidad?

A mí siempre me han enseñado que el éxito sin plenitud es el mayor fracaso.

Es importante recordar qué es lo que realmente buscamos: esa sensación de goce, de libertad, de seguridad, de amor... como queramos llamarlo. Cada cual emprende un camino que cree que lo llevará a la felicidad, a la plenitud o al sentido. Y hay muchos caminos. Algunos buscan la felicidad en la religión, o en la naturaleza, o en las relaciones sociales y amorosas. Otros creen que tener un buen cuerpo, dinero, una gran carrera o éxito en los negocios los hará felices. Pero la verdadera riqueza, como sabemos en lo más profundo de nuestra alma, no se mide sólo por el tamaño de nuestra cuenta bancaria ni por el número de activos que hayamos comprado o hecho crecer.

Conque ¿cuál es el secreto último, la clave de una vida rica? ¡Disfrutar y compartir! Pero antes debemos actuar. Como dice el dicho, si lo que aprendemos nos lleva al conocimiento, nos volvemos tontos; pero si nos lleva a la acción, nos enriquecemos. Recordemos: la recompensa está en la acción, no en la palabra.

Así que, antes de dejar este libro, vaya el lector a la lista final y asegúrese de que se aprende bien los siete simples pasos y va camino de construir la vida que desea y merece.

Luego respire un poco y recuerde en qué consiste todo.

> La riqueza es la capacidad de vivir la vida con plenitud.
>
> HENRY DAVID THOREAU

Todos sabemos que hay muchos tipos de riqueza: riqueza emocional, social, intelectual, física, en forma de energía, fuerza y vitalidad; y, por supuesto, riqueza espiritual: la creencia en que nuestra vida tiene un sentido más profundo, una vocación más elevada que trasciende nuestra persona. Uno de los errores más grandes que cometemos los seres humanos es querer obtener una forma de riqueza a costa de las otras.

Este libro no va en realidad de dinero solamente. Va sobre todo de crear una gran calidad de vida, vida como nosotros la queramos. Hasta ahora nos hemos centrado en dominar el juego del dinero y de la libertad financiera porque el dinero puede influir notablemente en nuestra psicología, en nuestra salud, en nuestras relaciones íntimas. Pero es importante recordar que no es posible vivir una vida extraordinaria si no dominamos también el juego de las relaciones, el juego de la realización personal y el juego de la salud.

Ser el hombre más rico del cementerio no tiene sentido.

Nunca olvidaré el día que llevé a mis hijos a ver el Circo del Sol cuando vino a nuestra ciudad natal de Del Mar, en California, hace casi treinta años. Tuvimos la suerte de conseguir asientos en la primera fila, cerca de la pista. Casi podríamos tocar a los artistas.

Justo antes de que empezara el espectáculo, reparé en que a nuestro lado había aún tres asientos vacíos y pensé: «Vaya, alguien va perderse un espectáculo maravilloso». Pero un minuto o dos después vi a un hombre enorme que, con la ayuda de un bastón y dos asistentes, bajaba la escalera. Debía de pesar por lo menos ciento ochenta kilos. Se sentó ocupando los tres asientos y resoplando y sudando por el corto trayecto que había recorrido hasta la primera fila. Sentí lástima de aquel hombre... ¡y de mi hija, a la que aquel cuerpo que sobresalía por el tercer asiento aplastaba! Oí que alguien detrás de mí susurraba que era el hombre más rico de Canadá. Resulta que es uno de los más adinerados de Canadá... financieramente hablando. ¡Tenía miles de millones, nada menos! Pero en aquel momento no pude evitar pensar en la vida desgraciada que debía de llevar... y sólo porque había puesto todo su empeño en ganar dinero y había descuidado su salud y la riqueza física de su cuerpo. ¡Estaba literalmente matándose! Y por ser incapaz de dominar más de un aspecto de su vida, no disfrutaba de lo que tenía... ni siquiera de una sencilla y mágica tarde en el circo.

> Sólo podemos decir que vivimos cuando nuestro corazón es consciente de nuestros tesoros.
>
> THORNTON WILDER

¿Qué sentido tiene lograr muchas cosas si no vivimos con equilibrio? ¿Y qué sentido tiene ganar el juego si nunca disfrutamos de la vida que tenemos ni la agradecemos? No hay nada peor que un hombre rico que siempre esté enfadado y sea infeliz. No tiene excusa, pero constantemente veo este fenómeno. Es resultado de una vida muy desequilibrada, en la que esperamos muchas cosas y no apreciamos las que ya tenemos. Sin gratitud y reconocimiento por lo que tenemos, nunca viviremos con plenitud. Como decía sir John Templeton: **«Si tenemos mil millones de dólares y no nos sentimos agradecidos, somos pobres. Si tenemos muy poco pero agradecemos lo que tenemos, somos ricos.»**

¿Cómo podemos cultivar la gratitud? Empecemos fijándonos en la fuerza que controla nuestra mente y nuestras emociones.

Nuestras decisiones son las que en definitiva determinan nuestra calidad de vida. En todos estos años que vengo trabajando con personas, he descubierto que **hay tres decisiones clave que tomamos a cada momento de nuestra vida**. Si tomamos estas decisiones inconscientemente, nuestra vida acabará pareciéndose a la de la mayoría de las personas, que tienden a perder la forma física, a agotarse emocionalmente y muy a menudo a aburrirse en sus relaciones íntimas o a resignarse a ellas... además de andar apurados de dinero.

¡Pero si tomamos estas decisiones conscientemente, podemos cambiar nuestra vida en un instante! ¿Cuáles son estas tres decisiones que determinan nuestra calidad de vida? ¿Que determinan si nos sentimos ricos o pobres en un momento dado? La primera es:

Decisión 1: ¿En qué vamos a concentrarnos?

En todo momento de nuestra vida hay millones de cosas en las que podemos concentrarnos. Podemos concentrarnos en cosas que están ocurriendo aquí y ahora, o en lo que queremos crear en el futuro, o podemos concentrarnos en el pasado. Podemos dirigir nuestra atención a resolver un gran problema o a apreciar la belleza de este momento, o a sentir compasión de nosotros mismos por una mala experiencia que hayamos tenido. Si no dirigimos nuestra atención de una manera consciente, nuestro entorno tiende a requerírnosla constantemente.

Se gastan cientos de miles de millones de dólares en anuncios que buscan captar este valioso bien que tenemos. Las noticias tratan de llamar nuestra atención con la historia más espeluznante: «¡Tu hijo podría morir si bebe zumo de frutas!

¡Luego te lo contamos!» o algún otro absurdo anuncio. ¿Por qué? Porque, como dicen en los medios de comunicación, «la sangre vende». Por si fuera poco, vivimos en un mundo de medios sociales en el que el zumbido que sale del bolsillo nos llama constantemente. Pero la clave es esta: **nuestra energía va a aquello en lo que ponemos nuestra atención**. Aquello en lo que nos concentramos, y la manera en la que lo hacemos, condiciona nuestra vida.

Veamos dos de estas maneras que controlan y pueden cambiar inmediatamente nuestro grado de alegría, felicidad, frustración, rabia, estrés y plenitud.

La primera cuestión es: ¿en qué nos concentramos más, en lo que tenemos o en lo que nos falta? Estoy seguro de que pensamos en las dos caras de la moneda, pero si juzgamos por lo que pensamos habitualmente, ¿en cuál de las dos nos fijamos más?

Incluso las personas que se hallan en la peor de las situaciones tienen muchas cosas que agradecer en su vida. **Si tenemos apuros económicos, ¿merecería la pena recordar que, aunque tengamos una renta anual de solo 34.000 dólares, formamos parte del uno por ciento de los que más ganan en el mundo? Sí, la renta media anual del planeta es de solo 1.480 dólares. De hecho, casi la mitad de la población mundial, más de tres mil millones de personas, viven con menos de 2,50 dólares al día, que es poco más de 900 dólares al año. Las bebidas de Starbucks cuestan de media 3,25 dólares. Si podemos permitirnos eso, en una taza de café nos gastamos más de lo que medio planeta tiene para vivir un día.**

Esto pone las cosas en perspectiva, ¿verdad? Si queremos ocupar Wall Street porque nos sentimos agraviados por el llamado «1 por ciento», ¡parémonos a pensar que el 99 por ciento del resto del mundo podría querer ocupar *nuestra* «terrible» vida!

Pero, hablando seriamente, más que fijarnos en los que no tenemos y envidiar a los que tienen más dinero que nosotros, quizá tendríamos que reconocer que hay muchas cosas en nuestra vida por las que podemos estar agradecidos y que nada tienen que ver con los billetes. **Podemos dar las gracias por nuestra salud, nuestros amigos, nuestras oportunidades, nuestra mente, y**

por el hecho de que conducimos por carreteras que no hemos tenido que construir, leemos libros que no hemos tenido que pasarnos años escribiendo y nos beneficiamos de un internet que no hemos tenido que crear.

¿En qué tendemos a concentrarnos? ¿En lo que tenemos o en lo nos falta?

Acostumbrarnos a valorar lo que tenemos nos dará un bienestar y riqueza emocional nuevos. Y supongo que si el lector está leyendo este libro, es porque seguramente es una de esas personas que ya saben lo que tienen. Pero la pregunta es: ¿se siente profundamente agradecido con mente, cuerpo, alma y corazón? Así es como se siente la alegría y el don de vivir. No sólo con una valoración intelectual o adquiriendo otro dólar u otros diez millones de dólares.

Pasemos ahora a la segunda forma de concentración que influye en nuestra calidad de vida: **¿tendemos a fijarnos más en lo que *podemos controlar* o en lo que *no podemos controlar*?** Sé que la respuesta dependerá del contexto, porque podría cambiar de un momento a otro, pero lo pregunto en general: ¿qué tendemos a hacer más? Seamos sinceros.

Si nos concentramos en lo que *no podemos* controlar, no hay duda de que nuestra vida será más estresante. Podemos influir en muchos aspectos de nuestra vida, pero no podemos controlar los mercados, la salud de nuestros seres queridos ni la actitud de nuestros hijos... ¡como sabe cualquiera que haya vivido con un niño de dos años o con un adolescente de dieciséis!

Sí, podemos influir en muchas cosas, pero no podemos controlarlas. Cuanto menos control sintamos que tenemos, más frustrados estaremos. De hecho, **la autoestima puede medirse por el contraste entre la sensación de que controlamos los acontecimientos de nuestra vida y la de que estos nos controlan a nosotros.**

Ahora bien, en cuanto nos fijamos en algo, nuestra mente tiene que tomar una segunda decisión, que es:

Decisión 2: ¿Qué sentido tiene?

¿Qué sentido tiene? En última instancia, la manera como nos sentimos en la vida tiene poco que ver con los acontecimientos de esa vida, con nuestra situación financiera, ni con lo que nos ha pasado o dejado de pasar. Nuestra calidad de vida tiene que ver con el sentido que damos a esas cosas. La mayoría de las veces no nos damos cuenta de las consecuencias que tienen estas rápidas decisiones, que muchas veces tomamos de manera inconsciente.

Cuando ocurre algo que trastorna nuestra vida —un accidente de coche, un problema de salud, perder el empleo—, ¿tendemos a pensar que es el fin o el principio? Si alguien se enfrenta a nosotros, ¿pensamos que nos «insulta», nos «enseña» o nos «ayuda»? ¿Significa ese problema «terrible» que Dios nos castiga o nos pone a prueba, o es una merced que nos hace? Nuestra vida depende del sentido que le demos. Porque cada sentido va acompañado de un sentimiento y emoción únicos, y nuestra calidad de vida consiste en las emociones que vivimos.

El sentido que damos a las cosas no sólo afecta a la manera como nos sentimos, sino también a nuestras relaciones e interacciones. Algunos piensan que los diez primeros años de una relación son sólo el comienzo; que sólo han empezado a conocerse y resulta muy emocionante. Ya pueden profundizar. Otros están diez días con una persona y a la primera discusión piensan que se acabó.

Si creemos que estamos al principio de una relación, ¿nos comportaremos igual que si fuera el fin de esa relación? Ese leve matiz de percepción, de sentido, puede cambiar nuestra vida en un instante. Al principio de una relación, si estamos enamorados perdidos, ¿qué haremos por nuestra pareja? La respuesta es: *¡cualquier cosa!* Si nos pide que saquemos la basura, saltaremos en pie y diremos: «¡Lo que sea para darte gusto, cariño!». Pero a los siete días, siete o setenta años, la gente dice cosas como: «¿¡Quién puñetas crees que soy, tu criado?!». Y se preguntan qué fue de la pasión. Muchas veces les he dicho a parejas con problemas que si hacen lo que hacían al principio, ¡no romperán! Porque al principio de la relación somos dadores, no contables. No calculamos constantemente quién da más. Sólo queremos que la otra persona sea feliz, y la felicidad de esa persona llena nuestra vida de alegría.

Veamos cómo estas dos primeras decisiones, concentración y sentido, se combinan muchas veces para causar uno de los mayores padecimientos de la sociedad moderna: la depresión. Estoy seguro de que el lector se pregunta cómo es posible que tanta gente «rica» y famosa, que posee todos los bienes que pueden desearse, se deprima. ¿Cómo es posible que tanta gente querida por millones de personas, y con decenas de millones de dólares o más, se haya suicidado? Lo hemos visto una y otra vez con personas inteligentísimas, hombres de negocios, artistas y actores. ¿Cómo es posible, sobre todo con todos los tratamientos y medicamentos modernos que hay hoy día?

En mis seminarios **siempre pregunto: «¿Cuántos de vosotros conocéis a alguien que está tomando antidepresivos y sigue deprimido?» En todas partes del mundo, en salas de cinco o diez mil personas, veo que levantan la mano un 85 o 90 por ciento de los presentes. ¿Cómo es posible?** Después de todo, están tomando una droga que debería hacer que se sintieran mejor.

Resulta que todos esos antidepresivos avisan de que uno de los efectos secundarios puede ser el de provocar pensamientos suicidas. Pero quizá el verdadero problema está en que, independientemente de lo mucho que nos droguemos, si siempre nos fijamos en lo que no podemos controlar y en lo que nos falta, no es extraño que nos desesperemos. Si a eso añadimos la idea de que «la vida no merece la pena», tenemos un cóctel emocional con el que no podrá ningún antidepresivo.

Pero puedo decir con toda seguridad que si esa misma persona encuentra un nuevo sentido —una razón por la que vivir o una creencia en que todo tiene sentido—, será más fuerte que nada de lo que le haya ocurrido. Si se concentra en las personas que la necesitan, que la quieren, que la aman, en lo que sigue queriendo dar al mundo, todo puede cambiar. ¿Cómo lo sé? Porque en treinta ocho años que llevo trabajando con personas, nunca se me ha suicidado ninguna de las miles con las que he tratado. Y espero —toco madera, aunque nunca se sabe— que no me ocurra. Porque cuando hacemos que la gente se concentre en otras cosas y les dé otro sentido, no hay límites a lo que su vida puede ser.[19]

Cambiar la manera en la que vemos las cosas y el sentido que les damos puede modificar literalmente nuestra bioquímica en cuestión de minutos. Aprender a dominar esto es cambiar nuestras emociones. ¿Cómo si no explicar el poder y la belleza de personas como el gran terapeuta y pensador Victor Frankl y tantas otras que sobrevivieron a los horrores de Auschwitz? Hallaron sentido incluso en su sufrimiento extremo. Fue un sentido más alto, más profundo, que les permitió seguir adelante, no sólo para sobrevivir sino también para salvar la vida de muchas otras personas en el futuro, porque dijeron: «Esto no puede volver a ocurrir». Todos podemos hallar sentido, incluso en la desgracia. Y si lo hallamos, podremos seguir viviendo en la desgracia, pero ya no sufriremos.

19. Si el lector quiere, puede visitar mi página <www.tonyrobbins.com> y ver algunos ejemplos de esto. Hemos seguido a personas tres y cinco años después para comprobar que los cambios perduran. El lector se hará así una idea de hasta qué punto podemos controlar nuestra vida.

Conque seamos los dueños de nuestra vida y recordemos siempre: **el sentido es la emoción y la emoción es la vida**. Decidamos consciente y sabiamente. Descubramos en todo el sentido que nos dé fuerza y hoy seremos ricos en el sentido más profundo de la palabra.

Decisión 3: ¿Qué hago?

Cuando creamos sentido en nuestra mente, ese sentido crea emoción y esta emoción nos coloca en un estado en el que tenemos que tomar nuestra tercera decisión: ¿qué hago? Lo que hacemos viene en gran medida determinado por el estado emocional en el que nos encontramos. Si estamos enfadados, actuaremos de una manera muy diferente a como lo haríamos si estuviéramos contentos o indignados.

Si queremos controlar nuestras acciones, lo mejor es cambiar nuestra manera de ver las cosas y el sentido que les damos. Pero incluso dos personas enfadadas se comportarán de manera diferente. Unos se defienden cuando se enfadan, otros atacan; unos expresan su rabia de una manera silenciosa, otros ruidosa, otros violenta. Algunos la reprimen y esperan la ocasión de desquitarse o incluso de vengarse. Los hay que desahogan su rabia yendo al gimnasio y haciendo ejercicio.

¿De dónde nos vienen estas pautas? Tendemos a imitar a las personas a las que respetamos y queremos. ¿Y las personas que nos decepcionaron o nos irritaron? Muchas veces rechazamos su manera de actuar, pero muchas más veces nos vemos repitiendo la pauta que vimos una y otra vez y que tanto nos disgustaba de jóvenes.

Es muy útil cobrar conciencia de las pautas que seguimos cuando nos frustramos o nos enfadamos o nos sentimos tristes o solos, porque no podemos cambiarlas si no somos conscientes de ellas. Además, y ahora que sabemos lo importante que son estas tres decisiones, podríamos empezar a buscar modelos que estén viviendo lo que nosotros querríamos vivir. Prometo que las personas que tienen una relación apasionada ven los problemas de la pareja de una manera totalmente diferente a como las ven las personas que siempre están peleándose, o que no paran de juzgarse mutuamente, y les dan también un sentido muy diferente. No hay que ser un lince para darse cuenta de esto. Ser conscientes de las diferentes maneras como las personas toman estas tres decisiones nos ayudará a cambiar positiva y duraderamente todos los aspectos de nuestra vida.

> A la edad de dieciocho años decidí no volver a tener un mal día en mi vida. Me sumergí en un infinito mar de gratitud del que aún no he salido.
>
> Patch Adams

¿Cómo podemos usar estas tres decisiones para mejorar nuestra calidad de vida? Resulta que nuestra manera de ver las cosas, los estados emocionales en los que tendemos a vivir y aquello que hacemos podemos condicionarlos con simples hábitos de vida. Después de todo, no podemos meramente esperar a que las emociones positivas aparezcan; tenemos que prepararnos para vivirlas. Es como un atleta que quiere desarrollar un músculo. Si queremos tener una vida personal, profesional y sentimental plena, feliz y pujante, tenemos que entrenarnos. Tenemos que entrenarnos para encontrar y sentir lo que más sentido dé a nuestras acciones.

Esta práctica se basa en un concepto psicológico llamado «primado» (*priming*), según el cual las palabras, ideas y experiencias sensoriales tiñen la manera como percibimos el mundo y afectan a nuestras emociones, motivaciones y acciones.

¿Y si de pronto descubriéramos que muchos de los pensamientos que creemos nuestros están en realidad condicionados por estímulos ambientales, o incluso manipulados deliberadamente por personas conscientes del poder de este primado? Pondré un ejemplo.

Dos psicólogos hicieron un estudio[20] en el que a unas personas se les daba una taza de café caliente y a otras una taza de café helado y se les pedía que leyeran sobre un personaje ficticio y descri-

20. El estudio lo financió el Instituto Nacional de la Salud y lo firmaron John A. Bargh (Universidad de Yale) y Lawrence Williams (Universidad de Colorado).

bieran su verdadero carácter. ¡Los resultados fueron sorprendentes! Las personas a las que les habían dado café caliente dijeron que era «cálido» y «generoso», mientras que aquellas a las que les habían dado café helado dijeron que era «frío» y «egoísta».

En otro estudio de la Universidad de Washington, a unas mujeres de origen asiático se les sometió a una prueba matemática. Antes de la prueba, se les hizo una breve encuesta. Si les preguntaban por su etnia, las mujeres obtenían resultados un 20 por ciento superiores. Pero, en el caso de aquellas a las que se les preguntaba por su sexo en lugar de por su etnia, el simple hecho de escribir que eran mujeres produjo unos resultados notablemente inferiores. Éste es el poder del primado en forma de condicionamiento cultural. Afecta a nuestras reacciones inconscientes: reprime o libera nuestro verdadero potencial.

Podemos beneficiarnos de este fenómeno desarrollando una sencilla práctica de diez minutos que «prime» nuestra mente y nuestro corazón para sentir gratitud, que es el sentimiento que conjura la rabia y el miedo. Recordemos: si nos sentimos agradecidos, no podemos estar rabiosos al mismo tiempo. No podemos sentir miedo y gratitud al mismo tiempo. ¡Es imposible!

Empiezo todos los días con un mínimo de diez minutos. Me quedo quieto, cierro los ojos y durante unos tres minutos reflexiono sobre las cosas por las que doy las gracias: el viento en mi cara, el amor en mi vida, las oportunidades y las bendiciones que recibo. No pienso sólo en cosas grandes; procuro no sólo advertir, sino también sentir profundamente la importancia de las pequeñas cosas que enriquecen la vida. Los tres siguientes minutos pido salud y fortuna para todas las personas a las que quiero, conozco y tengo el privilegio de tratar: mi familia, amigos, clientes y el desconocido que podría conocer hoy. Envío amor, bendiciones, gratitud y deseos de abundancia a todo el mundo. Por cursi que parezca, es el verdadero ciclo de la vida.

El tiempo restante lo dedico a pensar en las tres cosas que quiero conseguir. Las contemplo como si ya las hubiera logrado, las celebro y doy las gracias por ellas. El «primado» es un importante regalo que nos hacemos: si lo practicáramos diez días, nos engancharía.

Esta sencilla práctica es importante porque mucha gente dice que está agradecida, pero no se toma tiempo para sentir esa gratitud. ¡Tan fácil es olvidarnos de la belleza y de la gracia de lo que ya tenemos! Si no hacemos algo todos los días conscientemente para plantar las buenas semillas en nuestra mente, las «malas hierbas» de la vida —frustración, rabia, estrés, soledad— tenderán a crecer en ella. Y no debemos plantar malas hierbas; ya crecen por sí solas. Mi maestro Jim Rohn me enseñó un principio sencillo: todos los días, montemos guardia ante la puerta de nuestra mente y decidamos qué pensamientos y creencias dejamos que entren. Porque ellos determinarán que nos sintamos ricos o pobres, maldecidos o bendecidos.

Al final, si queremos ser realmente felices, tenemos que trascender nuestra persona.

La mente humana es asombrosa. Es un mecanismo de supervivencia, por lo que tiende a fijarse en lo que va mal, en lo que evitar, en aquello de lo que tener cuidado. Habremos evolucionado, pero nuestro cerebro sigue siendo una estructura que tiene dos millones de años de antigüedad y vivir una vida plena y feliz no es su primera prioridad. Tenemos que controlarlo. Y la mejor manera de hacerlo —aparte del «primado»— es satisfacer las más nobles de las seis necesidades humanas, las dos necesidades espirituales que llenan al ser humano: crecimiento y contribución.

La razón principal por la que creo que todos deseamos crecer es porque, cuando lo hacemos, tenemos algo que dar. Éste es el sentido más profundo de la vida. «Tener» puede hacer que nos sintamos bien un momento, pero nada supera la dicha de dar algo que sabemos que tocará profundamente algo o a alguien que nos trasciende.

> Todos podemos ser grandes, porque todos podemos servir.
>
> Martin Luther King

Si es verdad que lo que nos hace sentirnos plenamente vivos es dar, quizá la mejor prueba de esta teoría sean las personas que están dispuestas a dar su vida por aquello en lo que creen. Uno de mis mayores héroes del último siglo es el líder de los derechos civiles Martin Luther King. Hace poco su hijo mayor y tocayo, Martin Luther King III, vino al acto Date with Destiny que organicé en Fiyi. Tuve entonces la ocasión de decirle cuánto me inspiró su padre, porque vivió su vida con pasión: sabía para qué estaba hecho. Recuerdo que ya de niño oía sus palabras: **«Un hombre que no ha encontrado nada por lo que morir no está hecho para vivir»**.

La verdadera riqueza de nuestra vida consiste en encontrar algo que nos importe tanto que daríamos lo que fuera por ello... incluso la vida, si fuese necesario. En ese momento habremos escapado de la tiranía de nuestra mente, de nuestros miedos, de nuestra sensación de limitación. Sé que es mucho decir. Pero también sé que la mayoría de nosotros daríamos la vida por nuestros hijos, nuestros padres, nuestros cónyuges. Los que han encontrado una misión que los posee han descubierto un tesoro de energía y sentido que no tiene parangón.

La riqueza de la pasión

Seguramente sabrá el lector quién es la adolescente paquistaní Malala Yousafzai. Unos terroristas talibanes le dispararon en la cabeza porque tuvo el atrevimiento de decir que las niñas tenían derecho a ir a la escuela. La bala le entró por un ojo y rebotó por el cráneo, lo que casi la mata. Milagrosamente, el cerebro se salvó. Malala sobrevivió a sus horribles heridas y se ha convertido en una activista internacional que lucha por el empoderamiento de niñas y mujeres. El hombre que le disparó sigue libre y los talibanes siguen amenazándola de muerte. Pero ella los desafía abiertamente. En un discurso que dio ante las Naciones Unidas en su decimosexto cumpleaños, Malala dijo que no tenía miedo. «Creían que la bala nos haría callar, pero fracasaron. Y de ese silencio salieron miles de voces. Los terroristas pensaron que cambiarían mi misión y mis ambiciones, pero nada ha cambiado en mi vida, salvo esto: **la debilidad, el miedo y la desesperanza han muerto. La fuerza, el fervor y la valentía han nacido.**»

En una entrevista con Malala, la periodista de la CNN Christiane Amampour le preguntó si temía por su vida. La joven respondió: «Lo cierto es que pueden matarme. Pueden matar a Malala. Pero eso no significa que puedan matar también mi causa: la causa de la educación, la causa de la paz, la causa de los derechos humanos. La causa de la igualdad por la que lucho sobrevivirá... **Sólo pueden matar un cuerpo, pero no pueden matar mis sueños**».

Esta joven de dieciséis años es dueña de aquellas tres decisiones. Se ha fijado en lo que importa, ha hallado una misión que trasciende su persona y da sentido a su vida, y actúa sin miedo.

Aunque no todos estemos llamados a jugarnos la vida por una causa como Malala, sí podemos decidir vivir sin miedo, con pasión y con ilimitada gratitud. Conque pasemos la página y concluyamos este viaje en el que venimos creando riqueza juntos con la lección más importante de todas: el secreto último.

Capítulo 7.3

El secreto último

> Vivimos gracias a lo que ganamos, pero damos sentido a la vida gracias a lo que damos.
>
> WINSTON CHURCHILL

Ahora que damos los últimos pasos de nuestro viaje juntos, quiero que nos preguntemos **qué es lo que más nos apasiona en este mundo**. ¿Qué es lo que más nos importa? ¿Qué es lo que más nos emociona? ¿Qué legado querríamos dejar? ¿Qué podríamos hacer hoy que nos hiciera sentirnos orgullosos? ¿Qué acción podríamos realizar que le dijera a nuestro espíritu que estamos viviendo bien nuestra vida? Y si estuviéramos muy inspirados, ¿qué nos gustaría crear o dar?

Todas estas preguntas nos acercan al **secreto último de la verdadera riqueza**. Pero —y ésta es la cuestión— parte de la clave puede parecer contradictoria. Nos hemos pasado un montón de tiempo hablando de cómo dominar el dinero, el ahorro, la inversión, de cómo acumular una masa crítica que al final nos dé libertad y mejore nuestra calidad de vida. Pero, al mismo tiempo, **se nos ha enseñado que el dinero no hace la felicidad**. Como demuestra un estudio, la mayoría de la gente cree que, si ganara el doble, también sería el doble de feliz. Pero, en realidad, y según las conclusiones de ese estudio, las personas que pasaron de ganar 25.000 dólares al año a 55.000 declararon que sólo se sentían un nueve por ciento más felices. Además, uno de los estudios más citados sobre el tema nos dice que, cuando ganamos regularmente el sueldo típico de la clase de media —unos 75.000 dólares al año en Estados Unidos—, ganar más dinero no supone ninguna diferencia apreciable en el grado de felicidad de una persona.

Entonces ¿qué?, podemos preguntarnos.

La verdad es la siguiente: **estudios más recientes han demostrado que el dinero sí puede hacernos más felices**. Los científicos han mostrado que «gastar simplemente cinco dólares diarios puede influir notablemente en nuestra felicidad». ¿Por qué? **Porque lo que importa no es la cantidad de dinero que gastamos, sino cómo decidimos emplearla. «Las decisiones sobre gasto que tomamos diariamente producen una serie de efectos biológicos y emocionales que pueden detectarse hasta en la saliva»**, aseguran Elizabeth Dunn y Michael Norton, de la Universidad de Harvard, en su excelente libro de 2013 *Happy Money: The Science of Smarter Spending*. «Aunque tener más dinero puede proporcionar toda clase de cosas maravillosas —desde comer mejor a vivir en barrios más seguros—, su poder real no depende de la cantidad sino de cómo lo gastamos.»

Han demostrado científicamente que hay muchas maneras de gastar dinero que aumentan bastante nuestra felicidad. No las revelaré todas para que el lector lea ese libro, pero tres de las más importantes son:

1. **Invertir en experiencias**, como viajar, aprender una nueva habilidad y recibir clases de algo, en lugar de comprar más cosas.
2. **Ganar tiempo libre**: «Si podemos contratar a otros para que hagan las tareas más ingratas (como limpiar el baño o desatascar canalones), el dinero puede transformar nuestra manera de emplear el tiempo, que podremos dedicar a los que nos guste.»

Pero ¿adivinamos lo mejor que podemos hacer con nuestro dinero y que nos hará muchísimo más felices?

3. **Invertir en otros**, eso es. ¡Dar nuestro dinero nos hace realmente felices!

Los estudios demuestran que, cuanto más damos, más felices somos. Y cuanto más tenemos, más podemos dar. Es un círculo virtuoso. Dunn y Norton demuestran con sus estudios científicos que **obtenemos más satisfacción gastando dinero en los demás de la que obtenemos gastando en nosotros**. Y los beneficios «no sólo consisten en bienestar subjetivo, sino también en salud objetiva».

En otras palabras, dar nos hace más felices y más saludables.

Según los autores, este fenómeno comprende continentes y culturas, países ricos y pobres, personas con las rentas más altas y con las rentas más bajas, jóvenes y viejos, «desde un estudiante universitario canadiense que le compra una bufanda a su madre hasta una mujer ugandesa que le compra a un amigo un medicamento urgente contra la malaria». Repetimos: los datos demuestran que lo de menos es el tamaño del regalo.

En sus estudios, los autores dieron a los participantes 5 y 20 dólares para que se los gastaran en el día. A la mitad de ellos se les dijo que compraran algo para sí mismos y a la otra mitad que emplearan el dinero para ayudar a otros. «Por la noche, las personas a las que les pedimos que gastaran el dinero en otros estaban de un ánimo mucho más feliz que aquellas que se lo gastaron en sí mismas», escribieron.

La psicóloga y colega de los autores Lara Aknin, de la Universidad Simon Fraser, realizó otro estudio en el que dio a los participantes vales de Starbucks de 10 dólares.

— A algunos se les pidió que fueran a Starbucks solos y **se gastaran el vale en sí mismos**.
— A otros se les pidió que **con el vale invitaran a un café a alguien**.
— A otros se les pidió que **dieran el vale a otra persona**, pero no se les permitía acompañarla al establecimiento.
— A otros se les pidió que **fueran con otra persona a Starbucks, pero que se gastaran el vale en sí mismos**, no en la persona con la que iban.

¿Qué participantes creemos que dijeron sentirse más felices? Acertamos si decimos que aquellos que invitaron a un café a otra persona. Según los autores, somos más felices cuando nos comunicamos con las personas a las que ayudamos, y «vemos la diferencia que supone nuestra acción generosa».

La felicidad que sentimos por ayudar a otros no sólo es más intensa, sino también más duradera. Cuando, en mi entrevista con el reputado experto en economía conductual Dan Ariely, le pregunté por la relación entre el dinero y la felicidad, me dijo: «Si le preguntamos a la gente: "¿Qué te haría más feliz, comprar algo para ti o comprar algo para otro?", nos contestará: "Comprar algo para mí". Pero no es verdad. Los estudios demuestran que cuando compramos algo para nosotros, somos felices unos minutos o normalmente unas horas. Pero si compramos algo para otro, aunque sea un pequeño regalo, nuestra felicidad dura como mínimo todo el día, y muchas veces días y aun semanas».

Dan me contó un **«bonito experimento» en el que a unos empleados de cierta empresa se les daba una prima de unos 3.000 dólares. A unos se les dijo que se la gastaran en sí mismos y a otros que la dieran. ¿Adivinamos quiénes se sintieron más felices?**

«Seis meses después, los que habían dado el dinero se declaraban más felices que el grupo que se lo había quedado para sí —dijo Dan—. Tenemos que saber lo que significa dar. Es una cosa maravillosa que nos conecta con los demás ... Y eso crea un círculo virtuoso.»

Cuando damos dinero, sobre todo si ayudamos a un desconocido en vez de a un ser querido, el grado de felicidad se multiplica geométricamente. Equivale a dos o tres veces nuestro sueldo.

Yo mismo he presenciado las muchas cosas asombrosas que ocurren cuando damos. Cuando trascendemos nuestros mecanismos de supervivencia y entramos en un mundo en el que vivimos por algo más que por nosotros mismos, de pronto nuestro miedo, nuestra frustración, nuestro sentimiento de desgracia e infelicidad desaparecen. Creo de verdad que cuando nos damos a los demás, la vida, Dios, la gracia —llamémoslo como queramos— aparece y nos guía. Recordemos: *la vida fomenta todo lo que fomenta más vida*.

Pondré un ejemplo de cómo la vida de un niño cobró nuevo sentido después de que su alma y su corazón quedaran casi destrozados a raíz de la matanza escolar de Newtown, Connecticut. La historia de este niño es una historia de búsqueda de sentido e inspiración y de superación del dolor por el acto de dar.

Un poder más allá del dolor

J. T. Lewis nunca olvidará el día de 14 de diciembre de 2012. La mañana de ese día un tirador loco irrumpió en la escuela infantil de Sandy Hook y, antes de matarse a sí mismo, mató a 26 personas, entre ellas 20 niños de edades comprendidas entre los cinco y los diez años. En cierto momento del ataque, Jesse, el hermano de seis años de J. T. vio que el arma del asesino se atascaba y les gritó a sus compañeros de clase que huyeran. Aquel niño valiente salvó muchas vidas esa mañana pero, por desgracia, no la suya. El asesino le disparó y lo mató.

Imaginemos lo destrozados que estaríamos si Jesse hubiera sido nuestro hijo, o nuestro hermano. Tuve el privilegio de conocer a J. T., de trece años de edad, y a su madre, Scarlett, en el primer aniversario de la masacre, porque viajé a Newtown para ayudar a los supervivientes a hacer frente a las consecuencias de tan terrible tragedia. Como suponía, muchas de aquellas familias estaban deshechas. Pero quedé asombrado cuando J. T. me dijo que su dolor y sufrimiento se habían transformado gracias a unos extraordinarios huérfanos ruandeses a los que había conocido. Estos niños se habían enterado de la muerte del hermano de J. T. y quisieron ponerse en contacto con él desde la otra punta del planeta para transmitirle un mensaje de salvación.

Aquellos huérfanos eran supervivientes de una de las peores tragedias de la historia. En 1994, el genocidio de Ruanda causó la muerte de un millón de tutsis a manos de sus vecinos hutus en apenas cien días. En una llamada por Skype, una de aquellas niñas, Chantal, le dijo a J. T. que sentía mucho la muerte de su hermano. **Pero quiso que supiera que nadie puede quitarnos**

la alegría y la felicidad de nuestra vida, sólo nosotros: *el asesino no tiene ese poder*.

Luego le contó su propia historia: con apenas ocho años tuvo que presenciar el horrendo espectáculo de ver cómo mataban a sus padres a machetazos. Luego los asesinos se volvieron hacia ella, le hicieron un corte en el cuello y arrojaron su menudo cuerpo a una fosa común. Sepultada bajo tierra, sangrando profusamente y aterrorizada, pero decidida a sobrevivir, Chantal salió de aquella fosa poco profunda y buscó la libertad en las montañas que rodeaban la aldea. Oculta en la oscura selva, veía cómo las llamas se tragaban las casas de aquella comunidad que había sido su hogar y oía los gritos de sus seres queridos que resonaban en el aire. Esperó un mes, comiendo hierba, a que la matanza cesara.

Sería lógico que una niña que ha presenciado el asesinato de sus padres quedara marcada para siempre. Sería lógico que viviera presa de la rabia y del miedo. Pero no es el caso de Chantal. Ha sabido dominar las tres decisiones que dan forma a nuestra vida.

Como le dijo a J. T., «sé que ahora no te lo crees, pero puedes curarte ahora mismo y vivir una vida bonita y feliz. Sólo tienes que esforzarte todos los días por ser agradecido, perdonar, sentir compasión. Agradecido por lo que tienes, sin fijarte en lo que no tienes. Tienes que perdonar al asesino y a su familia y hallar la manera de servir al prójimo, y superarás el dolor». **La cara de Chantal estaba llena de una alegría más grande de lo que J. T. podía imaginar. Por mala que fuera la vida de él, el horror que ella contaba era más intenso de lo que él podía concebir. Si ella podía superar su dolor, él también podía. Y era el momento.**

Pero ¿cómo lo haría? Decidió que debía hallar la manera de corresponder en la misma forma a aquella joven alma que desde miles de kilómetros de distancia le enviaba amor en su día de necesidad. Chantal había encontrado su razón de ser, su pasión y sentido, decidiendo que protegería, amaría y criaría a otros jóvenes huérfanos del genocidio. Aquélla era su misión, que le permitió trascender su persona y superar su sentimiento de pérdida.

El ejemplo de servicio al prójimo que daba Chantal impresionó profundamente a J. T., que se obsesionó con la idea de dar. Decidió que su misión era contribuir a crear un futuro mejor para aquella extraordinaria chica. Empezó a trabajar día y noche para conseguir dinero y enviarla a la universidad. A los pocos meses, este chaval de trece años pudo llamarla por Skype y anunciarle que había reunido 2.100 dólares, ¡lo suficiente para que Chantal fuera un año a la universidad! Ella quedó profundamente conmovida. Pero, como muchos jóvenes, sobre todo en el tercer mundo, la universidad no era una opción práctica para ella, que ya había montado una tiendecita. (Y, como podemos imaginar tratándose de una mujer de su carácter, ¡es una empresaria muy buena!) Así, siempre con el espíritu de dar, Chantal le ofreció este precioso regalo a su mejor amiga, Betty, otra huérfana que también había hablado con J. T. para darle ánimos.

Tanto me emocionó el compromiso de J. T. que decidí al instante sufragar los tres años de universidad que le quedaban a Betty y construir una tienda nueva para Chantal y una residencia permanente para el resto de su familia de huérfanos adoptados.

Hoy trabajamos juntos para aumentar los recursos y atender a muchos más de los 75.000 huérfanos que sobrevivieron al genocidio.[21]

La lección es ésta: los seres humanos podemos superar nuestro dolor cuando decidimos ver la belleza de la vida y hallamos la manera de darnos a los demás. Ahí empieza el don de la curación. La clave es encontrar algo que nos haga querer dar. Este sentimiento de misión es el poder último de la vida. Entonces es cuando somos ricos de verdad, entonces es cuando pasamos de una vida meramente placentera a una vida de alegría y con sentido.

21. Preparamos a psicólogos y profesionales y les enseñamos las técnicas prácticas y psicológicas que pueden ayudar en esta clase de crisis. Si el lector está cualificado y quiere ofrecerse voluntario para trabajar en tiempos de crisis, póngase en contacto con la fundación Anthony Robbins (<www.anthonyrobbinsfoundation.org>).

Dar es sanar

Naturalmente, dar significa más que dar sólo dinero. Es también dar nuestro tiempo, nuestra emoción, nuestra presencia a nuestros hijos, familia, pareja, amigos y socios. También podemos regalar nuestro trabajo. Sea una canción, un poema, montar una multinacional, asesorar, trabajar en sanidad o en la docencia, *todos tenemos algo que dar*. De hecho, después del amor, una de las cosas más sagradas que podemos dar es nuestra mano de obra. Y ofrecer nuestro tiempo, nuestra dedicación, nuestra capacidad y aptitudes nos dará también un importante «rendimiento».

En su excelente libro *La vida plena: bienestar, sabiduría, asombro y compasión: los pilares del éxito*, mi amiga Arianna Huffington cita estudios que demuestran que el acto de dar mejora nuestra salud física y mental. Uno de los que más me gustan es el de la Facultad de Medicina de la Universidad de Exeter, en Reino Unido, que muestra que los voluntarios se deprimen menos, se declaran más felices ¡y tienen una tasa de mortalidad un 22 por ciento menor! Dice también: «Trabajar de voluntarios al menos una vez a la semana mejora nuestro bienestar tanto como lo mejoraría que nuestro sueldo subiera de 20.000 a 75.000 dólares».

¿Cuál es, pues, el secreto final de la riqueza? **Es que el dar, sea en la forma que sea, crea riqueza mucho antes de lo que el *tener* lo hará jamás.** Poco importa lo poderosos que seamos personalmente, ni si somos un primate de los negocios, un líder político, un magnate de las finanzas o una gran figura del espectáculo: el secreto para tener una vida plena no es sólo tener mucho sino dar mucho. Todos conocemos historias de personas riquísimas que transformaron la sociedad porque una mañana se despertaron y se dieron cuenta de que la vida era algo más que ellos.

> Yo no quiero ser el hombre más rico del cementerio. Lo que quiero es irme a la cama sabiendo que he hecho algo maravilloso.
>
> Steve Jobs

Antes del siglo XIX, las organizaciones benéficas eran casi todas religiosas, hasta que apareció el magnate del acero Andrew Carnegie. Los reyes, los nobles y las familias más ricas no tenían interés en dar nada a sus comunidades; lo que querían era quedarse su dinero para sí mismos y sus herederos. Muchos hombres de negocios hacían lo mismo. Pero Carnegie, al frente de los demás magnates de la época, creó la filantropía tal y como la conocemos hoy.

Carnegie era un hombre de negocios sin escrúpulos, pero fabricó el acero con el que se construyeron los ferrocarriles y rascacielos que transformaron América. Tenía que añadir valor para que fuera rentable, y la sociedad se benefició y él también. En vida fue el hombre más rico del mundo. Pero llegó un momento en el que tenía todas las cosas que deseaba y más. Poseía tanto dinero que empezó a darse cuenta de que tenía muy poco sentido... si no lo utilizaba para algo que trascendiera su persona. Y, así, Carnegie se pasó la primera mitad de su vida ganando dinero y la segunda dándolo. Contó su transformación personal en un ensayo (y luego libro) que sigue mereciendo la pena leer, *The Gospel of Wealth*. Mi amigo, premio Nobel y profesor de economía de la Universidad de Yale, Robert Shiller, les recomienda encarecidamente a sus alumnos que lo lean para que vean que el capitalismo puede ser una fuerza positiva. El ensayo de Carnegie cambió la sociedad, influyó en sus colegas y desafió la incalculable riqueza de su mayor rival, John D. Rockefeller. Movido por un fuerte espíritu competitivo, Rockefeller empezó a dar montones de dinero a las mayores fundaciones del país. Carnegie creó una nueva vara de medir: se sentía importante no por lo que se tenía sino por lo que se daba. Su interés era la educación: a lo largo de su vida, sus donaciones permitieron duplicar el número de bibliotecas de Estados Unidos y contribuyeron mucho al desarrollo y al capital intelectual de nuestra sociedad antes de la llegada de internet.

Nuestro amigo Chuck Feeny fue un moderno Carnegie, que dio casi toda su fortuna, 7.500 millones de dólares... ¡con la diferencia de que él se lo tuvo callado hasta hace poco!

Cuando conocí a Chuck tenía ochenta y tres años y vivía los últimos días de su vida. Le costaba hablar mucho rato seguido pero en su presencia se experimenta algo más profundo que las palabras. En su presencia se siente el poder de una vida bien vivida. Eso se ve en la alegría de sus ojos, en la sonrisa que siempre tiene en la boca, en la amabilidad que emana de su corazón.

Chuck Feeney, por su parte, inspiró a otra generación. Muchos dicen que Ted Turner renovó esta forma de filantropía a gran escala cuando donó mil millones de dólares a las Naciones Unidas. Desde entonces, Bill Gates y Warren Buffett han unido sus fuerzas para crear el Giving Pledge con idea de que los ricos del mundo se comprometan a dar al menos la mitad de sus fortunas a organizaciones benéficas. La última vez que se contó se habían apuntado 120 multimillonarios, incluyendo algunos de los que aparecen en este libro, como Ray Dalio, T. Boone Pickens, Sara Blakely, Carl Icahn y Paul Tudor Jones. (Véanse en la página <http://givingpledge.org> algunas de las conmovedoras cartas que escribieron para acompañar sus donativos.)

T. Boone Pickens me ha confesado que se ha dejado llevar demasiado por sus impulsos filantrópicos. Hace poco donó casi quinientos millones de dólares a su universidad del estado de Oklahoma, con lo que el total de sus donaciones benéficas ascendían a más de mil millones. Pero hace poco sufrió pérdidas que redujeron su patrimonio a 950 millones... ¡menos de esos mil millones que había donado! Pero no se preocupa. Después de todo, sólo tiene ochenta y seis años. «Descuida, Tony —me dijo—. Voy a ganar otros dos mil millones en los próximos años.» No siente que haya perdido nada, porque el gozo que le supuso dar no tiene precio.

En los tiempos modernos, los hombres y mujeres más ricos y poderosos del mundo se han ocupado de los grandes problemas. Carnegie se interesó por la educación. Bill y Melinda Gates se interesan por la escolarización y la prevención de epidemias. La pasión de Bono es que se condone la deuda de los países del tercer mundo. Pero ¿tenemos que ser multimillonarios o estrellas del rock para resolver los grandes problemas del mundo? No en el mundo interconectado de hoy. Si trabajamos juntos usando la tecnología, todos podemos hacer un poquito y tener un enorme impacto.

Erradiquemos el hambre, la enfermedad y la esclavitud

No sé cuál será la pasión del lector, pero yo siento una profunda empatía por los niños y las familias necesitadas. Tenemos que ser de hielo para no conmovernos por un niño que sufre. Conque veamos un momento cuáles son tres de los mayores problemas que tienen hoy los niños y sus familias, y qué podemos hacer concreta e inmediatamente para solucionarlos.

El primero es el hambre. **¿Cuántos niños cree el lector que se van a la cama con hambre en el país más rico del mundo? Según la Oficina del Censo de Estados Unidos, por tremendo que pueda parecer, uno de cada cuatro niños estadounidenses menores de cinco años vive en la pobreza, y casi uno de cada diez vive en la *extrema* pobreza (que se define por una renta anual de menos de 11.746 dólares, o 32 dólares al día, para una familia de cuatro miembros).**

Cincuenta millones de estadounidenses, incluyendo casi 17 millones de niños, viven en hogares alimentariamente inseguros, hogares, como Joel Berg, de la Coalition Against Hunger de Nueva York, le dijo a Theresa Riley en el programa de televisión «Moyers & Company», que «no tienen suficiente dinero para comprar regularmente la comida que necesitan», que «racionan los alimentos y se saltan comidas, y en los que los padres dejan de comer para alimentar a sus hijos». Al mismo tiempo, **el Congreso ha recortado 8.700 millones de dólares del programa de ayudas alimentarias, lo que equivale a suprimir *las comidas de más de una semana al mes* para medio millón de familias estadounidenses.**

Yo viví en uno de esos hogares; mi familia era una de esas familias. De ahí me viene la pasión por contribuir en este ámbito. Sé que no son sólo estadísticas; son seres humanos que sufren.

Ya le he contado al lector cómo me cambió la vida un día de Acción de Gracias cuando tenía once años. Repito: no fue que me dieran comida lo que cambió mi vida, sino que un desconocido se preocupara. Aquel simple acto tuvo un efecto exponencial. He seguido haciendo ese favor a otros y alimentando a 42 millones de personas en los últimos treinta y ocho años. Lo bueno es que, para hacer frente a este enorme problema, no esperé a poder a hacerlo a gran escala. No esperé a ser rico. Empecé desde el primer momento, con lo poco que tenía.

Al principio tuve que hacer un esfuerzo financiero para alimentar a sólo dos familias, pero luego me sentí inspirado y dupliqué mi objetivo: alimentar a cuatro. Al año siguiente fueron ocho, y al siguiente dieciséis. Conforme mis empresas y mi influencia crecían, fueron un millón al año y luego dos millones. Lo que invertimos en dar se comporta como el interés compuesto... y rinde mucho más. No tengo palabras para describir el privilegio que supone estar en una situación que hoy por hoy me permite donar cincuenta millones de comidas, que llegan a más de cien millones gracias la participación del lector y de otros. Yo era la persona a la que había que alimentar y ahora, a base de gracia y entrega, tengo el honor de alimentar a otros y de multiplicar el bien que nos hicieron a mí y a mi familia.

No hay nada como el poder del alma humana apasionada. El cuidar de los demás me apasionó y lo mismo hicieron los libros. Los libros me transportaron de un mundo de limitaciones a un mundo de posibilidades, porque me permitieron entrar en la mente de sus autores, que ya habían cambiado su vida. En la misma tradición, me dirigí a mis editores, Simon & Schuster, y les dije que no sólo quería alimentar cuerpos, sino también mentes. Se han unido a esta misión y donan mi libro *Notes from a Friend*, que escribí para ayudar a las personas en apuros a cambiar su vida con consejos prácticos, estrategias e historias motivadoras. Para corresponder a la inversión que el lector ha hecho en este libro, mi editor se compromete a dar un ejemplar de *Notes from a Friend* a una persona necesitada a través de mis socios de la organización benéfica Feeding America, que es el banco de alimentos más grande del país y está considerado la organización más efectiva a la hora de alimentar a vagabundos.

Pero ahora quisiera pedirle al lector que considerara la posibilidad de asociarse conmigo para poder seguir haciendo estas buenas obras los próximos años. Es una simple estrategia con la que podemos suministrar cien millones de comidas no sólo este año sino todos los años a familias hambrientas y necesitadas. No requiere ninguna donación grande. El plan que le propongo al lector le ofrece la oportunidad de cambiar y salvar vidas simplemente aportando calderilla. ¿Cómo? ¡Uniéndose a mi campaña para erradicar el hambre, la enfermedad y la esclavitud!

Usemos la calderilla para cambiar el mundo

Le propongo, pues, una cosa al lector. Lo que con este libro quería era ayudarlo a que entendiera las diferencias y tuviera los conocimientos y las habilidades —y un plan— que le permitieran tener una seguridad, independencia y libertad financieras duraderas para él y para su familia. Me obsesiona la idea de añadir más valor a nuestra vida del que podamos imaginar con un libro (aunque sea uno gordo, lo reconozco). ¡Quiero inspirar al lector para que supere la escasez y se haga rico ahora mismo! Y eso ocurrirá cuando empiece a dar con alegría en el corazón *—sea cual sea su situación financiera—*, **no porque se sienta culpable o porque lo crea un deber, sino porque el dar lo emocione.**

Según la Oficina de Estadísticas Laborales del departamento de Trabajo de Estados Unidos, 124 millones de familias estadounidenses gastan una media de 2.604 dólares anuales en entretenimiento, lo que representa más de 320.000 millones de dólares al año. Imaginemos lo que sería si sólo una parte de ese dinero se destinara a resolver problemas tan difíciles como el hambre, el tráfico de seres humanos, el acceso a agua limpia. En Estados Unidos, con un sólo dólar pueden suministrarse diez comidas a personas menesterosas. ¡Imaginémonos lo que sería dar 100.000.000 de comidas al año! Eso supone poco más de 10 millones de dólares, ¡sólo el 0,0034 por ciento de lo que gastamos en entretenimiento! No es nada, ¡es la calderilla del país! Por eso me asocié con algunas de las grandes mentes de los negocios y del marketing, como Bob Caruso (capitalista social y exsocio gerente y director de operaciones de uno de los cien fondos de inversión de alto riesgo más grandes del mundo, Highbridge Capital Management) y mi querido amigo Marc Benioff (filántropo, fundador y consejero delegado de Salesforce.com) para crear la tecnología que permita al lector usar esos céntimos para salvar vidas.

En menos de un minuto, podemos entrar en SwipeOut (<www.swipeout.com>) para que cada vez que usemos nuestra tarjeta de crédito en cualquier parte del mundo, el precio de nuestra compra se redondee al alza hasta el siguiente dólar.[22] Esa cantidad irá directamente a una organización benéfica que, a cambio, nos contará historias de personas a las que hemos ayudado. Así funciona: si pagamos 3,75 dólares por nuestra consumición en Starbucks, 0,25 dólares irán a organizaciones benéficas. Para el consumidor medio, este cambio suma apenas 20 dólares al mes. Podemos poner un límite a lo que queremos dar, pero aconsejamos que no sea menos de 10 dólares.

¿Quiere el lector saber lo que pueden hacer 20 dólares mensuales? Esto:

— suministrar 200 comidas a estadounidenses que pasan hambre (o sea, ¡2.400 comidas al año!), o
— suministrar agua potable y sostenible a diez niños de India cada mes, o sea, que podemos proteger a 120 niños al año de enfermedades transmitidas por el agua, o
— hacer un primer pago para rescatar y rehabilitar a una joven camboyana esclavizada.

Éstos son tres problemas a los que se enfrentan los niños y las familias. En Estados Unidos, el problema es el hambre. Por eso nos centramos en erradicarlo con nuestro socio Feeding America.

Pero lo peor para los niños del mundo son las enfermedades. ¿Sabía el lector que las enfermedades causadas por agua contaminada son las que más vidas infantiles se cobran, con un total de 3,4 millones cada año, según la Organización Mundial de la Salud? **De hecho, cada veinte segundos, un niño muere por enfermedades transmitidas por el agua, y ya han perecido más que todas las víctimas de conflictos armados desde la segunda guerra mundial.**

22. El sistema usa tecnología certificada con seguridad de nivel bancario.

Por eso, el segundo compromiso de SwipeOut es erradicar las enfermedades de transmisión por agua y suministrar agua potable al mayor número de niños de todo el mundo. Hay varias organizaciones con soluciones sostenibles y algunas pueden, por sólo dos dólares por persona, proveer a esos niños y a sus familias con un suministro regular de agua potable.

¿Cuál es el precio de la libertad?

En este libro venimos trabajando para asegurarnos de que alcancemos la libertad financiera. ¿Qué nos parece invertir una pequeñísima parte de lo que gastamos al mes en asegurar la libertad de uno de los 8,4 millones de niños de todo el mundo que están esclavizados? En 2008, el corresponsal de *ABC News* Dan Harris quiso saber, de incógnito, cuánto costaba comprar un niño esclavo. Salió de Nueva York y diez horas después estaba en Haití negociando la compra de uno por 150 dólares. Como él dijo, en el mundo moderno, un niño vale menos que un iPod.

Ni se nos pasa por la cabeza que esto pueda sucederles a nuestros hijos ni a ningún ser querido. **Pero tratemos de imaginar el impacto que tendrían nuestras acciones si liberaran una vida humana, una persona que lleva años esclavizada.** No hay palabras. Repito: podemos saber que, mientras dormimos, nuestra contribución ayuda a quienes libran esta batalla todos los días.

¿Cómo nos enfrentamos, pues, a estos enormes retos? Todos juntos y poco a poco. Este año, los lectores, unos cuantos amigos y yo vamos a alimentar a cien millones de personas. Pero ¿no sería increíble alimentar a cien millones de personas todos los años y de una manera sostenible? Suministro agua potable a cien mil personas al día en India (es una de mis pasiones). ¿No sería maravilloso que todos juntos la suministráramos a tres millones de personas al día y cada vez a más? ¿O que liberáramos a cinco mil niños esclavos y les costeáramos la educación y una vida saludable?

Todo esto lo podemos hacer cien mil personas. Creé mi fundación para que esta obra pudiera crecer en proporción geométrica. Si en una década o más llegáramos al millón de miembros, podríamos suministrar mil millones de comidas al año, agua potable a 30 millones de personas y liberar de la esclavitud a 50.000 niños. Estas cifras serían magníficas, pero, en verdad, ya salvar la vida de un niño merecería todo el esfuerzo.

Conque ¿cómo lo ve el lector? La mayoría sobreestimamos lo que podemos hacer en un año pero muchas veces subestimamos lo que podemos hacer en una década o dos.

Puedo decir que cuando empecé con mi misión y alimenté a dos familias estaba entusiasmado. Mi objetivo era dar de comer a cien familias necesitadas. Luego fueron mil. Luego cien mil. Luego un millón. Cuanto más crecemos, más vemos lo que es posible. Depende de nosotros. ¿Se apunta el lector? Pongamos nuestra calderilla a trabajar y cambiemos el mundo.

> He descubierto que, entre otros beneficios, dar libera el alma del donante.
>
> Maya Angelou

Tanto si colaboramos con SwipeOut como con otra organización, decidamos invertir una pequeña parte de lo que ganamos, o de nuestro tiempo, en algo que no nos beneficie directamente, sino que vaya a alguien que lo necesite. Esta decisión no tiene que ver con acertar o equivocarnos, ni con quedar bien o mal; tiene con ver con la verdadera riqueza: sentirnos más vivos y más auténticamente realizados.

En *Happy Money*, Dunn y Norton afirman que, cuando damos a otros como debemos dar, **«cuando sentimos que lo decidimos, cuando nos conecta con los demás y vemos que produce un claro efecto, incluso los pequeños regalos pueden aumentar la felicidad y producir un efecto dominó de generosidad».**

Inspirados por las posibilidades del «gasto prosocial» (que consiste en hacer regalos y donaciones benéficas), Dan Ariely y su mujer pusieron en práctica un sencillo sistema al que toda la familia —ellos y sus dos hijos— se apuntaron. Cuando los hijos reciben su paga, tienen que dividirla en tres botes:

El **bote 1** es para **ellos.**
El **bote 2** es para **alguien a quien conocen.**
El **bote 3** es para **alguien a quien no conocen.**

Obsérvese que dos de estos botes son para gastos prosociales, porque es lo que hará felices a los niños. Los tres botes están muy bien, pero los Ariely se cuidaron de reservar uno para gente a la que no conocen. Gastar en la familia y en los amigos es muy bonito, porque damos a personas a las que queremos, pero la filantropía es el tercer bote, que puede ser la forma de dar más gratificante e importante.

También puedo decir que dar cuando no es fácil hacerlo tiene extraordinarias consecuencias positivas. Prepara nuestro cerebro, nos condiciona para que pensemos que nos sobra. Y cuando el cerebro cree una cosa, la sentimos.

Sir John Templeton, no sólo el mayor inversor del mundo sino también unos de los mejores seres humanos, me dijo algo hace casi treinta años: que nunca había conocido a nadie que donara un 8 o 10 por ciento de lo que ganaba a organizaciones religiosas o benéficas durante diez años y no hubiera aumentado mucho su riqueza. Pero el problema es que la gente dice: «Daré cuando tenga». Y eso mismo pensaba yo. Pero creo solemnemente esto: merecemos empezar a dar tengamos lo que tengamos. Tenemos que ir cogiendo el hábito de dar aunque pensemos que no podemos; aunque pensemos que no nos sobra nada. ¿Por qué? Porque, como dije ya en el primer capítulo de este libro, si no das un céntimo de un dólar, tampoco darás un millón de diez millones, ni diez millones de cien millones.

¿En qué consistirán nuestras donaciones? ¿Daremos nuestro tiempo y nuestra energía? ¿Daremos una parte de nuestros ingresos? ¿O empezaremos entrando un momento en internet y apuntándonos a SwipeOut para que el cambio de nuestras compras se invierta en cambiar vidas? **Ahora que vemos el impacto que puede tener, animémonos y apuntémonos ahora mismo.** Y recordemos: la persona a la que más demos podemos ser muy bien nosotros mismos. Una vida de filántropo empieza con un simple pasito. Démoslo juntos.

No pienso en la miseria que hay, sino en la belleza que aún queda.

ANA FRANK

Por cierto, no siempre fui tan consciente del significado de la gratitud y del dar. Yo viví en la escasez. Echo la vista atrás y veo que mi vida no siempre fue fácil, pero sí fue siempre bendita. Sólo que entonces no me daba cuenta. Como me crié en la pobreza, siempre trabajaba pensando en triunfar por todo lo alto. Pero no me daba cuenta de que el éxito viene a rachas.

Se tarda mucho no sólo en aprender algo sino también en dominarlo de verdad: en asimilarlo hasta el punto de que forme parte de nuestra vida. Por eso, al principio, sufrí una serie de reveses. ¿Cómo reaccioné? ¡Digamos que no con la gracia de un alma iluminada! Estaba siempre rabioso, frustrado... ¡cabreado! Porque nada me salía como yo quería. ¡Y se me acababa el dinero!

Hasta que un día, al filo de la medianoche, conduciendo por la autovía 57 a la altura de la salida de Temple Avenue, cerca de Pomona, California, empecé a preguntarme: «¿Qué hago mal? Trabajo muy duro. ¿Qué me falta? ¿Por qué fracaso tan estrepitosamente y no consigo lo que quiero? ¿Qué no funciona?», y de pronto los ojos se me llenaron de lágrimas, me detuve en el arcén, saqué mi diario, que siempre llevaba conmigo —aún lo tengo— y, a la luz del salpicadero, escribí frenéticamente, en grandes caracteres y a toda página, este mensaje que me dirigía a mí mismo: **«EL SECRETO DE VIVIR ES DAR»**.

¡Sí! Me di cuenta de que había olvidado qué es la vida. Había olvidado de dónde viene la alegría: que la vida no soy yo, sino *nosotros*.

Volví a la autopista lleno de inspiración y ánimo, y con un sentido de misión renovado. Las cosas me fueron bien un tiempo. Pero, por desgracia, lo que había escrito aquella noche no era más que un concepto, una idea que yo no había encarnado plenamente. Empecé a tener problemas y, seis meses después, había perdido todo mi dinero. Pronto me hallé en lo que pensé que era el peor momento de mi vida, viviendo en un apartamento de cuarenta metros cuadrados en Venice, California, y lleno de rabia y rencor. Había caído en la trampa de echarle la culpa a todo el mundo de los problemas que siempre aparecen cuando perseguimos objetivos medianamente grandes. Me decía que me habían manipulado y se habían aprovechado de mí una serie de personas. «De no haber sido por ellos», decía mi ego, «¡todo me iría bien!» Y me compadecía de mí mismo. Y cuanto más rabioso y frustrado me sentía, menos productivo era.

Y, para desahogarme, empecé a comer: esa asquerosa y absurda comida rápida. Engordé más de diecisiete kilos en unos meses, algo nada fácil: ¡hay que comer toneladas de comida y no moverse para echar esos kilos! Empecé a hacer cosas por las que solía burlarme de otros, como ver la tele por el día. Si no estaba comiendo, estaba viendo telenovelas. Me enganché a la serie *Hospital General*... y si el lector es tan mayor que recuerda cuando se casaron Luke y Laura, ¡yo lo vi!

Resulta chistoso (¡y un poco humillante!) mirar atrás y ver cuán bajo había caído. Me quedaban 19 dólares y pico y no tenía perspectivas. Estaba particularmente cabreado con un amigo al que le había prestado 1.200 dólares cuando las cosas me iban bien y no me los había devuelto. En aquel momento yo estaba arruinado, pero, cuando le pedí que me los devolviera, me dio la espalda. ¡No respondía a mis llamadas! Yo estaba furioso y pensaba: «¿Qué diablos voy a hacer? ¿Qué voy a comer?».

Pero siempre fui pragmático. Pensé: «Cuando tenía diecisiete años y era un vagabundo, ¿qué hacía?». Iba a un bufé y me ponía las botas gastando lo menos posible. Y esto me dio una idea.

Mi apartamento no estaba muy lejos de un bonito lugar llamado Marina del Rey, donde los ricos de Los Ángeles atracaban sus yates. Había allí un restaurante llamado El Torito que servía un fabuloso bufé por sólo seis dólares. Como no quería gastar ni en gasolina ni en aparcamiento, caminé los casi cinco kilómetros que había hasta el restaurante, que daba a los muelles. Me senté junto a la ventana y empecé a llenarme plato tras plato de comida, que me zampaba como si no fuera a comer nunca más... ¡cosa que podía ocurrir!

Mientras comía, contemplaba los barcos ir y venir y soñaba con lo que podía ser la vida. Mi estado de ánimo empezó a cambiar. Sentía como si la rabia fuera desapareciendo por capas. Cuando acabé de comer, reparé en un niño vestido con un trajecito —no tendría más de siete u ocho años— que le abría la puerta a su joven madre, la conducía con orgullo a una mesa y la ayudaba a tomar asiento. Tenía mucha presencia. Parecía un niño muy puro y muy bueno. Era una persona que daba, a juzgar por la manera respetuosa y amorosa con la que trataba a su madre. Me sentí profundamente conmovido.

Pagué la cuenta, me acerqué a la mesa y le dije al niño:

—Perdona, pero quiero felicitarte porque eres todo un caballero. Es maravilloso como tratas a la señora.

—Es mi madre —me confesó.

—¡Pues aún mejor! —exclamé yo—. ¡Y qué bien que la invites a comer!

Vaciló un momento y con una voz queda me dijo:

—Bueno, en realidad no la invito, porque sólo tengo ocho años... y aún no trabajo.

—Sí, claro que la invitas —dije yo. Me metí la mano en el bolsillo, saqué todo el dinero que me quedaba, que serían trece dólares y pico, y lo dejé en la mesa.

El chaval me miró y dijo:

—No puedo aceptarlo.

—Claro que puedes —le dije yo.

—¿Por qué?

Lo miré sonriendo de oreja a oreja y contesté:

—Porque soy mayor que tú.

Se quedó mirándome, desconcertado, y empezó a reírse. Yo me di la vuelta y me fui.

Más que irme, ¡volé a casa! Tendría que haber estado preocupadísimo, porque no que me quedaba un céntimo, pero ¡me sentía completamente libre!

Aquel día cambió mi vida para siempre.

En aquel momento fui un hombre rico.

Algo dentro de mí superó por fin el sentimiento de escasez. Por fin me había liberado de aquella cosa llamada dinero que había dejado que me aterrorizara. Era capaz de darlo todo sin miedo. Algo que estaba más allá de mi mente, algo que estaba muy hondo en mi espíritu, supo que yo —como todos— estaba siendo guiado. Y que aquel momento estaba escrito. Igual que está escrito que el lector lea estas palabras ahora mismo.

Me di cuenta de que había estado tan ocupado queriendo *tener* que me había olvidado de *dar*. Pero en aquel momento me había recobrado a mí mismo; había recobrado mi alma.

Dejé de darme excusas, de echarles la culpa a los otros, y de pronto dejé de sentir rabia. Dejé de sentirme frustrado. ¡También podía decirse que no era muy listo! Porque no sabía qué iba a comer la próxima vez. Pero esto ni se me pasó por la cabeza. Sentía una alegría desbordante porque había despertado de una pesadilla: la pesadilla de pensar que mi vida estaba condenada por lo que me habían hecho los demás.

Aquella noche tracé un plan de acción. Decidí qué haría exactamente y cómo encontraría trabajo. Estaba seguro de que lo conseguiría... aunque seguía sin saber cuándo volvería a cobrar un sueldo ni, más urgente aún, cuándo volvería a comer.

Y entonces ocurrió el milagro. A la mañana siguiente, recibí en mi buzón el viejo y tradicional correo, con una carta muy especial. Era una nota escrita a mano de mi amigo, en la que me decía que sentía mucho no haber contestado a mis llamadas. Yo lo había ayudado cuando él me necesitaba y, como sabía que yo estaba en apuros, me devolvía el dinero que me debía. Y un poco más.

Miré dentro del sobre y vi un cheque de 1.300 dólares. ¡Con aquello podía yo tirar un mes o dos! Di un grito, aliviadísimo. **Y entonces pensé: «¿Qué significa esto?».**

No sé si fue una casualidad, pero decidí creer que aquellos dos sucesos estaban relacionados y que había sido recompensado no sólo por haber dado sino también por haber querido dar. Por haberlo hecho no por obligación ni por miedo, sino porque quise, con toda el alma y el corazón, hacerle un obsequio a otra joven alma con la que me crucé.

Y puedo decir sinceramente que he tenido muchos días malos en mi vida, económica y emocionalmente —como todos los hemos tenido—, pero nunca he vuelto a sentirme pobre y nunca me sentiré.

El gran mensaje de este libro es muy sencillo. Es la frase que escribí en mi diario en el arcén de la autovía. El secreto último de la riqueza es: ***el secreto de vivir es dar***.

Dar desinteresada, abierta, fácil y placenteramente. Dar aunque creamos que no tenemos nada que dar, y descubriremos que hay un mar de abundancia dentro de nosotros y alrededor de nosotros. La vida ocurre para nosotros, no nos ocurre a nosotros. Agradezcamos ese don y seremos ricos ahora y siempre.

Entender esta verdad me hizo comprender para qué estoy hecho, para qué estamos todos hechos: para hacer el bien. Me devolvió a una vida de profundo sentido, en la que constantemente trato de cumplir mi plegaria: **ser todos los días una bendición en la vida de las personas a la que conozca y con las tenga el privilegio de comunicarme**.

Aunque no conozco al lector personalmente, he escrito este libro hallándome en el mismo estado, rezando para que cada capítulo, cada página, cada idea, lo ayude a sentir un poco más la bendición que supone ser quien es y la bendición que hay en lo que es capaz de crear y dar en esta vida.

Mi sentido deseo y el propósito de este libro es ofrecer otra forma de ampliar y profundizar la calidad de nuestra vida y de la de todos aquellos a los que tenemos la bendición de amar y tratar. En este sentido, ha sido un privilegio servir al lector.

Y lo que espero es que algún día nuestros caminos, lector, se crucen, bien porque pueda conocerte y servirte en alguno de mis actos en algún lugar del mundo, bien porque nos encontremos en la calle. Me encantará que me cuentes cómo usas estos principios para mejorar tu vida.

Y ahora que nos despedimos, quiero bendecirte y desearte una vida llena de abundancia. Te deseo una vida de alegría, pasión, retos, oportunidades, desarrollo y entrega a los demás. Te deseo una vida extraordinaria.

Con amor y bendición,
TONY ROBBINS.

Vivamos la vida plenamente mientras podamos. Sintámoslo todo. Cuidemos de nosotros mismos y de nuestros amigos. Divirtámonos, seamos unos locos, hagamos cosas raras. ¡Atrevámonos y equivoquémonos! Vamos a hacerlo de todas maneras, conque disfrutemos por lo menos. Aprendamos de nuestros errores: encontremos la causa del problema y eliminémosla. No tratemos de ser perfectos; sólo personas excelentes.

TONY ROBBINS

7 simples pasos: la guía del éxito

A continuación doy una rápida guía para que la usemos siempre que queramos saber dónde estamos y qué tenemos que hacer para seguir adelante en nuestro camino hacia la libertad financiera. Veamos estos siete simples pasos y asegurémonos de que no sólo los entendemos sino que estamos dándolos.

Paso 1: Tomemos la decisión *financiera* más importante de nuestra vida

1. ¿Hemos decidido convertirnos en inversores, no sólo en consumidores?
2. ¿Hemos reservado un porcentaje determinado de ahorros que vayan a nuestro fondo de la libertad?
3. ¿Lo hemos automatizado?
4. Si la cantidad que ahorramos es pequeña, ¿le hemos pedido a nuestro jefe que use el programa Save More Tomorrow? (Véase <http://befi.allianzgi.com/en/befi-tv/pages/save-more-tomorrow.aspx>.)

Paso 2: Iniciémonos en el juego: conozcamos las leyes antes de jugar

1. ¿Conocemos los ocho mitos y estamos protegidos contra ellos? He aquí un pequeño cuestionario:

   a. ¿Qué porcentaje de los fondos de inversión superan al mercado (o sus índices) en periodos de diez años?
   b. ¿Importan las comisiones y tarifas, y cuál es la tarifa media de un fondo de inversión?
   c. Si pagamos un uno por ciento en lugar de un tres, ¿supone eso mucho para nuestra hucha final?
   d. ¿Le hemos hecho una prueba a nuestro bróker? ¿Hemos comprobado en internet cuánto nos cobran, cuánto riesgo corremos y cómo se han comportado nuestras inversiones en los últimos 15 años comparadas con otras opciones más sencillas y baratas?
   e. ¿Conocemos la diferencia entre la rentabilidad que anuncian y la que realmente obtenemos?
   f. ¿Conocemos la diferencia entre un bróker y un fiduciario o asesor independiente?
   g. ¿Son los fondos de inversión con fecha objetivo nuestra mejor opción?
   h. ¿Cómo maximizamos nuestro plan de pensiones?
   i. ¿Tenemos que asumir grandes riesgos para obtener grandes recompensas? ¿Qué herramientas nos ayudarán a aprovecharnos de los mercados alcistas sin perder en los bajistas?
   j. ¿Hemos identificado alguno de los relatos o emociones limitadores que nos han frenado o saboteado en el pasado y los hemos superado?
2. ¿Nos representa y guía en este momento algún fiduciario o asesor independiente?
3. Si somos empresarios, o trabajadores con un plan de pensiones, ¿nos hemos tomado la molestia de comparar nuestras comisiones con las del resto del mercado?

Paso 3: Juguemos a ganar

1. ¿Estamos jugando a ganar?
   a. ¿Hemos decidido cuáles son nuestras cifras? ¿Hemos averiguado qué nos costará alcanzar la seguridad, vitalidad e independencia financieras? ¿Lo hemos calculado?
   b. Si no, volvamos atrás y hagámoslo ahora mismo. O si que-

remos revisar las cifras, volvamos atrás y echemos cuentas de nuevo.

c. Recordemos, **la claridad es poder**. Visitemos <www.tonyrobbins.com/masterthegame>.

2. Una vez que tenemos las cifras, ¿hemos usado el calculador de la riqueza para saber cuántos años tardaremos en conseguir seguridad o independencia financieras según sea nuestro plan (conservador, moderado o agresivo)? Si la respuesta es no, abramos la aplicación y calculémoslo.
3. ¿Hemos estudiado las cuatro formas de acelerar nuestro plan para alcanzar antes la seguridad o la independencia financiera y hemos tomado alguna decisión al respecto?
   a. Ahorremos más:
      — ¿Hemos mirado en qué podemos ahorrar? ¿En la hipoteca? ¿En las compras diarias?
      — ¿Hemos aplicado un plan Save More Tomorrow para que hoy no tengamos que renunciar a nada pero, cuando ingresemos más en el futuro, ahorremos más?
      — ¿Hay algún gasto del que podamos prescindir fácilmente para aumentar nuestros ahorros? ¿Los 40 dólares de la pizza? ¿El agua embotellada? ¿La consumición en Starbucks? ¿Y hemos calculado cuánto dinero más tendremos en nuestro fondo de la libertad y cuánto más rápido podemos alcanzar nuestros objetivos si lo hacemos? Recordemos: ahorrar 40 dólares a la semana puede suponer 500.000 dólares en el curso de una vida. No tenemos que hacerlo si vamos cumpliendo nuestros objetivos, pero, si no los cumplimos, son opciones que tenemos.
   b. Ganemos más. ¿Sabemos cómo aumentar el valor que ofrecemos? ¿Necesitamos renovarnos y pasarnos a otra actividad? ¿De qué manera podemos añadir más valor y crecer más, para así dar más?
   c. Obtengamos más rendimiento. ¿Sabemos cómo invertir con mayor rendimiento y sin riesgos indebidos? ¿Hemos estudiado las carteras que hemos visto en el libro por si

pudieran aumentar nuestras ganancias y protegernos de esas caídas del mercado que nos dejan temblando?

d. Cambiemos de vida... y mejoremos nuestro estilo de vida. ¿Hemos pensado en irnos a vivir a otra parte donde incluso vivamos mejor? ¿Hemos considerado la posibilidad de vivir en un lugar donde reduzcamos o eliminemos los impuestos para invertir ese dinero en crear riqueza y dar a nuestra familia seguridad y libertad financiera?

Paso 4: Tomemos las decisión de *inversión* más importante de nuestra vida.

1. ¿Hemos decidido cómo colocar nuestros activos para que nunca perdamos demasiado? (No jugárnoslo todo a una carta, ¿verdad?)
2. ¿Hemos decidido qué porcentaje vamos a destinar a la caja de la seguridad y en qué vamos a invertir para estar seguros pero a la vez maximizar el rendimiento? ¿Estamos diversificando con diferentes tipos de inversiones dentro de la caja de la seguridad? ¿Hemos decidido qué porcentaje de nuestros ahorros o de nuestro capital va a la caja de la seguridad?
3. ¿Hemos decidido qué porcentaje invertimos en la caja del riesgo y el crecimiento y en qué vamos a invertir para maximizar el rendimiento pero a la vez limitar las pérdidas lo más posible? ¿Estamos diversificando dentro de nuestra caja del riesgo y el crecimiento?
4. ¿Hemos evaluado debidamente nuestra tolerancia al riesgo? ¿Hemos hecho el test desarrollado por Rutgers (<http://njaes.rutgers.edu/money/riskquiz>)?
5. ¿Hemos considerado en qué etapa de la vida nos hallamos y si debemos ser más o menos agresivos dependiendo del tiempo que nos quede para ahorrar e invertir? (Si somos jóvenes, podemos perder un poco más porque tenemos más tiempo para recuperarnos; si nos acercamos a la jubilación, tenemos menos tiempo para recuperarnos y quizá deberíamos tener más en nuestra caja de la seguridad.)
6. ¿Hemos calculado el monto de nuestros gastos y cómo in-

fluirá ese monto en el carácter más o menos conservador o agresivo de nuestra cartera?

7. ¿Hemos determinado la proporción entre seguridad, por un lado, y riesgo y crecimiento, por otro, en forma de porcentaje de nuestras inversiones totales? ¿50/50? ¿60/40? ¿70/30? ¿30/70? ¿40/60? ¿80/20?
8. ¿Hemos confeccionado una lista de objetivos a corto y largo plazo para nuestra caja de los sueños que nos estimule? ¿Tenemos que esperar a algún día futuro o hay cosas que podemos hacer ya?
9. ¿Hemos discurrido una manera de engrosar nuestra caja de los sueños bien con pequeños ahorros, bien con una parte de lo que nos rinda nuestra caja del riesgo y el crecimiento?
10. Reequilibrio y plan de inversión constante:
    a. ¿Dedicamos siempre la misma cantidad de dinero a invertir independientemente de que el mercado suba o baje? Recordemos: querer anticipar el mercado nunca funciona.
    b. ¿Reequilibramos periódicamente nuestra cartera, o tenemos contratado a un fiduciario o asesor independiente que nos lo hace? En ambos casos es fundamental optimizar el rendimiento y minimizar la volatilidad.

Paso 5: Creemos un plan de renta vitalicia

1. El poder de All Seasons:
    a. ¿Nos hemos tomado la molestia de leer y entender lo que Ray Dalio nos enseña de su planteamiento All Seasons y hemos obrado en consecuencia? Él ha conseguido rendimientos positivos el 85 por ciento del tiempo y sólo ha perdido cuatro veces en treinta años, ¡y nunca más del 3,93 por ciento!
    b. ¿Hemos comparado lo que rinden nuestras inversiones actuales con lo que rendiría la cartera All Seasons (y otras)? ¿Sabemos cómo confeccionar una cartera All Seasons en unos minutos?
2. Renta asegurada:
    a. ¿Hemos hecho lo más importante de todo? ¿Nos hemos asegurado de que no nos quedaremos sin dinero mientras vivamos? ¿Hemos trazado un plan de renta vitalicia?

b. ¿Conocemos la diferencia entre un seguro de renta inmediata y un seguro de renta diferida, y hemos decidido cuál de los dos nos conviene dependiendo de nuestra edad?
c. ¿Hemos examinado y contratado un seguro de rentas estructurado o aprovechado la estrategia de ganancias sin pérdidas que está ahora a disposición de todo el mundo independientemente de su edad y sin tener que hacer un gran desembolso inicial?
d. ¿Hemos entrado en internet y visto cuánta renta futura podríamos tener por sólo 300 dólares o más mensuales?

Paso 6: Invirtamos como el 0,001 por ciento

1. ¿Hemos asimilado debidamente las entrevistas que les he hecho a doce de los financieros más inteligentes del mundo, los mayores inversores de la historia?
2. ¿Quién es el «amo del universo» del mundo de las finanzas? ¿Qué rendimientos ha obtenido comparados con los de cualquier otro, incluido Warren Buffett, y cómo podríamos invertir con él si quisiéramos?
3. ¿Qué hemos aprendido sobre colocación de activos con David Swensen, de la Universidad de Yale, o con Mary Callahan Erdoes, de JPMorgan?
4. ¿Qué hemos aprendido del maestro de los fondos indexados Jack Bogle? ¿O del Dr. Doom, Marc Faber?
5. ¿Hemos entendido la sencilla estrategia que Warren Buffett recomienda ahora a todo el mundo, incluidos su esposa y sus herederos?
6. ¿Hemos entendido bien la importancia del rendimiento asimétrico?
7. ¿Hemos entendido bien el «curso de 100.000 dólares» que Paul Tudor Jones nos ha dado diciéndonos que nunca invirtamos en nada que no nos dé un rendimiento de cinco a uno y que nos aprovechemos siempre de la tendencia dominante?
8. ¿Hemos visto el vídeo de Ray Dalio *How the Economic Machine Works, In Thirty Minutes*? Si no, veámoslo ahora en <www.economicprinciples.org>.
9. ¿Nos hemos imbuido de la idea de Kyle Bass de invertir en

lo que no podamos perder dinero? ¿Recordamos la inversión de los níqueles, garantizada por el Estado y con una rentabilidad posible de entre el 20 y el 30 por ciento?

10. ¿Hemos aprendido la lección de Charles Schwab y la de sir John Templeton, según la cual el peor entorno es nuestra mejor oportunidad y que hay que ser optimistas cuando el mundo «se acaba», como ocurrió en la segunda guerra mundial, con la inflación de Sudamérica, con la Gran Depresión o en Japón tras la segunda guerra mundial? ¿Hemos entendido la idea fundamental que hizo de él el primer inversor multimillonario internacional de la historia?
11. ¿Qué podemos hacer hoy para empezar a invertir como el 0,001 por ciento?

Paso 7: ¡Hagamos, disfrutemos y compartamos!

1. Nuestro as en la manga:
   a. ¿Te has convencido de que el futuro es un lugar maravilloso?
   b. Estará lleno de retos emocionantes. Oportunidades y problemas existen siempre, pero ¿tenemos claro que hay una ola tecnológica que seguirá innovando y capacitándonos como individuos, y que mejorará la calidad de vida de todos los seres humanos del planeta?
2. ¿Nos hemos hecho el gran favor de decidir ser ricos ahora y no algún día del futuro desarrollando a diario el hábito de agradecer lo que tenemos hoy y crecer a partir de ahí?
3. ¿Cambiaríamos expectación por agradecimiento? ¿Nos hemos consagrado a una vida de progreso? **El progreso es la felicidad. La vida es crecer y dar**.
4. ¿Sabemos a qué debemos servir y cuál es la razón última de nuestra vida? ¿Hemos empezado a pensar en lo que dejaremos a la posteridad?
5. ¿Hemos decidido que nuestra calderilla cambie el mundo? Si lo hemos hecho, **visitemos <www.swipeout.com> y empecemos a salvar vidas mientras nosotros disfrutamos de la nuestra**.
6. ¿Encarnamos la verdad que nos hace ricos ahora mismo: el secreto de la vida es dar?

Ésta es una rápida guía que nos ayudará a sacar el máximo provecho de las páginas que hemos leído. Si nos hemos perdido algo, volvamos atrás y releámoslo, y recordemos: **la repetición es la madre de la habilidad. Toda nuestra fuerza está en la acción.**

Así que, queridos amigos, sepamos que no estamos solos. Pasemos a la acción y asegurémonos de que las personas que nos guían defienden nuestros intereses. Lo mejor para empezar es buscarnos un buen fiduciario, que puede ayudarnos a crear o perfeccionar nuestro plan.

Esta guía no lo es todo; es sólo un buen recordatorio para animarnos a seguir creciendo y actuando. Recordemos: **el conocimiento no es poder, la acción lo es**. Avancemos un poquito todos los días o todas las semanas y, antes de que nos demos cuenta, habremos llegado a la libertad financiera.

Ojalá nos conozcamos pronto, lector. Hasta entonces, muévete, avanza, domina el juego y vive con pasión.

Agradecimientos

Cuando me senté a hacer la lista de las personas a las que les estoy agradecido, me sentí completamente desbordado. ¡Acababa de terminar un libro de 700 páginas! Pero darles las gracias a todas las personas que me habían ayudado se me antojaba una tarea abrumadora. ¿Por dónde empezar? La tarea recuerda los créditos de las películas: cientos de nombres desfilando por la pantalla después de los de las grandes estrellas. ¡Tanta gente ha desempeñado un papel en hacerme vivir este momento de profunda satisfacción!

Cuando repaso este viaje de cuatro años —y, en verdad, los treinta que me han conducido hasta aquí—, veo la cara y siento la gracia de muchas personas extraordinarias. No podré darles las gracias a todas, pero quiero empezar por las personas que más profundamente influyen en mi vida.

En primer lugar, mi familia, empezando, claro está, por el amor de mi vida, mi magnífica esposa, Bonnie Pearl, mi Sage. «Mi chica.» Es la fuente inagotable de alegría y felicidad de mi vida. Creo que es la mejor recompensa del «buen karma» que produce servir a decenas de millones de personas a lo largo de décadas. Me dice que nació para amarme y lo único que puedo decir es que Dios me ha bendecido con el amor de esta bella alma. Les agradezco a sus padres, Bill y Sharon —mamá y papá— el haber engendrado y criado a esta maravillosa mujer. Me habéis hecho el mayor regalo de mi vida: vuestra hija, la mayor fuente de amor que he conocido o que podía imaginar. Os doy las gracias por todo el amor que infundisteis en ella y por quererme a mí como a vuestro propio hijo. Los dos vivís vidas de verdadera contribución y los dos me inspiráis todos y cada uno de los días. Doy también las gracias a mi querido cuñado Scotty (que en realidad es mi hermano), por su valentía y su constante empeño en mejorar y procurar que cada vez sirvamos a más personas. Y gracias también a mis cuatro hijos, Jairek, Josh, Jolie y Tyler, que en cada etapa de mi vida me han dado inspiración, amor y motivos para ser mejor. También doy las gracias al amor de nuestro creador. Y a mi apasionada madre, que me inculcó grandes valores, y a mis cuatro padres, que influyeron profundamente en mi vida, cada cual a su manera. Y a mi hermano y a mi hermana, Marcus y Tara, y a todos mis parientes. Os quiero a todos.

Doy las gracias al equipo de Robbins Research International, que me concede todos los días el privilegio de explorar, integrar, crear, probar nuevos conocimientos, herramientas, estrategias y medios de mejorar la calidad de vida de todo el mundo. A Sam Georges y a Yogesh Babla, mis hombres de confianza, que se ocupan de mis negocios cuando viajo por el mundo. A mis queridos amigos y protectores Mike Melio y «General Jay» Garrity. A Shari, Rich, Marc, Brook, Terri y al resto de nuestro maravilloso, leal y entregado personal ejecutivo. A mi excelente equipo creativo, sobre todo a mi socia gerente y creativa Diana Adcock, que es maravillosa, y a nuestra encantadora Katie Austin, a quien quiero muchísimo. A todo el personal de la sede de San Diego y, en general, a todos los que trabajan conmigo todos los días en los departamentos de Robbins Research International y a todos nuestros socios de Anthony Robbins Companies. Os doy las gracias a todos y cada uno por lo que hacéis en nuestro empeño constante de ayudar a la gente en sus negocios, finanzas, salud, emociones, gestión del tiempo y relaciones personales. Estamos aquí juntos para cambiar vidas. Estamos llamados a elevarnos, desde el punto de vista de las finanzas, los negocios y en última instancia de lo humano. Somos catalizadores del espíritu: para eso estamos hechos. Me siento muy afortunado de trabajar con vosotros porque ayudamos a personas de todo el mundo a dar un giro a sus vidas. Gracias muy especialmente a nuestros voluntarios y a todos nuestros empleados, en particular a los que se recorren el mundo y lo preparan todo entre bastidores. Nuestros actos no serían posibles sin vosotros y todo el equipo os está agradecido por lo que nos dais. Gracias también a todas las esposas y maridos que nos prestan a sus hijos en todo el mundo y a Joseph McLendon III, Scott Harris, Joe Williams, Michael Burnett, Richard y Veronica Tan y Salim por hacer posible que lleguemos a más personas de todo el mundo.

Mi vida ha estado profundamente marcada por la amistad de cuatro estupendas personas. Doy las gracias a mi querido amigo y hermano Paul Tudor Jones por más de veintiún años en los que ha sido un ejemplo de cómo triunfar siempre, sean cuales sean los obstáculos. Lo único que es mayor que su legendaria habilidad para invertir es su amor y su generosidad. Es una persona movida por el deseo de cambiar el mundo, y lo hace todos los días. Gracias también a Peter Guber, que ha sido uno de mis mejores amigos y un portento de creatividad cuya generosidad tampoco tiene límites. ¡Peter, siempre me inspiras para ver lo que es posible! Gracias por todas las risas, por tus enseñanzas, por tu amor y por el privilegio de ser tu amigo tantos años. Gracias a Marc Benioff, mi compañero de viaje. Tu mente sorprendente, tu corazón inquebrantable, tu constante capacidad de innovación en los negocios y tus notables empresas filantrópicas me estimulan a mí y a millones de personas encargadas de mantener los niveles que tú has fijado con tanto éxito y sigues fijando en Salesforce.com. Estoy orgulloso de ser tu socio en la tarea de cambiar vidas. Te quiero, amigo. Gracias, Steve Wynn, por tu amor y por ser un grandísimos creador al que nada puede detener. Eres un verdadero genio, pero también muy humilde. Siempre estás cuidando de tus seres queridos. Tu capacidad de convertir las ideas en realidades asombra y estimula a todos los que te rodean. Ser tu amigo es un gran regalo. Cada día que paso contigo me inspira para avanzar más en mi camino.

En mis actos e intervenciones públicas, he tenido la oportunidad de conocer a cientos de miles de personas cada año que han influido en mi vida. Pero lo fundamental de este libro se debe concretamente a un grupo de más de cincuenta personas extraordinarias cuyas ideas y estrategias me han marcado a mí y marcarán a todos los que lean estas páginas. A los que compartieron su tiempo y el trabajo de su vida en nuestras entrevistas, les estoy eternamente agradecido. A Ray Dalio, por el regalo único que nos has hecho en este libro al ofrecer al pequeño inversor la idea de la cartera All Season, que se basa en tu genial y famosa estrategia All Weather. Ray nos obsequia con un sistema simplificado que, al menos históricamente, ha permitido a los inversores obtener los rendimientos más regulares a largo plazo. El valor de la «receta secreta» de Ray es inconmensurable, pero es una muestra de su innata generosidad.

Doy las gracias a Jack Bogle, por llevar invirtiendo sesenta y cuatro años y pensar siempre en los intereses del inversor: tu idea de crear los fondos indexados ha revolucionado el mundo de la inversión. Gracias por haberme dado cuatro horas en lo que fue una de las entrevistas más auténticas, sinceras y reveladoras que he tenido el privilegio de hacer. Gracias a T. Boone Pickens, por ser un perfecto ejemplo de honrado individualismo americano y de valentía vaquera. Gracias a Kyle Bass por enseñarnos que las grandes recompensas no requieren grandes riesgos. Gracias a Sir John Templeton, que en paz descanse, por las muchas décadas que me sirvió de inspiración con su idea de que los tiempos de «máximo pesimismo» nos ofrecen las mejores oportunidades. Gracias a Marc Faber, por sus consejos sobre inversión siempre innovadores y, sobre todo, por su entusiasmo. Gracias a Carl Icahn, por su valentía, su intrepidez y su pasión: porque desafiaste el status quo y obtuviste un rendimiento extraordinario para tus inversores. Gracias a Mary Callahan Erdoes, de JPMorgan, la mujer del billón de dólares, por ser todo un dechado de liderazgo al servicio de los otros, y por demostrar que todos podemos hacer grandes negocios sin perder de vista lo que realmente importa.

Gracias a todos los extraordinarios y doctos estudiosos y hombres y mujeres de negocios, como los premios Nobel Robert Schiller y Harry Markowitz, Dan Ariely (del MIT) y los socios Shlomo Benartzi y Richard Thaler, cuyo plan Save More

Tomorrow nos permite superar las limitaciones cognitivas y emocionales en las que la mayoría nos sentimos atrapados. Gracias a David Babbel, porque tu interés por la cuestión de la renta vitalicia y tu ejemplo contribuyó a dar forma a este libro. Gracias a Burton Malkiel, porque eres un tesoro para este país. Tu idea original de la inversión indexada dio pie a un mundo de posibilidades financieras y tu manera directa de hablar es un faro en un mundo financiero que a veces es oscuro y confuso. Gracias a Alicia Munnell (Universidad de Boston), Teresa Ghilarducci (New School), Jeffrey Brown y David Babbel (Universidad de Wharton), por vuestras perspicaces aportaciones a nuestro sistema de pensiones: sois revolucionarios. Gracias a Steve Forbes y al profesor de Harvard y exsecretario del Tesoro Larry Summers, por ofrecernos dos horas de extraordinario y animado debate, en el que nos mostrasteis cómo hemos llegado hasta aquí y lo que el país necesita para cambiar las cosas. Gracias a David Swensen, la estrella de la inversión institucional, por abrirme las sagradas puertas de la Universidad de Yale y compartir conmigo un planteamiento de la inversión extraordinariamente eficaz, pero, sobre todo, por ser un perfecto ejemplo de que nuestras obras son un reflejo de nuestro amor. Su trabajo es un regalo y su constante voluntad de dar ha sido siempre una inspiración para mí.

Gracias a Warren Buffett, por mostrarnos el camino a todos y por su franqueza. Aunque me hubiera gustado mucho pasar más tiempo contigo, el breve encuentro que tuvimos en el programa «Today» me dejó una profunda huella. Cuando el Oráculo de Omaha dice que la inversión indexada es el camino, ¡no hay réplica que valga!

Gracias a Elliot Weissbluth, porque estuvo dispuesto a aceptar este reto mucho antes de que el tema estuviera bien definido. Has trabajado para asesorar a los ricos con transparencia y sin conflicto de intereses y ahora promueves una campaña para democratizar las oportunidades en beneficio de los inversores particulares, independientemente de su situación económica. Elliot es un verdadero ejemplo de integridad, valentía y compromiso íntimo con la justicia. Gracias por ser mi socio.

Gracias a todas las personas que me han concedido una entrevista, o que nos han dado parte de su tiempo en mis actos de Platinum Partnership Wealth, y a todos los que han compartido sus conocimientos e ideas en todos estos años y han sido ejemplo de lo que es posible: todos habéis sido una inspiración para mí y vuestro saber late en estas páginas de muchas maneras.

Gracias a mi querido amigo John Paul DeJoria (¡que también vivió en un coche, como yo!). Gracias al inconformista de Marc Cuban, y a Charles Schwab, Sara Blakely, Reid Hoffman, Sir Richard Branson, Chuck Feeney, Evan Williams, Peter Lynch, Ray Chambers, David Walker, Eddie Lampert, Tony Hsieh, Tony Tan, Michael Milken, Mark Hart, Mitch Kaplan, Luca Padulli, Harry Dent, Robert Prechter, Michael O'Higgins, Jim Rodgers, James Grant, Eric Sprout, Mike Novogratz, Stanley Druckenmiller, George Soros, Sir Roger Douglass, Domingo Cavallo, Daniel Cloud, Geoffrey Batt, Joshua Copper Ramo, Russel Napier, Emad Mostaque, Donny Epstein, Tom Zgainer, y, por supuesto, ¡a Ajay Gupta! Gracias especiales a Adam Davidson, Alex Blumberg y Helen Olin por sus inteligentes ideas sobre lo que es justo y lo que podemos hacer con el mundo loco, conectado y volátil en el que vivimos.

Mi profundo agradecimiento a mis socios de la editorial Simon & Schuster, que removieron cielo y tierra para cumplir los demenciales plazos de edición. Yo estaba muy empeñado en que este libro saliera, pero su tamaño crecía más y más según iba entrevistando a las mayores mentes financieras del mundo. Gracias, en primer lugar, a Jonathan Karp, presidente y editor, por su clarividencia y por su voluntad de apoyarme en esta empresa, así como por liderar el equipo editorial que nos ayudó a editar y a publicar este monstruo en un tiempo récord... porque seguro que hemos batido algún récord. Y sólo ha sido posible con la ayuda de los que han editado el texto, Ben Loehnen y Phil Bashe.

Gracias a todos los que han ayudado a difundir la obra de amor que es este libro: Heidi Krupp, Jennifer Connelly, Jan Miller y Shannon Marven, Suzanne Donahue y Larry Hughes, Mark Thompson, Mat Miller, Frank Luntz y su magnífico equipo, David Bach, y mi querido amigo Dean Graziosi, así como a todos mis socios de marketing: Brendon Burchard, Jeff Walker, Frank Kern, Joe Polish, Brett Ratner, Mike Koenigs, Tim Ferriss, GaryVaynerchuck, Eben Pagan, Russell Brunson, Dean Jackson, Marie Forleo, Chris Brogan, Jay Abraham, Jason Binn, David Meerman Scott, Scott Klososky y muchos más. Mi más profunda gratitud a Praveen Narra, Cliff Wilson y a todos los socios que han contribuido a crear nuestra maravillosa aplicación de móvil.

Gracias a las estrellas de los medios de comunicación que tan amablemente han transmitido el mensaje, sobre todo Oprah Winfrey, Ellen DeGeneres y al doctor Oz. A mis queridos socios —que son más bien mi familia— de Impact Republic, por las maratones nocturnas debidas a la cubierta del libro y demás; y un saludo especial a Kwaku y a mis queridos hermanos «PMF» Chris Jennings y Bob Caruso. Gracias a Jarrin Kirksey, Sybil Amuti y a todo el equipo de Impact Republic no sólo por su dedicación a este libro sino también por ayudarnos a mejorar nuestra capacidad para elevarnos y llegar a millones de personas más cada año que pasa. ¡Os quiero y os aprecio a todos!

Y, por supuesto, la misión de este libro es servir no sólo a los que lo lean sino también a las muchas personas a las que la sociedad ha olvidado. Por eso les estoy profundamente agradecido a todo el personal de la fundación Anthony Robbins y a nuestros socios estratégicos, particularmente a Brian Berkopec, y a los de SwipeOut, y a Dan Nesbit de Feeding America por ayudarnos a coordinar esta empresa nunca antes intentada de suministrar cien millones de comidas: el reparto de mi donación inicial de cincuenta millones de comidas y los esfuerzos de todos los que trabajan sin descanso para recabar fondos que permitan suministrar cincuenta millones más. Profundas gracias a mi socio Cody Foster y a todo el equipo de Advisors Excel por ser de los primeros que dieron un paso al frente, creando nuevas y claras soluciones de renta para la gente y comprometiéndose a suministrar diez millones de comidas.

Por sus ideas sobre tecnología y futuro, doy profundamente las gracias a mis queridos y visionarios amigos Peter Diamandis y Ray Kurzweil. Siempre es un privilegio pasar un rato con alguno de estos hombres extraordinarios. Nos abren una ventana a una realidad futura que pocas personas pueden ni imaginar, y trabajan todos los días para que ese mundo se haga realidad. Ray y Peter, me habéis dejado maravillado y ha sido un privilegio asociarme con vosotros en la Universidad de la Singularidad y en el nuevo Global Learning X Prize. Me entusiasma lo que crearemos juntos. Gracias de nuevo por las ideas que habéis compartido en este libro. Gracias también a Easton LaChappelle por su ambición creativa para bien de todos, y a Juan Enríquez por mostrarnos que incluso lo que llamamos «vida» está siendo rediseñado y remodelado para ofrecer nuevas oportunidades.

Gracias a las personas de mi entorno que hacen esas pequeñas cosas que marcan grandes diferencias: Sarah, Steph y Stephanie. *Bula vinaka* a mi familia de Fiyi. Y a Andrea, Maria y Tony, por ayudar a preservar un santuario sagrado en medio de una vida loca.

Por último, y más importante, doy las gracias a mi equipo de investigación, sin el cual este libro no se habría escrito:

Empezando por mi hijo Josh, cuya larga experiencia financiera me ha proporcionado ideas valiosísimas. Me he deleitado con las conversaciones que hemos tenido en mitad de la noche y en las que buscábamos cómo añadir más valor a los inversores particulares. El tiempo que hemos pasado juntos me ha alegrado y emocionado más de lo que podía imaginarme, no sólo por lo que hemos sido capaces de crear juntos sino también por los buenos ratos que hemos pasado.

Y gracias a las otras cuatro personas sin las cuales este libro no se habría escrito: Jenn Dawes, cuya sobrehumana capacidad para captar mis pensamientos, casi a la velocidad a la que los expreso, ha mantenido la estructura organizada, conectada y comunicada, y ha evitado que reventara por los cuatro costados. Estoy eternamente en deuda contigo, y te quiero.

Por último, gracias a Maryanne Vollers y a Jodi Glickman, por todo su interés y su disposición a pasarse muchas noches en vela trabajando conmigo en la edición y corrección de este manuscrito.

Y a Mary Buckheit, cuya dedicación y amor me han permitido seguir adelante en algunos de los momentos más agotadores de este largo y arduo proceso, dando nacimiento a los «tesoros» que los dos sabemos que cambiarán vidas en las décadas que vienen. Te quiero y te doy mi bendición eterna.

Agradezco la gracia que me ha guiado en todo el viaje y a lo que Dios infundió en mí al principio de mi vida y que ha hecho que nunca me conforme con lo que hay y esté tan obsesionado con la idea de servir lo más posible. Gracias a lo que siempre me recuerda que no sólo importan las cosas grandes sino también las pequeñas. Y por el privilegio de mis lectores y de todos aquellos que alguna vez han confiado en mí y han invertido en un producto o en un servicio, o han tenido el acto de fe de venir a uno de mis actos, dándome el recurso más valioso que tenemos: su fe, su confianza y su tiempo. Gracias por haber podido ayudarles a ser dueños de su vida y a llevarlos desde el nivel en el que estaban hasta el nivel en el que merecían estar.

Y gracias a todos los amigos y maestros con los que me he encontrado en la vida, tantos que no puedo nombrarlos, algunos famosos y otros desconocidos, en cuyas ideas, estrategias, ejemplo, amor y entrega he tenido el privilegio de inspirarme. Hoy os doy las gracias y sigo adelante con mi empeño constante de ser todos los días una bendición en la vida de aquellos a los que he tenido el privilegio de conocer, amar y servir.

Las empresas de Anthony Robbins

La fundación Anthony Robbins

La fundación Anthony Robbins es una organización sin ánimo de lucro creada para empoderar a personas y organizaciones y mejorar la calidad de vida de colectivos muchas veces olvidados de la sociedad: jóvenes, vagabundos, presos y ancianos. Su voluntariado internacional aporta las ideas, la inspiración, los recursos más innovadores y las estrategias concretas que se necesitan para ayudar a estos importantes miembros de la sociedad.

Lo que empezó hace casi cuarenta años siendo el esfuerzo de una persona por alimentar a dos familias ha crecido hasta convertirse en un movimiento. **La fundación se creó con la creencia de que, seamos quienes seamos, sólo aquellos que saben contribuir con sinceridad y desinterés experimentarán el mayor gozo de la vida: la verdadera realización.** Conectando, inspirando y demostrando verdadero liderazgo en todo el mundo, el impacto global de la fundación se debe a un conjunto de donantes y voluntarios de muchos países.

Todas las regalías que devengue este libro están donadas de antemano a la Tony Robbins 100 Million Meal Challenge, que invita a individuos, empresas y filántropos a igualar la donación de 50 millones de comidas hecha por Tony Rob-

bins para alimentar a familias necesitadas. Tony lleva treinta y ocho años dedicando tiempo y recursos a alimentar a 42 millones de personas de Estados Unidos y de todo el mundo. Inspirado por la generosidad de un desconocido que dio de comer a su familia hace años, Tony se ha asociado con Feeding America, con SwipeOut (<www.swipeout.com>) y Salesforce.com para donar más de 100 millones de comidas al año, siendo el primer programa de este tipo que se lleva a cabo en el mundo.

www.moneymasterthegame.com

Swipeout

Una moneda puede cambiar el mundo. ¿Qué pasaría si cada vez que compramos algo ayudáramos a alguien? ¿Si nuestras pequeñas compras cotidianas tuvieran un gran impacto en el mundo? ¿Si nuestra tarjeta de crédito fuera un arma contra la injusticia global? En menos de un minuto, la aplicación de SwipeOut permite a los consumidores conectar su tarjeta de crédito a un sistema certificado que automáticamente redondea al alza el importe de la compra hasta el siguiente dólar. Todo este dinero —el cien por ciento— se destinará a resolver los problemas más graves que sufren los niños y quienes viven en la extrema pobreza: hambre, enfermedades y esclavitud. Dos de nuestros socios son Tony Robbins y Marc Benioff, fundador de Salesforce.com.

International Basket Brigade

La International Basket Brigade se basa en una idea sencilla: «Un pequeño gesto de generosidad por parte de una persona atenta puede transformar la vida de cientos». Lo que empezó siendo un esfuerzo personal de Tony por alimentar a familias necesitadas ha crecido hasta convertirse en la International Basket Brigade de la fundación Anthony Robbins, que suministra cestas de comida y de artículos de hogar a más de dos millones de personas al año de países de todo el mundo.

Global Youth Leadership Summit

El Global Youth Leadership Summit de la fundación Anthony Robbins es un programa de cinco días que ofrece a los participantes de catorce a diecisiete años un entorno pensado para que desarrollen su capacidad de liderazgo y puedan cambiar su vida y la de sus comunidades. El programa incluye grupos pequeños de debate, experimentos prácticos de aprendizaje, juegos de simulación de liderazgo y ejercicios concebidos para que los participantes descubran sus propias cualidades de líder.

El desafío

La vida es un regalo y todos los que podemos dar debemos recordar que tenemos la responsabilidad de hacerlo. Contribuir puede cambiar muchas cosas. Sumémonos y comprometámonos a ayudar a los menos afortunados a gozar de una calidad de vida mejor.

Los estatutos de la fundación Anthony Robbins contemplan este tipo de programas y otros parecidos. Quienes quieran más información pueden llamar al teléfono 1-800-554-0619 o visitar <www.anthonyrobbinsfoundation.org>.

Stronghold Wealth Management

ANTHONY ROBBINS

Sobre Anthony Robbins Companies

La Anthony Robbins Companies (ARC) es un consorcio de empresas que organizan actos y ofrecen programas, productos y servicios con la voluntad expresa de mejorar la calidad de vida de personas y organizaciones de todo el mundo. Fundada por el mejor estratega de vida y negocios de Estados Unidos, Tony Robbins, ARC está formada por más de una docena de empresas que facturan en conjunto más de cinco mil millones de dólares anuales. Aunque con características y objetivos distintos, todas las empresas de la ARC tienen por misión la mejora del ser humano, de los negocios y de las finanzas.

Empresas para la mejora de la humanidad

Robbins Research International (RRI)

Activa en más de cien países, RRI organiza seminarios públicos y para empresas en todo el mundo sobre temas como la mejora del rendimiento, la transformación de la vida, el crecimiento del negocio y del dominio de las finanzas. Tony Robbins presenta sus actos Unleash the Power Within (Libera tu Poder Interior) con traducción a siete idiomas. Una de las experiencias más solicitadas que ofrece la RRI son los programas Mastery University, Business Mastery y Platinum Mastery. Basados en treinta y ocho años de estudios de las personas de más éxito del mundo de los negocios, estos cursos ofrecen estrategias concretas e innovadoras y un método de trabajo que ayuda a las personas a transformar su vida y a los empresarios a expandir su actividad de un 30 a un 130 por ciento en los primeros doce meses. RRI ofrece diversos programas de formación intensivos que ayudan a particulares y empresas a obtener resultados extraordinarios. En sus actos, programas y cursos de formación, RRI ha tenido el honor de colaborar con algunas de las grandes figuras del mundo, como el presidente Bill Clinton, Serena Williams, Hugh Jackman, Oprah Winfrey, Melissa Etheridge, Quincy Jones, Anthony Hopkins, Pat Riley, Usher, Pitbull, Mark Burnett, Brett Ratner, Derek Hough y Donna Karan, y muchos deportistas profesionales, de la NBA a la NFL, se han beneficiado del trabajo de Tony Robbins.

Namale Resort and Spa

Este exclusivo complejo turístico y spa del Pacífico Sur ha sido el refugio de Tony Robbins durante más de veinticinco años. Rodeado de arrecifes de coral y de unas aguas claras de color turquesa, el idílico lugar promete relajar y enamorar a sus huéspedes, que acuden de todo del mundo. En 2013, **Oprah eligió Namale como el mejor lugar para pasar unas vacaciones. Los visitantes vienen a este paraíso isleño de 500 acres para desconectar del mundo y relajarse, en medio de una combinación única de tranquilidad y emoción. Namale viene siendo clasificado entre los diez mejores spas del Pacífico Sur y su encanto íntimo lo coloca entre los cinco lugares del mundo preferidos por los recién casados para pasar la luna de miel.** Paraíso tropical con casi cinco kilómetros de costa, selvas tropicales, cascadas y magníficos parajes para saltar y bucear, Namale Resort and Spa puede alojar a veinte parejas cada vez, con un personal de servicio de más de 125 personas. No sorprende que algunos de los ejecutivos y famosos más influyentes del mundo se hayan extasiado en Namale, entre ellos los actores **Russell Crowe, Edward Norton, Anthony Hopkins y Meg Ryan**; el empresario **Jeff Bezos**, el productor musical **Quincy Jones**, la diseñadora de moda **Donna Karan** y el entrenador de la NBA **Pat Riley**... por nombrar unos pocos. El excelente servicio se encarga de que los huéspedes pasen unas vacaciones auténticamente fiyianas. Namale da todo lo que se pide, anticipa todo lo que se necesita y supera todas las expectativas. Para más información, los huéspedes pueden llamar por teléfono (1-800-727-3454 de Estados Unidos y 1-858-381-5177 desde el extranjero) o visitar <www.namalefiji.com>.

Robbins-Madanes: Centro de Intervención Estratégica

Anthony Robbins y Cloé Madanes se han unido para formar a terapeutas e instructores profesionales en el uso de las herramientas más efectivas e integradas para ayudar a avanzar a individuos, familias y empresas. Juntos han formado a más de 15.000 terapeutas e instructores en todo el mundo. Los terapeutas aprenden los mismos métodos y estrategias que usa Tony Robbins y son sometidos a pruebas de eficacia durante un año, o, en el caso de los mentores avanzados, durante tres. La misión del centro es encontrar soluciones a conflictos interpersonales, prevenir la violencia y contribuir a la creación de una comunidad más cívica y cohesionada. El que se dedica a la intervención estratégica se enfrenta a diversos escenarios que van desde los problemas individuales a los familiares, pasando por los de los colectivos, las empresas y, en general, el sistema social.

www.robbinsmadanes.com

Fortune practice Management

Fortune Management es la empresa líder en el sector de la atención sanitaria. Combinando el saber hacer de Tony Robbins con la pericia de Fortune Management, los clientes aprenden cómo mejorar su práctica profesional, expandir el negocio, aumentar el número de pacientes y ser competitivos. Fortune ofrece una incomparable combinación de formación, asesoramiento e instrucción a través de seminarios específicos, formación personal y sistemas de apoyo concebidos para enriquecer la vida personal, profesional y financiera de los profesionales de la atención sanitaria. Nuestra misión es ofrecer a estos profesionales herramientas de gestión, recursos y soluciones que mejorarán notablemente el ejercicio de su actividad.

www.fortunemgmt.com

Unlimited Tomorrow

Unlimited Tomorrow, una empresa de tecnología e innovación fundada por Easton LaChappelle, fabrica productos que permiten a las personas hacer lo imposible. La empresa se dedica concretamente a construir miembros postizos y exoesqueleto (brazos y piernas automáticos) que harán posible que los paralíticos puedan volver a caminar. El fundador de la empresa, Easton LaChapelle, fabricó su primera mano robótica cuando tenía catorce años, con piezas de Lego, hilo de pescar y motores eléctricos. Con su gradual mejora, la mano se convirtió en brazo y luego en un miembro impreso en 3D manejado por la mente. Tras conocer en un concurso académico a una niña de siete años con un brazo postizo que costaba 80.000 dólares (y que habría que cambiar cuando la niña creciera), LaChappelle decidió convertir su prototipo en un aparato práctico y asequible. No sólo sus diseños eran asombrosamente eficaces, sino que también redujeron los costes a menos de mil euros. El presidente Obama invitó a LaChappelle a la Casa Blanca y estrechó una de sus manos automáticas. Ha viajado por todo el mundo llevando el mensaje del «mañana ilimitado» que tenemos a nuestra disposición, y ha hablado en un TED Talk. Easton trabajó incluso en el proyecto Robonaut de la NASA, donde desarrolló una interfaz telerrobótica nueva.

www.unlimitedtomorrow.com

Empresas para la mejora de los negocios y de las finanzas

Cloudcoaching International

CloudCoaching International es un servicio dinámico de integración conductual que utiliza la nube para maximizar las ventas con un crecimiento sostenible para empresas. Combinando las mejores herramientas de la gestión de servicio al cliente (CRM por sus siglas en inglés) con procesos de gestión y optimización de ventas, garantizamos una mejora de las ventas rápida y constante. En 2013, CloudCoaching Management fue galardonado con el premio «Best of Elearning! Award for Sales Training» de la revista *Elearning!* Hemos servido a más del 50 por ciento de las empresas del Fortune 500 y tenemos más de treinta años de acrisolada experiencia.

www.CloudCoachingInternational.com

Advisors Excel

La misión de Advisord Excel, empresa lanzada en 2005, es añadir constantemente valor a los mejores asesores financieros independientes a los que prestamos servicio en los 50 estados del país. Especializados en los planes de pensiones, ARC se ha asociado con Advisors Excel para crear y promover productos y servicios que ayuden a trazar un plan de renta vitalicia a millones de estadounidenses que temen por su jubilación. Advisors Excel ha crecido hasta ser hoy el proveedor de seguros de rentas más grandes del país.

www.AdvisorExcel.com

Lifetime Income

Lifetime Income, en consorcio con Advisors Excel, ofrece ayuda para que creemos un plan de renta vitalicia personalizado. Aprovechando las posibilidades de los seguros de renta garantizada —y nuevas formas de seguros de longevidad—, el sistema en línea nos permitirá trazar un plan de pensiones «personal» que responda a nuestros objetivos y ofrezca la mejor renta posible. Lifetime Income tiene una red de más de 500 especialistas en la materia en los cincuenta estados del país.

www.LifetimeIncome.com

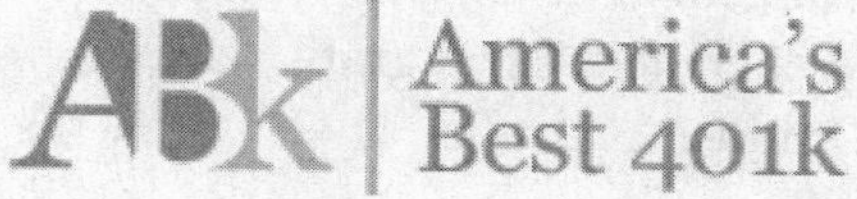

America's Best 401k

America's Best 401k (AB 401k) es una empresa revolucionaria que está cambiando el mundo de los planes 401(k) carísimos que infestan los negocios en Estados Unidos, a los trabajadores y a sus familias. America's Best 401k combina un valor excepcional, un servicio de primera calidad, opciones de inversión baratas (fondos indexados) y un sistema sencillo y transparente con comisiones claras. También ofrecemos protección fiduciaria al empresario, todo eso estratégicamente combinado para crear soluciones incomparables a precios competitivos.

www.americasbest401k.com

MyPowerCFO

Tony Robbins lleva más de treinta años ayudando a empresarios a maximizar el crecimiento y ahorrar costes. Hace poco, ARC se asoció con algunas de las empresas contables más famosas del mundo para ofrecer servicios virtuales de consejería delegada por una pequeña parte de lo que costaría un servicio a tiempo completo. MyPowerCFO se creó para ayudar a las empresas a maximizar su rentabilidad, descubrir «fugas» de efectivo y localizar ineficiencias a fin de que tomen las medidas pertinentes para corregir los problemas (con la asistencia de un profesional). MyPowerCFO ofrece un análisis de eficiencia fiscal gratis para empresas de Estados Unidos, Reino Unido y Australia.

www.MyPowerCFO.com

Son socios de MyPowerCFO:

Marcum LLP

Establecida en 1951, Marcum LLP es una de las empresas independientes de asesoramiento y contabilidad más grandes de Estados Unidos. Ocupa el puesto 15 en la clasificación nacional y se ha asociado con Tony Robbins para ofrecer los recursos de 1.300 profesionales, entre ellos más de 160 socios en 23 oficinas de Estados Unidos, Grand Cayman y China. Con sede en Nueva York, la empresa está bien consolidada y tiene oficinas estratégicamente localizadas en los mayores mercados de negocios.

www.MarcumLLP.com

HW Fisher & Company

HW Fisher & Company, socio de Tony Robbins en el Reino Unido, es una empresa con sede en Londres que ofrece servicios personalizados a pequeñas y medianas empresas, a las grandes compañías y a personas con grandes patrimonios. Fundada en 1933, la empresa está compuesta de 29 socios y aproximadamente unos 260 empleados que prestan servicios de auditoría, fiscalidad empresarial, clientes privados, IVA, recuperación del negocio y asesoría legal.

www.hwfisher.co.uk

HALLCHADWICK

Hall Chadwick

Hall Chadwick es el socio australiano de Tony Robbins y el quinto grupo contable más grande de Australia, con clientes en las principales ciudades del país. Desde 1886, Hall Chadwick ha ofrecido las mejores soluciones y goza de una reputación envidiable por su servicio al cliente. La empresa es también miembro del grupo contable AGN International, una asociación de empresas contables independientes de todo el mundo. La red de AGN tiene presencia internacional con más de 500 oficinas en más de 83 países y un total de más de 9.500 socios y empleados en todo el mundo.

www.hallchadwick.com.au

Nota sobre las fuentes

Como este libro tiene 700 páginas y la bibliografía ocuparía mucho más espacio, la ponemos en línea. Para acceder a ella, visítese <www.tonyrobbins.com/masterthegame>.

Créditos

Ariely Tables: Dan Ariely
Mutual Funds True Costs: Robbie Hiltonsmith, Demos
Debt Mountain Cartoon: licencia de Michael Ramirez y Creators Syndicate, Inc.
Average US Consumer Spending: US Census Bureau
I Had to Make Some Adjustments: Gary Varvel Editorial Cartoon usado con la licencia de Gary Varvel y Creators Syndicate. Todos los derechos reservados.
David Bach Chart: David Bach
Eggs in Basket With Grenade: Kurt Snibbe
Raymond James TIPS: <www.raymondjames.com>
Malkiel Volatility Chart: Burton Malkiel
Investment Highlights: Berkshire Hathaway: Icahn Enterprises L. P., agosto de 2014
Investment Highlights: Icahn Enterprises L. P., agosto de 2014
Icahn Chart: Icahn Enterprises L. P., agosto de 2014
David Swensen Photo: Michael Marsland, universiad de Yale
Warren Buffett Photo: Kristoffer Triplaar/Sipa USA
Ray Dalio Photo: Mike McGregor
T. Boone Pickens Photo: The Milken Institute
Marc Faber Photo: Getty Images
Charles Schwab Photo: Getty Images, Chip Somodevilla
Sir John Templeton Photo: Getty Images, Ron Bull
Ramirez Occupy Cartoon: licencia de Michael Ramirez y Creators Syndicate, Inc.